Hand- und Lehrbücher der Pädagogik

Herausgegeben von Dr. Arno Mohr

Bisher erschienene Werke:

Faulstich-Wieland, Individuum und Gesellschaft

Haefner, Gewinnung und Darstellung wissenschaftlicher Erkenntnisse insbesondere für universitäre Studien-, Staatsexamens-, Diplom- und Doktorarbeiten

Kammerl (Hrsg.), Computerunterstütztes Lernen

May, Didaktik der ökonomischen Bildung, 3. Auflage

Schröder, Lernen – Lehren – Unterricht

Schröder, Didaktisches Wörterbuch, 3. Auflage

Werning · Balgo · Palmowski · Sassenroth, Sonderpädagogik

Sonderpädagogik

Lernen, Verhalten, Sprache, Bewegung und Wahrnehmung

Von
Prof. Dr. Rolf Werning
Dr. Rolf Balgo
Prof. Dr. Winfried Palmowski
Dr. Martin Sassenroth

R. Oldenbourg Verlag München Wien

Die Deutsche Bibliothek – CIP-Einheitsaufnahme

Werning, Rolf:
Sonderpädagogik : Lernen, Verhalten, Sprache, Bewegung und
Wahrnehmung / von Rolf Werning .... – München ; Wien :
Oldenbourg, 2002
   (Hand- und Lehrbücher der Pädagogik)
   ISBN 3-486-24595-3

© 2002 Oldenbourg Wissenschaftsverlag GmbH
Rosenheimer Straße 145, D-81671 München
Telefon: (089) 45051-0
www.oldenbourg-verlag.de

Gedruckt auf säure- und chlorfreiem Papier
Umschlagillustration: Hannes Weigert
Gesamtherstellung: Druckhaus „Thomas Müntzer" GmbH, Bad Langensalza

ISBN 3-486-24595-3

Vorwort

Der vorliegende Band umfasst vier sonderpädagogisch relevante Bereiche: Lernen (Kap. III), Sprache und Kommunikation (Kap. IV), Verhalten (Kap. V) sowie Bewegung und Wahrnehmung (Kap. VI). Beeinträchtigungen bzw. Auffälligkeiten in diesen Bereichen sind vielfältig, dabei nicht auf eine klar abgrenzbare Personengruppe zu beziehen, sondern - natürlich in unterschiedlichen Ausprägungen - bei den meisten Menschen hin und wieder zu beobachten. Gleichwohl führen sie unter bestimmten Bedingungen zu Schulschwierigkeiten, teilweise gar zu Schulversagen, zu Ausgrenzung und Stigmatisierung.

Bei der Auseinandersetzung mit diesen Phänomenen verbindet die Autoren eine Affinität zu einer systemisch-konstruktivistischen Perspektive, die teils mehr teils weniger die Beiträge durchzieht.

Unser Ziel ist es, einerseits einen Überblick über die grundlegenden Phänomene in den genannten Bereichen zu geben und andererseits das Erklärungspotential einer systemisch-konstruktivistischen Perspektive zu verdeutlichen.

Nicht der möglichst umfassende Überblick, sondern die durch eine spezifische meta-theoretisch fundierte Positionierung orientierte Auseinandersetzung mit Lernen, Sprache und Kommunikation, Verhalten sowie Bewegung und Wahrnehmung kennzeichnet die Texte.

Des weiteren haben wir uns mit sonderpädagogisch bedeutsamen - quer zu den genannten Bereichen liegenden - Fragestellungen der sonderpädagogischen Diagnostik (Kap. VII), der Beratung und Kooperation (Kap. VIII) und der Integration/Separation (Kap IX) auseinandergesetzt, da sie die (sonder-)pädagogische Diskussion in besonderer Weise kennzeichnen.

Die grundlegende Klärung der Beziehung zwischen der Sonderpädagogik und der Allgemeinen Pädagogik wird in Kapitel I vorgenommen. Anschließend erfolgt die dezidierte Darstellung unterschiedlicher theoretischer Bezugskonzepte im Bereich der Sonderpädagogik (Kap II). Hierdurch soll die Leserin/der Leser einen Überblick über die im Fachgebiet vorhandenen unterschiedlichen paradigmatische Orientierungen erhalten.

Wir haben versucht, die einzelnen Beiträge in eine sinnvolle Reihenfolge zu bringen, an die sich die Leserin/der Leser aber keineswegs halten muss. Das Autorenteam hat in der

Entstehungsphase die einzelnen Beiträge mehrfach diskutiert; die Verantwortung für den Inhalt liegt jedoch ausschließlich bei dem jeweiligen Autor.

Die Fertigstellung des vorliegenden Bandes war eine schwierige Aufgabe, die nur durch die Unterstützung von Mitarbeitern des Instituts für Sonderpädagogik, Abt. Pädagogik bei Beeinträchtigungen des Lernens der Universität Hannover erfolgreich bewältigt werden konnte. Unser besonderer Dank gilt hier Björn Sassenhausen , Jan Hoyer und Thorsten Veith für die Hilfen bei der Redaktionsarbeit und bei der Erstellung des Autoren- und Sachregister.

Hannover   Rolf Werning für das Autorenteam

Inhaltsverzeichnis

Martin Sassenroth

I   Verhältnis der Sonderpädagogik zur Allgemeinen Pädagogik

1. Vorbemerkungen

Wenn eine neue Handbuchreihe der Allgemeinen Pädagogik konzipiert wird und darin ein Band der Sonderpädagogik gewidmet ist, klingt das erst einmal logisch und konsequent. Dem unvoreingenommenen Laien mag es sehr einsichtig erscheinen. Immerhin enthält das Wort „Sonderpädagogik" auch das Wort „Pädagogik" und wird richtigerweise als Teilgebiet der Pädagogik verstanden. Geschichtlich ist es aber so, dass die Sonder- oder auch Heilpädagogik immer eigene Wege gegangen ist und das Verhältnis zur Allgemeinen Pädagogik, sei es in der Praxis oder auch in der Wissenschaft, immer ambivalent war.

Einerseits wurde die programmatische Aussage eines Klassikers der Heilpädagogik, Paul Moor, „Heilpädagogik ist Pädagogik, und nichts anderes" (1965, 273) nie ernsthaft in Frage gestellt, andererseits handelt es sich bei der Sonderpädagogik um einen Arbeitsbereich, in dem sehr viele Fachleute anderer Provinienz zu finden sind und diesen Fachbereich mit geprägt haben. Hier sind vor allem Mediziner, Psychologen und Therapeuten zu nennen.

Ferner lässt sich in der Geschichte der Sonderpädagogik eine Tendenz der Loskoppelung von der Allgemeinen Pädagogik feststellen. Vor allem hat diesbezüglich die Etablierung eines ausgeklügelten Systems von verschiedenen Sonderschulen beigetragen, welches strikt getrennt vom Regelschulbereich funktionierte.

Gerade in jüngerer Zeit wird diese Tendenz aber als sehr problematisch angesehen. Mit Aufkommen der sog. Integrativen Pädagogik, welche die möglichst vollständige Integration behinderter Kinder in den Regelschulbereich zum Ziel hat, wird heute erkannt, dass die Loskoppelung der Sonderpädagogik von der Allgemeinen Pädagogik ein fragwürdiger Weg war und ist.

Aus oben angedeuteten Gründen erscheint es einsichtig, das schwierige Verhältnis der Sonderpädagogik zu seiner großen Bezugswissenschaft intensiver zu beleuchten.

2. Entstehungsgeschichte und Definitionen von Heil- und Sonderpädagogik

Die Entstehungsgeschichte der Heilpädagogik lässt sich auf Georgens und Deinhardt im Jahre 1861 zurückführen. Diese beiden Autoren verwendeten den Begriff Heilpädagogik erstmals (Haeberlin 1996, 23). Interessanterweise lässt sich feststellen, dass der Begriff Heilpädagogik schon seit jeher mit verschiedenen Inhalten gefüllt wurde. Speck (1991, 35ff.) macht drei zentrale Hauptrichtungen in der Frühphase der Heilpädagogik aus: Es gab den Ansatz der heilenden Erziehung, der Medico-Pädagogik und der Heilserziehung. Im Folgenden sollen diese drei Ansätze kurz charakterisiert werden.

Der Ansatz der heilenden Erziehung geht zurück auf die Aufklärungspädagogik. Zentraler Ansatz dieser Richtung war die Intention, „Kinderfehler" mit Erziehungsmitteln, z.B. Lob und Tadel, zu „heilen". Das Wort „heilen" macht schon den damaligen Einfluss der Medizin sichtbar. Aufklärungspädagogen wie Niemeyer oder Milde entlehnten diesen Begriff aus der Medizin und übertrugen ihn in ihr Arbeitsfeld. Begriffe wie Heilkunde, Heilmethode etc. wurden von der Medizin in die Pädagogik übertragen. Ein berühmter Vertreter dieser Epoche war der Pädagoge Herbart (1776-1841), der sich vor allem in schulorganisatorischer Sicht sehr hervorgetan hat. Er kann als Vorspurer unseres heutigen Sonderschulsystems bezeichnet werden, insofern als er schon damals vorschlug, die langsam lernenden, schwächeren Schüler in speziellen Übungsklassen zusammenzufassen und separat zu beschulen. Allerdings dauerte es mit der Umsetzung dieser Idee noch eine ganze Zeit lang (Haeberlin 1996).

Der Begriff der Medico-Pädagogik, heute noch ein gängiger Begriff im französischsprachigen Raum, soll die enge Verwobenheit der Medizin mit den pädagogischen Vorstellungen ausdrücken. Ein berühmter Vertreter war der Mediziner (Psychiater) von Strümpell (1890), der insofern weitreichenden Einfluss auf die Weiterentwicklung der Heilpädagogik hatte, als er den früher eindeutig pädagogisch geprägten Begriff des „Heilens von leichten Kinderfehlern" in Hinsicht auf die Heilung von schweren Schädigungen oder Gebrechen erweiterte. In seinen Büchern lassen sich ganze Listen von Kinderfehlern finden, die von Verhaltensauffälligkeiten jeglicher Art bis zu „psychopathologischen" Erscheinungen wie Zwangshandlungen, Blindheit oder auch Stottern reichen.[1]

„Damit ist die Vermischung von aufklärerischer Pädagogik und medizinisch orientierter Psychopathologie/Kinderpsychiatrie unter dem Namen ‚Heilpädagogik' eingeleitet. (Haeberlin 1996, 24).

Zusammenfassend kann man den Ansatz der Medico-Pädagogik als Vermischung von Medizin und Pädagogik bezeichnen, wobei aber der medizinische Anteil, bzw. die medizinischen Sichtweisen eindeutig dominierten (vgl. Haeberlin 1996). Kobi (1983, 108) meint dementsprechend, dass es sich eher um eine pädagogische Kinderpsychopathologie als um eine pädagogische Sichtweise handelt.

Als dritte Richtung ist die sogenannte Heilserziehung zu erwähnen. Dieser Begriff ist theologischer Prägung. Ein bekannter katholischer Vertreter war Linus Bopp, der 1930 eine „Allgemeine Heilpädagogik in systematischer Grundlegung und mit erzieherischer Einstellung" schrieb. In dieser Tradition stand auch Eduard Montalta (vgl. Speck 1991, 38). Heilserziehung wurde im religiösen Sinn als Erziehung zum Heil verstanden. Ähnliche bzw. analoge Sichtweisen vertrat auch der Theologe L. Schlaich von protestantischer Seite her, indem er davon ausging, dass Heilserziehung zum Heil der Seele führen soll (vgl. Haeberlin 1996, 26).

Subsummierend lässt sich feststellen, dass Heilpädagogik ganz unterschiedlich gefasst wurde und dementsprechend seit langem um die „richtige" Interpretation des Begriffs gerungen wurde (Hae-

---

[1] vgl. Kapitel V: Verhalten und Verhaltensstörung

berlin 1996).

Im Jahre 1931 wurde dann der erste Lehrstuhl für Heilpädagogik in Europa an der Universität Zürich eingerichtet. Heinrich Hanselmann wurde Lehrstuhlinhaber und führte maßgeblich die Heilpädagogik in Abgrenzung zur Medizin zurück in die pädagogische Richtung. Seine Definition von Heilpädagogik hat auch heute noch Relevanz, wenn er formuliert: „Heilpädagogik ist die Lehre vom Unterricht, von der Erziehung und Fürsorge aller jener Kinder, deren körperlich-seelische Entwicklung dauernd durch individuale und soziale Faktoren gehemmt ist. Solche Faktoren sind: 1. Mindersinnigkeit und Sinnesschwäche (blinde, sehschwache, taube, schwerhörige, taubblinde Kinder), 2. Entwicklungshemmung des Zentralnervensystems (leichter, mittel- und schwer geistesschwache Kinder), 3. Neuropathische und psychopathische Konstitution, körperliche Krankheit, Verkrüppelung, Umweltfehler (schwer erziehbare Kinder)" (Hanselmann 1976, 12).

Zweierlei fällt bei dieser Definition auf. Einmal schließt Hanselmann mit dem Begriff der Fürsorge in die Heilpädagogik das ein, was heute eher der Sozialpädagogik zugerechnet wird. Sein Nachfolger Paul Moor war diesbezüglich anderer Meinung und schloss die Fürsorge wieder aus der Heilpädagogik aus. Zum anderen kann man schon beim Klassiker Hanselmann bemerken, dass er keine rein individuumszentrierte Sichtweise von Behinderungen hat, wenn er schon zu diesem frühen Zeitpunkt auf die soziale Seite im Zusammenhang mit den Entstehungen von Behinderungen verweist (Haeberlin 1996).

Der eben schon erwähnte Schüler und Nachfolger H. Hanselmanns, Paul Moor, rückt nun die Heilpädagogik unmissverständlich ins pädagogische Feld, indem er wie oben auch schon bemerkt, dass Heilpädagogik nichts anderes sei als Pädagogik unter erschwerten Bedingungen: „Heilpädagogik ist die Lehre von der Erziehung derjenigen Kinder, deren Entwicklung durch individuale oder soziale Faktoren dauernd gehemmt ist" (Moor 1965, 11).

2.1 Sonderpädagogik

In den 60er Jahren taucht in West-Deutschland der Begriff „Sonderpädagogik" auf. Wahrscheinlich verabschiedete man sich aus den oben erwähnten Gründen vom Begriff der Heilpädagogik. Haeberlin (1996, 26) vermutet, dass die begriffliche Nähe zur Institution Sonderschule mit ausschlaggebend dafür war, von nun an nur noch von der „Sonderpädagogik" zu sprechen. Zudem weist er noch auf standespolitische Gründe hin, indem er hinter der Etablierung des Begriffs die Betonung der Eigenständigkeit einer gewissen Lehrergruppe, nämlich die der Sonderschullehrer, vermutet.

Kurzum, der Begriff setzte sich schnell flächendeckend in Deutschland bis auf wenige Ausnahmen durch und es entstand ein sehr differenziertes Versorgungssystem von Sonderschulen: für Lernbehinderte, für Geistigbehinderte, für Verhaltensgestörte, für Sprachbehinderte, für Blinde und Sehbehinderte, für Gehörlose und Hörbehinderte und für Körperbehinderte sowie Schulen für Kranke. Diese Fachrichtungen bildeten dann eigene „Sonderpädagogiken". Es entstand also die Lernbehindertenpädagogik, Sprachbehindertenpädagogik, Geistigbehindertenpädagogik etc. (Haeberlin 1996, 27).

Daran wird auch deutlich, dass sich zumindest in Deutschland eher eine Sonderschulpädagogik entwickelte. Der Fokus der Sonderpädagogik war eindeutig auf die schulische Förderung ausgerichtet. Der außerschulische Bereich wurde auf Jahre hin zurückgedrängt. Teilweise macht sich diese Tendenz auch heute noch bemerkbar. (vgl. Speck 1991). Unter Bezugnahme auf Haeberlin (1996) ist die Reduktion der gesamten Sonderpädagogik auf Sonderschulpädagogik problematisch. Will man z.B. den wichtigen vorschulischen Bereich (Frühförderung) anderen Berufsgruppen überlassen? Ferner wird mit dem Begriff der Sonderpädagogik der Absonderungsaspekt betont, wo doch eher heutzutage der Fokus auf die Integration und nicht auf die Absonderung gerichtet ist (Haeberlin 1996, 27).

2.2 Behindertenpädagogik

In den siebziger Jahren kündigte sich dann die vermeintliche Lösung aller Dilemmata um die richtige Begrifflichkeit an. Bleidicks „Pädagogik der Behinderten" erschien (1972) und sämtliche Unterkategorien der verschiedenen Fachrichtungen wurden unter diesen Sammelbegriff subsummiert. Bleidick möchte diesen Begriff pragmatisch als gesetzes- und verwaltungstechnisch verstanden wissen, der Verteilungszwecken dienlich ist, wenn er formuliert: „Wesentlich daran ist seine finale Begrifflichkeit: Wir nennen Menschen mit Beeinträchtigungen, Schäden und sozialen Nachteilen ‚behindert', um ihnen zweckbestimmt soziale Hilfe, finanzielle Unterstützung, berufliche Eingliederung und pädagogische Förderung zukommen zu lassen. Gegenüber dem medizinischen Modell der kausalen Erklärung - jemand ist behindert, weil er nach einem Verkehrsunfall querschnittsgelähmt ist - dürfte der handlungsleitende, sozialrechtliche Behinderungsbegriff etliche Vorteile bieten und dem Vorwurf der Etikettierung und Stigmatisierung der Betroffenen einigen Wind aus den Segeln nehmen" (Bleidick 1996, 30).

Es scheint Bleidick selbst sehr bewusst zu sein, dass sein Behinderungsbegriff einen etikettierenden, wenn nicht gar diskriminierenden Beigeschmack hinterlässt. Er selbst bezeichnet an gleicher Stelle seinen Behinderungsbegriff als Janusgesicht, welcher sozialrechtlichen Schutz und Diskriminierung zugleich bedeute. Dennoch hält er daran fest, da er seiner Meinung nach neben den pragmatischen verteilungsdienlichen Komponenten den Vorteil habe, die Einschränkung auf den rein schulischen Bereich damit verhindert zu haben. Damit sei sein Behinderungsbegriff umfassender.

Allerdings hat sich der Behinderungsbegriff nach Bleidick im gesamten deutschsprachigen Raum kaum durchsetzen können. Überwiegend blieben die Begriffe „Sonder- bzw. Heilpädagogik" erhalten. Wahrscheinlich überwog doch die Befürchtung, dass diese Begrifflichkeit zu diskriminierend sei und zuviel Verschiedenartiges unter diesem Begriff verstanden wurde. „Es ist kaum einsichtig zu machen, warum der Geistigbehinderte und der Körperbehinderte in die gleiche Kategorie gehören sollen wie der ‚Verhaltensauffällige' oder der ‚Lernbehinderte' (der ja einfach ein Schulversager ist)." (Haeberlin 1996, 27)

2.3 Rehabilitationspädagogik

Dieser Begriff war in der ehemaligen DDR sehr verbreitet und geht auf Klaus-Peter Becker von der Humboldt-Universität Berlin zurück. In den östlichen Bundesländern Deutschlands hat sich dieser Begriff halten können. Bleidick hält diesen Begriff sogar für den zukunfsträchtigsten, wenn er schreibt: „Der umfassende Terminus ‚Rehabilitationswissenschaften' dürfte als interdisziplinärer Rahmen aller Bemühungen um den behinderten Menschen die zukunftsträchtigste Gesamtverpflichtung ausdrücken" (Bleidick 1996, 32).

Auf den ersten Blick mag diese Argumentation durchaus etwas Bestechendes haben. Er ist sicherlich nicht auf den schulischen Bereich eingeengt und umfasst auch Fachleute nicht pädagogischer Berufsgruppen rund um den behinderten Menschen. Es bleibt allerdings abzuwarten und ist in gewisser Weise zweifelhaft, ob sich tatsächlich dieser Begriff durchsetzen kann. Realistischerweise muss man wohl annehmen, dass eine Begrifflichkeit, die doch sehr mit dem untergegangenen Staat der DDR verbunden ist, im gesamten Deutschland und damit auch im gesamten deutschsprachigen Raum, wenig Chancen besitzt.

Zudem muss man bei dem Begriff „Rehabilitation" kritisch fragen, ob er nicht auch wieder einen Irrweg darstellt. Unter Berücksichtigung des (jüngeren) Normalisierungsprinzips, wonach Normalisierung nicht Normalmachung im Sinne einer Angleichung an einen Standard, sondern im Bejahen einer besonderen menschlichen Situation besteht, erscheint die „Rehabilitation" wieder sehr fragwürdig. Wenn es normal ist, verschieden zu sein, dann kann nicht in jedem Fall von Rehabilitation ausgegangen werden. Rehabilitation impliziert immer Besonderes, hat normativen Charakter und unterstellt in jedem Fall, wie die wörtliche Übersetzung des lateinischen Worts aussagt, Wiederherstellung.

Zusammenfassend lässt sich feststellen, dass schon seit Jahrzehnten um die richtige Begrifflichkeit gestritten wird. Periodisch wird das Thema in der Literatur wieder aufgegriffen und scheinbar um eine Facette bereichert. Dem aufmerksamen Leser der Literatur bis in die 80er Jahre wird jedoch nicht entgangen sein, dass kaum ein neuer Gedanke hinzugefügt worden ist.
Es wurde ersichtlich, dass bis in die achtziger Jahre Sonderpädagogik als Spezifikation der Allgemeinen Pädagogik aufgefasst wurde. Nach Bach umfasst die Allgemeine Pädagogik die beiden

Teilgebiete Regelschulpädagogik auf der einen und Sonderpädagogik auf der anderen Seite (1995, 161), wobei beide Teile sehr unabhängig voneinander fungierten. Die Trennung der Sonderpädagogik von der Allgemeinen Pädagogik bzw. von der Regelschulpädagogik basiert auf der Trennung von Kindern in normal (regelhaft) und anormal (abweichend). Dabei wird die Trennung zu objektivieren versucht. Ein Mittel der Objektivierung liegt in der Zuschreibung organischer und/oder psychischer Krankheit; z.B. im Konzept der minimalen cerebralen Dysfunktion. Eine andere Form der Objektivierung liegt in der Zuschreibung mangelnder Intelligenz durch psychodiagnostische Testverfahren, z.B. Intelligenztests. Die Trennung von Regelpädagogik und Sonderpädagogik erscheint so als notwendige und gerechtfertigte Konsequenz aufgrund vorhandener Differenzierungskriterien bei Schülerinnen und Schülern.

Vergessen wird hierbei, dass die Trennung bzw. Differenzierung in normal und abweichend sozial konstruiert ist und keine objektive Norm darstellt. Die Konstruktion von Normalität - in der Schule umgesetzt in weitgehend homogenen Leistungsgruppen - führt zur Konstruktion einer Grenze, hinter der die Abweichung beginnt.

Regelpädagogik und Sonderpädagogik bedingen sich somit und stehen in diesem Modell in einem zirkulären Kreisprozess. Solange sich die Regelpädagogik als Pädagogik für bestimmte Kinder versteht, die eine gesellschaftlich definierte Normvorgabe erfüllen, wird eine Sonderpädagogik benötigt, die sich um die abweichenden Kinder kümmert. Solange das der Fall ist, stabilisiert die Sonderpädagogik die Regelschulpädagogik in der bisherigen Form. Beide Pädagogiken stabilisieren sich also gegenseitig.

Im nächsten Abschnitt wird deutlich, dass es auch andere Modellvorstellungen gibt, die diesen Zirkelschluss unterbrechen und neue Wege weisen.

3. Aktuelle Tendenzen in der Sonderpädagogik

In der jüngeren heil- und sonderpädagogischen Fachliteratur fallen zwei große Schlagwörter sofort auf. Einmal ist immer wieder von einer „Krise der Sonderpädagogik" die Rede, zum anderen
wird immer wieder ein „Paradigmenwechsel" festgestellt. Im Folgenden sollen diese beiden Begriffe erläutert und mögliche Zusammenhänge dargelegt werden.

Schon unter Abschnitt 1 wurde darauf verwiesen, dass ein Umbruch in der Sonderpädagogik von-
statten geht, der bei vielen Fachkräften große Verunsicherungen auslöste. Seit den späten 70er
Jahren zog ein neues Denken in die Fachwelt ein, wie behinderte Kinder und Jugendliche am
besten zu fördern seien. Während man bis anhin das Klientel der wie auch immer auffälligen oder
behinderten Kinder immer besser und genauer zu kategorisieren versuchte und im Zuge dessen
das Sonderschulwesen immer differenzierter ausbaute - bis heute unterscheiden wir zehn unterschiedliche Sonderschulformen - postulierten die Vertreterinnen und Vertreter der Integrativen
Pädagogik eine ganz andere Position. „Die schulische und gesellschaftliche Nichtaussonderung
von Menschen mit Behinderungen ist das Ziel der Integrationspädagogik. Im Verständnis dieser
Bewegung meint Integration das gemeinsame Lernen aller, von geistig behinderten bis hin zu
sehr guten Schülerinnen und Schülern und schließt Kinder mit allen Arten von Behinderungen,
also auch blinde, gehörlose, körperbehinderte und schwermehrfachbehinderte Kinder mit ein."
(Prengel 1995, 139)

Grob skizziert waren folgende Gedanken und Aspekte für die Entstehung der integrativen Bewegung wegweisend.

1.   Erschütterung des traditionellen sonderpädagogischen Paradigmas durch kritische Reflexion des Behinderungsbegriffs.
In Abschnitt 2 wurde schon darauf verwiesen, dass eine Trennung bzw. Differenzierung von
Menschen in normal und abweichend sozial konstruiert ist und keine objektive Norm darstellt.
Die Konstruktion von Normalität führt zur Konstruktion einer Grenze, hinter der die Abweichung
beginnt. Wenn es normal ist, verschieden zu sein, lassen sich keine Grenzen ziehen. Insofern argumentiert Eberwein konsequent, wenn er radikal für eine Aufhebung des Behinderungsbegriffs
plädiert. Seiner Meinung nach hat die Sonderpädagogik durch ihre vorgenommene Etikettierung

von Menschen als „behindert" verbunden mit der anschließenden Aussonderung „Behinderung" eigentlich erst konstituiert (Eberwein 1995, 469).

2. Politische Absichtserklärungen

„Integration ist ein Grundrecht im Zusammenleben der Menschen" urteilte Muth und besonders strich er dabei heraus, dass dieses Grundrecht auch mit Blick auf behinderte Menschen verstanden werden sollte (1991, 1). Auch der Deutsche Bildungsrat formulierte die bildungspolitische Aufgabe der Integration eindeutig, indem er deklarierte: „daß die Integration Behinderter in die Gesellschaft eine der vordringlichsten Aufgaben jedes demokratischen Staates ist. Diese Aufgabe, die sich für Behinderte und Nichtbehinderte in gleicher Weise stellt, kann einer Lösung besonders dann nahegebracht werden, wenn die Selektions- und Isolationstendenz im Schulwesen überwunden und die Gemeinschaft im Lehren und Lernen für Behinderte und Nichtbehinderte in den Vordergrund gebracht werden; denn eine schulische Aussonderung der Behinderten bringt die Gefahr ihrer Desintegration im Erwachsenenleben mit sich" (Deutscher Bildungsrat 1973, 16).

3. Erfahrungen in der Praxis

Viele Fachkräfte in dem sehr differenzierten Sonderschulwesen realisierten, dass sie sich möglicherweise mit dem eingeschlagenen Weg der zeitweisen Separation auf einem pädagogischen Irrweg befanden. Die sicherlich gut gemeinte (zeitweise) Aussonderung behinderter Kinder in Spezialeinrichtungen zementierte sich. Die allgemeine Rückschulungsquote in die Regelschule - sowieso nur bei einem Teil der Sondereinrichtungen vorgesehen, wie bei der Sprachheilschule, der Schule für Lernbehinderte oder der Schule für verhaltensauffällige Kinder, war und ist heute noch ziemlich mäßig.

Ferner setzte sich bei einem Teil der sonderpädagogischen Fachkräfte die pädagogische Erkenntnis durch, dass sich ihre Schülerschaft auch innerhalb einer Spezialrichtung sehr heterogen zusammensetzt. Allgemein lässt sich beobachten, dass zum Beispiel die Schule für Sprachbehinderte oder die Schule für Lernbehinderte mitnichten aus einem einheitlichen Klientel besteht, sondern zu einem Sammelbecken für ganz unterschiedliche Beeinträchtigungen wird. Heute finden wir in der Schule für Sprachbehinderte längst nicht mehr nur sog. primär sprachbehinderte Kinder, sondern diese Kinder haben bspw. noch schwere Verhaltensauffälligkeiten oder Lernblockaden, und sind vielleicht zusätzlich noch motorisch auffällig.

Das bedeutet, dass die pädagogischen Fachkräfte sehr individuell den einzelnen Schüler betreuen müssen, um ihm speziell die Anregungen und Lernhilfen geben zu können, die er benötigt. Damit ist natürlich eine Separation erst recht in Frage gestellt. Wieso soll separiert werden, wenn dem einzelnen Schüler am Speziallernort auch nicht die passenden Hilfen zur Verfügung gestellt werden können? Im Extremfall bedeutet die Individualisierung, dass ein 10-fächriges Sonderschulsystem bei weitem nicht ausreicht, sondern jedes behinderte Kind seine eigene Kategorie „Sonderschule" benötigt.

Mehr und mehr wird in Zweifel gezogen, dass die Konzentration von mehrheitlich sprach- oder lernbehinderten Kindern oder Kindern mit Verhaltensauffälligkeiten in je eine Schule bezüglich Lernanregungen oder guten Sprachvorbildern günstig ist. Mittlerweile weiß man, dass schwache Schülerinnen und Schüler sehr viel von den stärkeren lernen können, dass Kindern im Alter von 6-14 Jahren sehr viel andere Kinder zum Vorbild nehmen und längst nicht nur von den Erwachsenen lernen. Ferner zeigen viele Untersuchungen (z.B. Hildeschmidt/Sander 1996; Bless 1995; Haeberlin/Bless/Moser/Klaghofer 1991 etc.), dass diejenigen schwachen Schüler, die integrativ in der Regelschule beschult wurden durchgängig die besseren Leistungen im Vergleich zu denjenigen Schülern zeigen, die in der Sondereinrichtung gefördert wurden.[2]

Es ist nachvollziehbar, dass diese Beobachtungen das bisherige etablierte System von Sonderschulen tief erschütterte und Fachkolleginnen und -kollegen, die sich jahrzehntelang in diesen Institutionen für behinderte Kinder engagierten, stark verunsicherte. Sie sahen ihre Arbeit in Frage gestellt. Dementsprechend massiv und emotional aufgewühlt wurden auch die Debatten um das Für und Wider der Integration geführt. Kennzeichnend und sehr treffend für diese Emotionen wird der Satz von Bleidick gewesen sein: „War denn alles so falsch, was wir bisher gedacht haben?"

Es wird deutlich, dass man tatsächlich von einer Krise in der Sonderpädagogik sprechen kann. M.E. nach sollte man aber genauer spezifizieren und eher von einer Krise der Sonderschule sprechen.

---

[2] vgl. Kapitel IX: Sonderpädagogische Aufgabenfelder: Integration/Separation

4. Bewertung

Bezogen auf unsere Eingangsfrage im Kapitel 1, wie nun das Verhältnis der Sonderpädagogik zu seiner großen Referenzwissenschaft der Pädagogik ist, bedeutet die Integrative Pädagogik wieder eine engere Verzahnung. Während Jahrzehnten hat man sich abzugrenzen versucht und seine Eigenständigkeit postuliert. Mit der Integrativen Pädagogik wird die Sonderpädagogik wieder Einzug in die Allgemeine Pädagogik halten. Eberwein, ein vehementer Vertreter der Integrativen Pädagogik, fordert sogar die Aufhebung der Sonderpädagogik, wenn er feststellt: „Mit der Forderung der Integration Behinderter in allgemeine Schulen sowie in vorschulische Einrichtungen kommen auf die Sonderpädagogik in Theorie, Ausbildung und Praxis veränderte Zielsetzungen und Funktionen zu, die eine grundlegende Revision des traditionellen Selbst- und Aufgabenverständnisses dieser Wissenschaft zur Folge haben werden. (...) Die Sonderpädagogik insgesamt ist aufgefordert, den pädagogisch nicht begründbaren Anspruch auf Eigenständigkeit und nach einer Spezialdisziplin aufzugeben. (...) Die verhängnisvolle, aufgrund veränderter Rahmenbedingungen heute nicht mehr zu rechtfertigende Trennung von Pädagogik und Sonderpädagogik muss durch Integration ‚sonder‘-pädagogischer Problemstellungen in die Allgemeine Erziehungswissenschaft überwunden werden" (Eberwein 1988, 343).

Radikaler lässt sich der augenblickliche Paradigmenwechsel in der Sonder- und Heilpädagogik nicht beschreiben. Damit sind aber längst noch nicht alle Probleme der Integration überwunden worden. Diesbezüglich stehen wir erst am Anfang. In vielen Ländern ist die Integration behinderter Kinder zwar schon fortgeschritten. Einige Länder wie Dänemark, Italien oder die Niederlande verfügen über recht weitreichende positive Erfahrungen - und auch hier muss man noch genauer hinschauen - , während andere lediglich Schulversuche an einigen Modellschulen durchführen und weit von einem flächendeckenden System entfernt sind.

Grob skizziert sind heute drei Tendenzen in der sonderpädagogischen Konzeptbildung auszumachen:

1. Integration, ohne Wenn und Aber, wie sie Eberwein vertritt
2. möglichst weitgehende Integration, jedoch Erhalt der Sonderschulen, so dass Eltern behinderter Kinder eine Wahlmöglichkeit zwischen integrativer Beschulung und Sonderbeschulung erhalten

3. Integration durch Separation

Tiefergehende Ausführungen zum Thema Integration/Separation können dem Kapitel IX dieses Buches entnommen werden.

Literatur

Bach, H. (1995): Was unterscheidet Heilpädagogik in theoretischer und praktischer Hinsicht von anderer Pädagogik? In: Vierteljahresschrift für Heilpädagogik und ihre Nachbargebiete (VHN). 64, 159-165

Bleidick, U. (1972): Pädagogik der Behinderten. Grundzüge einer Theorie der Erziehung behinderter Kinder und Jugendlicher. Berlin

Bleidick, U. (1996): Pädagogik der Behinderten: Ein Ausblick. In: Opp, G./Peterander, F. (Hg.): Focus Heilpädagogik – „Projekt Zukunft". München, 28-35

Bless, G. (1995): Zur Wirksamkeit der Integration. Forschungsüberblick, praktische Umsetzung einer integrativen Schulform, Untersuchungen zum Lernfortschritt. Bern, Stuttgart und Wien

Bopp, L. (1930): Allgemeine Heilpädagogik in systematischer Grundlegung und mit erzieherischer Einstellung. Freiburg

Deutscher Bildungsrat (1973): Empfehlungen der Bildungskommission: Zur pädagogischen Förderung behinderter und von Behinderung bedrohter Kinder und Jugendlicher. Bonn

Eberwein, H. (1988): Zur dialektischen Aufhebung der Sonderpädagogik. In: Ders. (Hg.): Behinderte und Nichtbehinderte lernen gemeinsam. Handbuch der Integrationspädagogik. Weinheim und Basel, 343-345

Eberwein, H. (1995): Zur Kritik des sonderpädagogischen Paradigmas und des Behinderungsbegriffs. In: Zeitschrift für Heilpädagogik 10, 468-476

Georgens, I.D./Deinhardt, H.M. (1861): Die Heilpädagogik mit besonderer Berücksichtigung der Idiotie und der Idiotenanstalten. Leipzig

Haeberlin, U./Bless, G./Moser, U./Klaghofer, R. (1991): Die Integration von Lernbehinderten. Versuche, Theorien, Forschungen, Enttäuschungen, Hoffnungen. Bern

Haeberlin, U. (1996): Heilpädagogik als wertgeleitete Wissenschaft. Ein propädeutisches Einführungsbuch in Grundfragen einer Pädagogik für Benachteiligte und Ausgegrenzte. Bern, Stuttgart und Wien

Hanselmann, H. (1976, 9.Aufl.): Einführung in die Heilpädagogik. Zürich und Stuttgart

Hildeschmidt, A./Sander, A. (1996): Zur Effizienz der Beschulung sogenannter Lernbehinderter in Sonderschulen. In: Eberwein, H. (Hg.): Handbuch Lernen und Lern-Behinderungen. Weinheim und Basel, 115-134

Kobi, E.E. (1983, 4. Aufl.): Grundfragen der Heilpädagogik. Eine Einführung in heilpädagogisches Denken. Bern

Moor, P. (1965): Heilpädagogik. Ein pädagogisches Lehrbuch. Bern und Stuttgart

Muth, J. (1986): Integration von Behinderten. Über die Gemeinsamkeit im Bildungswesen. Essen

Muth, J. (1991): Zehn Thesen zur Integration von behinderten Kindern. In: Vierteljahresschrift

für Heilpädagogik und ihre Nachbargebiete (VHN), 60, 1-5
Prengel, A. (1995): Pädagogik der Vielfalt. Opladen
Speck, O. (1991, 2. Aufl.): System Heilpädagogik. Eine ökologisch reflexive Grundlegung. München
Strümpell, L.v. (1890): Die Pädagogische Pathologie oder die Lehre von den Fehlern der Kinder. Leipzig

Rolf Balgo

II   Sonderpädagogik im historischen und aktuellen Kontext

0. Vorbemerkung

Die beobachteten Auffälligkeiten in den Phänomenbereichen des Lernens, Verhaltens, Sprechens, des Bewegens und Wahrnehmens sind im (sonder-) pädagogischen Diskurs im Rahmen ihres je spezifischen wissenschaftshistorischen Kontextes aus einer Vielzahl von unterschiedlichen theoretischen Sichtweisen beschrieben worden. In ihnen wurde zum einen der Versuch unternommen, die beobachteten Auffälligkeiten zu definieren und zu klassifizieren und zum anderen, deren Auftreten zu erklären oder zu verstehen, um mögliche diagnostische, pädagogische sowie therapeutische Handlungsstrategien daraus ableiten zu können. Sonderpädagogisches Denken orientierte sich hierbei auch an den theoretischen Modellen anderer humanwissenschaftlicher Disziplinen wie beispielsweise der Medizin und Psychiatrie, der Psychologie und der Soziologie, die wiederum selbst in gleicherweise dem Einfluss philosophischer und naturwissenschaftlicher Lehren ausgesetzt waren. Dabei sind insbesondere epistemologische bzw. erkenntnistheoretische Prämissen als Ausgangspunkt jeglichen wissenschaftlichen Denkens von besonderer Bedeutung, die sich mit Fragestellungen nach den Quellen unserer Erkenntnis auseinandersetzen.

Da die Annahmen der klassischen Naturwissenschaften anfänglich breiten Eingang in die humanwissenschaftliche Theoriebildung gefunden haben, soll zunächst im folgenden der Frage naturwissenschaftlicher Erkenntnisgewinnung nachgespürt werden. Dabei wird das klassisch-naturwissenschaftliche Paradigma grob skizziert, welches das biomedizinische Denken, das auch in die Psychiatrie und letztendlich ebenso in sonderpädagogische Ansätze übertragen wurde, nachhaltig beeinflusst hat. Im Anschluss daran werden Kerngedanken psychologischer Modelle (Behaviorismus, Psychoanalyse) und deren Auswirkungen auf den sonderpädagogischen Kontext dargestellt, die ebenfalls noch von dem Einfluss dieses Paradigmas geprägt waren. Von den soziologischen Modellen werden dann wesentliche Aspekte des Historischen Materialismus und des Symbolischen Interaktionismus beschrieben, sowie deren Niederschlag in der sonderpädagogischen Theoriebildung. Abschließend werden ökologische Modelle und die aktuell den wissenschaftlichen Diskurs prägenden systemisch-konstruktivistischen Positionen vorgestellt, die auch in jüngster Zeit verstärkt Eingang in den sonderpädagogischen Kontext finden.

1. Skizzierung des klassisch-naturwissenschaftlichen Paradigmas

Schon bei Plato und Aristoteles finden wir zwei unterschiedliche Antworten auf die Frage nach der Erkenntnis der Realität: "Für Plato waren Sinnesdaten im besten Falle eine Ablenkung von Erkenntnis, die Sphäre der reinen Vernunft war. Für Aristoteles bestand Erkenntnis in Verallgemeinerungen, die aber in erster Linie aus Informationen stammten, die in der äußeren Welt gesammelt wurden. Diese beiden Modelle menschlichen Denkens, die Rationalismus bzw. Empirismus genannt wurden, bildeten das hauptsächliche geistige Vermächtnis des Westens bis zu Descartes und Bacon, die im 17. Jahrhundert die Zwillingspole der Erkenntnistheorie repräsentierten" (Berman 1985, S.24f.). Das Gemeinsame innerhalb der Denkstrukturen von Plato und Aristoteles war die Suche nach den nichtmateriellen Prinzipien, Formen oder Wesenskernen, die den beobachtbaren Phänomenen zu Grunde liegen sollten.

Ungeachtet der genau entgegengesetzten Standpunkte von Bacon und Descartes, ist deren Gemeinsamkeit in der grundlegenden Entdeckung zu suchen, daß es zwischen der Aussage des Rationalismus (nach der die Denkgesetze sich nach den Gesetzen der Materie richten) und der Aussage des Empirismus (nach der man immer die eigenen Gedanken an den Daten überprüfen muß, damit man weiß, welche Gedanken man denken soll) keine echte Kollusion gab. "Diese dynamische Beziehung zwischen Rationalismus und Empirismus", so schreibt der Wissenschaftshistoriker Berman (1985, S.25), „lag im Zentrum der wissenschaftlichen Revolution und wurde durch das Übertragen eines jeden Ansatzes in ein konkretes Werkzeug ermöglicht. Descartes zeigte, dass die Mathematik die prägnanteste Form der reinen Vernunft war, das verlässlichste Wissen, das vorhanden war. Bacon wies darauf hin, dass man die Natur unvermittelt befragen musste, indem man sie in eine Lage brachte, in der sie gezwungen war, ihre Antworten preiszugeben."

Durch die Einführung der empirischen Wissenschaftsmethode in England durch Bacon und der Formulierung seiner Theorie der induktiven Methode, sollte Wissen zur Beherrschung und Kontrolle der Natur erworben werden (vgl. Capra 1983, S.54f). Descartes hingegen hielt es für fehlerhaft, ohne eine Methode des klaren Denkens mit dem Sammeln von Naturdaten zu beginnen und aus ihnen Schlussfolgerungen abzuleiten, und er suchte zunächst, unter Ausblendung der äußeren Welt, das Wesen des richtigen Denkens selbst herauszufinden. Für ihn bestand der Schlüssel zum Universum in dessen mathematischer Struktur und daher gründete seine Methode, die er zur Erlangung von Erkenntnissen vorstellte, auf der Geometrie. Das Universum war für Descartes nichts als eine Maschine, die nach mechanischen Gesetzen funktionierte und die in den Begriffen der Anordnung und Bewegung der Teile erklärt werden konnte. Dementsprechend versuchte er ein richtiges Bild der Natur auf dem Wege strenger Deduktion aus einfachsten Grundbegriffen zu gewinnen sowie mittels seiner Entwicklung der Methode des analytischen Denkens, bei dem komplexe Gedanken oder Probleme in ihre Einzelteile zerlegt und dann wieder in ihrer logischen Anordnung zusammengesetzt wurden. Der Glaube, komplexe Phänomene durch die Reduktion auf ihre Bestandteile verstehen zu können, wurde später zu einem wesentlichen Merkmal wissenschaftlichen Denkens und das mechanische Bild der Natur zum dominierenden Paradigma der Naturwissenschaft in der auf Descartes folgenden Periode (vgl. Berman 1985, S.30ff; Capra 1983, S.59f; Pietschmann 1990, S.127 u. 138).

Bacons Erwartungen, dass wissenschaftliche Ergebnisse allein aufgrund ihres Gewichts aus der Datensammlung anfallen, und Descartes' Versuch, diese durch den formalen Beweis richtiger Behauptungen zu erlangen, erschwerten das Aufgehen ihres gemeinsamen Nenners, einer an Zweckmäßigkeit und Nützlichkeit orientierten Wissenschaftsauffassung in der Praxis. Indem Galilei und Newton daraufhin den Rationalismus von Descartes und den Empirismus von Bacon zu einer neuen Methode verbanden, demonstrierten sie, wie diese Kombination in der Praxis funktionieren könnte (vgl. Berman 1985, S.36).

Galileis Denkrahmen gründete auf dem Ausschluss falscher Hypothesen durch das Experiment (vgl. Pietschmann 1990, S.110,112). Als Experiment sollte nur gelten, was 1.) durch den Ausschluss aller subjektiven Faktoren von allen Menschen reproduzierbar war, was 2.) durch die Beschränkung auf sog. objektive, d.h. messbare Fakten quantifizierbar war (<alles, was messbar ist, messen, und was nicht messbar ist, messbar machen>) und was 3.) somit mit anderen Ergebnissen vergleichbar war und was 4.) durch die Analyse der vorliegenden Phänomene die Isolation der Hypothesen erlaubte, die so einfach waren, dass sie durch das Experiment getestet werden konnten (vgl. Pietschmann 1990, S.113ff). Nach Galilei muss die wissenschaftliche Theorie nicht mit der Erfahrung, sondern mit dem Experiment übereinstimmen, das er mit der Anwendung der mathematischen Sprache verknüpfte. Bis zum heutigen Tag sind sein empirisches Verfahren und seine mathematische Naturbeschreibung wichtige Kriterien wissenschaftlicher Theorien (vgl. Capra 1983, S.53).

Doch erst durch Newton wurde die methodologische Kombination von Rationalismus und Empirismus zu einer geschlossenen Naturphilosophie. "Newton machte die kartesianische Weltsicht glaubwürdig, indem er alle ihre Einzelheiten falsifizierte. Mit anderen Worten, obgleich Descartes´ Fakten falsch und seine Theorie unhaltbar waren, wurde doch die zentrale Descartessche Ansicht - dass die Welt eine riesige Maschine aus Materie und Bewegung ist, die den mathematischen Gesetzen gehorcht - durch Newtons Arbeit gründlich bestätigt." (Berman 1985, S. 43). Capra (1983, S.64f) beschreibt dieses Newtonsche Universum folgendermaßen: "Die Bühne [...], auf der sich alle physikalischen Vorgänge abspielten, war der dreidimensionale Raum der Euklidischen Geometrie. Es war ein absoluter Raum, ein leerer Behälter, unabhängig von den physikalischen Phänomenen, die sich in seinem Inneren ereigneten. [...] Alle Veränderungen in der physikalischen Welt wurden in den Begriffen einer davon getrennten Dimension beschrieben, der Zeit, wobei die Zeit wiederum absolut war, keine Verbindung mit der Welt der Materie hatte und gleichförmig von der Vergangenheit durch die Gegenwart in die Zukunft floss."

Newton erforschte dieses Universum, indem er eine Methodologie entwickelte, welche die empirische und die deduktive Methode vereinigte, so dass die mathematische Beschreibung durch die experimentellen Ergebnisse Stück für Stück bewertet wurden. In seiner experimentellen Philosophie sollten Thesen aus Phänomenen abgeleitet und durch anschließende Induktion allgemeingültig gemacht werden; nicht aus den Phänomenen Ableitbares nannte er Hypothesen, die in dieser keinen Platz haben sollten (vgl. Capra 1983, S.63f und Röseberg 1982, S.95). "Newton wiederholte das Hauptthema der wissenschaftlichen Revolution: unser Ziel ist wie, nicht warum. Dass ich die Schwerkraft nicht erklären kann, ist irrelevant. Ich kann sie messen, beobachten, Voraussagen machen, die auf ihr beruhen, das ist alles, was der Wissenschaftler zu tun hat. Wenn ein Phänomen nicht messbar ist, kann ihm <<kein Platz in der experimentellen Philosophie gebühren>>. Diese philosophische Position, die in ihren verschiedenen Formen <<Positivismus>> genannt wird, ist bis zum heutigen Tage der offizielle Aspekt der modernen Wissenschaft geblieben." (Berman 1985, S.44)

Die enge Verbindung von Experiment und philosophischem Atomismus, in dem die Zerlegung in einfache Bestandteile als richtiger Weg zu den Elementen betrachtet wird, war ein weiterer Aspekt Newtonscher Methodologie (vgl. Berman, 1985, S.44). So entstand in der Newtonschen Mechanik ein Weltbild, in der "[...] alle Erscheinungen [...] auf die Bewegung von materiellen Teilchen im Raum reduziert [werden], die durch ihre gegenseitige Anziehung, d.h. durch die Schwerkraft verursacht wird. Die Wirkung dieser Kraft auf ein Partikel oder auf irgendein anderes materielles Objekt wird mathematisch durch Newtons Bewegungsgleichungen beschrieben, welche die Grundlage der klassischen Mechanik bilden. Sie wurden als feste Gesetze betrachtet, nach welchen materielle Objekte sich bewegen, und man glaubte, mit ihnen alle in der physikalischen Welt beobachteten Veränderungen erklären zu können. Aus Newtons Sicht hat Gott am Anfang die Masseteilchen, die Kraft zwischen ihnen und die Grundgesetze der Bewegung geschaffen. Auf diese Art wurde das gesamte Universum in Bewegung gesetzt und läuft seitdem wie eine Maschine, gelenkt von unabänderlichen Gesetzen. Die mechanistische Weltanschauung ist somit eng verbunden mit einem strengen Determinismus, mit der Auffassung einer kausalen und völlig determinierten kosmischen Maschine. Alles, was geschieht, hat nach dieser Auffassung eine definitive

Ursache und eine definitive Wirkung, und die Zukunft eines jeden Teils des Systems könnte im Prinzip mit absoluter Sicherheit vorausgesagt werden, wenn sein Zustand zu irgendeiner Zeit in allen Einzelteilen bekannt wäre." (Capra 1983, S.66)

Die Welt galt somit als kausal-mechanisches Gebilde, das unabhängig vom menschlichen Beobachter beschrieben werden konnte und eine derartige Beschreibung wurde zum Ideal wissenschaftlichen Arbeitens. Die Verbindung von (philosophischem) Atomismus, Positivismus und der experimentellen Methode beeinflusst auch heute noch die Definition von Realität, und Erkennen bedeutet Zerlegen, Quantifizieren und wieder Zusammenfügen. "Zu Beginn des 20. Jahrhunderts dominiert in den Wissenschaften damit eine Denkweise, die man als exakt, mathematisch, quantifizierend, isolierend, kausal-analytisch, mechanistisch und materialistisch bezeichnen kann. Dieses Denken ist in mehrfacher Hinsicht reduktiv: Was nicht messbar und nicht in mathematischer Form fassbar ist, verschwindet aus der Wissenschaft, und dieses dominierende Streben nach Exaktheit führt dazu, dass man in der Forschung isolierend kleine Teile aus größeren Zusammenhängen herausreißt, um einzelne lineare Kausalbeziehungen genau erfassen zu können." (Ulrich u. Probst, 1990, S.15f)

1.1. Das biomedizinische Modell

Descartes dehnte sein Verständnis von einem aufgrund mechanischer Gesetze funktionierenden materiellen Universums, das aus der Zusammensetzung und Bewegung seiner Teile heraus erklärt werden konnte, gleichermaßen auf lebende Organismen wie Pflanzen, Tiere und den Menschen aus. Selbst heute noch ist die kartesianische Auffassung von Lebewesen als Maschinen, die durch Reduktion auf ihre einzelnen, kleinsten Bestandteile und das Auffinden ihrer Mechanismen begriffen werden können, die Grundlage des herrschenden Denkens in der Biologie. Auch wenn die einfachen mechanischen Modelle lebender Organismen im Zuge wissenschaftlicher Entdeckungen innerhalb der Physiologie, der Zelltheorie, der Evolutionstheorie, der Genetik, der Molekularbiologie etc. von komplizierteren Erklärungen abgelöst wurden, so blieb doch der Kern der mechanistischen Vorstellung erhalten (vgl. Capra 1983, S.107ff). Dieser beeinflusste auch die eng mit der Biologie verzahnt sich entwickelnde Medizin und ihre Einstellung gegenüber Gesundheit und Krankheit.

Dass diese grundlegende Einstellung heutzutage so selbstverständlich geworden ist, so dass sie nicht einmal mehr den Ärzten bewusst zu sein scheint, beschreibt von Uexküll (1992, S.5): "Medizinische Lehrbücher verzichten gewöhnlich auf eine theoretische Einführung. Sie kommen gleich zur <<Sache>>. [...] In Wahrheit können Ärzte und Medizinstudenten aber diese Lehrbücher nur deswegen ohne theoretische Einführung verstehen, weil sie während der ersten Semester ihrer medizinischen Ausbildung die Theorie erlernt haben, die dort vorausgesetzt wird. Wenn der Medizinstudent nach dem vorklinischen Studienabschnitt mit kranken Menschen in Berührung kommt, weiß er bereits, was die <<Sache>> der Medizin ist. Er hat während des Studiums in Physik, Chemie, Anatomie, Biochemie und Physiologie die Theorie erlernt, nach der er sich den Aufbau des menschlichen Körpers und die kompliziertesten Mechanismen, die in seinem Inneren ablaufen, vorzustellen hat. [...] Auf diese Weise lernen Ärzte schon als Medizinstudenten, ein Modell auf den menschlichen Körper zu übertragen, das die Physik zur Lösung technischer Probleme entwickelt hat und das in der zweiten Hälfte des 19. Jahrhunderts seinen Siegeszug durch die Welt antrat: das Modell der Maschine." [1]

Durch ihre Orientierung am klassischen naturwissenschaftlichen Bezugsrahmen erhoffte sich die wissenschaftliche Medizin eine ebensolche Exaktheit und Vollkommenheit zu erlangen. Capra (1983, S.131) charakterisiert das grundlegende theoretische biomedizinische Modell folgendermaßen: "Der menschliche Körper gilt als Maschine, die man nach den Funktionen ihrer Teile analysieren kann. Krankheit gilt als Fehlfunktion der biologischen Mechanismen, die aus der Sicht der Zell- und Molekularbiologie untersucht werden. Die Rolle des Arztes besteht darin, physikalisch oder chemisch einzugreifen, um das falsche Funktionieren eines spezifischen Mechanismus zu korrigieren." Krankheit ist demzufolge eine mechanische Störung, eine Panne der Maschine, die Symptome bzw. der Schmerz ein rotes Warnlicht (ähnlich dem Kontrolllämpchen am Armaturenbrett eines Autos), deren Ursache in funktionalen Abläufen zu suchen ist, wobei die defekten (Körper-) Teile von verschiedenen

---

[1]Dieser Sachverhalt spiegelt sich auch in den Titeln medizinischer Lehrbücher wieder, wie beispielsweise in einer Einführung des Physiologen SCHMIDT in die Humanmedizin mit dem Buchtitel <<Biomaschine Mensch. Normales Verhalten, gestörte Funktion, Krankheit>> (München, 1979) wie auch im alltäglichen Sprachgebrauch, in dem das Herz als "Pumpe" bezeichnet wird, man sich beim Arzt "durchchecken" läßt, man "abschalten" lernt, der Schmerz "ausgeschaltet" wird, der Kreislauf "in Gang" gebracht wird etc.

Spezialisten instandgesetzt werden. Die Konzentration auf die Körpermaschine führt somit zum Ausschluss von psychologischen, aber ebenso gesellschaftlich-sozialen und umweltbedingten Aspekten der Krankheit. Dies ist auch darauf zurückzuführen, dass die medizinische Wissenschaft in ihren Anfängen ihr Modell vom Menschen anhand der Sektion von Leichen gewann und die Verbindung zwischen den Einzelteilen der zerlegten, toten Körper als mechanisches Zusammenwirken begriff (vgl. zur Lippe 1978, S.17).

Die Zurückführung des Symptoms einer Krankheit auf die lokale Wirkung einer spezifischen Ursache bzw. eines Defektes, unabhängig von der psychischen Verfassung, der Geschichte oder des aktuellen material-sozialen Kontextes des Kranken, führte Anfang des 19. Jahrhundert zur Suche nach den krankheitsauslösenden Faktoren und ermöglichte eine Systematisierung der Krankheiten. Dabei entstanden zwei Richtungen: die Annahme Virchows, "[...] jede Krankheit sei mit strukturellen Veränderungen auf der Ebene der Zellen verbunden [...]" und der Anschauung von Pasteur, der "[...] spezifische Krankheiten mit spezifischen Bakterien in Verbindung brachte" (Capra 1983, S.136). Koch versuchte mit dem Konzept einer spezifischen Ätiologie, den Zusammenhang zwischen einer Krankheit und den sie verursachenden Erregern exakt nachweisbar zu machen. Unter Vernachlässigung des komplexen Zusammenwirkens von Mensch, Erreger und Umwelt wurde nun der medizinische Forschungsschwerpunkt auf die Mikroorganismen verlagert. Außerdem entstand eine Systematisierung der Krankheiten nach dem Vorbild der Klassifikationen von Pflanzen und Tieren aus der Biologie durch Linné (vgl. Capra 1983, S.137f). "Damit war der logische Bezugsrahmen für neue Ziele der Medizin abgesteckt. Nicht mehr der leidende Mensch, sondern die Krankheit stand im Mittelpunkt des medizinischen Systems und konnte (a) einer operationalen Verifikation durch Messungen, (b) der klinischen Forschung und dem Experiment und (c) der Bewertung nach technischen Normen unterzogen werden. Die Antike kannte keinen objektiven Maßstab für die Krankheit. Galileis Zeitgenossen waren die ersten, die [...] Messungen an den Kranken vorzunehmen suchten. [...] Seit diesen ersten Messungen haben die Ärzte in jedes neue Messverfahren, das sie zu handhaben lernten, diagnostische und kurative Bedeutung hineingelesen." (Illich 1984, S.187f) Es kommt zur Übernahme von Fieber- und Pulsmessung in die klinische Praxis, zur erstmaligen Benutzung des Stethoskops und des Blutdruckmessers und zur Entwicklung neuer Untersuchungsverfahren (bspw. Messungen des spezifischen Gewichts des Urins).

Durch die Ausdehnung der Taxonomierung von zunächst anatomischen Anomalien auch auf die Pathologie der Funktionen wurde Krankheit mit dem Abweichen vom Maßstab der Norm bzw. mit Abnormität gleichgesetzt (vgl. Illich 1984, S.187ff; Capra 1983, S.139). Auch in der sich verändernden Bedeutung, die das Wort "normal" anfänglich im Sprachgebrauch hatte, spiegelt sich diese Entwicklung wieder: "*Norma* heißt im Lateinischen <<Maß>>, das Winkelmaß des Zimmermanns. Bis um 1830 bedeutete das englische Wort <<normal>> dann auch senkrecht, rechtwinkelig. In den 1840er Jahren setzte es sich zur Bezeichnung eines allgemeinen Typus durch. Um 1880 bezeichnete das Wort einen regelmäßigen Zustand - nicht nur von Dingen, sondern auch von Menschen. In Frankreich wurde es aus der Geometrie auf die Gesellschaft übertragen: *École normale* hieß die Schule, in der die Lehrer des *Empire* ausgebildet wurden. Und 1840 gab Auguste Comte ihm eine medizinische Bedeutung. Er hoffte nämlich, dass, wenn einmal die Gesetze des Normalzustandes des Organismus bekannt wären, eine Wissenschaft der vergleichenden Pathologie möglich wäre." (Illich 1984, S.191f)

1.1.1. Die biomedizinische Psychiatrie

Die Auffassung bezüglich abweichenden Verhaltens änderte sich gleichermaßen, da auch sie nun in der kartesianischen Tradition des biomedizinischen Modells verblieb. Nachdem die magisch-religiöse Interpretation des Wahnsinns (z.B. als Besessenheit, die mit rituellen Praktiken zu bessern versucht wurde) in der vorindustriellen Zeit in eine Krise geriet, entstand die moderne psychiatrische Theorie mit dem Versuch "[...] systematische Kriterien einzuführen, um in dem weitreichenden Magma der als abweichend geltenden Verhaltensweisen klarer unterscheiden zu können, welche unter die Kompetenz der Religion, welche unter die Kompetenz der gerichtlichen Repression und welche unter die Kompetenz der Ärzte und Psychiater fallen" (Jervis 1980, S.46). Die mechanistische Sichtweise von Descartes wurde nun auch auf den Geist selbst angewandt, indem er beispielsweise von La Mettrie (vgl. Baruzzi 1973, S.73ff) als auf materielle Ursachen reduzierbar aufgefasst wurde. Es entstand die in der zweiten Hälfte des letzten Jahrhunderts am biomedizinischen Modell orientierte Psychiatrie mit dem Ziel der Klassifizierung und Lokalisierung von Krankheitsbildern.

Verschiedene Arten klinischer Verläufe wurden etikettiert, geordnet, klassifiziert, so dass ein diagnostisches System entstand, das Geisteskrankheiten zu pathologischen Entitäten werden ließ. Diese standen nun in Verdacht, ähnlich wie eine Infektionskrankheit rote Flecken auf der Haut bewirken kann, psychiatrische Symptome hervorzurufen : "Der Geisteskranke war nicht mehr ein Mensch, der sich abnorm *verhielt*, sondern nur ein Organismus, der schlecht *funktionierte* [...]." (Jervis 1980, S.51; vgl. auch Pritz/Petzold 1992, S.24) In den psychiatrischen Krankheiten sah man nun eine bedeutungslose Folge organischer Veränderungen, deren Ursachen, losgelöst vom Lebenszusammenhang der Patienten, in den Erbanlagen, biologischer Degenerierung, einer Erkrankung des Gehirns (bspw. durch Infektionen oder Alkohol), Schäden in den Zellen oder im Stoffwechsel etc. verortet wurden. Man versuchte ihnen mit biologischen Behandlungsmethoden, wie z.B. dem Insulinschock, der Lobotomie (vgl. hierzu Koch 1978), dem Elektroschock bis hin zu den Psychopharmaka, seit den 50er Jahren, zu begegnen (vgl. Jervis 1980, S.52ff; Pritz/Petzolt 1992, S.23f). Da sich diese Behandlungen von psychischen Symptomen verhängnisvoll auswirkten, geriet das biomedizinische Modell der Geisteskrankheiten seit Beginn unseres Jahrhunderts in eine entscheidende Krise. "Ein Grund für diese Krise war sicherlich das praktische Scheitern der medizinischen und biologischen Psychiatrie. Entgegen allen Hoffnungen hat man in diesem Jahrhundert nicht nur keine biologischen Ursachen für Psychosen und Neurosen gefunden, sondern es wurde auch keine entscheidende biologische Behandlungsmethode ausfindig gemacht." (Jervis 1980, S.54)

Ludewig (vgl. 1987, S. 159) weist bezüglich klinischer Psychodiagnostik und -therapie kritisch auf die vom Beobachter abhängige, aufgrund seiner Kriterien vorgenommene Interpunktion zwischen diagnostisch-entdeckenden und interventiv-verändernden Handlungen hin. Diese entstammen einem Verständnis analog dem eines Experimentes, bei dem "ein Subjekt [...] in der Lage [sei], ein anderes Individuum (Objekt) zuerst objektiv zu erfassen, um an ihm danach kontrollierte, zielgerichtete Operationen vorzunehmen. Spätestens aber im Lichte der Ergebnisse sozialpsychologischer Untersuchungen zur Beziehung zwischen Versuchsleiter und Versuchsperson in experimentellen Situationen (vgl. z.B. den Rosenthal-Effekt oder das Milgram-Experiment) muss man annehmen, dass eine saubere Trennung zwischen Subjekten und Objekten sozialer Handlungen nicht einmal in besonders kontrollierten Experimentalsituationen möglich ist. Umso weniger dürfte dies bei den viel unkontrollierbareren sozialen Bedingungen einer klinischen Interaktion der Fall sein." (Ludewig 1987, S. 159)

1.1.2. Biomedizinische Ansätze im sonderpädagogischen Kontext

Das bis zu dieser Stelle skizzierte, aus klassisch-naturwissenschaftlichen Vorstellungen abgeleitete und im Bereich der organmedizinischen Pathologie entwickelte biomedizinische Modell wurde auch in verschiedenen sonderpädagogischen Bereichen zur Erklärung von Auffälligkeiten und Abweichungen von Kindern und Jugendlichen übertragen. In seinem Rahmen werden diese meist primär als Symptome krankhafter bzw. defizitärer physiologischer Strukturen oder Prozesse als Folge einer Schädigung des physischen Organismus angesehen. Der Fokus des wissenschaftlichen und praktischen Interesses ist dabei individuumzentriert auf das einzelne Kind gerichtet, wobei die Ursachen der beobachteten Auffälligkeiten in seiner Person verortet werden.

Daher ist es im Sprachgebrauch biomedizinisch orientierter sonderpädagogischer Modelle üblich, von Kindern zu sprechen, die eine „Behinderung", eine „Störung", einen „Defekt", eine „Schädigung", eine „Dysfunktionalität" *haben*, so als besäßen sie diese ähnlich wie einen Gegenstand oder ein Ding. Hier wird zwischen dem Kind auf der einen Seite und der „Behinderung", „Störung", etc. auf der anderen Seite, in deren Besitz es in irgendeiner Weise gelangen kann, unterschieden. Eine weitere, andere Formulierung ist, dass diese Kinder „behindert", „gestört", etc. *sind*, und sie suggeriert, dass dies Eigenschaften oder statische Zustände der Kinder seien, die in ihrem Inneren lokalisiert werden können. In beiden Fällen bildet der Körper des Kindes die Grenze, durch den das „gestörte" Kind definiert und gegenüber seiner Umwelt abgetrennt wird: derjenige, der „stört", wird zum „Gestörten".

Eine solche individuumzentrierte bzw. personorientierte Sichtweise übernimmt den für die Ebene der körperlichen Prozesse entwickelten Krankheitsbegriff des biomedizinischen Modells und überträgt diesen auf weitere, nichtbiologische Phänomenbereiche. Die von erwarteten Ereignissen, Prozessen oder Zuständen abweichenden, beobachtbaren Symptome der im Interaktions- und Kommunikationsbereich stattfindenden Phänomene, wie beispielsweise die des Lernens, Verhaltens, Sprechens etc., werden als Zeichen für nicht direkt zugängliche „krankhafte" Ereignisse, Prozesse oder Zustände im biologischen Phänomenbereich des Organismus gedeutet. Die beobachtbaren „Störungsphänomene" werden auf intraindividuelle Defekte oder biophysische Schädigungen zurückgeführt, die sowohl genetisch als auch durch Noxen in der prä-, peri- und postnatalen Phase oder im weiteren biophysischen Entwicklungsprozeß verursacht angesehen werden. Entsprechend steht bei diagnostischen und empirischen Untersuchungen die Frage im Mittelpunkt, ob irgendwelche somatischen Bedingungen nachweisbar sind, die mit spezifischen Auffälligkeiten in Zusammenhang stehen oder kausal für eine Störung verantwortlich gemacht werden können.

„Eine weitere Annahme des biophysischen Modells besagt," schreibt Benkmann (1989, S.72), „dass ähnliche Symptomverbindungen (Syndrome) das Ergebnis ähnlicher pathogenetischer Verläufe sind, die sich differentialdiagnostisch ermitteln und bestimmten Klassen zuordnen lassen. Unterschieden wird zumeist zwischen primären und sekundären Störungen. Erstere werden als unmittelbare Auswirkungen somatogener Belastungsfaktoren beschrieben, letztere als das Produkt der Auseinandersetzung des geschädigten Individuums mit seiner Umwelt."

Die Anwendung des für die Ebene von körperlichen Prozessen entwickelten biomedizinischen Erklärungskonzeptes für Störungen auf die für den sonderpädagogischen Bereich relevanten auffälligen Phänomene, das deren Ursachen reduktionistisch aus inneren, (neuro-)physiologischen Prozessen ableitet, hat direkte Folgen für die Ansichten über die Wirksamkeit bestimmter medizinisch-therapeutischer oder (sonder-)pädagogischer Maßnahmen. Da das Individuum „gestört" ist, muss es untersucht behandelt und verändert werden. Dabei geht es zunächst darum, „Krankheiten", „Störungen", „Dysfunktionalitäten" genau zu diagnostizieren, um sie dann mit medikamentösen Präparaten oder Diättherapien u.ä. medizinisch-therapeutisch kausal bekämpfen und beseitigen zu können. Da die Auffälligkeiten von Kindern und Jugendlichen nach dem biomedizinischen Modell im Sinne biologischer Symptome als Auswirkungen einer mit (sonder-)pädagogischen Methoden nicht behebbaren organischen Schädigung oder Funktionsbeeinträchtigung interpretiert werden, handelt es sich bei den daran ausgerichteten sonderpädagogischen Handlungsansätzen um defizitorientierte, kompensatorische Förderprogramme und funktionale Trainingsverfahren, die darauf abzielen, die organisch bedingten personalen Defizite und Funktionsstörungen auszugleichen.

Auf die spezifischen Umgangsweisen, die sich aus dieser biomedizinisch orientierten Sichtweise ableiten lassen, weist Werning (vgl. 1989, S.20) kritisch hin. Über die Zuschreibung „krank", „gestört" etc. stellt sich eine neue Zuständigkeit her, da nun anstatt der Eltern, Erzieher und Lehrer sowie der Betroffenen selbst, die Experten für Krankheit und Störung in Gestalt von Ärzten und Therapeuten die Verantwortung für deren Heilung übernehmen. Conrad (vgl. 1983, S.104) sieht einen weiteren Effekt dieser individuumzentrierten Pathologisierung in der Entpolitisierung, da sie die Bedeutung von Auffälligkeiten im sozialen Kontext negiert. Durch die Akzeptanz einer Krankheitsdefinition können sich soziale Institutionen wie Schule, Kindergarten, Familie der Bedrohung entledigen, welche die Person, die sich auffällig zeigt, auf die Alltagsroutine mit ihren Verhaltenssicherheit produzierenden impliziten und expliziten Normen und Regeln ausübt. Benkmann (vgl. 1989, S.75) gibt zu Bedenken, dass die Zuverlässigkeit und die pädagogische Bedeutung medizinischer Diagnosen leicht überschätzt werde. Zudem bemängelt er die durch die Verwendung fixierender diagnostischer Begriffe erfolgenden stigmatisierenden Festschreibungen sowie die „Negativ-Diagnostik", die durch die einseitige Abhebung auf individuelle Funktionsdefizite die Pädagogen dazu verleite, Kinder ausschließlich unter dem defizitorientierten Blickwinkel ihrer organischen Handicaps und nicht mehr in ihrer Ganzheit und sozialen Einbettung zu betrachten.

2. Psychologische Modelle

Da auch psychologische Ansätze wie beispielsweise der verhaltenstheoretische und psychodynamische Ansatz Eingang in die sonderpädagogische Modellbildung gefunden haben, soll im folgenden erneut zunächst deren historische Entwicklung grob nachgezeichnet werden. Auch hierbei lässt sich wiederum zeigen, dass das klassisch-naturwissenschaftliche Paradigma wesentlich die wissenschaftliche Psychologie des 19. Jahrhunderts beeinflusst hat. Dabei kristallisierten sich in der Psychologie drei Hauptströmungen heraus: die beiden akademischen des (1) Strukturalismus (der den Geist durch nach innen gerichtete Selbstbeobachtung auf seine grundlegenden Elemente hin analysierte) und (2) des Behaviorismus (der nur das nach außen gerichtete Verhalten beobachtete) sowie die klinische der (3) Psychoanalyse (die mit der Methode der freien Gedankenassoziation arbeitete (vgl. Capra 1983, S.177). Während der ersten Jahrzehnte des 20. Jahrhunderts beherrschten der Behaviorismus (Verhaltenspsychologie) und die Psychoanalyse das psychologische Denken, die - trotz erheblicher Unterschiede - beide unter dem Einfluss des klassisch-naturwissenschaftlichen Weltbildes standen und beide die Enthüllung der Determiniertheit menschlichen Verhaltens durch Anwendung der analytischen Methode zu ihrem wissenschaftlichen Programm werden ließen.

2.1. Der Behaviorismus

Als Brücke zum Behaviorismus diente der Funktionalismus (insbesondere die Erforschung der Anpassungsprozesse der Organismen), zu dessen Vorläufern aber auch der Biologe Loeb mit seiner Theorie des Tropismus (der Annahme von mechanistisch gerichteten Bewegungen von Pflanzen und Tieren, die durch äußere Reize verursacht werden), die russische Reflexologie (insbesondere Pawlows Experimente zu den bedingten Reflexen und Bechterews Formulierung einer allgemeinen Theorie des Verhaltens mit rein physiologischen Begriffen) sowie die experimentelle Tierpsychologie (Thorndike, Small, Yerkes, Washburn, u.a.) zu zählen sind (vgl. Wertheimer 1971, S.152ff). Diese Vorstellungen wurden von Watson sämtlich in seine Theorie des Verhaltens eingebaut. Er gilt als Begründer des Behaviorismus, der den Höhepunkt der mechanistischen Vorgehensweise in der Psychologie darstellt. Hierbei wurden "[...] geistige Phänomene [...] auf Verhaltensmuster reduziert, und das Verhalten selbst auf physiologische Vorgänge, die von Gesetzen der Physik und Chemie gesteuert werden" (Capra 1983, S.185).

Das Ziel Watsons war es, die Psychologie in den Stand einer objektiven Naturwissenschaft zu erheben, indem sie sich an den Prinzipien der Newtonschen Mechanik und den Kriterien der wissenschaftlichen Genauigkeit und Objektivität orientierte. Er lehnte die Introspektion (sowohl der Geist als auch der biologische Körper wurden mit einer "black box" verglichen) und Begriffe wie <<Bewusstsein, Geist, Denken, Fühlen>> ab, um die von Beobachtern unabhängige Beschreibung psychologischer Phänomene zu gewährleisten (vgl. Capra 1983, S.187; Varela, Thompson, Rosch 1992, S.72; Mietzel 1987, S.24).

"Watson sagte, lebende Organismen seien für einen Verhaltensforscher komplexe Maschinen, die auf Reize von außen reagieren, wobei dieser Reiz-Reaktion-Mechanismus natürlich nach der Newtonschen Physik modelliert war. Das setzte einen strengen Kausalzusammenhang voraus, der es den Psychologen ermöglichen sollte, die Reaktion auf einen vorgegebenen Reiz vorauszusagen und, umgekehrt, den Reiz für eine vorgegebene Reaktion zu spezifizieren." (Capra 1983, S.187) Den Hauptgegenstand seiner Psychologie bildeten das Studium der bedingten Reflexe bzw. angeborenen oder durch Konditionierung erworbenen Stimulus-Response-Verbindungen als Einheiten des Verhaltens, die Formulierung von Verhaltensgesetzen sowie das Ziel der Verhaltenskontrolle und -steuerung. Auch Wahrnehmungen, Emotionen und das Denken galten als Reaktionen auf äußere Reize. Die sich u.a. hieraus später entwickelnde Verhaltenstherapie versuchte, als reine symptom- und problemorientierte Methode, mittels Konditionierungstechniken eine Verhaltensmodifikation zu erreichen (vgl. hierzu auch Mietzel 1987, S.23ff; Zimbardo 1992, S.7f; Hampden-Turner 1982, S.32f; Krech/Crutchfield u.a., 1985, Bd.3, S.17ff; Hehlmann 1967, S.264f; Wertheimer 1971, S.156ff).

Der <<klassische Behaviorismus>> wurde weiterentwickelt durch die Einführung des Prinzips der Verstärkung in der Theorie des menschlichen Verhaltens von Hull (der sog. Trieb-Reduktionstheorie, bei der die Reaktion auf einen Reiz, wenn sie zur Befriedigung eines Bedürfnisses, Antriebes, u.ä. führt, zusätzlich verstärkt wird) und dem einflussreichsten Repräsentanten der behavioristischen Sichtweise, den Lernpsychologen Skinner, mit Anwendung einer streng operationalistischen Definition der Verstärkung (nach der ein Verstärker alles ist, was die Wahrscheinlichkeit der Wiederholung einer vorangehenden Reaktion erhöht). In experimentellen Tierversuchen in den sog. Skinner boxes, testete er seine Methode der instrumentellen Konditionierung, bei der bspw. eine negative oder positive Verstärkung (z.B. Futter) nur im Gefolge einer Verhaltensweise bzw. Tätigkeit (z.B. das Drücken eines Hebels) auftritt. Die Ergebnisse übertrug er dann auf menschliches Verhalten, zu dessen Erklärung er innerpsychische Begriffe strikt ablehnte (vgl. Wertheimer 1971, S.163; Mietzel 1987, S.101ff; Krech/Crutchfield u.a., 1985, Bd.3, S.29ff; Capra 1983, S.189). "Skinner hat energisch die Vorstellung zurückgewiesen, die Menschen handelten im Einklang mit den in ihrem eigenen Innern getroffenen Entscheidungen. Stattdessen schlug er eine rein technologische Methode vor, um einen neuen Menschentyp zu schaffen: ein Mensch, der so konditioniert wird, dass er sich verhält, wie es für ihn selbst und die Gesellschaft am besten ist. [...] <<Was wir brauchen>>, so schreibt er, <<ist eine Technologie des Verhaltens... an Macht und Präzision der physikalischen oder biologischen Technologie vergleichbar:>> (vgl. Skinner, 1975, 3) [...] Das also ist die Newtonsche Psychologie *par excellence*, eine Psychologie ohne Bewusstsein, die alles Verhalten auf mechanistische Abläufe bedingter Reflexe reduziert und behauptet, das einzig wissenschaftliche Verständnis der menschlichen Natur sei das, das im Rahmen der klassischen Physik und Biologie bleibt. Es ist ferner eine Psychologie, in der sich die Vorliebe unserer Kultur für eine manipulierende Technologie widerspiegelt, eine Technologie, die auf Beherrschung und Kontrolle aus ist." (Capra 1983, S.190)

Klucken und Plappert (1979, S.4) befürchten in Hinblick auf die Konsequenzen der theoretischen Grundlagen des Behaviorismus in der verhaltenstherapeutischen Praxis, dass der Mensch zur Marionette wird. Die Auffassung, dass er ja grundsätzlich von den Umweltfäden gesteuert und daher eigentlich jede Art der Beeinflussung, Erziehung oder Therapie im Grunde eine Form von Manipulation sei, wird somit, wie in dem von ihnen angeführten Zitat von Halder (1973, S.146), zur Legitimation grenzenloser Indoktrination: "Das Faktum, dass das menschliche Verhalten stark durch seine Konsequenzen beeinflusst ist, ist weder von Psychologen geschaffen worden, noch ist dessen Anwendung auf psychologische Theorien beschränkt. Unsystematisch und spontan werden operante Prinzipien seit Jahrhunderten in der Pädagogik angewandt. Im Unterschied zu dem intuitiven Gebrauch im vorwissenschaftlichen Gebrauch erweckt die systematische Anwendung, vor allem wenn sie bei behinderten Patienten geschieht, den irreführenden (!) Eindruck der Manipulation durch intellektuell Überlegene." (zit.n. Klucken/Plappert 1979, S.4)

Der Behaviorismus hat das Denken insgesamt nachhaltig beeinflusst, auch wenn er in dieser radikalen Form heute nur noch selten vertreten wird und ab Mitte der siebziger Jahre von kognitiven Modellen abgelöst wurde. Mit der sog. kognitiven Wende und der Etablierung der Kognitionspsychologie, deren erste Anzeichen sich Ende der fünfziger Jahre zeigten, erfolgte sein Niedergang. Dabei wurden die Kognitionen zum primären Gegenstand der Psychologie, d.h. die Prozesse und Strukturen des Wahrnehmens, der Zuschreibung von Bedeutung, des Abrufens, des Schlussfolgerns, Erinnerns, Denkens, Problemlösens, Entscheidens, des Gedächtnisses etc., kurzum die Prozesse und Strukturen der Informationsverarbeitung. Darüber hinaus wurde menschliches Verhalten zunehmend als nicht nur von der Umwelt, sondern auch als durch die aktiven Prozesse der Informationsverarbeitung bzw. Kognition bestimmt aufgefasst. Die Persönlichkeitstheorien, wie die Theorie der persönlichen Konstrukte von Kelly (vgl. 1986), die kognitive Theorie des Modellernens von Bandura, die kognitive Theorie des sozialen Lernens von Mischel sowie die Theorie des Selbst, beschäftigten sich mit der Relation zwischen situativen und kognitiven Variablen bei der Verhaltensregulation (vgl. Zimbardo 1992, S.420ff).

Unter dem von Bandura in den 60er Jahren ausgearbeiteten Ansatz des Modellernens wird die Aneignung, Aktualisierung oder Veränderung von Verhaltensweisen durch die Beobachtung einer anderen Person (Modell) verstanden. Als Variablen, die die Wirkung eines Modells oder einer Modellvorgabe verbessern können, nennt Palmowski (1996, S.109) neben der Attraktivität und dem erfolgreichen Handeln des Modells, folgende günstige Faktoren:

„-   Beliebtheit, Freundlichkeit oder hoher Status des Modells,

-      eine längerandauernde und intensive Beziehung zwischen Modell und Beobachter,

-      oder eine sowohl kompetente als auch realistische (statt einer idealtypischen) Modellvorgabe, die auch die Bewältigung eventueller Schwierigkeiten mit einschließt."

Begünstigende Bedingungen auf Seiten des Beobachters könnten:

-      aktuelle wie situationsunabhängige (z.B. eine Selbsteinschätzung eigener Unzulänglichkeit) Stressoren sein,

-      sowie die Bedeutung, die der Beobachter dem gezeigten Verhalten beimisst."

Durch eine gleichzeitige Begleitung des Handelns des Modells durch Aussprechen der Gedanken, die das aktuelle Verhalten anleiten, wird die Wirkung des Modellernens noch erhöht. Zudem muss der Beobachter das Modell in dieser Funktion auch akzeptieren, indem er das Verhalten des Modells als relevant für sich erachtet.

2.1.1. Verhaltenstheoretische Ansätze im sonderpädagogischen Kontext

Unter das verhaltenstheoretische Modell können eine Reihe vielzähliger Standpunkte und Theorien über das Lernen von beobachtbaren Verhaltensweisen und seinen Störungen subsummiert werden. Dazu zählen auch unterschiedlichste verhaltensdiagnostische Vorgehensweisen, Interventionsmethoden zur Verhaltensänderung sowie Strategien zur Evaluation der Wirksamkeit verhaltensändernder Maßnahmen. Benkmann (vgl. 1989, S.84) nennt hier das klassische bzw. respondente Konditionieren, das operante bzw. instrumentelle Konditionieren, die Theorie des sozialen Lernens, Ansätze zum Aufbau von Selbstkontrolle und die kognitive Verhaltensmodifikation als Beispiele für Konzepte, die sich dem Verhaltensmodell zuordnen lassen.

Nach dem verhaltenstheoretischen Ansatz können psychosoziale Vorgänge, die zu Auffälligkeiten bzw. Störungen führen, als Lernprozesse beschrieben werden. Dabei wird davon ausgegangen, dass sich das sogenannte normale Verhalten nach denselben Gesetzmäßigkeiten erklären lässt, wie das sogenannte gestörte Verhalten einer Person. Abweichendes Verhalten kann daher auch wieder verlernt werden. Ein sich abweichend verhaltendes Kind als „krank" oder „gestört" zu bezeichnen, wird dagegen im allgemeinen abgelehnt. Der Unterschied zwischen „normalem" und „abnormalem" Verhalten besteht aus verhaltenstheoretischer Sicht hauptsächlich darin, dass letzteres als abweichend im Sinne des Über- oder Unterschreitens des Toleranzbereiches der für die jeweilige Bezugsgruppe geltenden Normen bezeichnet wird (vgl. Benkmann 1989, S.84f). Zur Erklärung und Analyse von abweichendem Verhalten und Problemsituationen dienen das klassische oder respondente, das operante oder instrumentelle Konditionieren sowie das Modellernen.

Die Entwicklung von Handlungsansätzen, die sich an diesen verhaltenstheoretischen Erklärungsmustern ausrichteten, hat zahlreiche Interventionsmethoden hervorgebracht. Diese Verfahren werden unter dem Begriff der Verhaltensmodifikation subsummiert, sofern sich ihre Anwendung vornehmlich auf pädagogische Lernfelder wie beispielsweise Familie, Kindergarten, Schule und sozialpädagogische Einrichtungen bezieht. Unter klassischer Verhaltensmodifikation wird gemeinhin eine systematische Verhaltensanalyse und -beeinflussung verstanden, die sich an einem experimentell kontrollierten Vorgehen und an dem verhaltenstheoretischen Modell orientiert (vgl. Neukäter 1998, S.83). Ein unterrichtsorientiertes Ablaufschema der klassischen Verhaltensmodifikation, das grundsätzlich auch für Beratungs- und Therapiesituationen gilt, lässt sich nach Neukäter (vgl. 1998, S.90) grob folgendermaßen charakterisieren: Problemdefinition → Ist-Analyse → Datenerhebung → Zielformulierung → Auswahl der Interventionsmaßnahmen → Evaluation der Zielerreichung → Ende des Lehr-, Beratungs- oder Therapieprozesses.

Bei der klassischen verhaltensmodifikatorischen Interventionsplanung kann unterschieden werden zwischen den Formen, deren Ziel es ist, erwünschtes Verhalten zu verstärken oder aufzubauen, solchen, die zur Schwächung oder zum Abbau von unerwünschtem Verhalten eingesetzt werden und solchen, die den Lernenden dazu befähigen, neu erworbenes Verhalten in unterschiedlich relevanten Situationsfeldern anzuwenden und dauerhaft aufrecht zu erhalten (vgl. Neukäter 1998, S.943ff; Benkmann 1989, S.87f)

Benkmann und Neukäter (vgl. 1984) betonen, dass gegen die klassische verhaltensmodifikatorische Methode von Pädagogen vielfältig Kritik formuliert wurde, die besonders nachfolgende Aspekte betrifft:

- die Operationalisierung von Verhalten,
- die Einengung des Handlungsspielraumes der Betroffenen,
- die mangelnde Einsicht in Entstehungszusammenhänge,
- die mechanistische Vorgehensweise
- die Warenbeziehung von menschlichen Interaktionen und schließlich
- die Gefahr der Manipulation und kritiklosen Unterordnung

„Diese teilweise berechtigte Kritik", so Neukäter (1998, S.97), „trifft vornehmlich die Verhaltensmodifikation älterer Provenienz. Im Zeichen der kognitiven Wende haben sich in der Anwendungspraxis der Verhaltensmodifikation große Veränderungen vollzogen. Während früher vornehmlich die lernfördernden bzw. lernhemmenden Umgebungsbedingungen im Sinne einer Fremdsteuerung beeinflusst wurden, versucht man heute verstärkt die Welt aus der Sicht der betroffenen Person zu begreifen." Wegbereiter einer Integration älterer behavioristischer und neuerer kognitiver Ansätze, die zu einer Weiterentwicklung der Verhaltenstherapie beigetragen haben, waren Ellis, Beck, Meichenbaum oder Mahoney. Bei der auf den (sonder-)pädagogischen Bereich bezogenen kognitiven Verhaltensmodifikation treten insbesondere Fragen in den Vordergrund, welche internalen Ereignisse das Verhalten einer Person steuern sowie aufrechterhalten. Daher haben sich in der Theorie und Praxis Selbstregulationsmodelle entwickelt, bei denen es um die Befähigung des Lernenden zu Selbststeuerung und um seine aktive Einbeziehung in den eigenen Änderungsprozess (Selbstmodifikation), beispielsweise durch Selbstüberwachung, Selbstbewertung und Selbstverstärkung, geht (vgl. Kanfer 1974). Ebenso liegen Handlungsmodelle zur Anleitung von Selbststeuerung in der Schulklasse vor (vgl. Perlwitz 1978; Teegen u.a. 1977), zur Überführung von fremd- in selbstgesteuerte (Verhaltens-)Verträge sowie zum Selbstinstruktionslernen, die ein positives Selbstverbalisierungsverfahren aufbauen (vgl. Meichenbaum und Goodman 1971; Wagner 1976; Lauth 1983).

2.2. Die Psychoanalyse

Neben dem Behaviorismus bildete die Psychoanalyse die andere, die Psychologie des 20. Jahrhunderts dominierende Richtung. Sie ist nicht auf das Bündel von Entwicklungslinien der anderen Schulen zurückzuführen und entwickelte sich eher aus der Psychiatrie. Denn nachdem die Orientierung der Psychiatrie am biomedizinischen Modell und die damit verbundene Suche nach organischen Ursachen für psychische Störungen nicht den entsprechenden Erfolg zeigte, begann die Suche nach psychologischen Lösungen geistiger Erkrankungen. Freud wandte zusammen mit Breuer hypnotische Verfahren zur Behandlung von Neurosepatienten an. Ihre Veröffentlichung "Studien über Hysterie" im Jahre 1895 wird als Beginn der Psychoanalyse angesehen. Dabei wird die Hypnose durch die Methode der freien Assoziation abgelöst, bei der die Patienten in einem entspannten, schläfrigen Zustand über ihre Probleme, speziell traumatische Erfahrungen, berichten sollten. Im Alleingang erforschte Freud, der die Psychoanalyse im Laufe seines Lebens kontinuierlich weiterentwickelt hat, jenen "innerpsychischen Apparat", in dem das Unbewusste und seine Dynamik eine verborgene Quelle des menschlichen Verhaltens darstellte, das durch spezielle tiefenpsychologische Verfahren (z.B. Traumdeutung) offengelegt werden sollte (vgl. Wertheimer 1971, S.179ff; Hehlmann 1967, S.238ff; Mietzel 1987, S.27f; Krech/Crutchfield u.a., 1985, Bd.6, S.35ff; Zimbardo 1992, S.6f; Fischer/Steinlechner 1992, S.69ff; Capra 1983, S.191ff).

Capra (vgl. 1983, S.195ff) verweist auf den engen Zusammenhang zwischen der Psychoanalyse und der klassischen Physik. Newtons Vorstellungen 1. vom absoluten Raum und absoluter Zeit sowie von separaten materiellen Objekten, die sich im Raum bewegen und mechanisch aufeinander einwirken; 2. von fundamentalen Kräften, die sich von der Materie grundsätzlich unterscheiden; 3. von fundamentalen Gesetzen, welche die Bewegung und die wechselseitige Einwirkung der materiellen Objekte quantitativ beschreiben und 4. von einem starren Determinismus und einer auf der kartesianischen Unterscheidung von Geist und Materie beruhenden objektiven Naturbeschreibung, entsprechen laut Capra den vier Grundperspektiven, aus denen die Psychoanalytiker im allgemeinen die geistigen Prozesse analysiert haben und die als topographischer, dynamischer, genetischer und ökonomischer Standpunkt bekannt sind.

So kann der euklidische Raum als Ausgangspunkt Newtons analog dem psychischen Raum betrachtet werden, der als Bezugsrahmen für die voneinander getrennten, objektähnlichen psychischen Strukturen des "Es", "Ich" und "Über-Ich" dient, worauf auch räumliche Metaphern wie "Tiefenpsychologie", "tiefes Unbewusstes" etc. hinweisen. Es, Über-Ich und Ich lassen sich grob folgendermaßen charakterisieren: Das Es besteht aus ererbten Inhalten, vor allem aus den aus der Körperorganisation stammenden beiden Grundtrieben des Thanatos und Eros, wobei die Energie des Letzteren die Libido ist. In der Instanz des Über-Ich setzt sich als Niederschlag der Kindheitsperiode hauptsächlich der elterliche Einfluss fort. Das Ich ist eine zur Außenwelt vermittelnde Instanz. In der topographischen Beschreibung der psychischen Struktur, in deren tiefen Schichten das Es liegt , welches mit der Instanz des Über-Ich in Konflikt steht und zwischen denen das Ich lokalisiert ist, enthält das Unbewusste >>Material<<, das in tiefere Bewusstseinsebenen verdrängt wurde (vgl. Freud 1979, S.9ff).

Da zwei Teile des psychischen Apparates nicht gleichzeitig denselben Raum einnehmen können, kann sich der eine nur durch die Verdrängung des anderen ausweiten. "Wie in der Newtonschen Mechanik", so Capra (1983, S.196), "sind die psychischen Objekte durch ihre Ausdehnung, Position und Bewegung gekennzeichnet. Ähnlich wie der dynamische Aspekt der Newtonschen Physik beschreibt der dynamische Aspekt der Psychoanalyse, wie die <<materiellen Objekte>> durch von der Materie wesentlich verschiedene Kräfte aufeinander einwirken. Diese Kräfte wirken in bestimmte Richtungen und können sich gegenseitig verstärken oder hemmen. Die fundamentalsten von ihnen sind die Triebe, insbesondere der Geschlechtstrieb. [...] Im Freudschen System werden die Mechanismen des Geistes sämtlich von Kräften bewegt, die nach der klassischen Mechanik modelliert sind". Neben den aktiven und reaktiven Kräfte Newtons bemerkt Capra weitere Ähnlichkeiten mit der Newtonschen Dynamik in der paarweisen Anordnung dieser Kräfte bei Freud, beispielsweise bei den aktiven Kräften der Triebe Libido/Destructo, Eros/Thanatos und den reaktiven Kräften der Widerstände. Und analog der Schwerkraft in der Newtonschen Mechanik wurden diese Kräfte nach ihren Wirkungen definiert, ohne dabei nach ihrer innersten Natur zu suchen. Entscheidend für das Verständnis des therapeutischen Prozesses ist in der psychoanalytischen Theorie das Verständnis der Dynamik des Unbewussten. Grundlegend für diese Theorie ist die Vorstellung von den nach Entladung strebenden Trieben und den sie hemmenden und dabei verformenden Gegenkräften (Verdrängung, Projektion, Verschiebung, etc.), die diese meist als neurotisches Symptom getarnt wieder auftreten lassen und die der Analytiker durch

Ausschaltung dieser Widerstände zu therapieren versucht (vgl. hierzu auch Hampden-Turner 1982, S.40ff).

Da die im psychischen Raum voneinander getrennt existierenden Strukturen sich nicht bewegen oder ausdehnen können ohne einander zu verdrängen, gibt es im Rahmen der klassischen Psychoanalyse keinen Platz für eine qualitative Entwicklung und Verbesserung des Ich, dessen Ausdehnung nur auf Kosten des Über-Ich oder Es erfolgen kann. Auch unter diesem ökonomischen Gesichtspunkt sieht Capra (1983, S.198) Parallelen zur klassischen Physik, in der die Wechselwirkung zwischen materiellen Objekten und den auf sie wirkenden Kräften in Begriffen messbarer Quantitäten wie Masse, Geschwindigkeit, Energie usw. beschrieben werden: „Obwohl Freud in seiner Theorie der Psyche nicht so weit gehen konnte, maß er dennoch den quantitativen oder >>ökonomischen<< Aspekten der Psychoanalyse große Bedeutung bei. Er schrieb nämlich den geistigen Bildern, welche die Triebe repräsentierten, ganz bestimmte Quantitäten emotioneller Bilder zu, die man zwar nicht direkt messen, aber aus der Intensität der Symptome ableiten konnte. Der >>geistige Energieaustausch<< galt als ein entscheidender Aspekt aller psychischen Konflikte."

In der genetischen Methode der Psychoanalyse erkennt Capra eine weitere Entsprechung zum mechanistischen Gedankensystem Newtons, so z.B. in der auf einem linear-kausalen Determinismus beruhenden Zurückverfolgung der Symptome in frühere Stadien der Entwicklung, aber auch in dem eng mit dieser Methode verknüpften Begriff des objektiven Beobachters, der in der psychoanalytischen Praxis in der unbeteiligten, jede körperliche Intervention ausschließenden Haltung des Therapeuten zum Ausdruck kommt.

Trotz aller Kritik an der klassischen Psychoanalyse, die in den nachfolgenden Jahren von Adler, Reich, Rank, Jung, Erikson, Lowen u.v.a. erheblich weiterentwickelt und modifiziert worden ist, würdigt Capra (1983, S.199) diese als "[...] das großartige Ergebnis der Versuche von Freud, seine vielen revolutionären Entdeckungen und Ideen in einen systematischen gedanklichen Rahmen zu integrieren, der den wissenschaftlichen Kriterien seiner Zeit Genüge tat. Angesichts des Umfangs und der Tiefe seines Werkes ist es nicht überraschend, dass wir heute Mängel in seiner Methode erkennen, die teils auf die Begrenztheit des kartesianisch-Newtonschen Rahmens zurückzuführen sind, teils aber auch auf Freuds eigene kulturelle Schranken."

2.2.1. Psychodynamische Ansätze im sonderpädagogischen Kontext

Da beim psychodynamischen Modell die Bedeutung der Triebdynamik, der Antriebe und Emotionen für die Persönlichkeitsentwicklung im Vordergrund steht, dominiert die Ansicht, dass Auffälligkeiten Symptome sind, die auf tieferliegende Persönlichkeitsstörungen bzw. Störungen der Triebstruktur zurückzuführen sind. Für ihr Entstehen werden vorwiegend frühkindliche traumatische Erlebnisse oder die unzulängliche Verarbeitung von Konflikten in der frühen Kindheit verantwortlich gemacht. Beeinträchtigungen der Persönlichkeitsentwicklung, Abnormitäten im physischen, psychischen und/oder psychosozialen Bereich erfolgen auf der Basis von intrapsychischen Konflikten und entspringen unangemessener oder gestörter Verarbeitung von Konflikten, Mängel- und Versagenserlebnissen (vgl. Benkmann 1989, S.77). Auf der Grundlage der Entwicklungs- und Persönlichkeitstheorie Freuds wie auch die in seiner Nachfolge entstandenen tiefenpsychologischen Schulen der analytischen Psychologie C.G. Jungs, der Individualpsychologie A. Adler, der Neopsychoanalyse sind kinderpsychotherapeutische Konzepte (z.B. von A. Freud, M. Klein, V. Axline, H.G. Ginott, M. Schiffer und H. Zulliger) entstanden, die sich auch auf die Erziehung- und Unterrichtspraxis bei Kindern mit emotionalen Störungen tiefgreifend ausgewirkt haben (vgl. Benkmann 1989, S.76).

Für das Verstehen von Auffälligkeiten im Rahmen des psychodynamischen Modells ist es von Bedeutung, dass unbewusste innerpsychische Konfliktgeschehen nachzuvollziehen. Die therapeutische Vorgehensweise verbietet daher ein symptomorientiertes Vorgehen und strebt dagegen die Behebung der intrapsychischen Störungen durch das Auflösen der Konflikte an. Die sich an psychodynamischen Theorien orientierenden (sonder-)pädagogischen Handlungskonzepte werden unter den Fachbegriffen „verstehende Erziehung", „Erziehungstherapie" oder „Psychoedukation" beschrieben, von denen Benkmann (vgl. 1989, S.79f) folgende zusammenfassend aufführt:

- auf das Praxisfeld Heim und Schule bezogene Arbeiten (z.B. von Aichhorn 1971; Slavson 1954; Newman 1956; Bettelheim 1970,1973; Redl 1971; Redl und Winemann 1976; Trieschman 1975)
- die auf die Förderung von Problemkindern bezogenen schulpädagogisch relevanten Ansätze (z.B. von Bittner 1971 a und b, 1972, 1974; Ertle 1972, 1973; Reiser 1972 a und b; Neidhardt 1977; Singer 1970, 1976)

- auf Schulerziehung bezogene, aus der Individualpsychologie abgeleitete Ansätze (z.B. von Spiel 1979; Dreikurs 1968, 1976)
- die auf Lernförderung und erzieherische Prozesse bezogenen Unterichtsmodelle (z.B. von Bärsch 1965; Fuss und Bärsch 1973; Denk 1967)
- das auf Lern- und Verhaltensprobleme bezogene Konzept zum strukturiert-schülerzentrierten Unterricht (von Neukäter und Goetze 1982) und zum erziehungstherapeutischen Unterricht (von Fitting und Kluge 1982)
- die auf schulerzieherische und unterrichtliche Fördermaßnahmen bezogenen psychoedukativen Ansätze (von Rezmeierski u.a. 1982; Dembinski u.a. 1982)

Das zentrale Anliegen und die zentrale Forderung der Psychoanalyse an die Pädagogik scheint dabei eine verstehende und helfende Haltung gegenüber auffälligen Schülern und Schülerinnen zu sein (vgl. Palmowski 1996, S.70). Hußlein (vgl. 1983, S.64ff) weist auf mögliche positive Auswirkungen des psychodynamischen Ansatzes im (sonder-)pädagogischen Kontext hin, durch den:

- das Lehrer-Schüler-Verhältnis eine andere Akzentuierung erhalten kann,
- Lernen ebenso als emotionale Leistung gesehen werden muss,
- Lehrer ermutigt werden, häufiger und intensiver Bindungen mit Schülern einzugehen,
- Lehrern Kriterien für die Analyse spannungsreicher psycho-sozialer Bedingungsgeflechte vermittelt werden,
- Lehrer zu einem besseren Verstehen von Störungen angeleitet werden,
- unbewusste Konfliktübertragungen des Lehrers auf die Lerngruppe enthüllt werden können,
- ein von Verstehen und Hilfe geprägtes pädagogisches Handeln entstehen kann und
- musische Betätigungen in Förderprogrammen (Darstellen, Dramatisieren, Musizieren, Rhythmik, bildnerisches und figürliches Gestalten, usw.), durch die verstärkt der emotionale Bereich angesprochen wird, stärker betont werden.

Auf kritische Aspekte hingegen verweist Palmowski (vgl. 1996, S.67), indem er die psychoanalytische Sichtweise als Rahmen dazu benutzt, die beiden folgenden Annahmen, die in diesem Konzept besonders beheimatet sind, zu erörtern:

- die Bedeutung der Ursachen

- die Bedeutung der Vergangenheit für die Gegenwart

Seine Argumente für die Aufgabe der Suche nach Ursachen (vgl. S.72ff) lassen sich dahingehend zusammenfassen, dass:

- selbst die genaue Kenntnis der möglichen Ursachen dennoch keine konkrete Hilfe bei der Suche nach entsprechenden sinnvollen Handlungsstrategien bietet
- eine Ursache, die eine Verhaltensweise hervorgerufen hat, möglicherweise keine Rolle bei seiner Aufrechterhaltung spielt
- sich bei der Rückschau in die Vergangenheit keine Perspektiven für die Zukunft ergeben und eine problemorientierte Sicht mehr vergangenheitsorientiert, eine lösungsorientierte Sicht eher zukunftsorientiert ist
- nicht eine (in der Vergangenheit liegende) Ursache entscheidend für konkretes Verhalten ist, sondern die jeweils aktuelle Bedeutung, die von der betreffenden Person dieser zugeschrieben wird
- Ursachen in dem Maße, in dem sie für bedeutsam gehalten werden, erst bedeutsam werden, ihre Bedeutung also nicht vorgegeben, sondern geschaffen wird.

Palmowski (vgl. 1996, S.81) weist darauf hin, dass die Psychoanalyse demnach eher ein insgesamt der Retrospektive verhaftetes Konzept darstellt, das für die pädagogische Arbeit eher eine Grundhaltung anbietet als spezifische Handlungsmuster. Besonders problematisch erscheint ihm die Bedeutung, die der Suche nach Ursachen beigemessen wird. Wichtiger und nützlicher dagegen sei die pädagogische Arbeit in der konkreten Situation, im „Hier und Jetzt".

Ein weiterer Kritikpunkt ist der, dass bei einer einseitig individuumzentrierten, auf persönlichkeitsstrukturelle Defizite ausgerichteten Sicht der Probleme, die Wirkung aktueller Umgebungseinflüsse leicht unterschätzt werde (vgl. Benkmann 1989, S.83). Bei dieser Sichtweise bestehe die Gefahr, so auch Belschner (1976, S.43), dass das Problem auffälliger Verhaltensweisen, isoliert von seinen sozialen Bezügen, auf individuelle Vorgänge eingeengt werde.

3. Soziologische Modelle

Die bis zu dieser Stelle skizzierten individuumzentrierten Ansätze wurden in den siebziger Jahren von sozialtheoretischen Ansätzen verdrängt bzw. ergänzt, die die bisher vernachlässigte Eigendynamik der sozialen Bedingungen, die übergreifenden gesellschaftlichen Strukturen und das Wechselverhältnis zwischen den Individuen in den Blick zu nehmen versuchten (vgl. Speck 1996, S.224). Dabei lassen sich zum einen die makrosozialen Ansätze (z.B. strukturell-funktionale, marxistische u.a. Ansätze), bei denen es schwerpunktmäßig um Begriffsbildungen und Analysen gesamtgesellschaftlicher Verhältnisse aus der Perspektive von Zuschauern geht, und zum anderen die mikrosozialen Ansätze (z.B. Symbolischer Interaktionismus), bei denen Begriffsbildungen und Analysen der konkreten Interaktion zwischen den Subjekten aus der Perspektive von Teilnehmern im Mittelpunkt steht, voneinander unterscheiden. Im folgenden soll zunächst die makro-soziologische Sicht und im Anschluss daran die mikro-soziologische Perspektive dargestellt werden. Der Versuch einer Vermittlung zwischen mikro- und makro-soziologischen Sichtweisen durch die Verbindung von bürgerlich-anthropologisch orientierter Interaktionstheorie und marxistischer Kritik der Politischen Ökonomie ist bei Klaus Ottomeyer (vgl. 1974, 1976) nachzulesen.

3.1. Historischer Materialismus

Die Theorie des Historischen Materialismus geht auf das eine Vielzahl von Bänden umfassende Gesamtwerk von Karl Marx (1818-1883) und Friedrich Engels (1820-1895) zurück. Sie ist Teil der dialektisch-materialistischen Philosophie und ihr besonderer Gegenstand ist die menschliche Gesellschaft. In der Auseinandersetzung mit der Philosophie des deutschen Idealismus, insbesondere der Dialektik Hegels, setzten sich die Autoren mit der Grundfrage nach dem Verhältnis von Materie und Bewusstsein auseinander. Die verschiedenen Strömungen des Idealismus haben gemeinsam, dass sie vom Primat des Geistes, des Bewusstseins gegenüber der Materie, dem Sein ausgehen. Das Gemeinsame der materialistischen Ansätze liegt in dem Ausgangspunkt, dass die Materie, das Sein unabhängig vom Geist, vom Bewusstsein als das ihm gegenüber Primäre existiert und selbst eine Eigenschaft hochorganisierter Materie ist. Im Gegensatz zum mechanischen Materialismus, der das Bewusstsein kausaldeterministisch auf die materielle Seite reduziert und als nach mechanischen Gesetzmäßigkeiten funktionierende passive Widerspiegelung der objektiven Welt auffasst, geht der dialektische Materialismus davon aus, dass das Bewusstsein die objektive Welt über die Tätigkeit aktiv widerspiegelt und verändernd auf sie einwirkt (Aneignung, Vergegenständlichung, Widerspiegelung). „Daher ist die Widerspiegelung der objektiven Realität im Bewusstsein nicht nur Abbild der Dinge, sondern auch Abbild der Bedingungen des erkennenden Subjekts. Die Bedingungen der Erkenntnis sind nicht nur biologischer Art (Struktur der Sinnesorgane und des Nervensystems), sondern immer auch gesellschaftlich vermittelt. Somit gehen die gesellschaftlichen Verhältnisse, in denen sich der Mensch befindet, als Brechungsfaktor in die Erkenntnis der Dinge mit ein. Durch die Widerspiegelung innerhalb der menschlichen Tätigkeit, der gesellschaftlichen Arbeit, findet die sinnliche und theoretische *Aneignung der Welt* statt; durch die Widerspiegelung wird die bewusste Planung der Tätigkeit, die *Vergegenständlichung* von Zwecken in Arbeitsprodukten möglich, also die praktische Aneignung von Welt." (Autorenkollektiv Wissenschaftspsychologie 1975, S.119).

Den verschiedenen biologischen und gesellschaftlichen Entwicklungsstufen entsprechen jeweils andere konkrete Formen der Widerspiegelung, wobei diese mit fortschreitender Entwicklung ein immer höheres Niveau annehmen. Hierin drückt sich ein Erkenntnisoptimismus aus, dass die Menschen ihre Umwelt in stets wachsendem Maße erkennen, wenn nur die erforderlichen gesellschaftlichen Voraussetzungen dafür vorhanden sind. Der Endpunkt eines solchen stufenweisen Fortschritts des Erkenntnisprozesses ist der Erhalt absolut wahrer Aussagen über die unabhängig existierende objektive Welt: „Die absolut wahren Aussagen sind also zugleich „unveränderlich" und „endgültig", man kann sie – wenn man so große Worte für einfache Dinge gebrauchen will – auch als „ewige" Wahrheiten bezeichnen (vgl. Engels 1962, S.81), da sie in aller Zukunft nicht widerlegt werden können. Natürlich wird es von den historischen Bedingungen, vom Entwicklungsstand der gesellschaftlichen Praxis abhängen, ob und wann eine absolut wahre Aussage gewonnen wird; aber von dem Zeitpunkt ab, an dem die vollständige Erfassung des Sachverhaltes erreicht ist, ist die betreffende Aussage „zeitlos" gültig, ist ihr Wahrheitswert von der weiteren Entwicklung der Erkenntnis unabhängig. Das bedeutet, dass der Prozess der Widerspiegelung des entsprechenden Sachverhaltes einen endgültigen Abschluss gefunden hat [...]." (Wittich/Gössler/Wagner 1980, S.495)

Der Historische Materialismus konkretisiert nun in der Anwendung des dialektischen Materialismus auf die menschliche Gesellschaft die Entstehung, Existenz und geschichtliche Entwicklung ökonomischer Gesellschaftsformationen, indem er als deren bestimmendes

Element die Entwicklung der Produktionsweisen ihrer materiellen Güter untersucht. Bei der Entwicklung der ökonomischen Gesellschaftsformationen wirken die beiden Faktoren der Produktivkräfte (Rohstoffe, Arbeitskraft der Menschen, Werkzeuge, Maschinen etc.) und der Produktionsverhältnisse (Formen des Zusammenwirkens der Menschen in der Produktion, Arbeitsverhältnisse, Beziehung der Produzenten zu den Produktionsmitteln, insbesondere Eigentumsverhältnisse, Verteilungsverhältnisse etc.) zusammen. Dabei erfordern die durch die Erschließung neuer natürlicher Quellen und durch die Erfindung neuer technischer Instrumente der Produktion sich kontinuierlich entwickelnden Produktivkräfte immer auch Veränderungen der sich diskontinuierlich entwickelnden Produktionsverhältnisse. Der Widerspruch zwischen Produktivkräften und Produktionsverhältnissen erzwingt in der Geschichte durch Klassenkämpfe den Übergang zuerst von der Urgemeinschaft zur antiken Sklaverei, von da zum Feudalismus, von da zur kapitalistischen bis hin zu der von Marx und Engels prognostizierten klassenlosen Gesellschaft. Dabei ist jede neue Produktionsweise gegenüber der vorhergehenden fortschrittlicher, da sie auf einem höheren Entwicklungsstand der Produktivkräfte und ihnen entsprechenden Produktionsverhältnissen beruht.

Die dialektische Einheit von Produktivkräften und Produktionsverhältnissen formt die von Marx als „ökonomische Basis" bezeichnete Produktionsweise einer Gesellschaft. Die materiellen Verhältnisse der objektiv und unabhängig vom gesellschaftlichen Bewusstsein existierenden ökonomischen Basis bestimmen primär die ideologischen Verhältnisse des sogenannten gesellschaftlichen „Überbaus", insbesondere die politischen und juristischen Verhältnisse sowie das gesellschaftliche Bewusstsein. Institutionen des ideologischen Überbaus sind der Staat mit Parteien, Verwaltungen, Justiz, Militär, Kirchen und organisierten Interessenverbänden, Sozialisationsinstanzen wie Familie, Schule, Ausbildung und Wissenschaft und ideologische und moralische Systeme usw.. Auch wenn das Verhältnis von Basis und Überbau wechselseitig ist, da der ideologische Überbau auf die materiellen Verhältnisse zurückwirkt, ist der gesellschaftliche Überbau doch von den sich nach eigenen Gesetzmäßigkeiten entwickelnden Produktivkräften und Produktionsverhältnissen der Basis grundsätzlich geprägt. Seine soziale Funktion besteht in einer Klassengesellschaft in der repressiven und ideologischen Sicherung der herrschenden Klasse.

Die ökonomische Grundlage der kapitalistischen Produktionsweise analysiert Marx unter anderem im <Kapital> (vgl. 1983). Ohne an dieser Stelle näher darauf eingehen zu können, sollen hier nur folgende Aspekte angedeutet werden. Die Reproduktion des menschlichen

Lebens durch Arbeit erfolgt in der kapitalistischen Gesellschaft durch die industrielle Produktion von Waren im Rahmen privater Besitzverhältnisse an den Produktionsmitteln. Waren kennzeichnen sich durch den Doppelcharakter, einerseits Gebrauchswert (den Wert für den Gebrauch im Konsumtionsprozess) und andererseits Tauschwert (den Wert im Verhältnis zu anderen Waren beim Tausch, gemessen am Ausmaß gesellschaftlich notwendiger Arbeitszeit, die zur Herstellung der Ware erforderlich ist) zu besitzen (vgl. Marx 1978, S. 15f). Dieser Doppelcharakter kennzeichnet auch den aus der Einheit von Arbeits- und Verwertungsprozess bestehenden kapitalistischen Produktionsprozess: im Arbeitsprozess, in dem Naturveränderung zum Zwecke der Herstellung nützlicher Güter stattfindet, wird der Gebrauchswert, im Verwertungsprozess, in dem Produkte mit dem Ziel angefertigt werden, sie auf dem Markt gegen mehr Geld als das zu ihrer Herstellung investierte (Investitionen in Rohstoffe, Maschinen, Lohn etc.) einzutauschen, wird der Tauschwert produziert.

Das Ziel des kapitalistischen Produktionsprozesses ist somit die Produktion von Mehrwert, den sich der Kapitalist unentgeltlich aneignet. Die Quelle des Mehrwerts ist die Arbeitskraft der Lohnabhängigen, wobei der Mehrwert das Ergebnis von unbezahlter Arbeit des Arbeiters ist (vgl. Marx 1983, S. 192ff): „D.h., im kapitalistischen Betrieb besteht der Arbeitstag aus der notwendigen Arbeitszeit und der Mehrarbeitszeit. In der notwendigen Arbeitszeit schafft der Arbeiter einen Wert, der dem Wert seiner Arbeitskraft entspricht. Dieser Wert ist gleich den Reproduktionskosten für die Arbeitskraft. In der Mehrarbeitszeit schafft der Arbeiter den Mehrwert, d.h. einen Wert, der über den Wert der Arbeitskraft hinausgeht. Das Mehrwertgesetz ist das grundlegende Gesetz der kapitalistischen Produktion. Es folgt nämlich daraus, dass der Kapitalist die Ware zu ihrem tatsächlichen Wert verkauft, dennoch aber Profit macht. Das liegt daran, dass der Wert der Ware sich zusammensetzt aus notwendiger Arbeit und Mehrarbeit, der Arbeiter nur für einen Teil seiner Arbeit bezahlt wird (notwendige Arbeit), für den anderen Teil (Mehrarbeit) nicht. Erst durch diese Erkenntnis ist es möglich, das Wesen der Ausbeutung im Kapitalismus zu erfassen. In diesem Zusammenhang müssen auch die Bestrebungen gesehen werden, durch politische Mittel eine (Schein-)Gleichstellung des Arbeiters und des Kapitalisten zu erreichen. Solange die ökonomische Ungleichheit, die auf der Ausbeutung der Arbeit des Arbeiters beruht, nicht aufgehoben wird, kann keine Gleichstellung hergestellt werden. [...] Die Aneignung des Mehrprodukts, in dem sich die Mehrarbeit verkörpert, zeigt sich historisch in unterschiedlichen Formen von Produktionsverhältnissen: der Sklaverei, des Feudalismus und des Kapitalismus." (Autorenkollektiv Wissenschaftspsychologie 1975, S. 381) Daraus lässt sich auch das

Interesse der Kapitalisten erklären, den unbezahlten Anteil der Arbeitszeit und damit einerseits den absoluten Mehrwert (durch die Verlängerung des Arbeitstages) und andererseits den relativen Mehrwert (durch die Erhöhung von Produktivität und Intensität durch Einführung neuer Produktionsverfahren) zu erhöhen.

Die sich aus den beschriebenen ökonomischen Grundlagen der kapitalistischen Produktionsweise ergebende Makrostruktur der Gesellschaft ist zum einen durch die Existenz der kleinen, aber mächtigen Klasse der Produktionsmittelbesitzer sowie der großen Klasse der Lohnabhängigen (Arbeiterklasse) und zum anderen durch die politische Verfasstheit als parlamentarische Demokratie gekennzeichnet. Letztere ist nach Marx die politische Herrschaftsform des Kapitals, da ihr Anspruch, Herrschaft über Mehrheitsentscheidungen zu regeln, eine Verschleierung der tatsächlichen Machtverhältnisse ist. Tillmann (2000, S. 168f) fasst die Begründungen hierfür zusammen: Als wesentliches Grundrecht in der bürgerlichen Gesellschaft gilt das <<Recht auf Eigentum>>, das das Eigentum an Produktionsmitteln einschließt. Damit wird der wichtigste gesellschaftliche Bereich – die Produktion – aus der demokratischen Kontrolle ausgenommen und in die alleinige Verfügungsgewalt der Kapitalbesitzer gestellt. Darüber hinaus gibt die wirtschaftliche Macht den Kapitalbesitzern vielfältige Möglichkeiten, wirksam auf die Gestaltung politischer Entscheidungen Einfluss zu nehmen. Kautsky formulierte dementsprechend 1906: <<Die Kapitalistenklasse herrscht, aber sie regiert nicht; sie begnügt sich damit, die Regierung zu beherrschen>> (S. 20). Es ist wohl schwer zu bestreiten, dass es auch in der Bundesrepublik [...] Sachverhalte und Ereignisse gibt, die sich zumindest in diese Richtung interpretieren lassen." Darüber hinaus beeinflussen die vom Staat kontrollierten Bildungseinrichtungen und die von ihren Kapitalgebern abhängigen Medien die Meinungen der Bevölkerung. Die bis zu dieser Stelle skizzierte historisch-materialistische makro-soziologische Analyse verdeutlicht, dass die aus den Produktivkräften und den Produktionsverhältnissen bestehenden Grundlagen der ökonomischen Basis den ideologischen Überbau der (kapitalistischen) Gesellschaft bestimmen.

So fordert der Historische Materialismus in seiner allgemeinsten Grundthese die Erklärung des gesellschaftlichen Bewusstseins aus dem gesellschaftlichen Sein (vgl. Marx 1978, S 9). Das Wesen des Menschen ist demnach, wie Marx (1981, S. 584) in seiner sechsten These über Ludwig Feuerbach formuliert, „[...] kein dem einzelnen Individuum innewohnendes Abstraktum. In seiner Wirklichkeit ist es das Ensemble der gesellschaftlichen Verhältnisse."

Da die Arbeit die spezifische Form ist, in der die Menschen ihre Wesenskräfte vergegenständlichen, müssen nach der Auffassung des Historischen Materialismus die Humanwissenschaften hier ihren Ausgangspunkt nehmen. Auch wenn die Begriffsbildungen und Analysen des Historischen Materialismus schwerpunktmäßig makro-soziologisch angelegt sind, da nicht die biographische Entwicklung von Individuen oder die Beziehung zwischen Individuen, sondern die Entwicklung der historischen Gesellschaften (insbesondere die Funktionsweise der bürgerlich-kapitalistischen Gesellschaft) sowie die Beziehung zwischen sozialen Klassen, im Mittelpunkt der Untersuchung steht, so ist dennoch in dem gesellschaftstheoretischen Entwurf von Marx schon mehr oder weniger implizit ein Verständnis vom Menschen, von seiner Subjekthaftigkeit und seinem Umgang mit der Welt enthalten, das Tillmann (2000, S. 167) zusammenfassend folgendermaßen beschreibt : „Der Mensch verändert durch seine produktive wie kommunikative Praxis die Umwelt und entwickelt zugleich sein Selbstbewusstsein, dabei ist er prinzipiell auf allseitige Entfaltung seiner Fähigkeiten angelegt. Menschliche Entwicklung im Kapitalismus wird als klassenspezifische Unterdrückung dieser Möglichkeiten beschrieben."

3.1.1. Historisch-materialistische Subjekttheorie

Aufbauend auf diese subjekttheoretischen Anteile der marxistischen Theorie hat es seit den 20er Jahren dieses Jahrhunderts zahlreiche Bemühungen gegeben, die materialistische Gesellschaftstheorie zum Ausgangspunkt einer Persönlichkeitstheorie zu machen. Hier sind die, wenn auch nicht umstrittenen Versuche innerhalb der Kritischen Theorie oder Frankfurter Schule zu nennen, marxistische und psychoanalytische Theorieaspekte zusammenzuführen (vgl. u.a. Horkheimer 1968; Adorno 1970; Fromm 1970; Lorenzer 1972), ebenso wie die mit einer materialistischen Sicht der Gesellschaft arbeitenden sozialisationstheoretischen Konzepte von Jürgen Habermas (vgl. 1973) und Pierre Bourdieu (vgl. 1982). Bemühungen, aus dem Marxismus heraus eine <einheimische> Subjekttheorie zu entwickeln, finden sich unter anderem bei Lucien Sève (vgl. 1972) und in der Kritischen Psychologie von Klaus Holzkamp (vgl. 1983).

Die frühen Ansätzen der sowjetischen Psychologie in der Prägung der Reflexologie von Bechterew und der Reaktologie von Kornilow waren noch durch die Bemühungen um eine naturwissenschaftliche Lösung psychologischer Probleme charakterisiert, in der das Bewusstsein als ein Epiphänomen von physiologischen Prozessen unter Ausklammerung der gesellschaftlich-historischen Dimension betrachtet wurde. Wesentliche Impulse zu ihrer Überwindung entstanden in der von Lew Semjonowitsch Wygotski (vgl. 1971) begründeten <kulturhistorischen Schule> und deren Weiterentwicklung durch seine Schüler Alexander Romanowitsch Lurija (vgl. 1969, 1970, 1993, 1996), Pjotr J. Galperin (vgl. 1969, 1980) und Alexej Nikolajewitsch Leontjew (vgl. 1977, 1980). Wie schon im vorangegangenen erwähnt, bezog sich in Deutschland die Berliner Schule der Kritischen Psychologie mit ihren Hauptvertretern Klaus Holzkamp, Ute Holzkamp-Osterkamp, Volker Schurig, Frigga Haug, Peter Keiler, Karl-Heinz Braun und weitere, in ihrer historischen Analyse, was menschliches Bewusstsein und Verhalten ausmacht, im wesentlichen auf die Arbeiten von Leontjew (vgl. Holzkamp 1978, 1979, 1983; Holzkamp-Osterkamp 1975; Schurig 1976; u.a.), ebenso wie dies handlungstheoretische Konzeptionen taten.

Die Arbeiten von Wygotski gründen auf der historisch-materialistischen Erklärung des menschlichen Bewusstseins aus dem gesellschaftlichen Sein der Menschen. Durch die gegenständliche Arbeit und deren gesellschaftlich-historische Entwicklung erfolgt die Herausbildung und Veränderung des menschlichen Bewusstseins. Nach dem psychologischen Ansatz von Wygotski gilt dies auch für das individuelle Bewusstsein, dessen Struktur durch die Vermittlung der gegenständlichen Tätigkeit unter den jeweiligen konkret gesellschaftlich-historischen Bedingungen geprägt wird. Dabei sind sowohl die zunächst sinnlich-motorischen Tätigkeiten als auch die spätere sprachliche Kommunikation in einer sozialen und kulturellen Umwelt eingeschlossen. Nach dem Basistheorem der <Interiorisierung>, nach dem bei jedem einzelnen Menschen die äußeren in psychische Tätigkeiten verinnerlicht werden, entstehen während der ontogenetischen Entwicklung die vermittelten, gesellschaftlich-historischen Formen des menschlichen Bewusstseins. Diesen Grundansatz hat Wygotski (vgl. 1971) durch seine Untersuchungen zum Verhältnis zwischen Denken und Sprechen spezifiziert. Denken und Sprechen haben ihm zufolge phylogenetisch und ontogenetisch unterschiedliche Ursprünge und integrieren sich erst durch die gesellschaftliche Arbeit bzw. individuelle Praxis des Menschen. Dabei hat er den Prozess der Interiorisierung der Sprache differenziert nachgezeichnet.

Dokument und Ergebnis der Weiterentwicklung der <kulturhistorischen Schule> ist das 1959 in russischer Sprache erschienene Werk von Leontjew „Probleme der Entwicklung des Psychischen". „Leontjew brach zunächst mit der „psychologischen" Selbstverständlichkeit, dass man die Individuen hinreichend wissenschaftlich verstehen könne, wenn man *nur* die

Individuen in ihrer unmittelbaren Umwelt und ihren direkten zwischenmenschlichen Beziehungen betrachtet. Er ging von der materialistischen Grundeinsicht aus, dass das Leben primär in einem übergreifenden und „überindividuellen" historischen Prozess sich entwickelt: Dem naturgeschichtlichen Prozess der Phylogenese, der den Evolutionsgesetzen unterworfen ist, und dem gesellschaftlich-historischen Prozess, der sich gegenüber der Phylogenese verselbständigt hat, nach eigenen Gesetzen sich vollzieht und in welchem der Mensch sich nicht mehr wie das Tier, über Mutation und Selektion der Umwelt anpaßt, sondern durch vergegenständlichende gesellschaftliche Arbeit die Natur gemäß seinen Lebensnotwendigkeiten umgestaltet und dabei bestimmte, sich selbst historisch sich entwickelnde, Verhältnisse, die `Produktionsverhältnisse` eingeht." (Holzkamp 1979, S. 67)

An die Beantwortung der Frage nach der Funktion, aufgrund derer sich das Psychische im historisch entwickelnden Lebensprozess herausbilden konnte, geht Leontjew zum einen mit dem Prinzip der „Praxis" als Lebensgewinnung durch aktive Umweltauseinandersetzung heran, zu anderen mit dem Prinzip der „Widerspiegelung" als über diese aktive Umweltauseinandersetzung vermittelte gesetzmäßige Rückwirkung objektiver Umwelteigenschaften auf den Organismus bzw. das Individuum. Im Gegensatz zum „vorpsychischen Stadium", in dem Organismen bloße „Stoffwechselwesen" sind, die Nährstoffe nur aus den sie unmittelbar umgebenden Flüssigkeiten aufnehmen, ist die Elementarform des Psychischen, die Entstehung der Empfindung, dadurch charakterisiert, dass sie nun nicht nur auf Nährstoffe, sondern auch auf stoffwechselneutrale Umweltgegebenheiten reagieren, sofern diese Stoffwechselrelevantes „signalisieren". Der Vermittlungsprozess zwischen den vital bedeutsamen und neutralen Umweltgegebenheiten verläuft einerseits durch die „Sensibilität" auf neutrale Reize und andererseits durch die über gegenständliche Umweltbeschaffenheiten vermittelnde sowie diese aktiv widerspiegelnde „Tätigkeit". Ungeachtet der Entwicklungsstufe oder psychischen Form der Sensibilität muss die empfundene (stoffwechselneutrale) Einwirkung stets das Verhältnis des Subjekts zu irgendeiner anderen (stoffwechselrelevanten) Einwirkung vermitteln, so auch bei der Sensibilität des Menschen (vgl. Leontjew 1980, S. 48).

Im Kapitel „Das Problem des Entstehens von Empfindungen" verdeutlicht Leontjew (vgl. 1980, 5ff), wie sich diese elementare Vermittlungsform zu immer differenzierteren Vermittlungsstufen ausfaltet durch: „[...] den Übergang von der Erfassbarkeit einzelner Eigenschaften von Gegenständen zu der von ganzen Gegenständen und schließlich von

Beziehungen zwischen Gegenständen, dabei die Verselbständigung von „Zuständlichkeiten" als individuell variierende Reaktionsnormen, also die Herausbildung von „Bedürfnissen", die Verselbständigung einer Orientierungsphase gegenüber einer Ausführungsphase der Tätigkeit, den Übergang von der „instinktiven" zur individuell gelernten Vermittlung der Tätigkeit über gegenständliche „Signale" und so weiter. Entscheidend ist dabei, dass all diese Vermittlungsebenen als Stufen immer ausgedehnterer und differenzierterer Umweltbeziehungen der Organismen, als immer adäquatere Widerspiegelung der für die aktive Lebensgewinnung relevanten Umweltbeschaffenheiten aufgefasst werden." (Holzkamp 1979, S. 72)

Über die Herausarbeitung verschiedener Stadien der „Entwicklung des Psychischen beim Tier" (die Stadien der elementaren sensorischen Psyche, der perzeptiven Psyche und des Intellekts), wendet sich Leontjew (vgl. 1980, S. 155ff u. 197ff) der Auseinanderlegung der „Entstehung des menschlichen Bewusstseins" und des Verhältnisses zwischen biologischer und gesellschaftlich-historischer Entwicklung zu. Das menschlich Besondere des Psychischen ergibt sich im Übergang von der phylogenetischen zur gesellschaftlich-historischen Entwicklung durch die Beteiligung an kollektiver vergegenständlichender Naturaneignung aufgrund der über die vergegenständlichende Tätigkeit vollzogene Aneignung der gesellschaftlich kumulierten Produktionserfahrung (Vergegenständlichung/Aneignung). Die Spezifik des menschlichen Bewusstsein leitet sich aus den spezifischen Notwendigkeiten der Lebenserhaltung und -entfaltung durch gesellschaftliche Arbeit her. „Das Bewusstsein", so Leontjew (1980, S.213), „kann [...] nur entstehen, sofern die Beziehungen des Menschen zur Natur durch seine Arbeitsbeziehungen zu anderen Menschen vermittelt werden. [...] Ferner ist das Bewusstsein nur unter den Bedingungen der mit Werkzeug vollzogenen Arbeit möglich, die zugleich eine praktische Form der Erkenntnis darstellt. Das Bewusstsein ist somit eine Form der aktiven kognitiven Widerspiegelung."

Da sich im menschlichen Bewusstsein das Motiv der Tätigkeit von den Gegenständen trennt (z.B. beim Aufscheuchen des Wildes durch den Treiber bei der kollektiven Jagd, die als Handlung für sich allein genommen sinnlos wäre), werden diese nur in ihrem Verhältnis zu den Bedürfnissen und der Tätigkeit des Kollektivs erfasst (durch die Verbindung zwischen dem erwarteten Ergebnis seiner persönlichen Handlung und dem Resultat der gesamten Jagd – dem Überfallen der Tiere durch die anderen aus dem Hinterhalt, dem Töten und dem Verbrauch des getöteten Tieres). Während in der Urgesellschaft noch eine Integration zwischen „gesellschaftlicher Bedeutung" und „persönlichem Sinn" besteht, treten die „objektive Bedeutung" und der „subjektive Sinn" beispielsweise in der bürgerlichen Gesellschaft auseinander und stehen im Widerspruch zueinander. „Die zwölfstündige Arbeit hat für ihn (den Arbeiter, der V.) keinen Sinn als Weben, Spinnen, Bohren usw., sondern als *Verdienen*, das ihn an den Tisch, auf die Wirtshausbank, ins Bett bringt." (Marx/Engels zit. n. Leontjew 1980, S.243)

Die psychische Entwicklung des Menschen unterliegt somit gesellschaftlich-historischen Entwicklungsgesetzen und ist abhängig von gesellschaftlichen Lebensbedingungen, die durch das Entwicklungsniveau der Produktivkräfte und Produktionsverhältnisse sowie durch den Platz bestimmt werden, den das Individuum in ihnen einnimmt. „Wenn die historische Entwicklung des Menschen in ihrer >>menschlichen Spezifik<< nicht mehr in evolutionsbedingten Veränderungen der Organismen, sondern in der über stoffliche und sprachlich-symbolische *Vergegenständlichungen* vermittelten Kumulation gesellschaftlicher Erfahrung besteht, so liegt die Teilhabe des jeweils einzelnen Menschen an dieser Entwicklung nicht lediglich in seinen biologischen Eigentümlichkeiten, sondern in der *individualgeschichtlichen Aneignung gesellschaftlicher Erfahrung*, wobei *Vergegenständlichung und Aneignung zwei Seiten des gleichen gesellschaftlich-historischen Prozesses* sind." (Holzkamp/Schurig 1980, S. XXXVI f) Leontjew versucht mit dem Begriff der Aneignung die isoliert-unhistorische, individualgeschichtliche Betrachtung der menschlichen Psyche zu überwinden. Für ihn ist die individualgeschichtliche Entwicklung der Prozess, in dem sich zum einen die naturgeschichtliche Gewordenheit als resultativer Ausdruck der <biologischen Möglichkeit> der Persönlichkeit und zum anderen die historische Gewordenheit der Gesellschaft als resultativer Ausdruck der <gesellschaftlichen Bedingtheit> der Persönlichkeit auf eine je bestimmte Weise im individuellen Menschen konkret manifestieren. Ein genaueres Verständnis der Prozesse individualgeschichtlicher Entwicklung aus dem erkannten Widerspruch zwischen objektiven Entwicklungsmöglichkeiten und der Begrenztheit der tatsächlichen Lebensbedingungen eröffnet aus materialistischer Sicht im (sonder-)pädagogischen Kontext neue Wege zur Erforschung der Bedingungen des persönlichen Entwicklungsfortschritts und der Behinderungen persönlicher Entwicklung.

Leontjews Arbeiten zur Tätigkeitstheorie im Rahmen der kulturhistorischen Schule, deren zentrale Kerngedanken bis zu dieser Stelle zusammengefasst wurden, sind durch die Formulierung eines allgemeinen Gesetzes für das Verhältnis von Widerspiegelung und

Tätigkeit von außerordentlich herausragender Bedeutung für eine materialistische Theorie psychischer Entwicklung, auch wenn aus den eigenen Reihen verschiedentlich auf eine nicht restlose theoretische Aufklärung hingewiesen wird (bspw. aufgrund der mangelnden Präzision in der Bestimmung des qualitativen Umschlags in der Entwicklung des Psychischen, vgl. hierzu Jantzen 1987, S.161)

Ulfried Geuter, Wolfgang Hoebig und Manfred Thielen (vgl. 1979, S. 72ff) hingegen setzen sich vor dem Hintergrund der politisch-gesellschaftlichen Veränderungen in der damaligen UDSSR betont kritisch mit Leontjew auseinander, ohne seine konkreten Forschungen herabsetzen zu wollen. Dabei weisen sie in Bezug auf Marx darauf hin, dass der Aspekt der Veränderung der gegenständlichen Welt durch die Tätigkeit bzw. Praxis bei Leontjew weitgehend ausgeblendet bleibt, wenn er formuliert: „Im engeren Sinne, das heißt auf der psychologischen Ebene, ist sie (die Tätigkeit) die durch die psychische Widerspiegelung vermittelte Lebensäußerung, deren reale Funktion darin besteht, das Subjekt in der gegenständlichen Welt zu orientieren." Dadurch würde, so die Kritik der Autoren, in der Konkretisierung nicht der psychologische Aspekt solcher Praxis herausgearbeitet, sondern eine gegenteilige Bestimmung von Tätigkeit vorgenommen: statt Umgestaltung - Orientierung und letztlich: Anpassung. Sie bemängeln, dass bei Leontjew von der Bestimmung der Tätigkeit durch die „Gegenstandslogik" die Rede sei und davon, „dass die Menschen in der Tätigkeit auf die Gegenstände einwirken, indem sie sich deren objektiven Eigenschaften unterordnen." „Ist dies", so fragen Geuter, Hoebig und Thielen (vgl. 1979, S. 76), „nicht eine sowjetische Variante der Theorie von den ‚Sachzwängen', die die gesellschaftlichen Zwänge als Sachzwänge der Technik ausgibt?" Abschließend fassen die Autoren (1979, S. 77f) ihre Kritikpunkte noch einmal folgendermaßen zusammen: „Sind die Gegenstände der äußeren Tätigkeit nur Arbeitsgegenstände und ordnet sich die Tätigkeit deren Sachrationalität unter, dann kann das Bewußtsein, die ‚innere Tätigkeit', nur diese Unterordnung reproduzieren. *Aneignung gesellschaftlich-historischer Erfahrung heißt dann: Anpassung an die „Rationalität" der bestehenden gesellschaftlichen Verhältnisse. Nicht das aktiv verändernde Eingreifen in die gegenständliche und gesellschaftliche Welt, sondern die tätige Unterordnung ist für Leontjews Menschenbild kennzeichnend.* [...] Die Ersetzung des amerikanischen Behaviorismus und seines deterministischen Menschenbildes durch den tätigen Maschinenmenschen ist nicht Marxismus, sondern Anpassungswissenschaft."

Aus der Perspektive eines Vergleichs zwischen Tätigkeitstheorie und Radikalem Konstruktivismus fragt Heinrich Bauersfeld (vgl. 1993) kritisch nach Ähnlichkeiten und Unterschieden zwischen den beiden erkenntnistheoretischen Modellen. Die Parallelen sieht er (1993, S. 38) im wesentlichen „[...] in der Betonung der grundlegenden Funktionen des menschlichen Handelns und seiner konstruktiven Natur, der Anpassungsprozesse im Blick auf das Lernen und der Bedeutung der sozialen Interaktion." Unterschiede stellt er fest, „[...] wenn es um die Möglichkeiten der Sprache bzw. allgemeiner um objektive Strukturen und deren Verinnerlichung geht [...]." Für Bauersfeld (1993, S. 44) scheint somit in der Tätigkeitstheorie, im Gegensatz zum Konstruktivismus, in der Auffassung des Bewusstseins als eine Form der psychischen Widerspiegelung die Annahme einer internen Abbildung der *einen* externen Welt ungebrochen wirksam zu sein: „Im RK (Radikalen Konstruktivismus, R.B.) markiert der Begriff der >>Viabilität<< den Grad der hinreichenden Ähnlichkeit bzw. Anpassung zwischen den Konstrukten verschiedener Subjekte. Dabei meint >>hinreichend<<: soweit, bis der erwünschte Erfolg eintritt oder die Akzeptanz der anderen erreicht wird, - denn ein anderes Kriterium gibt es für den RK nicht. Die TT (Tätigkeitstheorie, R.B.) andererseits besteht auf >>angemessener Reflektion<< bzw. >>Widerspiegelung<< (siehe dazu Kap. 2 in Leontjew 1978 [...]), was deshalb als möglich gilt, weil sie zugleich behauptet, dass die >>externen und internen Tätigkeiten eine gemeinsame Struktur haben<<. Leontjew 1981, S. 58) nennt dies >>eine der wichtigsten Entdeckungen der modernen Psychologie<< und stützt darauf die Möglichkeit, >>objektives Wissen<<, wenn nicht sogar >>wahres Wissen<< zu erlangen [...]."

3.1.2. Materialistische Ansätze im sonderpädagogischen Kontext

Auch wenn beispielsweise unter Verweis auf E. Séguin schon auf Vorläufer materialistischer Modelle in der Behindertenpädagogik um die Mitte des vorigen Jahrhunderts hingewiesen wird, wurde im Zusammenhang mit der Neuentdeckung des Marxismus in den 60er Jahren auch im Bereich der Behindertenpädagogik etwa ab 1970 damit begonnen, verschiedene Fragen unter dieser Perspektive neu aufzuwerfen. Zum einen wurde versucht, den Marxismus systematisch auf Probleme der Behinderung anzuwenden, zum anderen entwickelten sich aus der Anwendung soziologischer oder psychoanalytischer Fragestellungen erste Bestimmungsversuche eines marxistischen Ansatzes in diesem Fachgebiet (vgl. Abé u.a. 1973; Jantzen 1973, 1974). Diese Arbeiten standen vor der Aufgabe, sich in die marxistische Politische Ökonomie einzuarbeiten, sich die Methodologie (die erkenntnis- und wissenschaftstheoretischen Grundlagen) anzueignen, Fragen und Probleme des Fachgebiets zu lösen, sich die neuesten Erkenntnisse einzelwissenschaftlicher Ansätze im dialektischen und historischen Materialismus anzueignen (bspw. Biologie, Psychologie) und allgemeinste Grundkategorien auch über das Fach hinaus zu erarbeiten. Die bis heute erschienenen Arbeiten zur materialistischen Behindertenpädagogik sind unter diesen historischen Voraussetzungen zu begreifen.

So wurden beispielsweise die Ergebnisse der oben dargestellten Kulturhistorischen Schule im Zusammenhang mit einer systematischen Kategorienentwicklung neu interpretiert und kritisch eingebaut (vgl. Jantzen 1985, S.324). Auch wenn durchgängig in der Entwicklung einer materialistischen Behindertenpädagogik die Politische Ökonomie in Verbindung mit einer historischen Soziologie eine wesentliche Bedeutung gespielt hat (vgl. Rittberg 1973; Deppe-Wolfinger 1983; Jantzen 1981a, 1982), ist diese nicht auf ein nur gesellschaftstheoretisches Paradigma reduzierbar. So liegen mittlerweile Arbeiten vor, die von der individualwissenschaftlichen Kategorie „Isolation" ausgehend, spezifische Probleme des gestörten Aneignungsprozesses behandeln, indem sie biologische und psychologische Problemebenen aufgreifen und sich mit pädagogischem, therapeutischem und diagnostischem Handeln beschäftigen (vgl. Feuser/Jantzen (Hg.): Bände des „Jahrbuchs für Psychopathologie und Psychotherapie"; Rohr 1980; Feuser 1980, 1981; Probst 1978, 1981; Broschüre „Diagnostik im Interesse der Betroffenen"). Daneben finden sich auch Publikationen, die allgemeine Fragen aus der Pädagogik, Psychologie, Soziologie und Sozialpädagogik behandeln (vgl. z.B. Jantzen 1981b; Stegemann 1983). Das „Handwörterbuch zur kritischen und materialistischen Behindertenpädagogik" von Reichmann (vgl. 1984) gibt einen Gesamtüberblick über die gegenwärtig mit materialistischer Behindertenpädagogik verbundenen Fragestellungen. Letztendlich verweist Jantzen (vgl. 1985, S. 330) auch noch auf Publikationen, die einen neuen methodologischen empirischen Zugang in der materialistischen Behindertenpädagogik begründen (vgl. Probst 1981; 1983; Jantzen 1982b) sowie auf den Einbezug empirischer Ergebnisse aus der Natur- und Gesellschaftsgeschichte (z.B. Evolutions-, Verhaltensbiologie, Ethnologie, Archäologie, usw., vgl. Holzkamp 1983).

Aus der Sicht einer materialistischen Behindertenpädagogik wird der Begriff ‚Behinderung' verstanden „[...] als Prozess der sozialen Beeinträchtigung der Lebensmöglichkeiten menschlicher Individuen, der auf der Basis mangelnder Vermittlungsprozesse zwischen Individuum und Gesellschaft sich als Beeinträchtigung der Entwicklung der Persönlichkeit realisiert." (Jantzen 1990). Entsprechend wird Behinderung und psychische Erkrankung sowohl unter humanbiologischen und persönlichkeitstheoretischen Aspekten (d.h. von der allgemeinen Organisation der menschlichen Tätigkeit her) betrachtet als auch die spezifischen Bedingungen der Entstehung von Behinderung und psychischer Erkrankung in der kapitalistischen Gesellschaft untersucht. Auf der Suche nach einer allgemeinen Systemkategorie für den „gestörten Stoffwechselprozess des Menschen mit der Natur", oder anders formuliert, für den „inadäquaten Informationsaustauschprozess des Menschen mit der (gesellschaftlichen) Natur", für die „gestörte Aneignung", trennt Jantzen (vgl. 1979, S. 35f) daher zunächst einmal analytisch zwischen 1.) den allgemeinen Systembedingungen „unabhängig von jeder gesellschaftlichen Form" und 2.) den spezifischen Systembedingungen unter „gesellschaftlichen Bedingungen", die Marx in der Systemkategorie der „Entfremdung" erfasst.

Als allgemeine Kategorie des gestörten Stoffwechsels des Menschen mit der Natur führt Jantzen (1979, S. 36) den Begriff „Isolation" ein: „Isolation ist als Kategorie zu begreifen, die als allgemeinste Abstraktion die Totalität von Identitätszerstörung, Behinderung, Zerstörung des Subjekts wiederspiegelt. Sie bezieht sich auf organische wie psychische wie soziale Fakten [...]. Isolation trennt das Individuum als je konkret-historisches von der umfassenden Aneignung des gesellschaftlichen Erbes, von der umfassenden Realisierung seines menschlichen Wesens als Ensemble gesellschaftlicher Verhältnisse. [...] Sie ist als Störung von Widerspiegelungs-, Aneignungs- und Vergegenständlichungsprozessen im innerorganismischen Bereich wie im Verhältnis zur objektiven Realität in Natur und Gesellschaft zu begreifen." Jantzen (vgl. 1979, S. 37-43) veranschaulicht den Begriff der Isolation anhand von empirischem Material zu unterschiedlichen Defekten und Situationen (Beispiele zu ‚Wolfskindern', ‚Kinder in Heim und Krankenhaus', ‚Arbeitslosigkeit', ‚sensorische Deprivation bei Kindern und Erwachsenen', ‚Foltermethoden und KZ-Haft', ‚Hirnverletzungen, Sinnesschädigungen, Körperschädigungen', ‚psychische Erkrankungen und Hospitalisierung').

Jantzen (vgl. 1979, S.43-48) unterscheidet folgende mögliche Einwirkungsorte isolierender Bedingungen bzw. möglicher Quellen der Isolation:

1.) zentrale und dezentrale Wahrnehmungsstörungen,

2.) zentrale Störungen der Informationsaufnahme, -verarbeitung und -speicherung,

3.) zentrale und dezentrale motorische Störungen,

4.) Präsentation inadäquater Objekte oder fehlende Objektbezüge, fehlender Zugang zu Maschinen, fehlende Beziehungen zu anderen Menschen (z.B. Überhäufung mit Spielzeug, fehlendes Spielzeug, eine dem Menschen nicht entsprechende Organisation der Arbeit, double-bind-Situationen, politische Indoktrination, etc.),

5.) toxische, traumatische und infektiöse Störungen des Organismus.

Folgeprozesse für das der Isolation ausgesetzte Individuum zeigen sich auf körperlicher Ebene, beruflicher Ebene und finanzieller Ebene.

In seinem Modell der Erklärung von Psychopathologie in Form der ‚Struktur des gestörten Aneignungsprozesses‘ analysiert Jantzen (vgl. 1979, S. 48-65) verschiedene Verarbeitungsstufen anhaltender Isolationsprozesse unter Gesichtspunkten der

a) ‚Wahrnehmungs- und Lernpsychologie‘ (Entstehung von inadäquaten Wahrnehmungs- und Lernprozessen)

b) der ‚neuropsychischen Struktur des konkreten Individuums‘ (Entstehung von nicht gelungener Auflösung von Widersprüchen auf der kognitiven Ebene, durch Situationen der ‚Deprivation‘, ‚Überlastung‘, ‚Erschwerung‘, ‚Konfliktsituationen‘ und ‚Bedrohung‘, die als ‚Konflikt‘ bewertet werden und als ‚Mangel‘, ‚Hindernis‘, ‚Bedrohung‘ klassifiziert werden)

c) der ‚negativen emotionalen Wertung‘ sowie eines zugleich auftretenden bloß ‚assoziativen Denkens‘, die eine kompensatorische Funktion der Situationsverarbeitung erfüllen: entweder im Sinne einer ‚äußeren Veränderung‘ der isolierenden Situation (bspw. der Versuch von Situationsveränderungen durch Angst-, Wut-, Aggressions- und Verzweiflungszustände) oder aber im Sinne einer ‚inneren Umdefinition‘ der isolierenden Situation bzw. einer „inneren Reproduktion der Isolation" (durch die beiden Verarbeitungsformen der ‚Verdrängung‘ von belastenden Inhalten oder der ‚Über-Ich-Bildung‘, indem Normen, die der eigenen Bedürfnisbefriedigung entgegenstehen, übernommen werden) und

d) der ‚psychoreaktiven und vegetativen Reaktionsbildungen‘ (psychosomatische Krankheiten) als unmittelbarer Ausdruck der ‚nicht gelungenen Realitätskontrolle‘, des anhaltenden ‚Stresses‘ und der Maladaptation des Organismus in spezifischen organischen Bereichen.

„Die Realität wird nunmehr inadäquat abgebildet, um die individuelle Realitätskontrolle zu sichern, *die Pathologie der isolierenden Situation, die durch den Defekt lediglich eingeleitet ist, jedoch durchgängig sozialer Natur ist, zwingt das menschliche Hirn auf andere Weise zu arbeiten, lässt qualitativ neue und andere pathologische, d.h. mit der Entfaltungslogik des individuellen Menschen im Widerspruch stehende funktionelle Systeme auftreten.*" (Jantzen 1979, S.66) Hier wird zwischen Defekt und Behinderung unterschieden, wobei die Behinderung nicht am Individuum oder an biologischen Bedingungen (dem Defekt) festgemacht wird, sondern an den gesellschaftlich gegebenen Möglichkeiten seiner Tätigkeit (vgl. Jantzen 1985, S.335). Diese Unterscheidung resultiert m.E. aus der nicht unproblematischen Trennung Jantzens (siehe oben) zwischen den allgemeinen Systembedingungen „unabhängig von jeder gesellschaftlichen Form" und den spezifischen Systembedingungen unter „gesellschaftlichen Bedingungen". Dies führt unter anderem auch dazu, dass von einer inadäquaten Abbildung der Realität gesprochen werden kann. Aus konstruktivistischer Perspektive wird dagegen auch der biologische Defekt als ein soziales Konstrukt betrachtet.

Die oben zusammengefassten Aspekte der verschiedenen Verarbeitungsstufen der isolierenden Situationen geben aus materialistischer Sicht, im Sinne einer „rehistorisierenden Diagnostik" (vgl. Jantzen 1999), zentrale Hinweise für die biographische Rekonstruktion der inneren „Reproduktion der Isolation" oder aus Sicht der umgebenden Gesellschaft, der Entwicklung des „abweichenden Verhaltens". „Sie bilden die entscheidenden Knotenpunkte für das Begreifen der Vermittlung von der Logik des Individuums und der Logik der äußeren Realität, die unter den Bedingungen des Eintretens der isolierenden Bedingungen von nun an die Realitätskontrolle des Individuums durch fehlende und falsche Beratung und Behandlung, Vorurteile, fehlende ökonomische Unterstützung weiter reduziert, statt aufzubauen. Ihre Nicht-zur-Kenntnisnahme im Rahmen der gegebenen gesellschaftlichen Umstände verstärkt den Prozess der inneren Reproduktion der Isolation und führt in letzter Konsequenz zu psychischem Verfall, Katatonie, Suizid, um einige Beispiele zu nennen" (Jantzen 1979, S. 62f). Da das subjektive Verhalten unter Isolationsbedingungen hoch zweckmäßig ist, geht es in materialistisch orientierten Förderkonzepten darum, die isolierenden Bedingungen und nicht das Individuum zu verändern (vgl. Feuser 1991, S. 437).

Da die Kategorie der Isolation bis zu dieser Stelle die Behinderung unter dem Gesichtspunkt der ‚Entfaltungslogik der menschlichen Natur' erfasst, bedarf es zusätzlich der Untersuchung von Behinderung als ‚Ausdruck der objektiven Logik der kapitalistischen Gesellschaftsformation'. Sie stellt sich hier dar als: ‚Arbeitskraft minderer Güte', ‚reduzierte Geschäftsfähigkeit', Ästhetik des Hässlichen', ‚reduzierte Ausbeutungsbereitschaft', ‚Minderwertigkeit', reduzierte soziale Konsumfähigkeit' und ‚sozialer Ausschluss' (vgl. Jantzen 1979, S. 69ff). Abschließend lässt sich der Behinderungsbegriff aus materialistischer Sicht nach Feuser (1991, S. 436f) folgendermaßen zusammenfassen: „Behinderung kann verstanden werden als Ausdruck jener gesellschaftlichen, ökonomischen und sozialen Prozesse, die auf einen Menschen hin zur Wirkung kommen, der durch soziale und/oder biologisch-organische Beeinträchtigungen gesellschaftlichen Minimalvorstellungen und Erwartungen hinsichtlich seiner individuellen Entwicklung, Leistungsfähigkeit und Verwertbarkeit in Produktions- und Konsumtionsprozessen nicht entspricht. Sie definiert folglich einen sozialen Prozess und ist in diesem wiederum eine wesentliche Variable. Davon unterscheiden wir humanbiologisch-organisch, neurophysiologisch und neuro- und sozialpsychologisch erklärbare <Beeinträchtigungen> eines Menschen, die als Bedingungen den Prozess der <Be->Hinderung seiner Persönlichkeitsentwicklung im [...] gesellschaftlichen Kontext auslösen und modifizieren. Die Grundstrukturen menschlicher Aneignungs-, Entwicklungs- und Lernprozesse bleiben davon unberührt. Behinderung ist letztlich das Produkt der sozialen Beantwortung einer Beeinträchtigung eines Menschen."

Aus der Sicht einer materialistischen Behindertenpädagogik werden von Jantzen (1985, S. 340) folgende Forderungen für die praktische Umsetzung ihrer Erkenntnisse formuliert:

„(1)   auf der individuellen Ebene Bildung und Gesundheit umfassend zu verwirklichen;

(2)   auf der Ebene der Interaktion kooperative Beziehungen in Spiel, Lernen und Arbeit zu entfalten – unter der Perspektive gleicher Mitwirkungs- und Entfaltungsmöglichkeiten für alle -;

(3)   auf der Ebene der Institutionen Beseitigung der Institutionen des Ausschlusses, Sicherung von Integration als Aufhebung des sozialen Ausschlusses und Abbau von Isolation, Aufbau umfassender Präventionssysteme, die nicht wie heute auf Notfallreparatur nach dem medizinischen Modell zielen (z.B. die im Kassenrecht determinierte Struktur der sozialpädiatrischen Zentren); und

(4)   auf der gesellschaftlichen Ebene Durchsetzung von Demokratie und Sozialismus,
        Umverteilung der Verfügungsgewalt über die Produktionsmittel, so dass [...]
        umfassend Bildung, Gesundheit und Kultur für alle möglich wird."

3.2. Der Symbolische Interaktionismus

Die mikro-soziologische Analyse des Symbolischen Interaktionismus versucht aufzuzeigen,
nach welcher „Logik" sich innerhalb von Institutionen die Akteure verhalten, wie dabei
Identitäten entwickelt, dargestellt, verteidigt und verletzt werden, wie gesellschaftliche
Verhältnisse sowie institutionelle Strukturen den konkreten Kommunikationsprozess der
Beteiligten bestimmen und dort bearbeitet werden (vgl. Brumlik, Holtappels 1993, S.101).
Eine solche Sichtweise greift vor allem auf die von George Herbert Mead (vgl. 1934/1968)
Anfang dieses Jahrhunderts in den USA entwickelten theoretischen Kategorien des
„Symbolischen Interaktionismus" zurück. Dessen Weiterentwicklung für die Analyse
alltäglicher Situationen in Institutionen erfolgte in den 50er und 60er Jahren durch Erving
Goffman (vgl. 1967, 1969, 1971). Seit Ende der 60er Jahre werden interaktionistische
Konzepte auch in der bundesdeutschen Erziehungswissenschaft diskutiert. Habermas (vgl.
1968, 1973) und Krappmann (vgl. 1971) entfalteten soziologische und pädagogische
Konsequenzen aus dem Symbolischen Interaktionismus, und auch Mollenhauer (vgl. 1972)
sowie Brumlik (vgl. 1973) haben dieses Konzept mit ihren Beiträgen adaptiert und
pädagogisch weiterentwickelt.

In seinem Grundgedanken beschreibt der Ansatz des Symbolischen Interaktionismus den
Kommunikationsprozess zwischen Subjekten als einen gesellschaftlichen Prozess, aus dem
heraus sich die Identität eines Menschen entwickelt. Dabei werden einerseits das gemeinsame
Symbolsystem (vor allem die Sprache), welches der einzelne mit den anderen teilt, und
andererseits die von den anderen an den einzelnen gerichteten stabilisierten
Verhaltenserwartungen als grundlegend für die Entwicklung des Selbst angesehen. Die
Grundannahme dieser Theorie ist die Interaktion, bei der sich die Akteure wechselseitig durch
Erwartungen an das Verhalten anderer und das antizipierende Erwarten von den Erwartungen
an das eigene Verhalten aufeinander beziehen. Dadurch wird die Interaktion nicht durch
individuelle Erfahrungen, Bedürfnisse, Haltungen, Erwartungen erklärt, sondern als Reaktion
im Rahmen eines bereits bestehenden Handlungszusammenhangs verstanden. Nur durch ein
Symbolsystem ist es möglich, zu interagieren, das heißt, die Handlungen und Erwartungen

des anderen abzulesen und anderen die eigenen Handlungen und Erwartungen mitzuteilen. Da das Symbolsystem aufgrund unserer unterschiedlichen Erfahrungen nie eindeutig ist, sind die Verhaltenserwartungen anderer im Prozess der Interaktion immer interpretationsbedürftig (vgl. Brumlik, Holtappels 1993, S.91).

Das Subjekt ist demnach im Kommunikationsprozess aktiv tätig, indem es Situationen und Erwartungen interpretiert und mit selbstentworfenem Handeln beantwortet, wobei in die jeweilige Handlung stets die Darstellung der eigenen Identität eingeht. In Anlehnung an Mead (vgl. 1968) und Turner (vgl. 1976) wird das wechselseitige Einbringen von Identitätsanteilen in den Prozess der Kommunikation als „role-making" und „role-taking" bezeichnet. Werden in der strukturell-funktionalen Theorie ‘Rollen’ als extern festgelegte Verhaltensanforderungen betrachtet, so werden sie hier als im Kommunikationsprozess zwischen Subjekten ausgehandelt und als individuell gestaltet begriffen. Tillmann (1997, S.135f) beschreibt zusammenfassend den Unterschied zwischen role-taking und role-making: <<Role-taking>> meint damit zunächst, dass sich Ego in die Rolle von Alter versetzen kann, dass er also die Kommunikation auch mit den Augen des anderen sehen kann (Perspektivübernahme). Auf diese Weise kann Ego erkennen, welche Erwartungen Alter an ihn richtet. Er kann durch sein eigenes Verhalten diese Erwartungen erfüllen, damit die von Alter vorgeschlagene Rolle spielen und zugleich Alters Identitätsentwurf bestätigen. Ego kann auch die vorgeschlagene Rolle verweigern und damit einen Kommunikationsabbruch riskieren. Der Normalfall dürfte jedoch eine Mischung zwischen Akzeptanz und eigener Ausgestaltung der angesonnenen Rolle sein. Ego bringt durch sein Verhalten seinen eigenen Identitätsentwurf ein, der nicht völlig deckungsgleich mit der von Alter angesonnenen Rolle sein wird (role-making). Alter wiederum muss sich auf dieses role-making von Ego einstellen und seinerseits reagieren." Hier wird das Rollenhandeln nicht mehr als einfacher Prozess des Ausführens einer vorgeschriebenen Rolle verstanden, sondern als Planung und Entwurf des eigenen Handelns auf der Grundlage einer unterstellten Rolle des anderen.

Die Annahme, zu einer einverständigen Aushandlung der wechselseitigen Rollen zu gelangen, unterstellt eine Gleichgewichtigkeit im kommunikativen Austausch, die es im Rahmen einer Institution, in der die Bedeutung von Situationen den Aushandlungsprozessen der Individuen weitgehend entzogen ist und in der die Erwartungen an die Handelnden auf Dauer gestellt sind, nicht gibt. Doch auch wenn im Rahmen von Institutionen der Prozess des Aushandelns von Rollen Einschränkungen unterliegt, ist er dennoch nicht vollständig aufgehoben. Selbst

Personen in repressivsten Institutionen wie der Psychiatrie oder dem Militär präsentieren und verteidigen ihre Identitäten durch role-making, wie Goffman (vgl. 1972) in seinen Untersuchungen zeigen konnte.

Im interaktionistischen Ansatz ist die Identitätsbildung mit dem Prozess der Kommunikation verknüpft. Als Identität wird die Fähigkeit des einzelnen verstanden, reflexiv aus sich selbst herauszutreten, sich selbst zum Objekt zu machen bzw. sich ein Bild von sich selbst zu machen (vgl. Mead 1968, S.179ff). Ein einzelner aber kann nicht isoliert von anderen zur Selbstreflexion gelangen. Identität kommt dadurch zustande, wenn der einzelne sich im Prozess der Kommunikation mit den Augen des anderen sehen kann und somit ein Bild von sich selbst entwickelt. „Über *Identität* verfügen wir," schreiben Brumlik und Holtappels (1993, S.91), „wenn wir dazu in der Lage sind, uns sowohl als biographisch einzige und einmalige Individuen, als auch als Mitglieder von Gruppen oder Gesellschaften zu begreifen, deren Eigenschaften wir mit anderen teilen. Im ersten Fall geht es um *personale*, im zweiten Fall um *soziale* Identität. Zur voll ausgebildeten Identität gehört es, die oft konfligierenden eigenen Ansprüche und die Erwartungen anderer so einzulösen, dass weder die Zugehörigkeit zu bedeutsamen sozialen Gruppen noch das Selbstbild einer eigenständigen, unverwechselbaren Individualität mit eigenen Wünschen und Ansprüchen verletzt wird. Die entsprechenden Fähigkeiten werden als *Grundqualifikationen des Rollenhandelns* (Krappmann 1971) bezeichnet und im einzelnen als Rollendistanz, Frustrationstoleranz, Empathie und Darstellungskompetenz beschrieben."

Dem interaktionistischen Grundgedanken entsprechend sind die Grundqualifikationen des Rollenhandelns auf der mikro-sozialen Ebene angesiedelt, wobei durch die Erörterung von Dimensionen gesellschaftlicher Herrschaft wie der Repressivität, Rigidität sowie sozialen Verhaltenskontrolle und ihrer Verknüpfung mit der Identitätsentwicklung an makrosoziale Analysen angeknüpft werden kann (vgl. Habermas 1968/1973). Eine große Relevanz hat die interaktionistische Rollentheorie für die Untersuchung von Sozialisationsprozessen bekommen. Mit dem zentralen Begriff der Ich-Identität wird die soziale Verankerung von Subjekthaftigkeit systematisch beschrieben. Einerseits entwickelt sich Individualität in der biographischen Dimension, andererseits wird sie in gegenwärtigen sozialen Rollen aktiv-handelnd und die eigene Entwicklung mitgestaltend eingebracht. Sozialisation kann somit als Einheit von Vergesellschaftung und Individuierung verstanden werden.

Auf die für die sozialisationstheoretische Verwendung bedeutsame, in das interaktionistische Konzept eingelagerte, normative Komponente verweist Tillmann (1997, S.142): „Das stabile Selbst - und damit die Grundqualifikationen des Rollenhandelns - werden als wünschenswerte Ziele der Subjektentwicklung dargestellt; diese Qualifikationen werden nicht einfach voluntaristisch gesetzt, sondern als psychisches Äquivalent sozialer Strukturprobleme ausgewiesen. Nur wenn ein Subjekt über diese Grundqualifikationen verfügt, kann es in selbstbewusster und bedürfnisorientierter Weise an der gesellschaftlichen Interaktion teilnehmen. Eine solche strukturelle Begründung von Sozialisationszielen ist aber keineswegs <wertfrei>; vielmehr ist in ihm eine Grundentscheidung für die Gewinnung von Autonomie, Handlungsfähigkeit und Individualität unterlegt. Versteht man in dieser Weise die Ich-Identität und die mit ihr verbundenen Grundqualifikationen als oberste Erziehungsziele, so lässt sich dieser Ansatz als <<normative Sozialisationstheorie>> (Brumlik 1983, S.240) - gleichsam als sozialisationstheoretische Wendung der <emanzipatorischen Pädagogik> - verstehen." Somit eröffnet der Symbolische Interaktionismus die Möglichkeit, die günstigen oder ungünstigen Bedingungen bzw. Strukturen von Rollensystemen für Identitätsentwicklung in pädagogischen Interaktionen zu untersuchen.

Dabei kommt allerdings, so merkt Reicke-Baulecke (vgl. 1994, S.90f) kritisch an, nur eine bestimmte Variante von Interaktion ins Blickfeld. Denn die Inhalte und Ziele von pädagogischen Prozessen werden gegenüber dem kommunikativen Aspekt relativiert oder ausgeblendet. Zudem geht es um die Erfassung subjektiver Deutungen und Interpretationen, bei denen nach wie vor Verallgemeinerungen von Äußerungen der Erforschten durch die Forscher vorgenommen werden. Dadurch bleiben die Kategorien in interaktionistischen Theorien Begriffe von Forschungssubjekten über Forschungsobjekte, was sich nicht zuletzt in der Normierung oberster Erziehungsziele zeigt, die, wenn sie auch „kritisch" gemeint sind, als Vorgabe und letztlich Kontrollinstanz in der Hand von Pädagogen fungieren.

3.2.1. Interaktionistische Ansätze im sonderpädagogischen Kontext

Aus interaktionistischer Sicht werden Auffälligkeiten oder Störungen nicht primär durch intrapersonale Strukturen oder Prozesse, sondern durch soziale Interaktionsprozesse und gesellschaftliche Strukturen erklärt, durch die ein bestimmtes Verhalten als von gesellschaftlichen Normen abweichendes Verhalten definiert wird. Dabei sind verschiedene soziologische Ansätze zur Erklärung abweichenden Verhaltens, insbesondere delinquenter

Verhaltensweisen, entwickelt worden, die sich nach Springer (vgl. 1973, S.8) danach unterscheiden lassen, dass sie schwerpunktmäßig die beiden folgenden sozialen Prozesse analysieren:

- zum einen den Prozess abweichender Reaktionen von Individuen auf bestimmte sozialstrukturelle Vorgaben (z.B. Anomietheorie von Merton 1968; Theorie der Gruppenkultur von Cohen 1961; Subkulturtheorie von Miller 1968; Theorie der differentiellen Assoziation von Sutherland 1968; Theorie der Neutralisationstechniken von Matza und Sykes 1968; Theorie der 'Near Group' von Yablonski 1963; 'Social-Disability'-These von Short und Strodtbeck 1965);
- zum anderen den Prozess der Reaktionen konformer Gesellschaftsmitglieder auf dieses abweichende Verhalten (z.B. radikaler Definitionsansatz von Sack 1968; allgemeiner Definitionsansatz von Becker 1963).

Die anschließende Darstellung bezieht sich nun auf Gesichtspunkte des Definitions- oder Etikettierungsansatzes, der aus einer soziologischen Perspektive unter besonderer Berücksichtigung (schul-)pädagogischer Aspekte zu erklären versucht, wie abweichendes Verhalten entsteht und existiert (vgl. Brusten u. Herriger 1973; Brusten u. Hurrelmann 1976; Becker 1973; Homfeld 1974; . Asmus u. Peukert 1979; Ulrich 1980; Hargraeves u.a. 1981; Tornow 1978). Bei einer solchen zuschreibenden Sichtweise richtet sich der Beobachtungsfokus nicht mehr auf die auffällige Einzelperson, sondern auf die Definitionen sowie Reaktionen der sozialen Umwelt, die im Prozess der Interaktion spezifische Normen und Regeln auf die Person bzw. ihr Verhalten anwendet und sie als auffällig, gestört, behindert, krank etc. bezeichnet. Werning (1989, S.22) charakterisiert diese zuschreibende Sichtweise (auch Reaktionsansatz vgl. Opp 1974, S.180; Labeling Approach oder Definitionsansatz vgl. Bohnsack 1973, S.93; Etikettierungsansatz vgl. Brusten u. Hurrelmann 1973, S.26 genannt) folgendermaßen: „Im Gegensatz zu sogenannten „ätiologischen Paradigmen" (vgl. Keckeisen 1974) erklärt der Zuschreibungsansatz nicht sozial auffällige Verhaltensweisen, sondern wie Verhalten das Merkmal, abweichend zu sein, bekommt und welche Folgen das für den Abweichler hat' (Tornow 1978, S.29). Die Prozesshaftigkeit der Zuschreibung eines Verhaltens als auffällig, ‚als ein sich fortlaufend entwickelndes Ergebnis dynamischer Interaktionsprozesse [...]' (Asmus/Peukert 1979, S.19) ist ein wesentliches Charakteristikum dieses Ansatzes. Nicht ein Verhalten an sich, sondern die normative

Bewertung desselben durch das 'soziale Publikum' in einem entsprechenden Kontext werden als wesentliche Bedingungsfaktoren angesehen."

Da nicht jedes normabweichende Verhalten sofort zur entsprechenden Etikettierung führt und alle Handelnden mehr oder weniger häufig von sozialen Normen abweichen, unterscheidet Lemert (vgl. 1967) bei der Analyse von Etikettierungsprozessen zwischen „primärer" und „sekundärer" Abweichung. Bei ersten Normenverstößen, der primären Devianz, können Zuschreibungsprozesse durch darauffolgendes angepasstes Verhalten, durch Bagatellisierung oder Entschuldigung noch verhindert werden. Offizielle Abweichung bzw. sekundäre Devianz hingegen wird dadurch produziert, dass einer kontrollierenden Instanz häufige und/oder gravierende Normenverstöße auffallen, sie diese entsprechend sanktioniert, die Normalisierungsmechanismen nicht mehr greifen, dem Kind bzw. Jugendlichen ein Etikett (label) und damit ein neuer sozialer Status zugeschrieben wird, welcher bedeutende Konsequenzen für künftige Interaktionsprozesse nach sich zieht, der Schüler sich der Etikettierung unterwirft, sie in sein Selbstkonzept integriert und ihr in gewisser Weise dadurch entspricht, dass er die sich daraus ergebenden Probleme paradoxerweise mit weiteren abweichenden Verhaltensweisen zu lösen versucht. „Alle Handlungen", so erläutern Brusten und Hurrelmann (1973, S.31), „erscheinen seinen Interaktionspartnern von nun an in einer neuen Perspektive; eine generelle Umdefinition bisheriger Annahmen, Bewertungen und Vorstellungen ist die Folge." Die dem Schüler zugeschriebenen Typisierungen bzw. Attribute beziehen sich bald nicht mehr nur auf spezifische Verhaltensweisen, sondern werden fest mit der gesamten Person verknüpft.

Wesentliche Voraussetzungen für das Entstehen abweichenden Verhaltens sind somit die Normalitätserwartungen der Institution, die Definitionsmacht der Etikettierer, ihr Netz der sozialen Kontrolle, aber auch verschiedene Bedingungen auf seiten des Etikettierten, wie seine psychische Stabilität, seine Annahmebereitschaft für die angetragenen Kategorisierungen usw. (vgl. Peukert/Asmus 1979, S.21; Hargreaves 1979, S.141ff). Abweichendes Verhalten wird somit als Ergebnis von Definitions- und Interpretationsleistungen der beteiligten Interaktionspartner (Lehrer, Mitschüler) betrachtet, die die Handlungen des Schülers in Beziehung zur Situation, zu den eigenen Verhaltenserwartungen und Bedeutungszuschreibungen, zur Biographie des Handelnden und zu geltenden Normen und Regeln definieren und interpretieren (vgl. Brumlik/Holtappels 1993, S.95). Aus dieser Sicht wird weder nach den ursächlichen Objektivierbarkeiten für das

'Störende' oder 'Abweichende' gesucht noch werden diese im Individuum verankert, sondern sie werden vielmehr als das Resultat eines interaktionistischen Prozesses verstanden (vgl. Benkmann 1989, S.92). In dessen Verlauf werden von den Etikettierern, die die Macht dazu besitzen, spezielle Regeln und Normen auf Verhaltensweisen der Etikettierten angewendet, wobei letztere in eine abweichende Karriere eintreten, an deren Ende die Zuweisung und Übernahme einer abweichenden Identität steht.

Die pädagogischen Implikationen des interaktionistischen Ansatzes liegen insbesondere darin, Stigmatisierungsprozesse in der schulischen Sozialisation so weit wie möglich zu vermindern oder vermeiden, indem Lehrer und Lehrerinnen ihr eigenes Rollenverständnis und -verhalten hinsichtlich auffälligen Verhaltens oder schwacher schulischer Leistungen überprüfen (vgl. Hußlein 1983, S.89; Brumlik/Holtappels 1993, S.100). Benkmann (vgl. 1989, S.94f) nennt zusammenfassend die praktischen Handlungsansätze und Maßnahmen, welche die Dynamik stigmatisierender schulischer Interaktionsprozesse zu durchbrechen und somit soziales Lernen zu fördern versuchen:

- interaktionspädagogische Konzepte mit dem Ziel der Herausbildung individueller Fähigkeiten sowie der Grundqualifikationen des Rollenhandelns (vgl. Krappmann 1975)
- kommunikationstheoretische Vorgehensweisen, mit dem Ziel der Auflösung von Verständigungsproblemen, sozialen Konflikten, Beziehungsproblemen durch Metakommunikation (vgl. Watzlawick u.a. 1974)
- Beiträge zu einer kommunikativen Didaktik, deren Anliegen das Heranführen der Schüler an Verhandlungen unterrichtsdidaktischer Entscheidungen ist, um Unterricht rational durchschaubarer und durch Schülermitbeteiligung an Planung, Steuerung und Auswertung demokratischer zu machen (vgl. Schäfer/Schaller 1976; Popp 1976; Boettcher u.a. 1980)
- didaktische Ansätze, die durch die Analyse der sozialisierenden Wirkungen von Unterricht kommunikative und soziale Prozesse in der Schule zu verbessern versuchen (vgl. Prior 1976)
- Methoden zur Weiterentwicklung der Qualität der Lehrer-Schüler-Beziehung und zur demokratischen Konfliktlösung (Gordon 1981)
- das Konzept eines schülerzentrierten Unterrichts, das auf demokratischen und humanistischen Grundwerten basiert und ein größeres Ausmaß an Selbständigkeit und Mitbestimmung zu ermöglichen versucht (vgl. Wagner u.a. 1976)

- gruppendynamische Arbeitsformen und spezielle Trainingsverfahren, um soziale Fertigkeiten und Fähigkeiten zu fördern (vgl. Belardi 1980; Antons 1975)

- themenzentrierte interaktionelle Methoden, die unter behandlungs- und bildungsorientierten Aspekten in die schulische Arbeit mit Problemkindern zu integrieren versucht werden (vgl. Cohn 1976; Januszewski 1986)

- Ansätze einer therapeutischen Interaktionserziehung, die die Aufarbeitung mißlungener Sozialisationserfahrungen zum Zwecke des Umlernens im Sinne selbstbestimmter und rationaler Lebensgestaltung zum Ziel hat (vgl. Grundke 1975)

- verschiedene Rollenspielkonzepte, durch deren kompensatorische Wirkungen die Grundqualifikationen des Rollenhandelns vermittelt und Aspekte des sozialen Lernens transparent gemacht und gefördert werden sollen (vgl. Fritz 1975; Shaftel u. Shaftel 1974; Chesler u. Fox 1974; Wendlandt 1977; Bönner u. Distel 1982)

- Gruppenarbeits- und Projektansätze, bei denen die Schüler bei der Planung und Durchführung von Arbeitsvorhaben aktiv mitarbeiten, kooperieren und über das soziale Lernen Identität aufbauen (vgl. Kluge 1969; Ertle u. Schmid 1978)

Da Auffälligkeiten und Störungen im interaktionalen Ansatz als Sozialisationsprobleme verstanden werden, die aus belastenden Interaktionsprozessen hervorgehen, versuchen die Handlungsmodelle das Interaktionsfeld über eine pädagogische Beeinflussung zu verändern. Nicht die Behandlung des einzelnen Kindes als Träger einer Störung steht dabei im Vordergrund, sondern das Begreifen des Kindes und seiner Gruppe in den bestimmenden Wechselwirkungen sowie das Lösen von Interaktionsproblemen durch eine verständigungsstiftende Kommunikation und durch soziales Handeln (vgl. Speck 1981, S.32).

Der Zuschreibungsansatz ist von verschiedenen Seiten kritisch beurteilt worden (vgl. Opp 1974, S.180ff; Keupp 1976, S.89ff; Benkmann 1989, S.92f). Fatke (vgl. 1977, S.55) bemängelt das fehlende Aufzeigen der Ursachen der primären Abweichung, die offen gebliebene Frage, warum Etikettierung im einen Fall zur Ausbildung von Auffälligkeiten im anderen Fall aber nicht führt, sowie die im Widerspruch zu wesentlichen Grundannahmen des Interaktionismus stehende Beschreibung des Abweichenden als Opfer, das dem Prozess der Etikettierung hilflos ausgesetzt ist. Bleidick (vgl. 1977, S. 212f) sieht die Lehrer durch diesen Ansatz mit einer Verantwortung und einem Handlungsspielraum belastet, der ihnen in Anbetracht der tatsächlichen Systemzwänge gar nicht gegeben ist. Für Werning (1989, S.23f) besteht die Gefahr des Ansatzes darin, „[...] dass die signifikanten Interaktionspartner des

Kindes die Schuld für auffälliges Verhalten zugesprochen bekommen. Die Akzentuierung der interaktionistischen Ebene beinhaltet ferner die Gefahr, dass makrostrukturelle Bedingungen - z.B. gesellschaftliche und institutionelle Faktoren - sowie personale Verarbeitungs- und Handlungskompetenzen des Individuums negiert werden. Es wäre auch zu einfach, auffälliges Verhalten nur als reines Zuschreibungsphänomen anzusehen und damit gleichzeitig die Auseinandersetzung mit Bedingungen für primäres auffälliges Verhalten abzulehnen (wie z.B. Sack 1972). Eine solche Perspektive, die sich vorrangig mit den Reaktionen der sozialen Umwelt auf spezifische Verhaltensweisen beschäftigt, vernachlässigt die Auseinandersetzung mit den betroffenen Kindern und Jugendlichen."

Auffälligkeiten und Störungen von Kindern und Jugendlichen werden sowohl in der individuumzentrierten als auch in der zuschreibenden Sichtweise häufig in einer Art und Weise beschrieben, die sie entweder zu 'Opfern' einer Krankheit, einer Schädigung, von sozialen Noxen oder aber zu 'Opfern' von Etikettierungsprozessen macht. Weitgehend unberücksichtigt bleibt dabei die aktive, individuelle Handlungsfähigkeit, die sich auch in Auffälligkeiten und Abweichungen ausdrücken kann (vgl. Werning 1989, S.24). Die verstehende Auseinandersetzung mit der individuellen Bedeutung kindlicher Auffälligkeiten in seinem komplexen Netz der je konkreten materialen sowie sozialen Lebensbedingungen und Beziehungsstrukturen, mit dem Ziel die Wechselbeziehung zwischen Kind und Umwelt zu verbessern, steht im Mittelpunkt der nächsten nachzuskizzierenden theoretischen Modelle.

4. Ökologische Modelle

Auf die Ausformulierung eines differenzierten Umweltbegriffs hatten Entwicklungen in der Biologie im Laufe des 19. Jahrhunderts einen wesentlichen Einfluss, als Biologen die Gemeinschaften von Organismen zu untersuchen begannen. Eigentümlicherweise führte der an einer exakten klassischen Naturwissenschaft orientierte Mediziner und Zoologe Ernst Haeckel 1866 (S.286) den Begriff 'Ökologie' (griech. *oíkos* = „Haus", „Haushaltung" und *lógos* = Lehre; sozusagen die Lehre vom Wohnen, Zusammenleben, des Haushaltes der Erde) wie folgt ein: „Unter *Oecologie* verstehen wir die gesamte *Wissenschaft von den Beziehungen des Organismus zur umgebenden Außenwelt*, wohin wir im weiteren Sinne alle *'Existenz-Bedingungen'* rechnen können. Diese sind teils organischer, teils anorganischer Natur [...]." Durch seine biologische Sichtweise der Ökologie versuchte Haeckel (1866, S.238) damals die

Beziehungen des Organismus zu seiner Umwelt „mechanisch" im Sinne einer „Relationsphysiologie" bzw. als „Physiologie der Beziehungen des tierischen Organismus zur Außenwelt" zu erklären.

Der Biologe Jacob von Uexküll verwendete im Jahre 1909 erstmalig den Begriff 'Umwelt' in seinen Arbeiten, den er von dem Wort 'Umgebung' unterscheidet. Zur 'Umwelt' eines Organismus gehören alle diejenigen Dinge, die dieser mit Hilfe seiner Merk- bzw. Sinnesorgane 'merken' kann und auf die seine Wirkorgane 'wirken' können. In der Umweltlehre Uexkülls bildet die Merkwelt (das, was der Organismus wahrnimmt) mit der Wirkwelt (das, was der Organismus tut) eine einheitliche Umwelt. Merk- und Wirkwelt sind von der Körperorganisation abhängig, die wiederum auf die Umwelt des Tieres abgestimmt ist. Die Ganzheit von Umwelt und Organismus versteht er als 'Funktionskreis'. Die 'Umgebung' hingegen ist die Umwelt des Beobachters eines Lebewesens, also alles das, was ein Lebewesen aus der Sichtweise eines Beobachters umgibt, auch wenn es dies selbst nicht wahrnimmt.

In den zwanziger Jahren untersuchten die Ökologen die funktionalen Beziehungen innerhalb der Tier- und Pflanzengemeinschaften. Charles Elton führte in seinem Buch *Animal Ecology* die Begriffe Nahrungskette und Nahrungszyklus ein. Die frühen Ökologen, die mit den begrifflichen Kategorien der organismischen Biologie noch sehr verbunden waren, verglichen biologische Gemeinschaften mit Organismen. So sah beispielsweise der Pflanzenökologe Frederic Clements in Pflanzengemeinschaften >>Superorganismen<<. Nach einem Jahrzehnt heftiger Debatten führte 1935 der Pflanzenökologe A.G. Tansley, der diese Vorstellung ablehnte, den Begriff des „Ökosystems" ein, um Tier- und Pflanzengemeinschaften zu charakterisieren. „Der Begriff des Ökosystems", schreibt Capra (1996, S.47), - heute definiert als <<eine Gemeinschaft von Organismen und ihrer physischen Umwelt, die als ökologische Einheit miteinander agiert>> - hat in der Folge das gesamte ökologische Denken geprägt und allein schon dadurch ein Systemdenken in der Ökologie gefördert."

Heute wird davon ausgegangen, dass die meisten Organismen nicht nur ökologischen Gemeinschaften angehören, sondern auch ihrerseits komplexe Ökosysteme sind und wiederum eine große Anzahl kleinerer Organismen enthalten, die sowohl autonom als auch in den Funktionszusammenhang des Ganzen eingebettet sind. Ökologische Gemeinschaften werden als ein Miteinander von netzartig durch Ernährungsbeziehungen miteinander verknüpften Organismen betrachtet. Capra (1996, S.49) charakterisiert diese ökologische Sichtweise als ein Verständnis von einem Netz des Lebens, das seinerseits aus Netzwerken innerhalb von Netzwerken besteht. Dabei erweisen sich die Knoten des Netzwerkes bei genauerer Untersuchung ihrerseits als kleinere Netzwerke. Den zentralen Stellenwert dieser Netzwerkperspektive in der Ökologie in den letzten Jahren kommentierte der Ökologe Bernard Patten (1991, zit.n. Capra) in der folgenden abschließenden Bemerkung auf einer Konferenz: „Ökologie *heißt* Netzwerke .... Ökosysteme zu verstehen bedeutet letztlich, Netzwerke zu verstehen."

Die ökologische Perspektive gewinnt auch in den Human- und Sozialwissenschaften zunehmend an Einfluss, wie die Wortverbindungen 'Humanökologie' und 'Sozialökologie' andeuten. Die Humanökologie untersucht die räumlich-zeitlich spezifischen Lebensverhältnisse und deren Wandel als Bedingungen menschlichen Zusammenlebens sowie die Rückwirkungen bereits vorhandener Sozialstrukturen auf die Entwicklung und Umgestaltung der Umwelt (vgl. Miller 1986, S.44ff). Als Vorläufer einer Ökologischen Psychologie wird der Psychologe Willy Hellpach (1924), der den Begriff der 'Umweltpsychologie' prägte, Vertreter der Gestaltpsychologie (Kurt Koffka, Wolfgang Köhler, Max Wertheimer) und der Psychologe Kurt Lewin (1936) mit seinem Konzept vom 'Lebensraum' bzw. 'psychologischen Feld' genannt, der die wechselseitigen Beziehungen zwischen den Kräften im und denen außerhalb des Individuums erfasst. Verschiedene Konzepte bauten auf den Arbeiten von Lewin auf, wie z.B. das 'Behavior-Setting-Konzept' seines Schülers R. Barker (1968) oder das 'Social-Climate-Konzept von R.H. Moos (1976). Als hilfreiche Ergänzung zur Ökologischen Psychologie wird die Kulturpsychologie angesehen, z.B. die Arbeiten von E.E. Boesch (1976, 1980).

Die ökologisch-psychologische Forschungs- und Theoriebildung umfasst keine einheitliche Theorie, sondern eine Sichtweise oder Perspektive (Graumann 1978), die in allen Teildisziplinen der Psychologie zunehmend Aufmerksamkeit erlangt. Zusammenfassungen, die einen Überblick ihrer Entwicklung in anderen Ländern geben, finden sich u.a. in Craik 1970, 1973; Moos und Insel 1974; Canter und Stringer 1975; Altmann und Wohlwill 1976; Stokols 1977. Eine Zusammenfassung über die Entwicklung der letzten zehn Jahre im deutschsprachigen Raum sowie eine nach thematischen Gesichtspunkten gegliederte Übersicht von der Vielfalt der Fragestellungen und Forschungsaktivitäten gibt Miller (1986). Sammelreferate zur Umwelt- bzw. Ökologischen Psychologie finden sich bei Kaminski

Sammelreferate zur Umwelt- bzw. Ökologischen Psychologie finden sich bei Kaminski (1978), Kruse (1978) und Fuhrer (1983). Die Ökopsychologie bzw. ökologische Perspektive umfasst dabei eine Mischung unterschiedlichster und zum Teil noch unverbundener theoretischer und praktischer Bemühungen. Ihre Gemeinsamkeiten lassen sich möglicherweise in dem 1977 von der Deutschen Forschungsgemeinschaft (DFG) eingerichteten Schwerpunktprogramm „Psychologische Ökologie" (o.J. S.1) ablesen, in dem es u.a. heißt: „Als Forschungsrichtung innerhalb der psychologischen Wissenschaften untersucht die Psychologische Ökologie das Erleben und Verhalten von Individuen und Gruppen in ihren jeweiligen sozialen, technischen, kulturellen und geographischen Lebensbedingungen. Ihr Ziel ist die Beschreibung, Erklärung und Optimierung der erlebnis- und verhaltenswirksamen Bedingungen."

Ökologische Ansätze entstanden auch in der Erziehungswissenschaft. Nach Kleber (vgl. 1985, S.1130) lassen sich ökologische Perspektiven schon in der Reformpädagogik bei Ansätzen finden, die sich systematisch mit Schulumwelt und Lernumwelt auseinandersetzen. Weiterhin führt er Nipkow (vgl. 1969) an, der die Beachtung einer ökologischen Sichtweise bei der Erarbeitung einer Theorie der Schule fordert. Des weiteren wurden amerikanische Ansätze übernommen, wie das Konzept „ecology", „learning environment" und „classroom climate", die hier zunächst unter dem Thema „Schulklima" adaptiert wurden (vgl. Fend 1974; Von Saldern 1983; Ortner 1979; Schwarzer 1979). Wilhelm (vgl. 1969) formulierte eine „Ökologie der Schule", König und Schmittmann (vgl. 1976) haben eine ökopsychologische Untersuchung zum Einfluss von Schulbauten auf Lehr- und Lernprozesse durchgeführt (vgl. auch Dreesman 1983, S.149ff), Moore und Anderson (vgl. 1976) erarbeiteten Prinzipien zur Gestaltung von Erziehungsumwelten beim selbstgesteuerten Lernen, Fatke (vgl. 1977) entwickelte einen Ansatz zur Analyse von Schulumwelt und Schülerverhalten. Der Begriff „Öko-Didaktik" erscheint ebenso im Bereich der Didaktik (vgl. Sondemann 1986, S.46), nach dem die Ökologie auch wesentliche Bedeutung als Unterrichtsgegenstand erlangt hat. In Handbüchern der Erziehungswissenschaften finden sich ebenso die Bezeichnungen 'Ökologie' (vgl. Schulze 1983, S.262; Kleber 1985, S.1129), Ökologie der Schule (vgl. Dach 1985), ökologische Erziehungswissenschaft (vgl. Kleber 1985, S.1167) und Ökopädagogik (vgl. Kleber 1985, S.1131). Eine ökologische Orientierung wird auch als Wende im Alltagshandeln der Erziehungswissenschaften ausgemacht (vgl. Thiersch 1978; Lenzen 1980; Schründer 1982, 1983; Kaiser 1981; Derbolav 1981).

In Anlehnung an Eckensberger (vgl. 1979, S.264ff), Schulze (vgl. 1983, S.265f), Kleber (vgl. 1985, S.1132f) und Baacke (vgl. 1980) stellt Werning (vgl. 1989, S.81f) abstrahierend von den unterschiedlichen Akzentuierungen, die sich in der skizzierten transdisziplinären Implementation ökologischer Perspektiven finden lassen, folgende ihrer charakteristischen Gesichtspunkte dar: die Objektorientierung, die Bevorzugung 'naturalistischer' Methoden, die Berücksichtigung eines 'größeren Kontextes', die Beachtung von 'Effekten höherer Ordnung', die Betonung kulturvergleichender Studien, die interdisziplinäre Forschung und Praxis sowie der Praxis- und Anwendungsbezug.

Objektorientierung anstatt einer analytischen Orientierung meint, dass ökologische Untersuchungen von der alltäglichen Umwelt, dem 'daily life' des Menschen ausgehen und sich darauf beziehen (vgl. Klausner 1973). Die Bevorzugung naturalistischer Methoden anstatt der Methoden klassischer Laborforschung bedeutet die Erhebung menschlichen Verhaltens und Handelns in natürlichen bzw. alltäglichen Lebenssituationen, bei der der Forscher unter Einbeziehung eines eklektizistischen Methodeninstrumentariums in die Untersuchung miteinbezogen ist. Normative Ausrichtung anstatt wertneutrale Verifizierung und Falsifizierung von Theorien beinhaltet, dass der ökologische Ansatz deutlich Stellung gegen die Schädigung und Zerstörung von Umwelt bezieht und das Ziel der Verwirklichung einer gesunden und entwicklungsfördernden Umwelt anstrebt. Berücksichtigung eines größeren Kontextes anstatt Reduktion auf Einzelelemente heißt, Wirklichkeit unter Erhalt ihrer Komplexität und unter Berücksichtigung interdependenter Wechselwirkungen ihrer verschiedenen Dimensionen zu beschreiben (vgl. Bronfenbrenner 1979, 1981; Baacke 1979, 1980), allerdings lediglich mit dem Anspruch einer holistischen Berücksichtigung eines größeren Zusammenhangs anstatt einer totalitaristischen Erfassung der Vielzahl aller prinzipiell möglichen Einflussbedingungen (vgl. Eckensberger 1979, S.271). Die Beachtung von Effekten höherer Ordnung anstatt einer kausal-linearen Betrachtungsweise beinhaltet, die komplexe Vernetztheit einer Vielzahl von Faktoren zu berücksichtigen, welche bei geplanten Eingriffen in die soziale und materiale Umwelt zu nicht intendierten oder gar entgegengesetzten Wirkungen bzw. Effekten führen können. Kulturvergleichende Studien zu betonen anstatt von der Umwelt des Menschen auszugehen besagt, dass Untersuchungsergebnisse zur Mensch-Umwelt-Beziehung keine Allgemeingültigkeit besitzen, weil sie immer unter bestimmten historisch-gesellschaftlichen Bedingungen zustande kommen. Interdisziplinäre anstatt disziplinspezifische Forschung und Praxis meint, dass die Komplexität der interagierenden Mensch-Umwelt-Bereiche (räumlich, zeitlich, materiell, sozial, architektonisch, biologisch, chemisch, symbolisch, geographisch etc.) sowie die ganzheitliche Herangehensweise einen kooperativen Dialog der Wissenschaften erfordert. Praxis- und Anwendungsbezug hat der ökologische Ansatz durch seine Objektorientierung sowie normative Orientierung, vor allem aber durch die Bereiche, von denen er ausging, wie „community development", „Entwicklung sozialpädagogischer 'support systems'", „Stadtteilarbeit" (vgl. Baacke 1980, S.498).

Die Anwendung der ökologischen Sichtweise auf den Bereich der Entwicklung und Sozialisation soll im folgenden anhand der Ansätze von Bronfenbrenner (vgl. 1978, 1981) und Baacke (vgl. 1979, 1980) grob skizziert werden, wobei auf die anderen vielen Ansätze und Untersuchungen lediglich hingewiesen werden kann: Walter (vgl. 1973, 1981), Walter und Oerter (vgl. 1979), Hurrelmann und Ulich (vgl. 1980, darin insbesondere der Beitrag von Walter „Ökologische Ansätze in der Sozialisationsforschung, S.285ff).

Bronfenbrenner geht in seinem Mehrebenenmodell von den vier Lebensbereichen des Mikro-, Meso-, Exo- und Makrosystems aus, die hierarchisch ineinander verschachtelt sind und die Umweltbedingungen eines Individuums bilden:

Das Mehrebenenmodell von Bronfenbrenner

1. Die erste Ebene des Mikrosystems definiert er (1978, S.35) dabei als „[...] Beziehungsgefüge zwischen der sich entwickelnden Person und der Umwelt in einem unmittelbaren Setting, in dem sich die Person befindet [...] Ein Setting ist definiert als ein Ort mit besonderen physikalischen Eigenschaften, in dem sich die Teilnehmer in spezifischer Weise in spezifischen Rollen [...] und in spezifischen Zeitabschnitten betätigen." Solche Mikrosysteme sind für Kinder und Jugendliche beispielsweise die Familie, die Schule, die Sportgruppe, das Jugendzentrum, der Ausbildungsplatz, das Ferienlager etc..

2. Die zweite Ebene des Mesosystems „[...] umfasst die Beziehungen zwischen den wichtigeren Settings, in denen sich die in der Entwicklung begriffene Person zu einem bestimmten Zeitpunkt ihres Lebens befindet [...] In einer Kurzformel zusammengefasst: ein Mesosystem ist ein System von Mikrosystemen." (Bronfenbrenner 1978, S.36) Die Interaktionen bzw. Kommunikationsmuster zwischen Familie, Schule und peer-group bilden beispielsweise demnach das Mesosystem eines Schulkindes.

3. Die dritte Ebene des Exosystems ist „[...] eine Ausweitung des Mesosystems, das weitere soziale Strukturen sowohl formeller als auch informeller Art umfasst, zu denen die sich entwickelnde Person nicht selbst gehört, die aber die unmittelbaren Settings, denen die Person angehört, berühren oder mit einschließen und von daher das, was darin vor sich geht, beeinflussen, eingrenzen oder sogar determinieren. Diese Strukturen umfassen die größeren Institutionen der Gesellschaft, sowohl die planvoll strukturierten als auch die spontan entstehenden, und zwar so, wie sie auf einer konkreten lokalen Ebene wirksam werden." (Bronfenbrenner 1978, S.36) Zur Ebene des Exosystems lassen sich z.B. Gemeindetypen, Schulsysteme, Fürsorgesysteme, Familien- und Verwandtschaftsorganisationen, Kommunikations- und Massenmedien, Arbeitsbereiche der Eltern, soziale Netzwerke etc. zählen.

4. Das die letzte Ebene repräsentierende Makrosystem „[...] weicht von den obigen Formen grundsätzlich dadurch ab, dass es sich nicht auf die spezifischen Kontexte, die das Leben einer einzelnen Person betreffen, bezieht, sondern auf allgemeine Prototypen in der Kultur oder Subkultur, die die Muster der Strukturen und Aktivitäten auf dem konkreten Level festlegen [...] Es ist, als ob allen (Settings, Anm. d. V.) derselbe Stempel aufgedrückt worden wäre. Diese Stempel sind die Makrosysteme. Einige existieren in expliziter Form als niedergeschriebene Gesetze, Vorschriften und Regeln." (Bronfenbrenner 1978, S.36) Zur dieser Ebene lässt sich das kulturelle System (Traditionen, Religionen, Ideologien), das politische System, wirtschaftliche System, der Grad der technologischen Entwicklung oder der Bürokratisierung zählen.

Durch die umrissene Differenzierung Bronfenbrenners in unterschiedliche ökologische Dimensionen und Teilumwelten lassen sich verschiedene Muster von Organismus-Umwelt-Interaktionen erfassen. Dabei soll der gemeinsame Einfluss von zwei oder mehr Settings beachtet sowie die Wechselwirkung zwischen ihnen analysiert werden (vgl. 1978, S.51). „Für ein Verständnis sozial auffälliger Verhaltensweisen", schreibt Werning (1989, S.85), „muss es also darum gehen, Widersprüche, Unvereinbarkeiten und Unzumutbarkeiten in den Umweltbereichen sowie in den Wechselbeziehungen dieser Umweltbereiche eines Individuums bzw. einer Gruppe von Individuen zu identifizieren und zu verändern."

Baacke (vgl. 1979, 1980) hingegen geht in seinem sozialökologischen Ansatz von der Differenzierung der verschiedenen Lebensbereiche von Kindern und Jugendlichen in die folgenden vier Zonen aus: „ökologisches Zentrum", „ökologischer Nahraum", „ökologische Ausschnitte" und „ökologische Peripherie":

Das sozialökologische Modell von Baacke

1. Das ökologische Zentrum umfasst den unmittelbaren Umraum der Familie, in die man hineingeboren wird und ist gekennzeichnet durch enge emotionale Beziehungen, face-to-face Kommunikation sowie starken Abhängigkeiten.
2. Der das ökologische Zentrum umgebende ökologische Nahraum beinhaltet die ersten außerhalb des Zentrums aufgenommenen Beziehungen in der Nachbarschaft, der Gemeinde mit ihren spezifischen Treffpunkten.
3. Bei der funktional und nicht territorial definierten dritten Zone der ökologischen Ausschnitte handelt es sich um Lebensbereiche, die nur zu spezifischen Zeiten und Zwecken aufgesucht werden (z.B. Schule, Betrieb, Schwimmbad, etc.).
4. Die vierte Zone der Ökologischen Peripherie umschließt die nur gelegentlich aufgesuchten Orte (wie z.B. ein Ferienlager, das Einkaufszentrum, das Haus von Verwandten, etc.).

Bei diesem in groben Zügen dargestellten Konzept merkt Werning (1989, S.85) kritisch die nicht hinreichende Genauigkeit der einzelnen Zonen an: „So kann z.B. die Schule, die von Baacke als ökologischer Ausschnitt bezeichnet wird, durchaus zum ökologischen Nahraum gehören, wenn z.B. Ganztagsschüler, aber nicht nur diese, einen wesentlichen Teil des Tages dort verbringen. Baacke bewegt sich auf der von Bronfenbrenner beschriebenen Ebene der Mikrosysteme und deren Verknüpfungen zu Mesosystemen. Die gesellschaftliche Ebene wird hier nicht miteinbezogen; dafür erfährt die Mikro- bzw. Mesoebene eine Differenzierung, die die Handlungs- und Erfahrungszusammenhänge von Heranwachsenden genauer erfasst: Wie differenziert ist ihr ökologischer Nahraum und ihre ökologische Peripherie? Welche ökologischen Ausschnitte gehören zum Lebenskontext des Kindes? Die Verbindung beider Ansätze führt so zu einem plastischen Verständnis der komplexen Vernetztheit der Lebenswelt von Kindern und Jugendlichen."

Die Subjekt-Umwelt-Interdependenz sowie die Sozialgebundenheit und Handlungsorientierung charakterisieren die anthropologischen Implikationen der ökologischen Perspektive, wobei sich die wissenschaftstheoretischen Implikationen durch holistische und konstruktivistische, naturalistische, normativ-parteiliche Aspekte sowie einer disziplinübergreifenden Orientierung kennzeichnen lassen (vgl. Werning 1989, S.86f).

4.1. Ökologische Ansätze im sonderpädagogischen Kontext

Ein Verständnis der Phänomenbereiche des Verhaltens, Lernens, Sprechens, Bewegens und Wahrnehmens und deren Auffälligkeiten, Abweichungen oder Störungen aus ökologischer Perspektive hat zu berücksichtigen, dass jedes Kind bzw. jeder Jugendliche in einen einzigartigen ökologischen Kontext, eine spezifische materiale und soziale Umwelt eingebettet ist. Fatke (1977, S.79) weist darauf hin, „[...] dass jedes Verhalten - und das schließt 'Verhaltensauffälligkeiten' ein - im strukturellen Person-Umwelt-Zusammenhang begriffen werden muss. Das impliziert, dass jede Verhaltensform auf ihre *strukturellen* Bedingungen hin analysiert werden muss und nicht nur auf ihre individualpsychologisch-psychodynamischen oder interaktionistischen Bedingungen." Abweichung manifestiert sich demnach als Störung der wechselseitigen Kind-Umwelt-Beziehung. „Die Störungsursachen", schreibt Benkmann (1989, S.104) werden nicht im Individuum lokalisiert. Sie liegen vielmehr in dem aus dem Individuum und seiner Umwelt bestehenden Ökosystem." Nicht individuelle Defizite, sondern Systemstörungen bzw. Inkongruenz oder fehlende Balance im Ökosystem führen zu Auffälligkeiten, die auf bestimmte Orte oder Situationen hindeuten, in denen die Kind-Umwelt-Interaktion beeinträchtigt erscheint. Die Analyse der Relation von individuellem Handeln und Faktoren der Umwelt, das heißt, die Kenntnis des Ökosystems ist für das Verständnis des Kindes und seiner Probleme sowie für die Planung und Durchführung von Interventionen zur Lösung von Systemstörungen grundlegend.

Typische Formen von Störungen der Kind-Umwelt -Beziehung beschreibt Swap und Mitarbeiter (vgl. 1982). Demnach sind Störungsmuster, die sich in vielen verschiedenen Settings zeigen (z.B. Bewegungsstereotypien eines autistischen Kindes in der Schule, auf dem Spielplatz, im Kaufhaus), relativ selten. Auffälligkeiten hingegen, die in einem spezifischen Kontext auftreten, wie z.B. hyperaktives Verhalten im Unterricht, nicht aber zu Hause oder auf dem Spielplatz, verweisen möglicherweise auf eine 'gestörte' Interaktion zwischen einem bestimmten Kind und einem bestimmten Setting. So haben sozialepidemiologische Untersuchungen zum Schulversagen gezeigt, dass der Umweltbereich Schule für sozial benachteiligte Schüler eine größere Störanfälligkeit aufweist (vgl. Preuss-Lausitz 1981, S.17ff).

Interventionen sind dementsprechend nicht nur darauf ausgerichtet, Änderungen beim Kind herbeizuführen, sondern Änderungen im Ökosystem durch die Entwicklung von Kongruenz zu erreichen. Sie können in Abhängigkeit zur Art des Störungsmusters und des Ausmaßes von Inkongruenzen auf verschiedenen Ebenen angesiedelt sein (z.B. im einzelnen Setting der Familie, in mehreren Settings, wie der Familie, Schule, dem Freizeitbereich und/oder auf der Makroebene des Ökosystems, beispielsweise durch Einflussnahme auf die Organisationsstruktur der Schule, schulübergreifende Lehrpläne, gesellschaftliche Erziehungsnormen, etc.). Zudem sind die ökologischen Interventionen hinsichtlich der Ermittlung und Auswahl von Strategien und Methoden zur Behebung von Beziehungsstörungen eklektisch bzw. disziplinübergreifend und erfordern die Kooperation und Koordination unterschiedlichster Professionen sowie von relevanten Dienstleistungen. Sie sollten ebenso durch Vermeidung voreiliger Maßnahmen mit Hilfe eingehender Analysen der Kind-Umwelt-Vernetzung versuchen, die Effekte höherer Ordnung, das heißt, die beabsichtigten sowie unbeabsichtigten Nebeneffekte zu berücksichtigen und flexibel zu sein (vgl. Benkmann 1989, S.106).

Die ökologische Sichtweise verabschiedet sich somit von einem individuumzentrierten Verständnis von Auffälligkeiten. „Vernachlässigt wird bei dieser Perspektive jedoch", darauf weist Werning (1989, s.89) hin, „die Beobachterkategorie. Es bleibt ungeklärt, wer eine Beziehungsstörung zwischen Kind und Umwelt feststellen kann. So mag eine Verhaltensweise eines Schülers für diesen völlig unproblematisch sein, der Lehrer bezeichnet dieses Verhalten jedoch als störend bzw. auffällig. Wenn demnach eine Störung der Kind-Umwelt-Beziehung konstatiert wird, muss beachtet werden, wer diese Beobachtung von welchem (ökologischen) Bezugsrahmen aus vornimmt."

Benkmann (vgl. 1989, S.107) stellt fest, dass ökologisch ausgerichtete Handlungskonzepte bisher erst in wenigen folgenden Ansätzen vorliegen:

- im „transaktional-ökologischen Ansatz" der Konzeptualisierung von Verhalten von Fatke (vgl. 1977, S.57ff), der als ein theoretisches Basismodell zur Entwicklung schulischer Förderprogramme in Betracht gezogen werden kann
- in einer Arbeit von Fischer (vgl. 1978, S.157ff) zu den Bedingungen von Verhaltensabweichungen in der Schule aus ökologischer Sicht

- in einem Modell von Wiedel (vgl. 1978, S.101ff) zur Untersuchung des Zusammenhangs von Familienökologie und Schulleistungsversagen
- in dem Beitrag von Wöhler (vgl. 1986, S.521ff) zur Entwicklung einer gemeindenahen Früh-, Schüler- und nachschulischen Förderung
- in einer Studie von Antor (vgl. 1986, S.335ff) zu Problemen von Integrationsklassen, die über die Schule hinaus weisen und im Rahmen einer gemeindenahen sonderpädagogischen Förderung eher lösbar erscheinen
- in den gemeindepsychologisch relevante Aspekte aufgreifenden Beiträgen: von Schley (vgl. 1983) zu einer systembezogenen, gemeindepsychologisch orientierten (schulpsychologischen) Beratung für Lehrerkollegien, von Abrams (vgl. 1983) zur ambulanten pädagogisch-therapeutischen Förderung von verhaltens- und lernbeeinträchtigten Kindern an der Regelschule, von Garten und Lauth (vgl. 1983) zur Vermittlung von kognitiver und sozialer Kompetenz durch ein unterrichtsbezogenes Training im Problemlösen bei lernbehinderten Schülern, von Perrez (vgl. 1983) zu einem Mediatorentraining (d.h. Eltern und Lehrer eines Problemkindes) zur Integration verhaltensauffälliger Schüler
- in einer Studie von Juul (vgl. 1979) zu Anwendungsbeispielen ökologischer Methoden in schulischen und außerschulischen Settings
- in den Überlegungen von Bach (vgl. 1985) zur „Gesellschaftserziehung bei Sozialrückständigkeiten" sowie im Ansatz von Iben (vgl. 1981) zur Lebensweltanalyse, die beide Hinweise auf ein wachsendes Verständnis für die Notwendigkeit der Einbeziehung ökologischer Sicht- und Vorgehensweisen enthalten

Abschließend kann festgehalten werden, dass sich die Umsetzung einer ökologischen Orientierung in den ersten Ansätzen einer Neuorganisation des Förderbereichs (beispielsweise in einer Gemeinde- und Lebensweltorientierung) zeigt, die unter dem Aspekt der Prävention auch für andere Personen als die des Problemkindes durch die Verbesserung allgemeiner Lebens- und Entwicklungsbedingungen von Nutzen ist (vgl. Benkmann 1989, S.107ff).

5. Systemisch-konstruktivistische Modelle

Speck (vgl. 1996, S.283) verweist auf die Ähnlichkeiten und Unterschiede zwischen den beiden Begriffen 'ökologisch' und 'systemisch'. Der Terminus 'systemisch' werde im allgemeinen verwendet, um die Binnendifferenzierung einer sozialen Gruppe ins Auge zu fassen, aber auch unter dem Aspekt der Differenz zur Umwelt, mit der ein System in Wechselwirkung steht. Der Begriff 'ökologisch' hingegen beziehe sich mehr auf ganzheitliche Zusammenhänge und sei im Unterschied zum deskriptiven Begriff 'systemisch' vor allem ein normativer Begriff, der auf die Lebenswelt und eine bessere Zukunft gerichtet sei. „Es ist leicht zu erkennen," schreibt Speck (1996, S.283), „dass beide Begriffe, ökologisch und systemisch, miteinander zu tun haben und zwar vor allem im Sinne gegenseitiger Ergänzung. In beiden steht das Verhältnis von Teileinheit und größerem Ganzen (Umwelt) im Blickpunkt. Für beide gilt, dass das Einzelne nicht ohne seine Zusammenhänge zu sehen und zu bewerten ist (Sander 1987; Wendt 1992). Dies schließt nicht aus, dass man, um begrifflich präziser zu werden, beide Begriffe auch mit speziellen Inhalten gebrauchen, also unterscheiden kann. Es gibt ausgesprochene *Systemtheorien*, für die die ökologische Dimension nur eine Sekundärbedeutung hat, und es gibt betont *ökologische Theorien*, die sich z.B. mit Überlebensfragen der Menschheit befassen, und für die der Systemaspekt nur eine nachgeordnete Bedeutung hat."

Auch Luhmann (1990[3], S.21ff) betont die Unterscheidung von Systemtheorie und Ökologie: „In der ökologischen Fragestellung wird die Einheit der Differenz von System und Umwelt zum Thema, nicht aber die Einheit eines umfassenden Systems. Die systemtheoretische Differenz von System und Umwelt formuliert eine radikale Veränderung der Weltsicht; und hier, und nicht in der Frage einer rohen, rücksichtslosen Ausbeutung der Natur, liegt der Bruch mit der Tradition. [...] Systeme selbst definieren ihre Grenzen, sie selbst differenzieren sich aus und konstituieren damit Umwelt als das, was jenseits ihrer Grenzen liegt. Umwelt in diesem Sinne ist dann kein eigenes System, nicht einmal eine Wirkungseinheit, sondern nur das, was als Gesamtheit externer Umstände die Beliebigkeit der Morphogenese von Systemen einschränkt und sie evolutionärer Selektion aussetzt. Die „Einheit" der Umwelt ist nichts anderes als ein Korrelat der Einheit des Systems, denn alles, was für ein System Einheit ist, wird durch das System als Einheit definiert." Luhmann (vgl. 1990[3], S.21) mahnt an, dass nicht jeder Zusammenhang, beispielsweise der als 'Ökosystem' bezeichnete Zusammenhang zwischen Lebewesen und Umwelt, ein System ist. Nur dann, wenn ein Zusammenhang sich gegen seine Umwelt abgrenzt, sollte von einem 'System' die Rede sein. Zu ökologischen Fragestellungen komme es dann, wenn ein System sich aus seiner Umwelt herausnehme, sich dominant ihr gegenüber verhalte, sie ausbeute bzw. zerstöre und sich dadurch selbst gefährde.

Die sogenannten 'systemisch-konstruktivistischen' Positionen lassen sich aus den Systemtheorien, der Kybernetik 2. Ordnung, dem Autopoiesis-Konzept und der Erkenntnistheorie des Konstruktivismus herleiten. In den 50er Jahren versuchten der Biologe von Bertalanffy sowie der Mathematiker Rapoport (vgl. 1956) durch die Gründung einer >>Gesellschaft für allgemeine Systemforschung<< und die Herausgabe eines >>Yearbook of the Society for the Advancement of General Systems Theorie<<, die Entwicklung zu einer interdisziplinären >>Allgemeinen Systemtheorie<< anzustoßen. Das Forschungsinteresse bestand darin, Isomorphien zwischen Ganzheiten jedweder Art aufzuzeigen und einen, die Einzelwissenschaften verbindenden, übergeordneten Ansatz zu erstellen. Hatte das Interesse der wissenschaftlichen Forschungen unter der Vorherrschaft des mechanistischen Denkens zunächst dem Verständnis von Ordnung, Gleichgewicht und Stabilität geschlossener Systeme gegolten, so wurde nun durch die in der Biologie formulierte Theorie >>offener Systeme<< sowie durch die Vorläuferkonzepte in der Physik zu einer nicht-linearen Gleichgewichts-Thermodynamik und zur prinzipiellen Unberechenbarkeit von Systemen in der Wissenschaft eine Wende eingeleitet. Subsidiäre Theorien wie beispielsweise das Input-Output-Modell, welche die Arten von Beziehungen zwischen Systemen zu ihrer Umwelt zu erfassen versuchten, ordneten sich in der Folgezeit der Theorie offener Systeme zu. Retrospektiv betrachtet entwickelten sich gestalttheoretische und kognitivistische Selbstorganisationskonzepte aus psychophysischen, neurologischen und psychologischen Vorläuferkonzepten. Die Kybernetik (1.Ordnung) war ein weiterer, wichtiger Entwicklungsstrang auf dem Weg zu einer >>Allgemeinen Systemtheorie<<. In der Psychologie führten deren erste Anwendungen zu den Ansätzen einer Kommunikationstheorie.

In den 40er Jahren begründete der Mathematiker Wiener, der Neurophysiologe Rosenblueth und der Ingenieur Bigelow die wissenschaftliche Disziplin der Kybernetik (von griech. kybernetes = der Steuermann). Ihr Forschungsgegenstand war die selbsttätige Regelung und Steuerung von Verhalten sowohl in maschinellen als auch in lebenden Systemen, die Merkmale wie Regelung, rückgekoppelte Informationsübertragung, -verarbeitung und -speicherung, Adaptation, Selbstorganisation, etc. aufwiesen (vgl. Wiener 1963; Wieser 1959; Poletajew 1962; Frank 1964; Klaus 1961; Steinbuch 1965; Hassenstein 1965; von Cube 1967; Ashby 1974; Rosnay 1979; Vester 1981[2], 1983 u. 1989[2]). Zu der 'allgemeinen Kybernetik', welche die grundlegenden Strukturen und Funktionen von Regelsystemen untersucht, zählen unter anderem die Informations-, Nachrichten- und Signaltheorie, die Regelungs-,

Automaten-, Spiel- und Kommunikationstheorie. Die 'spezielle Kybernetik' behandelt vor allem technische Systeme oder versucht als 'Bionik' die erforschten Funktionsweisen lebender Systeme in technischen Systemen nachzubilden (vgl. Nachtigall 1971; Paturi 1974; Vester 1980).

1940 arbeiteten Wiener und Bigelow an der Entwicklung automatischer Zielverfolgungsgeräte für Flugabwehrgeschütze. Um die Geschütze entsprechend ausrichten zu können, sollten diese die Flugbahn eines Luftziels aus den Bahnelementen der bereits zurückgelegten Flugbahn vorausbestimmen. Hierbei stellte sich heraus, dass der zur Ausführung eines zielgerichteten Verhaltens erforderliche Informationsablauf in einem geschlossenen Kreislauf kontrolliert werden muss, um die Auswirkungen der ablaufenden Ereignisse auswerten und die Folgebewegungen anhand der bereits erfolgten Bewegungen regulieren zu können. In der Zusammenarbeit mit Rosenblueth (vgl. Rosenblueth, Wiener, Bigelow 1943) erwies sich, dass der Informationskreislauf der sog. >>negativen Rückkopplung<< (feedback) zur Korrektur jeder Handlung notwendig ist.

Dabei basiert der Vorgang der Regelung auf dem Prinzip der Rückkopplung. Die einfachste Form einer Rückkopplungsstruktur stellt der aus den beiden Elementen des geregelten Systems (= Regelstrecke) und des regelnden Systems (= Regler) bestehende Regelkreis dar. Das von Cannon (vgl. 1932) in der Biologie eingeführte Konzept der Homöostase (von griech. homoios = ähnlich, gleich und griech. stasis = Stillstand) kann als Beispiel für ein derartiges Regelungsprinzip betrachtet werden. Es erklärt, wie bestimmte physiologische Größen (z.B. Blutdruck, Temperatur) unter wechselnden Umweltbedingungen kostant gehalten werden. Die Dampfmaschine von Watt oder der Thermostat ist eines der bekanntesten Beispiele aus der Technik hierfür: dabei wird die Temperatur (Istwert) von einem Thermometer in dem zu regelnden Bereich wahrgenommen, mit der gewünschten und vorher eingestellten Temperatur (Sollwert) in einem Vergleichsinstrument verglichen und bei Abweichung ein Störsignal erzeugt, das die Betätigung der Kühl- bzw. Heizanlage zur Folge hat. Durch ein sie beschreibendes Gesetz sind die "ursächlichen" und "bewirkten" Ereignisse operational rekursiv, d.h. kreisförmig miteinander verbunden und ist ihre Interaktion so organisiert, dass sie zur gegenseitigen Stabilisierung führt: "Bleibt man mit seiner Beschreibung in dem geradlinigen Ursache-Wirkungs-Muster, so muss jede Wirkung gewissermaßen als Ursache ihrer eigenen Ursache betrachtet werden. Das Charakteristikum eines solchen Rückkopplungsprozesses ist seine zirkuläre Organisationsform, d.h. die Art und

Weise, in der die an der Interaktion beteiligten Elemente miteinander funktionell verknüpft sind." (Simon 1988, S.16).

Wie ihr Name schon ausdrückt, waren die Anfänge der Kybernetik von Steuerungsvorstellungen geprägt, in denen der Steuermann eines Schiffes, um das Schiff auf geraden Kurs zu halten, durch sein Gegensteuern die Bedingungen von Wind und Wellen korrigieren muss. Das Hauptinteresse beim regelungstheoretischen Aspekt der negativen Rückkopplung galt "[...] der iterierten Angleichung des >>Istwerts<< eines kybernetischen Systems [...] an seinen von außen (durch den Konstrukteur) vorgegeben >>Sollwert<< im Falle von >>Störungen<<; das System sollte den gewünschten >>Kurs halten<< und allen Kursabweichungen mit Hilfe eines festen Reaktionsmusters selbsttätig >>gegensteuern<<. >>Homöostase<< und >>Ultrastabilität<< waren die anpassungstheoretischen Grundtermini." (Paslack, 1991, S.74)

Von Ashby (vgl. 1952) wurde das Konzept der Homöostase allgemein auf kybernetische Systeme übertragen. Da es Systeme gibt, die Veränderungen der Umwelt ohne Veränderungen ihrer eigenen Struktur auszugleichen vermögen (Morphostase) und da es solche gibt, die über eine innere Strukturveränderung (Morphogenese) Stabilität aufrechterhalten oder einen neuen Gleichgewichtszustand finden, bedurfte es einer genaueren Definition des Begriffs. Als "Wandel" bzw. "Veränderung erster Ordnung" bezeichnete Ashby die Aufrechterhaltung bestimmter Sollwerte eines Systems (z.B. die Körpertemperatur) in einer relativ stabilen Umwelt durch quantitative Veränderungen in dessen Verhalten (z.B. mehr oder weniger starkes Schwitzen), als "Wandel zweiter Ordnung" hingegen die Fähigkeit zu qualitativen Veränderungen des Systemverhaltens. Die letztere Möglichkeit zur Wandlung, zu der auch das Lernen gezählt werden kann, erlaubt dem System, sich an eine sich ändernde Umwelt anzupassen. Bei Ashby sind solcherart selbstregulatorische Anpassungsmöglichkeiten auf äußere Umweltbedingungen jedoch mehr ein Mittel des Systems zur Stabilisierung seiner grundlegenden Parameter durch die Variation seines Verhaltens in zulässigen Grenzen, als eine Möglichkeit zur Erzeugung grundlegend neuer Verhaltensweisen.

Von Maruyana (vgl. 1960) wurde das Konzept der Morphogenese, der Neubildung und Entwicklung von Strukturen in einem System, in die Kybernetik eingeführt. Dabei machte er auf das Phänomen bestimmter Systeme aufmerksam, ursprünglich geringfügige Abweichungen von einem Gleichgewichtszustand durch positive Rückkopplung (deviationamplifying-processes) so zu verstärken, dass es zum Einsetzen eines Veränderungsprozesses und der Bildung neuer Strukturen des Systems kam. Wurde der bereits vorher bekannte Effekt des positiven Feedbacks in kybernetischen Systemen jedoch bislang als eine eher zu vermeidende, destruktive Aufschaukelung und Abweichung betrachtet, so wurde er nun hingegen als eine konstruktive Quelle neuer Ordnung, höherer Komplexität und evolutionärer Lernprozesse angesehen. Damit wurde eine zweite Phase der Kybernetik eingeleitet. Sie befasste sich intensiver mit Wandel, Instabilität, (Selbst-)Verstärkung von Abweichungen, mit der Emergenz neuer Eigenschaften, mit Flexibilität, innovativem Lernen, mit selbstreferenten, ihre Sollwerte in Grenzen selbst festlegenden Prozessen, mit Evolution und Ko-Evolution. Zudem wechselte die Kybernetik von der Analyse beobachteter Systeme (= Kybernetik 1. Ordnung) zu der (sich selbst) beobachtender Systeme (= Kybernetik 2. Ordnung) über (vgl. Probst 1987, S.19).

In der Psychologie finden sich erste Anwendungen systemisch-kybernetischen Denkens in den Ansätzen zu einer Kommunikationstheorie sowie in deren Vorläufer, den Überlegungen und Untersuchungen der berühmten >>Palo Alto Gruppe<<. Sie bestand aus den von Bateson in einem von 1952-1962 organisierten Forschungsprojekt über >>Paradoxien der Abstraktion in der Kommunikation<< versammelten Forschern wie Weakland, Haley, Fry und Jackson (vgl. Bateson 1983[3], S.353ff; Ruesch/Bateson 1995; Marc/Picard 1991, S.9ff). In ihrem Entwurf einer >>pragmatischen Kommunikationstheorie<< integrierten Watzlawick, Beavin und Jackson (vgl. 1982[6]) ihre klinischen Beobachtungen mit den Erkenntnissen der Gruppe um Bateson durch die Beschreibung von kommunikativen Vorgängen in transpersonalen Begriffen. Auch wenn die weiter vorne dargestellten Theorien des Interaktionismus sowie die Entwicklungen der humanistischen Psychologie (Fromm, Maslow, Perls, Rogers, u.a.) zwar ihr Blickfeld vom isolierten Individuum schon auf seine kontextuellen Bedingungen erweitert und somit den Weg zu einer transpersonalen Psychologie vorbereitet hatten, so waren sie dennoch individuumzentrierten Vorstellungen von ‚Bedürfnis', ‚Charakter', ‚Wachstum', usw. verhaftet geblieben.

Redundante, im Ablauf der Kommunikation entstehende Interaktionsmuster und das Erfassen der Regeln, die diese Muster organisieren, waren Gegenstand der Theorie von Watzlawick und Mitarbeitern. Interaktion wurde dabei als ein soziales, mit seiner Umwelt Informationen austauschendes, offenes System aufgefasst, welches sein inneres Gleichgewicht dadurch konstant erhielt, dass es spezifische Beziehungsregeln einhielt. Die von ihnen aufgestellten folgenden fünf >>pragmatischen Axiome<< sollten die Grundzüge jeder funktionierenden zwischenmenschlicher Kommunikation verdeutlichen (vgl. Watzlawick/Beavin/Jackson 1982, S.50-70):

Die fünf >>pragmatischen Axiome<< der Grundzüge der Kommunikation
nach Watzlawick/Beavin/Jackson

1. Jedes intendierte oder nicht-intendierte Verhalten hat in einem zwischenmenschlichen Kontext einen Mitteilungscharakter (Man kann nicht *nicht* kommunizieren).
2. Jede Kommunikation hat einen Inhalts- und einen der Botschaft pragmatische Bedeutung verleihenden, metakommunikativen Beziehungsaspekt.
3. Die Natur einer Beziehung zwischen Personen wird durch deren Interpunktion von kommunikativen Ereignisfolgen bestimmt.
4. Im zwischenmenschlichen Bereich finden digitale (abstrakte Zeichen, Worte, Namen) und analoge (Bilder, Tonfall, Ausdrucksbewegungen, Mimik) Kommunikationsformen Anwendung, wobei der Inhaltsaspekt vorwiegend digital übermittelt wird, während der Beziehungsaspekt vorwiegend analoger Natur ist.
5. Zwischenmenschliche Beziehungsformen sind entweder symmetrisch, wenn sie auf der Gleichheit der Interaktionspartner, oder komplementär, wenn sie auf deren Unterschiedlichkeit beruhen.

Die Regeln familiärer Interaktionen sollten anhand dieses axiomatischen Gerüsts durchschaubar gemacht werden. Beispielsweise sollten Doppeldeutigkeiten im Austausch von Inhalts- und Beziehungsmitteilungen bei Deutungs- und Übersetzungsproblemen zu pathologischen Interaktionsmustern führen. Der Kommunikationspsychologie gelang auf diese Weise, menschliches Verhalten mit Hilfe zwischenmenschlicher Konzepte zu begreifen. "Damit war das psychologische Denken", so Ludewig (1992, S.42), „um die Dimension des Kontextuellen erweitert, hatte den Schritt zur >>Systemwissenschaft<< vollzogen. Allerdings war die Kommunikationstheorie ihrerseits in einem epochebedingten Kontext entstanden, in dem Pragmatismus und eine >>Kybernetik erster Ordnung<< herrschten, was die Definition ihres Gegenstandes und die Wahl ihrer Methoden einengte." Hierzu können unter anderem eine unklare System/Umwelt-Abgrenzung gezählt werden, da soziale Systeme als offen galten, und des weiteren das vermeintlich beobachterunabhängige, objektive Erfassen von

Kommunikationsabläufen (vgl. Ludewig 1992, S.42f; zur ausf. Kritik an Watzlawick siehe Girgensohn-Marchand 1992; Meister 1987).

Im Anschluss hieran entwickelten sich eine Vielzahl von Einzelansätzen für die Therapie mit Familien heraus, die sich nach ihren theoretischen Grundlagen, Arbeitsschwerpunkten und zentralen Methoden unterscheiden lassen (vgl. Beck 1985; Schlippe 1984; Ludewig 1992, S.49ff u. 1995; Körner 1992; Schlippe/Schweitzer 1996, S.24; Hargens 1998, S.76; Vernooij/Winkler 1998, S.160):

- *Psychoanalytisch orientierte Familientherapie* (Boszormenyi-Nagy; Stierlin; Richter; Bowen; Paul; u.a.)
- *Wachstumsorientierte Familientherapie* (Satir; Whitaker; u.a.)
- *Strukturelle Familientherapie* (Minuchin; u.a.)
- *Strategische Familientherapie* (Haley; Watzlawick und Mitarbeiter; >>Mailänder Gruppe<< Selvini-Palazzoli, Boscolo, Cecchin, Prata)

Als deren wichtigste Neuerungen lassen sich zusammenfassend aufzählen: die Übertragung des zirkulären Denkens auf das Verständnis der Interaktion, die Abkehr von linear-kausalen Erklärungen und die Verlagerung pathologischer Phänomene vom Individuum auf zwischenmenschliche Prozesse.

Die bis zu diesem Punkt nachskizzierten generalisierenden Tendenzen, von denen man sich in den 50er Jahren noch erhoffte, sie zu einer >>Allgemeinen Systemtheorie<< zusammenfassen zu können, brachten einerseits erfolgversprechende Entwicklungen hervor, zeigten aber andererseits Grenzen und unbeantwortete Fragen auf. Auch wenn man wichtige Einsichten in die Leistungsweisen von Systemen (Homöostase, Rückkoppelung, etc.) gewonnen hatte, war letztendlich eine Antwort darauf offengeblieben, was eigentlich dieses System sei, so dass es in der Lage war, diese Leistungen vollbringen zu können. Die Weiterentwicklung der Systemtheorie setzte daher an der Beschreibung des Systembegriffs an. Man sah das System nicht mehr als ein vorgegebenes, abgegrenztes Objekt an, sondern stellte die Erzeugung und Reproduktion der Differenz zwischen System und Umwelt sowie den Operationstyp, der dies leistet, und seine interne Vernetzung in den Mittelpunkt der Aufmerksamkeit. In der >>Theorie geschlossener Systeme<< sollte eine Antwort gefunden werden, welche die operative Rekursivität, Selbstreferenz, Zirkularität, etc. als Voraussetzung für die Offenheit von Systemen ansieht und die Frage zu klären versucht, wie sich ein System auf sich selbst bezieht, wie es sich selbst und die Umwelt unterscheidet, damit es mittels dieser Unterscheidung seine eigenen Operationen miteinander verknüpfen kann. Durch die Frage, wie ein System erkennen kann, dass seine Operationen zum System und nicht zur Umwelt gehören, entstand wiederum die Vermutung, dass Systeme auch über Operationen verfügen müssen, die diese Beobachtung im Sinne des Unterscheiden-Könnens möglich machen. Von besonderer Bedeutung war dies bei Fragen im Bereich der Immunologie, beispielsweise wie das Immunsystem zwischen >>Selbst<< (z.B. eigenen Blutzellen) und >>Nicht-Selbst<< (z.B. Bakterien, Viren) unterscheiden kann, oder im Bereich der Neurophysiologie, wie sich das Nervensystem als Teil des Organismus von dem Organismus, den es beobachtet, differenzieren kann (vgl. Varela 1989, S.185). Trotz ihrer Verschiedenheit gingen bis zu den 50er und 60er Jahren sowohl der analytische Systembegriff, der es dem Beobachter überließ, was er als System und was als dessen Umwelt definierte, als auch der konkrete Systembegriff, der die Möglichkeit einer objektiven Beschreibung der sich selbst bildenden, real vorhandenen Systeme voraussetzte, von der erkenntnistheoretischen Option eines externen Beobachters aus. Nun begann man sich jedoch folgende Frage zu stellen: Nimmt der Beobachter nicht an der Welt, die er beobachtet, teil? Ist nicht die Differenz zwischen Beobachter und beobachtetem Gegenstand etwas, was der Beobachter selbst erst einrichtet? Wie grenzt er sich selbst von seinen Beobachtungen ab bzw. wie richtet das Universum es ein, dass es sich selbst beobachten und in eine Differenz von Beobachter und Beobachteten zerfallen kann? Diese Art von Fragestellung zeigte, dass eine >>Theorie beobachtender Systeme<< fehlte, und sie leitete zu neueren Entwicklungen systemtheoretischer Ansätze, den modernen Konzepten der Selbstorganisation, über (vgl. Luhmann 1991/92, Bd.3).

Krohn, Küppers und Paslack (1988[2], S.446) stellen als Kriterium für die Abgrenzung der historischen Vorläufer von den modernen Selbstorganisationskonzepten folgende zwei Kriterien heraus:

"(1) Die Offenheit der Systeme für Materie- und Energiefluss aus der Umwelt einerseits;
(2) ihre operationale Geschlossenheit andererseits."

Durch die Offenheit des Systems für Materie- und Energiefluss aus der Umwelt, wird das Erreichen eines thermodynamischen Gleichgewichtszustandes mit Hilfe der Existenz von Fließgleichgewichtszuständen (Homöostase) verhindert. Das Prinzip, nach dem autonome

Systeme die Interaktion mit ihrer Umwelt organisieren, wird durch die operationale Geschlossenheit charakterisiert. Das System operiert nun, entgegen der Konzeption eines Systems als komplexe Reaktionsmaschine für Umweltreize, mit rekursiven Funktionen: "die Reaktion wird zum neuen Reiz - die Wirkung zur Ursache" (Krohn, Küppers, Paslack 1988[2], S.447).

Paslack (vgl. 1991, S.91ff u. Küppers/Paslack 1989, S.82ff) unterscheidet diese beiden Voraussetzungskriterien berücksichtigend insgesamt sieben im Zeitraum von 1960 bis 1974 unabhängig voneinander entstandene >>Gründerkonzepte<< der Selbstorganisation. Diese wurden später im wissenschaftlichen Bereich allgemein anerkannt und in den Rang >>paradigmatischer Theorien<< erhoben:

>>Gründerkonzepte<< der Selbstorganisation

1. Die Theorie dissipativer Strukturen des Chemikers und Nobelpreisträgers Ilya Prigogine (vgl. 1979, 1981[2], 1986, 1989)
2. Die Theorie der Synergetik des Physikers Hermann Haken (vgl. 1981[2], 1991, 1992)
3. Die Theorie autokatalytischer Hyperzyklen des Biochemikers Manfred Eigen (vgl. 1975, 1979)
4. Die Chaostheorien des Mathematikers und Meteorologen Edward N. Lorenz (vgl. 1979) sowie des Mathematikers und Begründers der >>fraktalen Geometrie<< Benoit Mandelbrot (vgl. 1977, 1991)
5. Die systemtheoretisch-kybernetischen Ansätze des Physikers und Kybernetikers Heinz von Foerster am Biological Computer Laboratory (BCL) der University of Urbana (Illinois), mit einer zeitweise aus Wiener, Ashby, Shannon, Turing, von Neumann, McCulloch, von Bertalanffy, Maturana, Varela, Lettvin, Günther, u.a. bestehenden interdisziplinären Forschergruppe (vgl. 1981, 1985, 1987, 1991a,b,c, 1992, 1993a,b,c,d, 1994a,b)
6. Die Theorie der Autopoiese und Selbstreferentialität der Neurobiologen Humberto R. Maturana sowie Francisco J. Varela (vgl. Maturana 1978, 1981, 1982, 1983, 1985, 1987a,b,c, 1988[2], 1989, 1990a,b, c, 1991a,b,c 1992[2], 1993, 1994a,b) (vgl. Varela 1979, 1981a,b, 1982, 1984, 1987a,b, 1988, 1988[2], 1989a,b, 1990[2],1991a,b,c,d, 1992a,b, 1992[2], 1994)
7. Die Theorie des >>elastischen<< Ökosystems durch P. Ehrlich (vgl. 1965), J. Lovelock (vgl. 1982), L. Margulis/Lovelock(vgl. 1974), C.S. Holling (vgl. 1976, 1984)

Da hier nicht der Ort ist, die unterschiedlichen Selbstorganisationskonzepte darzustellen, wird (neben der oben angegebenen Originalliteratur) zusätzlich auf die sie zusammenfassenden Arbeiten von Krohn, Küppers, Paslack (vgl. 1988[2], S.441ff) und Paslack (vgl. 1991, S.91ff u. 1992, S.59ff), aber auch Jantsch (1979) verwiesen. Es kann allerdings festgehalten werden, dass allen vorgestellten Konzepten die Idee gemeinsam ist, dass ein sich selbstorganisierendes System seine räumlichen und zeitlichen Strukturen seiner internen Systemdynamik zu verdanken hat. Dabei sind für die Ausbildung dauerhafter Strukturen die schon erwähnte energetische und materielle Offenheit sowie die operationale Geschlossenheit Voraussetzung. Solche Systeme sind irreduzibel komplex, deterministisch sowie unvorhersagbar, da sie sich durch kleinste Abweichungen in den Anfangsbedingungen mittels positivem Feedback unberechenbar aufschaukeln können (vgl. Paslack 1992, S.65).

Vor dem Hintergrund der schon weiter oben angedeuteten Fragen bezüglich einer >>Theorie beobachtender Systeme<< und der Überlegungen zu einer Erkenntnistheorie im Rahmen des Selbstorganisationsmodells entwickelte sich der sogenannte >>Wissenschaftliche Konstruktivismus<<, >>Operative Konstruktivismus<< beziehungsweise >>Radikale Konstruktivismus<<. "Der radikale Konstruktivismus ist [...] vor allem deswegen *radikal*," so von Glasersfeld (1981, S.23), „weil er mit der Konvention bricht und eine Erkenntnistheorie entwickelt, in der die Erkenntnis nicht mehr eine >>objektive<<, ontologische Wirklichkeit betrifft, sondern ausschließlich die Ordnung und Organisation von Erfahrungen in der Welt unseres Erlebens." Die Entstehung der modernen Konzepte der Selbstorganisation ermöglichte es, dass die Grundlagen radikalkonstruktivistischen Denkens die Vorreiterrolle eines neuen wissenschaftlichen Paradigmas erlangten. A l s grundlegend für die Formulierung einer konstruktivistischen Erkenntnistheorie erwiesen sich dabei die Prozesse der Selbstreferenz und der Selbstorganisation. Aus den sogenannten "harten" Wissenschaftsgebieten, von den bereits erwähnten Vertretern der Kybernetik und der biologischen Systemtheorie, kamen hierbei entscheidende Entwicklungsimpulse.

D i e Begriffe werden in der Literatur meist synonym verwendet , wobei die Bezeichnung >>Radikaler Konstruktivismus<< auf VON GLASERSFELD (vgl. SCHMIDT, 1988[2], S.76), der Begriff >>Wissenschaftlicher Konstruktivismus<< auf SCHMIDT (vgl. 1986), der Terminus >>Operativer Konstruktivismus<< auf LUHMANN (vgl. 1991, S.73) zurückgeht. Dieser Konstruktivismus ist allerdings zu unterscheiden vom künstlerischen Konstruktivismus der Klassischen Moderne und dem philosophischen Konstruktivismus der Erlanger Schule um Paul LORENZEN (vgl. JANICH, 1992, S.24ff).
D e r Radikale Konstruktivismus wurde in Deutschland zunächst von einer interdisziplinären "Arbeitsgruppe empirischer Kognitionstheorie" aufgenommen, die 1977 und 1979 an der Universität Bremen sowie 1979 an der

Zurückführen lässt sich der Radikale Konstruktivismus im wesentlichen auf die kybernetischen Arbeiten von von Foerster sowie die sprach- und entwicklungspsychologischen Arbeiten von von Glasersfeld (vgl. 1981, 1985, 1987, 1990, 1991a,b,c,d, 1992a,b,c,d, 1994, 1995, 1996a,b, 1997 u. Richards/von Glasersfeld 1988[2]). In den kognitionsbiologischen Arbeiten von Maturana und Varela, die ihren Ausgangspunkt in der Beschreibung lebender Systeme nahm und in den Ausführungen über soziale Systeme endete, fand er seine umfassendste und einflussreichste Ausarbeitung. Aber auch durch die erkenntnis- und evolutionstheoretischen Arbeiten von Bateson (vgl. 1982; 1983[3], Ruesch/Bateson 1995; Marc/Picard 1991) erfuhr er bedeutende Anregung. Enorme Impulse erhielt der Radikale Konstruktivismus ebenfalls durch die kommunikationswissenschaftlichen und psychotherapeutischen Schriften des Psychologen Watzlawick (vgl. 1976a,b 1981a,b, 1982[6], 1984, 1985, 1986[3] ,1986[20], 1986[3], 1988, 1989[2], 1991[5], 1991, 1993[2], 1994) und fand darüber zudem eine weite Verbreitung. Der Versuch, neurobiologische, kognitionspsychologische und informationstechnische (Künstliche Intelligenz Forschung) Konzepte zu einer Kognitionswissenschaft-Kognitionstechnik (KWT) zusammenzufassen, wurde von Varela (vgl. 1990[3]) unternommen.

Aufgrund der unterschiedlichen Wurzeln und Variationen, wie der biologischen Epistemologie Maturanas, der operativen Erkenntnistheorie von Foerster oder der Theorie der Wissenskonstruktion von Glasersfeld, kann von einer einheitlichen Theorie *des* 'Konstruktivismus' nicht gesprochen werden. Schmidt (1992, S.9) betrachtet daher den Konstruktivismus eher als einen höchst dynamischen Diskussionszusammenhang. Er sieht jedoch Gemeinsamkeiten im Grundsätzlichen "[...] vor allem hinsichtlich der generellen Annahme, die - wie sich inzwischen zeigt - mit dem Namen >>Radikaler Konstruktivismus<< gar nicht so schlecht etikettiert ist: dass wir die Welt, in der wir leben, durch unser Zusammen-Leben konstruieren. Diese Konstruktion beginnt und endet mit Wahrnehmen, Erfahren, Handeln, Erleben und Kommunizieren."

Der Radikale Konstruktivismus handelt für Watzlawick (1981b, S.9f) von der "[...] Einsicht, dass jede Wirklichkeit im unmittelbarsten Sinne die *Konstruktion* derer ist, die diese Wirklichkeit zu entdecken und erforschen *glauben*. Anders ausgedrückt: das vermeintlich

---

Universität Paderborn drei Tagungen abhielt, doch am intensivsten von der Siegener NIKOL-Gruppe um SCHMIDT, KÖCK, HEJL, RUSCH dargestellt, expliziert und weiterentwickelt.

*Ge*fundene ist ein *Er*fundenes, dessen Erfinder sich des Aktes seiner Erfindung nicht bewusst ist, sondern sie als etwas von ihm Unabhängiges zu entdecken vermeint und zur Grundlage seines >>Wissens<< und daher auch seines Handelns macht." Das Wort >>Erkenntnis<< oder >>Erkenntnistheorie<< wird üblicherweise so verstanden, als handle es sich um ein Erfassen von einer schon vor dem Erkenntnisakt gegebenen, objektiven Wirklichkeit. Das Erkennen kommt hier einem Entdecken gleich, so als würde die Tätigkeit des Erkennens das Erkannte nicht beeinflussen. Der Konstruktivismus hingegen stellt die vorausgesetzten Prämissen sowohl der traditionellen Erkenntnistheorie in Frage, dass es eine voll strukturierte Welt gibt, die erkennbar ist, als auch die der traditionellen Wahrnehmungstheorie, dass die Aktivitäten des Sehens, Hörens, Riechens, usw. etwas in den Organismus überführen und replizieren, was außerhalb von ihm vorliegt.

Der Einwand von konstruktivistischer Seite ist, dass, wenn Erkenntnis oder Wissen eine von uns unabhängige, objektive Welt abbilden oder beschreiben soll, dann ein Kriterium notwendig sei, anhand dessen die Beurteilung erfolgen kann, ob die Abbilder oder Beschreibungen >>wahr<< oder >>richtig<< sind. Da aber ein jeder seine Wahrnehmungen eines Objektes nur mit anderen Wahrnehmungen und niemals mit dem Objekt >>an sich<<, d.h. einem Objekt vor jeglicher Wahrnehmung vergleichen kann, könne niemand über einen privilegierten Zugang zu einem solchen Kriterium verfügen. Daher ließen sich über eine jenseits von menschlicher Erfahrung liegende Realität keine Aussagen machen und so bliebe diese prinzipiell unerkennbar. Von Glasersfeld (1995, S.37) folgert daher: "Wahrheit im Sinne einer Korrespondenz mit der Realität ist ausgeschlossen, denn von der Wahrheit verlangt man ja, dass sie objektiv sei und eine Welt beschreibe oder darstelle, wie sie "an sich" ist, das heißt, bevor der Beobachter sie durch den Erkenntnisapparat wahrgenommen und begriffen hat. In dieser Situation auch nur von einer Annäherung zu sprechen, das heißt, Annäherung an eine wahre Repräsentation der objektiven Welt, ist sinnlos, denn wenn man keinen Zugang hat zu der Realität, der man sich nähern möchte, kann man auch den Abstand von ihr nicht messen. Darum halte ich es für hypokritisch, die Hoffnung zu nähren, dass Erkenntnis im Laufe wiederholter Erfahrungen der Realität näherkommen kann." Von Foerster (zit. n. von Glasersfeld vgl. 1991, S.17) hält dementsprechend die Objektivität für eine Illusion, die davon ausgehe, dass Beobachtungen ohne einen Beobachter möglich seien.

Entgegen abbild- oder korrespondenztheoretischen Annahmen versucht der Konstruktivismus, eine Erkenntnistheorie ohne ontologischen Anspruch und ohne Vorannahme einer vom

Erkennenden unabhängigen Realität aufzubauen. Erkenntnis wird einzig und allein auf die Erlebenswelt bezogen und es wird zu erkunden versucht, wie aus der eigenen Erfahrung das aufgebaut wird, was dann als Wirklichkeit betrachtet wird. Im Mittelpunkt seines Interesses steht deshalb der Prozess des Erkennens beziehungsweise der Kognition. Eine der Grundaussagen des Konstruktivismus ist, dass Erkenntnis nicht die Abbildung einer objektiven Wirklichkeit, sondern ein Akt der Konstruktion ist, bei dem etwas entsteht, das wir durch sozialen Konsens als Wirklichkeit akzeptieren. "Wer einmal eingesehen hat," schreibt von Glasersfeld (1991, S.18), "dass Wahrnehmungen und Beobachtungen nicht einfach als vorgeformte Schneeflocken in ein passives Subjekt hineinschneien, sondern das Ergebnis einer Tätigkeit sind, die von einem aktiven Subjekt ausgeführt wird, muss sich die Frage stellen, wie diese Tätigkeiten vor sich gehen."

Die Erkenntnistheorie des Radikalen Konstruktivismus versteht sich folglich als eine *nicht-reduktionistische Kognitionstheorie* und "[...] ersetzt die traditionelle epistemologische Frage nach Inhalten oder Gegenständen von Wahrnehmung und Bewusstsein durch die Frage nach dem *Wie* und konzentriert sich auf den Erkenntnisvorgang, seine Wirkungen und seine Resultate. Und sie ist nicht-reduktionistisch, weil sie nicht auf fundamentale oder elementare Objekte oder Prozesse (etwa psychologistischer oder sensualistischer Art) fixiert ist, auf die Wahrnehmung und Bewusstsein >>letztlich<< zurückgeführt werden sollen." (Schmidt 1988[2], S.13) Entsprechend steht die Thematisierung der Konstruktion unserer Wirklichkeit, unseres Wissens in der Bandbreite von elementaren Prozessen der Wahrnehmung über Kommunikation, Sprache, bis hin zum wissenschaftlichen Wissenserwerb im Mittelpunkt des Forschungsinteresses.

Die Hauptfrage, auf die der Radikale Konstruktivismus eine Antwort zu geben versucht, ist dabei die, wie wir in unserer Erlebenswelt eine Struktur finden können, die nicht eine Widerspiegelung der Wirklichkeit ist und wie wir erklären können, dass wir eine zumeist stabile, dauerhafte und verlässliche Welt erleben. Dass die Kategorien der Organisation unserer Erlebenswelt durchaus brauchbar sind, erlaube keineswegs den Rückschluss, dass sie die Struktur der Realität widerspiegeln. Im Konstruktivismus wird das Verhältnis zwischen Wissen und Wirklichkeit nicht als eine mehr oder weniger ikonische Übereinstimmung oder Korrespondenz betrachtet, sondern als (An)Passung in einem funktionalen Sinn (vgl. von Glasersfeld 1981, S.19). Da sich diese Einstellung somit gegen den Glauben an die einzig mögliche Problemlösung wendet, ist sie in der Lage, kreatives Potential freizusetzen. Nicht die Übereinstimmung unseres Wissens mit einer nicht erkennbaren Wirklichkeit, sondern die Nützlichkeit und Brauchbarkeit des Wissens ist relevant. "Maturana sagt, >>Wissen heißt angemessen handeln können.<< Dem [fügt von Glasersfeld] den komplementären Satz hinzu: >>Wissen heißt begreifen können<<, denn das Denken ist für uns zuweilen wichtiger als das Handeln. In beiden Sparten sind wir aktiv bemüht, aus Elementen eine Folge aufzubauen, die es uns erlaubt, Gleichgewicht wiederzugewinnen oder zu erhalten. Im ersten Fall besteht die Folge aus sensomotorischen Elementen, im zweiten aus Begriffen (und da Begriffe meistens im Sensomotorischen verankert sind, erleben wir die beiden Sparten fast miteinander vermischt)." (von Glasersfeld 1991, S.24)

Wirklichkeit findet aus konstruktivistischer Sicht also weder als reine Konstruktion nur in dem Kopf eines Subjekts statt (solipsistischer Standpunkt), noch kann sie außerhalb in einer objektiven Welt entdeckt werden (repräsentationistischer Standpunkt). Varela (vgl. 1982, S.85) bezeichnet den konstruktivistischen Ansatz als einen "middle-way-approach" - einen Mittelweg, der kein Sowohl-als-auch, sondern eher ein Weder-noch aus einer Meta-Perspektive bedeutet, da unsere Konstruktionen weder willkürlich oder beliebig noch an einem festen Bezugspunkt außerhalb zu verankern sind. Von Glasersfeld (1991, S.28) meint ähnliches, wenn er betont, "[...] dass der Radikale Konstruktivismus nichts anderes sein will und kann als eine Art und Weise, über die einzige Welt zu denken, zu der wir Zugang haben, und das ist die Welt der Phänomene, die wir erleben. Darum ist auch die Praxis unseres Lebens der Zusammenhang, in dem dieses Denken sich bewähren muss." Damit wendet sich der Konstruktivismus letztlich auf sich selbst an und betrachtet sich gleichermaßen nicht als die richtige, sondern als eine weitere mögliche Konstruktion der Erkenntnis. Die Brauchbarkeit bzw. Nützlichkeit seiner Erkenntniskonstruktionen muss sich daran überprüfen lassen, welche Probleme auf ihrer Basis zufriedenstellend gelöst werden können. In Anlehnung an von Glasersfeld (vgl. 1992, S.30f) lassen sich die Kernthesen des Radikalen Konstruktivismus folgendermaßen zusammenfassen:

Kernthesen des Radikalen Konstruktivismus

1. Unser Wissen ist keine Repräsentation einer jenseits unseres Erfahrungskontaktes existierenden Welt. Wissen bezieht sich auf die Art und Weise der Organisation unserer Erfahrungswelt.

2. Der Konstruktivismus verleugnet nicht eine äußere Welt, geht aber von der prinzipiellen Unerkennbarkeit der Wirklichkeit aus. Über eine Realität, die jenseits aller menschlichen Erfahrung liegt, lassen sich keine Aussagen machen.

3. Wir haben keinen Zugang zu einer von unseren Erfahrungen unabhängigen Wirklichkeit.

4. Wissen ist eine menschliche Konstruktion, durch die wir unsere Erfahrungswirklichkeiten mit Objekten und Ereignissen einrichten.

5. Erkenntnis ist nicht in dem Sinne >>wahr<<, dass sie eine objektive Realität richtig abbildet, sondern sie muss lediglich zu der Erfahrungswirklichkeit des Wissenden passen.

6. Wissen kann nicht den Anspruch auf Einzigartigkeit erheben, d.h. eine passende Lösung eines Problems ist nie die einzig mögliche.

7. Auch der Konstruktivismus beansprucht nicht, eine >>wahre<< Erkenntnistheorie zu sein, und ist selbst nur *eine* mögliche Antwort auf das Problem des Erkennens.

"Konstruktivismus," so fasst Schmidt (1992, S.11) den gegenwärtigen Stand des konstruktivistischen Theorieentwurfs zusammen, „präsentiert sich heute als ein Forschungsprogramm, das auf verschiedenen Ebenen - der physiko-chemischen, der biologischen, der psychologischen, sozialen und kulturellen - die Entstehung und Entwicklung von Phänomenen durch plausible Konstruktionen ihrer >>Mechanik<< zu erklären versucht. Dabei wird explizit berücksichtigt, dass diese Beschreibungen und Erklärungen durch kognitive Systeme im Rahmen und unter den Bedingungen sozialer Interaktion und Kommunikation erfolgen." Damit wird angedeutet, dass der Konstruktivismus breiten Eingang in den interdisziplinären, wissenschaftlichen Diskurs gefunden hat. Seine Weiterentwicklung und Anwendung hat in den verschiedensten Bereichen stattgefunden:

- in der konstruktivistischen Sozialtheorie von Hejl (vgl. 1978, 1982, 1987, 1988[2], 1992, 1994)
- in der soziologischen Systemtheorie von Luhmann (vgl. 1987, 1988a,b,c, 1990, 1991, 1992, 1992[2], 1993, 1993[4], 1995)
- im >>Social Constructionism<< des Sozialpsychologen Gergen (vgl. 1981, 1985, 1987, 1994, 1996), an den auch die >>Bochumer Arbeitsgruppe für sozialen Konstruktivismus und Wirklichkeitsprüfung<< (vgl. 1990, Nr.1, 1992, Nr.10) um die PsychologInnen Ekkehard-Müller, Willutzki/Wiesner (vgl. 1992), Matthies, Baecker, Borg-Laufs, Duda (vgl. 1992) u.a. anschließen

- im Entwurf einer konstruktivistischen Psychiatrie von Brocher, Sies (vgl. 1986, 1989) und Wippich (vgl. 1983)

- in dem konstruktivistischen Ansatz der "Affektlogik" des Schweizer Psychiaters Ciompi (vgl. 1982, 1986, 1988, 1992, 1993, 1994, 1997)

- der "Systemtheorie der Klinischen Psychologie" von Schiepek (vgl. 1986, 1987, 1991)

- in den von Ludewig (vgl. 1983, 1985, 1987[2], 1987a,b, 1988, 1989, 1992) formulierten und im Hamburger >>Institut für Systemische Studien<< weiterentwickelten Grundlagen klinischer Theorie und Praxis für eine am Konstruktivismus orientierte "Systemische Therapie"

- in den von Stierlin (vgl. 1975, 1988, 1991, 1992, 1994, 1995), Simon (vgl. 1984, 1988a,b, 1992a,b,c,d, 1993a,b,c, 1994, 1995) und anderen Mitgliedern der Heidelberger >>Internationale Gesellschaft für Systemische Therapie<< formulierten Konzepten für eine systemische (Familien-)Therapie

- in dem Bemühen von Voss mit einem bundesweiten Schulkongreß (vgl. 1996, 1998) und von Palmowski, Obens, Zimmer, Balgo mit der Zeitschrift >>System Schule<< ein Forum für systemisch-konstruktivistische Annäherungen an Pädagogik und Schule zu schaffen

- in den konstruktivistischen Ansätzen für systemisches Management von Probst (vgl. 1984, 1987, 1990), Ulrich (vgl. 1990), Scheuss (vgl. 1984), Gomez (vgl. 1985)

- in der radikal-konstruktivistischen Konzeption von anwendungsorientierter, empirischer Literaturwissenschaft der Nikol-Gruppe (vgl. 1986) um Schmidt, Köck, u.a.

- darüberhinaus in konstruktivistischen Ansätzen der Sprach- und Kommunikationstheorie (Köck), der Kultur- und Medientheorie (Schmidt), der Historiographie (Rusch), der Rechtstheorie (Teubner, Willke), der Evolutionstheorie (Roth), des Journalismus (Krieg; Gödde), u.v.a..

Auch das keinesfalls sich als einheitlich darstellende systemtheoretische Denken offenbart verschiedene Konzeptionen, Systembegriffe, Systemdefinitionen und Methodologien. Aus dem einheitlichen Untersuchungsgegenstand der Betrachtung von dynamischen Zusammenhängen beziehungsweise >>Systemen<<, der den verschiedenen Positionen zugrunde lag, entstand ein interdisziplinäres Programm zur Erforschung der Gemeinsamkeiten komplexer Ganzheiten, bei dem elementaristische oder reduktionistische wissenschaftliche Verfahrensweisen vermieden werden sollten. Im Mittelpunkt der Auffassung stand nicht mehr das isolierte Ereignis, sondern die Relationen zwischen Ereignissen. Systemisches Denken wir von Schiepeck (1986, S.33) unterschieden "[...] von einem Denken, dem es um die Zergliederung und Isolation von Elementen geht (Atomismus), das Elemente auf noch grundlegendere zurückführen will (Reduktionismus), das eine unmittelbar gegebene, eindeutige Realität annimmt (naiver Realismus) und das sich auf eine geradlinige, kausale Abhängigkeit zwischen Variablen beschränkt (lineales, dualistisches Denken)." Hejl (1982, S.23) beschreibt ähnlich die Systemtheorie als den "[...] Versuch, als Reaktion auf Atomismus, Mechanismus und Physikalismus-Chemismus, ganzheitliches Denken in dynamisierter Form im Rahmen und mit den Mitteln moderner Wissenschaft [...] aufzunehmen." Der Systembegriffs soll im folgenden präzisiert werden. Dabei wird darauf verzichtet, diese historisch abzuleiten und miteinander konkurrierende Systembegriffe ausführlich darzustellen (vgl. hierzu Schiepeck 1986, S.29ff; Brunner 1986, S.25ff). Es werden lediglich exemplarisch deren Begrenzungen und offengebliebene Fragen aufgezeigt.

So alt wie die Geschichte der Entwicklung des Systembegriffs ist, so verschieden sind auch seine Bedeutungen. Etymologisch bedeutet das aus dem Altgriechischen stammende aus "syn" (= zusammen) und "histánai" (= stellen) zusammengesetzte Wort für System "ein aus Teilen zusammengesetztes" und somit von anderem abgrenzbares, "gegliedertes Ganzes" (vgl. Duden 1963).

Von Bertalanffy (vgl. 1972) definiert Systeme ähnlich als Gebilde, die aus einer Menge miteinander verknüpfter Elemente bestehen. Er betrachtete, wie weiter oben schon beschrieben, lebende Systeme als offene Ganzheiten, die mit ihrer Umwelt in Austausch stehen, und deren Elemente, Relationen, Funktionen und Ziele der Systemganzheit untergeordnet sind. Offen blieben allerdings dabei Fragen nach der Bestimmung der Systemgrenze und der Teile, aus denen das System zusammengesetzt ist oder deren Relationen. Es erwies sich als ein schwieriges Unterfangen danach zu fragen, was denn nun als Teil oder Ganzes zu definieren ist (bspw. die Zelle, das Gewebe, das Organ, der Organismus, die Familie, die Gesellschaft), oder wo die Grenze eines Systems zu ziehen ist (bspw. bei einem See oder einem sozialen System). Ludewig (vgl. 1992, S.42) sieht in der nicht eindeutigen Abgrenzbarkeit von System und Umwelt eine Analogie zu "russischen Puppen", die aus ineinander verschachtelten Teilen einer hierarchischen Anordnung bestehen, bei der die übergeordnete Systemebene die untergeordnete Systemebene kontextualisiert. Dies führte beispielsweise in der Familientherapie zu Diskussionen darüber, ob zum Verständnis eines Problems einer Einzelperson die ganze Familie, die erweiterte Familie, die Nachbarschaft, die Region oder letztlich die Gesellschaft insgesamt in das Blickfeld genommen werden muss oder ob die Abgrenzung letztendlich willkürlich vollzogen wird. Unreflektiert blieb außerdem der Beobachter des Systems.

Die häufig in der Literatur zitierte klassische Definition von Hall und Fagan (vgl. 1968, S.81) ist vergleichbar problematisch. Danach ist ein System ein Aggregat von Objekten und Beziehungen zwischen den Objekten und ihren Merkmalen. Vester (vgl. 1983, S.17ff) definiert ein System ebenfalls durch seine zu einem geordneten Wirkungsgefüge organisierten, miteinander vernetzten Teile. Dabei wird einerseits die Existenz von Teilen vorausgesetzt, aus deren Verknüpfungen dann neue Systemqualitäten emergieren, die das "Mehr" des Ganzen im Vergleich zu der Summe seiner Teile ausmachen sollen. Andererseits wird die Existenz von deren Eigenschaften schon vor jeglicher Systembildung als gegeben angenommen. Die Entstehung und den Wandel von Eigenschaften erklären Roth und Schwegler (vgl. 1990, S.39ff), indem sie verdeutlichen, wie sich beispielsweise die Eigenschaften des Natriumchlorid-Moleküls (Kochsalz) nicht auf dessen Elemente, die Natrium- und Chloridatome, zurückführen lassen. Diese verändern sich selbst bei der Verbindung zu einem Natriumchlorid-Molekül und emergieren somit zusammen mit dem System. Wie ein bisher isoliertes Teil durch das Entstehen neuer Verbindungen zu anderen Dingen nun Teil eines Systems wird und dadurch seine Eigenschaften verändert zeigen auch Probst und Ulrich (vgl. 1990[2], S.33). Sie erläutern an einem Beispiel aus der Technik, dem Auto, dass ein Teil im Rahmen eines Systems nun von anderen Teilen beeinflusst wird, wiederum zirkulär auf diese zurückwirkt und Funktionen im System als Ganzes ausübt: das Auto besteht aus Hunderten von Teilen, die dadurch, dass sie in einer bestimmten Art miteinander verknüpft sind, ein Auto mit bestimmten Eigenschaften wie Größe, Beschleunigung, Luftwiderstand, Fahrverhalten, etc. ergeben. Das Auto könnte ohne Motor, aber auch ohne Getriebe und Räder, nicht fahren. Der Motor verliert jedoch seine Eigenschaft als Antriebsquelle des Fahrzeugs, wenn er ausgebaut wird.

In Anlehnung an Schwegler und Roth beschreibt Ludewig (1992, S.87) die Eigenschaften von Objekten als das Ergebnis ihrer Interaktionen: "Interaktionsmodi und Eigenschaften von Objekten sind untrennbar miteinander verknüpft. Daher hat es wenig Sinn zu behaupten, dass Objekte unabhängig von ihren aktuellen Interaktionen (in einem Milieu) Eigenschaften >>an sich<< besäßen. Diese ergeben sich vielmehr aus der Interaktion und verändern sich

---

Über die Beschränkungen ökologischer Sichtweisen und eine kritische Auseinandersetzung mit dem Systembegriff von VESTER siehe den Aufsatz von DAHL (vgl. 1984, S.77).

zusammen mit den Interaktionsmodi. Neue Eigenschaften (Qualitäten) emergieren - sowohl in den Komponenten als auch im System - durch den Prozess der Systembildung oder >>Relationierung<<. Objekte werden erst zu Komponenten von Systemen, wenn sie bereits neue Interaktionsmodi und Eigenschaften ausgebildet, sich also erneuert haben."

Für die Beschreibung der Entstehung und Erhaltung eines lebenden Systems hat der Biologe Maturana (vgl. 1982, S.158) das Kunstwort der "Autopoiesis" erfunden, das sich aus dem griechischen Worten *autos (=selbst) und poiein (=machen)* zusammensetzt und das soviel wie Selbsterzeugung, Selbstherstellung, Selbsterhaltung bedeutet. Maturana benutzt diesen Begriff, um die Eigenart der Organisation von lebenden Systemen zu beschreiben. Lebende Systeme sind Gebilde, die sich dadurch ständig selbst erhalten, indem sie ihre Bestandteile, aus denen sie bestehen, durch eben diese Bestandteile selbst produzieren und herstellen. Lebende Systeme erzeugen somit durch ihre Operationen fortlaufend ihre eigene Organisation und werden deshalb auch als selbstorganisierte Systeme bezeichnet.

Der Prozess der Selbstorganisation kann exemplarisch am Beispiel einer einzelnen Zelle dargestellt werden. Auch eine Zelle als lebendes System hebt sich dadurch von seiner Umwelt ab, dass sie Grenzen (die Zellmembran) definiert und festlegt, die sie von dem, was sie nicht ist, abgrenzen. Diese Festlegung von Grenzen vollzieht sich jedoch durch Operationen im Inneren der Zelle, die ihrerseits erst durch diese Grenzen möglich gemacht wird. Die Produktionsvorgänge im Inneren und die Grenzen bedingen sich wechselseitig, wodurch sich die Zelle von ihrer Umwelt abhebt. Die Operationen im Zellinneren sind zirkulär und bilden einen geschlossenen Kreis, wodurch es unmöglich wird, zwischen dem Produkt und dem Produzenten, zwischen Anfang und Ende, zwischen Input und Output zu unterscheiden (vgl. Maturana/Varela 1987, S.53).

Das, was lebende Systeme tun, ihre Operationen, halten ihre Organisation als Einheit dieses zirkulären Prozesses aufrecht. Die autopoietische Organisation ist in unzähligen konkreten Strukturen verwirklicht, etwa als Pantoffeltierchen, Fisch, Vogel, Maus, Affe oder Mensch. Lebende Systeme besitzen somit zwar die gleiche Organisation, haben aber unterschiedliche Strukturen. Die Struktur, die konkrete Beziehung zwischen den Bestandteilen eines lebenden Systems kann sich - im Gegensatz zu ihrer Organisation, die fortlaufend aufrecht erhalten wird, - verändern. Wie ein lebendes System konkret operiert, ist damit abhängig von ihrem vorherigen Zustand, also abhängig von ihrer Struktur. Daher lassen sich Systeme auch als strukturdeterminierte Systeme beschreiben (vgl. Maturana/Varela 1987, S.108).

Da sich autopoietische Systeme ausschließlich mit ihren Operationen auf sich selbst beziehen, werden sie auch als operational geschlossen bezeichnet. Das heißt, sie benutzen ständig die Produkte oder Ergebnisse ihrer Operationen als Grundlage für weitere Operationen. Es gibt weder einen Input in das System hinein noch einen Output aus dem System heraus. Alles, was ein System zur Erhaltung seiner Organisation braucht, erzeugt es selbst (vgl. Maturana/Varela 1987, S.55ff).

Dies entspricht nicht dem üblichen Input-Output- bzw. Ursache-Wirkungs-Denken, oder der Vorstellung, die von Foerster (vgl. 1987, S.36 u. 1993, S.241; Segal 1986, S.151) als das Konzept einer „trivialen Maschine" bezeichnet. Eine triviale Maschine ist von ihrer Vergangenheit unabhängig, vollkommen determiniert sowie vorhersagbar. Alle technischen Geräte, wie Waschmaschinen, Toaster, Fernsehgeräte, Autos, etc., sind triviale Maschinen und können daher benutzt werden, ohne dass über ihre inneren Mechanismen Bescheid gewusst werden muß. Ihr "Innenleben" bleibt konstant und die Wirkungen der Geräte berechenbar.

Lebende Systeme hingegen sind „nichttriviale Systeme". Sie ändern ihren inneren Zustand jedesmal, wenn sie einen Output berechnet haben. Als nichttriviale Systeme operieren sie rückbezüglich: ihre "Reaktionen" werden zum neuen "Reiz", ihre "Wirkungen" zur erneuten "Ursache": von Foerster (vgl. 1991) hat dies in einem Interviewausschnitt ungefähr folgendermaßen erläutert:

Nehmen wir an eine triviale Maschine, z.B. ein Taschenrechner, würde immer quadrieren. Gibt man die Zahl 5 hinein, kommt 25 auf der anderen Seite heraus, wenn man 7 hereingibt, kommt 49 heraus. Eine nicht-triviale Maschine aber arbeitet folgendermaßen: sie quadriert einmal, aber wenn sie quadriert hat, wird sie eine andere Maschine und zwar abhängig davon, was für ein Problem man ihr gegeben habt oder was für ein Problem sie ausgerechnet hat. Zum Beispiel: immer wenn die Maschine quadriert hat, dann verwendet sie das Resultat dazu, um es in der nächsten Operation hinzuzufügen. Also, wir haben eine Maschine, die quadriert zuerst: 5 x 5 = 25. Gebe ich ihr das nächste Mal sagen wir die Zahl 3, kommt sie mit dem Ergebnis 34 heraus. Wieso 34? Sie rechnete eben 3 x 3 = 9 + 25 ist 34. Wir wussten aber nicht, dass sie das vorherige Resultat dazu genommen hat, um zu addieren. Das heißt, diese Maschine ist von ihrer Vergangenheit abhängig. Die Maschine operiert abhängig von ihren früheren Zuständen.

Obwohl auch nichttriviale Systeme absolut determiniert funktionieren, ist ihr Verhalten analytisch nicht bestimmbar und daher nicht voraussagbar. Das, was sie tun, ist von ihren vergangenen Erfahrungen, ihrer individuellen Geschichte abhängig. Für nichttriviale Systeme gilt, dass sie operational geschlossen stets mit ihren vorausgegangenen Resultaten arbeiten und nicht mit den Daten einer von ihnen unabhängigen Umwelt.

Zugleich sind autopoietische, operational geschlossene Systeme aber auch offene Systeme, indem sie ständig bestimmte Substanzen aufnehmen. Diese Offenheit, der Umweltkontakt, wird aber erst durch die Geschlossenheit des Systems möglich. Denn das System wird durch seine Grenze sowohl von der Umwelt getrennt als auch verbunden. Die Formen des Austausches aber werden nicht von der Umwelt, sondern von der geschlossenen Organisationsweise des Systems und seiner konkreten Struktur festgelegt. Deshalb werden autopoietische Systeme auch als autonom bezeichnet. Sie sind zwar nicht autark, da es kein umweltunabhängiges System gibt, aber autonom, indem ihre eigene Struktur, ihre eigenen Systemoperationen bestimmen, ob und wie die Umwelt auf es einwirken kann. Dadurch, dass lebende Systeme auf diese Weise die Unterscheidung zwischen System und Umwelt erzeugen und aufrechterhalten, werden sie auch als beobachtende bzw. kognitive Systeme bezeichnet, unabhängig davon, ob sie ein Nervensystem besitzen oder nicht. Die systemisch-konstruktivistische Sichtweise unterscheidet somit nicht zwischen körperlichen und geistigen Prozessen. Aufgrund ihrer operationalen Geschlossenheit haben beobachtende Systeme jedoch keinen Zugang zu ihrer Umwelt. Die Umwelt kann sie lediglich verstören, irritieren oder „perturbieren", wobei wie gesagt ihre eigene Struktur festlegt, ob und wie Umweltereignisse auf das beobachtende System einwirken (vgl. Maturana/Varela 1987, S.98). Aus einer solchen systemisch-konstruktivistischen Perspektive gibt es somit keine vom beobachtenden System unabhängige Umwelt, kein Uni-versum, sondern so viele Wirklichkeiten, "Multi-versen", wie es beobachtende Systeme gibt. Beobachten heißt nicht abbilden, sondern *konstruieren, erschaffen, gestalten.*

Eine genaue systemtheoretische Analyse erfordert auch nach Luhmann (vgl. 1993[4], S.34ff), dass die das System von seiner Umwelt trennenden Grenze, die Elemente, aus denen das

System besteht, sowie die das System zusammenhaltenden Relationen zwischen den Systemelementen bestimmt werden. Der differenztheoretische Systemansatz Luhmanns bezieht sich auf die Arbeiten des britischen Logikers und Mathematikers Spencer-Brown (vgl. 1969, 1994, 1995, 1997). Er beginnt nicht mit irgendeiner ontologischen Einheit, einer verdinglichten Ganzheit, Gestalt oder Struktur, sondern mit einer Differenz, einer Unterscheidungsoperation: das System *ist* die Differenz zwischen System und Umwelt. Da sich das System kontextabhängig, d.h. im Unterschied zu seiner Umwelt definiert, kommen ihm keine Eigenschaften "an sich" zu. Das System wird als Form mit zwei Seiten definiert, d.h. mit dem Formbegriff wird immer die Differenz zwischen System und Umwelt bezeichnet. Systeme, so Luhmann (1993⁴, S.35f), "[...] konstituieren und [...] erhalten sich durch Erzeugung und Erhaltung einer Differenz zur Umwelt, und sie benutzen ihre Grenzen zur Regulierung dieser Differenz. [...] Die Umwelt erhält ihre Einheit erst durch das System. Sie ist ihrerseits durch offene Horizonte, nicht jedoch durch überschreitbare Grenzen umgrenzt; sie ist selbst also kein System. Sie ist für jedes System eine andere, da jedes System nur sich selbst aus seiner Umwelt ausnimmt. [...] Das heißt jedoch nicht, dass die Umwelt vom System abhängt oder dass das System nach Belieben über seine Umwelt disponieren könnte." Auch die Elemente und deren Relationen existieren als Unterscheidungen nur aufeinander bezogen. Im Vollzug der Systembildung konstituieren sich System, Element und Relation zudem gegenseitig (vgl. Luhmann 1993⁴, S.41).

Indem er die Erzeugung des Systems durch eine einzige Operationsweise beschreibt, übernimmt Luhmann eine weitere Anregung von Spencer-Brown. Die Entstehung eines Systems erfolgt dabei durch die Verkettung von Operationen, d.h. wenn eine Operation eines bestimmten Typs anläuft, an die eine Operation derselben Typik selektiv anschließen kann. Durch diesen einzigen Operationstypus wird die Differenz zwischen System und Umwelt reproduziert. Dadurch sind die Systeme operational geschlossen und schließen die Systemzustände im System selbst an (vgl. Luhmann 1991/92, Bd.4).

Zur Ausdifferenzierung von Systemen ist es erforderlich, ihre Grenzen zu bestimmen. In der Trennung und Verbindung von System und Umwelt liegt die Doppelfunktion der Grenze, das System einerseits gegenüber seiner Umwelt zu öffnen und andererseits zu schließen. Systeme sind neben ihrer geschlossenen Organisation bezüglich ihrer Struktur offen, d.h., eine

---

Versuche, mit Differenzbegriffen zu arbeiten, finden sich als Vorläuferkonzepte schon bei Martin HEIDEGGER, Ferdinand DE SAUSSURE, Gabriel TARDE, René GIRARD, Gregory BATESON, Jaques DERRIDA (vgl. REESE-

strukturelle Koppelung der Komponenten des Systems mit seiner Umwelt ist möglich, auch wenn die Operationen des Systems nur innerhalb der Grenze ablaufen können. Wenn die Zuordnung von Ereignissen, Operationen und Zuständen auf das System oder die Umwelt als Leistung des selbstreferentiellen Operierens eines Systems aufgefasst werden können, dann gelten Grenzen als hinreichend bestimmt. Dadurch wird es möglich, Grenzen in Hinblick auf ihre Funktionalität zu unterscheiden und sie weder als Abstrakta noch als topologische Gebilde zu behandeln. (vgl. Luhmann 1993[4], S.52f).

Ludewig (1992, S.90f) konzeptioniert seinen Systembegriff auf den theoretischen Grundlagen Maturanas und Luhmanns und kommt zu folgender konstruktivistischen Systemdefinition: ">>Systeme<< sind Einheiten, die ein Beobachter durch Unterscheidung als zusammengesetzt und abgegrenzt konstituiert. [...] Die Systemgrenzen erweisen sich als Funktion, die das Gebilde zugleich von seiner Umwelt trennt und an diese bindet. System, Komponenten, Relationen und ihre Umwelt sind wechselseitig bedingt. Die Relationen der Komponenten konstituieren diese durch Selektion. Systemspezifische Merkmale entstehen gemeinsam mit den emergierenden Komponenten. Komponenten, Relationen und Grenzen entstehen gleichzeitig und begründen die selbstreferentielle Organisation des Systems. Systeme verarbeiten - oder >>prozessieren<< [...] - nur Eigenzustände; Veränderungen werden also nicht kausal von außen bewirkt, sondern folgen auf Prozesse in den Relationen zwischen den Komponenten."

Systeme werden demnach nicht als beobachterunabhängige, ontologisch definierte, "an sich" seiende, objektive Entitäten aufgefasst, sondern als Konstrukte der menschlichen Erkenntnis bzw. >>Kognition<< betrachtet, die davon abhängig sind, welche Unterscheidungen wir als Beobachter treffen, um ein System von seiner Umwelt abzugrenzen. "Eine Einheit (Entität, Wesen, Objekt) ist durch einen Akt der Unterscheidung definiert. Anders herum: Immer dann, wenn wir in unseren Beschreibungen auf eine Einheit Bezug nehmen, implizieren wir eine Operation der Unterscheidung, die die Einheit definiert und möglich macht." (Maturana/Varela 1987). Aussagen über ein System sind demnach stets Aussagen über den Beobachter, d.h. seine Art, Unterscheidungen zu treffen. Beobachter und Beobachtetes sind untrennbar miteinander verknüpft. Das Adjektiv "systemisch-konstruktivistisch" kennzeichnet daher *eine* allgemeine Sichtweise, in der ein Beobachter bzw. eine Beobachterin *Systeme* zum Erkenntnisgegenstand seines bzw. ihres Denkens macht, die sich und ihre jeweiligen

SCHÄFER, 1992, S.31).

Umwelten selber hervorbringen, *konstruieren*, erschaffen, gestalten. Im folgenden sollen die wesentlichsten, ein System kennzeichnenden Aspekte noch einmal zusammengefasst werden:

Was ist ein System?

Ein System *ist* die Differenz zwischen System und Umwelt. Ein System ist all das, was es im Unterschied zu seiner Umwelt ist. Es gibt kein umweltunabhängiges System und keine systemunabhängige Umwelt. Ein System ist untrennbar mit seinem Kontext, seiner Umwelt verbunden.

Selbstorganisation, Selbstherstellung (Autopoiese):

Die Differenz zwischen System und Umwelt stellt das System selbst her, indem es sich dadurch ständig selbst erzeugt, dass es die Elemente aus denen es besteht, durch eben diese Elemente selbst produziert und herstellt (=*Selbstorganisation*, Autopoiese, gr. autos=selbst; poiein=machen).

Operationale Schließung:

Da sich selbstorganisierende Systeme mit ihren Operationen auf sich selbst beziehen, werden sie auch als *operational geschlossen* bezeichnet. Das heißt, sie benutzen ständig die Produkte oder Ergebnisse ihrer Operationen als Grundlage für weitere Operationen.

Strukturdeterminiertheit:

Die organisationserhaltenden konkreten Operationen der Elemente sind dabei von dem vorherigen Zustand des Systems, d.h. von seiner Struktur abhängig (=*Strukturdeterminiertheit*), die sich verändern kann.

Woraus bestehen die Eigenschaften der Elemente eines Systems:

Die Eigenschaften der Elemente eines Systems entstehen im Prozess der Systembildung durch *Relationierung*, d.h. durch das Eingehen spezifischer Beziehungen zu den anderen Elementen des Systems.

Welche Funktionen hat die Grenze eines Systems:

Die Grenze trennt und verbindet ein System mit seiner Umwelt. Dadurch sind Systeme *sowohl offen* für den Austausch mit ihrer Umwelt, *als auch geschlossen* in dem Sinne, dass die Formen des Austauschs von der Organisationsweise und der Struktur des Systems selbst festgelegt werden (=Autonomie).

Systeme lassen sich charakterisieren als:

- selbstorganisiert (autopoietisch),
- sowohl operational geschlossen als auch offen,
- strukturdeterminiert
- autonom (nicht autark).

Die sich allmählich aus den oben umrissenen Implikationen des Autopoiesis-Konzepts von Maturana und Varela sowie des Radikalen Konstruktivismus von von Glasersfeld und von Foerster entwickelnde Metatheorie, führte in den 80er Jahren zum Übergang von der Familientherapie zu einer systemischen Therapie 2. Ordnung. Der Anstoß hierzu kam von Dell (vgl 1986), der zentrale Grundprämissen der Familientherapie eindrücklich in Frage stellte. Vor allem Goolishian und Andersen (vgl. 1988, 1990) sowie De Shazer (vgl. 1988 a u. b) waren dann am Aufbau einer systemischen klinischen Theorie und einer darauf abgestimmten Praxis beteiligt. Goolishian überwand struktur-funktionalistische Konzepte zur Erklärung von Lebensproblemen durch Abhebung auf 'dysfunktionale Beziehungsmuster' oder 'pathologische Kommunikation' durch sein entpathologisierendes Konzept des 'problem-determined system' (Problemsystem). Von De Shazer kamen methodische Impulse durch eine kooperative Lösungsorientiertheit seiner Therapie unter Verwendung unspezifischer Interventionen.

Damit wurde der Beginn einer Phase eingeläutet, in der die fast ausschließliche Anlehnung an naturwissenschaftliche Importe (Kybernetik, Theorie lebender Systeme) durch eine verstärkte Hinwendung zu sozialen Phänomenen (Sinn, Sprache, Dialog, Bedeutung) und somit zur 'sozialen Konstruktion von Wirklichkeit' abgelöst wurde. „In Deutschland wandte man sich", so beschreibt Ludewig (vgl. 1995, S.100) diese Entwicklung, „Sozialwissenschaftlern zu, darunter insbesondere Niklas Luhmann (1984). In seiner Theorie sozialer Systeme fand man die theoretischen Bausteine, die es erlaubten, organische, psychische und soziale Systeme deutlich zu unterscheiden und doch sinnvoll miteinander zu verbinden. Zentrale Bausteine dieser Theorie waren das Verständnis des sozialen Systems als temporale Ereignisabfolge ohne räumlichen Bestand. Nebenher begründet sie einen neuartigen Kommunikationsbegriff, der von der Unterscheidung zwischen Handlung und Kommunikation ausgeht und letztere an das >>Verstehen<< durch den Adressaten bindet. Erst durch diese Differenzierung wird Kommunikation tatsächlich zu dem, was dieser Begriff impliziert, nämlich Gemeinsamkeit. Durch Fokussierung dieser Theorie auf Sinn als basale Operation psychischer und sozialer Systeme ermöglicht sie, soziale Phänomene ohne Rückgriff auf physikalische und biologische Mechanismen zu verstehen. Unter Verwendung dieser Bausteine war der Weg geebnet für die Erarbeitung einer klinischen Theorie, die Therapie und alle anderen Maßnahmen der Hilfestellung gegenstandsgerecht als soziale Phänomene betrachtet (vgl. u.a. Ludewig 1992)."

Auch wenn die systemische Perspektive vorrangig in der therapeutischen bzw. beraterischen Arbeit mit Familien entwickelt worden ist, so gewann sie zunehmend auch im Kontext von Schule und Lebenswelt, insbesondere bezogen auf 'Problemschüler', an Bedeutung. Die Schule bzw. Schulklasse sowie das weitere soziale Umfeld wurde nun als Interaktionsraum erschlossen. Schlippe und Schweitzer (vgl. 1996, S.254) skizzieren, wie sich die Nutzung systemischen Denkens in diesem Aufgabenfeld in verschiedenen qualitativen Schritten vollzog:

- über die Einbeziehung der Familie mit dem Ziel der Veränderung familiärer Strukturen, die als wesentlich für Verhaltens- und Leistungsprobleme in der Schule angesehen wurden (vgl. Hennig u. Knödler 1985),
- über die Sichtweise Schulprobleme als 'Inter-System-Probleme' zwischen Schüler, Lehrer, Klasse und Familie zu verstehen (vgl. Osterhold u. Eckhardt 1985; Hess u. Mueller 1985; Palmowski 1995; u.a.),
- bis hin zur Präventionsarbeit bei Schulproblemen auf der Ebene der Unterrichtstätigkeit (vgl. Ergenzinger 1985; Molnar u. Lindquist 1985, 1990), der Lehrerfortbildung (Schug u.a. 1985; Braukmann 1985), der Lehrersupervision (vgl. Ehinger u. Henning 1994; Voss 1996), der Schulsozialarbeit (Brunner 1992), der schulischen Organisationsentwicklung (von Lüde 1996) und der Vernetzung von Schule und außerschulischer Jugendhilfe (Engel 1996) und

- darüberhinaus zunehmend auch bis zur Nutzung systemisch-konstruktivistischen Denkens für die Gestaltung der Schul- und Unterrichtswirklichkeit, beispielsweise in der Diskussion angemessener Lehr- und Lernmethoden (vgl. Fuhr und Gremmler-Fuhr 1988; Brunner 1990, Brügelmann u. Balhorn 1990; Krüssel 1993, Wyrwa 1996), in der allgemeinen Didaktik (vgl. Kösel 1993; Reich 1996), in der Erwachsenenbildung (vgl. Arnold u.Siebert 1995), in einzelnen Fachdidaktiken wie Mathematik (vgl. Bauersfeld 1983; Wittmann 1988), Physik (vgl. Aufschnaiter u.a. 1992) oder Sportpädagogik (vgl. Cachay u. Bähr 1992), in der Förderdiagnostik für integrative Grundschulen (vgl. Eberwein 1993) sowie in Bezug zum Bereich der Erziehung (vgl. Büeler 1994; Rotthaus 1998), u.v.a..

5.1. Systemisch-konstruktivistische Ansätze im sonderpädagogischen Kontext

Aus systemisch-konstruktivistischer Sicht werden mit Begriffen wie 'Auffälligkeit', 'Abweichung', 'Störung', 'Behinderung' keine intraindividuellen Gegenstände oder Eigenschaften beschrieben, die objektiv beobachtet werden können, sondern die Konstruktionen der Beobachtung desjenigen, der 'Störung' o.ä. beobachtet. In dieser Perspektive wird der Fokus von der 'Beobachtung von Störung' verlagert zur 'Beobachtung der Beobachtung von Störung'. Mit der Beschreibung: 'X ist gestört' oder 'X hat eine Störung' wird demnach nichts über die Person ausgesagt, die so charakterisiert wird, sondern über den Beschreiber bzw. Beobachter und seine Art, Unterscheidungen zu treffen.

Der Störungsbegriff ist hier ein relationaler Begriff, der eine Relation zwischen der Wahrnehmung des Beobachters von X und dessen materialer und sozialer Umwelt, in der Störendes wirksam wird, herstellt. Ein systemisch-konstruktivistisches Störungsverständnis bemüht sich, so Walthes (1993, S.148), „[...] Störung konsequent im Zwischen - zwischen Individuen, zwischen Systemen - anzusiedeln, d.h., sie weder einseitig dem identifizierten Kind noch der „störenden" Umwelt zuzuschreiben." Die Autorin begreift Störungen als etwas, das zwischen Kindern und Erwachsenen, Schülern und Lehrern, zwischen Generationen, zwischen Menschen entsteht, und zwar durch Kommunikation entsteht. Störungen sind somit keine Entitäten, sondern Konstrukte, die in der sozialen Kommunikation, im Dialog zwischen Individuen entstehen.

Hierbei wird zunächst von einem Beobachter ein Phänomen beobachtet, das von seinen bisherigen Erfahrungen und Erwartungen abweicht und denen er aus dem sozialen Kontext der Kommunikation keine verstehbare Bedeutung bzw. keinen verstehbaren Sinn zuschreiben kann. Das von seinen Erwartungen abweichende Phänomen stört somit die Verständnisfähigkeit des Beobachters vor dem Hintergrund seiner Wirklichkeits- und Sinnkonstruktionen. Sie wird daher von ihm als Un-Sinn, als Störung, Problem oder Symptom bewertet, das als Zeichen für eine hinter dem beobachteten Phänomen verborgene Ursache gedeutet wird. Das im kommunikativen Zusammenhang unsinnige Phänomen bedarf nun einer nicht-sozialen Erklärung, die das Symptom für den Beobachter wieder verstehbar und somit sinnvoll werden lässt. Die Störung wird auf unzureichende psycho-physische Voraussetzungen des störenden Individuums reduziert, der Störende wird zum Gestörten.

Dabei ist davon auszugehen, dass sowohl für denjenigen, der die Störung zeigt, als auch für denjenigen, der sich gestört fühlt, das, was er tut, von seinem Bezugsrahmen aus betrachtet für ihn persönlich Sinn macht (auch wenn andere dieses Tun nicht als ein sinnmachendes Tun ansehen müssen oder sollten): „Diejenigen, die Störung ins Spiel bringen, bekunden damit, dass sie sich und ihre spezifische Umwelt als nicht passend, nicht stimmig wahrnehmen, und nach einer Möglichkeit suchen, eine neue Passung herzustellen. Diejenigen, die sich gestört fühlen, zeigen, indem sie sich gestört fühlen, ihre Fähigkeit, sich ansprechen, sich irritieren zu lassen. Wen nichts stört, der ist entweder ein Übermensch oder ein vollkommen gleichgültiger, nicht am Austausch mit seiner Umwelt interessierter Mensch, ein Ignorant." (Waltlhes 1993, S.151)

Daran wird deutlich, dass erst der nicht gelungene kommunikative Umgang mit Verschiedenheit ein Problem erzeugt und nicht ein in der Person liegendes, unregulierbares Störungspotential. Es gelingt den Beteiligten nicht, durch Abstimmung ihrer Kommunikationsweisen aufeinander, gegenseitiges Verstehen zu ermöglichen. In solchen Situationen werden von den Dialogpartnern Problemwirklichkeiten erzeugt. Probleme werden hier als Wirklichkeitskonstruktionen mit folgenden Merkmalen begriffen: (a) des dringenden Wunsches nach Veränderung und (b) der Annahme, dass Veränderung möglich ist. Wird eine solche Problemkonstellation in Verbindung mit subjektiven biologischen oder psychologischen Theorien zur Verschiedenheit aufgebaut, dann entsteht das Problem der Störung. Dadurch dass wir traditionellerweise Probleme nicht als Wirklichkeitskonstruktionen begreifen, die in und über Kommunikation entstehen, führen wir sie ursächlich auf die

Gestörtheit, Behinderung, Abweichung o.ä. als Eigenschaft einer Person zurück, so dass sie auf diesem Weg etwas überdauerndes, bestenfalls kompensierbares darstellen. Die systemisch-konstruktivistische Perspektive ermöglicht hingegen, das Problem der Störung oder Behinderung weder bei der einen noch anderen Person zu lokalisieren, sondern die sozialen Kontexte in den Blick zu nehmen, die für die Problementwicklung förderlich zu sein scheinen (vgl. Walthes 1995, S.92f).

Der erweiterte Fokus auf die sozialen Kontexte, in denen Störungsprobleme entstehen und auf die Bedingungen, die alle Beteiligten einbringen, eröffnet neue Handlungsoptionen. Das Problematische von Störungen, Behinderungen, Abweichungen liegt in der Notwendigkeit, alte Ordnungen zu destabilisieren, eventuell sogar aufzulösen und gemeinsam neue Ordnungen zu entwickeln. Durch Störung erzeugte Unordnung ist Motor für Systementwicklung, für Veränderung, Weiterentwicklung (vgl. Walthes 1993, S.152). Dies gilt nicht nur für die materiellen, strukturellen, organisatorisch-geordneten Lebensbedingungen, sondern ebenso für die Ordnung der Sprache, deren Veränderung einhergeht mit neuen Wirklichkeitskonstruktionen. Störung oder Behinderung ist demnach ein Kommunikationsproblem, das der Kommunikation bedarf, um gelöst zu werden.

Dementsprechend richtet sich der Fokus therapeutischen oder (sonder-) pädagogischen Handelns nicht nur auf das einzelne Individuum, sondern auf den sozialen Kontext, in dem Verschiedenheit problemwirksam wird. Der Ansatzpunkt therapeutischer Interventionen ist, dass entweder die Interaktions- und Kommunikationsmuster, die mit der Entstehung und Erhaltung von Problemen oder Symptomen in Zusammenhang gebracht werden, gestört werden, oder aber dass Interaktions- und Kommunikationsmuster, die mit der Entstehung und Erhaltung von Lösungen in Zusammenhang gebracht werden, angeregt werden. Sie sollen dazu führen, dass entweder etwas, das bislang gemacht wurde, unterlassen wird, oder aber dass etwas, was bislang unterlassen wurde, gemacht wird. Dabei handelt es sich um hypothetische Verknüpfungen zwischen den Interaktions- bzw. Kommunikationsmustern und den Problemen bzw. Symptomen, die ihre Nützlichkeit in der therapeutischen Praxis jeweils erst erweisen müssen. Der Therapieprozess mit seinen Interventionen hat also Merkmale eines Lernprozesses, der nach einer ständigen „Suchen-und(Er-)Finden-Methode" abläuft (vgl. Simon, Rech-Simon 1999, S.275). „Das hier skizzierte Interventionsprinzip ergibt sich aus systemtheoretischen Überlegungen. Demnach sind biologische, psychische und soziale Strukturen (oder auch sensomotorische Strukturen, R.B.), die dem Beobachter als statisch und unverändert erscheinen, immer das Ergebnis dynamischer Prozesse. Solche Systeme sind selbstorganisiert und erhalten ihre Grenze und ihre Form nur dadurch, dass ihre internen Prozesse kreisförmig im Sinne von Feedbackschleifen organisiert sind. Sie erhalten ihre Gestalt durch ihre eigene Aktivität. Dies gilt auch für Symptome oder Probleme sowie ihre Lösung." (Simon 1999, S.275) Auf diagnostischer Ebene gilt es die zirkulären Prozesse im gemeinsamen Dialog mit den Klienten hypothetisch zu erfassen. Auf der Interventionsebene geht es um die Unterbrechung der Rückkopplungsschleifen, die das Problem über die Zeit hin am Leben erhalten, oder die Installation der Schleifen, die eine Lösung dauerhaft stabilisieren (vgl. Simon 1999, S.275).

Ein solches systemisch-konstruktivistisches Denken wird bislang, wie Palmowski (1997, S.147) feststellt, in der Sonderpädagogik eher verhalten rezipiert, im Gegensatz zu der scheinbar mühelosen Integration systemischer Ideen (vgl. Speck 1996[3]; Sander 1988; Hagmann/Simmen 1990; Spiess 1992; Kleber 1993; Wocken 1996). Systemisch-konstruktivistische Ansätze finden sich:

- in der Arbeit von Werning (vgl. 1989) über sozial auffälliges Verhalten von Kindern und Jugendlichen,
- in der Arbeit von Walthes (vgl. 1994) zur Situation von Familien mit blinden, mehrfachbehinderten oder sehbehinderten Kindern,
- in den Beiträgen von Palmowski (vgl. 1995, 1996, 2000) zu systemischen Beratungsstrategien im schulischen Kontext, Lehrerverhalten in Konfliktsituationen und Wirklichkeitskonstruktionen von Menschen, die behindert werden,
- in dem Buch „Die Behinderung liegt im Auge des Betrachters" von Lindemann und Vossler (vgl. 1999),
- in den Schriften von Eberwein (vgl. 1996, 1998) und Begemann (vgl. 1993, 1996) zum Begriff des Lernens und der Lernbehinderungen,
- in der Arbeit von Wagner (vgl. 1995) und Osbahr (vgl. 2000) über Menschen mit geistiger Behinderung sowie
- in der Arbeiten von Balgo (vgl. 1998 u.a.) über systemisch-konstruktivistische Positionen in der Psychomotorik.

LITERATUR

Abé, I.; u.a. (1973): Kritik der Sonderpädagogik. Gießen

Abrams, R. (1983): Ambulante therapeutisch-pädagogische Förderung von Schülern, die als „verhaltensgestört" gemeldet werden. In: Belschner, W., Ernst, H.; Kaiser, P.; Köppelmann-Baillieu, M.; Rudeck, R.; Sommer, G. (Hg.): Gemeindepsychologische Perspektiven Band 1 - Grundlagen und Anwendungsfelder. München, 116-121

Adorno, Th. W. (1970):Zum Verhältnis von Soziologie und Psychologie. In: Adorno, Th. W.: Aufsätze zur Gesellschaftstheorie und Methodologie. Frankfurt/M.

Aichhorn, A. (1971): Verwahrloste Jugend. Bern, Stuttgart, Wien

Altmann, J. (1976): Wohlwill, J.F. (Ed.): Human behavior and environment. Advances in theory and research. Volume 1. New York

Antons, K. (1975): Praxis der Gruppendynamik. Göttingen, Toronto, Zürich 1975[3]

Antor, G. (1986): Hamburger Integrationsklassen: ein Schulversuch zwischen System und Lebenswelt. Zeitschrift für Heilpädagogik (37), 335-346

Arnold, R., v./Horst, S. (1995): Konstruktivistische Erwachsenenbildung: von der Deutung zur Konstruktion von Wirklichkeit. Hohengehren

Ashby, W.R. (1952): Design for a Brain. New York

Ashby, W.R. (1974): Einführung in die Kybernetik. Frankfurt/M.

Asmus, H.-J./Peukert, R. (Hg.) (1979): Abweichendes Schülerverhalten. Zur Devianzetikettierung in der Schule. Heidelberg

Aufschnaiter, von, S./Fischer, H.E.; Schwedes, H. (1992): Kinder konstruieren Welten. Perspektiven einer konstruktivistischen Physikdidaktik. In: Schmidt, S.J. (Hg.): Kognition und Gesellschaft. Der Diskurs des Radikalen Konstruktivismus 2. Frankfurt am Main, S. 380- 424

Autorenkollektiv Wissenschaftspsychologie (1975): Materialistische Wissenschaft und Psychologie. Erkenntnis- und wissenschaftstheoretische Grundlagen der Materialistischen Psychologie. Köln

Baacke, D. (1979): Die 13 bis 18 jährigen. München, Wien, Baltimore

Baacke, D. (1980): Der sozialökologische Ansatz zur Beschreibung und Erklärung des Verhaltens Jugendlicher. In: Deutsche Jugend, 11,

Bach, H. (1985): Sonderpädagogik im Grundriß. Berlin

Balgo, R. (1997): Vom Defizit zum Profizit - oder: von Lern- und Verhaltensproblemen zu möglichen Lösungen. In: System Schule. Zeitschrift für innovative Schulpraxis. Jg. 1, Heft 3, September, 90-93

Balgo, R. (1998a): Bewegung und Wahrnehmung als System. Systemisch-konstruktivistische Positionen in der Psychomotorik. Schorndorf

Balgo, R. (1998b): Systemisch-konstruktivistische Positionen in der Psychomotorik. In: Motorik, Zeitschrift für Motopädagogik und Mototherapie, Heft 1, 21. Jg., März

Balgo, R. (1999): Wir sehen mit unseren Armen und Beinen: die Einheit der Bewegung und Wahrnehmung aus systemisch-konstruktivistischer Sicht. In: Praxis der Psychomotorik, Heft 1, 24. Jg., Febr.

Barker, R.G. (1968): Ecological psychology: Concepts and methods for studying the environment of human behavior. Stanford

Bärsch, W. (1965): Wie wird in der Sonderschule gearbeitet? In: Der Schulpsychologe 4, 10-14

Bartalanffy, L., von (1972): General System Theorie. New York

Baruzzi, A. (1973): Mensch und Maschine. Das Denken sub specie machinae. München

Bateson, G. (1982): Geist und Natur. Eine notwendige Einheit. Frankfurt/M.

Bateson, G. (1983): Ökologie des Geistes. Frankfurt/M.

Bauersfeld, H. (1983): Subjektive Erfahrungsbereiche als Grundlage einer
Interaktionstheorie des Mathematiklernens und -lehrens. In: IDM-Reihe
Band 6, Untersuchungen zum Mathematikunterricht, Lernen und Lehren
von Mathematik. Köln, 1-56

Bauersfeld, H. (1993): Tätigkeitstheorie und Radikaler Konstruktivismus.
In: Balhorn, H.; Brüggelmann, H. (Hg.): Bedeutungen erfinden – im
Kopf, mit Schrift und miteinander. Zur individuellen und sozialen
Konstruktion von Wirklichkeiten. Konstanz 1993, 38-59

Beck, R. (1985): Familientherapie. Modelle zur Veränderung familialer Beziehungsmuster.
Bad Heilbrunn/Obb.

Becker, G.E.; u.a. (1982): Konfliktbewältigung im Unterricht. Situationsbeschreibung und
Trainingsunterlagen. Bad Heilbrunn/Obb.

Becker, H.S. (1973): Außenseiter. Zur Soziologie abweichenden Verhaltens. Frankfurt am
Main

Becker, H.S. (1963): The outsiders - Studies in the sociology of deviance. New York

Begemann, E. (1993): Eigenwelt und Teilsein der Wirklichkeit als Basis für alles menschliche
Leben und Lernen. Vergessene Dimensionen in der (Sonder-)pädagogik. Darstellung,
Begründung, pädagogische und schulische Konsequenzen. In: Behinderte in Familie,
Schule und Gesellschaft. 16. Jg., Heft 1, 3-62

Begemann, E. (1996): Zum Begriff und Phänomen Lernen. Vom Lehren
zum Selbstlernen. In: Eberwein, H. (Hg.): Handbuch Lernen und Lern-
Behinderungen. Aneignungsprobleme, neues Verständnis von Lernen,
integrationspädagogische Lösungsansätze. Weinheim, Basel, 259-278

Belardi, N. (Hg.) (1980): Didaktik und Methodik sozialer Arbeit. Soziale Arbeit, Bd.4.
Frankfurt am Main, Berlin, München

Belschner, W.; Hoffmann, M.; Schott, F.; Schulze, Ch. (1976): Verhaltenstherapie in
Erziehung und Unterricht. Stuttgart, Berlin, Köln, Mainz

Benkmann, K.-H.; Neukäter, H. (1984): Verhaltensmodifikatorische Aspekte der schulischen
Förderung bei Kindern und Jugendlichen mit Verhaltensauffälligkeiten. Studienbrief der
FU Hagen, Nr. 3467/3/01, Hagen

Benkmann, K.-H. (1989): Pädagogische Erklärungs- und Handlungsansätze bei
Verhaltensstörungen in der Schule. In: Goetze, H.; Neukäter, H. (Hg.): Pädagogik bei
Verhaltensstörungen. Handbuch der Sonderpädagogik. Band 6, Berlin

Berman, M. (1985): Wiederverzauberung der Welt. Am Ende des
Newtonschen Zeitalters. Reinbek bei Hamburg

Bertalanffy, L., von; Rapoport, A. (Hg.) (1956): General Systems. Yearbook of the Society
for the Advancement of General Systems Theory, Bd.1. Ann Arbor/Michigan

Bettelheim, B. (1970): Liebe allein genügt nicht. Stuttgart

Bettelheim, B. (1973): So können sie nicht leben. Stuttgart

Bittner, G. (1971a): Die Schule als sozialpädagogisches Feld. In: Möckel,
A. (Hg.): Sonderschule im Wandel. Festschrift für Hofmann, W..
Neuburgweier, 22-36

Bittner, G. (1971b): Psychoanalytische Pädagogik - heute? In: Stuttgarter
Akademie für Tiefenpsychologie und analytische Therapie e.V. (Hg.):
Psychotherapie bei Kindern. Stuttgart

Bittner, G. (1972): Psychoanalyse und soziale Erziehung. München

Bittner, G.; Ertle, Ch.; Schmid, V. (1974): Schule und Unterricht bei
verhaltensgestörten Kindern. In: Deutscher Bildungsrat (Hg.): Gutachten
und Studien der Deutschen Bildungskommission. Sonderpädagogik 4.
Stuttgart, 13-102

Bleidick, U. (1977): Pädagogische Theorien der Behinderungen und ihre
    Verknüpfung. Zeitschrift für Heilpädagogik, 4, 207-229
Bochumer Arbeitsgruppe für Sozialen Konstruktivismus und
    Wirklichkeitsprüfung (1990): Kritik der herkömmlichen Psychologie in 176
    Thesen. Arbeitspapier Nr. 1 (4. Fassung), Bochum
Bochumer Arbeitsgruppe für Sozialen Konstruktivismus und
    Wirklichkeitsprüfung (1992): Eine sozial-konstruktivistische
    Forschungsperspektive für die Psychologie. Arbeitspapier Nr. 10, Bochum
Boesch, E.E. (1976): Psychopathologie des Alltags. Zur Ökopsychologie
    des Handelns und seiner Störungen. Bern, Stuttgart, Wien
Boesch, E.E. (1980): Kultur und Handlung. Bern
Boettcher, W.; Otto, G.; Sitta, H.; Tymister, H.J. (1980): Lehrer und Schüler
    machen Unterricht. Unterrichtsplanung als Sprachlernsituation.
    München, Wien, Baltimore
Bohnsack, R. (1973): Handlungskompetenz und Jugendkriminalität. Neuwied
Bönner, K.H.; Distel, A. (1982): Rollenspiel und Soziodrama bei
    verhaltensgestörten Kindern und Jugendlichen. Studienbrief der
    Fernuniversität Hagen. Hagen
Bourdieu, P. (1982): Die feinen Unterschiede. Frankfurt/M. 1982
Braukmann, L. (1985): Entwicklung einer Konzeption schulpsychologischer
    Arbeit. In: Zeitschrift für systemische Therapie 3 (4), 209-215
Brocher, T.H.; Sies, C. (1986): Paradigmenwechsel in der Arzt-Patient-
Beziehung. In: Zeitschrift DELFIN. VI, 3.Jg., H.2, April, 5-16
Brocher, T.H.; Sies, C. (1989): Maturana und die Psychoanalyse. In: Der
    ganze Mensch und die Medizin. Argument-Sonderband 162. Hamburg,
    91-100
Bronfenbrenner, U. (1978): Ansätze zu einer experimentellen Ökologie menschlicher
    Entwicklung. In: Oerter, R. (Hg.): Entwicklung als lebenslanger Prozeß. Hamburg
Bronfenbrenner, U. (1979): The ecology of human development. Experiments by nature and
    design. Cambridge, Massachusetts
Bronfenbrenner, U. (1981): Die Ökologie der menschlichen Entwicklung. Stuttgart
Brügelmann, H.; Balhorn, H. (Hg.) (1990): Das Gehirn, sein Alfabet und
    andere Geschichten. Konstanz
Brumlik, M. (1983): Symbolischer Interaktionismus. In: Lenzen, D.;
    Mollenhauer, K. (Hg.): Theorien und Grundbegriffe der Erziehung und
    Bildung (Band 1 der Enzyklopädie Erziehungswissenschaft). Stuttgart,
    232-245
Brumlik, M; Holtappels, H.G. (1993): Mead und die
    Handlungsperspektive schulischer Akteure - interaktionistische Beiträge
    zur Schultheorie. In: Tillmann, K.-J. (Hg.): Schultheorien. Hamburg, 89-
    103
Brunner, E.J. (1986): Grundfragen der Familientherapie. Systemische Therapie und
    Methodologie. Berlin, Heidelberg, New York, Tokyo
Brunner, E.J. (1990): Zur systemischen Analyse von Lehr-Lern-Prozessen.
    In: Huscke-Rein, R.: Systemische Pädagogik. Bd. IV. Köln, 82 ff.
Brunner, E.J. (1992): Schulsozialarbeit aus der Perspektive der Theorie der
    Selbstorganisation. In: Huschke-Rhein, R.: Systemisch-ökologische
    Pädagogik. Band V. Köln
Brusten, M./Hurrelmann, K. (1973): Abweichendes Verhalten in der Schule. Eine
    Untersuchung von Prozessen der Stigmatisierung. München

Brusten, M.; Herriger, N. (1980): Lehrerurteile und soziale Kontrolle im 'Schulbericht'. In: Ulich, K. (Hg.): Wenn Schüler stören. München, Wien, Baltimore, S. 112-135

Büeler, X. (1994): System Erziehung. Ein bio-psycho-soziales Modell. Bern, Stuttgart, Wien

Burmeister, H.A. (1998): Über die moderne Physik und neue Biologie zu einer verstehenden Entwicklungsbegleitung: Die Bedeutung des Weltbildes für eine Theorie menschlicher Entwicklung: Eine systemtheoretische Perspektive. In: Motorik 21, 1, S. 13-18

Cachay, K./Bähr, H. (1992): Sportpädagogik - wissenschaftliche Teildisziplin oder integrativer Kern der Sportwissenschaft? Überlegungen aus konstruktivistisch-systemtheoretischer Perspektive. In: Sportwissenschaft, 22 3, 283 ff

Cannon, W.B. (1932): Wisdom of the body. New York

Canter, D.; Stringer, P. (1975): Environmental interaction. Psychological approaches to our physical surroundings. New York

Capra, F. (1983): Wendezeit. Bausteine für ein neues Weltbild. Bern, München, Wien

Capra, Fritjof (1996): Lebensnetz. Ein neues Verständnis der lebendigen Welt. Bern, München, Wien

Chesler, M.; Fox, R. (1974): Methoden des Rollenspiels im Unterricht. In: Kochan, B. (Hg.): Rollenspiel als Methode sprachlichen und sozialen Lernens. Kronberg/Taunus, 14-48

Ciompi, L. (1982): Affektlogik. Über die Struktur der Psyche und ihre Entwicklung. Ein Beitrag zur Schizophrenieforschung. Stuttgart

Ciompi, L. (1986): Zur Integration von Fühlen und Denken im Licht der "Affektlogik". Die Psyche als Teil eines autopoietischen Systems. In: Kisker u.a. (Hg.): Psychiatrie der Gegenwart. Bd.1. Berlin, Heidelberg, S. 373-410

Ciompi, L. (1988): Außenwelt - Innenwelt. Die Entstehung von Zeit, Raum und psychischen Strukturen. Göttingen

Ciompi, L. (1989): Affektlogik. Über die Struktur der Psyche und ihre Entwicklung. Ein Beitrag zur Schizophrenieforschung. Stuttgart

Ciompi, L. (1992): Können, müssen, dürfen Psychoanalyse und Systemtheorie integriert werden? Vortrag auf dem Forum 33 der Internationalen Gesellschaft für systemische Therapie vom 14.2.-15.2. 1992 in Heidelberg zum Thema "Psychoanalyse und systemisches Denken". Autobahnuniversität (Toncassette), Heidelberg

Ciompi, L. (1993): Die Hypothese der Affektlogik. In: Spektrum der Wissenschaft, 2/93, 76-87

Ciompi, L.: Affektlogik - die Untrennbarkeit von Fühlen und Denken.In: Fedrowitz, J.; Matejovski, D. (1994); Kaiser, G. (Hg.): Neuroworlds. Gehirn - Geist - Kultur. Frankfurt/M., New York, S.117-130

Ciompi, L. (1997): Die emotionalen Grundlagen des Denkens: Entwurf einer fraktalen Affektlogik. Göttingen

Cohen, A.K. (1961): Kriminelle Jugend. Soziologie des Bandenwesens. Reinbek bei Hamburg

Cohn, R. (1976): Von der Psychoanalyse zur themenzentrierten interaktionellen Methode. Stuttgart

Conrad, P. (1983): Die Entdeckung der Hyperkinese. Anmerkungen zur Medizinierung abweichenden Verhaltens. In: Voß, R. (Hg.): Pillen für den Störenfried? Absage an eine medikamentöse Behandlung abweichender Verhaltensweisen bei Kindern und Jugendlichen. München, Basel, Hamm

Craik, K.H. (1970): Environmental psychology. In: Craik, K.H. u.a.: New directions in psychology 4. New York, S. 1-121

Cube, F., von (1967): Was ist Kybernetik. Grundbegriffe, Methoden, Anwendungen. Bremen

de Shazer, S.: Therapie als System. Entwurf einer Theorie. In: Reiter, L.; Brunner, E.J.; Reiter-Theil, S. (Hg.) (1988a): Von der Familientherapie zur systemischen Perspektive. Berlin, Heidelberg, New York, 217-229

Dell, P.F. (1986): Klinische Erkenntnis. Zu den Grundlagen systemischer Therapie. Dortmund

Dembinski, R.J.; Schultz, E.W. (1982); Walton, W.T.: Curriculum Intervention with the Emotionally Disturbed Student: A psychoeducational Perspective. In: McDowell, R.L.; Adamson, G.W.; Wood, F.H. (Hg.): Teaching Emotiomally Disturbed Children. Boston, Toronto, 206-234

Denk, K. (1967): Pädagogik bei verhaltensgestörten Kindern. In: Jussen, H. (Hg.): Handbuch der Heilpädagogik in Schule und Jugendhilfe. München, S. 382-409

Deppe-Wolfinger, H. (Hg.) (1983): Behindert und abgeschoben. Zum Verhältnis von Behinderung und Gesellschaft. Weinheim

Derbolav, J. (1981): 'Wende zur Alltagswelt' - 'Wissenschaftsorientierung`: Komplementarität oder Kompatibilität? In: Pädagogische Rundschau, 2/3, 77-89

Deutsche Forschungsgemeinschaft (1977): Schwerpunktprogramm Psychologische Ökologie (Vervielfältigtes Manuskript). Bonn-Bad Godesberg

Dreesmann, H. (1983): Bauliche und physikalische Faktoren der Schulökologie und ihre Beziehung zum Verhalten. In: Unterrichtswissenschaft, 2, S. 149-165

Dreikurs, R. (1968): Psychologie im Klassenzimmer. Stuttgart

Dreikurs, R./Grunwald, B./Pepper, F.C. (1976): Schülern gerecht werden. Verhaltenshygiene im Schulalltag. München

DUDEN (1963): Das Herkunftswörterbuch. Die Etymologie der deutschen Sprache. Bearbeitet von Drosdowski, G./Grebe, P.; u.a.. DUDEN Band 7. Mannheim

Eberwein, H. (1993): Systemische und förderungsorientierte Diagnostik in (integrativen) Grundschulen. In: Grundschule 1, 8-10

Eberwein, H. (Hg.) (1996): Handbuch Lernen und Lern-Behinderungen. Aneignungsprobleme, neues Verständnis von Lernen, integrationspädagogische Lösungsansätze. Weinheim, Basel

Eberwein, H. (Hg.) (1997): Handbuch Integrationspädagogik: Kinder mit und ohne Behinderungen lernen gemeinsam. Weinheim, Basel

Eberwein, H. (Hg.) (1998): Handbuch Lernprozesse verstehen: Wege einer neuen (sonder-) pädagogischen Diagnostik. Weinheim, Basel

Eckensberger, L. (1979): Die ökologische Perspektive in der Entwicklungspsychologie. Herausforderung oder Bedrohung? In: Walter, H.; Oerter, R. (Hg.): Ökologie und Entwicklung. Donauwörth

Ehinger, W./Hennig, C. (1994): Praxis der Lehrersupervision. Leitfaden für Lehrergruppen mit und ohne Supervisor. Weinheim, Basel

Ehrlich, P.R./Raven, P.H. (1965): Butterflies and plants: A study in coevolution. In: Zeitschrift Evolution, 18, 586ff

Eigen, M./Winkler, R. (1975): Das Spiel: Naturgesetze steuern den Zufall. München, Zürich

Eigen, M./Schuster, P. (1979): The Hypercycle. Heidelberg, Berlin, New York

Engel, G. (1996): Der Schulzirkus. Möglichkeiten der Vernetzung von Jugendhilfe, Schule und Familie. In: Voß, R. (Hg.): Schule neu erfinden. Perspektiven für eine systemisch-konstruktivistische Schulpädagogik. Neuwied

Engels, F. (1962): Herrn Eugen Dührings Umwälzung der Wissenschaft. In: Marx, K./ Engels, F.: Werke, Bd. 20, Berlin

Ergenzinger, E. (1985): Sich die Arbeit leichter machen: Beispiele für systemisches Denken im Klassenzimmer. In: Henning, C.; Knödler, U.: Problemschüler - Problemfamilien. Weinheim, Basel

Ertle, Ch./Schmid, V. (1978): Der andere Unterricht. Lernen mit schwierigen Kindern. München

Fatke, R. (1977): Schulumwelt und Schülerverhalten. München, Zürich

Fend, H. (1974): Gesellschaftliche Bedingungen schulischer Sozialisation. Weinheim, Basel

Feuser, G. (1980): Autistische Kinder. Oberbiel

Feuser, G. (1981): Beiträge zur Geistigbehindertenpädagogik. Oberbiel

Feuser, G.(1991): Entwicklungspsychologische Grundlagen und Abweichungen in der Entwicklung. Zur Revision des Verständnisses von Behinderung, Pädagogik und Therapie. In: Zeitschrift für Heilpädagogik, 42 Jg., 7, S. 425-441

Fischer, C. (1992); Steinlechner, M.: Der Krankheitsbegriff der Psychoanalyse. In: Pritz, A./Petzold, H. (Hg.): Der Krankheitsbegriff in der modernen Psychotherapie. Paderborn, 69-97

Fischer, M. (1978): Ökologische Bedingungen für Verhaltensauffälligkeiten in der Schule. In: Lohmann, J./Minsel, B. (Hg.): Störungen im Schulalltag. München, Wien, Baltimore, 157-180

Fitting, K./Kluge, K.J. (1982): Aspekte erziehungstherapeutischen Unterrichts mit „verhaltensgestörten" Kindern und Jugendlichen. Studienbrief der FU Hagen, Hagen

Foerster, H., von (1981): Das Konstruieren einer Wirklichkeit. In: Watzlawick, P. (Hg.): Die erfundene Wirklichkeit. Wie wissen wir, was wir zu wissen glauben? Beiträge zum Konstruktivismus. München, 39-60

Foerster, H., von (1985): Sicht und Einsicht. Braunschweig

Foerster, H., von (1987): Entdecken oder Erfinden - Wie läßt sich Verstehen verstehen? In: Rotthaus, W. (Hg.): Erziehung und Therapie in systemischer Sicht. Dortmund, S.22-58

Foerster, H., von (1991a): Kybernetische Reflexionen. Vortrag auf dem Internationalen Kongress "The End Of Grand Designs And The Flowering Of Systemic Practice", 3.-7.4. in Heidelberg, Auer Autobahnuniversität (Toncassette)

Foerster, H., von (1991b): "X of X" - or: The epistemology of second order concepts. Workshop auf dem Internationalen Kongress "The End Of Grand Designs And The Flowering Of Systemic Practice", 3.-7.4. in Heidelberg, Auer Autobahnuniversität (Toncassette)

Foerster, H., von (1991c): Was ist Gedächtnis, daß es Rückschau und Vorschau ermöglicht? In: Schmidt, S.J. (Hg.): Gedächtnis. Probleme und Perspektiven der interdisziplinären Gedächtnisforschung. Frankfurt/M., 56-95

Foerster, H, von (1991d): Das Auge des Beobachters. Interview mit H. von Foerster. 5-teilige Filmreihe von P. Krieg im WDR III, (eigener Videomitschnitt), zu beziehen bei Futurum Media Lab, Sülzburgstr.113, Köln

Foerster, H., von (1992): Kybernetische Reflexionen. In: Fischer, H.R./Retzer, A./Schweitzer, J. (Hg.): Das Ende der großen Entwürfe. Frankfurt/M., 132-139

Foerster, H., von (1993a): KybernEthik. Berlin

Foerster, H., von (1993b): Prinzipien der Selbstorganisation im sozialen und betrieblichen Bereich. In: Schmidt, S.J. (Hg.): Heinz von Foerster - Wissen und Gewissen. Frankfurt/M., 233-268

Foerster, H., von (1993c): Gesammelte Aufsätze. In: Schmidt, S.J. (Hg.): Heinz von Foerster - Wissen und Gewissen. Frankfurt/M.

Foerster, H., von (1993d): Die Gesetze der Form. (Übersetzung des Aufsatzes "Laws of Form" im Whole Earth Catalog, S.14) In: Baecker, D. (Hg.): Kalkül der Form. Frankfurt/M., 9-11

Foerster, H., von (1994a): Wissenschaft des Unwißbaren. In: Fedrowitz, J./Matejovski, D./Kaiser, G. (Hg.): Neuroworlds. Gehirn - Geist - Kultur. Frankfurt/M., New York, 33-59

Foerster, H., von (1994b): Über Bewußtsein, Gedächtnis, Sprache, Magie und andere unbegreifliche Alltäglichkeiten. Vortrag an der Goethe-Univ., Frankfurt, Heidelberg, (Autobahnuniv.,Toncassette)

Frank, H. (Hg.) (1964): Kybernetik. Frankfurt/M.

Freud, S. (1979): Abriß der Psychoanalyse. Das Unbehagen in der Kultur. Frankfurt am Main

Fritz, J. (Hg.) (1975): Interaktionspädagogik. Methoden und Modelle. München

Fromm, E. (1970): Analytische Sozialpsychologie und Gesellschaftstheorie. Frankfurt/M.

Fuhr, R./Gremmler-Fuhr, M. (1988): Faszination Lernen. Transformative Lerenprozesse im Grenzbereich von Pädagogik und Psychotherapie. Köln

Fuhrer, U. (1983): Zur Ökologischen Perspektive in der Psychologie: Eine Standortbestsimmung. Berichte und Arbeiten aus dem Institut für Psychologie der Universität Basel, 11

Fuss, A./Bärsch, W. (1973): Die Behandlung schwieriger Kinder im Unterricht. Villingen

Galperin, P.J. (1969): Die Entwicklung der Untersuchung über die Bildung geistiger Operationen. In: Hiebsch, H. (Hg.): Ergebnisse der sowjetischen Psychologie. Stuttgart, S. 367-405

Galperin, P.J. (1980): Zu Grundfragen der Psychologie. Köln

Garten, H.-Ch./Lauth, G. (1983): Kognitives Modellieren im Unterricht als präventive Maßnahme. In: Belschner, W./Ernst, H./Kaiser, P./Köppelmann-Baillieu M./Rudeck, R./Sommer, G. (Hg.): Gemeindepsychologische Perspektiven Band 1 - Grundlagen und Anwendungsfelder. München, 122-129

Gergen, K.J. (1981): Kreatives Mißtrauen gegenüber dem Akzeptablen. Das Psychologie Heute Gespräch mit Kenneth J. Gergen. In: Psychologie Heute. 59-65, Okt.

Gergen, K.J./Davis, K.E. (Hg.) (1985): The Social Construction of the Person. New York, Berlin, Heidelberg, Tokio

Gergen, K.J. (1987): Toward Self as Relationship. In: Yardley, K.; Honess, T. (Hg.): Self and Identity: Psychosocial Perspectives. New York

Gergen, K.J. (1994): >>Sozialer Konstruktionismus<<? - ein Interview mit Ken Gergen. Geführt von Deissler, K.G./Grau, U./Keller, T./Schug, R.. In: Zeitschrift für systemische Therapie. 12. Jahrg., Heft 2, April, S.118- 126

Gergen, K.J. (1996): Das übersättigte Selbst. Identitätsprobleme im heutigen Leben. Heidelberg

Girgensohn-Marchand, B. (1992): Der Mythos Watzlawick und die Folgen. Eine Streitschrift gegen systemisches und konstruktivistisches Denken in pädagogischen Zusammenhängen. Weinheim

Glasersfeld, E., von (1981): Einführung in den radikalen Konstruktivismus. In: Watzlawick, P. (Hg.): Die erfundene Wirklichkeit. Wie wir wissen, was wir zu wissen glauben? Beiträge zum Konstruktivismus. München, 16-38

Glasersfeld, E., von (1985): Konstruktion der Wirklichkeit und des Begriffs der Objektivität. In: Gumin, H.; Mohler, A. (Hg.): Einführung in den Konstruktivismus. München, 1-26

Glasersfeld, E., von (1987): Wissen, Sprache und Wirklichkeit. Braunschweig

Glasersfeld, E., von (1990): Die Unterscheidung des Beobachters: Versuch einer Auslegung. In: Riegas, V.; Vetter, C. (Hg.): Zur Biologie der Kognition. Ein Gespräch mit Humberto R. Maturana und Beiträge zur Diskussion seines Werkes. Frankfurt/M., 281-295

Glasersfeld, E., von (1990): Abschied von der Objektivität. In: Watzlawick, P.; Krieg, P. (Hg.): Das Auge des Betrachters. Beiträge zum Konstruktivismus. München, 17-30

Glasersfeld, E., von (1991b): Wissen ohne Erkenntnis. In: Peschl, M. (Hg.): Formen des Konstruktivismus in Diskussion. Materialien zu den 'Acht Vorlesungen über den Konstruktiven Realismus'. Wien, 24-31

Glasersfeld, E., von (1991c): The end of cognition. (Das Ende der Erkenntnis). Vortrag auf dem Kongreß "Das Ende der großen Entwürfe" in Heidelberg vom 3.-7.4., Autobahnuniv. (Toncassette)

Glasersfeld, E., von/Fischer, H.R. (1991d): Sprache, Interpretation, Verständigung. Workshop auf dem Kongreß "Das Ende der großen Entwürfe" in Heidelberg vom 3.-7.4., Autobahnuniv. (3 Toncassetten)

Glasersfeld, E., von (1992a): Das Ende einer großen Illusion. In: Fischer, H.R./Retzer, A./Schweitzer, J. (Hg.): Das Ende der großen Entwürfe. Frankfurt/M., 85-98

Glasersfeld, E., von (1992b): Aspekte des Konstruktivismus: Vico, Berkeley, Piaget. In: Rusch, G./Schmidt, S.J. (Hg.): Konstruktivismus: Geschichte und Anwendung. Frankfurt/M., 20-33

Glasersfeld, E. (1992c), von: Fragen zum Konstruktivismus. Ein Gespräch. Workshop auf dem Kongreß "Die Wirklichkeit des Konstruktivismus" in Heidelberg vom 15.-18.10., Autobahnuniv. (2 Toncassetten)

Glasersfeld, E., von/Böhme, G. (1992d): Klassische Erkenntnistheorie und radikaler Konstruktivismus. Workshop auf dem Kongreß "Die Wirklichkeit des Konstruktivismus" in Heidelberg vom 15.-18.10., Autobahnuniv. (2 Toncassetten)

Glasersfeld, E., von (1994): Piagets konstruktivistisches Modell: Wissen und Lernen. In: Rusch, G.; Schmidt. S.J. (Hg.): Piaget und der Radikale Konstruktivismus. DELFIN. Frankfurt/M.

Glasersfeld, E., von (1995): Die Wurzeln des "Radikalen" am Konstruktivismus. In: Fischer, H.R. (Hg.): Die Wirklichkeit des Konstruktivismus. Zur Auseinandersetzung um ein neues Paradigma. Heidelberg, 35-45

Glasersfeld, E., von (1996a): Radikaler Konstruktivismus. Ideen, Ergebnisse, Probleme. Frankfurt/M.

Glasersfeld, E., von (1996b): Über Grenzen des Begreifens. Bern

Glasersfeld, Ernst, von (1997): Wege des Wissens. Konstruktivistische Erkundungen durch unser Denken. Heidelberg

Goffman, E. (1967): Stigma. Über Techniken der Bewältigung beschädigter Identität. Frankfurt am Main

Goffman, E. (1969): Wir alle spielen Theater. Die Selbstdarstellung im Alltag. München

Goffman, E. (1972): Asyle. Über die Situation psychiatrischer Patienten und anderer Insassen. Frankfurt am Main

Gomez, P./Probst, G.J.B. (1985): Organisationelle Geschlossenheit im Management sozialer Institutionen - Ein komplementäres Konzept zu den Kontingenz-Ansätzen. In: Zeitschrift DELFIN. V, Sept., 22-29

Goolishian, H.A./Anderson, H. (1988): Menschliche Systeme. Vor welche Systeme sie uns stellen und wie wir mit ihnen arbeiten. In: Reiter, L./Brunner, E.J./Reiter-Theil, S. (Hg.): Von der Familientherapie zur systemischen Perspektive. Berlin, Heidelberg, New York

Gordon, T. (1981): Lehrer - Schüler - Konferenz. Reinbek bei Hamburg

Graumann, C.F. (Hg.) (1978): Ökologische Perspektiven in der Psychologie. Bern, Stuttgart, Wien

Grundke, P. (1975): Interaktionserziehung in der Schule. Modell eines therapeutischen Unterrichts. München

Habermas, J. (1968): Technik und Wissenschaft als <<Ideologie>>. Frankfurt am Main

Habermas, J. (1973): Stichworte zu einer Theorie der Sozialisation. In: Habermas, J.: Kultur und Kritik. Frankfurt am Main, 118-194

Habermas, J. (1973): Stichworte zu einer Theorie der Sozialisation. In: HABERMAS, J.: Kultur und Kritik. Frankfurt/M., 118-194)

Haeckel, E. (1866): Generelle Morphologie der Organismen, Bd1 und 2. Jena

Hagmann, Thomas/Simmen, René (Hg.) (1990): Systemisches Denken und die Heilpädagogik. Luzern

Haken H. (1981): Erfolgsgeheimnisse der Natur. Synergetik: Die Lehre vom Zusammenwirken. Stuttgart

Haken, H. (1991): Konzepte und Modellvorstellungen der Synergetik zum Gedächtnis. In: Schmidt, S.J. (Hg.): Gedächtnis. Probleme und Perspektiven der interdisziplinären Gedächtnisforschung. Frankfurt/M., 190-205

Haken, H./Haken-Krell, M. (1992): Erfolgsgeheimnisse der Wahrnehmung. Synergetik als Schlüssel zum Gehirn. Stuttgart

Halder, P. (1973): Verhaltenstherapie. Stuttgart, Berlin, Köln, Mainz

Hall, A.D.; Fagan, R.E. (1968): Definitions of system. In: Buckley, W. (Hg.): Modern systems research for the behavioral scientist: A sourcebook. Chicago, 81-92

Hampden-Turner, C. (1982): Modelle des Menschen. Ein Handbuch des menschlichen Bewußtseins. Weinheim und Basel

Hargens, J. (1998): Ideengeschichte und Schlüsselbegriffe konstruktivistischer Therapie und Beratung. In: Spiess, W. (Hg.): Die Logik des Gelingens. Lösungs- und entwicklungsorientierte Beratung im Kontext von Pädagogik. Dortmund, 55-78

Hargreaves, D.H. (1979): Reaktionen auf soziale Etikettierung. In: Asmus, H.-J.; Peukert, R. (Hg.): Abweichendes Schülerverhalten. Heidelberg, 141-154

Hargreaves, D.H./Hester, St. K./Mellor, F.J. (1981): Abweichendes Verhalten im Unterricht. Weinheim, Basel

Hassenstein, B. (1965): Biologische Kybernetik. Heidelberg

Hehlmann, W. (1967): Geschichte der Psychologie. Stuttgart

Hejl, P.M. (1982): Sozialwissenschaft als Theorie selbstreferentieller Systeme. Frankfurt am Main, New York

Hejl, P.M.; Köck, W./Roth, G. (Hg.) (1978): Wahrnehmung und Kommunikation. Sammelband des Symposiums "Wahrnehmung und Kommunikation - interdisziplinäre Aspekte einer Theorie selbstreferentieller (kognitiver) Systeme" vom 30.3-2.4. 1977 an der Universität Bremen. Frankfurt/M.

Hejl, P.M. (1987): Zum Begriff des Individuums - Bemerkungen zum ungeklärten Verhältnis von Psychologie und Soziologie. In: Schiepek, G. (Hg.): Systeme erkennen Systeme. Individuelle, soziale und methodische Bedingungen systemischer Diagnostik. München, Weinheim, 115-154

Hejl, P.M. (1988): Konstruktion der sozialen Konstruktion: Grundlinien einer konstruktivistischen Sozialtheorie. In: Schmidt, S.J. (Hg.): Der Diskurs des Radikalen Konstruktivismus. Frankfurt/M., 303-339

Hejl, P.M. (1992): Die zwei Seiten der Eigengesetzlichkeit. Zur Konstruktion natürlicher Sozialsysteme und zum Problem ihrer Regelung. In: Schmidt, S.J. (Hg.): Kognition und Gesellschaft. Der Diskurs des Radikalen Konstruktivismus 2. Frankfurt/M., 167-213

Hejl, P.M. (1994): Die Entwicklung der Organisation von Sozialsystemen und ihr Beitrag zum Systemverhalten. In: Rusch, G.; Schmidt, S.J. (Hg.): Konstruktivismus und Sozialtheorie. DELFIN 1993. Frankfurt/M., 109-132

Hellpach, W. (1924): Psychologie der Umwelt. In: Abderhalden (Hg.): Handbuch der biologischen Arbeitsmethoden. Bd. 1, VI, Teil C, Heft 3, Berlin, Wien, 109-112

Henning, C./Knödler,O. (1985): Problemschüler, Problemfamilien. Weinheim, Basel

Hess, T./Müller, A. (1985): Möglichkeiten und Grenzen systemorientierter Arbeit in der Schulpsychologie. In: Zeitschrift für systemische Therapie 3 (4), 230-241

Holling, C.S. (1976): Resilience and Stability of Ecosystems. In: Jantsch, E.; Waddington, C. (Hg.): Evolution and Consciousness. Human Systems in Transition. Reading/Mass., 73ff

Holling, C.S. (1984): Terrestrial Ecosystems. Local Surprise and Global Change. Laxenburg, Ms.

Holzkamp, K. (1978): Sinnliche Erkenntnis – Historischer Ursprung und gesellschaftliche Funktion der Wahrnehmung. Königstein/Ts.

Holzkamp, K. (1979): Wie kommt die Psychologie zur Praxis? Die Bedeutung Alexej N. Leontjews für die Arbeit der Psychologen. In: Psychologie Heute, 6, 66-74

Holzkamp, K./Schurig, V. (1980): Zur Einführung in A.N. Leontjews >>Probleme der Entwicklung des Psychischen<<. In: Leontjew, A.N.: Probleme der Entwicklung des Psychischen. Königstein/Ts., XI-LII

Holzkamp, K. (1983): Grundlegung der Psychologie. Frankfurt/M.

Holzkamp-Osterkamp (1975): Grundlagen der psychologischen Motivationsforschung 1. Frankfurt/M.

Homfeld, H.G. (1974): Stigma und Schule. Abweichendes Verhalten bei Lehrern und Schülern. Düsseldorf

Horkheimer, M. (1968): Traditionelle und Kritische Theorie. Frankfurt/M.

Hurrelmann, K./Ulich, D. (Hg.) (1980): Handbuch der Sozialisationsforschung. Weinheim, Basel

Hußlein, E. (1983): Schule und Unterricht für Kinder und Jugendliche mit Verhaltensstörungen. Würzburg

Iben, G. (1981): Lebensweltanalyse und Elternberatung. Studienbrief der FU Hagen, Hagen

Illich, I. (1984): Die Nemesis der Medizin. Von den Grenzen des Gesundheitswesens. Reinbek bei Hamburg

Jantsch, E. (1979): Die Selbstorganisation des Universums. Vom Urknall zum menschlichen Geist. München, Wien

Jantzen, W. (1973): Theorien zur Heilpädagogik. Das Argument Nr. 80, 152-169

Jantzen, W.(1974): Sozialisation und Behinderung. Studien zu Sozialwissenschaftlichen Grundfragen der Behindertenpädagogik. Gießen

Jantzen, W. (Hg.) (1981a): Soziologie der Sonderschule. Analyse einer Institution. Weinheim

Jantzen, W. (1981b): Arbeit, Tätigkeit, Handlung, Abbild. Forum Kritische Psychologie Bd. 9, 20-81

Jantzen, W. (1982 a): Sozialgeschichte des Behindertenbetreuungswesens. München

Jantzen, W. (1982b): Diagnostik im Interesse der Betroffenen oder Kontrolle von oben? In: Diagnostik im Interesse der Betroffenen. Würzburg, 10-51

Jantzen, W. (1985): Materialistische Behindertenpädagogik. In: Bleidick, U. (Hg.): Theorie der Behindertenpädagogik. Berlin, 323-342

Jantzen, W. (1987): Allgemeine Behindertenpädagogik Bd.1: Sozialwissenschaftliche und psychologische Grundlagen. Weinheim

Jantzen, W. (1990): Behinderung. In: Sandkühler, H.-J. (Hg.): Europäische Enzyklopädie zu Philosophie und Wissenschaft. Bd. 1, S. 369-371

Jantzen, W. (1999): Rehistorisierung. Zur Theorie und Praxis einer rehistorisierenden Diagnostik. In: Behinderte in Familie, Schule und Gesellschaft. 22 Jg., Heft 6, 31-49

Januszewski, B. (1986): Themenzentrierte Interaktion (TZI) - eine humane Denkhaltung im Unterricht. Erziehungswissenschaft - Erziehungspraxis (2), 30-34

Jervis, G. (1980): Kritisches Handbuch der Psychiatrie. Frankfurt/M.

Juul, K.D.(1979): Modelle pädagogischer Förderung von Kindern mit Verhaltensstörungen - vornehmlich in den USA. In: Speck, O. (Hg.): Pädagogische Modelle für Kinder mit Verhaltensstörungen. München, Basel, 70-99

Kaiser, A. (1981): Alltagswende in der Pädagogik. In: Pädagogische Rundschau, 2/3, S.111-122

Kaminski, G. (1978): Behavior and environment: Ökologische Fragestellungen in der allgemeinen Psychologie. In: Graumann, C.F. (Hg.): Ökologische Perspektiven in der Psychologie. Bern, Stuttgart, Wien, 83-97

Kanfer, F.H. (1973): Die Aufrechterhaltung des Verhaltens durch selbsterzeugte Stimuli und Verstärkung. In: Hartig, M. (Hg.): Selbstkontrolle, lerntheoretische und verhaltensthrepeutische Ansätze. München, 77-98

Kautsky, K. (1906): Die soziale Revolution, Bd. 1. Berlin

Keckeisen, W. (1974): Die gesellschaftliche Definition abweichenden Verhaltens. München

Kelly, G.A. (1986): Die Psychologie der persönlichen Konstrukte. Paderborn

Keupp, H. (1974): Modellvorstellungen von Verhaltensstörungen: >>Medizinisches Modell<< und mögliche Alternativen. In: Kraiker, Ch. (Hg.): Handbuch der Verhaltenstherapie. München

Klaes, R.; Walthes, R. (1995): Über Sinn und Unsinn von Bewegungsstörungen. In: Prohl, R.; Seewlad, J. (Hg.): Bewegung verstehen. Facetten und Perspektiven einer qualitativen Bewegungslehre. Schorndorf, 237-262

Klaus, G. (1961): Kybernetik in philosophischer Sicht. Berlin

Klausner, S.Z. (1973): Life-span environmental psychology. Methodological issues. In: Baltes, P.B.; Schaie, K.W. (Ed.): Life-span developmental psychology. Personality and socialization. New York

Kleber, E.W. (1993): Grundzüge ökologischer Pädagogik: eine Einführung in ökologisch-pädagogisches Denken. Weinheim

Kleber, E.W. (1985): Ökologie, neue Kriterien für wissenschaftliche Diskussion, auch für Erziehungswissenschaft? In: Twellmann, W. (Hg.): Handbuch Schule und Unterricht. Band 7.2. Gesellschaft und Umwelt. Düsseldorf

Kleber, E.W. (1985): Ökologische Erziehungswissenschaft - ein neues Metatheoretisches Konzept. In: Twellmann, W. (Hg.): Handbuch Schule und Unterricht. Band 7.2. Gesellschaft und Umwelt. Düsseldorf

Klucken, M./Plappert, H. (1979): Der Marionettenmensch. Eine dialektisch-materialistische Kritik des Behaviorismus. Selbstverlag Heidelberg

Kluge, K.-J. (1969): Pädagogik der Schwererziehbaren. Berlin

Koch, E.R. (1978): Chirurgie der Seele. Operative Umpolung des Verhaltens. Frankfurt am Main

König, H./Schmittmann, R. (1976): Zur Ökologie der Schule. München

Körner, W. (1992): Die Familie in der Familientherapie. Eine Kritik der systemischen Therapiekonzepte. Opladen

Kösel, E. (1993): Die Modellierung von Lernwelten. Ein Handbuch zur subjektiven Didaktik. Elztal-Dallau

Krappmann, L. (1971): Soziologische Dimensionen der Identität. Stuttgart

Krappmann, L. (1975^5): Soziologische Dimensionen der Identität. Stuttgart

Krech, D./Crutchfield, R.S./Livson, N./Wilson jr., W.A./Parducci, A. (1985): Grundlagen der Psychologie 2. Wahrnehmungspsychologie. Weinheim, Basel

Krech, D./Crutchfield, R.S./Livson, N./Wilson jr., W.A./Parducci, A. (1985): Grundlagen der Psychologie 3. Lern- und Gedächtnispsychologie. Weinheim, Basel

Krech, D./Crutchfield, R.S./Livson, N./Wilson jr., W.A./Parducci, A. (1985): Grundlagen der Psychologie 6. Persönlichkeitspsychologie und Psychotherapie. Weinheim, Basel

Krohn, W./Küppers, G./Paslack, R. (1988): Selbstorganisation - Zur Genese und Entwicklung einer wissenschaftlichen Revolution. In: Schmidt, S.J. (Hg.): Der Diskurs des Radikalen Konstruktivismus. Frankfurt/M., 441-465

Kruse, L. (1978): Ökologische Fragestellungen in der Sozialpsychologie. In: Graumann, C.F. (Hg.): Ökologische Perspektiven in der Psychologie. Bern, Stuttgart, Wien, 171-190

Krüssel, H. (1993): Konstruktivistische Unterrichtsforschung. Der Beitrag des Wissenschaftlichen Konstruktivismus und der Theorie der persönlichen Konstrukte für die Lehr-Lern-Forschung. Frankfurt am Main

Küppers, G./Paslack, R. (1989): Die Entdeckung des Komplexen - Zur Entstehung und Entwicklung der Theorie der Selbstorganisation. In: Der ganze Mensch und die Medizin. In: Argument Sonderband 162. Hamburg, 69-81

Lauth, G. (1983): Verhaltensstörungen im Kindesalter. Stuttgart

Lemert, E. (1967): Human deviance, social problems and social control. Prentice Hall Englewood Cliffs N. J.

Lenzen, D. (Hg.) (1980): Pädagogik und Alltag. Stuttgart

Leontjew, A.N. (1977): Tätigkeit, Bewußtsein, Persönlichkeit. Stuttgart

Leontjew, A.N. (1978): Activity, consciousness, personality. Prentice-Hall: Englewood Cliffs, NJ

Leontjew, A.N. (1980): Probleme der Entwicklung des Psychischen. Königstein/Ts.

Leontjew, A.N. (1981): The problem of activity in psychology. In: Wertsch, J.V. (Hg.): The concept of activity in Soviet psychology. Sharpe Inc.: Armonk, NY, 37-71

Lewin, K. (1936): Principles of topological psychology. New York

Lippe, R., zur (1978): Am eigenen Leibe. Zur Ökonomie des Lebens. Frankfurt am Main

Lorenz, E.N. (1979): On the Prevalence of Aperiodicity in Simple Systems. In: Mgrmela, M.; Marsden, J. (Hg.): Global Analysis. New York, 52ff

Lorenzer, A. (1972): Zur Begründung einer materialistischen Sozialisationstheorie. Frankfurt/M.

Lovelock, J.E. (1982): Unsere Erde wird überleben. GAIA - Eine optimistische Ökologie. München

Lüde, R., v. (1996): Konstruktivistische Handlungsansätze zur Organisationsentwicklung in der Schule. In: Voß, R. (Hg.): Schule neu erfinden. Perspektiven für eine systemisch-konstruktivistische Schulpädagogik. Neuwied

Ludewig, K. (1983): Die therapeutische Intervention. In: Schneider, K. (Hg.): Familientherapie in der Sicht psychotherapeutischer Interventionen. Paderborn, 78-95

Ludewig, K. (1985): Aspekte, Probleme, Lösungen, Bedenken einer systemischen Therapieausbildung - eine persönliche Sicht? In: Zeitschrift für systemische Therapie. Jg.3(3), 132-140

Ludewig, K. (1987): Therapie und Erziehung - Widerspruch oder Ergänzung? In: Rotthaus, W. (Hg.): Erziehung und Therapie in systemischer Sicht. Dortmund, 90-100

Ludewig, K. (1987): Vom Stellenwert diagnostischer Maßnahmen im systemischen Verständnis von Therapie. In: Schiepek, G. (Hg.): Systeme erkennen Systeme. Individuelle, soziale und methodische Bedingungen systemischer Diagnostik. München-Weinheim, 155-173

Ludewig, K. (1987a): Vom Stellenwert diagnostischer Maßnahmen im systemischen Verständnis von Therapie. In: Schiepek, G. (Hg.): Systeme erkennen Systeme. Individuelle, soziale und methodische Bedingungen systemischer Diagnostik. München-Weinheim, 155-173

Ludewig, K. (1987b): 10 + 1 Leitsätze bzw. Leitfragen. Grundzüge einer systemisch begründeten Klinischen Theorie im psychosozialen Bereich. In: Zeitschrift für systemische Therapie. 5(3), 178-191

Ludewig, K. (1988): Nutzen, Schönheit, Respekt - Drei Grundkategorien für die Evaluation von Therapien. In: System Familie. Forschung und Therapie. 103-114

Ludewig, K. (1989): "Realität", Realitäten - "Normale", Verrückte. Reflexionen zur Realität von Zuordnungskategorien am Beispiel der Schizophrenie. In: Rotthaus, W. (Hg.): Psychotisches Verhalten Jugendlicher. Dortmund, 16-41

Ludewig, K. (1992): Systemische Therapie. Grundlagen klinischer Theorie und Praxis. Stuttgart

Ludewig, K. (1995): Systemische Therapie in Deutschland. Ein Überblick. In: Familiendynamik, 21 (1), 95-115

Luhmann, N. (1987): Grundkonzepte der Theorie autopoietischer Systeme. Neun Fragen von Marianne Krüll an Niklas Luhmann und Humberto Maturana und ihre Antworten. In: Zeitschrift für systemische Therapie. 5 (4), 4-25

Luhmann, N. (1988a): Was ist Kommunikation? In: Simon, F.B. (Hg.): Lebende Systeme. Wirklichkeitskonstruktionen in der systemischen Therapie. Berlin, Heidelberg, 10-18

Luhmann, N. (1988b): Selbstreferentielle Systeme. In: Simon, F.B. (Hg.): Lebende Systeme. Wirklichkeitskonstruktionen in der systemischen Therapie. Berlin, Heidelberg, 47-53

Luhmann, N. (1988c): Therapeutische Systeme - Fragen an Niklas Luhmann. In: Simon, F.B. (Hg.): Lebende Systeme. Wirklichkeitskonstruktionen in der systemischen Therapie. Berlin, Heidelberg, 124-138

Luhmann, N. (1990): Ökologische Kommunikation. Kann die moderne Gesellschaft sich auf ökologische Gefährdungen einstellen? Opladen

Luhmann, N. (1990): Soziologische Aufklärung. Bd.5. Konstruktivistische Perspektiven. Opladen

Luhmann, N. (1991): Wie lassen sich latente Strukturen beobachten? In: Watzlawick, P.; Krieg, P. (Hg.): Das Auge des Betrachters. Beiträge zum Konstruktivismus. München, 61-74

Luhmann, N. (1991/92a): Einführung in die Systemtheorie - Theorie offener Systeme. Wintersemester 91/92, Band 3. Heidelberg, Autobahnuniversität (Toncassette)

Luhmann, N. (1991/92b): Einführung in die Systemtheorie - System als Differenz. Wintersemester 91/92, Band 4. Heidelberg, Autobahnuniversität (Toncassette)

Luhmann,N./Maturana, H.R./Namiki, M./Redder, V./Varela, F.J. (1992): Beobachter. Konvergenz der Erkenntnistheorien? München

Luhmann, N. (1992): Operationale Geschlossenheit psychischer und sozialer Systeme. In: Fischer, H.R./Retzer, A.; Schweitzer, J. (Hg.): Das Ende der großen Entwürfe. Frankfurt/M., 117-132

Luhmann, N. (1993): Soziale Systeme. Grundriß einer allgemeinen Theorie. Frankfurt/M.

Luhmann, N. (1993): Die Paradoxie der Form. In: Baecker, D. (Hg.): Kalkül der Form. Frankfurt/M., 197-212

Luhmann, N. (1995): Soziologische Aufklärung 6. Die Soziologie und der Mensch. Opladen

Lurija, A.R. (1969): Die Entwicklung der Sprache und die Entstehung psychischer Prozesse. In: Hiebsch, H. (Hg.): Ergebnisse der sowjetischen Psychologie. Stuttgart, 465-546

Lurija, A.R. (1970): Die höheren kortikalen Funktionen und ihre Störung bei örtlicher Hirnschädigung. Berlin

Lurija, A.R. (1993): Romantische Wissenschaft, Reinbek bei Hamburg

Lurija, A.R. (1996): Das Gehirn in Aktion. Hamburg

Mandelbrot, B. (1977): The Fractal Geometry of Nature. New York

Mandelbrot, B. (1991): Das Auge des Betrachters. Interview mit B. Mandelbrot. 5-teilige Filmreihe von P. Krieg. WDR III, (eigener Videomitschnitt). Zu beziehen bei Futurum Media Lab, Sülzburgstr. 113, Köln

Marc, E./Picard, D. (1991): Bateson, Watzlawick und die Schule von Palo Alto. Frankfurt/M.

Margulis, L./Lovelock, J.E. (1974): Biological modulation of the Earth´ atmosphere. In: Zeitschrift Icarus, 21, 471ff

Maruyama, M. (1960): Morphogenesis and Morphostasis. In: Zeitschrift Methods, (12), 251-296

Marx, K. (1978): Zur Kritik der Politischen Ökonomie. MEW Bd. 13. Berlin

Marx, K. (1981): Die Deutsche Ideologie. MEW Bd. 3, Berlin

Marx, K. (1983): Das Kapital. Bd. 1-3. Marx/Engels Werke 23-25. Berlin

Matthies, E./Baecker, J./Borg-Laufs, M./Duda, L. (1992): Sozialer Konstruktivismus - eine neue Perspektive in der Psychologie. In: Schmidt, S.J. (Hg.): Kognition und Gesellschaft. Der Diskurs des Radikalen Konstruktivismus 2. Frankfurt/M., S.116-145

Maturana, H.R. (1978): Cognition. In: Hejl, P.M.; Köck,K.; Roth,G. (Hg.): Wahrnehmung und Kommunikation. Frankfurt/M.

Maturana, H.R./Varela, F.J. (1981): Living Ways Of Sense-Making: A middle path for neuroscience. Manuskript anläßlich des International Symposium "Disorder and Order", Stanford University, Palo Alto, California, 13.-15. Sept.

Maturana, H.R. (1982): Erkennen: Die Organisation und Verkörperung von Wirklichkeit. Braunschweig/Wiesbaden

Maturana, H.R. (1983): Reflexionen: Lernen oder ontogenetische Drift. In: Rusch, Gebhard; Schmidt, Siegfried, J. (Hg.) : Delfin. Eine deutsche Zeitschrift für Konstruktion, Analyse und Kritik. 60-71, II, Siegen/Stuttgart Dez.

Maturana, H.R. (1985): Reflexionen über Liebe. In: Zeitschrift für systemische Therapie. 129-131, 3(3)

Maturana, H.R./Varela, F.J. (1987a): Der Baum der Erkenntnis. Wie wir die Welt durch unsere Wahrnehmung erschaffen – die biologischen Wurzeln des menschlichen Erkennens. Bern, München, Wien

Maturana, H.R. (1987b): Ein Gespräch zwischen H.R. Maturana und J. Hargens. In: Psychologie Heute, April, 52-53

Maturana, H.R. (1987c): Grundkonzepte der Theorie autopoietischer Systeme. Neun Fragen von Marianne Krüll an Niklas Luhmann und Humberto Maturana und ihre Antworten. In: Zeitschrift für systemische Therapie. Jg. 5(1), 4-25

Maturana, H.R. (1988): Biologie der Sozialität. In: Schmidt, S.J. (Hg.): Der Diskurs des Radikalen Konstruktivismus. Frankfurt/M., 287-302

Maturana, H.R./Verden-Zöller, G. (1989/90a): Spiel: Ein vernachlässigter Weg. In: Rusch, G.; Schmidt, S.J. (Hg.) : Delfin. Eine deutsche Zeitschrift für Konstruktion, Analyse und Kritik. 23-32, 7.Jg., Heft 1, Siegen/Stuttgart Dez./Jan.

Maturana, H. R. (1990b): Gespräch zwischen Volker Riegas/Christian Vetter und Humberto R. Maturana. In: Riegas, V./Vetter, C. (Hg.): Zur Biologie der Kognition. Ein Gespräch mit Humberto R. Maturana und Beiträge zur Diskussion seines Werkes. Frankfurt/M.

Maturana, H.R. (1990c): Wissenschaft und Alltagsleben. Die Ontologie der wissenschaftlichen Erklärung. In: Krohn, W.; Küppers, G. (Hg.): Selbstorganisation. Aspekte einer wissenschaftlichen Revolution. Braunschweig, Wiesbaden, 107-138

Maturana, H.R. (1991a): Wissenschaft und Alltag. Die Ontologie wissenschaftlicher Erklärungen. In: Watzlawick, P.; Krieg, P. (Hg.): Das Auge des Betrachters. Beiträge zum Konstruktivismus. München, 167-208

Maturana, H.R. (1991b): The Origin of the Theory of Autopoietic Systems. In: Fischer, H.R. (Hg.): Autopoiesis. Eine Theorie im Brennpunkt der Kritik. Heidelberg

Maturana, H.R. (1991c): Das Auge des Betrachters. Interview mit H.R. Maturana. 5-teilige Filmreihe von P. Krieg im WDR III, 14.4. (eigener Videomitschnitt), zu beziehen bei Futurum Media Lab, Sülzburgstr.113, Köln

Maturana, H.R. (1992): The Biological Foundations of Self Consciousness and the Physical Domain of Existence. In: Luhmann,N./Maturana, H.R./Namiki, M.; Redder, V./Varela, F.J.: Beobachter. Konvergenz der Erkenntnistheorien? München, 47-117

Maturana, H.R./Verden-Zöller, G. (1993): Liebe und Spiel. Die vergessenen Grundlagen des Menschseins. Heidelberg

Maturana, H. R. (1994a): Neurophilosophie. In: Fedrowitz, J.; Matejovski, D.; Kaiser, G. (Hg.): Neuroworlds. Gehirn - Geist - Kultur. Frankfurt/M., New York

Maturana, H.R. (1994b): Was ist Erkennen? München

Matza, D./Sykes, G.M. (1968): Techniken der Neutralisierung. Eine Theorie der Delinquenz. . In: Sack, F./König, R. (Hg.): Kriminalsoziologie. Frankfurt am Main

Mead, G.H. (1968): Geist, Identität und Gesellschaft. Frankfurt am Main (Erstveröffentlichung Chicago 1934)

Meichenbaum, D./Goodman, S. (1971):Training impulsive children to talk to themselves. A means of developing self control. J. Abs. Psych. S.115-126

Meister, K. (1987): System ohne Psyche. Zur Kritik der Pragmatischen Kommunikationstheorie und ihrer Anwendungen. Opladen

Merton, R.K. (1968): Social Theory and Social Structure. New York, London

Mietzel, G. (1987): Wege in die Psychologie. Stuttgart

Miller, R. (1986): Einführung in die Ökologische Psychologie.

Miller, W.B. (1968): Die Kultur der Unterschicht als ein Entstehungsmilieu für Bandendelinquenz. In: Sack, F./König, R. (Hg.): Kriminalsoziologie. Frankfurt am Main

Mollenhauer, K. (1972): Theorien zum Erziehungsprozeß. München

Molnar, A./Lindquist, B./Hage, K. (1985): Von der Möglichkeit der Veränderung problematischer Unterrichtssituationen - Unterricht als selbstreferentielles System. In: Zeitschrift für systemische Therapie. Jg. 3 (4): 216-223,

Molnar, A.; Lindquist, B. (1990): Verhaltensprobleme in der Schule. Lösungsstrategien für die Praxis. Dortmund

Moore, O.K./Anderson, A.R. (1976): Einige Prinzipien zur Gestaltung von Erziehungsumwelten selbstgesteuerten Lernens. In: Lehmann, J.; Portele, H. (Hg.): Simulationsspiele in der Erziehung. Weinheim, Basel

Moos, R.H./Insel, P. (Ed.) (1974): Issues in social ecology: Human milieus. Palo Alto, California

Moos, R.H. (Ed.) (1976): Human adaption. Coping with life crisis. Lexington (Heath)

Nachtigall, W. (1971): Biotechnik. Heidelberg

Neidhardt, W. (1977): Kinder, Lehrer und Konflikte. Vom psychoanalytischen Vorhaben zum pädagogischen Handeln. München

Neukäter, H./Goetze, H. (1982): Strukturierte und schülerzentrierte Ansätze bei Verhaltensgestörten. Studienbrief der FU Hagen. Hagen

Neukäter, H. (1998): Ansatz der kognitiven Verhaltensmodifikation. In: Wittrock, M. (Hg.): Verhaltensstörungen als Herausforderung: Pädagogisch-therapeutische Erklärungs- und Handlungsansätze. Oldenburg, 83-99

Newman, R. (1956): The Acting-out Boy. Exceptional Children, 186-216

NIKOL (Hg.) (1986): Angewandte Literaturwissenschaft. Braunschweig, Wiesbaden

Nipkow, K.W. (1968): Umriß und Problematik einer modernen Schultheorie. In: Zeitschrift für Pädagogik. 14, 189-204

Opp, K.D. (1974): Abweichendes Verhalten und Gesellschaftsstruktur. Darmstadt, Neuwied

Ortner, R. (1979): Einflüsse der schulischen Umwelt auf das Erziehungsgeschehen. In: Pädagogische Welt, 31, 483-488

Osbahr, S. (2000): Selbstbestimmtes Leben von Menschen mit einer geistigen Behinderung. Beitrag zu einer systemtheoretisch-konstruktivistischen Sonderpädagogik. Luzern

Osterhold, G./Eckhardt, W. (1985): Schulschwierigkeiten - Auffällige Kinder und Jugendliche zwischen Elternhaus und Schule. In: Zeitschrift für systemische Therapie, 3(4), 203-208

Ottomeyer, K. (1974): Soziales Verhalten und Ökonomie im Kapitalismus. Vorüberlegungen zur systematischen Vermittlung von Interaktionstheorie und Kritik der Politischen Ökonomie. Gaiganz/Erlangen

Ottomeyer, K. (1976): Anthropologieproblem und marxistische Handlungstheorie. Kritisches und Systematisches zu Sève, Duhm, Schneider und zur Interaktionstheorie im Kapitalismus. Gießen

Palmowski, W. (1995): Der Anstoß des Steines. Systemische Beratungsstrategien im schulischen Kontext. Ein Einführungs- und Lehrbuch. Dortmund

Palmowski, W. (1995): Psychomotorik und systemisches Denken. In: Psychomotorik 23, 4, 194-198

Palmowski, W. (1996): Anders handeln. Lehrerverhalten in Konfliktsituationen. Dortmund

Palmowski, W. (1997): Behinderung ist eine Kategorie des Beobachters. In: Zeitschrift Sonderpädagogik, 27. Jg., Heft 3, 147-157

Palmowski, W./Heuwinkel, M. (Hg.) (2000): Normal bin ich nicht behindert. Wirklichkeitskonstruktionen bei Menschen, die behindert werden. Unterschiede, die Welten machen. Dortmund

Palmowski, W. (Hg.): Zeitschrift "System Schule - Zeitschrift für innovative Schulpraxis". Verlag modernes lernen, Dortmund

Paslack, R. (1991): Urgeschichte der Selbstorganisation. Zur Archäologie eines wissenschaftlichen Paradigmas. Braunschweig/Wiesbaden

Paslack, R. (1992): Ursprünge der Selbstorganisation. In: Rusch, G.; Schmidt, S.J. (Hg.): Konstruktivismus: Geschichte und Anwendung. DELFIN. Frankfurt/M., 59-90

Patten, B.C. (1991): <<Network Ecology>>. In: Higashi, M.; Burns, T.P.: Theoretical Studies of Ecosystems: The Network Perspective. New York

Paturi, F. (1974): Geniale Ingenieure der Natur. Düsseldorf

Perlwitz, E. (1978): Lernziel: Selbststeuerung. Braunschweig

Perrez, M. (1983): Wirksamkeit des Mediatoren-Konzeptes im Rahmen der Schule In: Belschner, W./Ernst, H./Kaiser, P./Köppelmann-Baillieu, M./Rudeck, R./Sommer, G. (Hg.): Gemeindepsychologische Perspektiven Band 1 - Grundlagen und Anwendungsfelder. München, 130-136

Pietschmann, H. (1990): Die Wahrheit liegt nicht in der Mitte. Von der Öffnung des naturwissenschaftlichen Denkens. Stuttgart, Wien

Poletajew, I.A. (1962): Kybernetik. Berlin

Popp, W. (1976): Die Perspektive der kommunikativen Didaktik. In: Popp, W. (Hg.): Kommunikative Didaktik. Weinheim, 9-20

Preuss-Lausitz, U. (1981): Fördern ohne Sonderschule. Weinheim, Basel

Prigogine, I. (1979): Vom Sein zum Werden. Zeit und Komplexität in den Naturwissenschaften. München

Prigogine, I./Stengers, I. (1981): Dialog mit der Natur. Neue Wege naturwissenschaftlichen Denkens. München

Prigogine, I. (1986): Dialektik im Gespräch (Interview mit Ilya Prigogine). In: Altner, G. (Hg.): Die Welt als offenes System. Eine Kontroverse um das Werk von Ilya Prigogine. Frankfurt/M.

Prigogine, I. (1989): Die Wiederentdeckung der Zeit - Naturwissenschaft in der Welt begrenzter Vorhersagbarkeit. In: Dürr, H.-P.; Zimmerli, W.C. (Hg.): Geist und Natur. Bern, München, Wien, 47ff

Prior, H. (1976): Soziales Lernen. Düsseldorf

Pritz, A./Petzold, H. (Hg.) (1992): Der Krankheitsbegriff in der modernen Psychotherapie. Paderborn

Probst, G.J.B./Scheuss, R.W. (1984): Die Ordnung von sozialen Systemen: Resultat von Organisieren und Selbstorganisation. In: Zeitschrift für Führung und Organisation. Nr. 8, 480-488

Probst, G.J.B. (1987): Selbst-Organisation. Ordnungsprozesse in sozialen Systemen aus ganzheitlicher Sicht. Berlin, Hamburg

Probst, G.J.B./Ulrich, H. (1990): Anleitung zum ganzheitlichen Denken und Handeln. Ein Brevier für Führungskräfte. Bern, Stuttgart

Probst, H. (Hg.) (1978): Kritische Behindertenpädagogik in Theorie und Praxis. Oberbiel

Probst, H. (1981): Diagnostik und Didaktik der Oberbegriffsbildung. Oberbiel

Probst, H. (1983): Testverfahren zur Diagnostik spezifischer Lernvoraussetzungen. In: Tests und Trends. Jahrbuch der pädagogischen Diagnostik, 65-93

Redl, F. (1971): Erziehung schwieriger Kinder. München

Redl, F./Wineman, D. (1976): Steuerung des aggressiven Verhaltens beim Kind. München

Reich, K. (1996): Systemisch-konstruktivistische Pädagogik. Berlin

Reichmann, E. (Hg.) (1984): Handwörterbuch zur kritischen und materialistischen Behindertenpädagogik. Oberbiel

Reiser, H. (1972a): Identität und religiöse Erziehung. Hamburg

Reiser, H. (1972b): Zur Praxis der psychoanalytischen Erziehung in der Sonderschule. In: Leber, A./Reiser, H. (Hg.): Sozialpädagogik, Psychoanalyse und Sozialkritik. Neuwied, Berlin, 53-85

Rezmierski, V./Knoblock, P./Bloom, R.B. (1982): The Psychoeducational Model: Theory and Historical Perspective. In: McDowell, R.L./Adamson, G.W./Wood, F.H. (Hg.): Teaching Emotiomally Disturbed Children. Boston, Toronto, 47-69

Richards, J./Glasersfeld, E., von (1988): Die Kontrolle von Wahrnehmung und die Konstruktion von Realität. Erkenntnistheoretische Aspekte des Rückkoppelungs-Kontroll-Systems. In: Schmidt, S.J. (Hg.): Der Diskurs des Radikalen Konstruktivismus. Frankfurt/M., 192-228

Rieke-Baulecke, T. (1994): Lernwidersprüche und Widersprüche beim Lernen. Umrisse eines subjektwissenschaftlichen Paradigmenwechsels in der Sportpädagogik. Hamburg, Berlin

Rittberg, J. (1978): Gesellschaftstheorie und Qualifikation zum gesellschaftlichen Handeln in der sonderpädagogischen Praxis. In: Jantzen, W.; Müller, U. (Hg.): Theorie und Praxis in der Ausbildung. Oberbiel, 158-165

Rohr, B. (1980): Handelnder Unterricht. Rheinstetten

Röseberg, U. (1982): Philosophie und Physik. Atomismus in drei Jahrtausenden. Leipzig

Rosenblueth, A./Wiener, N./Bigelow, J. (1943): Behavior, Purpose and Teleology. In: Zeitschrift Philosophy of Science, (10), 18-24

Rosnay, J., de (1979): Das Makroskop. Systemdenken als Werkzeug der Ökogesellschaft. Reinbek bei Hamburg

Roth, G./Schwegler, H. (1990): Self-organization, emergent properties and the unity of the world. In: Krohn, W.; Küppers, G.; Nowotny, H. (Hg.): Selforganization. Portrait of a Scientific Revolution. Sociology of the Sciences. Vol. XIV. Yearbook 1990. Dordrecht, Boston, London, S.36-50

Rotthaus, W. (1998): Wozu erziehen? Entwurf einer systemischen Erziehung. Heidelberg

Ruesch, J./Bateson, G. (1995): Kommunikation. Die soziale Matrix der Psychiatrie. Heidelberg

Sack, F. (1968): Neue Perspektiven in der Kriminalsoziologie. In: Sack, F./König, R. (Hg.): Kriminalsoziologie. Frankfurt am Main

Sack, F. (1972): Definition von Kriminalität als politisches Handeln: Der labeling approach. In: Kriminologisches Journal, 4, 3-31

Saldern, M.; von (1987): Sozialklima von Schulklassen: Überlegungen und mehrebenenanalytische Untersuchungen zur subjektiven Wahrnehmung von Lernumwelten. Frankfurt am Main

Sander, A. (1987): Zur ökosystemischen Sichtweise in der Sonderpädagogik. In: Eberwein, H. (Hg.): Fremdverstehen sozialer Randgruppen. Berlin, 207-221

Sander, A. (1988): Schulversagen aus ökosystemischer Sicht. Vierteljahresschrift für Heilpädagogik und ihre Nachbargebiete 57, 335-341

Schäfer, K.H./Schaller, K. (1976): Erziehungswissenschaft und kommunikative Didaktik. Heidelberg

Scheuss, R.W./Probst, G.J.B. (1984): Die Ordnung von sozialen Systemen: Resultat von Organisieren und Selbstorganisation. In: Zeitschrift für Führung und Organisation. Nr. 8, 480-488

Schiepek, G. (1986): Systemische Diagnostik in der Klinischen Psychologie. Weinheim, München

Schiepek, G. (Hg.) (1987): Systeme erkennen Systeme. Individuelle, soziale und methodische Bedingungen systemischer Diagnostik. München, Weinheim

Schiepek, G. (1991): Systemtheorie der Klinischen Psychologie. Beiträge zu ausgewählten Problemstellungen. Braunschweig/Wiesbaden

Schley, W. (1983): Auf dem Weg von der verhaltensmodifikatorischen Einzelfallarbeit zur gemeindepsychologisch orientierten Schulberatung. In: Belschner, W./Ernst, H./Kaiser, P./Köppelmann-Baillieu, M./Rudeck, R./Sommer, G. (Hg.): Gemeindepsychologische Perspektiven Band 1 - Grundlagen und Anwendungsfelder. München, 110-115

Schlippe, A., v. (1984): Familientherapie im Überblick - Basiskonzepte, Formen, Anwendungsmöglichkeiten. Paderborn

Schlippe, A., v./Schweitzer, J. (1996): Lehrbuch der systemischen Therapie und Beratung. Göttingen, Zürich

Schmidt, S.J. (1988): Der Radikale Konstruktivismus: Ein neues Paradigma im interdisziplinären Diskurs. In: Schmidt, S.J. (Hg.): Der Diskurs des Radikalen Konstruktivismus. Frankfurt/M., 11-88

Schmidt, S.J. (Hg.) (1992): Kognition und Gesellschaft. Der Diskurs des Radikalen Konstruktivismus 2. Frankfurt/M.

Schründer, A. (1982): Alltagsorientierung in der Erziehungswissenschaft. Weinheim

Schug, R./Hahn, R./Kämmer, H. (1985): Systemische Arbeit in der Schulpsychologie. In: Zeitschrift für systemische Therapie 3 (4), 196-202

Schulze, Th. (1983): Ökologie. In: Lenzen, D./Mollenhauer, K. (Hg.): Enzyklopädie Erziehungswissenschaft. Band 1: Theorien und Grundbegriffe der Erziehung und Bildung. Stuttgart

Schurig, V. (1976): Die Entstehung des Bewußtseins. Frankfurt/M., New York

Schwarzer, C. (1979): Einführung in die Pädagogische Diagnostik. München

Segal, L. (1986): Das 18. Kamel oder Die Welt als Erfindung. Zum Konstruktivismus Heinz von Foersters. München

Sève, L. (1972): Marxismus und Theorie der Persönlichkeit. Frankfurt/M.

Shaftel, F.R./Shaftel, G. (1974): Rollenspiel im Dienste sozialer Werte. Kinder lernen sich entscheiden. In: Kochan, B. (Hg.): Rollenspiel als Methode sprachlichen und sozialen Lernens. Kronberg/Taunus, 49-82

ShortJ.F./Strodtbeck, F.L. (1965): Group process and gang delinquency. Chicago

Simon, F.B. (1965): Der Prozeß der Individuation. Über den Zusammenhang von Vernunft und Gefühlen. Göttingen

Simon, F.B. (1993): Unterschiede die Unterschiede machen. Klinische Epistemologie: Grundlage einer systemischen Psychiatrie und Psychosomatik. Berlin, Heidelberg 1988a und Frankfurt/M.

Simon, F.B. (Hg.) (1988): Lebende Systeme. Wirklichkeitskonstruktionen in der systemischen Therapie. Berlin, Heidelberg

Simon, F.B. (1992a): Meine Psychose, mein Fahrrad und ich. Zur Selbstorganisation der Verrücktheit. Heidelberg

Simon, F.B./ C/ON/E/C/T/A-Autorengruppe (1992b): Radikale Marktwirtschaft. Verhalten als Ware oder Wer handelt, der handelt. Heidelberg

Simon, F.B. (1992c): Die Kunst, nicht zu lernen. Vortrag auf dem Kongreß "Expedition 92 - Aufbruch in neue Welten" im Sept. in München. Heidelberg, Autobahnuniversität (Toncassette)

Simon, F. B. (1992d): Die andere Seite der Gesundheit: Die Unterscheidung krank/gesund. Vortrag auf dem Kongreß "Die Wirklichkeit des Konstruktivismus" in Heidelberg, Oktober. Heidelberg Autobahnuniversität (Toncassette)

Simon, F.B. (1993a): Die Kunst der Chronifizierung. Vortrag in Zürich. Heidelberg, Autobahnuniversität (Toncassette)

Simon, F.B. (1993b): Auftrag und Aufgabe systemischer FamilientherapeutInnen in einer sich wandelnden Gesellschaft. Vortrag in Wien. Heidelberg, Autobahnuniversität (Toncassette)

Simon, F.B. (1993c): Mathematik und Erkenntnis: *Eine* Möglichkeit, die >>Laws of Form<< zu lesen. In: Baecker, D. (Hg.): Kalkül der Form. Frankfurt/M., 38-57

Simon, F.B. (1994): Die Kunst, ein guter Analysand zu sein. Vortrag. Heidelberg, Autobahnuniversität (Toncassette)

Simon, F.B. (1995): Die andere Seite der Gesundheit. Ansätze einer systemischen Krankheits- und Therapietheorie. Heidelberg

Simon, F.B./Rech-Simon, C. (1999): Zirkuläres Fragen. Systemische Therapie an Fallbeispielen: Ein Lernbuch. Heidelberg

Singer, K. (1970): Lernhemmung, Psychoanalyse und Schulpädagogik. München

Singer, K. (1976): Verhindert die Schule das Lernen? Psychoanalytische Erkenntnisse als Hilfe für Erziehung und Unterricht. München

Slavson, S. (1954): Re-educating the Delinquent through Groups and Community Participation. New York

Sondemann, U. (1986): Alltag und Unterricht. Münster

Speck, O. (1981): Grundlegungsprobleme der Verhaltensgestörtenpädagogik I. Pädagogische Handlungsmodelle für Kinder und Jugendliche mit Verhaltensstörungen. Studienbrief der FU Hagen, Nr. 3550/1/04/S1, Hagen

Speck, O. (1996): System Heilpädagogik. Eine ökologisch reflexive Grundlegung. München, Basel

Spencer Brown, G. (1969): Laws of Form. London

Spencer Brown, G. (1994): Dieses Spiel geht nur zu zweit. Soltendiek

Spencer Brown, G. (1995): A Lion´s Teeth / Löwenzähne. Lübeck

Spencer Brown, G. (1997): Gesetze der Form. Lübeck

Spiel, O. (1979): Am Schaltbrett der Erziehung. Stuttgart

Spiess, W. (1922): „Systemische Diagnostik" in der Heilpädagogik: Modische Leerformel oder logische Konsequenz des „systemischen Ansatzes"? In: Sonderpädagogik 22, 188-199

Springer, W. (1973): Kriminalitätstheorien und ihr Realitätsgehalt. Stuttgart

Stegemann, W. (1983): Tätigkeitstheorie und Bildungsbegriff. Köln

Steinbuch, K. (1965): Automat und Mensch. Berlin

Stierlin, H. (1975): Von der Psychoanalyse zur Familientherapie. Stuttgart

Stierlin, H. (1988): Prinzipien der systemischen Therapie. In: Simon, F.B. (Hg.): Lebende Systeme. Wirklichkeitskonstruktionen in der systemischen Therapie. New York, Berlin, Heidelberg, 54-65

Stierlin, H. (1991): Das Auge des Betrachters. Interview mit H. Stierlin. 5-teilige Filmreihe von P. Krieg. WDR III, (eigener Videomitschnitt). Zu beziehen bei Futurum Media Lab, Sülzburgstr. 113, Köln

Stierlin, H. (1992): Entwürfe der Gerechtigkeit im Lichte systemischer Praxis. In: Fischer, H.R.; Retzer, A./Schweitzer, J. (Hg.): Das Ende der großen Entwürfe. Frankfurt/M., 156-168

Stierlin, H. (1994): Ich und die anderen. Psychotherapie in einer sich wandelnden Gesellschaft. Stuttgart

Stierlin, H. (1995): Probleme und Chancen der Konsensfindung in einer komplexer werdenden Welt. In: Fischer, H.R. (Hg.): Die Wirklichkeit des Konstruktivismus. Zur Auseinandersetzung um ein neues Paradigma. Heidelberg, 367-376

Stokols, D. (1977): Perspectives on Environment and Behavior - Theory, Research and Applications. New York, London

Sutherland, E.H. (1968): Die Theorie der differentiellen Kontakte. In: Sack, F.; König, R. (Hg.): Kriminalsoziologie. Frankfurt am Main

Swap, S.M./Prieto, A.G./Harth, R. (1982): Ecological Perspectives of the Emotionally Disturbed Child. In: McDowell, R.L.; Adamson, G.W.; Wood, F.H. (Ed.): Teaching Emotionally Disturbed Children. Boston, Toronto, 70-98

Teegen, F./Fiedler, I./Pieper, A. (1977): Wie werden wir das nur los? Tübingen

Thiersch, H. (1978): Alltagshandeln und Sozialpädagogik. In: Neue Praxis, 8, 6-25

Tillmann, K.-J. (1997): Sozialisationstheorien. Eine Einführung in den Zusammenhang von Gesellschaft, Institution und Subjektwerdung. Reinbek bei Hamburg

Tornow, H. (1978): Verhaltensauffällige Schüler aus der Sicht des Lehrers. Weinheim, Basel

Trieschmann, A.E./Wittaker, J.K./Brendtro, L.K. (1975): Erziehung im therapeutischen Milieu. Freiburg/Br.

Turner, R.H. (1976): Rollenübernahme: Prozeß versus Konformität. In: Auwärter, M. u.a. (Hg.): Seminar: Kommunikation, Interaktion, Identität. Frankfurt am Main, 115-139

Uexküll, J., v. (1921): Umwelt und Innenwelt der Tiere. Berlin

Uexküll, J., v./Kriszat, G. (1983): Streifzüge durch die Umwelten von Tieren und Menschen. Bedeutungslehre. Frankfurt am Main

Uexküll, T., von (Hg.) (1992): Integrierte Psychosomatische Medizin in Praxis und Klinik. Stuttgart, New York

Ulich, K. (IIg.) (1980): Wenn Schüler stören. München, Wien, Baltimore

Ulrich, H./Probst, G.J.B. (1990): Anleitung zum ganzheitlichen Denken und Handeln. Ein Brevier für Führungskräfte. Bern, Stuttgart

Varela, F.J. (1979): Principles of Biological Autonomy. New York, Oxford

Varela, F.J. (1981a): Der kreative Zirkel. In: Watzlawick, P. (Hg.): Die erfundene Wirklichkeit. Wie wissen wir, was wir zu wissen glauben? Beiträge zum Konstruktivismus. München, 294-309

Varela, F.J./Maturana, H.R. (1981b): Living Ways Of Sense-Making: A middle path for neuroscience. Manuskript anläßlich des International Symposium "Disorder and Order", Stanford University, Palo Alto, California, 13.-15. Sept.

Varela, F.J. (1982): Die Biologie der Freiheit. Ein Gespräch mit Francisco Varela (geführt von R. Runge und R. Kakuska). In: Psychologie Heute, Sept., 82-93

Varela, F.J. (1984): Das Gehen ist der Weg; Vortrag von Francisco Varela. In: Kakuska, R. (Hg.): Andere Wirklichkeiten. Die neue Konvergenz von Naturwissenschaften und spirituellen Traditionen. München, 155-168

Varela, F.J./Maturana, H.R. (1987a): Der Baum der Erkenntnis. Wie wir die Welt durch unsere Wahrnehmung erschaffen - die biologischen Wurzeln des menschlichen Erkennens. Bern, München, Wien

Varela, F.J. (1987b): Vortrag zur >>Selbstorganisation in lebenden Systemen<< und anschließende Podiumsdiskussion. In: Guntern, G. (Hg.): Der blinde Tanz zur lautlosen Musik. Die Auto-Organisation von Systemen. Brig, 76-121

Varela, F.J. (1988): Autonomie und Autopoiese. In: Schmidt, S.J. (Hg.): Der Diskurs des Radikalen Konstruktivismus. Frankfurt/M., 119-132

Varela, F.J. (1988): Erkenntnis und Leben. In: Simon, F.B. (Hg.): Lebende Systeme. Wirklichkeitskonstruktionen in der systemischen Therapie. Berlin, Heidelberg, 34-46

Varela, F.J. (1989a): Über die Natur und die Natur des Erkennens. In: Dürr, H.P.; Zimmerli, W.C. (Hg.): Geist und Natur. Bern, München, Wien, 90ff

Varela, F.J. (1989b): Das Immunsystem als autonomer kognitiver Mechanismus. In: Kratky, K.W.; Bonet, E.M. (Hg.): Systemtheorie und Reduktionismus. Wien, 185-199

Varela, F.J. (1990): Kognitionswissenschaft - Kognitionstechnik. Eine Skizze aktueller Perspektiven. Frankfurt am Main

Varela, F.J. (1991a): Allgemeine Prinzipien des Lernens im Rahmen der Theorie biologischer Netzwerke. In: Schmidt, S.J. (Hg.): Gedächtnis. Probleme und Perspektiven der interdisziplinären Gedächtnisforschung. Frankfurt/M., 159-169

Varela, F.J./Dupuy, J.-P. (1991b): Kreative Zirkelschlüsse: Zum Verständnis der Ursprünge. In: Watzlawick, P.; Krieg, P. (Hg.): Das Auge des Betrachters. Beiträge zum Konstruktivismus. München, 247-275

Varela, F.J. (1991c): Über die Natur und die Natur des Erkennens. In: Peschl, M.F. (Hg.): Formen des Konstruktivismus in Diskussion. Materialien zu den 'Acht Vorlesungen über den Konstruktiven Realismus'. Wien, 88-107

Varela, F.J./Vattimo, G. (1991d): The reconstruction of reality. Workshop auf dem Internationalen Kongreß "Das Ende der großen Entwürfe und das Blühen systemischer Praxis" vom 3.-7. April in Heidelberg. Autobahnuniversität (3 Toncassetten)

Varela, F.J./Thompson, E./Rosch, E. (1992a): Der Mittlere Weg der Erkenntnis. Die Beziehung von Ich und Welt in der Kognitionswissenschaft - der Brückenschlag zwischen wissenschaftlicher Theorie und menschlicher Erfahrung. Bern, München, Wien

Varela, F.J. (1992b): Das zweite Gehirn unseres Körpers. In: Fischer, H.R.; Retzer, A.; Schweitzer, J. (Hg.): Das Ende der großen Entwürfe. Frankfurt/M., 109-116

Varela, F.J. (1992): On the Conceptual Skeleton of Current Cognitive Science. In: Luhmann,N./Maturana, H.R./Namiki, M./Redder, V./Varela, F.J.: Beobachter. Konvergenz der Erkenntnistheorien? München, 13-23

Varela, F.J. (1994): Ethisches Können. Frankfurt/M., NewYork

Vernooij, M.A./Winkler, U. (1998): Systemischer Ansatz. In: Wittrock, M. (Hg.): Verhaltensstörungen als Herausforderung: Pädagogisch-therapeutische Erklärungs- und Handlungsansätze. Oldenburg, 157-176

Vester, F. (1980): Über 3 Milliarden Jahre auf dem Prüfstand . Technologien der Natur. In: Zeitschrift natur, Nullnummer Oktober

Vester, F. (1981): Neuland des Denkens. Vom technokratischen zum kybernetischen Zeitalter. Stuttgart

Vester, F. (1983): Unsere Welt - ein vernetztes System. Stuttgart

Vester, F. (1989): Leitmotiv vernetztes Denken. Für einen besseren Umgang mit der Welt. München

Voß, R. (Hg.) (1996): Schule neu erfinden. Perspektiven für eine systemisch-konstruktivistische Schulpädagogik. Neuwied

Voß, R. (Hg.) (1998): SchulVisionen. Theorie und Praxis systemisch-konstruktivistischer Pädagogik. Heidelberg

Wagner, A.C./Uttendorfer-Marek, I./Laible-Nann, R./Kais, P./Mack, J./Vogel, H. (1976): Schülerzentrierter Unterricht. München, Berlin, Baltimore

Wagner, I. (1976): Aufmerksamkeitstraining mit impulsiven Legasthenikern. In: Angermaier, M. (Hg.): Legasthenie: Das neue Konzept der Förderung lese-rechtschreibschwacher Kinder in Schule und Elternhaus. Frankfurt, 183-199

Wagner, M. (1995): Menschen mit geistiger Behinderung - Gestalter ihrer Welt. Bad Heilbrunn

Walter, H. (Hg.) (1975): Sozialökologie. Sozialisationsforschung. Band 3. Stuttgart, Bad Caunstadt

Walter, H.; Oerter, R. (Hg.) (1979): Ökologie und Entwicklung. Donauwörth

Walter, H. (1980): Ökologische Ansätze in der Sozialisationsforschung. In: Hurrelmann, K./Ulich, D. (Hg.): Handbuch der Sozialisationsforschung. Weinheim, Basel

Walter, H. (Hg.) (1981): Region und Sozialisation. Band 1 u. 2. Stuttgart, Bad Caunsstadt

Walthes, R. (1991): Bewegung als Gestaltungsprinzip. Grundzüge einer bewegungsorientierten Frühpädagogik. In: Trost, R.; Walthes, R.: (Hg.): Frühe Hilfen für entwicklungsgefährdete Kinder. Wege und Möglichkeiten der Frühförderung aus interdisziplinärer Sicht. Frankfurt/M., New York, 35-53

Walthes, R. (1993): Störung zwischen dir und mir. In: Frühförderung interdisziplinär, Zeitschrift für Praxis und Theorie der frühen Hilfe für behinderte und entwicklungsauffälligeKinder, 12, 4, 145-155

Walthes, R./Cachay, K./Gabler, H./Klaes, R. (1994): Gehen, Gehen, Schritt für Schritt... Zur Situation von Familien mit blinden, mehrfachbehinderten oder sehbehinderten Kindern. Frankfurt/M., New York

Walthes, R. (1995): Behinderung aus konstruktivistischer Sicht - dargestellt am Beispiel der Tübinger Untersuchung zur Situation von Familien mit einem Kind mit Sehschädigung. In:

Neumann, J. (Hg.): >>Behinderung<<. Von der Vielfalt eines Begriffs und dem Umgang damit. Tübingen, 89-104

Walthes, R. (1997): Wahrnehmungs- und Bewegungsstörungen: Neue Wege zum Verständnis von >>Störungen<< und Konsequenzen für therapeutische Konzepte. In: Leyendecker, C.; Horstmann, T. (Hg.): Frühförderung und Frühbehandlung. Wissenschaftliche Grundlagen, praxisorientierte Ansätze und Perspektiven interdisziplinärer Zusammenarbeit. Heidelberg

Watzlawick, P./Beavin, J.W./ Jackson, D.D. (1974): Menschliche Kommunikation. Bern, Stuttgart, Wien

Watzlawick, P. (1976a) : Beziehungsspiele. Ein Gespräch mit Paul Watzlawick. In: Psychologie Heute. 59-64, Okt.

Watzlawick, P. (1976b): Konfusion. In: Psychologie Heute. 67-71, März

Watzlawick, P. (Hg.) (1981a): Die erfundene Wirklichkeit. Wie wissen wir, was wir zu wissen glauben? Beiträge zum Konstruktivismus. München

Watzlawick, P. (1981b): Selbsterfüllende Prophezeiungen. In: Watzlawick, P. (Hg.): Die erfundene Wirklichkeit. Wie wissen wir, was wir zu wissen glauben? Beiträge zum Konstruktivismus. München, 91-110

Watzlawick, P./Beavin, J.H./Jackson, D.D. (1982): Menschliche Kommunikation. Formen, Störungen, Paradoxien.

Watzlawick, P./Weakland, J.H./Fisch, R. (1984): Lösungen. Zur Theorie und Praxis menschlichen Wandels. Bern

Watzlawick, P. (1985): Wirklichkeitsanpassung oder angepaßte "Wirklichkeit"? In: Gumin, H./Mohler, A. (Hg.): Einführung in den Konstruktivismus. München

Watzlawick, P. (1986): Anleitung zum Unglücklichsein. München

Watzlawick, P. (1986): Die Möglichkeit des Andersseins. Zur Technik der therapeutischen Kommunikation. Bern, Stuttgart, Wien

Watzlawick, P./Kreuzer, F. (1988): Die Unsicherheit unserer Wirklichkeit. Ein Gespräch über den Konstruktivismus. München

Watzlawick, P. (1989): Münchhausens Zopf oder: Psychotherapie und <<Wirklichkeit>>. Bern

Watzlawick, P. (1991): Vom Schlechten des Guten - oder Hekates Lösungen. München

Watzlawick, P./Krieg, P. (Hg.) (1991): Das Auge des Betrachters. Beiträge zum Konstruktivismus. München

Watzlawick, P. (1993): Vom Unsinn des Sinns oder vom Sinn des Unsinns. Wien

Watzlawick, P. (1993): "Einsicht" erzeugt Blindheit: Wenn die Lösung zum Problem wird. Vortrag auf dem Weltkongreß "Evolution of Psychotherapy" in Hamburg im Juli, Autobahnuniv. (2 Toncassetten)

Wendlandt, W. (1977): Rollenspiel in Erziehung und Unterricht. München

Wendt, W.R. (1992): Rehabilitation: Der ökosoziale Bezugsrahmen. In: Mühlum, A.; Oppl, H. (Hg.): Handbuch der Rehabilitation. Rehabilitation im Lebenslauf und wissenschaftliche Grundlagen der Rehabilitation., 429-450

Werning, R. (1989): Das sozial auffällige Kind. Lebensweltprobleme von Kindern und Jugendlichen als interdisziplinäre Herausforderung. Münster/New York

Wertheimer, M. (1971): Kurze Geschichte der Psychologie. München

Wiedl, K.-H. (1978): Die familiäre und soziale Umwelt des Schulversagens. In: Lohmann, J.; Minsel, B. (Hg.): Störungen im Schulalltag. München, Wien, Baltimore, 101-131

Wiener, N. (1963): Kybernetik, Regelung und Nachrichtenübertragung in Lebewesen und Maschine. Reinbek bei Hamburg

Wieser, W. (1959): Organismen - Strukturen - Maschinen. Bd. 230, Frankfurt/M.

Wilhelm, T. (1969): Theorie der Schule. Stuttgart

Willutzkti, U./Wiesner, M. (1992): Siozial-konstruktivistische Wege in der Psychotherapie. In: Schmidt, S.J. (Hg.): Kognition und Gesellschaft. Der Diskurs des Radikalen Konstruktivismus 2. Frankfurt/M., 337-379

Wippich, J. (1983): Begegnung. Weissenau

Wittich, D./Gössler K./Wagner K. (1980): Marxistisch-leninistische Erkenntnistheorie. Berlin

Wittmann, E., C. (1988): Das Prinzip des aktiven Lernens und das Prinzip der kleinen und kleinsten Schritte in systemischer Sicht. In: Beiträge zum Mathematikunterricht, Bad Salzdetfurth, , 388- 342

Wocken, H. (1996): Sonderpädagogischer Förderbedarf als systemischer Begriff. In: Sonderpädagogik 26, 34-38

Wöhler, K. (1980): Behinderung, sonderpädagogisches Handeln und Erziehungsziel. Zeitschrift für Heilpädagogik, 12 (31), 803-815

Wygotski, L.S. (1971): Denken und Sprechen. Frankfurt/M.

Wyrwa, H. (1996): Pädagogik, Konstruktivismus und kognitive Sicherheit. Zur kognitiven Autonomie in pluralistischen Gesellschaftssystemen. Entwurf einer konstruktivistischen Denkerziehung. Aachen

Yablonski, L. (1963): The deliquent gang as a near group. In: Wolfgang, M.E. u.a. (Hg.): The sociology of crime and delinquency. New York, London

Zimbardo, P.G. (1995): Psychologie. Berlin, Heidelberg, New York

Rolf Werning

III   Lernen und Behinderung des Lernens

1. Annäherungen an einen komplexen Sachverhalt: theoretische Perspektiven von Lernen und Lern-Behinderungen

1.1 Einleitung

Auf die Frage, was Lernen ist, wie man es definieren kann und welche Prozesse Lernen beinhaltet, gibt es viele verschiedene Antworten. In diesem Kapitel werden zum einen zentrale Aspekte des schulischen Lernens bzw. des Versagens im Bereich des schulischen Lernens und zum anderen relevante Förderperspektiven in diesem Bereich thematisiert. Es geht um Kinder und Jugendliche, die als lernschwach oder gar als lernbehindert angesehen und noch überwiegend in Sonderschulen, teilweise aber auch in Grund- und Gesamtschulen im Gemeinsamen Unterricht gefördert werden.

In einem ersten Schritt wird die Komplexität des Phänomens Lernen herausgearbeitet. Anschließend sollen zentrale sonderpädagogische Konzepte zur Klärung des Sachverhalts der

Lern-Behinderung dargestellt und kommentiert werden. Darauf folgend geht es um eine Re-Konstruktion von Lernen aus einer systemisch-konstruktivistischen Perspektive, woraus Erklärungshypothesen für Lern-Behinderungen abgeleitet werden.

Anschließend werden dann Förderkonzeptionen für Kinder und Jugendliche mit Lernbeeinträchtigungen auf drei unterschiedlichen Zugangsebenen dargestellt und diskutiert: Die schulische Förderung, bereichsspezifische Förderkonzepte und Ansätze einer systemisch-konstruktivistischen Förderung.

1.2 Zur Komplexität des Phänomens Lernen

Der Begriff Lernen wird auf so unterschiedliche Prozesse angewandt wie Laufen lernen, Sprechen lernen, Schwimmen lernen; Lernen Personen, Objekte, Tätigkeiten mit Namen zu benennen; Lernen, mit Eltern, Spielkameraden und Lehrern sowie fremden Personen umzugehen; 1 mal 1 lernen, Selbständigkeit lernen, Disziplin lernen, die Nebenflüsse des Rheins auswendig lernen etc. Diese Liste ließe sich beinahe endlos fortsetzen. Mc Geoch (1952, 3) kommt zu der Auffassung, dass nicht viel mehr als vegetative (biologische) Prozesse übrig bleiben, wenn man die Lerneffekte aus dem menschlichen Verhalten streicht.

Aebli (1969, 173) bezeichnet die menschliche Entwicklung als „die Summe der Lernprozesse eines Menschen" und Kanter (1977, 46) beschreibt Lernvorgänge „als die zentrale Grundlage allen Sozial- und Leistungsverhaltens, der psychischen Entwicklung, Intelligenz, Begabung wie auch Einstellung, Werthaltung - insgesamt sämtlicher arttypischer menschlicher Aktionen und Reaktionen". In der Denkschrift der Kommission „Zukunft der Bildung - Schule der Zukunft" NRW wird die Notwendigkeit zu lernen, so lange der Mensch lebt, um seine Lebensfähigkeit zu erhalten, als Selbstverständlichkeit angesehen (1995, 58). Lernen kommt damit eine herausragende anthropologische Bedeutung zu, wenn beinahe unsere gesamten motorischen, sozialen, emotionalen und kognitiven Fähigkeiten auf Lernprozessen basieren.

Was wissen wir nun von dieser so überaus wichtigen Dimension menschlicher Existenz? Schauen wir dazu zunächst zur klassischen Lernpsychologie, die sich besonders mit dem Phänomen des Lernens auseinandergesetzt hat.

In der Lernpsychologie wird Lernen als der Prozess verstanden, der zu einer Veränderung des Verhaltens einer Person führt, bzw. es der Person ermöglicht, „nach dem Lernen" Verhaltensweisen zu zeigen, die sie vorher nicht beherrschte (vgl. Heller/Nickel 1980, 96). Hilgard und Bower definieren: „Lernen ist der Vorgang, durch den eine Aktivität im Gefolge von Reaktionen des Organismus auf eine Umweltsituation entsteht oder verändert wird. Dies gilt jedoch nur, wenn sich die Art der Aktivitätsänderungen nicht auf der Grundlage angeborener Reaktionstendenzen, von Reifung oder von zeitweiligen organismischen Zuständen (z.B. Ermüdung, Drogen usw.) erklären läßt" (1970, 16).

Es handelt sich hierbei um eine sogenannte operationale Definition, die sich nur auf das beobachtbare (messbare) Verhalten bezieht. Was jedoch beim Lernen im Organismus vor sich geht, wird nicht berücksichtigt. Im Rahmen der klassischen psychologischen Lernforschung wurden verschiedene Theorien des Lernens entwickelt, die hier nur genannt, aber nicht differenzierter dargestellt werden können (vgl. dazu Heller/Nickel 1980, 96 ff.; Edelmann 1996). Dazu zählt das klassische Konditionieren, das operante Konditionieren sowie das Modell-Lernen. Diese Lernarten beschreiben vorrangig basale Prozesse der Verhaltensänderungen, die sowohl bei Menschen als auch bei Tieren zu beobachten sind. Kognitive Dimensionen werden hier noch weitgehend ausgeklammert. Gagné (1969) erweiterte die basalen Lernarten um folgende Formen: Begriffslernen, Regellernen und Problemlösen.

Heinrich Roth (1963) differenziert folgende Lerntypologien:

- Lernen als Automatisierung,
- Problemlösen,
- Gedächtnisschulung,
- Methodenlernen,
- Transferlernen,
- Werten lernen,
- differenzieren lernen,
- Verhalten lernen.

Diese Bereiche des Lernens gehen über basale Prozesse weit hinaus. Damit wird aber auch die Beobachtung solcher Lernaktivitäten zunehmend indirekter. So kommt Kanter zu folgender Beschreibung von Lernen in seinen höheren Formen:

„Lernen in seinen höheren Formen ist ein sehr komplexes Geschehen und unterliegt im einzelnen vielen Bedingungsfaktoren. Es ist der direkten Erfahrung oder Beobachtung nicht zugänglich, sondern wird aus den Lernauswirkungen, dem Lernergebnis, erschlossen. Solche Lernleistungen zeigen sich z.B. im Kenntnis- und Wissenszuwachs, in Fertigkeiten und Könnensformen, im Verfügen über formal-strukturelle Fähigkeiten, in Verhaltensweisen, Einstellungen, Werthaltungen und anderem." (1980, 46)

Aus pädagogischer Sicht ist die Beschränkung der Auseinandersetzung mit Lernen auf beobachtbare bzw. messbare Dimensionen nicht ausreichend. Benner, Oelkers und Ruhloff (1988) zeigen die Unterschiede psychologischer und pädagogischer Konzeptionen von Lernen auf, die dazu geführt haben, dass die Ergebnisse der Lernpsychologie in pädagogischen Kontexten weniger durchschlagend und erhellend gewesen sind. Dazu zählen sie, dass pädagogische Theorien stärker das Handeln und damit die Ziel- und Sinnorientierung und nicht allein das Verhalten, unabhängig von Intention in den Mittelpunkt stellen. Ferner reicht die operationale lernpsychologische Definition, Lernen als Entwicklung oder Verhaltensänderungen zu beschreiben, für pädagogische Fragestellungen nicht aus. Was Lernen ist, bleibt dabei ungeklärt. Aus pädagogischer Sicht müssen nämlich genau jene (nicht beobachtbaren - und damit nicht operationalisierbaren) Hypothesen über das Lernen reflektiert werden. Ferner formulieren die Autoren, dass pädagogische Konzeptionen im Unterschied zu psychologischen vorrangig die Beziehungsdimension zwischen Lehren und Lernen thematisieren müssen und nicht isoliert Lern- bzw. Verhaltensänderungen oder -entwicklung betrachten. Gefragt wird im pädagogischen Bereich nach dem Zusammenhang zwischen Lehr- und Lernbarem. Dies „verweist damit auf Vermittlungsaufgaben und -probleme, die über den Horizont empirisch-scientifisch zu klärender Sachverhalte und die Vorstellung, es könne womöglich nur eine Möglichkeit geben, Lehren mit Lernen logisch oder modellhaft zu verbinden, hinausführen" (a.a.O. 296). Als dritten Aspekt führen sie das Defizit behavioraler und entwicklungspsychologischer Forschung gegenüber der Frage an, „wie Subjektivität intersubjektiv verstanden werden kann". Aus ihrer Sicht liegt hier derzeit ein Schwerpunkt pädagogischer Überlegungen:

„Die Frage, wie der Mensch erzogen werden kann, ist in der Neuzeit untrennbar verbunden mit der Frage, wie er sich selbst, wie er seine Subjektivität entwickeln und bilden kann. Bildung als Selbstformung und selbsttätiges Hervorbringen unter dem Anspruch sich rechtfertigender Subjektivität verweist auf eine pädagogische Frage- und Handlungsstruktur, zu deren Klärung letztlich Verhaltenstheorien ebensowenig wie Entwicklungslogiken ausreichen." (Benner/Oelkers/Ruhloff 1988, 296)

Aus pädagogischer Sicht kann somit gegenwärtig festgestellt werden, dass die „bisherige psychologische Lernforschung (...) ein pädagogisches Konzept menschlichen Lernens noch nicht erbracht (hat), das dem individuellen Lernen in Lebenssituationen gerecht wird" (Begemann 1996, 259).

Aus dieser kurzen Einführung wird deutlich, wie komplex und umfassend Lernprozesse aus einer pädagogischen Perspektive gesehen werden müssen. Genauso komplex wie das

Phänomen des Lernens sind natürlich auch die Phänomene der Behinderung des Lernens.

1.3 Lern-Behinderungen

Kommen wir zunächst zu dem Verständnis von Beeinträchtigungen des Lernens, das hier konkret auf das Verständnis von schulischem Lernen beschränkt werden soll. Zunächst einmal ist vorauszuschicken, dass eine einheitliche Lernfähigkeit des Menschen, die sich über die unterschiedlichsten Lernformen verteilt, nicht nachgewiesen werden konnte. Das bedeutet: „Es gibt keine globale Lernfähigkeit des Menschen und damit umgekehrt keinen globalen Mangel an Lernfähigkeit im Sinne einer generellen Lernbehinderung. Vielmehr ist vorwiegend von aufgabenspezifischen Schwierigkeiten auszugehen, die sich in bestimmten Bereichen allerdings häufen können" (Kanter 1977, 47). Allgemein sind Lernschwierigkeiten nach Zielinski (1996, 369) durch ein deutliches Missverhältnis zwischen Leistungen und Leistungserwartungen gekennzeichnet. Die Feststellung solcher Minderleistungen kann nach unterschiedlichen Kriterien erfolgen. Dazu gehört die Bezugsnorm, die Generalität und die zeitliche Erstreckung. Bei der Bezugsnorm können Minderleistungen aufgrund individueller Standards, aufgrund eines sozialen Vergleichs in einer Lerngruppe oder nach sachbezogenen Kriterien definiert werden. Bei der Generalität steht die Frage nach dem Umfang (z.B. ein oder mehrere Schulfächer) im Mittelpunkt und die zeitliche Erstreckung umfasst den Entstehungszeitpunkt sowie die Dauer von Lernschwierigkeiten. Klassische Definitionen von Lernbehinderung haben diese Kriterien mit einbezogen. So beschreibt Kanter (1980, 57) sogenannte sonderschulbedürftige lernbehinderte Kinder dadurch, dass sie

„(I.) schwerwiegend, umfänglich und langandauernd in ihrem Lernen beeinträchtigt sind,
(II.) dadurch deutlich normabweichende Leistungs- und Verhaltensformen zeigen und
(III.) aus diesem Grunde im Unterricht der allgemeinen Schule auch unter Ausschöpfung spezieller Förder- und Stützmaßnahmen nicht hinreichend gefördert werden können".

Randoll (1991, 35ff.) hat sich kritisch mit diesen Kriterien auseinandergesetzt und die Fragwürdigkeit aufgezeigt. Zunächst einmal ist Reiser (1988) zuzustimmen, der deutlich macht, dass sich Lernbehinderung grundsätzlich nur als Erscheinungsbild bzw. Phänomen, nicht jedoch als abgrenzbare Personengruppe beschreiben läßt. Insbesondere sozialwissenschaftliche und ökologische Ansätze haben ferner deutlich gemacht, dass Lernbehinderung keinesfalls als eine klar definierbare Merkmalsdimension eines

Individuums, sondern immer in Beziehung zu spezifischen Gesellschafts-, Schul- und Interaktionsprozessen (vgl. Eberwein 1996, 36) zu sehen ist. Eine eindeutige und operationalisierbare Definition von Lernbehinderung gibt es bis heute nicht. Es handelt sich hierbei weder um ein klar umrissenes Symptom noch um ein Syndrom. Ferner existiert keine abgesicherte Theorie der Lernbehinderung und es ist auch nicht gelungen, aus der Zuschreibung einer Lernbehinderung pädagogische oder didaktische oder therapeutische Schlüsse zu ziehen. Der Begriff Lern-Behinderung umfasst letztlich eine Sammelkategorie für Schulversagen. Die Verwendung des Begriffs der Lern-Behinderung, insbesondere in Kontexten offizieller Verordnungen und Erlasse ist somit durch eine pragmatisch-administrative Orientierung gekennzeichnet, um eine Gruppe von Schülern zu klassifizieren, die der Schule für Lernhilfe bzw. Lernbehinderte zugewiesen werden kann.

„Lernbehinderung als administrative Setzung (...) läßt sich demzufolge nur dann verstehen, wenn sie in Relation zum Bezugssystem Schule und zu schulorganisatorischen wie auch schuladministrativen Gegebenheiten und im Zusammenhang mit der gesellschaftlichen Funktion von Schule schlechthin betrachtet wird" (Randoll 1991, 29). Damit bleibt auch die Darstellung von Beeinträchtigung als dimensionales Klassifikationskonzept von Klauer und Lauth (1997, 704) zweifelhaft. Die Autoren versuchen die Zeitdimension und die Umfangsdimension der Beeinträchtigung im Rahmen eines Koordinatensystems miteinander in Beziehung zu setzen.

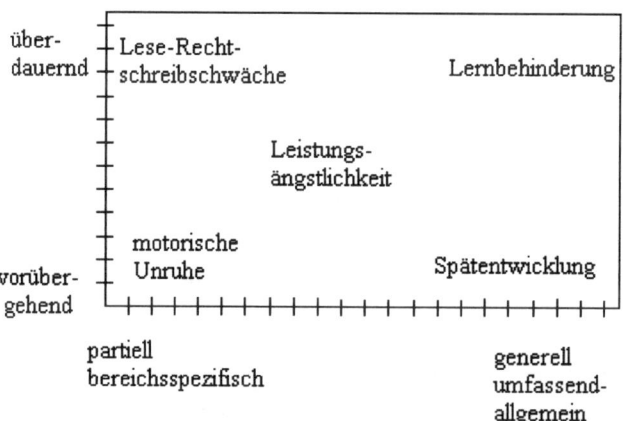

Abbildung 1: Darstellung des dimensionalen Klassifizierungskonzepts nach Klauer und Lauth (1997, 704)

Diese Form der Klassifikation verharrt jedoch auf einer individuumbezogenen Sichtweise und reproduziert ein medizinisches Modell von Lernbehinderung. Das Bedürfnis, hierdurch zu einer klar abgrenzbaren Diagnose von Lernbehinderung zu kommen, dürfte genauso wenig sinnvoll sein, wie es die bisherigen Versuche auf dieser Ebene gewesen sind, da sie die Komplexität des Sachverhalts unzulässig reduzieren.

Aus den bisherigen Vorbemerkungen wird deutlich, dass es bei dem Phänomen der Lern-Beeinträchtigung sehr unterschiedliche theoretische Zugänge gibt. Und da die Theorie bestimmt, was man beobachtet, haben die unterschiedlichen Modellvorstellungen reale Konsequenzen für den diagnostischen, therapeutischen, pädagogischen und organisatorischen bzw. institutionellen Umgang mit den betroffenen Kindern und Jugendlichen. Ohne hier die Vielzahl der paradigmatischen Ansätze dezidiert zu analysieren (vgl. dazu Bleidick 1985, Preuß-Lausitz 1981, Eberwein, 1996) möchte ich zunächst zwei gegensätzliche perspektivische Zugänge herausarbeiten: a) auf das Individuum reduzierte, stabilitätsorientierte Perspektiven und b) auf die Individuum-Umwelt-Beziehung orientierte Perspektiven.

1.3.1 Individuumzentrierte, stabilitätsorientierte Perspektiven

Hierzu sind sowohl das zu Anfang des Jahrhunderts vorrangig diskutierte Schwachsinnskriterium wie auch das in den 60er Jahren eingeführte Intelligenzkriterium zu zählen. Bei dem Schwachsinnskriterium wurde dem Schüler eine organische Krankheit unterstellt. Der Fokus wissenschaftlichen wie praktischen Interesses ist hier auf die Person gerichtet. In Analogie zur Physik wird der Mensch als hochkomplexe Maschine (vgl. Uexküll/Wesiack 1986, 1) angesehen, und sichtbare „Dysfunktionalitäten" werden auf tieferliegende intraindividuelle Defekte und Störungen, die sowohl erblich als auch durch Noxen in der prä-, peri- und postnatalen Phase oder im weiteren bio-physischen Entwicklungsprozess erworben sein können, zurückgeführt. Das Schwachsinnskriterium spielt heute in der sonderpädagogischen Diskussion keine Rolle mehr. Organmedizinisch nachweisbare Verursachungen von Lernbeeinträchtigungen stellen nur einen äußert geringen Anteil an der Gruppe der schulischen Lernversager dar. Statt des Schwachsinns wurde aber seit den sechziger Jahren der Intelligenz ein zentraler Stellenwert eingeräumt, der sich z.B. in der fast obligatorischen Verwendung von Intelligenztests bei den Verfahren zur Überprüfung des sonderpädagogischen Förderbedarfs im Lernen niederschlägt. Auch bei dem Intelligenzkriterium wird die Ursache des Lernversagens in der Person des Kindes vermutet und entspricht damit einer defektorientierten individualisierenden Sichtweise. Mangelnde

Intelligenz führt hiernach zu Schulversagen. An diesem linearen Ursachenkonzept ist vielfach Kritik geübt worden. Dabei wird besonders herausgestellt, dass

-   unter dem „Konstruktbegriff" Intelligenz etwas gemessen wird „was in seiner Struktur und Entwicklung noch nicht hinreichend aufgearbeitet ist" (Suhrweier 1993).

-   Zur Definition von Lernbehinderung werden unterschiedliche Intelligenzquotienten angegeben.

-   Unterschiedliche Intelligenztests erzielen bei denselben Personen unterschiedliche Resultate.

-   Intelligenz ist keine statische, biologische Größe, sondern Intelligenz ist eng mit den sozialen Lebensbedingungen eines Individuums vernetzt. „Intelligenzleistungen werden durch vielfältige Umweltfaktoren und ständig sich wiederholende Lebenssituationen über Lernprozesse ausgebildet." (Kanter 1980, 54)[1]

Ein Effekt der individuumzentrierten Sichtweise liegt darin, die Problemwahrnehmung auf die Person zu reduzieren. Aspekte von gesellschaftlich vermittelter sozialer Ungerechtigkeit, von schulischen Defiziten bei der Förderung spezifischer Schülerinnen und Schüler sowie von Etikettierungs- und Stigmatisierungsprozessen werden so weitestgehend ausgeklammert. Hiermit wird die Reflexion verhindert, inwieweit die bestehenden Verhältnisse - insbesondere des Allgemeinbildenden Schulsystems - an der Entstehung von Lernbehinderungen beteiligt sind. Institutionellen Alltagsroutinen mit ihren Verhaltenssicherheiten produzierenden impliziten und expliziten Normen und Regeln müssen dann nicht hinterfragt werden. Obwohl es seit Anbeginn der Hilfsschulentwicklung Ende des 19. Jahrhunderts bekannt war, dass soziale Aspekte in bedeutsamer Weise bei der Entstehung von Lernschwierigkeiten bei Kindern und Jugendlichen beteiligt sind, ist die individualisierende Sichtweise bis heute in alltagstheoretischen Vorstellungen virulent.

1.3.2 An der Individuum-Umwelt-Beziehung orientierte Perspektive

Die Sichtweisen, die die Individuum-Umwelt-Beziehung fokussieren, umfassen unterschiedliche Konzepte. Bleidick (1985) differenziert zwischen systemsoziologischen Differenzierungen und interaktionstheoretischen Definitionen. Erstere sind eng mit der Institutionalisierung der Sonderschule für Lernbehinderte verbunden. „Behinderung und Sonderpädagogik können also, systemsoziologisch betrachtet, eine Folge des Schulsystems sein. Dies ist an der Schullaufbahn der Lernbehinderten, die nicht von vornherein lernbehindert sind, sondern erst werden, als ‚Systemkarriere' ablesbar. Der Leistungszwang der allgemeinen Schule bildet eine ‚monopolartige Instanz' für die Feststellung der Lernbehinderung" (a.a.O., 259). Hier wird also davon ausgegangen, dass Behinderungen des Lernens relational zum bestehenden allgemeinbildenden Schulsystem zu sehen sind. Das allgemeinbildende Schulsystem hat sich schon auf drei Stufen (Haupt- und Realschule sowie Gymnasium) ausdifferenziert. Die systemische Funktion liegt hier in der Reduktion von Komplexität durch die Schaffung möglichst leistungshomogener Lerngruppen. Die Schule für Lernbehinderte bzw. Lernhilfe stellt eine weitere Ausdifferenzierung nach unten dar, indem sowohl im Bereich der Grund- wie der Hauptschule solche Kinder, die den Leistungsanforderungen nicht entsprechen, dorthin überwiesen werden.

Bei der interaktionstheoretischen Definition bezieht sich Bleidick (ebd.) auf den labeling approach, auf gesellschaftskritische und materialistische Positionen. Im Rahmen des labeling approach oder Etikettierungsansatzes wird Lernbehinderung als Ergebnis eines Interaktionsprozesses verstanden, in dem es gelungen ist, das Lernverhalten eines Schülers über einen längeren Zeitraum als normabweichend zu beschreiben. Wenn dies durch bedeutsame Erwachsene (z.B. Lehrer) geschieht, dann können Normalisierungsmechanismen des so etikettierten Schülers nicht mehr greifen und schlussendlich übernimmt er die Zuschreibung der Lernbehinderungen in sein Selbstbild und verhält sich danach. Der Zuschreibungsprozess ist durch soziale Erwartungshaltungen, durch Vorurteile, Normen- und Wertmaßstäbe zwischen Schülern (Definierter) und bedeutsamen Erwachsenen (Definierenden) gekennzeichnet. Lern-Behinderung ist somit kein ätiologischer, sondern ein relationaler Begriff, der im Kontext eines sozialen Interaktionsprozesses zugeschrieben wird. Die Bedingung für die erfolgreiche Zuschreibung und Übernahme einer (meist negativen) sozialen Etikettierung „dürfte u.a. vom Machtgefälle zwischen Etikettierer und Etikettiertem (...), vom Öffentlichkeitscharakter der sozialen Etikettierung, von dem Ausmaß, in dem (signifikante) andere die Etikettierung unterstützen, von der Häufigkeit und Zeitdauer der Etikettierung sowie von diversen Bedingungen von seiten des Adressaten (seine psychische Stabilität, seine Bereitschaft die angetragene Kategorisierung als legitim zu akzeptieren usw.) abhängen" (Peukert/Asmuss 1979, 21; vgl. auch Hargreaves 1980).

Aus dieser Perspektive ist Lernbehinderung also kein Ausdruck einer in der Person liegenden Störung oder Krankheit. Das Phänomen Lern-Behinderung wird vielmehr in seiner interaktionistischen Gebundenheit als prozessuales Ergebnis der sozialen Konstruktion von Abweichung verstanden (vgl. Homfeld 1996, 176 ff.).

---

[1] Vgl. ausführlicher Randoll 1991, 45 ff.; Eggert 1997, 41 ff.

Aus gesellschaftskritischer Perspektive wird der Beobachtung Rechnung getragen, dass es sich bei der Schülerschaft der Hilfs-, Sonder- bzw. Förderschulen um eine hoch ausgelesene Population aus den sozialen Rand- bzw. Unterschichten handelt. Die Anfang bis Mitte der 70er Jahre durchgeführten sozialstatistischen Untersuchungen zeigen, dass die Schule für Lernbehinderte in überwiegendem Maße von sozial randständigen Schülerinnen und Schülern der sozialen Unterschichten besucht werden. Gleichzeitig zeichnete sich jedoch ab, dass keineswegs alle Kinder dieser Sozialschichten zur Schule für Lernbehinderte gehen. Nur etwa 10% (vgl. Timm und Funke 1977, 594) aller Unterschichtkinder besuchen die Schule für Lernbehinderte. Der weit größere Teil, etwa 85%, besuchte hingegen die Volksschule/Hauptschule. Von einer linearen Beziehung zwischen sozialer Schicht und Lernbehinderung kann also nicht ausgegangen werden. Ein zentraler Schwachpunkt der damaligen Untersuchung lag dabei in den ungenauen und wenig aussagekräftigen Schichtungsmodellen[2]. Die vorgetragene Kritik wurde mit der Forderung nach einem präzisen „Deprivationsindex" (Klein 1976, 71) untermauert, der das konkrete Maß sozialer Belastung angegeben sollte. Dies ist meines Wissens bis heute nicht umgesetzt worden.

Preuß-Lausitz (1981, 21) versuchte eine genauere soziale Positionierung vorzunehmen und verortet die Schülerinnen und Schüler der Schule für Lernbehinderte in dem Teil der Arbeiterklasse, die dem „Kernbereich der materiellen Produktion" nahestehen, also besonders schwierige und ungesicherte Lebensbedingungen vorfinden. Die Kumulation entwicklungsbeeinträchtigender, sozio-kulturell benachteiligender Faktoren hat Klein (1985) durch die Analyse von Lebensläufen von Schülerinnen und Schülern der Schule für Lernbehinderte aufgezeigt.

Diese Erfassung der Lebensbedingung sogenannter lernbehinderter Schüler ist gegenwärtig weitgehend abgebrochen. Mand (1996, 166) merkt berechtigterweise an: „Zwanzig Jahre sind eine lange Zeit; da könnte sich einiges geändert haben in der Sozialstruktur Deutschlands, in der Zusammensetzung der Schülerschaft der Schule für Lernbehinderte". Klein (2001) hat jedoch eine neue Studie zum sozialen Hintergrund und zur Schullaufbahn von Lernbehinderten vorgelegt und mit seinen Ergebnissen der Studie von 1969 verglichen. Dabei wird deutlich, dass sich die soziale Lage der Schüler der Schule für Lernbehinderte/Lernhilfe zwischen 1969 und 1997 nicht gravierend verändert hat. Zusammenfassend stellt Klein für beide Zeitpunkte fest: „Förderschüler kommen zu einem überwiegenden Teil aus Lebens- und

---

[2] Zur Kritik vgl. Bargel 1973; Klein 1976, 70 ff.; zusammenfassend: Preuß-Lausitz 1981

Erziehungsbedingungen, die ihre Entwicklung in den frühen Lebensjahren beeinträchtigt oder gar beschädigt haben."(a.a.O., 59) Was sich geändert hat und auch empirisch aufgezeigt werden konnte, ist heute die deutliche Überrepräsentierung von Kindern nichtdeutscher Herkunft in Schulen für Lernbehinderte (vgl. auch Golz 1996; Kornmann und Klingele 1996). Die Ergebnisse der Untersuchung von Klein (2001, 55) zeigen, dass die soziale Lage der ausländischen Schüler an Sonderschulen deutlich ungünstiger ist, als bei ihren deutschen Mitschülern. Dazu zählt, dass die berufliche Qualifikation ausländischer Väter deutlich schlechter ist, als bei deutschen Vätern. Die Wohnsituation ausländischer Kinder ist beengter und durch schlechtere Wohnlagen gekennzeichnet; die Zahl der ausländischen Kinder, die einen Kindergarten besucht haben ist kleiner als die der deutschen Kinder. Ebenso werden ausländische Kinder tendenziell seltener von Frühfördermaßnahmen erreicht als deutsche Kinder. Golz (1996) macht ferner deutlich, dass die deutsche Schule den besonderen Erfahrungs- und Lernhintergrund, insbesondere die sprachliche und kulturelle Situation von Kindern nichtdeutscher Herkunft, nur unzureichend berücksichtigt. Die Schule erwartet z.B. einen angemessenen und altersentsprechenden Gebrauch der deutschen Sprache von allen Kindern und lässt die besondere Situation der Zweisprachigkeit mit Deutsch als Zweitsprache weitgehend außer acht. Spezifische Überforderungen sowie die Nichtbeachtung der individuellen Erfahrungshintergründe und Lernvoraussetzungen dieser Schülergruppe führen dann häufig zu Lernversagen.

Aus einer materialistischen Position wurde das Phänomen von sozialer Lage und Behinderung von Jantzen (1974) diskutiert. Für ihn ist Behinderung direkt verbunden mit den Produktionsverhältnissen einer Gesellschaft. Die Gemeinsamkeit der Schüler der Lernbehindertenschule liegt in ihrer „Arbeitskraft minderer Güte"[3]. Damit wird ein ökonomisch fundierter Begriff von Behinderung eingeführt, der nicht vom Schulsystem, sondern von den ökonomischen Lebensbedingungen her definiert ist.

1.3.3 Paradigmenkonkurrenz versus Paradigmenpluralität

Bis hier her sind nun unterschiedlichste Ansätze, denen ein gewisser paradigmatischer Charakter zukommt, skizziert worden. Unter Paradigma versteht man nach Kuhn (1973) die gemeinsamen, im großen und ganzen ungeschriebenen Spielregeln, die die wissenschaftliche

---

[3]Arbeitskraft minderer Güte ist, wer seine Arbeitskraft nicht auf dem Arbeitsmarkt gegen Lohn tauschen kann, es sei denn er erhält zusätzliche Unterstützung (Beihilfen, Unterstützung zur Ausbildung, Umschulungen etc.).

Praxis eines Forscherkollektivs bestimmen. Wie gezeigt wurde, gibt es eine Vielzahl von solchen paradigmatischen Ansätzen. Wie soll nun damit umgegangen werden, dass gleiche oder zumindest ähnliche Phänomene – wie zum Beispiel Schulversagen – sehr unterschiedlich theoretisch gefasst und begründet werden. Stehen die Ansätze konkurrierend zueinander oder können sie sich ergänzen? Hier gibt es wiederum mindestens zwei Sichtweisen:

Auf der einen Seite ist Bleidick (1985) zu nennen, der die Überwindung der „Eindimensionalität" der Ansätze durch eine „multifaktorielle Betrachtungsweise" propagierte.

„Die Eindimensionalität, die mit unter kaum zu übersehende Einseitigkeit der ‚substantialisierenden' medizinischen Kategorien, der überschätzte Handlungsspielraum des labeling approach, der alles entschuldigende Systemzwang, der auf gesellschaftliche Leitvorstellungen verkürzte Behinderungsbegriff treten zurück, wenn sie sich untereinander korrigieren. Das setzt voraus, daß dem dogmatischen Wahrheitsanspruch eines Paradigmas abgeschworen wird." (Bleidick 1985, 265). Es bleibt dann aber ungeklärt - von einigen wenig präzisen Andeutungen abgesehen - wie diese Verknüpfung geschehen soll. Auf der anderen Seite hat Preuß-Lausitz (1981) die schwache Erklärungskraft einer multifaktoriellen Perspektive herausgestellt und als Versuch der Abwehr von gesellschaftskritisch-materialistischen und interaktionistischen Positionen bewertet. Er resümiert: „Vorläufig jedoch stellt das Konzept des 'mulitfaktoriellen Ansatzes' nichts anderes dar als der mißlungene Versuch, die Legitimations- und Theoriekrise der bürgerlichen Sonderpädagogik in einen neuen Konsens überzuführen und zugleich gesellschaftskritische Theorieentwicklung ihrer bildungspolitischen und wissenschaftlichen Folgenhaftigkeit zu berauben." (Preuß-Lausitz, 1981, 42)

Im Rahmen einer Pädagogik bei Lernbehinderungen ist die enge Verknüpfung zwischen individuellen Entwicklungs- und Lernbedingungen und gesellschaftlich vermittelten Lebensbedingungen nicht von der Hand zu weisen. Beispielhaft sei hier auf die Studie von Duyme/Dumret/Tomkiewicz (1999) verwiesen, in der die enge Verknüpfung zwischen individuellen Leistungen bei Intelligenztests und gesellschaftlich vermittelten familiären Lebensbedingungen von Kindern aufgezeigt werden konnte. Hier konnte bei Kindern aus äußerst schwierigen sozial randständigen Lebenswelten mit schwerwiegenden Deprivationserfahrungen in früher Kindheit aufgrund eines Milieuwechsels durch Adoption ein signifikanter Zuwachs der in IQ-Tests gemessenen Werte nachgewiesen werden. In die Untersuchung wurden 65 Kinder einbezogen, die zwischen dem 4. und 6. Lebensjahr adoptiert wurden und zu der Zeit einen IQ von kleiner als 86 (Mittelwert 77, SD=6,3) aufwiesen. Alle Kinder wurden in der frühen Kindheit vernachlässigt oder missbraucht und wuchsen in sozial randständigem Milieu auf. Sie wurden nach vier Jahren, die sie in ihren Adoptivfamilien gelebt hatten erneut untersucht. Die Ergebnisse zeigen einen deutlichen Anstieg der IQ-Werte. Je höher der sozio-ökonomischen Standard der Adoptivfamilie war, desto höher waren die IQ-Werte bei der zweiten Untersuchung. Die Autoren kommen damit zu dem Schluss-Statement, „that, even after early childhood, some environmental factors highly increase borderline IQs". (a.a.O., 8793)

Es kann heute als hinreichend plausibel angesehen werden, dass gesellschaftlich vermittelte, soziale und materielle Lebensbedingungen und individuelle entwicklungs- und Lernmöglichkeiten als miteinander vernetzt angesehen werden müssen. Allein individuumzentrierte Perspektiven von Lern-Behinderungen sind damit nicht mehr haltbar. Es muss vielmehr darum gehen, die Vernetzungsdimensionen genauer zu beobachten, die lernförderliche bzw. lernbehindernde Auswirkungen hervorbringen. Dazu sollen im Folgenden auf der Grundlage eines konstruktivistischen Verständnisses von Lernen verschiedene relevante Dimensionen für die Beobachtung von Lernprozessen aufgezeigt werden, um daraus mögliche Faktoren der Lernbeeinträchtigung abzuleiten.

1.4 Lernen: Versuch eines mehrperspektivisch-konstruktivistischen Zugangs

Lernen und Lernbeeinträchtigungen sind bisher aus unterschiedlichen Perspektiven beleuchtet worden. An dieser Stelle soll nun aus einer konstruktivistischen Sicht versucht werden, die Beziehungsdimensionen zwischen Individuum und Umwelt, die jedem Lernprozess zugrunde liegen, herauszuarbeiten, um daraus abgeleitet Hypothesen über die Beeinträchtigungen des Lernens aufzustellen. Aus konstruktivistischer Sicht sind lebende Systeme- also auch der Mensch – strukturdeterminiert. Dies bedeutet, dass die Struktur unseres Körpers unsere biologischen Handlung- und Interaktionsmöglichkeiten bestimmt (wir können z.B. nicht ohne Hilfsmittel fliegen), genauso wie die Struktur unserer Psyche unsere affektiven und kognitiven Handlungsmöglichkeiten bestimmt. Nicht ein Impuls von außen definiert somit die Handlungen eines lebenden Systems, sondern seine jeweilige Struktur determiniert, was es tut oder nicht tut. Diese Struktur ist jedoch nicht starr, sondern flexibel. Jede Handlung eines lebenden Systems beeinflusst seine jeweilige Struktur. Strukturdeterminierte lebende Systeme sind dadurch lernfähig. Sie verändern ihre interne Struktur durch Interaktionsprozesse mit der materiellen wie der sozialen Umwelt. Zudem können sich komplexe lebende Systeme – wie der Mensch – selbst zum Interaktionspartner durch Formen der Selbstreflexion bzw. des internen Dialoges machen. Dieses ständige in Beziehung sein betont die prinzipielle Umweltsensibilität lebender Systeme.

„Auch an ein autopoietisches System[4] brandet (...) nicht einfach der Lärm der Welt an. Vielmehr schreibt das System in diese Lärmwand seine eigenen Muster ein und filtert aktiv dasjenige aus, was es finden oder vermeiden, konfirmieren oder negieren möchte. Diese umweltsensible Aktivität des Systems ist der prekäre Ansatzpunkt jeder Intervention." (Willke 1994, 103)

Diese Vernetzung zwischen lebenden Systemen und Umwelt wird als strukturelle Kopplung bezeichnet. Strukturelle Kopplungen haben Maturana und Varela (1987,85) zunächst auf der biologischen Ebene beschrieben: „Daß sich zwei (oder mehr) autopoietische Einheiten in ihrer Ontogenese gekoppelt haben, sagen wir, wenn ihre Interaktionen einen rekursiven oder sehr stabilen Charakter erlangt haben." D.h. die lebenden Systeme haben einen Bereich wechselseitig kompatibler Interaktionen herausgebildet. Rekursiv bedeutet hierbei, dass die gegenseitigen Perturbationen (Verstörungen, Anregungen) so zueinander passen, dass sie wechselseitig in anschlussfähiger Weise verarbeitet werden. Dies geschieht auch im sozialen Bereich. Auf der Grundlage der Herausbildung rekursiver – also wechselseitiger anregender, verstörender – Interaktionsmuster entwickeln sich zwischen   Personen strukturelle Kopplungen. Hieraus entstehen im zwischenmenschlichen Bereich Koordinationen von Handlungen. So wird im sozialen Miteinander ein konsensueller Bereich entwickelt, der die Grundlage aller weiterführenden Konsensbildung höherer Ordnung bildet, wie sie letztlich durch sprachliche Kommunikation erreicht werden (vgl. Schmidt 1986). „Dies findet statt in einer Welt, die wir miteinander teilen, da wir sie gemeinsam durch unsere Handlungen spezifiziert haben. Dies ist so offensichtlich, daß wir buchstäblich blind für diese Tatsache sind. Nur wenn unsere strukturelle Kopplung in irgendeiner Dimension

---

[4] Das Autopoiese-Konzept wurde von Maturana und Varela Anfang der 70er Jahre entwickelt (griech. *autos*= selbst; *poiein*= machen). Autopoietische Systeme sind operational geschlossene Systeme die durch ihr Operieren fortwährend ihre eigene Organisation erzeugen und erhalten. Ein autopoietisches System kann dabei nicht von außen zu einer bestimmten Reaktion gebracht werden. Aufgrund der Selbstreferenzialität können Umweltkontakte ein autopoietisches System nur zu Selbstkontakten anregen (vgl. ausführlicher: Maturana 1982; Böse/Schiepek 1989; Krüll/Luhmann/Maturana 1987).

einmal versagt, erkennen wir (wenn wir darüber reflektieren), in welchem Ausmaß unsere Verhaltenskoordinationen bei der Manipulation unserer Welt und bei der Kommunikation untrennbar sind von unserer Erfahrung. Diese gelegentlichen Zusammenbrüche in einer Dimension unserer Strukturkopplung treten im Alltag immer wieder auf, sei es beim Einkaufen oder in der Erziehung von Kindern." (Maturana/Varela 1987, 251)

Im Rahmen von Lernprozessen werden Strukturkopplungen, also aus der Beobachterperspektive erfolgreiche bzw. verträgliche Interaktionsstrukturen, aufgebaut. Aufgrund der Strukturdeterminiertheit lebender Systeme können solche strukturellen Kopplungen nicht determiniert werden. Sie entwickeln sich vielmehr aufgrund der Interaktionsprozesse zwischen Subjekt und Umwelt. Solche strukturellen Kopplungen können auch nicht objektiv richtig oder falsch sein. Strukturelle Kopplungen existieren, weil sie existieren. Ihre Bewertung ist eine Beobachterperspektive, die jeweils wiederum von der jeweiligen Struktur des beobachtenden Subjekts abhängt (vgl. Kapitel VII: Sonderpädagogische Diagnostik).

Daraus folgt, dass sich jede Form der Beeinflussung, ob sie nun von pädagogischen, therapeutischen oder wirtschaftlichen Interessen abgeleitet wird, damit auseinandersetzten muss, dass es keine direkten, instruktiven Interaktionsbeziehungen geben kann. Unterrichten und Lehren ist somit der Versuch der Anregung zur strukturellen Kopplung von komplexen Systemen, die nach ihrer eigenen Logik operieren. Lernprozesse stellen einen beim Menschen zentralen Bereich der strukturellen Kopplung dar. Aber es gibt auch andere Phänomene, die darunter fallen. Strukturelle Kopplung findet z.B. auch im Rahmen der evolutiven Entwicklung statt. Im Folgenden wird deshalb der Begriff des Lernens weiterverwendet.

Es sollen nun drei zentrale Aspekte von Lernen aus konstruktivistischer Perspektive herausgearbeitet werden, die die Formen struktureller Koppelung verdeutlichen sollen:

Lernprozesse sind kontextbezogen

Lernprozesse produzieren Sinn und Bedeutung und entstehen in Interaktionen

Lernprozesse sind affektlogisch strukturiert.

Bei der Diskussion dieser Dimensionen pädagogischer Lernperspektiven wird gleichzeitig versucht, Aspekte der Entstehung und Stabilisierung von Lernbehinderungen aufzuzeigen.

1.4.1 Lernprozesse sind kontextbezogen

Die Bedeutung von Kontexten für menschliches Handeln – insbesondere auch für Lernen - hat Gregory Bateson herausgestellt. Für seine Lerntheorie ist grundlegend, daß Individuen erst lernen müssen, einen Kontext zu erkennen. Es handelt sich hierbei um einen übergeordneten Sinnzusammenhang, der dafür sorgt, dass einem Verhalten eine Bedeutung zugeschrieben werden kann. So wie ein Buchstabe nur im Zusammenhang eines Wortes, ein Wort nur im Zusammenhang eines Satzes und ein Satz im Zusammenhang eines Textes eine spezifische Bedeutung erhält, gilt dies auch für Handlungen. Die Bedeutung des Kontextes möchte ich durch folgendes Beispiel herausstellen:

Stellen Sie sich vor, Sie sehen eine Person, die einen Dolch zückt und verzweifelt ausruft: „Ade du schnöde Welt". Wenn das auf dem Marktplatz ihres Wohnortes passiert und Sie zufällig vorbeikommen, werden Sie vielleicht versuchen, beruhigend auf die Person einzureden, oder Sie versuchen die Polizei oder den Rettungsdienst zu benachrichtigen. Falls Sie jedoch in einem Theater sitzen und ein Schauspiel verfolgen, werden sie wahrscheinlich nichts dergleichen tun. Falls sie laut nach Polizei oder Rettungsdienst rufen, wird man Sie verwundert oder böse ansehen und den Kopf schütteln. Falls Sie darauf beharren, die Person auf der Bühne von unüberlegten Handlungen abzubringen, wird man Sie vielleicht des Hauses verweisen und der Polizei übergeben. Der Kontext – hier das Theater, dort der Marktplatz – geben der gleichen Handlung eine völlig andere Bedeutung. Der Kontext ist somit eine Meta-Mitteilung, die die dort stattfindenden Handlungen qualifiziert. Durch Kontext-Markierungen (beim Theater z.B. die Eintrittskarte, der Vorhang vor der Bühne, die Sitzreihen) werden spezifische Kontexte angezeigt. Auch im ganz alltäglichen Leben ist es notwendig, im interaktiven Prozess eine Einigung über den Kontext (z.B. Spaß oder Ernst beim Kämpfen von Kindern) sowie über das Verhalten im Kontext herzustellen. So gibt es in der Schule z.B. völlig unterschiedliche Verhaltensanforderungen, je nach dem, ob Unterricht oder Pause ist, ob aktiv-selbständiges oder rezeptives Lernen gefordert ist usw. Die Bedeutung einer Handlung kann somit niemals ohne den Rahmen, den Kontext in dem sie stattfindet, erfasst werden. D.h. dass Menschen nicht nur spezifische Verhaltens- bzw. Handlungsweisen erlernen müssen, sondern sie müssen auch lernen, Kontexte zu erkennen. Dabei ist zu berücksichtigen, dass diese Phänomene auf unterschiedlichen logischen Ebenen angesiedelt sind (vgl. Watzlawick/Weakland/Fisch 1988, 19ff.). Unterschiedliche logische Typen verweisen auf das Phänomen, dass man strikt zwischen Aussagen über Elemente und Aussagen über Klassen von Elementen trennen muss. Ein basaler Satz der Logischen

Typenlehre besagt, dass „was immer die Gesamtheit einer Klasse (Menge) betrifft, nicht selbst Teil dieser Klasse sein darf" (Whitehead/Russel 1910-1913, 37). Weakland u.a. (1988) verdeutlichen dies folgendermaßen: „So ist die Menschheit die Klasse aller Individuen, ist aber nicht selbst ein Individuum, und es wäre offensichtlich Unsinn, vom einen in Begriffen des anderen zu sprechen (a.a.O., 24)." Oder an anderer Stelle: „Eine weitere, nützliche Analogie liefert uns ein Automobil mit gewöhnlicher Gangschaltung. Die Leistung des Motors kann auf zwei grundsätzlich verschiedene Weisen verändert werden: entweder durch Betätigung des Gaspedals (also durch Erhöhung oder Verminderung der Brennstoffzufuhr zu den Zylindern) oder durch Gangwechsel. Wenn wir die Analogie etwas strapazieren wollen, können wir sagen, daß der Wagen in jedem Gang einen <u>bestimmten</u> Bereich von möglichen «Verhaltensformen» (das heißt von Leistung und daher von Geschwindigkeit, Beschleunigung, Steigvermögen usw.) hat. *Innerhalb* dieses Bereichs (also dieser Klasse von Verhaltensformen) bewirkt die zweckmäßige Betätigung des Gaspedals die erwünschte Leistungsveränderung. Wenn die notwendige Leistung aber *außerhalb* dieses Bereiches fällt, muß der Fahrer einen Gangwechsel vornehmen, um die gewünschte Veränderung herbeizuführen. Der Gangwechsel ist daher ein Phänomen von höherem logischem Typenwert als das Gasgeben, und es wäre ein offensichtlicher Unsinn, wollte man über die Mechanik eines komplizierten Getriebes in der Sprache der Thermodynamik des Benzin sprechen." (Hervorhebungen im Original)

Auch für Lernen entwickelte Bateson logische Kategorien, die die Relationen zwischen Handlung, Kontext und Metakontext aufgreift. Er führt dazu die Ebenen des Lernens 0 bis Lernen IV ein. Lernen 0 ist ein Sonderfall und beschreibt Handlungsmuster (also strukturelle Kopplungen), die - aus welchen Gründen auch immer - keiner Korrektur - und damit fast keiner Veränderung - unterliegen. Diese Handlungsmuster können angeboren oder Resultate von abgeschlossenen Lernprozessen sein. Einem Geschehen wird eine gleichbleibende Bedeutung zugewiesen: Das Schlagen der Kirchturmuhr bedeutet eine bestimmte Uhrzeit. Das Pfeifen des Zugbegleiters bedeutet, dass der Zug gleich abfährt. Verändert sich die bestehende Koppelung, so liegt bereits Lernen I vor.

Auf der Ebene des Lernen I kommt der Kontext ins Spiel. Wenn eine Person innerhalb eines spezifischen Kontextes etwas lernt, spricht Bateson von Lernen I. Dazu gehören Phänomene wie das klassische und das operante Konditionieren, Gewöhnung, Löschung und mechanisches Lernen. Betrachten wir ein Beispiel aus dem Bereich der klassischen Konditionierung (vgl. Watson/Rayner 1920). Hinter dem Kopf eines kleinen Jungen (Alter 11 Monate) wurde, immer wenn er mit einer weißen Ratte spielen wollte, ein schmerzhafter lauter Ton erzeugt, der Angst bzw. Fluchtreaktionen auslöste. Nach einigen Wiederholungen rief dann bereits allein die Wahrnehmung des Tieres bei dem Jungen, der vorher keinerlei Angstreaktionen auf Ratten gezeigt hatte, diese Reaktionen hervor. Der kleine Junge hatte „gelernt", dass er mit einer Bedrohung rechnen kann, so bald er die Ratte erblickt. Sein „gelerntes Verhalten" ließ sich auch durch andere Pelztiere bzw. pelzartige Gegenstände auslösen. Für den Jungen muss dabei jedoch eine Übereinstimmung der Kontexte gegeben sein. Er muss das schrille Geräusch und die Ratte zum Zeitpunkt T 1 und bei der Wiederholung zum Zeitpunkt T 2 als irgendwie identisch betrachten. Nur durch die Annahme, dass ein Kontext zumindest prinzipiell wiederholt werden kann, ist es möglich, dass eine Person lernt, eine spezifische Handlung unter spezifischen Umweltbedingungen (Kontext) auszuwählen. Wäre dies nicht der Fall, so gäbe es kein Lernen des Typs I, sondern die Situation wäre immer eine jeweils neue. Lernen als in Beziehung setzen zu einem wiederholt auftretenden äußeren Ergebnis wäre unmöglich. Ein wiederholbarer Kontext setzt sich somit aus einer konstanten Menge von Verhaltensalternativen zusammen, aus welcher das Individuum durch Korrekturprozesse zu einer bestimmten Verhaltensauswahl kommt, und hierdurch Strukturkopplungen entwickelt. Durch Lernen I wird dabei ein Reiz, verstanden als äußeres oder inneres Signal, in Beziehung zu einem bestimmten Kontext gesetzt. Das Signal erhält in diesem Umfeld eine Bedeutung. Der Begriff des Kontextes für Lernprozesse beschreibt ebenfalls die Annahme, „daß die Abfolge von Lebenserfahrung, Aktionen usw. bei den Organismen, die wir untersuchen, irgendwie in Subsequenzen oder „Kontexte" unterteilt oder interpunktiert ist, die der Organismus gleichsetzen oder differenzieren kann" (Bateson 1985, 377).

Lernen II kennzeichnen nun einen Lerntypus auf einer höheren logischen Ebene. Hierbei geht es nicht mehr um das Erlernen spezifischer Verhaltensweisen innerhalb eines Kontextes, sondern um die Herausbildung von Verhaltensklassen. Dieses Lernen kann auch als „Lernenlernen" beschrieben werden.

Ein Kind lernt z.B. in einem spezifischen Kontext auf der Grundlage von externer Belohnung bzw. Bestrafung. Diese Lernerfahrung des Typs I wiederholt sich, so dass das Kind in einer neuen Lernsituation davon ausgeht – ob bewusst oder unbewusst -, dass es sich wiederum um einen solchen Lernkontext handelt. Es orientiert seine Wahrnehmung, sein Denken und sein Handeln daraufhin in spezifischer Weise, wobei es seine bisherigen Lernerfahrungen einbringt. Sofern es sich hierbei um passende Konstruktionen handelt, wird es schneller lernen. Falls nicht, wird es langsamer lernen oder gar scheitern. Hierdurch lernt das Kind etwas über Kontexte und damit über spezifische Klassen von Handlungen. Durch die Beschreibung von zwei Tierexperimenten soll dieser Unterschied zwischen Lernen I und Lernen II verdeutlicht werden:

Die Experimentalneurose

Ein Hund wird in einem Kontext der klassischen oder operanten Konditionierung trainiert, zwischen einem Kreis und einer Ellipse zu unterscheiden. Sobald der Hund die beiden Formen sicher unterscheiden kann (z. B. hebt er bei der Ellipse die Pfote, bei dem Kreis bellt er) wird die Aufgabe erschwert, indem die Ellipse immer runder und der Kreis immer flacher gemacht wird. Schließlich ist kein Unterschied zwischen den Formen erkennbar. „Ist das Experiment mit der entsprechenden Strenge durchgeführt worden, dann wird der Hund an diesem Punkt verschiedene Symptome aufweisen. Er wird seinen Halter beißen, die Nahrung verweigern, er kann ungehorsam werden oder in Bewußtlosigkeit fallen usw." (Bateson, 1984, 150). Die sinnvolle strukturelle Kopplung der Unterscheidungsfähigkeit im Kontext 1 wurde durch die Kontextveränderung (vom Unterscheidungskontext zum Raten-Kontext) dysfunktional. Durch die schleichende Kontextveränderung und die Beibehaltung von alten Kontextmarkierungen wurde so eine Lern-Behinderung produziert, die der Hund mit unterschiedlichen Symptomen (von aggressiv bis lethargisch) beantworten kann, da auf der Ebene des Lernens I verbleibt. Zur Lösung der Aufgabe wäre jedoch die Veränderung des Kontextes und damit ein Lernen II notwendig. Dies soll der folgende Versuch zeigen:

Lernen II bei einem Delphin

Bateson (1985, 359ff.) berichtet von einem Delphin, der darin geübt ist, den Ton der Pfeife des Trainers als sekundäre Verstärkung zu hören, da er darauf in aller Regel Futter erhält. Der Delphin lernt ferner, dass wenn er die Verhaltensweise wiederholt, die er ausführte, wenn die Pfeife ertönte, er nochmals die Pfeife hört und Futter erhält.

„Der weibliche Delphin wird jetzt von den Dresseuren daran gewöhnt, dem Publikum „wirksame Konditionierung" zu demonstrieren. Wenn sie ins Schaubecken kommt, hebt sie ihren Kopf über die Wasseroberfläche, hört das Pfeifen und wird gefüttert. Dann hebt sie wieder den Kopf und wird nochmals durch Füttern „verstärkt". Drei Wiederholungen dieser Abfolge genügen für die Demonstration, und danach wird der Delphin aus dem Becken geschickt, um auf die nächste Vorführung zwei Stunden später zu warten. Er hat einige einfache Regeln gelernt, die seine Handlungen, das Pfeifen, das Schaubecken und den Dresseur innerhalb

eines Musters aufeinander beziehen - eine Kontextstruktur, eine Gruppe von Regeln darüber, wie die Informationen zusammengesetzt werden müssen.

Dieses Muster paßt jedoch nur auf eine einzige Episode im Schaubecken. Der Delphin muß das Muster aufbrechen, um mit der **Klasse** *solcher Episoden umgehen zu können. Es gibt einen größeren* **Kontext von Kontexten**, *der ihn ins Unrecht setzen wird.*

Bei der nächsten Vorführung will der Dresseur wieder „wirksame Konditionierung" demonstrieren, aber um das zu schaffen, muß der Delphin eine andere auffällige Verhaltensweise annehmen. Wenn der Delphin auftritt, hebt er wieder den Kopf. Er bekommt aber keinen Pfeifton zu hören. Der Dresseur wartet auf das nächste auffällige Verhalten - wahrscheinlich ein Schwanzschlag, der ein üblicher Ausdruck von Verstimmung ist. Dieses Verhalten wird dann verstärkt und wiederholt. Aber der Schwanzschlag wurde natürlich bei der dritten Vorführung nicht belohnt. Schließlich hat der Delphin gelernt, mit dem Kontext von Kontexten umzugehen - indem er bei jedem Auftritt eine andere oder **neue** *auffällige Verhaltensweise anbietet. All dies vollzog sich in der freien Naturgeschichte der Beziehung zwischen Delphin, Dresseur und Publikum. Die Abfolge wurde dann mit einem neuen Delphin experimentell wiederholt und sorgfältig beschrieben.*

Aus dieser experimentellen Wiederholung der Sequenz müssen zwei Punkte hinzugefügt werden:

1, daß es (nach dem Urteil des Dresseurs) notwendig war, die Regeln des Experiments mehrere Male zu brechen. Die Erfahrung, Unrecht zu haben, war für den Delphin so schlimm, daß es, um die Beziehung zwischen Delphin und Dresseur (d.h. den Kontext der Kontexte des Kontexts) aufrechtzuerhalten, notwendig war, viele Verstärkungen zu geben, auf welche der Delphin kein Anrecht hatte.

2, daß jeder Einzelne der ersten 14 Übungen durch viele vergebliche Wiederholungen irgendeines Verhaltens charakterisiert war, daß in der unmittelbar vorausgegangenen Übung verstärkt worden war. Anscheinend zeigte das Tier nur „zufällig" eine andere Verhaltensweise. In der Pause zwischen der 14. und 15. Sektion schien der Delphin sehr erregt zu sein, und als er zum 15. Mal auftrat, legte er eine hoch entwickelte Vorführung hin, in der acht auffällige Verhaltensweisen vorkamen, von denen vier völlig neu waren - etwas, das bei dieser Tierart noch nie beobachtet worden war." (Bateson 1985, 359ff.; Hervorhebungen im

Original; Original nicht kursiv)

Hier gelingt es dem Delphin, auf der Stufe II der Lernhierarchie nach Bateson zu lernen. D.h. die strukturelle Kopplung innerhalb eines Kontextes wird transzendiert und es erfolgt eine strukturelle Kopplung zu der Klasse von Kontexten. Es zeigt sich aber auch, dass ein solcher Lernprozess Stress und Frustration erzeugen und nur im Rahmen einer tragfähigen Beziehung zwischen Lerner und Trainer erfolgen kann.

An dieser Stelle soll der Versuch einer Übertragung auf schulisches Lernen unternommen werden. Stellen Sie sich vor, ein Schüler lernt in einer sehr stark vorstrukturierten Lernsituation. Die einzelnen Lernschritte sind durch den Lehrer genau vorgegeben und richtige Leistungen werden möglichst sofort belohnt, falsche hingegen negativ sanktioniert. Der Schüler lernt in diesem Kontext eine Vielzahl von Verhaltensweisen. Z.B. die vorgegebenen Aufgaben möglichst nach dem bekannten Muster zu bearbeiten; bei jedem Lernschritt zu warten, ob er als richtig oder falsch bewertet wird; zu akzeptieren, dass richtige und falsche Lösungen durch den Lehrer objektiv vorgegeben werden. Wechselt nun dieser Schüler in eine Klasse, in der offener Unterricht vorherrscht, stoßen seine bisherigen Erfahrungen auf Widerstand. D.h. der neue Kontext setzt den Schüler mit seinen bisherigen Handlungsstrategien ins „Unrecht", denn nun wird z.B. exploratives, selbstverantwortliches, autonomeres Lernhandeln erwartet.

Auf der Ebene des Lernens II werden somit spezifische Leitsätze erworben, die (Lern-) Umwelt wahrzunehmen, Erfahrungen zu sammeln, und zu organisieren sowie handelnd auf die Umwelt einzuwirken. Dazu gehört die Herausbildung eines spezifischen Lerntypus (vgl. Vester 1975) genauso wie die Entwicklung des Selbstbildes in Bezug auf die eigene Lernfähigkeit, auf die motivationalen Orientierungen, auf die Kausalattribuierung von Erfolg und Misserfolg etc. (vgl. Weinert 1973; Meyer 1973). Wenn ein Kind in spezifischen Lernkontexten negative Erfahrungen – meist durch die Rückmeldung signifikanter Bezugspersonen – sammelt, so bildet es ein Muster heraus, sich mit Lernkontexten in Beziehung zu setzten. Auf der Ebene II des Lernens entsteht so z.B. das Phänomen der Misserfolgsorientierung, die sich zu einer negativen Selbstattribuierung („ich bin ein Versager", „ich werde niemals Lesen und Schreiben lernen") verfestigen kann. Dies wird noch verstärkt, wenn solche Misserfolge auf stabile Dimensionen wie z.B. Begabung oder Lernfähigkeit zurückgeführt werden. Hierdurch ändert sich die Erfolgserwartung bei gleichen oder ähnlichen Aufgabenstellungen kaum. Damit wird die Lernbereitschaft reduziert und die Gefahr, sich solchen Kontexten – wie auch immer – zu entziehen, steigt. Betz/Breuninger

(1993) haben die sich daraus entwickelnden Teufelskreise von Lernstörungen im Bereich des Schriftspracherwerbes eindrucksvoll beschrieben. Der Schüler konstruiert dann für solche Situationen einen Vermeidungskontext, wohingegen der Lehrer einen Lernkontext im Auge hat. Bevor hier also über Übungs- und Fördermöglichkeiten nachgedacht werden kann, muss zunächst einmal gemeinsam mit dem Schüler ein tragfähiger Kontext entwickelt werden, in dem Übungs- und Fördermaßnahmen für ihn sinnvoll sind.

Lernen III bildet nun wiederum die Metaebene zu Lernen II. Es handelt sich hierbei um Prozesse, die die Struktur des Lernens II verändern und das Individuum in einen irgendwie mystischen Zustand (Dell 1986, 66) versetzen, indem das eigene Selbst nicht mehr zum Bezugspunkt der Interpunktion von Erfahrungen und Handlungsweisen herangezogen wird, sondern im Ganzen der Welt aufgeht (vgl. Bateson 1985, S. 393). Hierbei lernt eine Person im Rahmen der Kontexte von Kontexten wahrzunehmen und zu handeln. Damit findet eine fundamentale Umstrukturierung der Wirklichkeitskonstruktionen des Subjekts statt. „Individualität ist ein Resultat oder eine Ansammlung aus Lernen II. In dem Maße, wie ein Mensch Lernen III erreicht und es lernt, im Rahmen der Kontexte von Kontexten wahrzunehmen und zu handeln, wird sein „Selbst" eine Art Irrelevanz annehmen." (Bateson 1985, 393)

Dabei betont Bateson jedoch, dass die Dimension des Lernens III gänzlich außerhalb des Bereichs der Sprache liegt.

Lernen IV umfasst die Verbindung von Lernen III und Evolution. D.h. Lernen IV kommt vermutlich auf einer individuellen Ebene nicht vor. „Der Evolutionsprozeß hat jedoch Organismen hervorgebracht, deren Ontogenese sie zum Lernen III bringt. Die Verbindung von Ontogenese und Phylogenese erreicht in der Tat Ebene IV." (Bateson 1985, 379)

Welche Orientierungen für ein Verständnis von Lern-Behinderungen lassen sich nun aus den bisherigen Ausführungen ableiten?

Strukturelle Kopplungen finden auf unterschiedlichen logischen Ebenen statt. Das Individuum wählt innerhalb von Kontexten (man kann hier auch von sinn- und bedeutungstragenden Lebensweltbereichen sprechen) spezifische – individuell sinnvolle – Handlungsweisen aus. Gleichzeitig werden übergeordnete Strukturen der In-Beziehung-Setzung (Lernen II) entwickelt. Strukturelle Kopplungen entwickeln sich so innerhalb von Kontexten (Lernen I) und zu Klassen von Kontexten (Lernen II). Strukturelle Kopplungen sind dabei weder beliebig noch eindimensional vorgegeben. Sie sind vielmehr kontingent, weil es unterschiedlichste Möglichkeiten struktureller Kopplungen gibt; und sie sind funktional, weil sie im weitesten Sinne die Überlebensfähigkeit, im engeren Sinne die

Handlungs- bzw. Interaktionsfähigkeit des lebenden Systems sichern. Lernstörungen sind dann möglich, wenn die aufgebaute Struktur in einem neuen Kontext aus der Beobachterperspektieve dysfunktional wird.

Wenn wir diesen Ansatz auf die Entstehung von Lernschwierigkeiten bei Schülern übertragen, lassen sich folgende Hypothesen formulieren:

a) Wenn Kinder in die Schule kommen, haben sie strukturelle Kopplungen zu ihren primären Lebensumwelten hergestellt. Im Rahmen schulischer Kontexte können diese Erfahrungen dysfunktional - aus der Beobachterperspektive von Lehrkräften - sein. Unsicherheit, Frustration und Angst bzw. Aggression wären dann die Folge. So konstatieren Klauer und Lauth (1997, 707):

„Leistungsschwache / lernbehinderte Kinder zeichnen sich weniger durch dauerhafte Fähigkeitsdefizite (etwa im Bereich des Gedächtnisses oder des Denkens), als vielmehr durch die Art aus, wie sie Lernvorgänge bewältigen (z.B. „Raten") statt systematischer Inspektion der Materialvorlage. Für sie gilt als charakteristisch, daß sie

- Strategien zur Informationsentnahme und –verarbeitung (z.B. Memorierungsstrategien, Bildung von Bedeutungsverknüpfungen),
- Maßnahmen zur Organisation (z.B. Zeitplanung, Vorausplanung, Ableitung des eignen Vorgehens, Einplanung schwieriger Handlungsschritte),
- eine begleitende Handlungskontrolle (z.B. Steuerung und Überwachung des eigenen Handelns/Lernprozesses, Regulation der eigenen Emotionalität) sowie
- verbale Handlungsanleitung (z.B. Nutzung verbaler Vermittler, an sich selbst gerichtete – metakognitive – Fragen)

in geringerem Maße als unauffällige Kinder nutzen. Belege hierfür sind u.a., daß sie

- ihre Lernprozesse weniger gut überwachen und kaum Superzeichen bilden (...)
- weniger Zeit auf die Lösung einer Aufgabe verwenden (...)
- seltener regelhafte Vorgehensweisen befolgen (...)
- sich weniger Rechenschaft über den zurückgelegten Lernweg und die erreichten Lernergebnisse geben, was sich auch in verminderten Generalisierungsleistungen niederschlägt (...)."

Dies könnte bedeuten, dass all die aufgeführten Strategien in der außerschulischen Lebenswelt dieser Schüler wenig funktional sind bzw. waren. Evtl. sind für sie die

Strategie des Ratens, der impulsiven Try and Error Strategie oder des passiven Abwartens als strukturelle Kopplungen sinnvoller. Dies könnte zum Beispiel der Fall sein in wenig regelhaften, unstrukturierten, labilen bzw. unberechenbaren und unsicheren Lebenswelten. Lernschwierigkeiten können somit immer dann auftreten und gefördert werden, wenn die vorhandenen Lernstrategien der Schüler missachtet werden und neue Ansprüche gestellt werden, die bisher nicht aufgebaute Lern- bzw. Problemlösestrategien voraussetzen. Denken sie an die berichteten Erfahrungen mit dem Delphin. Bei der Neustrukturierung des Lernkontextes war es von besonderer Wichtigkeit, dass zwischen Tier und Dresseur eine tragfähige, positive Beziehung bestand. Ferner waren eine Vielzahl von Ermutigungen (positive Verstärker) notwendig. Diese Beobachtung ist auch für menschliches Lernen bedeutsam, denn Schüler, die aufgrund abweichender außerschulischer Lernerfahrungen in der Schule „ins Unrecht" gesetzt werden, bedürfen der intensiven Begleitung und Unterstützung. Ein entscheidender Aspekt der pädagogischen Förderung liegt damit zunächst in der Beobachtung der jeweils vorhandenen Handlungs- und Problemlösungsstrategien und –kompetenzen, die die Ergebnisse der bisherigen Prozesse struktureller Kopplung darstellen. Darauf aufbauend können neue Kontext mit neuen Anforderungen präsentiert werden, die eine Erweiterung der Lernstrategien ermöglichen.

b) Aufgrund der Hierarchie der Lerntypen ist zu beachten, dass bei der Auseinandersetzung mit auftretenden Lernschwierigkeiten die logischen Ebenen des Lernens beachtet werden müssen. Wenn ein Schüler z.B. Schwierigkeiten im Schriftsprachbereich hat, so werden häufig unterschiedliche Übungen vorgeschlagen (visuelle Diskriminierung, akustische Diskriminierung, wiederholtes, mechanisches abschreiben von Wörtern oder kleinen Texten, das gegeneinanderstellen von Wörtern mit ähnlichen Schwierigkeiten etc). Hierbei versucht man die Lernschwierigkeit innerhalb eines spezifischen Kontextes durch spezifische Übungen zu bearbeiten. Die motivationale Orientierung des Kindes sowie seine Selbstattribution in Bezug auf seine Fähigkeit Lesen und Schreiben zu lernen sind aber auf einer höheren logischen Ebene angesiedelt und durch solche funktionalen Übungen nicht zu beheben. Vielmehr können durch die Nichtbeachtung des übergeordneten Kontextes die Lernschwierigkeiten manifestiert werden, indem das Kind versucht, sich zu entziehen und der Lehrer versucht, verstärkt das Kind dazu zu bringen, die Übungen zu absolvieren, da sie seiner Meinung nach notwendig sind, die Lernschwäche zu überwinden. Notwendig ist hier zunächst einmal, den

Lernkontext für das Kind so zu gestalten, das Lese- und Rechtschreibübungen sinnvoll erscheinen. Solange ein Kind davon ausgeht, daß es nicht Lesen und Schreiben kann, wird es sich nicht bemühen, lesen und Schreiben zu lernen. Es wird sich bemühen, der Situation zu entkommen (Vermeidungsverhalten) oder Kompensationsstrategien zu entwickeln. So zeigen Erfahrungen mit erwachsenen Analphabeten, dass diese nicht selten ein sehr differenziertes Arsenal von Handlungskompetenzen entwickelt haben, um ihr Defizit zu verbergen. Für den Umgang mit Lernschwierigkeiten bedeutet dies, zunächst einmal auf der Ebene des Lernens II die spezifischen Interaktionsmuster (Lernstrategien, motivationale Aspekte, Attribuierungen und Selbstkonzept) in Bezug auf den Lerngegenstand, z.B. Schriftsprache zu analysieren. Hier muss der Kontext der Lernvermeidung bzw. der Lernverhinderung in einen Kontext der Lernfähigkeit (ich kann Lesen und Schreiben lernen) verändert werden, bevor funktionale Übungen überhaupt sinnvoll sein können.

1.4.2 Lernprozesse erzeugen Bedeutungen und entstehen in interaktiven Prozessen

Wir greifen hier auf die Überlegungen des Symbolischen Interaktionismus sensu Blumer (1973) zurück, die im folgenden anhand der von ihm formulierten erkenntnistheoretischen Prämissen spezifiziert werden soll:

Der erste Grundsatz beinhaltet, dass Menschen all jenen Dingen gegenüber, die sie in ihrer Welt wahrzunehmen vermögen, seien dies nun Gegenstände, andere Menschen, Gruppen von Menschen, Institutionen, Leitideale, Handlungen etc., auf der Grundlage der Bedeutungen handeln, die diese Dinge für sie besitzen. Der symbolische Interaktionismus differenziert damit zwischen einer materiell gegebenen Welt außerhalb der Vorstellung und des Bewusstseins des Menschen und der erfahrenen Welt, die für den Menschen dann existiert, wenn sie für ihn eine **Bedeutung** hat.

Die zweite Prämisse besagt, dass die Bedeutungen der Dinge aus den sozialen Interaktionen, die das Individuum mit anderen Personen eingeht, abgeleitet oder hervorgebracht werden. Die Bedeutungen der Dinge, die die Lebenswelt des Individuums ausmachen, sind somit soziale Konstruktionen, die sich für ein Individuum daraus ergeben, wie andere Personen ihnen gegenüber in Bezug auf die Dinge ihrer Lebenswelt handeln.

Die dritte Prämisse beinhaltet, dass dem Handeln des Menschen in seiner bedeutungsformierten Lebenswelt nicht eine mechanisch, unreflektierte Anwendung der erworbenen Bedeutungen zugrundeliegt, sondern dass die Bedeutung der Dinge in einem interpretativen Prozess, der zwischen der Person und den Dingen stattfindet, gehandhabt, benutzt und modifiziert wird. Die Anwendung von Bedeutungen durch den Handelnden unterliegt einem ständig neuen Interpretationsprozess. Bedeutungen und Handlungen sind somit rekursiv verknüpft.

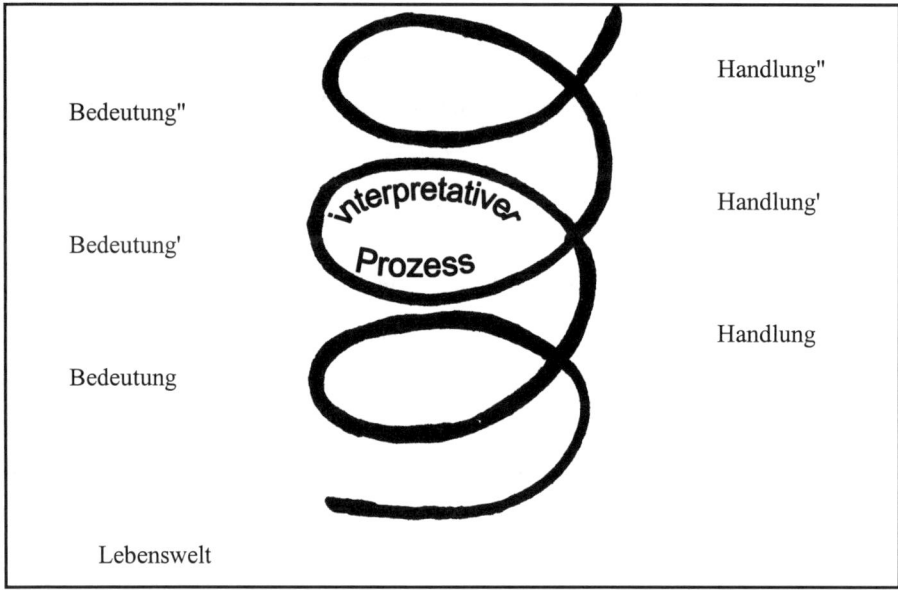

Abbildung 2: Rekursive Verknüpfung von Bedeutung und Handlung nach Werning 1996

Bedeutungen von Dingen und die daraus entstehende Lebenswelt des Individuums unterliegen einem ständigen Prozess der interpretativen Auslegung, der Bestätigung und Veränderung durch die Interaktionen des Subjekts mit der Umwelt. Die Lebenswelt des Subjekts ist somit eine bedeutungsvermittelte und bedeutungsvermittelnde Welt, die sich aus den sozialen Interaktionsprozessen entwickelt und diese gleichzeitig steuert. Je nach den unterschiedlichen sozialen Interaktionsprozessen entstehen unterschiedliche Bedeutungen von Objekten. So erfährt ein Kind armer Eltern z.B. eine völlig andere Bedeutung von Geld als ein Kind reicher Eltern (dass hierdurch sogar die Wahrnehmung von Münzgrößen beeinflusst wird, haben schon Brunner/Goodman 1947 und Cater/Schooler 1949 nachgewiesen). Ein Kind in dörflicher Umgebung eignet sich eine andere Bedeutung von 'Kuh' an als ein Kind aus einem

Großstadtwohnsilo.

Dieser Prozess betrifft auch die Konstruktion des eigenen Selbst. Die Fähigkeit, sich selbst als Objekt mit bestimmten Bedeutungen zu betrachten, resultiert aus dem Prozess sozialer Interaktion.

„Wie die anderen Objekte, so entwickelt sich auch das ‚Selbst-Objekt' aus einem Prozeß sozialer Interaktion, in dem andere Personen jemandem die eigene Person definieren." (Blumer 1973, 92)

Diesen Prozess der „Selbst"-Konstruktion, der Identitätsbildung beschreibt Mead (1973) als die Fähigkeit des Individuums, sich dann zum Objekt seiner Erfahrungen machen zu können, wenn es sich in die Position anderer hineinversetzt und die Haltung anderer Individuen sich selbst gegenüber einnimmt. Die Tatsache, dass der Mensch ein Selbst hat und sich selbst gegenübertreten kann, hat weitere fundamentale Auswirkungen. Dies bedeutet, dass er mit sich selbst in eine soziale Interaktion eintreten kann. Er kann sich selbst Bedeutungen von Dingen anzeigen, kann damit selbst seine Lebenswelt partiell durch Interaktionen mit sich selbst konstruieren.

„Er begegnet den Dingen, die er wahrnimmt, indem er einen Prozeß des ‚Selbst-Anzeigens' eingeht, in dessen Verlauf er das Wahrgenommene zu einem Objekt macht, ihm eine Bedeutung gibt und diese Bedeutung als Grundlage für seine Handlungsausrichtung benutzt. Sein Verhalten ist in bezug auf das, was er wahrnimmt, nicht eine Reaktion, die durch die Darstellung des Wahrgenommenen hervorgerufen wurde, es ist vielmehr eine Handlung, die aus der Interpretation hervorgeht, die in dem Prozeß des Selbst-Anzeigens vorgenommen wurde." (a.a.O., 94)

Daraus folgt, dass die Bedeutungswelten von Menschen zwar strukturell gekoppelt sein können, dies aber eine gemeinsame Geschichte rekursiver Interaktionen voraussetzt. Wenn Kinder in die Schule kommen, bringen sie jedoch häufig sehr unterschiedliche Bedeutungswelten mit, die mit ihren primären Lebenskontexten in Beziehung stehen. Bedeutsam in diesem Zusammenhang sind die von Bauersfeld (1983) postulierten „Subjektiven Erfahrungs-Bereiche (SEB). Hierdurch wird das Phänomen beschrieben, dass Kinder ihre Lern-Erfahrungen entsprechend ihrer situativen Bindung in einer nicht-hierarchischen, kummulativen Form abspeichern. Bauersfeld führt zur Verdeutlichung u.a. die folgende Fallgeschichte von Ginsburg an, die dieses Phänomen der SEB verdeutlicht:

„Als Achtjährige konnte Alexandria keine halbschriftlichen Divisionsaufgaben lösen, wie etwa 8:4= ?, als Antwort vermutete sie 1 oder 0. Der Interviewer gab ihr eine vergleichbare

Textaufgabe: 'Nimm an, du hast acht Dollar, und du hast vier Kinder, und du willst das Geld gleichmäßig an sie verteilen. Wieviel gibst du jedem Kind?' Alexandria wiederholte die Aufgabe, sagte dabei aber fälschlicherweise:' Angenommen du hast fünf Dollar...' und löste diese Aufgabe richtig mit 'ein Dollar und fünfundzwanzig Cents'." (a.a.O.,3; Hervorhebung im Original)

Bei dieser Fallgeschichte wird deutlich, dass das Kind die aus Beobachtersicht gleiche Aufgabe in dem einen Kontext lösen kann und in dem anderen nicht.

„Offenbar hat für Alexandria das halbschriftliche Rechnen nichts mit Geld zu tun. Das eine tut man mit Schreibzeug und Symbolen auf Papier; das andere betrifft Münzen und Banknoten, für die man viele reizvolle Dinge kaufen kann. Die Handlungen, Interessen und Gefühle in den beiden Erfahrungsbereichen sind für ein Kind zunächst grundverschieden. Je weniger sich die Situation gleichen, desto weniger gibt es zwischen ihnen zu „übersetzen", wenn übersetzen Darstellungswechsel bei gleichbleibendem Inhalt heißt. Im Gegenteil: Das in beiden SEB geläufige Wort „acht" wird gar nicht als dasselbe wahrgenommen, weil es für ganz verschiedene Vorstellungen steht, nämlich einmal für das Symbol „8" auf dem Papier und zum andern für einige Münzen (8 Cents, z.B. als ein „Nickel" und drei „Pennies") oder einige Geldscheine (8 Dollar, z.B. acht „bucks"). Ähnliches gilt zu diesem Zeitpunkt bei Alexandria zweifellos auch für „teilen", „Zahl", „Rechnen" usw., die als Wörter noch nicht einheitlich –integriert gebraucht werden, sondern in verschiedenen Kontexten (SEB) voneinander isoliert, verschiedene Bedeutung haben."(a.a.O.,6)

Lernprozesse erzeugen damit individuelle Bedeutungswelten, die nicht automatisch mit den durch den Lehrer erwarteten Bedeutungswelten der Lernaufgaben übereinstimmen. Um sich den Lernfähigkeiten wie auch den Lernschwierigkeiten von Kindern annähern zu können, ist es aus dieser Perspektive notwendig, die aufgrund der konkreten Entwicklungsbedingungen in der Lebenswelt der Kinder entstandenen „subjektiven Erfahrungs-Bereiche" nachzuvollziehen. Blumer konstatiert, dass „will man das Handeln von Menschen verstehen, man notwendigerweise ihre Welt von Objekten bestimmen muß" (Blumer 1973, 91). Dies gilt dann in gleicher Weise für das Verstehen von Lernprozessen sowie deren Behinderung.

Manche Schüler kommen z.B. mit Vorerfahrungen über die Welt der Buchstaben und Zahlen etc. in die Schule, viele haben ein Verständnis über die Bedeutung von Lernen entwickelt und besitzen auch schon heuristische Fähigkeiten des Problemlösens. Anderen sind diese Bedeutungswelten noch völlig verschlossen. So zeigen Untersuchungen, dass Schüler, die keine Vorstellungen von der Bedeutung von Schrift haben, sehr viel häufiger im Lese-Rechtschreib-Prozess versagen, als Schüler, denen die Bedeutung und der Nutzen von Schrift bekannt ist. Lern-Behinderungen sind somit immer dann zu erwarten, wenn die je individuellen Bedeutungswelten der Schüler nicht beachtet oder nur als negativ bzw. defizitär angesehen werden. Lernen kann nur erfolgreich gefördert werden, wenn es an den vorhandenen Bedeutungsstrukturen des Subjekts ansetzt und diese anregt, weiterentwickelt, mit neuen Aspekten verknüpft etc.

Das bedeutet, dass Menschen „nicht einfach so" lernen. Dies wird auch aus anderen theoretischen Bezügen deutlich: Aus lerntheoretischer Sicht lernen Menschen, weil sie z.B. positive Erfahrungen (Verstärkungen) wiederholen bzw. negative Verstärkungen durch neues Verhalten vermeiden wollen. Oder sie lernen neue, sinnvolle Reiz -Reaktions-Verknüpfungen (z.B. im klassischen Konditionieren) oder erfolgversprechendes Modellverhalten (z.B. bei Modell-Lernen). Auch basale Lernprozesse sind nicht beliebig; sie sind für den Organismus bedeutungsvoll.

Die Bedeutungshaftigkeit von Lernprozessen gilt natürlich um so mehr auf den höheren Lernebenen. So konstatiert Rogers, ein Vertreter der humanistischen Psychologie, dass ein Mensch in belangvoller Weise „nur jene Dinge (lernt), die für ihn mit der Erhaltung oder mit der Entfaltung seines Selbst verbunden sind" (Rogers, 1979, 157). Er beschreibt dabei Lernen als ambivalenten Prozess: Menschen besitzen ein natürliches Potential von Lernen. Sie sind neugierig gegenüber der Welt. Gleichzeitig ist jedes Lernen in bestimmten Maße bedrohlich; es verunsichert die bisherige Organisation des Selbst einer Person, und es bringt ein gewisses Maß an Schmerz mit sich „der entweder mit dem Lernprozeß selbst verbunden ist, oder damit, daß man gewisse, früher gelernte Dinge aufgeben muß" (a.a.O., 156).

Aus der Sicht der kritischen Psychologie wird ebenso die subjektive Bedeutsamkeit des menschlichen Lernens betont. Das Subjekt hat ausgehend von seinen "Lebensinteressen" (vgl. Holzkamp 1993, 189), der "elementare(n) subjektive(n) Notwendigkeit, Verfügung über individuell relevante gesellschaftliche Lebensbedingungen zu gewinnen bzw. zu bewahren (...) gute Gründe, sachlich-soziale Bedeutungszusammenhänge durch Lernen in seinen Handlungen zu realisieren" (ebd.).

Holzkamp differenziert weiterhin zwischen expansivem und defensivem Lernen. „Während bei expansiv begründetem Lernen die Erhöhung der Verfügung/Lebensqualität unmittelbar als durch das Lernen erreichbare Erweiterung/Vertiefung des Weltaufschlusses intendiert wird, tritt dieser Zusammenhang bei defensiv begründetem Lernen zurück. Hier geht es primär darum, den drohenden Verlust der gegebenen Verfügung/Lebensqualität durch Machtinstanzen abzuwenden." (a.a.O., 192)

Expansives Lernen dient der Erweiterung der Handlungskompetenz der Person und der

Verbesserung der je individuellen Lebensqualität. Lernen ist somit ein bedeutsames Mittel der Lebensbewältigung und damit ein genuines Lebensinteresse des Menschen (vgl. Breitsprecher 1996, 293 ff.).

Begemann (1996) spricht von Lernen als Eigenwelterweiterung und betont die Einbettung in sinnvolle Handlungssituationen. „Jeder Mensch ,vollzieht' Handeln und Erleben in Situationen, die er von außen nicht erkennbaren subjektiven Erfahrungsbereichen zuordnet, in ihnen speichert. Nur durch deren Aktualisierung erfolgt weiteres Handeln und Lernen als Eigenwelterweiterung." (a.a.O., 271)

Damit sind Lern-Behinderungen zu erwarten, wenn Subjekte in den Lernprozessen bzw. in den Lerngegenständen keine Bedeutung erkennen können oder wenn hierdurch bisher aufgebaute Bedeutungsstrukturen bedroht werden. Das in Schule vermittelte Wissen ist nun aber keineswegs gleichermaßen anschlussfähig für alle Schüler. Hier können wir wieder auf die gesellschaftlich vermittelten unterschiedlichen Lebenswelten von Kindern und Jugendlichen verweisen. Kinder aus sozial randständigen Bereichen, Kinder nicht-deutscher Herkunft haben im Laufe ihrer primären Sozialisation oftmals Bedeutungsstrukturen aufgebaut, die mit schulischen Inhalten und Anforderungen konfligieren. Fremdheit, Verunsicherung, Orientierungs- und Hilflosigkeit können dann die Folge sein, die zu Lern-Behinderungen und Leistungsversagen führen.

Interessant in diesem Zusammenhang ist der didaktische Ansatz von Ruf und Gallin (1996, 1998). Ausgangspunkt von Lernprozessen ist hier die authentische Begegnung mit dem Lerngegenstand, die sich dann ergibt, wenn nicht die fachbezogenen Erwartungen, sondern die je subjektiven, individuellen, persönlichen Auseinandersetzung im Mittelpunkt steht: Was löst dieser Lerngegenstand bei mir aus? Welche Gefühle habe ich? Welche Bezüge zu Dingen, die ich kenne, kann ich herstellen? etc. sind die Fragen, die die sogenannte „singuläre Standortbestimmung" des Subjekts zum Gegenstand beschreiben. Der Schüler „soll dem Gegenstand vorerst so offen und unvoreingenommen wie möglich gegenübertreten können, und der Fluß seiner Assoziationen darf durch keinerlei Vorstellungen von richtig und falsch brauchbar und unbrauchbar gehemmt und gelenkt werden. Es geht vorerst einmal nur um die Sicherung der eigenen Position und die Mobilisierung aller verfügbaren Kräfte der Psyche" (Ruf/Gallin 1996). Als weitere Stufen kommen dann der „divergierende Austausch" und „regularisierendes Problemlösen und Gestalten" hinzu. Beim divergierenden Austausch steht die Kommunikation über den Lernprozess im Mittelpunkt, wodurch eine Fremdperspektive eingebracht wird. Hierbei „artikulieren die Lehrenden und Lernenden ihre Sicht der Dinge, tauschen ihre Geschichten über ihre Begegnungen mit dem Stoff aus und erarbeiten einen tragfähigen Konsens. Am Schluss steht das regularisierende Problemlösen und Gestalten. Hier findet die Verbindung mit sprachlichen, sachlichen und fachbezogenen Normen statt. „Aus dem lebendigen Wechselspiel von singulärem Produzieren und divergierendem Rezipieren wachsen nach und nach Produkte heraus, die auch vor einem kritischen Publikum Bestand haben und die sich in der regulären Welt sehen lassen dürfen." (a.a.O., 174)

Deutlich wird hier die Bedeutung der subjektiven Herangehensweise an Lerngegenstände und die damit verbundene Wertschätzung individueller Bedeutungskonstruktionen als Ansatzpunkt von Lernprozessen, an deren Endpunkten die Verknüpfung mit sachlichen, fachlichen bzw. gesellschaftlich vorgegebenen Lernerwartungen steht.

Aus der interaktionistischen Perspektive ist ferner zu beachten, daß auch solche Dinge wie die Vorstellung über die eigene Lernfähigkeit bzw. Lernbeeinträchtigungen bedeutungs- 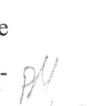 vermittelte und bedeutungsvermittelnde soziale Konstruktionen darstellen, die im Kontext interaktioneller Strukturen entstehen und aufrechterhalten werden. Beeindruckend ist dies in der Studie von Rosenthal und Jacobson (1971) aufgezeigt worden. Hier konnte deutlich gemacht werden, dass eine Veränderung der Lehrererwartung Auswirkungen auf die intellektuelle Leistungsfähigkeit der Schüler hat. Lehrern wurde erklärt, dass ein Test, der mit den Schülern in den Klassen K (Kindergarten) bis 5 durchgeführt wurde, Aufblüher identifizieren könne, die im folgenden Jahr mit großer Wahrscheinlichkeit ungewöhnliche Fortschritte in der Schule wie auch im intellektuellen Verhalten allgemein machen würden. Es handelte sich bei dem Test jedoch nur um einen nichtverbalen Gruppenintelligenztest. Den Lehrern wurde nach der Testdurchführung eine Liste mit den Schülernamen vorgelegt, die als "Spurter" bezeichnet wurden. Die Auswahl dieser Schüler erfolgte rein zufällig. Bei der Wiederholung des Gruppenintelligenztests nach ein und nach zwei Jahren zeigte sich bei diesen Kindern (den „Spurtern") eine überdurchschnittliche Zunahme des Intelligenzquotienten, die auf die - künstlich erzeugten - Vorannahmen der Lehrer zurückgeführt wird.

Die durch die Untersucher erzeugten Bedeutungszuschreibungen dieses Kind ist besonders intelligent - und damit auch besonders lernfähig - schafft Interaktions- und Kommunikationsstrukturen, die anscheinend diese angenommenen Fähigkeiten tatsächlich anregen und fördern. Dieses Phänomen ist als self-fulfilling-prophecy bekannt geworden. Natürlich wirkt es auch bei der Entstehung und Stabilisierung einer Behinderung des Lernens. Die Annahme, dass ein Schüler dumm, unbegabt, wenig intelligent ist, kann zu einer Beeinträchtigung seiner Lernfähigkeit führen.

Zudem ist anzumerken, dass bestimmte Einschätzungen über die Lernfähigkeit von Personen spezifischen interpersonalen Wahrnehmungsprozessen unterliegen. Dazu zählen z.B.

■ der Haloeffekt (bzw. Hofeffekt): hier wird von einem Schülermerkmal, z.B. Sprachverhalten, Sozialverhalten oder äußeres Erscheinungsbild auf andere Personmerkmale, z.B. Lernfähigkeit geschlossen. Ein ähnlicher Vorgang liegt vor, wenn ein Lehrer solche Eigenschaften der beurteilten Person bevorzugt oder benachteiligt (zumeist unbewusst), die mit deren Gesamteindruck korrespondiert. So können gute oder schlechte Zensuren in den Hauptfächern die Tendenz haben, auf die Zensuren in anderen Lernbereichen übertragen zu werden.

■ Beeinflussung durch den Sozialstatus der Eltern: ähnlich wie beim Haloeffekt wirkt hier eine gewisse Voreingenommenheit. Z.B.: „Bei den Eltern muss das Kind ja ...".

Genau hier setzt der Ansatz des labeling approach an, der oben angesprochen worden ist und diese Prozesse der Zuschreibung von abweichenden Eigenschaften im Prozess der sozialen Interaktion beleuchtet hat.

1.4.3 Lernprozesse sind affektlogisch strukturiert

Dass Gefühle und Stimmungen das Lernen beeinflussen, gehört zum Allgemeinwissen. Sprüche wie „Liebe oder Hass machen blind"; „voller Bauch studiert nicht gern" etc. zeigen diesen Zusammenhang auf. Piaget wies in seiner Vorlesung 1953/54 an der Sorbonne darauf hin, dass es „keine kognitiven Vorgänge ohne Gefühlsbeteiligung (gibt). Selbst die abstraktesten Intelligenzleistungen sind von Gefühlen begleitet. Wenn z.B. ein Schüler ein algebraisches Problem löst oder ein Mathematiker einen Lehrsatz findet, steht am Anfang immer ein Bedürfnis, ein intrinsisches oder extrinsisches Interesse. Während der Arbeit können Freude, Enttäuschung, Eifer, Ermüdung, Anstrengung, Langeweile usw. aufkommen und bei ihrer Befriedigung Hochgefühle über den erreichten Erfolg oder Niedergeschlagenheit wegen des Mißerfolgs (auslösen)" (Piaget 1995, 19 f.). Gleichzeitig betont Piaget, dass es keine Gefühlszustände ohne kognitive Anteile gibt (a.a.O., 20). Aus seiner Sicht gestaltet sich die Beziehung zwischen Affekten und Kognition derart, dass erstere die Rolle einer Energiequelle spielen, selbst aber nicht kognitive Strukturen hervorbringen oder verändern. Bower (1981) stellt den selegierenden Einfluss von Emotionen heraus. D.h., die Gefühle wirken bei der Verarbeitung von Informationen als selektierende Filter. Ein weiterer entscheidender Aspekt der Wirkung von Gefühlen auf Lernprozesse stellen Erfolgs- bzw.

Misserfolgserlebnisse dar. Diese treten in leistungsbezogenen Kontexten auf. Es wird zwischen Emotionen direkt nach einer Leistungserbringung und Emotionen, die darauf folgend von den jeweils getroffenen Attribuierungsprozessen abhängen, unterschieden. Zunächst ist eine Person erfreut bzw. erleichtert, ein gutes Leistungsergebnis erbracht zu haben, oder bei Nichterfüllung der Leistungserwartung ist die Person traurig oder enttäuscht. Je nach dem, worauf im Folgenden der Erfolg bzw. Misserfolg zurückgeführt wird, entstehen länger andauernde Gefühle, die das Selbstwertgefühl beeinflussen. Führt man das eigene Versagen z.B. auf mangelnde Begabung zurück, können Hoffnungslosigkeit, Resignation, Gleichgültigkeit entstehen. Wird der Lehrer für die zu schwer gewählten Aufgaben verantwortlich gemacht, sind vielleicht Wut oder Ärger die Folge. Wird die eigene Anstrengungsbereitschaft als zu gering bewertet und als Ursachenfaktor herangezogen, können vielleicht Beschämung aber auch Ärger darüber entstehen. Verfestigt sich bei Personen das Gefühl der Hoffnungslosigkeit und Resignation, sei es weil sie sich selbst als unfähig oder unbegabt etc. ansehen, sei es, dass sie davon ausgehen, der Lehrer gibt ihnen keine Chance, wirkt sich dies auf die folgenden Lernprozesse meist negativ aus. Seligman (1992) spricht hier von einer „erlernten Hilflosigkeit". Diese stellt sich ein, wenn Person die Überzeugung entwickeln, dass sie nur unzureichende Fähigkeiten entwickelt haben, die sie auch nicht verändern können. Dies führt in der Konsequenz zu einer spezifischen emotionalen Orientierung der Interessenlosigkeit, der Gleichgültigkeit, die emotional und kognitive Beschränkungen hervorbringen kann. Erlernte Hilflosigkeit führt dazu, Lernanstrengungen - die als aussichtslos angesehen werden - zu vermeiden. Damit werden Interesse und Neugierverhalten und damit die Lernbereitschaft eingeschränkt oder sogar weitgehend blockiert.

Einen entscheidenden Beitrag zur Analyse des Zusammenhangs zwischen Affekten und Kognitionen hat in neuerer Zeit Luc Ciompi (1997) vorgelegt.

Ciompi versteht unter Affekt eine „von inneren oder äußeren Reizen ausgelöste, ganzheitliche psycho-physische Bestimmtheit von unterschiedlicher Qualität, Dauer und Bewußtseinsnähe" (a.a.O., 67). Kognition bezeichnet „das Erfassen und die weitere neuronale Verarbeitung von sensorischen Unterschieden und Gemeinsamkeiten bzw. von Varianzen und Invarianzen" (a.a.O., 72). Er geht von einer phylogenetisch ausdifferenzierten Koppelung affektiver und kognitiver Dimensionen aus, die er als Extrempole in einem „bipolaren Kontinuum von zwei obligat zusammengehörigen biologischen Funktionsweisen oder „Axen" (...) (auffasst), die sich von einem gemeinsamen Ursprung aus in unterschiedliche Richtungen weiter differenziert haben (...): Die „affektive Achse" in Richtung auf eine zunehmend differenzierte aber prinzipiell immer dem gesamten Organismus affizierende Ausbreitung einer spezifischen psycho-physischen „Bestimmtheit" oder Bereitschaft; die „kognitive Achse" dagegen in Richtung auf eine ständig zunehmende neuronale Verdichtung und Verrechnung der einlaufenden sensorischen Information in einem immer komplexer organisierten zentralen Nervensystem (a.a.O., 75). Ciompi postuliert nun eine Operatorwirkung der Affekte auf die Kognitionen, die er mit sechs Thesen näher beschreibt (a.a.O, 94 ff.):

An dieser Stelle sollen zentrale für das Lernen relevante Dimensionen seiner Darstellung diskutiert werden.

1. Ciompi sieht in Affekten einen entscheidenden Energielieferanten - also Anregungs- bzw. Motivationseffekte - für die kognitive Dynamik.

Gefühle können Lernprozessen anregen, unterstützen, intensivieren oder aber beeinträchtigen, behindern bzw. lähmen. Ein Schüler, der große Angst hat, zu versagen oder ausgelacht zu werden, kann in seinem Lernen dadurch behindert werden. Fasziniert ihn ein Gegenstandsbereich und erlebt er seine soziale Umwelt als unterstützend, wird er interessiert und zuversichtlich gestimmt sein. Dies fördert sein Lernen.

2. Affekte beeinflussen den Fokus der Aufmerksamkeit.

Ist eine Person freundlich gestimmt, sieht die Welt anders aus, als wenn sie wütend, traurig oder verzweifelt ist. Dadurch wird natürlich auch die Aufmerksamkeit beeinflusst. Ein Schüler, der tief bedrückt über die dauerhafte Streitsituation seiner Eltern ist, oder ein Schüler, der sich in der Schule isoliert, verunsichert fühlt, kann seine Aufmerksamkeit häufig nicht auf den Lerngegenstand richten. Affekte prädisponieren somit Handlungstendenzen. Mitarbeits- und Lernbereitschaft, Offenheit für Unterrichtsinhalte, Kooperationsbereitschaft, Frustrationstoleranz, Kreativität, all dies ist nicht unabhängig von der Gefühlslage einer Person zu verstehen.

3. Affekte haben Auswirkungen auf Gedächtnisleistungen.

Ciompi sieht Affekte als „Schleusen oder Pforten, die den Zugang zu unterschiedlichen Gedächtnisspeichern öffnen oder schließen" (a.a.O., 97). Kognitionen werden mit Affektstimmungen gespeichert. Mit welchen Lerninhalten ich mich intensiv auseinandersetze, wie gut ich die Inhalte verarbeite und erinnere ist mit den beteiligten Affekten verbunden. So zeigen Untersuchungen von Bower (1981), dass intensive Gefühle bei Lernprozessen und ein hoher Grad an Bedeutsamkeit des Lernmaterials wichtige Faktoren für die Gedächtnisleistung darstellen.

Ferner weist Ciompi (1997) darauf hin, dass Affekte die Hierarchie unserer Denkinhalte bestimmen und eine wichtige Beziehung zum Phänomen des Wollens oder Willens besitzen. Diese Orientierung wurde auch in der Motivationspsychologie Maslows (1973) schon deutlich. Er postulierte fünf Motivationen, die hierarchisch aufeinander aufbauen. D.h. die jeweils höhere Ebene wird wirksam, wenn die niedrigeren Ebenen befriedigt sind. Als basale Bedürfnisse nennt Maslow Hunger, Durst, Sexualität; dann folgen die Sicherheitsbedürfnisse, dann die Bedürfnisse nach Zugehörigkeit und Liebe, dann die Bedürfnisse von anderen und sich selbst geschätzt zu werden und schließlich das Bedürfnis nach Selbstverwirklichung. Dominieren Gefühle wie Unsicherheit und Ablehnung werden sie z.B. Interesse, Neugier und Lernfreude beeinträchtigen.

Zusammenfassend kann konstatiert werden, dass Ciompi den Affekten mobilisierende und motivierende Effekte auf Denkprozesse zuschreibt. Sie selektieren und hierarchisieren Denkinhalte, sie schaffen Vernetzungen und konstruieren personale Kontinuität (a.a.O., 99).

Affekte können somit Lernprozesse anregen wie auch behindern. Wenn Schüler die Schule als Institution oder den Lehrer oder Unterrichtsinhalte als bedrohlich und fremd erleben, wenn auf ihre lebensgeschichtlich erworbenen Lernerfahrungen sowie auf ihre Bedeutungskonstruktionen wenig oder gar nicht eingegangen wird, ist mit der Behinderung von Lernen zu rechnen. Zu beachten ist ferner, dass gerade bei Schülern aus sozial randständigem Milieu von einer verstärkten emotionalen Belastung auszugehen ist. Erfahrungen von Armut, sozialer Unsicherheit, Zukunfsängste etc. können Emotionen hervorrufen, die die Konzentrationsfähigkeit, die Gedächtnisleistungen sowie die Lernmotivation und damit die schulische Leistungsfähigkeit deutlich negativ beeinflussen können. Um hier Behinderungen des Lernens vorzubeugen, muss die Schule, muss der Unterricht ein Ort sein, an dem solche Emotionen zugelassen werden und ihre Be- bzw. Verarbeitung unterstützt wird.

1.5 Zusammenfassung

Aus der vorgestellten Perspektive sind Lernbeeinträchtigungen keine individuellen Defizite oder Defekte. Ontologisierende Beschreibungen von Lernbehinderung sind somit unsinnig. Lernen ist ein interaktiver Prozess zwischen dem Individuum und seiner Umwelt. Die Lerngeschichte eines Kindes ist dabei immer Ausdruck seiner einmaligen und individuellen Lebensgeschichte im Kontext seiner Lebenswelt.

Lernstörungen müssen dann als gestörte Beziehungsmuster zwischen Individuum und Umwelt rekonstruiert werden. Ausgehend von einem konstruktivistischen Hintergrund wurde die Bedeutung der Kontextgebundenheit sowie der logischen Ebenen von Lernen, die Bedeutung von Bedeutungskonstruktionen sowie die Bedeutung von affektlogischen Verknüpfungen für Lernprozesse und deren Behinderungen herausgearbeitet. Lernen und Lern-Behinderungen sind somit immer mit dem ganzen Kind im Kontext seiner Lebenswelt verbunden. Bei der Auseinandersetzung mit Lern-Behinderungen kann somit nie allein die Lernstörung (z.B. das Versagen im Lese-Rechtschreib-Prozess) im Mittelpunkt stehen, sondern immer das Kind in seinen Beziehungen zur Umwelt.

Im Folgenden sollen nun Perspektiven der Förderung von Kindern und Jugendlichen mit Beeinträchtigungen des schulischen Lernens dezidierter dargestellt werden. Für den Bereich der Diagnostik bzw. der pädagogischen Beobachtung von Beeinträchtigungen des Lernens sei auf das Kapitel VII: Sonderpädagogische Diagnostik verwiesen.

2. Förderung von Kindern und Jugendlichen mit Beeinträchtigungen des schulischen Lernens

2.1 Einleitung

Förderung ist ein weiter Begriff. Speck (1991, 230) versteht darunter eine spezielle Erziehung. Sie folgt „den Erkenntnissen, Prinzipien, Intentionen und Methoden, die für jegliche Erziehung gelten. Das Spezifische an ihr ist lediglich ein besonderer Aspekt, unter den Erziehung tritt, wenn aufgrund einer Funktionseinschränkung oder einer Entwicklungsstörung, d.h. wegen bestimmter Erziehungs- und Lernprobleme, spezielle Erziehungsbedürfnisse gegeben oder angezeigt sind" (a.a.O.). Die Art und Weise wie auch die intentionale Ausrichtung der Förderung können jedoch sehr unterschiedlich sein. Jedes Förderkonzept baut auf spezifischen Annahmen auf. Dazu gehören anthropologische Prämissen, ein spezifisches Störungskonzept wie auch ein bestimmtes Wissenschaftsverständnis.

Wenn Lernstörungen z.B. als individuelle, neurologische Dysfunktionen angesehen werden, die objektiv zu diagnostizieren sind, werden andere Förderperspektiven entwickelt, als wenn

Lernstörungen   als Beziehungsstörungen zwischen Kind und schulischer Lebenswelt verstanden werden. Gemeinsam bei allen Förderkonzepten ist die Orientierung, etwas zu verbessern, auszugleichen, zu kompensieren bzw. Positives zu erhalten bzw. Verschlechterungen zu verhindern. Die Gewichtung dieser Förderorientierungen kann jedoch – je nach Konzept – unterschiedlich sein.

Im Folgenden sollen drei zentrale Ebenen der Förderung von Kindern und Jugendlichen mit Beeinträchtigungen des schulischen Lernens fokussiert werden: Die schulische Förderung, bereichsspezifische Förderkonzepte und Ansätze einer systemisch-konstruktivistischen Förderung.

2.2 Schulische Förderung

Die Auseinandersetzung mit der schulischen Förderung kann auf unterschiedlichen Ebenen stattfinden. Im Folgenden sollen zwei besonders bedeutsame Dimensionen beleuchtet werden:

a) **die Frage nach der Spezifik didaktischer Konzeptionen;**

b) **die Frage nach der institutionellen Form der Förderung.**

Die Frage nach der Spezifik didaktischer Konzeptionen für Schüler mit Lernbeeinträchtigungen ist eng verbunden mit dem jeweils zugrundegelegten Störungsmodell. Jede Vorstellung über die Beschreibung und Erklärung der Beeinträchtigung des Lernens führt zu spezifischen Vorstellungen über die Konzepte der schulischen Förderung. In der historischen Entwicklung des Fachgebietes war von Beginn der Hilfsschulentwicklung gegen Ende des 19. Jahrhunderts bis hinein in die 70er Jahre des 20. Jahrhunderts die Annahme der Wesensverschiedenheit des Hilfsschulkindes vom Volksschulkind Ausgangspunkt der schulischen Förderung. „Aus dem Wesen der Hilfsschulkinder müssen alle praktischen Erfolge und Mißerfolge mit diesen zu verstehen, alle methodischen Grundsätze zu erklären sein." (Fuchs 1912, 288)

Dem Hilfsschüler wurden – da er als schwachsinnig galt – spezifische Fähigkeiten zum Lernen abgesprochen und aufgrund dieser Zuschreibungen didaktische Überlegungen entwickelt.

So führt Kielhorn 1887 auf den Deutschen Lehrerversammlung aus:

„a) Die ganze Veranlagung der schwachbefähigten Kinder läßt es nicht zu, diese mit vielen Kenntnissen auszurüsten; daher hat der Unterricht seine Hauptaufgabe darin zu suchen, die Kinder im engen Wissenskreise sicher zu machen und anzuleiten, dass Gelernte im Leben zu bethätigen. b) Der Unterricht muß überall im Dienste der Erziehung stehen, darf also nie Selbstzweck werden (...)"

Im Hinblick auf den Unterrichtsstoff stellte Kielhorn unmissverständlich fest:

„Bei der Auswahl des Unterrichtsstoffes ist in Betracht zu ziehen, daß a) die schwachbefähigten Kinder lange auf den unteren Stufen geistiger Entwicklung verharren und vielfach dieselben nie verlassen, b) die Kinder nur wenig Wissenstoff in sich aufzunehmen und zu verarbeiten vermögen, c) ihre Leistungsfähigkeit im späteren Leben immer eine geringe und daher ihr Wirkungskreis ein enggezogener bleiben wird. Daher muß der Unterrichtsstoff a) dem geringen geistigen Standpunkte der Kinder angepaßt und b) knapp bemessen sein; c) darf nur das gelehrt werden, was die Kinder im späteren Leben verwerten können" (Kielhorn 1887, S. 307, zit. nach Ellger-Rüttgardt 1983, 23).

Ebenso fordert Stötzner in seiner Schrift zur Begründung von Schulen für schwachbefähigte Kinder von 1864:

„So anschaulich - ich möchte fast sagen so handgreiflich wie möglich! Man gehe nicht Schritt für Schritt, sondern Schrittchen für Schrittchen vorwärts! Und zuletzt: Man langweile die Kinder nie, sondern wechsele fleißig mit den Unterrichtsgegenständen ab; im Anfang alle 1/4 Stunden!" (Stötzner 1963). Das damals vorherrschende Schwachsinnskonzept sowie die auch nachschulisch angenommene sehr geringe gesellschaftliche Position bestimmten die Überlegungen zur unterrichtlichen Förderung. Weil der sogenannte schwachsinnige Schüler angeblich nur konkret-anschaulich denken kann und gegenwärtig wie zukünftig einen sehr begrenzten Lebenshorizont entwickelt, sollte sich die unterrichtliche Förderung an diesen Eckpunkten orientieren.

Auch nach dem II. Weltkrieg war wiederum die Unterscheidung zwischen dem Normalschulkind und dem Hilfsschulkind Ausgangspunkt der Überlegungen zur Gestaltung des Unterrichts. Schade veröffentlichte 1962 erstmals seine „Allgemeinen Grundsätze der Arbeit in der Hilfsschule". Er konstatierte: „ Bei normalen Kindern sind Intelligenz, Wille und Gefühlsleben in ihrer sinnvollen Ganzheit angelegt auf die Richtigkeit ihrer Leistungen. Die Hilfsschulkinder dagegen sind durch die disharmonische Gliederung ihrer Person Fehlleistungen ausgesetzt" (Schade 1971, 11). Sie „leben nur in der gegenwärtigen und gegenständlichen Welt (...), bleiben vorwiegend der präsenten Welt verhaftet, kommen daher kaum über die Stufe des konkreten Denkens hinaus. Die Fähigkeit zu abstrahieren bleibt ihnen weitgehend verschlossen" (a.a.O., 12). Er will deshalb eine „Überbewertung der Bildung der intellektualistischen Kräfte" (a.a.O., 35) vermeiden. Es sollen statt dessen

„einfache Denkvorgänge, ausgehend vom konkreten Material und fortschreitend über sinnfällige Modelle und andere Veranschaulichungsmittel bis zu halbanschaulichen Schemata geübt" werden (a.a.O., 35f.). Ferner fordert er eine „grobsinnliche Veranschaulichung", da der Hilfsschüler „infolge seiner Intelligenzschwäche das Wesentliche nicht vom Unwesentlichen trennen kann" (a.a.O., 46).

Auch in der von Klauer 1975 vorgelegten Pädagogik der Vorsorge ist der beschränkte und überschaubare Lebenshorizont des lernbehinderten Kindes in seinem späteren Leben Ausgangspunkt zur Gestaltung des Unterrichts. Für ihn war eine Beschränkung der Bildungsinhalte für den sogenannten Sonderschüler notwendig, da das intelligenzgeschädigte Kind in der gegebenen Zeit weniger Bildung erwerben kann, als das normale Schulkind.

Das verbindende Element dieser Ansätze ist eine deutliche Defizitorientierung. Bezugspunkt der schulischen Förderung ist die negative Abweichung des Schülers vom Normalen. Da der Hilfs- bzw. Sonderschüler eine „Minus-Mangel-Variante" des Volks- bzw. Grundschülers darstellt, muss auch die Bildung hieran angepasst werden. Nestle (1977, 79ff.) kritisierte hierbei die Vorrangstellung der Sonderpädagogik gegenüber der Didaktik. Indem zunächst das Phänomen Lern-Behinderung oder früher Schwachsinn - als negative Abgrenzung zum Normalschüler – definiert wird, bauen die daraus abgeleiteten didaktischen Schlüsse auf eben diesen Beeinträchtigungen auf. Eine solche „Defizit-Didaktik" (Nestle 1975) birgt die Gefahr der self-fulfilling-prophecy: Indem von den Defiziten der Schüler ausgehend Überlegungen zur spezifischen Gestaltung des Unterrichts abgeleitet werden, besteht die Gefahr, eben diese Defizite zu reproduzieren.

Die Abkehr einer rein individuumzentrierten, defizitorientierten Perspektive bei der Beschreibung und Erklärung von Lernbeeinträchtigungen wurde Ende der 60er Jahre eingeleitet. Begemanns Schrift „Die Erziehung der sozio-kulturell benachteiligten Schüler. Zur erziehungswissenschaftlichen Grundlegung der ‚Hilfsschulpädagogik'" (1970) markiert diesen Wendepunkt. Statt an individuellen Defekten wird hier die Besonderheit der Lebens-Wirklichkeit der Schüler zum Ausgangspunkt sonderpädagogischer Förderüberlegungen. Begemann beschrieb die Hilfsschüler als bildungsmäßig Verwahrloste oder Nicht-Begabte im Sinne eines Dynamischen Begabungsbegriffes nach Roth (1968), wonach Begabung keine statische Eigenschaft, sonder als Prozess (Begabung ist Begaben) zu verstehen ist. Begemann wandte sich damit gegen eine statische Beschreibung von Lernbehinderung. Für ihn muss die didaktische Reflexion an der Lebenswelt bzw. der Alltagswirklichkeit der Schüler anknüpfen, die nicht mit dem mittelschichtsorientierten Bildungsverständnis der meisten Lehrer übereinstimmt. In dieser didaktischen Konzeption wurde zum ersten mal herausgestellt, dass Schule „nicht für alle Schüler von der gleichen objektiven Kultur und Gesellschaftsstruktur ausgehen (kann), sondern (...) jeden in seiner Eigenart und seiner spezifischen Eigenwelt innerhalb unserer modernen Industriegesellschaft respektieren" muss (Begemann 1996a, 105). Die Spezifik der Lebenswirklichkeit der Schüler mit Lernbeeinträchtigungen wird auch in dem aktuellen Konzept von Hiller (1997) - einer von ihm geforderten „realitätsnahen Schule" - aufgegriffen. Ausgehend von der Lebenssituation sozial randständiger Schüler fordert er ein spezifisches „Bildungskonzept für Kinder und Jugendliche der unteren Statusgruppen" (a.a.O., 58). Die von ihm postulierte Realitätsnähe leitet er aus fünf Thesen ab, die die Zukunftsperspektiven dieser Schüler fokussieren. Dazu zählt er, dass Schüler der Schule für Lernbehinderte Menschen sind,

-   „die in der Regel ihr künftiges Leben auf einer wirtschaftlich schmalen, oft ungesicherten Basis führen müssen."

-   „die in der Regel aufgrund ihrer geringen sozialen Attraktivität auch auf dem Markt der privaten Beziehungen nur sehr eingeschränkte Chancen haben."

-   die „mehrheitlich über Familien- und Verwandtschaftsbeziehungen (verfügen), die nur bedingt dazu in der Lage sind, sie an bürgerliche Grundformen einer praktisch erfolgreichen Lebensbewältigung heranzuführen und sie darin hinreichend zu stabilisieren."

-   „die in der Regel häufiger mit Institutionen öffentlicher Kontrolle, Beratung, Hilfe und sozialer Fürsorge in Zwangskontakt kommen."

-   „die mit dem auf Dauer gestellten Vorwurf leben müssen, selbst an ihrer Lage schuld zu sein" (a.a.O., 13 ff.).

Das Ziel der Förderung in der Realitätsnahen Schule ist die Vermittlung einer Lebensbefähigung als Grenzgänger in dieser Gesellschaft. Daran haben sich die Unterrichtsinhalte wie auch die methodischen Zugänge zu orientieren.

Andere didaktische Ansätze verzichten auf die Herausarbeitung einer spezifischen didaktischen Konzeption für Schüler mit Lernbeeinträchtigungen. Die stellen vielmehr die allgemeingültigen Prinzipien von Lernen in den Mittelpunkt, die ein Analyseraster für didaktische Überlegungen allgemein bieten. Dazu zählt z.B. die Strukturbezogene Didaktik (vgl. Probst 1980). Hierbei geht es um die genaue Erfassung der Zone der nächsten Entwicklung, die sich einerseits aus der hierarchisch Ordnung des Lerngegenstandes und andererseits aus der Lernentwicklung des Kindes bestimmen lässt. Die strukturbezogene

Didaktik geht davon aus, dass Lerninhalte kumulativ und hierarchisch organisiert sind. Lerngegenstände können demnach in kleinste aufeinander aufbauende Lernbausteine zerlegt werden. So baut die Multiplikation auf der Addition auf; das 1mal4 auf dem 1mal2 etc. Wenn nun der jeweilige Lernstand des Kindes in Bezug auf einen Lerngegenstand bestimmt ist, kann daraus der nächste Aneignungsschritt abgeleitet werden. Problematisch bei diesem Ansatz bleibt die Frage, ob sich die unterschiedlichen Lerninhalte in eine Folge von Lernelementen zerlegen lassen, die deren logisch-historische Struktur widerspiegeln. Hier wird eine objektive Sachlogik des Lerngegenstandes und damit auch die jeweiligen Lernschritte des Schülers quasi objektiv vorgegeben. Aus einer konstruktivistischen Position (vgl. Werning 1998, 39 ff.) ist diese Perspektive nicht haltbar.

Die Frage nach besonderen didaktischen Orientierungen für Schüler mit Lernbeeinträchtigungen wird auch bei der Diskussion um offene versus geschlossene Unterrichtskonzepte gestellt. Zwar spricht man dabei nicht mehr vom „Wesensunterschied" zwischen Schüler mit und ohne Lernbeeinträchtigungen, aber es wird gefragt, ob spezifische Unterrichtsformen eventuell für Schüler mit Lernbeeinträchtigungen nicht geeignet seien. So sprachen sich Cronbach (1967) und Flammer (1973) z.B. gegen offene, entdeckende Lernmethoden bei Schülern mit Beeinträchtigungen des Lernens aus. Flamer fordert einen klar strukturierten Unterricht für unsichere, ängstliche, schwache und wenig leistungsorientierte Schüler, während hoch leistungsmotivierte eher von einem wenig strukturiertem Unterricht profitieren würden. Nach Cronbach lernen hochängstliche und niedrigmotivierte Schüler am meisten, „wenn der Lehrer ihnen kurzfristige Ziele setzt, ihnen ein Maximum an Erklärungen und Hilfestellungen gibt und ein Feedback in kurzen Intervallen arrangiert, um den Schüler davor zu bewahren, vom Wege abzukommen, mit einem Wort, wenn der Lehrer die Abhängigkeitsverhältnisse vergrößert" (a.a.O., 56).

Andererseits zeigen unterrichtspraktische Erfahrungen wie auch empirische Untersuchungen dass Schüler mit Lern-Beeinträchtigungen sehr wohl von offenen Unterrichtsformen profitieren können (vgl. Werning/Bannach 1992; Scherer 1995; Reiß/Eberle 1997).

Prinzipiell ist Gehrecke und Mohr (1973, 150) zuzustimmen, die herausgestellt haben, dass es „völlig unpädagogisch (ist), von vornherein zu fixieren, was ein Lernbehinderter angeblich kann, d.h. also die Behinderung zugrunde zu legen".

Aufschlussreich sind hier auch die Erfahrungen im Gemeinsamen Unterricht bei Schülern mit und ohne sonderpädagogischen Förderbedarf. Grundsätzlich wird hier deutlich, dass Schüler mit Lernschwierigkeiten keiner „Sonder-Didaktik", sondern einer besonders guten „Normal-

Didaktik" bedürfen, von der alle Schüler profitieren. Begriffe, Ideen und Bilder, die eine solchen Unterricht kennzeichnen, sind:

Handlungs- und Kooperationsorientierung, zeitliche Flexibilität, die Gestaltung einer anregenden, materialreichen und interessanten Lernumwelt, die Orientierung an den eigenen Interessen der Schüler, die Umsetzung von Binnendifferenzierung und Individualisierung sowie die Verbindung von kognitiven, sozialen und emotionalen Dimensionen (Kopf/Herz/Hand).

Im Zuge dieser Entwicklung hat sich eine grundlegende Umorientierung der Förderung von Schülern mit Beeinträchtigungen des Lernens eingestellt. Statt der „Behandlung" des Defizits, der Störung wird die Förderung der Ressourcen und Stärken in den Mittelpunkt gestellt (vgl. Deppe-Wolfinger 1986; Werning 1996, 149 ff.; Eggert 1997).

Die Wendung von einer Defizit- zu einer Fähigkeitenorientierung, die Negierung eines abgrenzbar anderen Förderbedarfs bei Kindern mit Beeinträchtigungen des Lernens stellte auch die Organisationsformen der speziellen schulischen Förderung in Frage. Hier manifestierte sich das Defizitmodell am nachhaltigsten durch die separierende Erziehung und Bildung in Hilfs- bzw. Sonder- oder Förderschulen. Schulische Förderung baute und baut teilweise auch heute auf der Überzeugung auf, dass homogene Lerngruppen effektiveres Lernen und damit eine optimalere Entwicklung ermöglichen. Grundsätzlich geht es hierbei um die pädagogische Auseinandersetzung mit dem Phänomen der Unterschiedlichkeit, der Ungleichheit von Schülern in Bezug auf die jeweiligen Lernvoraussetzungen, auf die bisherigen Leistungs- und Kompetenzentwicklung sowie Motivations- und Interessenlagen und dem Anspruch der jeweils angemessenen und möglichst optimalen schulischen Förderung.

Während bei äußerer Differenzierung Schüler noch nach irgendwelchen Vorgaben (z.B. Leistungsniveau, Geschlecht, Herkunft etc.) in Gruppen aufgeteilt werden, die getrennt voneinander unterrichtet werden sollen, stellt die innere Differenzierung vorrangig eine didaktische Differenzierung innerhalb einer gemeinsamen Lerngruppe dar. Die schulische Förderung sogenannter lernbehinderter Schüler erfolgte und erfolgt überwiegend in äußerer Differenzierung in Sonderschulen. Die Fragwürdigkeit dieser Organisationsform begleitet die sonderpädagogische Debatte eigentlich von Anfang an. Im Rahmen der Förderung von Schülern mit Beeinträchtigungen des schulischen Lernens ist die Frage nach der pädagogischen Sinnhaftigkeit dieser Förderkonzeption zu stellen. Für den Bereich der allgemeinen Schulpädagogik haben Klafki und Stöcker (1976) diese Frage untersucht. Sie führen fünf Einwände gegen die äußere und für die innere Differenzierung an. Zwei davon sind hier besonders bedeutsam. Dazu zählt, dass „die unterschiedlichen Ausgangsbedingungen und Lernmöglichkeiten von Schülern (...) in erheblichem Umfang sozialisationsbedingt und damit sozialschichten- oder klassenbedingt (sind)" (a.a.0., 500). Eine frühzeitige Homogenisierung stabilisiert damit gesellschaftliche Ungleichheit auf schulorganisatorischer Ebene. Ein weiterer zentraler Aspekt ist die Frage, ob Schüler in homogenen Lerngruppen wirklich besser lernen als in heterogenen Gruppen. Hier kommen die Autoren nach der Durchsicht einer Vielzahl von nationalen und internationalen Studien zu dem Ergebnis, „daß für die leistungsschwächeren Schüler homogene Gruppierungen eher nachteilig wirken, während es für die leistungsstärkeren Schüler umstritten ist, ob homogene Leistungsgruppierungen zu einer wesentlichen Steigerung ihrer Lernergebnisse führt" (a.a.O., 502). Die Effizienz separierender Beschulung ist auch verschiedentlich untersucht worden. Einen Überblick über die vorliegenden Untersuchungen geben Hildeschmidt/Sander (1996) und Ahrbeck/Bleidick/Schuck (1995). Weitgehende Übereinstimmung liegt für den Bereich der Leistungsentwicklung vor. Hier zeigt sich, dass leistungsschwache Schüler eine deutliche bessere Entwicklungen in der Regelschule als in der Sonderschule aufweisen. Hildeschmidt und Sander fassen zusammen: „Auch wenn ausländische Untersuchungen breit mitberücksichtigt werden, bleibt die Feststellung, daß höchstens von einem Patt der Beschulungsarten (Integration versus Separation) und keinesfalls von einem Vorteil der Sonderschulen ausgegangen werden muß" (a.a.0., 122).

Etwas schwieriger wird die Bewertung integrativer versus seperativer Beschulung in Bezug auf die soziale bzw. sozial emotionale und psychische Entwicklung. Hier zeigt sich ein ineinandergreifen stigmatheoretischer und bezugsgruppentheoretischer Aspekte (vgl. dazu Randoll, 1991). So kommt Bless (1995, 41) nach Durchsicht internationaler Studien zu dem Ergebnis, dass „lernbehinderte Kinder in den Regelklassen (...) im allgemeinen im Vergleich zu ihren Mitschülern eine niedrigere soziometrische Stellung" aufweisen. Hildeschmidt/Sander (1996) relativieren diese Einschätzung, indem sie darauf hinweisen, dass der Bezugspunkt für soziometrische Untersuchungen jeweils die einzelne Schulklasse ist. Dabei gilt zu berücksichtigen, dass sowohl in Regelschul- als auch in Sonderschulklassen eine Gruppe besonders beliebter Schüler, ein Mittelfeld und eine Gruppe besonders unbeliebter Schüler vorkommt. „Die durchschnittliche soziometrische Position der Schüler einer Sonderschulklasse liegt logischerweise im Mittelwert, also höher als vor der Umschulung. Daraus folgt aber auch, daß – wenn man bei der Dreiteilung bleiben will – nur jeder dritte leistungsschwache Schüler nach der Sonderschuleinweisung eine soziometrische Position im oberen Drittel einnehmen kann. Hinzu kommt, daß die Beliebtheitsrangordung in Klassen der SfL (...) praktisch denselben Kriterien zu folgen scheint wie in Regelschulklassen, nämlich Schulleistung, Sozialverhalten, äußere Erscheinung, allgemeines Selbstwertgefühl, Intelligenz, eventuelle auffällige Merkmale oder Verhaltensweisen." (Hildeschmidt/Sander a.a.O., 123). Ferner ist zu berücksichtigen, dass der Besuch einer Sonderschule stigmatisierende Effekte nach sich zieht. Nach Goffmann (1967) zeichnet sich ein Stigma durch die Herabminderung einer Person oder eine Gruppe durch die Zuschreibung eines negativen Merkmals aus, das zu einer Diskriminierung sowie zu einer Herabsetzung von Lebenschancen und zu einer Beschädigung der Identität führen kann. Bei einem Kind führt die Überweisung an eine Schule für Lernbehinderte zur öffentlichen Etikettierung einer Abweichung im Lern- bzw. Leistungsbereich. Hierdurch erleben die Schüler einen „Verlust ihrer bisherigen Identität" (Homfeld 1996, 183). Damit verbunden ist die Festschreibung einer negativen Schulkarriere und eine erhebliche Minimierung der nachschulischen Lebenschancen.

Nach der Durchsicht von Studien zu den Auswirkungen separierender versus integrativer schulischer Förderung auf die sozial-emotionale Entwicklung kommen Hildeschmidt/Sander genauso wie Tent u.a. (1991) zu dem Ergebnis, „daß sich bezüglich der sozialen Integration keine positiven Effekte nachweisen lassen, die stark genug wären, die Stigmatisierungseffekte der Schule für Lernbehinderte zu kompensieren" (Hildeschmidt/Sander, a.a.0., 125).

Bei den emotionalen Auswirkungen integrativer versus segregativer Beschulung sind besonders das Begabungs- und das Selbstkonzept untersucht worden. Die Ergebnisse dieser Studien (vgl. Ahrbeck/Bleidick/Schuck 1995; Bless 1995; Hildeschmidt/Sander, 1996) können vorsichtig folgendermaßen zusammengefasst werden: Aufgrund bezugsgruppen-theoretischer Effekte steigt das Begabungs- und Selbstkonzept bei Sonderbeschulung an. Gegen Ende der Schulzeit geht die emotionale Entlastung jedoch wieder verloren. „Mit Blick auf den niedrigen Schulabschluß und die ungünstigen Berufs- und Lebensperspektiven sinken sowohl das Selbstkonzept als auch die soziale Integriertheit zunächst allmählich und mit dem Schullaufbahnende abrupt wieder deutlich ab." (Hildeschmidt/Sander, a.a.O., S. 131)

Insgesamt kann also konstatiert werden, dass es keine empirisch abgesicherten Gründe für eine separierende Beschulung von Kindern und Jugendlichen mit Beeinträchtigungen des schulischen Lernens gibt. Einschränkend ist jedoch die Einschätzung von Ahrbeck/Bleidick/Schuck ernstzunehmen, die darauf hinweisen, dass die Förderung von

Kindern und Jugendlichen mit Beeinträchtigungen des schulischen Lernens ein Schulklima voraussetzt, in dem statt sozialer Vergleiche die positive Benotung individueller Leistungsfortschritte Priorität erhält.

Im Folgenden sollen nun spezifische Förderkonzepte vorgestellt und diskutiert werden, um dann abschließend eine systemische Orientierung darzulegen.

2.3 Spezifische Förderkonzepte

Es sind eine Vielzahl von Konzepten und Modellen zur spezifischen Förderung von Kindern mit Beeinträchtigungen des schulischen Lernens entwickelt worden. Aufgrund unterschiedlichster Annahmen über Ursachen wurden spezifische Verfahren entwickelt. Dazu gehören zum einen Förderkonzepte in basalen Bereichen - wie Motorik und Wahrnehmung - zum anderen Förderkonzepte im kognitiven Bereich sowie Förderkonzepte bei spezifischen Lernschwierigkeiten (z.B. bei Lese-Rechtschreib- oder Rechenschwäche). Bei den basalen Förderansätzen wird ein Transfer von motorischem bzw. sensorischem Lernen auf die kognitive Entwicklung bzw. auf schulisches Lernen angenommen. So proklamiert z.B. Kiphard (1980, 207), ein prominenter Vertreter der Psychomotorik in Deutschland, positive Auswirkungen motorischer Förderung auf „das Verhalten des Kindes und seine gesamte Persönlichkeitsentwicklung". Im Ansatz von Jean Ayres (1998) geht es um die Förderung der Wahrnehmung bzw. Wahrnehmungsverarbeitung. Sie geht davon aus, dass Lernen eine Funktion des Gehirns darstellt. Lernstörungen sind daraus folgend Abweichungen der Neuralfunktionen. Ziel der Förderung ist dann die Veränderung bzw. die Verbesserung der neuronalen Funktion durch spezifische Formen der Wahrnehmungsförderung. Hierbei geht es um das „Ordnen der Empfindungen und Sinneseindrücke, damit diese richtig gebraucht werden können" (Doering/Doering 1989). Empirische Untersuchungen zeigen jedoch die Eingeschränktheit solcher Annahmen. Eggert, Lütje-Klose u.a. (1994) haben für die Effekte psychomotorischer Förderung eine Vielzahl von Studien gesichtet. Hiernach wird deutlich, dass durch psychomotorische Förderung nur geringe bis keine Auswirkungen auf die Verbesserung des schulischen Lernens nachgewiesen werden können. „Ein trivialer Transfer vom motorischen auf kognitives Lernen ist im Schulalter unwahrscheinlich, zumindest bei Kindern mit leichteren Behinderungen oder Lernauffälligkeiten bzw. Verhaltensstörungen." (a.a.O., 63). Sie sehen in der psychomotorischen Förderung eher eine „bewegungs- und handlungsorientierte Form der nichtverbalen Psychotherapie mit Kindern" (a.a.O., 62).

Fördereffekte sind aus ihrer Sicht insbesondere im Bereich des sozialen Verhaltens, der Motivation und der Stabilisierung des Selbstkonzepts zu erkennen.

Das Konzept der sensorischen Integration nach Jean Ayres weist deutliche theoretische Schwächen auf (vgl. Dietel 1997). Es ist deshalb nicht verwunderlich, dass sich unter den Studien zur Effektivität sowohl solche mit positiven als auch solche mit negativen Ergebnissen finden. „Eine wahrscheinliche Ursache für die ambivalenten Ergebnisse ist neben technischen und methodologischen Problemen der Untersuchung voraussichtlich die Schwäche der theoretischen Basis (vgl. Ahrendt/Mc Lean/Baumeister 1988, 48). Und Vellutino (1983, 163) „polemisiert gegen das Herumkreiseln von lernbeeinträchtigten Kindern allein aufgrund des unbewiesenen aber festen Glaubens, daß das taktil- kinästhetisch-vestibuläre Stimulation die Kognition und damit auch das schulische Lernen verbessern" (Dietel a.a.O., 1366). Prinzipiell sind solche linearen Förderkonzepte äußerst fragwürdig, da sie die Komplexität von Lernen und auch von Möglichkeiten der Behinderung bzw. Verhinderung von Lernen auf eine Störung, die in der Person liegt, reduzieren. Zwischen dem angenommenen intrapersonalen Defizit und der festgestellten Lernstörung wird eine direkte Beziehung vermutet. Das komplexe Beziehungsgefüge zwischen personalen, interaktionalen und sozialen Aspekten wird hier unzulässig trivialisiert.

Aber auch im Bereich von Lese-Rechtschreib- und/oder Rechenschwierigkeiten finden sich solche Funktionen-Modelle, wonach die Ursache für die Lernschwierigkeit allein im Schüler liegend gesehen werden. So verorten die Vertreter der klassischen Legastheniekonzepte Funktionsschwächen im kognitiven Bereich, Wahrnehmungsstörungen im visuellen Bereich und/oder in der auditiven Differenzierung sowie visuomotorische Koordinationsstörungen als Grund für Lese-Rechtschreibschwierigkeiten (vgl. z.B. Schenk-Danzinger 1991). Das eine solche Annahme empirisch nicht zu halten ist, wurde verschiedentlich aufgezeigt (vgl. Klicpera/Garsteiger-Klicpera 1993; auch Scheerer-Neumann 1997).

Eine weitere Förderperspektive von Kindern mit Beeinträchtigungen des schulischen Lernens ergibt sich aus der Überlegung, dass sie verschiedene Strategien, die für Lernprozesse sinnvoll sind, weit weniger anwenden als andere Kinder. Unter solchen Strategien verstehen Klauer/Lauth (1997, 706) „Vorwärtsgerichtete Reaktionssysteme - eine Art Plan, um die vorhandenen eigenen Fertigkeiten effektiv zu nutzen". Für sie zeichnen sich leistungsschwache bzw. lernbehinderte Kinder weniger durch dauerhafte Fähigkeitsdefizite, als vielmehr durch spezifische Defizite im Bereich von Lernstrategien aus. Es ist deshalb keineswegs verwunderlich, dass eine Vielzahl von Förderansätzen in diesem Bereich existiert.

Klauer und Lauth (a.a.O.) differenzieren zwischen der Förderung von Primär- und Sekundärstrategien. Erstere umfassen konkrete lehrstoffbezogene Strategien (z.B. für Lernen aus Texten, das Zusammenfassen der Hauptgedanken oder das Erstellen von Zwischenüberschriften) sowie kognitive Strategien, die spezifische Klassen kognitiver Leistungen fokussieren (z.B. allgemeine Problemlösungsstrategien). Sekundär- oder Stützstrategien des Lernens umfassen Kompetenzen, die für alle Lernprozesse hilfreich und förderlich sein sollen. Dazu gehören Konzentrations- und Reflexivitätstraining, Training der Leistungsmotivation, Training meta-kognitiver Kompetenzen sowie Gedächtnis- und Problemlösungstrainings. Die empirischen Überprüfungen von kognitiven Lerntrainings (vgl. zusammenfassend Klauer 1998) machen deutlich, dass hier positive Auswirkungen auf spezifische Bereiche schulischen Lernens, die eng mit den jeweils trainierten Kompetenzen korrespondieren, auftreten. Es dürfte eigentlich auch kaum verwundern, wenn Schüler, die in spezifischen Problemlösungsstrategien (z.B. induktivem Denken) geschult werden, bei Aufgaben, z.B. im mathematischen Bereichen, in denen induktives Vorgehen notwendig ist, Leistungsverbesserungen zeigen. Die Ergebnisse untermauern die prinzipielle Lernfähigkeit der Schüler.

Insgesamt kann konstatiert werden, dass spezifische Förderkonzepte durchaus positive Entwicklungsmöglichkeiten bei Schülern mit Lernbeeinträchtigungen anregen können. Dabei müssen jedoch auch Nebeneffekte der Förderung mitberücksichtigt werden.

Eggert/Lütje-Klose u.a. (1994) berichten von einem Ergebnis, das sie bei der Durchsicht von Effektivitätsstudien zur psychomotorischen Förderung im Sinne kontrollierter Praxis in Hannover festgestellt haben:

„Die Stabilisierung der Gesamtpersönlichkeit, die Verbesserung des Selbstwertgefühls und die Verringerung der Schulangst der psychomotorisch geförderten Gruppe ging oft mit einer deutlichen Verschlechterung der Schulleistungen zu Beginn der Förderung einher. Im selben Zeitraum hatten kognitiv geförderte Gruppen eine leichte Verbesserung ihrer Schulleistung gezeigt, aber auch unveränderte oder sogar leicht ansteigende Werte für emotionale Instabilität bzw. Angst gezeigt." (a.a.O., 60). Zusammenfassend kann also festgestellt werden, dass spezifische Förderansätze in den Bereichen der Motorik, der Wahrnehmung sowie der Kognition nicht prinzipiell abzulehnen sind. Sie haben durchaus positive Auswirkungen auf unterschiedliche Dimensionen der Persönlichkeit eines Schülers. Sie stellen jedoch keineswegs „Allheilmittel" gegen Lernstörungen dar. Vielmehr fokussieren sie spezifische, meist recht abgegrenzte Bereiche der komplexen Person - Umwelt - Beziehung, in der sich

Lernen und auch Lern-Behinderungen ereignen. Systemische Förderorientierungen, die nun vorgestellt werden sollen, bedienen sich teilweise solcher spezifischen Förderkonzepte, indem sie diese in eine erweiterte Perspektive integrieren.

2.4 Systemisch-konstruktivistische Perspektiven der Förderung

Wie schon beschrieben sind systemisch-konstruktivistische Perspektiven dadurch gekennzeichnet, dass menschliches Handeln niemals isoliert, sondern im Kontext der sozialen und materiellen Beziehungen gesehen und verstanden wird. Damit ist auch die Förderung nicht mehr allein auf das Individuum zentriert, sondern sie umfasst vielmehr das systemische Gefüge in dem die Person lebt. Zum Abschluss soll nun die systemisch-konstruktivistische Förderperspektive konkretisiert werden. Die theoretischen Grundlagen dazu sind im Kapitel II: Sonderpädagogik im historischen und aktuellen Kontext dargestellt worden, so dass hier die pädagogische Umsetzung im Vordergrund stehen kann. Der Ausgangspunkt dieses Konzeptes liegt in der Auffassung, dass nicht eine Lernstörung (z.B. das Versagen im Lese-Rechtschreibprozess) im Mittelpunkt der (sonder-) pädagogischen Förderung steht, sondern das Kind in seinen Beziehungen zur Umwelt. In Anlehnung an das bio-psycho-soziale Modell des Menschen von Uexküll und Wesiak (1986) oder von Milani-Comparetti (1986) müssen zum Verständnis von Störungen im Lern- bzw. Entwicklungsprozess, die verschiedenen Integrationsniveaus der Person im Kontext der Lebenswelt in ihrer wechselseitigen Verbundenheit beachtet werden (vgl. Kapitel VII: Sonderpädagogische Diagnostik).

Physiologische Aspekte (z.B. Wahrnehmung und Motorik), psychologische Komponenten (z.B. Motivationsstruktur, Misserfolgsorientierung, Selbstkonzept, Lernstrategien), schulische Komponenten (Vermittlungsstil des Lehrers, Unterrichtsinhalte, Lernkultur, Schulklima, schulische Normen etc.) und familiäre Bedingungen (Wohnraum, Erziehungsverhalten der Eltern, Distanz zur Schule etc.) sind hier zu nennen.

Dabei gibt es nicht das systemische Förderkonzept. Vielmehr macht das Zusammenspiel von Unterstützungsmaßnahmen auf verschiedenen Ebenen eine systemisch Herangehensweise aus. Eine solche Förderung zeichnet sich nicht allein durch die Arbeit mit dem Kind, sondern auch für das Kind aus. Ein Beispiel stellt das Konzept der Lerntherapie bei Lese-Rechtschreib-Schwierigkeiten nach Betz und Breuninger (1993, 87) dar. Hierin beschreiben sie drei zentrale Komponenten der Förderung:

„1. Die Beeinflussung der sozialen Situation des Schülers" (ebd.)

Dazu zählt die Elternarbeit, die Einbeziehung des (Fach-)Lehrers sowie die Verbesserung der sozialen Beziehungen des Kindes.

„2. Stärkung des Selbstwertgefühls, Veränderung von Kognition, Attribution, Motivation und Kompensation." (ebd.)

Die Bewusstmachung eigener Fähigkeiten und Erfolge steht hier im Mittelpunkt.

„3. Anleitung zu effektivem Lernen und Ermutigung zur Aufarbeitung vorhandener Lücken" (ebd.).

Hier geht es darum, den Schüler anzuleiten, Lerndefizite aufzuarbeiten, spezifische Kompetenzen zu erwerben und das Entstehen von Lernlücken zu vermeiden.

Systemische Förderkonzepte müssen berücksichtigen, dass Lernschwierigkeiten in ein soziales Netzwerk eingebettet sind. Deshalb ist es besonders wichtig, bestehende Muster, die das Lernen behindern zu verstören, so dass neue Muster der Lernförderung bzw. Lernunterstützung entwickelt werden können. Die Ausgangsfragen systemischer Förderung lauten somit immer:

• Welche Bedingungen fördern, stabilisieren, reproduzieren gegenwärtig die Lernschwierigkeiten?

• Welche Bedingungen fördern und stabilisieren die Lernfähigkeiten? Und

• Wie können erstere minimiert und letztere maximiert werden?

Zum Abschluss möchte ich einen Bericht wiedergeben, der im Rahmen eines Projektes zur kooperativen Lernbegleitung geschrieben wurde (vgl. ausführlich Heuser/Schütte/Werning 1997, 102 ff.) und der versucht, ein systemisches Vorgehen bei der Förderung eines Schülers in der Schule aufzuzeigen.

Bernd ist 14 Jahre alt und besucht z. Zt. die 7. Klasse. Trotz vielfältiger Hilfen, individueller Programme und professioneller Unterstützung hat er nach wie vor gravierende Probleme im Schriftsprachbereich. Die förderdiagnostische Überprüfung hat ergeben, dass Bernd bei basalen Grundlagen der Schriftsprache auf der Stufe des visuellen Zugriffs noch unsicher ist, Lücken im akustischen Zugriff aufweist und einen Ausfall bei der orthographischen Norm zeigt. Seine Leistungen liegen ca. 3 Jahre hinter denen seiner Mitschüler zurück. Nach den vielen Schuljahren bedeutet das Frustration und Angst vor ständigem Versagen und Misserfolgserlebnissen, denn er kann in vielen Unterrichtssituationen nicht so lernen, arbeiten und mithalten wie die anderen Mädchen und Jungen in der Gruppe. Anforderungen wie abschreiben, Arbeitsanweisungen lesen, eigene Texte produzieren, vorlesen u.v.m. gelingen ihm nicht ohne individuelle Hilfe. Bernd hat entsprechend Strategien entwickelt, um solchen alltäglichen Unterrichtsanforderungen auszuweichen: Er lenkt und schaltet häufig ab, hört nicht zu, stört, provoziert, reagiert auch aggressiv und schließt sich Mitschülern an, die ebenfalls „auffallen" möchten.

Schule und Unterricht werden so zu einem Kreislauf von Misserfolgen und Versagensangst, der sich im Unterrichtsalltag sehr schnell verselbständigen und für beide Seiten, Schüler wie Lehrer, belastend und unbefriedigend werden kann.

Bernds Gruppe umfaßt 2o Schülerinnen und Schüler, 10 Mädchen und 1o Jungen. Sie fällt durch ein großes Ungleichgewicht im Lernstand und Leistungsvermögen - besonders zwischen Mädchen und Jungen - auf. Die meisten Jungen verblieben ein Jahr länger in der Eingangsstufe, um mehr Zeit für das Aufholen von Entwicklungs- und Lernrückständen zu haben. Viele von ihnen zeigten noch zu Beginn der Sekundarstufe I (Jahrgang 5) große Probleme im Schriftsprachbereich, die nur sehr mühsam zu beheben sind. Viele Mädchen dagegen sind nicht nur in ihrer Entwicklung weiter, sondern zeigen auch in den unterschiedlichen Lernbereichen weniger Probleme. Aufgrund dieser Lernheterogenität ist das Arbeiten in der Gruppe häufig sehr schwierig, besonders in kognitiv orientiertem Fachunterricht. Äußerst lernschwache Jungen wie Bernd in den Unterricht mit einzubeziehen ist auch deshalb nicht einfach, weil der Lernfrust und die Versagensangst sich über so viele Jahre hinweg verfestigt haben, und weil ein differenziertes Lernangebot häufig nicht ausreicht, um diese Schüler entsprechend zu motivieren und zu integrieren. Die Beziehungen innerhalb der Gruppe und die Einbeziehung und Akzeptanz der besonders lernschwachen Jungen durch die Mitschülerinnen und Mitschüler sind eine wichtige Voraussetzung für ihre Bereitschaft, ernsthaft zu lernen und zu arbeiten. Dies funktioniert in der Gruppe erfreulich gut. Unabhängig von den Stärken und Schwächen der Einzelnen ist die gegenseitige Akzeptanz sehr groß. Deshalb fühlt sich auch Bernd akzeptiert und eingebunden. Er bringt sich inzwischen immer dann ein - wenn auch sehr vorsichtig und recht zurückhaltend -, wenn er sich etwas sicherer fühlt. Das hängt allerdings sehr stark von seiner Tagesstimmung ab. Auffällig sind seine Verantwortung und Verlässlichkeit gegenüber Gruppenaufgaben und sein soziales Engagement innerhalb der Gruppe. Er ist z.B. jederzeit bereit, unangenehme Ordnungs- und Besorgungsaufgaben zu übernehmen, auch wenn sie in seine Freizeit fallen. Probleme tauchen immer dann auf, wenn er meint, nicht angenommen zu sein. Sowie er sich nicht akzeptiert, überfordert oder zu unrecht behandelt fühlt, entzieht er sich. Er lenkt ab, reagiert aggressiv und ist dann schwer wieder einzubeziehen.

Aufgrund der gravierenden Defizite im Schriftsprachbereich, des damit verbundenen negativen Selbstwertgefühls und der Verhaltensauffälligkeiten wird Bernd ausgesucht, um mit Hilfe der von der Forschungsgruppe geplanten Verfahren seine Lernentwicklung nachzuvollziehen, zu analysieren und für ihn ein spezifisches Förderkonzept zu entwickeln. Dazu findet zunächst die „Vorstellungskonferenz" (vgl. hierzu Kapitel VII: Sonderpädagogische Diagnostik) statt, zu der alle ehemaligen und gegenwärtigen Lehrerinnen und Lehrer (von Jahrgang 0 bis 7) und der beteiligte Sozialpädagoge eingeladen werden. Ziel der Konferenz ist, ein umfassendes Bild von Bernds Lern- und Entwicklungsbiographie zu bekommen.

In dieser Konferenz wird deutlich, dass Bernd in 8 Schuljahren (einschließlich Vorschuljahr) nur wenig Höhen, aber reichlich Tiefen erfahren hat. Er war in den ersten Jahren schwer in den Schulalltag einzubeziehen. Andere Jungen und Mädchen, die lernen wollten, störte er oder lief aus Panik weg, weil er seine Defizite spürte und häufig als schlechtes Beispiel galt. Hinzu kam ein mehrmaliger Lehrerwechsel, auf den er sich nur sehr schwer einließ. Die Situation beruhigte sich für Bernd erst, als er beim Übergang in den Jahrgang 3 in einer neuen Gruppe eine neue Chance bekam. Sein Negativ-Selbstbild als großer Versager veränderte sich aber nicht, denn die Defizite, die nach wie vor bezüglich der schulischen Leistungsanforderungen vorhanden waren, ließen sich nur langsam und mühsam beheben. Hinzu kommt ein wenig stabilisierendes Elternhaus und ein Freundeskreis, der ebenfalls nicht sehr stützend ist.

Es wird in der Konferenz aber auch deutlich, dass Bernd immer dann verlässlich arbeitet - auch zusätzlich -, wenn er das Gefühl hat, die Aufgaben zu bewältigen. Besonders wichtig ist das Vertrauensverhältnis zu den Lehrenden und das Gefühl, akzeptiert zu werden. Den Abschluss der Vorstellungskonferenz bildet ein Brainstorming über Fördermöglichkeiten. Gemeinsam werden hier als zentrale pädagogische (Förder-)Orientierung herausgearbeitet, Überforderungssituationen zu vermeiden und regelmäßig positive Rückmeldungen zu geben. Folgende Hilfen zur Stärkung des Selbstwertgefühls wurden dabei vorgeschlagen:

- *Bernd regelmäßig individuelle Rückmeldung über Lernentwicklung/Lernfort-schritte/positive Ergebnisse geben,*

- *Bernd individuell bezüglich seines Befindens ansprechen, um Hintergründe seines Wohl- oder Übel-Ergehens zu erfahren,*

- *versuchen zu verstehen, warum sein Lernen und seine Kommunikation in spezifischen Situationen problematisch ist oder aber gut funktioniert,*

- *Bernd signalisieren, dass er, so wie er ist, akzeptiert wird,*

- *Bernd Vertrauen, Zuwendung, Akzeptanz vermitteln.*

Diese Kommunikationsformen sollen ihre Entsprechung in didaktischen Arrangements finden:

- *„Stärke" der Gruppe nutzen,*

- *ihn an differenzierten Gruppenaufgaben beteiligen,*

- *Aufgaben mit der Tischgruppe oder mit Partnern erarbeiten lassen,*

- *Verantwortung für individuelle Gruppenaufgaben übertragen,*

- *ihn bei Inhalten (z.B. Sport / Werkstatt), die er gerne macht, als „Hilfe" oder „Stütze" einbeziehen,*

- *ihn mit sichereren Schülern zusammensetzen, von denen er sich helfen läßt,*

- *Ansprüche/Anforderungen an Bernd konkret benennen,*

- *Ansprüche/Anforderungen regelmäßig überprüfen,*

- *individuelle Rückmeldung einholen und auch geben,*

- *Entscheidungen selber treffen lassen, um den „du musst"-Druck zu nehmen,*

- *Erfahrung ermöglichen, zu bestimmten Aufgaben nein sagen zu können,*

- *Bernds eigene Vorstellungen und Wünsche mit einbeziehen,*

- *einzelne Lernschritte individuell mit ihm besprechen,*

- *Lernfortschritte erkennbar machen,*

- *„Leistungen"/Lernen an ihm selber messen, nicht im Vergleich zu anderen,*

- *individuelle Formen der Verdeutlichung von Lernfortschritten/Leistungsnachweisen anbieten,*

Das Förderteam (Betreuungslehrerin, Sonderpädagoge, kooperierende Kollegin) bereitet die Vorstellungskonferenz nach, wertet die Lösungsvorschläge aus und überlegt mögliche nächste Schritte. Gemeinsam wird entschieden, dass unterschiedliche Gespräche stattfinden sollen, eines mit Bernd selbst, dann mit seinen Eltern und schließlich mit einer Kollegin aus der Universität, die sich mit Schwierigkeiten im Schriftspracherwerb beschäftigt und die Bernd in Jahrgang 3/4 gefördert hat.

Zuerst wird das Gespräch mit Bernd geführt. Es dient dazu, seine Bereitschaft zur Mitarbeit zu erkunden und ihm zu vermitteln, dass Fortschritte bei ihm möglich sind. Zur Verdeutlichung werden ihm Lernerfolge aufgezeigt, um ihm zu demonstrieren, dass er bestimmte Anforderungen positiv bewältigt und auch mit Interesse bearbeitet hat. So hat er auf seinem Lernniveau kleine Referate über Wale, Fußball und den Tropischen Regenwald erarbeitet, Experimente in den Naturwissenschaften mit Aufmerksamkeit und Interesse verfolgt, sich in Mathematik bemüht und gefreut, wenn er Erfolg hatte. Ferner hat er Spaß am

Sport- und Musikunterricht gehabt und verlässlich und verantwortungsbewußt Aufgaben für die Gruppe übernommen. Weiterhin wird er nach seiner eigenen Einschätzung gefragt: Was kannst Du? / Was kannst Du nicht? / Was hat Dir gut getan? / Was machst Du gerne? / Hast Du Wünsche, aber auch Ängste? / Welche Hilfsmöglichkeiten kannst Du Dir vorstellen? Bernd kann seine Schwierigkeiten, die auf unterschiedlichen Ebenen liegen, erstaunlich unmittelbar und sehr konkret benennen. So nennt er z.B. seine Unzufriedenheit mit dem eigenen Schreiben, sein Aufgeben in Englisch, aber auch die häufig für ihn unleserliche Schrift der Lehrer und Lehrerinnen. Spaß macht ihm die gemeinsame Arbeit an den Referaten, das Schreibmaschineschreiben und die Möglichkeit, mit dem Computer arbeiten zu können. Geholfen haben ihm positiver Zuspruch und das Vertrauen in seine Fähigkeiten. So erinnert sich Bernd spontan an die neue Gruppe in Jahrgang 3, als er das Gefühl hatte, akzeptiert und eingebunden zu sein.

Das Gespräch mit den Eltern, Mutter u. Stiefvater wird eine Woche später geführt. Es dient dazu, das „Bild", das die Eltern von Bernd haben, kennenzulernen und sich über seine Entwicklung auszutauschen. Wichtig erscheint dem Förderteam, auch den Stiefvater mit einzubeziehen, da bisher immer nur die Mutter zu Gesprächen bereit war.
Interessant ist, dass die Eltern - besonders die Mutter - auf die Frage „Was fällt Ihnen positiv zu ihrem Sohn ein?" völlig erstaunt reagieren und ihnen im ersten Moment nichts einfällt. Nach längerem Nachdenken benennt der Stiefvater Bernds Verlässlichkeit, eine Wahrnehmung, die auch von der Betreuungslehrerin bestätigt werden kann. Der Mutter fällt auch nach längerem Überlegen nichts ein. Im Anschluss daran entwickelt sich ein recht intensives Gespräch über Wahrnehmungen und Bedürfnisse, Fähigkeiten und Fortschritte, Stärken und Schwächen ihres Sohnes. Es wird auch besprochen, welche Anforderungen an Bernd gestellt werden können und wie wichtig positive Rückmeldungen und Zuwendungen sind, um das Selbstbild vom „Versager" abzubauen. Außerdem wird betont, seine - wenn auch geringen - Fortschritte im Lesen und Schreiben nicht zu schmälern, sondern seine Bemühungen wertzuschätzen. Abschließend wird verabredet, in Kontakt zu bleiben und sich regelmäßig über Bernds häusliche und schulische Situation auszutauschen.

Nach der Auswertung der Gespräche findet die Förderkonferenz statt, an der alle Fachlehrerinnen und Fachlehrer teilnehmen, die Bernd z.Zt. unterrichten. Die Förderkonferenz wird vom Förderteam vorbereitet. Dazu ist Fördermaterial gesichtet und zusammengestellt und gemeinsam ist eine Struktur für die Konferenz überlegt worden. In der

Förderkonferenz wird ein Überblick über die Auswertung der Lehrerberichte, der Ergebnisse der förderdiagnostischen Untersuchungen, der Lösungsvorschläge der Vorstellungskonferenz und der geführten Gespräche mit Eltern und Bernd gegeben. Die Fachlehrerinnen berichten über ihre Erfahrungen mit Bernd, die sie in der Zwischenzeit gemacht haben. Gemeinsam wird die pädagogische Orientierung entwickelt, Bernds Selbstbewusstsein durch Erfolge aufzubauen und Selbsttätigkeit und Verantwortung zu vermitteln. Dazu wird eine regelmäßige Rückmeldung über erreichte Lernschritte vereinbart, die in einem Lerntagebuch festgehalten werden sollen.

Besonders für den Bereich Deutsch werden die vom Förderteam vorbereiteten unterschiedlichen Fördermaterialien vorgestellt und ihre Verwendungsmöglichkeiten diskutiert. An Material für seine Schreibprobleme wird zusammengetragen:

- *Training des Wortbildspeichers,*
- *Training der auditiven Differenzierungsfähigkeit,*
- *eine Rechtschreibkartei (nach individuellen Fehlerschwerpunkten),*
- *Kassettendiktate (nach individuellen Fehlerschwerpunkten),*
- *altersgemäße Lesetexte (mit erschließenden Fragen für die Eigenarbeit),*
- *Schreibmaschinenarbeit (tippen von frei geschriebenen und korrigierten Texten),*
- *Konzentrationsspiele,*
- *Rätsel - Witze - Bildergeschichten - Comics.*

Für Englisch werden ebenfalls unterschiedliche Fördermaterialien von der Fachlehrerin besprochen und zusammengestellt. Eine gesonderte Konferenz wird vereinbart, um noch vorhandenen Unsicherheiten und Schwierigkeiten in diesem Bereich mit Fachkolleginnen zu beraten.

Nach dieser intensiven Beratungsphase beginnen die „Mühen der Umsetzung". Bernd reagiert insgesamt recht geschmeichelt auf die individuelle Förderung. Er fühlt sich besonders beachtet und verspricht, sich aktiv zu beteiligen. An das insbesondere für Deutsch zusammengestellte Material geht er mit Interesse und Engagement, bedeutet es doch, Fortschritte zu erzielen und das Selbstwertgefühl zu stabilisieren. Bernd nimmt interessiert Aufgaben mit nach Hause. Seine Mutter unterstützt ihn bei den häuslichen Übungen. Er beteiligt sich auch aktiv bei der Auswahl der Materialien, indem er seiner Klassenlehrerin Vorschläge macht und Modifizierungen der Übungen vorschlägt. Er gibt Rückmeldungen über Lust und Unlust, Schwierigkeiten und Erfolge. Er lehnt aber auch sehr deutlich

Aufgaben ab, von denen er glaubt, sie nicht bewältigen zu können. Er akzeptiert diese Förderung bisher auch nur für Deutsch, nicht für Englisch. Trotz Differenzierung und individueller Betreuung verweigert er sich hier zumeist.

Der Versuch, den Förderplan durch die Erarbeitung eines kleinschrittigen detaillierten Wochenplans zu konkretisieren, indem für jede Stunde spezielle Förderangebote überlegt werden, wird schnell verworfen. Es zeigt sich, dass dieses Vorgehen aufgrund der laborschulspezifischen Strukturen (häufig themenzentriertes, fächerübergreifendes Arbeiten) wenig praktikabel ist. Statt dessen werden konkrete Absprachen über das zu schaffende Pensum in einer Woche mit Bernd getroffen. Das beinhaltet u.a. ein individuelles Schreibprogramm, die Arbeit mit den Kassettendiktaten, das Lesen von altersgemäßen Texten, Konzentrationsspiele u.v.m. Er wünscht sich außerdem ein altersgemäßes Rechtschreibbuch. Auch auf die Gefahr hin, dass ein Teil der Aufgaben eine erhebliche Anforderung bzw. Überforderung bedeutet, wird dieser Wunsch erfüllt.

Da Bernd sich das freie Schreiben am wenigsten zutraut, werden Anlässe für Berichte überlegt. Dazu gehören der Briefkontakt zu einem Studenten, der ihn zeitweise betreute, sowie Berichte über Tätigkeiten, Erlebnisse und Erfahrungen während der Projektwoche, Skifreizeit und dem Kita-Praktikum sowie das Führen eines Tage- bzw. Wochenbuches. Es zeigt sich, dass viele vorgefertigte Fördermaterialien für Bernds Probleme nicht greifen. Für sein Alter interessante Aufgabenstellungen sind (z.B. bei Freiarbeitsmaterialien) in zuviel Text verpackt - sprachlich „passende" Aufgaben haben in der Regel Grundschulinhalte, die Bernd als zu kindlich ablehnt. Deshalb ist es besonders wichtig, ihn bei Gruppenaufgaben (z.B. Referate), Partnerarbeit (Diktate, Gedichte, Lesetexte) und in Tischgruppenarbeit (inhaltliche Diskussion) mit einzubeziehen, so dass Bernd unabhängiger und selbständiger arbeiten kann und außerdem Anerkennung und Unterstützung durch die Schülerinnen und Schüler der Gruppe erhält.

Bei allen Maßnahmen ist die regelmäßige Reflexion und Überprüfung wichtig. Sie müssen ständig geändert bzw. „angepasst" werden, denn nicht nur Bernd verändert sich gerade jetzt in einer für ihn sehr wichtigen Entwicklungsphase, sondern auch die Beziehungen in seinem persönlichen Umfeld (z.B. Freundschaften). Der schulische Alltag stellt ebenfalls immer wieder neue Anforderungen (z.B. Skireise, Projektwoche, Nicaragua-Matinee, Kita-Praktikum).

Die Entscheidungen über Veränderungen bzw. Verbesserungen des ursprünglichen

Förderplans werden im Förderteam und in der begleitenden Arbeitsgruppe diskutiert. Ein solcher Austausch wird von der betreuenden Lehrerin teilweise als ausreichend empfunden, teilweise fühlt sie sich mit der Begleitung des Förderprozesses auch allein gelassen, da sich die Gesprächskontakte der Förderkonferenz nur vereinzelt aufrechterhalten lassen. Die regelmäßigen Eintragungen über Bernds Lern- und Entwicklungsverlauf in ein Lerntagebuch durch alle Lehrkräfte der Gruppe lassen sich bisher nicht realisieren. Es wird jedoch in einzelnen Gesprächen mit den Fachlehrern versucht, konkrete Beobachtungspunkte anzusprechen und auszutauschen. Aber auch das lässt sich im vielfältigen Unterrichtsalltag nur punktuell realisieren, da zum einen Unterricht vielfach in Fachräumen stattfindet und zum anderen Beobachtungsrückmeldungen nur dann hilfreich sind, wenn sie im Zusammenhang dargestellt werden können, was wiederum viel Zeit beansprucht.

Insgesamt ist bei der begleitenden pädagogischen Arbeit deutlich geworden, wie wichtig der regelmäßige Austausch mit den Fachlehrern über Möglichkeiten und Grenzen, Fortschritte und Rückschläge, Erlebnisse und Aktionen, Empfindungen und Gefühle für die Gesamtenwicklung eines förderbedürftigen Schülers sind. Auf struktureller Ebene ist die Umsetzung von Jahrgangsteams (bei den Lehrern) und Möglichkeiten der Doppelbesetzung eine anzustrebende Perspektive für die Fortführung der beschriebenen integrativen pädagogischen Arbeit.

Das Beispiel sollte dazu beitragen, eine systemische Förderperspektive zu verdeutlichen, die den pädagogischen Blick nicht auf die „Behandlung" des Defizits, der Schwierigkeit beschränkt, sondern versucht, bei der Förderung unterschiedliche Systemebenen zu berücksichtigen und die lernbeeinträchtigenden Beziehungsmuster zu verstören, so dass lernförderliche entstehen können. Sollte dabei der Eindruck entstanden sein, dass es sich hierbei um ein sehr aufwendiges Verfahren handelt, das im schulischen Alltag kaum umsetzbar ist, sei auf die durchgeführte Nachbefragung der beteiligten Lehrerinnen und Lehrer verwiesen. Alle haben die Zusammenarbeit als sehr produktiv und hilfreich erlebt. Übereinstimmend gaben sie an, dass bei diesem Vorgehen der Aufwand in einem positiven Verhältnis zu dem pädagogischen Nutzen gestanden hat.

Für die auch in diesem Ansatz relevante pädagogische Beobachtungskompetenz sei auf das Kapitel VII: Sonderpädagogische Diagnostik in diesem Band verwiesen.

Literatur

Aebli, H. (1969): Die geistige Entwicklung von Anlage, Reifung, Umwelt- und Erziehungsbedingungen . In: Roth, H. (Hg.): Begabung und Lernen. Stuttgart, 151-191.

Ahrbeck, B./Bleidick, U./Schuck, K.-D. (1995): Pädagogisch-psychologische Modelle der inneren und äußeren Differenzierung für lernbehinderte Schüler. In: Weinert, F.E. (Hg.): Psychologie des Unterrichts und der Schule. Enzyklopädie der Psychologie, Serie I, Band 3, Göttingen u.a., 739-769.

Ahrendt, R.E./Mc Lean, W.E./Baumeister, A. (1988): Critique of sensory integration therapy and its application. In: Mental retardation. American Journal of Mental Retardation, 92, Heft 5, S. 401-411.

Ayres, A. Jean (1998): Bausteine der kindlichen Entwicklung. Die Bedeutung der Integration der Sinne für die Entwicklung des Kindes. Berlin.

Bargel, T. (1973): Probleme der Rezeption empirischer Sozialforschung. In.: Walter, H. (Hg.): Sozialisationsforschung I. Stuttgart-Bad Cannstatt, 119-138.

Bateson, G. (1984): Geist und Natur. Eine notwendige Einheit. Frankfurt am Main.

Bateson, G. (1985): Ökologie des Geistes: anthropologische, psychologische, biologische und epistemologische Perspektiven. Frankfurt am Main.

Bauersfeld, H.v. (1983): Subjektive Erfahrungsbereiche als Grundlage einer Interaktionstheorie des Mathematiklernens und – lehrens. In: ders.: Lernen und Lehren von Mathematik, IDM-Reihe, Band 6, Köln, 1-56.

Begemann, E. (1970): Die Entwicklung der soziokulturell benachteiligten Schüler. Hannover.

Begemann, E. (1996a): Didaktische Konzeptionen in Schulen für Lernbehinderte.Notwendige pädagogische Umstrukturierungen. In: Eberwein, H. (Hg.):Handbuch Lernen und Lern-Behinderungen. Weinheim und Basel, S. 95-114.

Begemann, E. (1996b): Zum Begriff und Phänomen Lernen. Vom Lehren zum Selbstlernen. In: Eberwein, H. (Hg.): Handbuch Lernen und Lern-Behinderungen. Weinheim und Basel, S. 259-278.

Benner, D/Oelkers, J./Ruhloff, J. (1988): Lernen. In: Zeitschrift für Pädagogik, 34, 295-298.

Betz, D./Breuninger, H. (1993): Teufelskreis Lernstörungen. Weinheim.

Bildungskommission NRW (1995): Zukunft der Bildung – Schule der Zukunft. Neuwied.

Bower, G.H. (1981): Mood and Memory. American Psychologist, 36, pp.129-148.

Bleidick, U. (1977): Pädagogische Theorien der Behinderung und ihre Verknüpfung. In: Zeitschrift für Heilpädagogik, Heft 4, 207-229.

Bleidick, U. (1985): Historische Theorien: Heilpädagogik, Sonderpädagogik, Pädagogik der Behinderten. In: ders. (Hg.): Handbuch der Sonderpädagogik, Band 1:Theorie der Behindertenpädagogik. Berlin, 253-272.

Bless, G. (1995): Zur Wirksamkeit der Integration. Bern.

Blumer, H. (1973): Der methodologische Standort des Symbolischen Interaktionismus. In: Arbeitsgruppe Bielefelder Soziologen (Hg.): Alltagswissen, Interaktion und gesellschaftliche Wirklichkeit. Band 1. Reinbek, 80-166.

Breitsprecher, K. (1996): Lern-Behinderung aus Sicht der Kritischen Psychologie. In: Eberwein, H. (Hg.): Handbuch Lernen und Lern-Behinderungen. Weinheim und Basel, 293-314.

Bruner, J.S./Goodman, C.C. (1947): Value and need as organizing factors in perception. In: Journ. Abnorm. soc. Psychology, 42, pp. 33-44.

Cater, L.F./Schooler, K. (1949): Value and need as organizing factors in perception. Psychol. Rev., 56, pp. 200-207.

Ciompi, L. (1997): Die emotionalen Grundlagen des Denkens. Göttingen.

Cronbach, L.J. (1967): How can instruction be adapted to individual differences? In: Gagne, R.M.(Ed.): Learning and individual differences. Columbus, Ohio, 23-39.

Dell, P. (1986): Klinische Erkenntnis. Zu den Grundfragen systemischer Therapie. Dortmund.

Deppe-Wolfinger, H. (1986): Defizitpädagogik oder ganzheitliche Förderung. Vortrag auf der Tagung des Paritätischen Wohlfahrtsverbandes, Frankfurt am Main.

Dietel, B. (1997): Sensorische Integration nach Jean Ayres - einige kritische Anmerkungen. In: Der Kinderarzt, Heft 10, S. 1360-1369.

Doering, W./Doering, W. (1989): Bewegen und Denken - Sensorische Integrationsbehandlung. Praxis der Psychomotorik – Zeitschrift für Bewegungserziehung, S. 17-24

Duyme, M./Dumret, A.C./ Tomkiewicz, S. (1999): How can we boost IQs of dull children?: A late adotion study. In: Proc. Natl. Acad. Sci. USA, Vol. 96, pp. 8790-8794.

Eberwein, F.: Sozialpsychologische Untersuchungen zur Stigmatisierung und Diskriminierung sowie zum Selbstkonzept sogenannter Lernbehinderter. In: Eberwein, H. (Hg.): Handbuch Lernen und Lern-Behinderungen. Weinheim und Basel, 192-211.

Eberwein, H. (1996): Lernbehinderung – Faktum oder Konstrukt? In: Ders. (Hg.): Handbuch Lernen und Lern-Behinderungen. Weinheim und Basel, 33-55.

Edelmann (1996, 5. Aufl.): Lernpsychologie. Weinheim.

Eggert, D./Lütje-Klose, B. u.a. (1994): Theorie und Praxis der psychomotorischen Förderung, Textband. Dortmund.

Eggert, D. (1997): Von den Stärken ausgehen. Dortmund.

Ellger-Rüttgardt, S. (1983): Geschichte des Unterrichts mit Lernbehinderten. In: Baier, H./Bleidick, U. (Hg.): Handbuch der Lernbehindertendidaktik. Stuttgart u.a., 20-26.

Flammer, A. (1973): Wechselwirkung zwischen Schülermerkmal und Unterrichtsmethode. ZEPP 5, 130-147.

Fuchs, A. (1912): Schwachsinnige Kinder - ihre sittlich-religiöse, intellektuelle und wirtschaftliche Rettung. Versuch einer Hilfsschulpädagogik. Halle.

Gagné, R.M. (1969): Die Bedingungen menschlichen Lernens. Hannover.

Gehrecke, S./Mohr, C. (1973): Naturlehre in der Sonderschule für Lernbehinderte. Berlin.

Goffman, E. (1967): Stigma. Frankfurt am Main.

Golz, S. (1996): Ausländische Kinder als sogenannte Lernbehinderte. In: Eberwein, H. (Hg.): Lernen und Lern-Behinderungen. Weinheim und Basel, S.231-242.

Hargreaves, D.H. (1980): Labeling-Prozesse und ihre Konsequenzen für die Schüler. In: Ulich, K. (Hg.): Wenn Schüler stören. München, 96-111.

Heller, K./Nickel, H. (1980): Psychologie in der Erziehungswissenschaft. Band 1: Verhalten und Lernen. Stuttgart.

Heuser, Ch./Schütte, M./Werning, R. (1997): Kooperative Lernbegleitung von Kindern und Jugendlichen mit besonderem Förderbedarf in heterogenen Gruppen. In: Heimlich, U.(Hg.): Zwischen Aussonderung und Integration. Neuwied u.a., 102-118.

Hildeschmidt, A./Sander, A. (1996): Zur Effizienz der Beschulung sogenannter Lernbehinderter in Sonderschulen. In: Eberwein, H. (Hg.): Handbuch Lernen und Lern-Behinderungen. Weinheim und Basel, 115-134.

Hilgard, E.R./Bower, G.H. (1970): Theorien des Lernens, Band I. Stuttgart.

Hiller, G.G. (1997, 4. Aufl.): Ausbruch aus dem Bildungskeller. Pädagogische Provokationen. Langenau-Ulm.

Holzkamp, K. (1993): Lernen. Subjektwissenschaftliche Grundlegung. Frankfurt am Main.

Homfeld, H.G. (1996): Die Schule für Lernbehinderte unter labelingtheoretischen Aspekten - Konsequenzen für schulisches Lernen. In: Eberwein, H. (Hg.): Handbuch Lernen und Lern-Behinderungen. Weinheim und Basel, 176-191.

Jantzen, W. (1974): Sozialisation und Behinderung. Gießen.

Jantzen, W. (1976): Thesen zur begrifflichen Fassung von Behinderung. In: Reader: Sozioökonomische Bedingungen des Entstehens von Behinderung.Universität Bremen, xxx.

Kanter, G.O. (1980): Lernbehinderung und die Personengruppe der Lernbehinderten. In: Kanter, G.O./Speck, O. (Hg.): Pädagogik der Lernbehinderten, Handbuch der Sonderpädagogik, Band 4. Berlin, 34-64.

Keupp, H. (1972): Psychische Störungen als abweichendes Verhalten. München, u.a.

Kiphard, E.J.(1980): Training der Motorik und Sensumotorik. In: Kanter, G.O./Speck, O. (Hg.): Pädagogik der Lernbehinderten. Handbuch der Sonderpädagogik, Band 4. Berlin, 206-212.

Klafki, W./Stöcker, H. (1976): Innere Differenzierung des Unterrichts. In: Zeitschrift für Pädagogik, Heft 4, 497-523.

Klauer, K.J. (1975, 4. Aufl.): Lernbehindertenpädagogik. Berlin.

Klauer, K.J. (1998): Förderung des Denkens und Lernens bei Lernbehinderten. In: Von der Lernbehindertenpädagogik zur Praxis schulischer Förderung. Lengerich u.a.

Klauer, K.J./Lauth, G.W. (1997): Lernbehinderungen und Leistungsschwierigkeiten bei Schülern. In: Weinert, F.E.: Psychologie des Unterrichts. In: Enzyklopädie der Psychologie, Serie I, Band 3. Göttingen u.a., 701-738.

Klein, G. (1976): Spezielle Fragen soziokultureller Determinanten bei Lernbehinderung. In: Kanter, G./Speck, O. (Hg.): Pädagogik der Lernbehinderten. Band 4 des Handbuchs der Sonderpädagogik. Berlin, 65-76.

Klein, G. (1985): Lernbehinderte Kinder und Jugendliche: Lebenslauf und Erziehung. Stuttgart.

Klein, G. (2001): Sozialer Hintergrund und Schullaufbahn von Lernbehinderten/Förderschülern 1969 und 1997. In: Zeitschrift für Heilpädagogik, Heft 2, 51-61.

Klicpera, Ch./Garsteiger-Klicpera, B. (1993): Lesen und Schreiben. Entwicklung und Schwierigkeiten. Bern.

Kornmann, R./Klingele, Ch. (1996): Ausländische Kinder und Jugendliche an Schulen für Lernbehinderte in den alten Bundesländern. In: Zeitschrift für Heilpädagogik, Heft 1, 2-9.

Kuhn, T. (1973): Die Struktur wissenschaftlicher Revolutionen. Frankfurt/M.

Mand, J. (1996): Lernbehinderung als soziale Benachteiligung. In: Eberwein, H. (Hg.): Handbuch Lernen und Lern-Behinderungen. Weinheim und Basel, 165-175.

Maslow, A.A. (1973): Psychologie des Seins. München.

Maturana, H.R./Varela, F.J. (1987): Der Baum der Erkenntnis. Bern und München.

Mc Geoch, J.A./Irion, A.L. (1952): The psychology of human learning. New York.

Mead, G.H. (1973): Geist, Identität und Gesellschaft. Franfurt am Main.

Meyer, W.-U. (1973): Leistungsmotiv und Ursachenerklärung von Erfolg und Mißerfolg. Stuttgart.

Milani, Comparetti, A. (1986): Von der „Medizin der Krankheit" zu einer „Medizin der Gesundheit" - Referat von Prof. A. Milani-Comparetti in einer zusammenfassenden Darstellung von E. Jäger. In: Paritätisches Bildungswerk (Hg.): Von der Behandlung der Krankheit zur Sorge um Gesundheit. Frankfurt am Main.

Nestle, W. (1975): Probleme und Aufgaben der Didaktik der Schule für Lernbehinderte. In: Zeitschrift für Heilpädagogik, Heft 9, S. 523-537.

Nestle, W. (1977): Kritik der reduktiven sonderpädagogischen Didaktik. In: Kleber, E.W. (Hg.): Zur Revision sonderpädagogischer Praxis. Berlin.

Peukert, R./Asmus, H.J. (1979): Der theoretische Bezugsrahmen: ‚Labeling-Approach'. In: Asmus, H.J./Peuker, R. (Hg.): Abweichendes Schülerverhalten. Heidelberg, 15-32.

Piaget, J. (1995): Intelligenz und Affektivität in der Entwicklung des Kindes. Frankfurt am Main.

Preuß-Lausitz (1981): Fördern ohne Sonderschule. Weinheim und Basel.

Probst (1980): Theorie der kognitiven Entwicklung in ihrer Bedeutung für eine Neuorientierung der Diagnostik. In: Kasztantowicz, U. (Hg.): Beiträge zur Sonderpädagogik in Theorie und Praxis. Berlin, 35-47.

Randoll, D. (1991): Lernbehinderte in der Schule. Integration oder Segregation? Köln und Wien.

Reichmann-Rohr, E./Weiser, M. (1996): Geschichtliche Entstehung und Entwicklung von Schulen für Lernbehinderte. In: Eberwein, H. (Hg.): Handbuch Lernen und Lern-Behinderungen. Weinheim und Basel, 19-32.

Reiser, H. (1988): Nichtaussonderung bei Lern- und Verhaltensbeeinträchtigungen. In: Eberwein, H. (Hg.): Behinderte und Nichtbehinderte lernen gemeinsam. Handbuch der Integrationspädagogik. Weinheim und Basel, 332-339.

Reiß, G./Eberle, G. (Hg.) (1997): Offener Unterricht. Freie Arbeit mit lernschwachen Schüler-innen und Schülern. Weinheim.

Rohr, B. (1980): Handelnder Unterricht. Versuche zur Bestimmung eines materialistisch orientierten Unterrichts bei lernbehinderten Schülern. Rheinstetten.

Rosenthal, R./ Jacobson, L.F. (1971): Teacher expectation for the disadvantaged. Scientif. Amer., 218.

Roth, H. (1963): Pädagogische Psychologie des Lehrens und Lernens. Hannover.

Roth, H. (1968)(Hg.): Begabung und Lernen. Stuttgart.

Rogers, C.R. (1979): Lernen in Freiheit. München

Ruf, U./Gallin, P. (1996): Sich einlassen und eine Sprache finden. Merkmale einer interaktiven und fächerübergreifenden Didaktik. In: Voß, R. (Hg.): Die Schule neu erfinden. Neuwied, 154-178.

Ruf, U./Gallin, P. (1998): Dialogisches Lernen in Sprache und Mathematik. Band 1 und 2. Seelze-Velber.

Schade, W. (1971, 3. Aufl.): Allgemeine Grundsätze der Arbeit in der Hilfsschule. Berlin.

Scheera-Neumann, G. (1997): Lesen und Rechtschreiben. In: Weinert, F.E.: Psychologie des Unterrichts. In: Enzyklopädie der Psychologie, Band 3. Göttingen u.a., 279-325.

Scherer, P. (1995): Entdeckendes Lernen im Mathematikunterricht der Schule für Lern-behinderte. Heidelberg.

Schenk-Danzinger, L. (1991): Legasthenie - Zerebral-funktionelle Interpretation. Diagnose und Therapie. München.

Schmidt, S.J. (1986): Selbstorganisation - Wirklichkeit - Verantwortung. Der wissen-schaftliche Konstruktivismus als Erkenntnistheorie und Lebensentwurf. Lumis-Schriften 9. Siegen.

Seligmann, M. (1992, 4. Aufl.): Erlernte Hilflosigkeit. Weinheim.

Speck, O. (1991): System Heilpädagogik. München und Basel.

Stötzner, H.E. (1963): Schulen für schwachbefähigte Kinder (1864). (Hrsg. von E. Beschel und G. Heese). Berlin.

Suhrweier, H. (1993): Lernbehinderte Kinder und Jugendliche – Kennzeichnung der Population. In: Siepmann, G. (Hg.): Lernbehinderung. Berlin, 34-81.

Tent, L. u.a. (1991): Über die pädagogische Wirksamkeit der Schule für Lernbehinderte. In: Zeitschrift für Heilpädagogik, 289-320.

Timm/Funke (1980): Soziologische Aspekte der Lernbehinderung. In: Kanter, G.O./ Speck, O. (Hg.): Pädagogik der Lernbehinderten, Handbuch der Sonderpädagogik, Band 4. Berlin, 581-614.

Uexküll, T.v./Wesiack, W. (1986, 3. Aufl.): Wissenschaftstheorie und psychosomatische Medizin. Ein bio-psychosoziales Modell. In: Uexküll, T.v. u.a. (Hg.): Psychosomatische Medizin. München u.a., 1-29.

Vellutino, F.R. (1983): Childhood Dyslexia: A Language Disorder. In: Myklebust, H.R. (Hg.): Progress in Learning Disabilitiers. Bd. 5, Grunde & Stratton, New York, 135-173.

Vester, F. (1975): Denken, Lernen, Vergessen. Stuttgart.

Watson, J.W./Rayner, R. (1920): Conditioned emotional reactions. In: Journal exp. Psychology 03/1920, pp. 1-14.

Watzlawick, P., Weakland, J.H., Fisch, R. (1988, 4. Aufl.): Lösungen. Bern u.a.

Weinert, B. (1973): Die subjektiven Ursachen von Erfolg und Mißerfolg: Anwendung der Attribuierungstheorie auf das Leistungsverhalten in der Schule. In: Edelstein, W./ Hopf, D (Hg.): Bedingungen des Bildungsprozesses. Stuttgart, 79-83.

Werning, R. (1996): Das sozial auffällige Kind. Lebensweltprobleme von Kindern und Jugendlichen als interdisziplinäre Herausforderung. Münster, New York.

Werning, R. (1998): Konstruktivismus. Eine Anregunng für die Pädagogik? In: Pädagogik, Heft 7-8, 39-41.

Werning, R./Bannach, M. (1992): Möglichkeiten des entdeckenden Lernens im Sachunterricht der Primarstufe der Schule für Lernbehinderte. In: Zeitschrift für Heilpädagogik, Heft 9, 606-609.

Willke, H. (1994): Systemtheorie II: Interventionstheorie. Stuttgart.

Witehead, A.N., Russel, B. (1910-1913, 2. Aufl.): Principia Mathematica, Band 1, University Press, Cambridge.

Zielinski, W. (1996):Lernschwierigkeiten. In: Weinert, F.E. (Hg.): Psychologie des Lernens und der Instruktion. Ser. 1, Band 2 der Enzyklopädie der Psychologie. Göttingen u.a., 369-393.

Martin Sassenroth

IV Leitkonzepte im Bereich der Förderung von Sprache und Kommunikation sprachbehinderter Kinder und Jugendlicher

1. Einleitung und Problemstellung

Sicherlich ist es sehr schwierig, einen so großen Fachbereich der Sonder-/Heilpädagogik wie die Sprachheilpädagogik adäquat, in Kürze und dazu noch verständlich darzustellen. Wie nähert man sich einem so komplexen Gegenstand, der heute von sich behauptet, die Einflüsse verschiedener Wissenschaftsdisziplinen wie z.B. der Linguistik, der Medizin, der Pädagogik, der Psychologie, aufzunehmen und in ihre Handlungskonzepte zu integrieren, um sprachbehinderte Menschen gut zu unterstützen (Motsch 1988, Grohnfeldt 1989 a u. b)?

Vorderhand klingt das ganz gut und erweckt den Eindruck, dass hier systematisch Wissen aus den verschiedensten Fachgebieten theoretisch fundiert aufgearbeitet und in praktische Handlungskonzepte umgemünzt worden ist. Gleichzeitig kann man aber in der heutigen Fachliteratur nachlesen, dass eine gewisse Orientierungslosigkeit in der Theorie- und Konzeptbildung der Sprachheilpädagogik herrscht, welches den o.g. Eindruck erheblich irritiert (Baumgartner 1998).

Studierende des Fachs Sprachheilpädagogik oder auch praktisch tätige Fachleute beklagen immer wieder die Unübersichtlichkeit und Schwierigkeit der Zuordnung der zahlreichen unterschiedlichen Ansätze, was in der Praxis auch des öfteren zu einem additiven Nebeneinanderstellen oder gar Vermischen verschiedener Ansätze und Methoden führt (vgl. auch 2.3). Dieser Beitrag kann diesen bedauerlichen Zustand sicherlich auch nicht aufheben. Im Folgenden soll jedoch versucht werden, nach grundlegenden Gedanken zur mehrdimensionalen Sprachbetrachtung **einen** möglichen Orientierungsrahmen für die Organisation und Durchführung von Sprachtherapie herauszuarbeiten. M.E. ist dies eng verbunden mit der Grundlegung eines Sprachmodells, anhand dessen Sprachtherapie mehr oder weniger stringent ausrichtbar ist. Anschließend sollen Ableitungen für die Diagnostik, Therapie und Förderung sprachbehinderter Kinder und Jugendlicher getroffen werden.

2. Grundlegende Betrachtungen zur Sprache und Sprachstörungen

2.1 Was ist Sprache? - Zum Phänomen Sprache aus unterschiedlichen wissenschaftlichen Blickwinkeln

Wenn ich unseren Reflexionsgegenstand - die Sprache - anschaue, ist das mit einem Blick durch ein Kaleidoskop vergleichbar. Faszinierend und verwirrend zugleich. Je nach Betrachtungsstandpunkt stehen andere Aspekte im Vordergrund. Braun (1999, 11f.) nennt folgende Leitkategorien:

1. Sprache lässt sich aus dem philosophischen Blickwinkel betrachten. Hier wird die menschliche Fähigkeit beleuchtet, Sprache zu erwerben, sie auszubilden und sich ihrer angemessen zu bedienen. Zentraler Reflexionsgegenstand dieser Betrachtungsweise ist über den Sinn und die Bedeutung der Sprache für den Menschen sowie über die Bedingungen der Möglichkeiten von Sprache nachzudenken.

2. Sprache lässt sich aus dem linguistischen Blickwinkel betrachten. Die Linguistik oder auch Sprachwissenschaft beschäftigt sich mit dem Zeichen- bzw. Symbolsystem unserer Sprache und untersucht die Strukturen, Regeln und Funktionen auf den verschiedenen linguistischen Ebenen; der phonetisch-phonologischen Ebene (Aussprache), der morpho-

syntaktischen Ebene (Satzbau, Grammatik), der semantisch-lexikalischen Ebene (Wortschatz) sowie der pragmatischen Ebene[1].

3. Sprache lässt sich aus dem pragmatischen Blickwinkel betrachten. Hier steht die Sprachhandlung im Fokus. Es wird die sozialkommunikative sprachliche Tätigkeit beleuchtet. Wie und mit welcher Absicht wird Sprache in sozialen Situationen gebraucht und verwendet?

4. Sprache lässt sich aus dem psycholinguistischen, neurolinguistischen und phonetischen Blickwinkel betrachten. Hier soll vor allem die psycholinguistische Sichtweise hervorgehoben werden, da sie in der sprachheilpädagogischen Arbeit bei Kindern während des Spracherwerbs einen zentralen Stellenwert besitzt, wie aus den folgenden Ausführungen von Braun deutlich wird. „Die allgemeine Psycholinguistik erforscht Formen, Bedingungen und Konsequenzen des sprachlichen Verhaltens und Erlebens, um deskriptive Klassifikations-, Struktur- und Prozessmodelle sowie Erklärungstheorien zu erarbeiten. Sie fragt nach den Interdependenzen zwischen sprachlichen Strukturen und Prozessen einerseits und sensomotorischen, kognitiven, emotionalen, motivationalen und sozialen Verhaltens- und Entwicklungsbereichen andererseits. (...). Die Entwicklungspsycholinuistik beschreibt und erklärt die kindliche Sprachentwicklung als ein entwicklungspsychologisches Phänomen, zu dessen Erklärung sie psychologische Entwicklungstheorien in Abgrenzung bzw. Ergänzung zu linguistischen Erwerbstheorien heranzieht." (Braun 1999, 29f.)

Es muss noch darauf verwiesen werden, dass Sprache vor allem im Hinblick auf die Förderung nicht isoliert nur aus einem Blickwinkel betrachtet werden kann, sondern die Übergänge von einem Bereich in den nächsten fließend zu verstehen sind und in der Förderung von Kindern und Jugendlichen mit Sprachauffälligkeiten zu berücksichtigen sind. Bevor wir uns aber mit der Förderung von Sprache beschäftigen können, muss dargelegt werden, welche Implikationen mit den Begriffen Sprachstörungen - Sprachbehinderungen verbunden sind

---

[1] Vgl. hierzu auch Abschnitt 2.2.

2.2 Was sind Sprachstörungen - Sprachbehinderungen – Kommunikationsbehinderungen?

Im Folgenden geht es mir nicht darum, eine möglichst komplette Auflistung sämtlich existierender Sprachstörungen abzubilden. Vielmehr möchte ich nachzeichnen, dass die Begriffe „Sprachstörung" und „Sprachbehinderung" im historischen Verlauf des Fachbereichs Sprachheilpädagogik einem stetigen Wandel unterzogen waren. Es soll deutlich werden, dass der nachzuzeichnende Wandel im engen Zusammenhang mit gesamtgesellschaftlichen Bedingungen einerseits, andererseits mit den jeweiligen aktuellen wissenschaftstheoretischen Grundpositionen zu sehen ist. Vor diesem Hintergrund soll ersichtlich werden, dass diese Pradigmen bzw. Paradigmenwechsel durchaus Auswirkungen auf die jeweilige praktische Vorgehensweise in der sprachtherapeutischen Arbeit mit sprachauffälligen bzw. sprachgestörten Menschen hatten.

Das Vorkommen von Sprach-, Sprech- und Stimmstörungen kann in der Menschheitsgeschichte weit zurück verfolgt werden. Wir finden schon in der Antike Hinweise auf sprachgestörte Menschen, wobei es sich hier vornehmlich um Beschreibungen der gestörten Sprache handelt. Erstaunlich dabei ist, dass dabei schon fast alle bekannten sprachlichen Störungsbilder auftauchen. So sind die Sprechübungen des berühmten Rhetorikers Demosthenes (384-322 v. Chr) überliefert, der sich selbst therapierte, indem er mit einer Handvoll Kieselsteine im Mund gegen die Meeresbrandung anbrüllte, um seine Stimme zu stärken. Ferner finden sich Passagen bei Aristoteles (384-322 v. Chr.), der schon 3 verschiedene Formen der Unfähigkeit, deutlich und zusammenhängend zu sprechen, unterscheidet: „Er definiert Lallen (traulotes) als Unfähigkeit, einen bestimmten Laut auszusprechen, und Stottern (ischnophonia) als Unfähigkeit, eine Silbe schnell mit anderen zu verbinden. Stammeln (psellotes) bedeutet etwas auszulassen, entweder einen bestimmten Laut oder eine Silbe" (Braun; Macha-Krau 2000, 48).

In einigen medizinischen Schriften der Antike werden auch schon Ursachenhypothesen beschrieben, z.B , dass abnorme Sprechweisen auf Fehlbildungen der Zunge zurückzuführen sind. In diesem Zusammenhang muss auch auf den berühmten Arzt Hippokrates (460-377) verwiesen werden, welcher die Ursachen für Sprachleiden in zentralen Prozessen vermutet (Orthmann 1980, 68).

Das antike sprachpathologische Wissen wird durch die byzantinische, arabische und klerikalische Medizin ins Mittelalter getragen. „Die Therapievorschläge sind einerseits medizinischer Art und reichen von diätischen Regularien bis zu operativen Eingriffen, andererseits von didaktisch-rhetorischer Art in Form von systematischer Übungsbehandlung der Artikulation und Stimme sowie der zusammenhängenden Rede. Insgesamt kann die Zeit vom 5. Jahrhundert bis zum 16. Jahrhundert als Phase der Stagnation bezeichnet werden. Abgesehen von der grundsätzlichen wissenschaftlichen Diskussion um die tatsächliche Existenz des Mittelalters - als Übergangsepoche - gibt es keine Hinweise über neue Erkenntnisse zur Sprachpathologie und Sprachtherapie." (Braun/ Macha-Krau 2000, 49)

Eine erste theoretische Gesamtdarstellung von Sprachstörungen bei Kindern verfasst der Mediziner Hieronymus Mercurialis (1530-1606). Seinen Darlegungen wird Vorläufercharakter für spätere moderne multifaktorielle Erklärungskonzepte und mehrdimensionalen Therapiekonzeptionen zugeschrieben (Braun/Macha-Krau 2000, 49).

Die medizinische Sichtweise von Sprachstörungen und deren Behandlungsmöglichkeiten gipfelte in der operativen Stottertherapie. Die Ärzte Dieffenbach (1792-1847), Ammussat (1796-1856) und Velpeau (1795-1868) experimentierten mit operativen Eingriffen an der Zunge, welche leider häufig mit tödlichen Folgen bei ihren Patienten endeten. Diese Fehlschläge liessen Zweifel an der gesamten Medizin aufkommen und viele Mediziner (Chirurgen) verloren das Interesse an Sprachstörungen. Taubstummen- und Sprachärzte übernahmen die Betreuung sprachgestörter Menschen. Sie bevorzugten in Abkehr von den operativen Eingriffen didaktische Heilverfahren. Basis dieser Vorgehensweisen sind phonetische Verfahren, die in der Taubstummenpädagogik ihre Anwendung fanden. Einen großen Aufschwung erfuhr die didaktisch-phonetische Therapie in der Entwicklung artikulations-, stimm- und atemtherapeutischer Methoden sowie sprechkoordinierender Verfahren anfangs des 19. Jahrhunderts (Braun/Macha-Krau 2000, 51).

Die ersten umfassenden wissenschaftlichen Abhandlungen über Sprachstörungen in der Neuzeit sind mit den Namen Schulthess (1830) und Kussmaul (1877) verbunden. Bei beiden Gründervätern der Sprachheilkunde handelt es sich wiederum um Mediziner, die die Erkenntnisse über Sprachstörungen zu systematisieren versuchten.

Zur selben Zeit tritt dann aber zum ersten Mal ein Pädagoge, Albert Gutzmann (1837-1910), seines Zeichens Taubstummenlehrer, in Erscheinung, welcher wesentlichen Anteil an der Begründung unseres Fachs hatte. Seine Arbeiten wurden dann durch seinen Sohn, Herrmann Gutzmann, der wiederum Mediziner war, weitergeführt. H. Gutzmann gilt als Begründer der wissenschaftlichen Sprachheilkunde, der also die Sprachheilkunde in Wissenschaftskreisen salonfähig machte. Allein schon der Begriff Sprachheilkunde, welcher medizinisch determiniert und heute noch in der Medizin gültig ist, verdeutlicht die stärkste Wurzel der heutigen Sprachheilpädagogik. Aus dem wissenschaftstheoretischen Blickwinkel heraus wurden Sprachstörungen eindeutig unter dem medizinischen Paradigma betrachtet (vgl. Günther 1996, Kolonko/Krämer 1992).

Unter dem Hinweis auf Albert Gutzmann wird die zweite Wurzel der Sprachheilpädagogik - die Taubstummen- bzw. Hörgeschädigtenpädagogik - deutlich. Günther (1996) ist allerdings beizupflichten, wenn er diese zweite Wurzel in ihrer Gewichtigkeit eher schwächer einschätzt. Die Relevanz pädagogischer Überlegungen spielt eigentlich nur in den praktischen Handlungsfeldern eine Rolle. Bezeichnenderweise gibt es auch nur eine herausragende pädagogische Abhandlung im Zusammenhang mit sprachbehinderten Menschen von C. Rothe, der in seinem Buch „Die Umerziehung" (1929) postuliert, dass eine rein übungsmechanistische Behandlung von Sprachstörungen nicht ausreiche, sondern dass eine Erziehung des ganzen Menschen stattfinden müsse (Grohnfeldt 1989 b, 17f.).

Zusammenfassend für die Entstehungs- und Entwicklungsphase der heutigen Sprachheilpädagogik müssen wir „eine starke Orientierung und Verankerung an der Medizin und damit an einem naturwissenschaftlich-linearen Kausalitätsmodell konstatieren, wobei ein mechanistisch-statisches Menschenbild zugrunde gelegt wird. (...) Das Paradigma (...) der Pionierzeit der Sprachheilpädagogik zur Jahrhundertwende (20. Jh.; M.S.) war einer naturwissenschaftlich-medizinischen Denkweise von Beginn an sehr stark verhaftet, wobei das monokausale Erklärungskonzept der kurativen Medizin dominiert. Man ging bei diesem linear-kausalen Denken von einer klaren und eindeutigen Abhängigkeit einer Wirkung von ihrer Ursache aus: d.h. richtige Diagnose - richtige Heilung" (Günther 1996, 110).

Eine stärkere pädagogisch-psychologische Ausrichtung ist eigentlich erst nach den beiden Weltkriegen festzustellen, wobei nicht verschwiegen werden darf, dass zumindest kurzzeitig zwischen den Weltkriegen die Tendenzen in der Allgemeinen Pädagogik - hier sind vor allem die reformpädagogischen Ansätze in den 20er Jahren gemeint - auch gewisse Auswirkungen auf die Heil- und Sonderpädagogik und damit auf die Sprachheilpädagogik gehabt haben. In

diesem Zusammenhang muss das oben schon einmal erwähnte Werk von Rothe (Die Umerziehung 1929) erwähnt werden, welches am Beispiel des Stotterns die Verlagerung der Sichtweise   von   der   physiologisch-phonetischen   Therapie   zum   heilpädagogisch-
psychotherapeutischen Handeln verdeutlicht. „Mit Rothes Zielsetzung einer ganzheitlichen
Umerziehung des stotternden Kindes tritt zum erstem Mal in der Geschichte der Sprachheilpädagogik der pädagogische Aufgaben- und Wirkbereich als umfassender Ansatz der Stottertherapie in den Blickpunkt des theoretischen und praktischen Interesses." (Braun/Macha-Krau
2000, 63)

Diese positiven pädagogischen Bemühungen sind aber durch die fürchterliche NS-Ideologie
mit ihrer Rassenlehre und eugenischen Tendenzen wieder völlig zerstört worden. Obwohl
sprachbehinderte Menschen glücklicherweise nicht unmittelbar im schlimmsten Sinn von den
Auswirkungen der Hitlerzeit betroffen waren, muss diese Phase als große Stagnation in der
(Heil-)pädagogik verstanden werden (Kolonko/Krämer 1992 u. Günther 1996). In diesem
Zusammenhang soll nicht verschwiegen werden, dass auch die Sprachheilpädagogik sich der
faschistischen Erziehungs- und Bildungsideologie verschrieb und führende Sprachheilpädagogen aus rassischen Motiven verfolgt wurden (Braun/Macha-Krau 2000, 59).

Der wirtschaftliche Aufschwung nach 1945 hatte auch recht positive Auswirkungen auf die
Bildungslandschaft. Allen Kindern, ob behindert oder nicht, wurden (zumindest auf dem Papier) die größtmöglichen Bildungschancen zugestanden. Ab diesem Zeitpunkt, besonders aber
seit den 60er Jahren, ist auch ein kontinuierlicher Auf- und Ausbau eines differenzierten Sonderschulwesens zu verzeichnen. In wissenschaftstheoretischer Sicht ist die Zeit nach dem
Krieg vorwiegend als geisteswissenschaftlich-hermeneutische Phase zu kategorisieren. „Die
erkenntnistheoretische Methode der Sprachheilpädagogik war in den 50er und 60er Jahren die
Hermeneutik. Auf diesem Wege des Verstehens sprachbehinderter Menschen in ihrem historischen und gesellschaftlichen Kontext sollte Orientierungswissen für die Erziehung, Unterrichtung, Förderung und Therapie abgeleitet und erarbeitet werden." (Günther 1996, 112)

Die Sprachbehindertenpädagogik steht jetzt nicht mehr so sehr unter dem Diktat der medizi-
nisch-naturwissenschaftlichen Position, sondern mehr unter dem „Herbatschen Axiom der
Bildsamkeit" (Orthmann 1980, 89). Logischerweise erfuhr die Sprachheilpädagogik unter
dieser Prämisse (und wegen des wirtschaftlichen Aufschwungs) gerade auf der Ebene der Organisation einen gewaltigen Aufschwung, indem ein breitgefächertes Angebot sprachheil-

pädagogischer Versorgung aufgebaut wurde, sowohl die unterrichtliche wie auch die einzeltherapeutische Situation betreffend.

Gegen Ende der 60er Jahre, Anfang der 70er Jahre sind dann zwei Tendenzen in ihrer Bedeutung für die Sprachheilpädagogik hervorstechend. Einmal lässt sich in der Allgemeinen Pädagogik eine Tendenz zur Verwissenschaftlichung feststellen. Der Terminus „Erziehungswissenschaft" etablierte sich. In diesem Begriff spiegelt sich das Bedürfnis nach kontrollierbarer, rationaler Analyse pädagogischer Prozesse wider. Man war der Meinung, dass die rein erfahrungswissenschaftliche Denkweise früherer Zeiten zu einer systematischen Aufarbeitung wissenschaftlicher Theorien wie auch deren Anwendung in der Praxis nicht mehr ausreicht. Mit der neuen Ausrichtung an einem analytisch-naturwissenschaftlichen Modell hielt das Paradigma der empirischen Kontrollierbarkeit von pädagogischen Prozessen auch Einzug in die Sprachheilpädagogik. Es entstanden eine Vielzahl von lerntheoretisch fundierten Therapieprogrammen und Testentwicklungen, besonders im Bereich des Spracherwerbs. Insgesamt lässt sich diese Zeit als Aufbruchszeit charakterisieren, in der der Glaube an die Planbarkeit und systematische Durchführbarkeit von pädagogischen Prozessen aufgrund vorhergehender rationaler Analyse schon fast euphorisch war. Nur mit der Abgeklärtheit und dem genügenden Abstand der Gegenwart lässt sich im Nachhinein eine grosse Naivität konstatieren, mit der man in der damaligen Zeit glaubte, diese vielschichtigen und komplexen Entwicklungsverläufe von Kindern einerseits erfassen (diagnostizieren) und andererseits beeinflussen (therapieren) zu können.

Die zweite Tendenz, die kennzeichnend für diese Zeit ist, hängt mit der ersten in gewissem Sinn zusammen. Im Zuge der Verwissenschaftlichung der Pädagogik hielt die Sprachwissenschaft (Linguistik) Einzug in die Sprachheilpädagogik. Besonders zur besseren Erfassung der Prozesse im Spracherwerb erfuhr die Sprachheilpädagogik ab diesem Zeitpunkt einen enormen Anschub von seiten der Psycholinguistik. Während in den Anfängen erst zögerlich einzelne Vertreter der Sprachheilpädagogik von der „Notwendigkeit linguodiagnostischer Untersuchungsverfahren" (Scholz 1970) und als einsame Rufer im Wald noch nicht ganz zur Kenntnis genommen wurden, lässt sich bis zum heutigen Zeitpunkt fast eine Dominanz linguistischer Sichtweisen innerhalb der Sprachheilpädagogik feststellen.

Der Stellenwert (psycho-)linguistischer Forschungen und daraus abgeleiteter Vorgehensweisen für die Praxis ist auch heute unbestritten. In sämtlichen Bereichen der Sprachheilpädagogik, ob das im Bereich der kindlichen Spracherwerbsstörungen, Schriftspracherwerbsstörungen oder im Bereich der zentralen Sprach- und Sprechstörungen bei Erwachsenen ist, wäre eine Weiterentwicklung des Fachs ohne die linguistische Grundlagenforschung undenkbar gewesen.

Festzuhalten ist aber bezogen auf den eben referierten Zeitabschnitt, dass immer noch zumindest in der Sprachheilpädagogik eine individuumzentrierte Sichtweise von Sprachstörungen bestand, d.h. dass das Bedingungsgefüge für Sprachstörungen immer noch mehr oder weniger ausschließlich beim Individuum gesucht wurde.

In den 80er Jahren macht sich in der Sonder- und Heilpädagogik ein erneuter Paradigmawechsel bemerkbar, der meines Erachtens von der Sprachheilpädagogik bisher nur in geringem Ausmaß wahrgenommen und in der sprachheilpädagogischen Praxis noch wenig umgesetzt worden ist. Ich meine die Trendwende hin zu einer humanökologisch orientierten Erkenntnistheorie. Was ist damit gemeint? Um diese Frage genauer zu beleuchten, muss man unweigerlich den Wandel im Behinderungs- und Therapiebegriff und den damit verbundenen zugrundeliegenden Menschenbildern diskutieren. Grohnfeldt macht bezogen auf die Sprachheilpädagogik grundsätzlich zwei Tendenzen aus. Einmal liegt ein eher statisches Verständnis von (Sprach-)Behinderungen vor, andere wiederum fassen Behinderung als ein sehr dynamisches Konstrukt auf, was enorme Auswirkungen auf diagnostische, didaktische und schulorganisatorische Vorgehensweisen hat:

- „Bei einem statischen Grundverständnis von Sprachstörungen werden diese als objektiv feststellbare und eindeutig klassifizierbare Phänomene eingeschätzt, die gemäss einer mechanistischen Vorstellung als Defizit ausgewiesen und übungstherapeutisch behandelt werden müssen, bis das Sprachverhalten einer statistischen präskriptiven Norm entspricht.

- Bei einem dynamischen Grundverständnis von Sprachstörungen werden diese als relative Veränderung des Sprachausdrucks und/oder Sprachverständnisses ohne eindeutige Abgrenzung zu einer präskriptiven Erwartungsnorm gedeutet. Dementsprechend sollte sprachtherapeutischens Handeln auch nicht so sehr auf die Sprachstörung gerichtet sein, sondern vielmehr auf den dahinterstehenden Menschen mit seinen individuellen Voraussetzungen in der Auseinandersetzung mit seiner persönlichen Umwelt."(Grohnfeldt 1989 b, 22)

Letzterer Position läge ein ganzheitlich-interaktionales Selbstverständnis zugrunde, welches nicht nur den sprachbehinderten Menschen wahrnimmt, sondern gerade den sprachbehinderten Menschen in seiner Interaktion mit der Umwelt in den Blickpunkt der Betrachtung rückt. „Es wird immer deutlicher, dass die sprachtherapeutische Arbeit nicht immer auf die vollständige Beseitigung der Sprachstörung ausgerichtet sein kann, nicht eindeutig ‚machbar' und unabhängig von den Bedürfnissen und Möglichkeiten des betreffenden Menschen ist." (Grohnfeldt 1989 b, 27)

Sicherlich ist o.g. Sichtweise nicht nur in der Sprachbehindertenpädagogik vertreten, sondern ist Ausdruck eines allgemeinen Wandels in der Gesellschaft und ist zuerst von der allgemeinen Sonderpädagogik aufgenommen worden. Man kann in diesem Zusammenhang vom wissenschaftstheoretischen Standpunkt aus von einer 3. Phase in der Pädagogik/Sonderpädagogik sprechen. Nach der geisteswissenschaftlich-hermeneutischen Phase und der Phase der empirischen Erziehungswissenschaft wird nun die Pädagogik mehr und mehr unter der oben beschriebenen ökologisch reflexiven Grundlegung als wertgeleitete Integrations- und Handlungswissenschaft aufgefasst, wobei der Mensch mit seinen speziellen Erziehungs- und Förderbedürfnissen immer in Bezug auf seine Interaktion mit der Umwelt gesehen wird.

Die oben beschriebene veränderte Sichtweise von Sprachstörungen macht sich in der Begrifflichkeit ebenfalls bemerkbar. Der Begriff „Sprachstörung" hatte seit Beginn des Fachbereichs Sprachheilpädagogik immer eine Schlüsselfunktion, der aber im geschichtlichen Verlauf sehr unterschiedliche Interpretationsmuster beinhaltete. Braun (1999) zeigt zusammenfassend folgenden Entwicklungsverlauf auf: „vom Verständnis als Sprachgebrechen und Sprachkrankheit in der Vorläufer- und Gründerphase der Sprachheilpädagogik über die Auffassung als Sprachschädigung und Sprachbehinderung in der behindertenpädagogischen Ausbauphase in den 60- und 70er Jahren bis zur heutigen Sicht als Kommunikationsbehinderung zur pädagogischen Konzeptualisierung als spezifischer sprachlich-kommunikativer Förderbedarf" (Braun 1999, 41f.).

Sprachstörung			
e	e	e	e
Sprachgebrechen Sprachkrankheit	Sprachbehinderung Sprachschädigung	Kommunikations behinderung	spez.sprach- kommunikativer
c	c	c	Förderbedarf

Abb.1: Wandel der Grundbegriffe (Braun 1999, 42)

Braun (1999, 43 f.) legt ein biopsychosoziales Definitionsmodell vor, nach dem Sprachschädigung, Sprachstörung und Sprachbehinderung in einem Strukturzusammenhang ersichtlich werden. Während Sprachschädigung den organismischen Bereich der Sprache betrifft, liegt eine Sprachstörung dann vor, „wenn die Fähigkeit zum regelhaften Gebrauch der Muttersprache fehlt oder normabweichend eingeschränkt ist. Sie erscheint als Funktionsmangel, als Funktionseinschränkung oder Desintegration der sprachlichen Prozesse aufgrund einer Schädigung und betrifft die psychologische bzw. psycholinguistische Ebene der Sprache. Eine Sprachbehinderung bringt die Komplexität der Störung zum Ausdruck. Sie umfasst die durch die Schädigung bedingte Einschränkung oder das Fehlen der Sprachfähigkeit und die damit zusammenhängende, belastet personale und soziale Gesamtsituation. Sie äussert sich allgemein als Hemmung und Verformung der Persönlichkeits- und Sozialentwicklung, speziell als Beeinträchtigung des schulischen Lern- Leistungs- und Sozialverhaltens.

Ihr dominantes Merkmal ist die Kommunikationsbehinderung, die die gesamte soziale Ebene beeinträchtigt" (Braun 1999, 45)[2].

Richtigerweise weist Braun aber darauf hin, dass eine präzise Abgrenzung von normaler und gestörter Sprache nicht möglich ist. Übergänge können fließend sein (Kontinuitätshypothese). Eine qualitative Grenze gibt es nicht, sondern höchstens quantitative Merkmale sowie der Grad der subjektiven Betroffenheit der Menschen mit Sprachstörungen oder auch der seiner Bezugspersonen. Ferner gilt es zu berücksichtigen, dass Sprachstörungen immer nur auf dem Hintergrund der Lebensbezüge des betroffenen Menschen und seiner Umwelt erklär- und verstehbar sind. Letzteres wiederum verdeutlicht, dass das Feststellen von Sprachstörungen immer auch von Normvorstellungen der Umwelt abhängig ist und insofern sehr subjektiv und relativ ist. (Braun 1999, 46).

---

[2] vgl. auch dazu Grohnfeldt 1995

Wenn man nun nach gängigen Klassifikationen von Sprachstörungen fragt, sind diese im deutschsprachigen Raum bis Ende der 70er Jahre mit den Namen Jussen (1964), Heese (1967), Orthmann (1969) oder Homburg (1978) verbunden. Gerade aber mit zunehmender Bedeutung der Linguistik unterscheidet man Sprachstörungen eher nach Störungen des Sprachsystems, des Sprechens, der Rede und der Stimme. Danach ergibt sich folgende mögliche Einteilung der gängigsten Sprachstörungen:

<u>Störungen des Sprachsystems</u>

- Spracherwerbsstörungen auf

  phonetisch-phonologischer Ebene

  semantisch-lexikalischer Ebene

  morphosyntaktischer Ebene

(selbstverständlich sind diese Ebenen nicht isoliert voneinander zu betrachten, bei komplexen Spracherwerbsstörungen werden immer alle Ebenen betroffen sein)

- Schriftspracherwerbsstörungen (LRS)
- Aphasie (völliger bzw. teilweiser Sprachverlust)

<u>Störungen der Aussprache/des Sprechens</u>

- Dyslalie (rein phonetisch bedingte Schwierigkeiten in der Lautbildung im kindl. Spracherwerb)
- Dysarthrophonie (zentral bedingte stark verwaschene Aussprache)
- Sprechapraxie

<u>Störungen des Redeflusses</u>

- Stottern
- Poltern
- Mutismus
- Sprechangst

<u>Störungen der Stimme und des Stimmklangs</u>

- Dysphonie/Aphonie

- Zustand nach Laryngektomie
- Rhinophonie/Näseln

Abb.2: Mögliche Klassifikation von Sprachstörungen

Es sei mit Nachdruck darauf verwiesen, dass es sich bei oben vorgeschlagener Einteilung nicht um eine ursachenbezogene Klassifikation handelt. Aus Gründen der Systematik und Übersichtlichkeit erscheint es m.E. sinnvoll zu sein, die Aphasien unter die Störungen des Sprachsystems und die Dysarthrophonien unter die Störungen der Aussprache zu subsummieren, obwohl beide vielfach in der Literatur unter der eigenen Kategorie „Zentrale Sprach- und Sprechstörungen" aufgeführt werden. (vgl. Grohnfeldt; Ritterfeld 2000, 22). Ferner muss festgehalten werden, dass gewisse Mischkomponenten auftreten können. Dementsprechend können bei betroffenen sprachbehinderten Personen mehrere Ebenen betroffen sein. Darüber hinaus sei nochmals darauf verwiesen, dass die Klassifikation keinesfalls wieder einer individuumzentrierten Sichtweise Vorschub leisten soll. Vielmehr müssen diese Auffälligkeiten in der Sprache (i.w.S.) immer im Gesamtzusammenhang des Betroffenen mit seiner Bezugswelt gesehen und eingeschätzt werden.

2.3 Zur Notwendigkeit eines modernen Sprachbegriffs

In letzter Zeit rückt glücklicherweise die Einsicht, dass es absolut notwendig ist, sich intensiv Gedanken über unseren Begriff von Sprache zu machen, wieder in den Blickpunkt der Betrachtung. Vielleicht hängt das nicht von ungefähr mit der schon eingangs beklagten Orientierungslosigkeit in der Sprachheilpädagogik zusammen. Viele Fachleute unserer Disziplin bemängeln z.B. die gewisse Beliebigkeit in der Auswahl der Konzepte, um sprachbehinderten Menschen Unterstützung zu geben. Ich kann Praktikerinnen und Praktiker verstehen, die sich von dem reichhaltigen Angebot an unterschiedlichen Therapien fast erschlagen fühlen und mehr oder weniger intuitiv aus dem reichhaltigen Angebot, die Vorgehensweisen heraussuchen, die ihnen bezogen auf den jeweiligen Klienten am geeignetsten erscheinen. Jedem Leser wird aber klar sein, dass Sprachförderung nicht im Sinne eines Warenhausangebots konzeptioniert sein kann, sondern bezogen auf die Zielbestimmungen und Rahmengebung wie auch auf die konkreten methodisch-didaktischen Vorgehensweisen ein einigermaßen stimmiges gedankliches Gerüst beinhalten muss, innerhalb dessen ich mich als Sprachtherapeut in der Förderung von sprachbehinderten Kindern und Erwachsenen bewegen kann.

Natürlich ist auch klar, dass dieser Sprachbegriff je nach Autor verschieden sein kann. Wichtig ist nur, dass er offen genannt wird, damit der Leser eine Vorstellung davon gewinnen kann, auf welchen Grundlagen der jeweilige Autor aufbaut.

Es ist m.E. nach in der Tat kritisch zu fragen, ob das Postulieren der Erweiterung der Sprachtherapie in Richtung Kommunikationstherapie (s.o.) ausreichend ist, um sprachbehinderte Menschen zu unterstützen. Ohne Zweifel ist die Erweiterung der früher recht mechanistischen und individuumorientierten Sprachtherapie zu einer umfassenderen Kommunikationstherapie, in der auch die Gesprächspartner des sprachbehinderten Menschen Berücksichtigung finden, ein wesentlicher Fortschritt. Geht es jedoch bei sprachlichen Vorgängen tatsächlich „nur" um den kommunikativen Austausch von Menschen untereinander? Sicherlich ist das eine ganz wichtige Seite der menschlichen Kommunikation, die auch hinlänglich in vielen gängigen Kommunikationsmodellen beschrieben worden ist.

Ich denke aber, dass wir in vielerlei Hinsicht in früheren Zeiten schon weiter bzw. tiefer in das Phänomen Sprache eingedrungen sind. So mahnte Westrich zuletzt 1992 aus philosophischer Sicht an, dass ein Kind „sprachlich" wird. Das bedeutet, dass es im Dialog mit seiner Umwelt versucht, einerseits die Welt, letztendlich aber sich selbst durch die Auseinandersetzung mit dem „Du" zu begreifen. Wenn ich darüber hinaus an Homburg (1978) denke, der mit seinem wichtigen Werk „Die Pädagogik der Sprachbehinderten" uns die Grundlagen zu einer handlungsorientierten Sprachtherapie nahebrachte und darin auf der Basis der materialistischen Handlungstheorie besonders den Erkenntniswert von sprachlichen Prozessen herausstrich, dann lässt sich erkennen, dass wir mit der Gleichung Sprache = Kommunikation eine starke Verkürzung sprachlicher Prozesse vornehmen.

Ferner möchte ich auf Zollinger (1995) verweisen, die uns in eindrucksvoller Weise aus enwicklungspsychologischer Sicht aufgezeigt hat, wie ein Kind die Sprache und damit sich und die Welt in seiner Beziehung zum Du und den Objekten nach und nach entdeckt und (be)greift. Wir können dort sehr anschaulich erleben, dass Sprache ein notwendiges Mittel ist, einerseits Beziehungen des Subjekts zu seiner Umwelt zu begreifen und andererseits auch auszudrücken. Erst nach dem Begreifen der Beziehungen wird dann auch die Form des Ausdrucks wichtig.

An diesem Beispiel lässt sich wunderbar nachvollziehen, dass die Sprache ganz wesentlich zum Aufbau der kognitiven Konzepte beiträgt und anschließend Transporteur dieser kognitiven Konzepte wird. Wie entscheidend diesbezüglich ein gutes Sprachverständnis ist, kann man ebenfalls sehr schön bei Zollinger (1995) nachlesen.

Wir sehen also an diesen Beispielen aus der Literatur, dass wir bei dem Erarbeiten eines modernen Sprachbegriffs verschiedene Dimensionen zu berücksichtigen haben. Einiges war schon vorhanden und scheint etwas verloren gegangen zu sein, anderes muss neu überdacht und zusammengebracht werden. Im Folgenden sollen der Leserin/dem Leser einige grundlegende Reflexionen nahegebracht werden, die nach meiner Meinung zentral für die Förderung und Therapie von sprachbehinderten Kindern und Jugendlichen im (vor-)schulischen Alter sind. Es ist klar, dass das in einem Handbuchbeitrag nur in einer vereinfachenden, vielleicht auch etwas verkürzenden Form geschehen kann.

2.4 Sprachhandlungsmodell

Wesentliche Ausführungen zu einem in der Praxis umsetzbaren Sprachhandlungsmodell lassen sich bei Steiner (1996 und 1997) finden. Steiner verfolgt einen systemisch-konstruktivistischen Ansatz von Sprache, der den Dialog als Zentrum des Systems Sprache ansieht. „Sprache verweist nicht nur auf ein Gegenüber, Sprache erfordert den anderen: Sprache ist prinzipiell dialogisch" (Steiner 1997, 99). Weiter fordert der Autor, dass Sprachtherapeuten nicht nur eine Ahnung davon haben müssen, „wie ‚Sprache in unseren Köpfen' organisiert ist, sondern auch davon, welchen Mustern ‚Sprache in unseren Beziehungen' folgt"(Steiner 1997, 99).

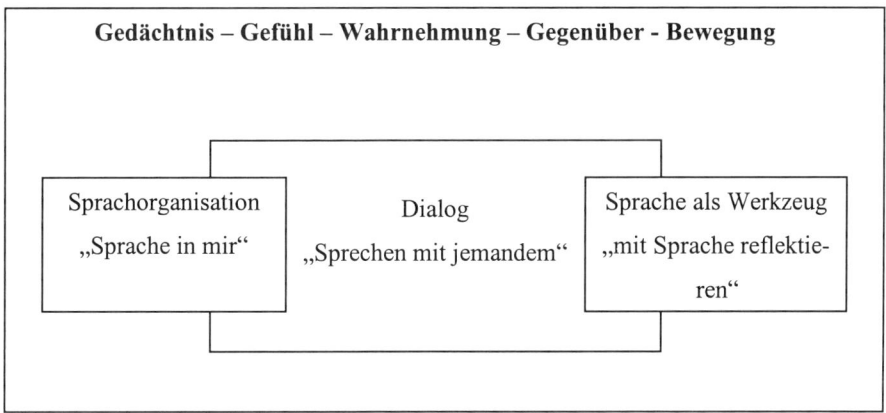

Abb. 3: Der Dialog als Zentrum des Systems Sprache (Steiner 1996, 27)

Das Schaubild verdeutlicht einerseits, dass Sprache nicht isoliert von anderen kognitiven und emotionalen Leistungen gesehen werden kann. Diese Leistungen „sind unsere Instrumente für Wirklichkeitskonstruktionen: Vorstellen - Erinnern - Abrufen - auswählen - Kategorisieren - Abspeichern - Aufmerksamsein - Probleme lösen. Die Wirklichkeitskonstruktionen bestehen aufgrund einer Beziehungs- und Außenwelt" (Steiner 1996, 27). Noch radikaler formuliert, könnte man sagen, dass es ohne der Beziehungs- bzw. Außenwelt gar nicht zu Wirklichkeitskonstruktionen führen würde. Dementsprechend wird der zentrale Stellenwert des Dialogs überdeutlich.

Andererseits wird die große Interdependenz zu den zwei anderen wichtigen Dimensionen nachvollziehbar. Wenn man sich vor Augen hält, was benötigt wird, um einen adäquaten Dialog zu führen, wird schnell einsichtig, dass zum einen auf der intrapersonellen Seite eine Sprachorganisation und -Repräsentation vorhanden sein muss. Zum anderen hat die Sprache auch eine instrumentarische Funktion. Das Individuum benötigt sie als Instrument (Werkzeug) des Reflektierens, des Denkens.

Beide Dimensionen erscheinen mir gerade bei der Entwicklung von Sprache, also im frühen Spracherwerb des Kindes ganz wesentlich und werden von Vertretern von entwicklungspsychologischen und handlungstheoretischen Sichtweisen untermauert.

Die entwicklungstheoretische Sichtweise verdeutlicht uns in eindrucksvoller Weise, wie ein Kind zu einer inneren Sprachorganisation und -Repräsentation (Begriffsbildung) kommt. So sieht z.B. Zollinger (1995) die Ich – Du - Umweltkonstellation für die Entdeckung der Sprache/Welt als zentral an. Sprache beginnt für sie mit der Triangulierung im Blickkontakt zwischen den 3 Polen Kind - Mutter - Gegenstand. Erst wenn dieser Blickkontakt gewährleistet ist, können sich Mutter und Kind über einen Gegenstand verständigen. Konkret muss man sich vorstellen, dass das sehr junge spracherwerbende Kind noch nicht die Symbolfunktion der Sprache entdeckt hat. Es stellt sich also die Frage, wie das Kind einen Begriff, d.h. ein Wort mit dem richtigen Gegegenstand verbindet. Bei dieser Verknüpfungsleistung ist nun der Blickkontakt mit der Bezugsperson, die gleichzeitig das Kind und den Gegenstand betrachtet, zentral. Durch das gleichzeitige Betrachten eines Gegenstandes von Bezugsperson und Kind und des Benennens des Gegenstands durch die Bezugsperson wird nach und nach das Wort mit dem Gegenstand verknüpft. Immer wieder wird sich dabei das Kind bei der Mutter durch Blickkontakt und später auch durch gleichzeitiges Aussprechens des neuen Wortes rückversichern, ob es das richtige Wort benutzt. Das wiederum wird durch die Mutter bestätigt usw., usw. (vgl. Zollinger 1995).
Natürlich wäre die Schlussfolgerung unzulässig verkürzend, wenn man nun folgert, dass der Blickkontakt die einzige wichtige Komponente beim Aufbau der sprachlichen Strukturen wäre. Sicherlich ist er eine wesentliche Voraussetzung. Entscheidend ist aber, die gemeinsame Handlung des Kindes mit der Bezugsperson.

Nach der materialistischen Handlungstheorie der Kulturhistorischen Schule mit seinen Protagonisten Wygotsky, Leontjew, Lurija ist die Handlung der Transporteur ehemals äußerer Gegebenheiten und Zusammenhänge bis hin zum geistigen Besitz. Sicherlich ist es an dieser Stelle nicht möglich, sämtliche handlungstheoretischen Grundlagen der kulturhistorischen

Schule zu referieren[3]. Hier soll lediglich dargelegt werden, dass nach dieser Theorie Handlung und Sprache deckungsgleich zu verstehen sind, da Sprache und Sprechen als Spezialfall des Handelns zu betrachten und nach der Struktur von Handlungen aufgebaut sind (Homburg 1983, 115). Sprache bzw. Handlung wird also zu einem psychologischen Werkzeug mittels dessen ein ehemals äußerer Lerngegenstand nach folgenden 5 Stufen zum inneren geistigen Besitz führt:

1. „Die materielle Handlung - Konkrete, dreidimensionale, gegenständliche Tätigkeit
2. Die materialisierte Handlung - Konkrete, zweidimensionale, symbolische Tätigkeit
3. Die äußere Sprache - Handlung und Sprache
4. Die äußere Sprache für sich - Sprachliche Tätigkeit
5. Die innere Sprache - Wissen, geistiger Besitz." (*Holtz* 1989, 103)

Diese Stufen sind dialektisch zu verstehen. Das heißt, sie bilden während des Prozesses der Verinnerlichung das Wechselspiel ab zwischen den äußeren Handlungen (interpsychisch) und den inneren Handlungen (Sprache, intrapsychisch).

Nun wird auch verständlicher, warum Wygotsky der Sprache neben dem Verkehrswert noch einen Erkenntniswert zuordnet. Im Zusammenhang mit der kindlichen Begriffsbildung wird die Entwicklung noch deutlicher. Das Kind muss, um Sprache zu durchdringen und zum Werkzeug seines Erkenntnisinteresses zu machen, die Begriffe losgelöst vom konkreten Gegenstand verwenden lernen.

Beispiel I: Wie kommt es zur Begriffsbildung: Ball?
Zuerst wird ein Kind das Wort „Ball" nicht losgelöst von dem konkreten Gegenstand verstehen. Es verknüpft das Wort „Ball" mit seinem konkreten blau weiss-gestreiften Ball. Nach und nach wird es sich aber nicht mehr den konkreten Ball vorstellen, sondern einen abstrakten Ball mit den wesentlichen Charakteristika: glatt und rund. Genau diese Abstraktion geschieht aber durch das Spiel. Im Anfang ist das Kind natürlich noch an die konkrete Situation gebunden, später aber kann es symbolisch handeln.
Beispiel II: Nehmen wir an, dass ein Kind im Spiel mit einer Puppe diese mit dem Kamm kämmt. Im Laufe der Entwicklung können wir dann später feststellen, dass ein Kind diese

---

[3] Hierzu sei auf Holtz 1989 verwiesen

Tätigkeit auch ausübt, wenn kein realer Kamm vorhanden ist. Ein Kind, welches symbolisch handelt, kann problemlos den Kochlöffel nehmen und damit die Puppe kämmen. Um das zu können, muss es aber eine abstrakte, objektive Vorstellung vom Kamm haben, ansonsten könnte es diese Leistung nicht zeigen.

Sprache wird also zum Erkenntnisinstrument. Das Kind erkennt also Beziehungen der Gegenstände untereinander und muss das natürlich auch sprachlich ausdrücken können. Dann wird es auch wichtig, die Wörter in gewisse Beziehungen untereinander zu setzen. Damit ergeben sich neue Möglichkeiten der Darstellung seiner Gedanken. Es erzielt Entwicklungsfortschritte auf allen linguistischen Ebenen (semantisch-lexikalisch, phonetisch-phonologisch, morphosyntaktisch).

Zusammenfassend lässt sich Sprache in konstruktivistischer Sichtweise unter Bezugnahme auf Steiner 1997 folgendermaßen definieren[4]:

1. „Sprache ist eine kollektive Wissensordnung für die individuelle (Re)Konstruktion von in Begriffen gefassten, sozial geprägten Wirklichkeitsmodellen und stellt Beziehungen und Lebenszusammenhänge dar und regelt diese." (Steiner 1997, 100)

2. „Sprache ist das systemische Produkt aus intrapersonellen Repräsentationen und Organisationsprozessen und interpersonellen auf das Ziel Verständigung ausgerichteten Dialogkonventionen." (Steiner 1997, 100)

Steiner erwähnt noch einen weiteren Punkt, nach dem Sprache Magie ist (Steiner 1997, 100). Während die ersten beide Punkte in obigen Ausführungen hoffentlich verständlich geworden sind, ist der letzte Punkt etwas rätselhaft und interpretationswürdig. Er soll deutlich machen, dass im konstruktivistischen Sinn Sprache immer auch durch etwas vage, interpretative und unberechenbare Elemente gekennzeichnet ist. „Wir sind nicht die ‚Herrscher‘ über die ‚Zeichen in unserem Gehirn-Apparat‘, jeder Einzelne ist vielmehr eine Projektionswand, auf der das Konstrukt Sprache erscheint, um von unserem Gegenüber betrachtet zu werden. Verstehensakte sind immanent transzendent. Jedes Verstehen ist eine Neu-Herstellung von Sinn in einem Akt des Aufeinanderzu- und Sichwegbewegens."(Steiner 1997, 100)

---

[4] Vgl. auch von Foerster 1993, Schmidt 1992 u.a.

Auf der einen Seite bleibt dieser Punkt etwas ungenau und schwer fassbar, auf der anderen Seite glaube ich, dass gerade der letzte Gedanke des Sich-Aufeinanderzu- und Wegbewegens für die Gestaltung der sprachheilpädagogischen Prozesse im nächsten Kapitel sehr relevant ist und anfangs des Kapitels 3.2 wieder aufgenommen wird.

3. Konsequenzen für die Gestaltung sprachheilpädagogischer Prozesse

3.1 Zur Lebenswelt sprachbehinderter Kinder und Jugendlicher

Nach einer modernen Auffassung von Sprachbehinderungen ist von einem dynamischen Grundverständnis auszugehen, das den sprachbehinderten Menschen und nicht die eigentliche Sprachbehinderung - oder noch isolierter - die Sprachstörung im Auge hat. Denn es geht nicht darum, die Sprachstörung an eine wie immer geartete Norm heranzuführen, sondern wir müssen versuchen, den sprachbehinderten Menschen so zu unterstützen, dass er mit seiner individuellen Auffälligkeit seinen Alltag besser bewältigen und in seiner persönlichen Umwelt besser kommunizieren kann. Insofern steht auch nicht mehr die eigentliche Sprachstörung im Vordergrund und stellt auch nicht eine Förder- oder Therapieindikation per se dar, sondern entscheidend ist, ob sich der betroffene Mensch und/oder seine Umwelt in der Kommunikation behindert fühlt[5].

Es ist dementsprechend einleuchtend, dass vor einer sprachheiltherapeutischen Intervention eine Menge Abklärungen getroffen werden müssen, um letztendlich zu entscheiden, ob eine Therapiebedürftigkeit vorliegt oder nicht. Wir müssen uns endgültig von dem rein medizinischen Denken befreien, nach dem ein „objektiv" feststellbarer Befund gleich zu einer Therapie führen muss. Sprachheilpädagogen sollen sich nicht als „Moralapostel" einer wie auch immer gearteten Normsprache definieren (Motsch 1988, 216). Insofern ist ein Therapieren eines Näselns, eines Polterns oder auch eines Sigmatismus addentalis oder auch -interdentalis nicht immer gleich automatisch indiziert. Es ist doch erfreulich, dass heutzutage eine größere Toleranz in der Gesellschaft vorherrscht, die es auch nicht mehr spektakulär oder gar sehr

---

[5] siehe auch Kapitel 4.3

befremdlich erlebt, im öffentlichen Leben einen Fernsehsprecher zu erleben, der etwas „lispelt".

Hingegen sollte diejenige Person, die sich sowohl in der Entfaltung ihrer Person und Persönlichkeit und in ihrer Kommunikation mit der Umwelt eingeschränkt fühlt in jedem Fall sprachtherapeutische Unterstützung erhalten.

Um dies festzustellen bedarf es einer differenzierten pädagogisch ausgerichteten förderdiagnostischen Vorgehensweise, die neben der Erfassung der sprachlichen Probleme eine Syndromdiagnose einschließlich einer Kind-Umfeld-Analyse und eine Konstruktion eines sprachtherapeutischen Behandlungskonzept vorsieht. Die sprachtherapeutischen Maßnahmen sollten sich aber im Einklang mit dem sonderpädagogischen Förderplan befinden. Die pädagogische Sprachdiagnostik streicht dabei neben der störungsspezifischen die fähigkeitsorientierte Vorgehensweise als besonders wichtig heraus[6].

Sicherlich ist die Lebenswelt der sprachbehinderten Kinder und Jugendlichen genauso unterschiedlich, wie diejenige der Normalsprechenden. Es ist aber zu berücksichtigen, dass sprachbehinderte Kinder mit gesellschaftlichen Ansprüchen konfrontiert werden, mit denen die normalsprechenden Kinder längst nicht so konfrontiert werden. Der gesellschaftliche Anspruch an eine korrekt klingende Sprache auf allen linguistischen Ebenen, wie auch auf der Ebene des Redeflusses wächst mit zunehmenden Alter des Kindes. Während zur Zeit des frühen Spracherwerbs noch eine gewisse Toleranz gegenüber der typischen Kindersprache besteht, wachsen die Ansprüche spätestens kurz vor der Schulzeit enorm. Auf einmal hat das Kind korrekt zu sprechen, weil jetzt der „Ernst des Lebens anfängt". Schließlich möchte auch kein Elternteil, dass sein Kind in der Schule aufgrund von Sprachauffälligkeiten gehänselt und ausgelacht wird. Sicherlich kommt noch hinzu, dass gefürchtet wird, dass ein Kind mit Sprachauffälligkeiten als weniger intelligent eingestuft wird. Auch das Kind merkt, dass der Druck wächst. Ihm wird seine Andersartigkeit bewusst, ein Störungsbewusstsein bildet sich heraus.

---

[6] Detailliertere Angaben zur pädagogischen Sprachdiagnostik siehe Braun 1999, 290f.

Allerdings kann aber der Grad des Störungsbewusstseins sowohl auf der Seite des Betroffenen wie auch auf der Seite des Umfeldes höchst unterschiedlich sein. Vor einer Typisierung Sprachbehinderter sei auch deshalb an dieser Stelle ausdrücklich gewarnt. Die Auswirkungen einer Sprachauffälligkeit, ob das jetzt eine Störung im Spracherwerb bezogen auf die phonetisch-phonologische, semantisch-lexikalische oder auch morphosyntaktische Ebene ist oder alle Ebenen betroffen sind oder ob sich eher eine Redeflussstörung entwickelt, jeder Betroffene, wie auch seine Umwelt ist wieder ein Einzelfall, in dem ganz spezielle Menschen zusammentreffen. Die Bedingungen, unter denen die jeweilige Sprachauffälligkeit enstanden ist und aufrechterhalten wird, sind jeweils völlig unterschiedlich. Umso wichtiger erscheint das Prinzip der biographischen Orientierung.

3.2 Übergeordnete Haltung der pädagogisch-therapeutischen Fachperson

Aus dem Vorangegangenen wird klar, dass es dementsprechend keine festgelegte diagnostische und therapeutische Vorgehensweise geben kann. Wenn wir es wirklich ernst meinen, sprachbehinderte Menschen in ihrer Umwelt so zu unterstützen, dass sie ihr Leben und ihren Alltag besser bewältigen können, dann müssen wir gerade aus systemisch-konstruktivistischer Sicht neben der eigentlichen Sprachstörung sicherlich zuerst den Menschen mit seiner Lebenswelt und seinen jeweiligen Lebensbedingungen kennenlernen. Selbstverständlich setzt diese Forderung eine zentrale Kondition voraus: dass so etwas mit der gebotenen Feinfühligkeit geschieht. Als Grundhaltung sollte so etwas wie eine Botschaft von der Fachkraft zum sprachauffälligen Kind oder Jugendlichen kommen: „Ich bin neugierig auf Dich! Du interessierst mich! Wenn Du Lust hast, zeige mir Deine Welt!"

Selbstverständlich geht eine solche Haltung mit einer Abkehr von einer in herkömmlicher Sprachtherapie noch häufig vertretenen hierarchischen Kommunikationssituation einher. Das bedeutet, dass sich die Rolle der sprachtherapeutischen Fachkraft vom Abfolgebestimmenden zum Partner des Kindes verändern muss[7]. Ein Kind kann sich nur öffnen und Einblick in seine Lebens- und Denkwelt zeigen, wenn es sich aufgehoben, sicher und angenommen fühlt. Ich gehe noch einen Schritt weiter und meine, dass der Sprachheilpädagoge, die Sprachheilpädagogin in gewisser Weise „Coach" des Kindes werden sollte. Generell ist mit dem Begriff „Coaching" eine unterstützende, stärkende Funktion gemeint. Gerade, wenn es in der Förde-

---

[7] vgl. Sassenroth 1990, Braun 1999

rung/Therapie darum geht, die als schlecht erkannten Bedingungen in der Lebenswelt anzugehen bzw. das Kind zu stärken, mit diesen schlechten Bedingungen besser umzugehen, erweist
sich eine solche Haltung als unabdingbar.

Jedoch nicht nur in der Vertretung der Situation des Kindes nach „außen" erachte ich eine
solche Haltung als anstrebenswert, sondern auch in der Zweierbeziehung mit dem jeweiligen
Kind erhält die erwähnte Haltung eines Coachs eine besondere Bedeutung. Sie drückt nämlich
aus, dass in dieser Beziehung auch „Sachen beim Namen genannt" werden können. Ein Coach
sollte ein Kind auch konfrontieren dürfen. Zu häufig wird nämlich die jeweilige Schwierigkeit
des Kindes in der Gesellschaft insofern tabuisiert, dass das Stottern oder eine andere sprachliche Schwierigkeit zwar realisiert und mit den Bezugspersonen erörtert wird, mit dem betroffenen Kind wird aber allzu oft nicht offen darüber geredet. Die meisten Kinder wissen aber
schon in einem sehr frühen Alter um ihre sprachlichen Schwierigkeiten. „Mama, weiß wohl
der Osterhase, dass ich stottere?" fragt der knapp vierjährige Kim (Sassenroth-
Aebischer/Zimmermann 1999, 410) „Ich muss in die Sprachschule, weil ich das ‚s' nicht kann
und das stört mich, bringst Du es mir bei?", eröffnete mir der knapp fünfjährige Denis. Diese
Kinder haben also schon ganz sicher ein Störungsbewusstsein. Es ist zu vermuten, dass auch
diejenigen Kinder, die ihre Schwierigkeiten nicht so genau wie in den obigen Beispielen benennen, ebenfalls sehr wohl wissen, dass „etwas nicht in Ordnung ist", dass sie „anders" sprechen als ihre kleinen Kameraden. Insofern tut man als pädagogisch-therapeutische Fachkraft
gut daran, die jeweiligen Schwierigkeiten mit dem betroffenen Kind offen anzusprechen. Die
früher auch von Fachleuten postulierte Meinung, dass man bei jungen Kindern vorsichtig sein
müsse, um bei ihnen kein Störungsbewusstsein zu provozieren, erweist sich angesichts der
obigen Beispiele als obsolet.

3.3 Zentrale Forderungen an den inhaltlichen und formalen Aufbau sprachlicher Förderung

Im Folgenden soll der Versuch unternommen werden, Überlegungen aus zwei Theoriegebäuden zusammenzudenken, wobei ich mich stark an den entwicklungs- und handlungstheoretischen Grundlagen orientiere und Überlegungen ökologischer und systemisch-konstruktivistischer Art einfließen lasse. Dieses Vorgehen erscheint mir unter Bezugnahme auf Bauersfeld (1993) legitim, da eine wissenschaftstheoretische Auseinandersetzung mit den beiden Sichtweisen große Deckungsgleichheit, trotz bestehender Unterschiede erbracht hat[8]. Folgende Aspekte halte ich bei der Sprachförderung für zentral:

- **Grundsatz der ganzheitlichen und spezifischen Perspektive**

Wie wir wissen handelt es sich bei der „Ganzheitlichkeit um einen viel strapazierten Begriff, der aber unbedingt einer Ausdifferenzierung bedarf. Hier ist sicherlich **nicht** gemeint, „man müsse in allen erreichbaren Dimensionen intervenieren, ein buntes Spektrum an Fördermöglichkeiten einsetzen, dann würde wohl - da alles mit allem zusammenhängt - auch das ‚Ganze' auf eine höhere Qualitätsstufe gehoben (einschließlich Sprache). Oft wird das eine oder andere Konzept als in seinem Wesen ‚ganzheitlich' erklärt, da es die Fundamente und Voraussetzungen schaffe, aus denen sich auch die sprachlichen Fertigkeiten und Wissensstrukturen so zu sagen von selbst ergäben" (Kotten-Sederquist/Dannenbauer 1996, 298).

Die Autoren spielen hier besonders auf verbreitete, aber in o.g. Hinsicht problematische Ansätze in der Sprachförderung an wie: psychomotorische Ansätze, Kinesiologie oder auch Theraplay etc. Wichtig erscheint hier aber die Einschränkung der Autoren, dass der Totalitätsanspruch dieser therapeutischen Ansätze häufig nicht von den Urhebern, sondern eher von den „Jüngern" postuliert worden ist. Vielleicht noch krasser formuliert es Baumgartner (1995, 133), indem er von einem verbreiteten Therapieliberalismus, vom Experimentieren mit Therapieelementen und selbstgestrickten Therapiemischungen spricht, die um sich greifen. Kurzum, diese Art der Ganzheitlichkeit ist nicht gemeint.

Ich gehe mit Kotten-Sederquist/Dannenbauer einig, dass wir bei einem differenzierten Verständnis von ganzheitlicher Betrachtungsweise uns in einem spannungsreichen, dynamischen

---

[8] vgl. dazu Bauersfeld 1993

Wechselverhältnis zwischen einer ganzheitlichen Perspektive und einer spezifischen Orientierung bewegen. Diese beiden Pole müssen keine Gegensätze sein:

„Ganzheitlichkeit als Prinzip in Erziehung und Betreuung bedeutet die Berücksichtigung jeweiliger intraindividueller Konstellationen von Stärken und Schwächen in ihrem vielschichtigen Bedingungsgefüge und die Anerkennung des Rechts eines jeden Individuums, der eigenen, einmaligen Infrastruktur seiner Entwicklung entsprechend **differenziert** (Hervorhebung M.S.) gefördert zu werden. In diesen Sinne bedeutet ‚Ganzheit‘ das jeweilige individuelle System, nicht mehr und nicht weniger. Gerade, um der Vielfältigkeit der sich kaleidoskopisch von Fall zu Fall unterschiedlich organisierenden Details gerecht zu werden, um sie immer in neuen Systemen wiederzuerkennen, muss das Grundlagenwissen immer flexibler und kombinationsfähiger, immer feiner gegliedert werden. Ganzheitlichkeit fordert nicht auf zur Globalisierung und Vereinfachung, sondern zur Weiterentwicklung der Fähigkeit mit der Komplexität realer Probleme fertig zu werden" (Kotten-Sederquist/Dannenbauer 1986, 59).

Es erscheint nach den beiden Autoren wichtig, die Koexistenz beider Komponenten, also die ganzheitliche Perspektive, wie auch die Sicht für das Spezifische zu ertragen und in der therapeutischen Arbeit wirksam werden zu lassen, z.B. dadurch, dass therapeutische Interaktionen sowohl im Hinblick auf sprachspezifische Lernziele (spezifische Perspektive) als auch bezüglich der Erlebnisqualität konsequent nach Bedürfnissen des Kindes individualisiert werden.

Homburg argumentiert in die gleiche Richtung, wenn er von sich ergänzenden spezifischen und unspezifischen Arbeitsanteilen spricht. „Der spezifische Bereich umfasst diejenigen Lerninhalte, die sprachliche Funktionen unmittelbar betreffen, das Unspezifische bildet die Voraussetzung dafür, dass spezifisches Lernen möglich wird. Andernfalls ist die höhere Lernstruktur unvollständig, zerfällt wieder oder kommt nicht zustande." (Homburg 1978, 408)

Baumgartner (1991) benutzt das Bild einer Filmkamera, um das Wechselspiel zwischen der spezifischen und ganzheitlichen Perspektive zu erläutern. Je nach situativen Bedingungen wird einmal das Kind in seiner Gesamtentwicklung im Weitwinkel erfasst, ein anderes Mal wird sich mittels Zoom nahe an die spezifisch sprachlichen Bereiche herangearbeitet.

Hier wird sehr schön deutlich, dass sprachtherapeutische Prozesse natürlich mit einem grossen Maß an spezifischen Fachwissen angegangen werden müssen, letztendlich dem Kind aber nicht übergestülpt werden können. Wir müssen mit dem Kind gemeinsam einen Weg suchen

und müssen uns im konstruktivistischen Sinn darüber im klaren sein, dass wir als Fachpersonen lediglich einen Beobachterstatus einnehmen. Das Kind aber ist ein autonomes Wesen, ein
selbständiges System mit seiner eigenen Lebenswelt, mit seiner eigenen Konstruktion seiner
Wirklichkeit, welches nicht so einfach in die gewünschte Richtung beeinflussbar ist[9].

Nach diesen übergeordneten Überlegungen sollte jedoch noch eine Ausdifferenzierung erfolgen. Die handlungstheoretische Sichtweise leistet eine solche:
Nach Holtz (1989) müssen wir von dem sog. psycho-physischen Parallelismus wegkommen.
Sprachstörungen sind nicht auf frühkindliche Hirnschädigungen und neuronale Funktionsstörungen zu reduzieren, erschöpfen sich aber auch nicht in ungünstigen Umweltvariablen.
Ganzheitlichkeit heißt, im praktischen Handeln die drei Ebenen des Biologischen, des Psychologischen und des Sozialen in ihrer Hierarchie und in ihren Übergängen gleichzeitig zu
berücksichtigen.
Konkret bedeutet das, dass die Übergänge von der einen zur anderen Ebene beobachtet und
analysiert werden müssen. Es ist dementsprechend zu fragen, was die Störungen der Ebenen
des Sozialen und Psychischen für das Biologische zu bedeuten haben und umgekehrt.

Die Tätigkeit ist genau das Bindeglied der drei Ebenen. Sie widerspiegelt Phänomene des
Sozialen nach innen und vom Psychischen in der Realisierung des Gedachten nach außen.

Dieser Prozess wäre dann als Übergang zu bezeichnen. Genau an diesem Ort muss Sprachtherapie ansetzen, ansonsten bleibt sie Oberflächenkosmetik. Die Sprachtherapie muss die Entwicklungsbedingungen, speziell die sprachlichen Angebote so strukturieren, dass diese das
Gehirn tatsächlich anregen, neue funktionelle Systeme zu bilden, zu benutzen und zu stabilisieren.
Hier stellt sich natürlich die Frage, wie die sprachfördernde Person das realisieren kann.

- **Grundsatz der Synthese**
Hiermit ist die Tatsache gemeint, dass man bei den verschiedenen Leistungen der Kinder auf
den verschiedenen Entwicklungsstufen nicht wie früher davon ausgehen sollte, dass z.B. erst
Wahrnehmungsleistungen gesichert werden müssen, um anschließend Sprache zu fördern.

---

[9] vgl. auch Bahr/Lüdtke 2000, 104

Kinder sind durchaus schon früh in der Lage, intermodale Leistungen[10] zu zeigen. Nur durch die Verknüpfung werden Entwicklungsmöglichkeiten geschaffen.

Als zweites Beispiel für den Grundsatz der Synthese kann man sagen, dass Holtz sehr beizupflichten ist, wenn er kritisiert, daß Sprache zu sehr unter seinem Verkehrswert angeschaut worden ist, weniger aber unter dem Aspekt der Erkenntnisfunktion der Sprache. Wygotsky aber auch Piaget sind schon vor langer Zeit viel weiter gegangen und haben auf den engen Zusammenhang von Sprache und Denken aufmerksam gemacht. Ein konkretes Beispiel zu dieser Problematik waren Untersuchungen bei Kindern im Sprachheilkindergarten, die die Pluralbildung der Kinder untersuchten. Die Ergebnisse zeigen, dass bei vielen sprachbehinderten Vorschulkindern gar kein kognitives Konzept des Plurals entfaltet ist. Logisch, dass die Pluralbildung nicht klappt, sie hat nämlich keine Bedeutung für diese Kinder.

Das bedeutet, dass man die Synthese von Sprache und Erkenntnis anregen muss. Das geschieht aber nicht durch Programme wie: „Wir wollen gute Sätze bauen", sondern man sollte die Sätze mit dem Tätigkeitsniveau und dem Abbildungsniveau aufbereiten. Erst dann kann Sprache als Werkzeug der Erkenntnis fungieren.

• Grundsatz der Perturbation

Damit wären wir bei der Umsetzung der zuvor genannten Punkte angelangt. Wie kann nun Sprachtherapie konkret organisiert werden? Einerseits macht uns die handlungstheoretische Sichtweise darauf aufmerksam, dass Sprache (zumindest im Vorschulalter) in Handlungszusammenhängen, im Spiel und Beschäftigungen erworben wird und sich weiterentfaltet. Das bedeutet, dass Sprachtherapie immer anhand von konkreten Problemsituationen des Kindes organisiert werden sollte. Neue Denkwege lassen sich nicht mit den viel verbreiteten Bildkärtchen erzwingen. Ein Kind wird erst gefordert, wenn es sich mit konkreten Problemen auseinandersetzen muss. Was benötige ich, damit mein gebasteltes Tier nicht immer wieder umfällt? Wie kann ich einen Fuß an den kleinen Auflageflächen des Tiers befestigen? Hält da ein Klebeband oder gibt es noch andere Möglichkeiten der Befestigung?

Das Kind muss anhand seiner konkreten Problemsituation Möglichkeiten des Ausprobierens erhalten. Die Förderperson ist dabei Begleiter, Organisator, Hilfestellende. Wichtig ist aber, dass nicht von ihr das Problem gelöst wird. Nur so ist es möglich, dass - wie oben angemerkt - das Gehirn angeregt wird, neue Wege zu gehen.

---

[10] Leistungen mit unserer Hilfe von einer Ebene auf die andere zu transferieren

Diese Sichtweise wird aus konstruktivistischer Perspektive sehr unterstützt, wenn von der Notwendigkeit der Perturbation des Kindes die Rede ist. Dieser Terminus umschreibt eine inhaltliche Irritation des Kindes seitens der Förderperson. Die Irritation wird notwendig, weil kein Organismus von außen direkt beeinflussbar ist. Der Mensch, hier das Kind, ist keine triviale Maschine, sondern bewegt sich in seinem eigenen System, mit eigenen Verarbeitungs- und Interpretationsmustern. Sein gezeigtes Verhalten ist von den jeweils vorhandenen Systemstrukturen abhängig. Die Förderperson hat nur die Möglichkeit, das Kind von außen anzuregen. Vielleicht lässt sich das Phänomen der Perturbation ganz gut mit dem verwunderten Stutzen des Kindes erklären, das eintritt, wenn für das Kind etwas Unerwartetes geschieht, das nicht in die gewohnten Denkmuster passt: „Hä?? Jetzt habe ich doch gemeint, dass (...) , jetzt machst Du aber das! Warum?" In diesem Augenblick ist das Kind hoch aufmerksam, zwar verblüfft, jedoch nicht verschreckt. Nun können mit Hilfe der Förderperson Lernprozesse in Gang kommen (vgl. Sassenroth 2001)

- **Fallbeispiel**

Ein Kind erarbeitet sich den Begriff „Schatten"

Im Folgenden sollen die oben genannten Grundsätze ausschnittartig anhand eines Fallbeispiels verdeutlicht werden, welches ich anlässlich einer Hospitation bei einer Studierenden erlebt habe und bei mir einen nachhaltigen Eindruck hinterließ.

Marco ist ein aufgeweckter 7jähriger Junge, welcher gern zur Sprachtherapie geht. Marco hat neben Auffälligkeiten in der Grammatik starke Schwierigkeiten im phonetisch-phonologischer Bereich (Zischlautbildung). Heute fragt die Studentin: „Weisst Du was ein Schatten ist?" Das Kind nickt eifrig mit dem Kopf und bejaht. Die Studentin hat eine Versuchsanordnung aufgebaut mit einer Lampe und einer Leinwand und fordert das Kind nun auf, auf der Leinwand einen Schatten zu produzieren. Nach kurzem Zögern tritt das Kind entschlossen hinter die Lampe und verwundert realisiert es, dass es keinen Schatten produziert hat (Perturbation). Die Studentin ermuntert das Kind, es weiter auf eine andere Art zu versuchen. Darauf hin geht das Kind hinter die Leinwand, um so den Schatten herzustellen. Wieder ist es verblüfft, bis es unter Mitarbeit der Studentin entdeckt hat, dass es sich zwischen die Lichtquelle und die Leinwand stellen muss, um den Schatten zu erhalten. Nun strahlt es und gemeinsam wird versucht, mit allen möglichen Gegenständen einen Schatten zu erzeugen.

Immer wieder überzeugt sich das Kind, dass auf diese Art mit allen Gegenständen ein Schatten zu erzeugen ist.

Es erarbeitet sich also ein kognitives Konzept vom Schatten. Das frappierenste an dieser Einheit war, dass sich das Kind nicht nur das Konzept erarbeitete, sondern gleichzeitig das Wort „Schatten" auch korrekt aussprechen und immer wieder anwenden konnte.

Meines Erachtens nach ist dieses Beispiel sprachheilpädagogischer Arbeit lehrbuchhaft im Sinne der handlungstheoretischen und systemisch-konstruktivistischen Sichtweise verlaufen. Es ist nämlich gelungen,

1. das Kind in seiner Lebenswelt abzuholen. Anscheinend ist es der Studentin gelungen, entsprechend den Voraussetzungen und Bedürfnissen des Kindes ein Thema aufzugreifen.

2. das Kind mit einer Problemsituation zu konfrontieren. Es ist insofern pertubiert worden, indem seine bisherigen kognitiven Schemata nicht mehr griffen.

3. handelnd neue Lösungswege zu erarbeiten und somit das Kind anregen, in neuen Bahnen zu denken

4. viele Sprechanlässe zu schaffen, in denen der Begriff, aber auch das neue Wort sprechmotorisch „begriffen" worden konnte.

- **Grundsatz der Qualitätskontrolle**

Nicht nur aus handlungstheoretischer Sichtweise, für die eine Überprüfung und Kontrolle der gewählten Vorgehensweise zu den selbstverständlichen Merkmalen sprachtherapeutischen Arbeitens zählt, ist für die gesamte Sprachheilpädagogik zu fordern, dass gewählte therapeutische Konzepte und daraus resultierende Methoden viel systematischer als bisher evaluiert und einer kritischen Prüfung bezüglich der Effizienz unterzogen werden, ansonsten steht zu fürchten, dass der eingangs des Beitrags erwähnte Wildwuchs unkontrollierter Therapiemethoden noch weiter zunimmt. Baumgartner/Giel (2000, 274 f.) geben eine sehr gute Übersicht über qualitätsichernde Vorstellungen in der Sprachheilpädagogik und Logopädie, die meines Erachtens zu den Standards sprachheilpädagogischer Ausbildung und Praxis zählen sollten.

4. Schlussbemerkungen

Zusammenfassend sind also m.E. folgende Punkte im Bereich Sprache und Kommunikation aus entwicklungs- und handlungstheoretischen und systemisch-konstruktivistischen Sichtweisen zu berücksichtigen.

- Sprachförderung braucht einen theoretischen Bezugsrahmen und erschöpft sich nicht in Sprachtrainings. Die o.g. Sichtweisen bieten einen solchen Rahmen.

- Der Mensch wird als ein zielgerichtetes und selbständig aktives mit der Umwelt auseinandersetzendes Wesen begriffen

- Erfassung seiner Lebenswelt ist unabdingbar

- Bei sprachbehinderten Kindern und Jugendlichen erscheint es als ein Ziel immens wichtig, in sprachtherapeutischen Settings den Erkenntniswert zu fördern. Dazu ist Sprache der wesentliche Faktor, die Zusammenhänge und Beziehungen von Menschen zu den Dingen und zu anderen Menschen in ihrer Umwelt zu erfahren und auszudrücken.

- Ein weiteres Ziel in der Sprachförderung muss es sein, sprachbehinderten Kindern zu möglichst großer sozialer Handlungskompetenz zu führen, wobei hier die Sprachfähigkeit als Element kommunikativer Kompetenz im Fernziel der sozialen Handlungskompetenz mit eingeschlossen ist. Dies soll aber keineswegs heißen, dass die eigentlichen linguistischen Kompetenzen nicht mehr geschult werden. Sicherlich wird das ein wesentlicher Baustein bleiben. Allerdings sollten sprachfördernde Fachpersonen das übergeordnete Ziel der sozialen Handlungskompetenz nicht aus den Augen verlieren. Diese Forderung beinhaltet sicherlich konkret, dass z.B. Therapieräume verlassen werden sollten, um in realen Handlungszusammenhängen diese soziale Handlungskompetenz auch zu üben.

- Es sind von der Fachperson individuelle Fähigkeitsprofile zu erstellen, um individuelle Ziele in der Förderung festlegen zu können.

- Einbezug der Kommunikationspartner und Analyse der Interaktionssysteme

- Wenn Sprache und Sprechen als Spezialfall des Handelns betrachtet werden, sollte Sprachförderung auch immer in realen Handlungssituationen geschehen. Sprachtherapie hat sich soweit wie möglich von künstlichen Situationen zu lösen und sich in den Kontext von kindlichen Tätigkeiten zu integrieren.

- Ein handlungstheoretisches Verständnis liefert auch methodische Hinweise für die gemeinsame Arbeit der sprachfördernden Fachperson und dem betroffenen Kind. Wo immer möglich sollten die Förderaktivitäten folgende Merkmale haben:
  - „Das Ziel ist beiden Seiten bekannt und wird subjektiv als bedeutsam erlebt
  - Der sprachbehinderte Mensch setzt sich aktiv mit der dinglich-sozialen Umwelt auseinander
  - Die Arbeit erfolgt in hierarchisch gestuften Sequenzen, die den Vorerfahrungen des Sprachbehinderten Rechnung tragen." (Motsch 1986, 112)

- Die Förderperson versteht sich als Lernprozessbegleiter/in, als Coach des Kindes

- Die sprachtherapeutische Arbeit sollte im Sinne qualitätssichernder Maßnahmen ständig kritisch überprüft werden

Es bleibt im Sinne der Studierenden des Fachbereichs Sprachheilpädagogik und vieler praktisch tätigen Fachleute der Wunsch, dass weitere Fachvertreterinnen und -vertreter ebenfalls ihre Ansätze unter Zugrundelegung ihres Sprachmodells zu systematisieren versuchen, damit der anfangs angesprochene Wildwuchs der unterschiedlichsten Therapieansätze innerhalb der Sprachheilpädagogik etwas durchschaubarer wird.

Literatur:

Bahr, R./Lüdtke, U. (2000): Pädagogik: In: Grohnfeldt, M. (Hg.): Lehrbuch der Sprachheilpädagogik und Logopädie Bd. 1: Selbstverständnis und theoretische Grundlagen. Stuttgart, Berlin und Köln, 79-115

Bauersfeld, H.(1993): Tätigkeitstheorie und Radikaler Konstruktivismus. In: Balhorn/Brügelmann (Hg.): Bedeutungen erfinden - im Kopf, mit Schrift und miteinander. Zur individuellen und sozialen Konstruktion von Wirklichkeiten. Konstanz, 38-56

Baumgartner, S. (1995): Sprachheilende Interaktionen in der pädagogischen Moderne. In: Die Sprachheilarbeit 40, Heft 2, 126-135

Baumgartner, S. (1998): Die Chancen der Sprachheilpädagogik. In: Behindertenpädagogik in Bayern 41, Heft 2, 95-110

Baumgartner, S./Giel, B. (2000): Qualität und Sprachtherapie. In: Grohnfeldt, M. (Hg.): Lehrbuch der Sprachheilpädagogik und Logopädie Bd. 1: Selbstverständnis und theoretische Grundlagen. Stuttgart, Berlin und Köln, 274- 308

Braun, O. (1999): Sprachstörungen bei Kindern und Jugendlichen: Diagnostik - Therapie - Förderung. Stuttgart, Berlin und Köln

Braun, O/Macha-Krau, H. (2000): Geschichte der Sprachheilpädagogik und Logopädie. In: Grohnfeldt, M. (Hg.): Lehrbuch der Sprachheilpädagogik und Logopädie Bd. 1: Selbstverständnis und theoretische Grundlagen. Stuttgart, Berlin und Köln, 47-78

Foerster von, H. (1993): Wissen und Gewissen. Versuch einer Brücke. Heidelberg

Grohnfeldt, M. (1989a): Ziele, Schwerpunkte und Selbstverständnis sprachtherapeutischer Interventionen im historischen Kontext. In: Ders. (Hg.): Grundlagen der Sprachtherapie. Handbuch der Sprachtherapie Bd. 1, 3-9

Grohnfeldt, M. (1989b): Merkmale der pädagogischen Sprachtherapie. In: Ders. (Hg.): Grundlagen der Sprachtherapie. Handbuch der Sprachtherapie Bd. 1, 13-31

Grohnfeldt, M. (1995): Individualisierung der Lernanforderungen zur Unterstützung des kindli-chen Spracherwerbsprozesses. In: Sprache - Stimme - Gehör 19, 57-63

Grohnfeldt, M./Ritterfeld, U. (2000): Grundlagen der Sprachheilpädagogik und Logopädie. In: Grohnfeldt, M. (Hg.): Lehrbuch der Sprachheilpädagogik und Logopädie Bd. 1: Selbstverständnis und theoretische Grundlagen. Stuttgart, Berlin und Köln, 15-46

Günther, H. (1996): Sprachheilpädagogik - Entwicklungen, Tendenzen, Perspektiven. In: Sprache - Stimme - Gehör 20, 109-115

Heese, G. (1967): Sprachgeschädigtenpädagogik. In: Jussen, H. (Hg.): Handbuch der Heilpädagogik in Schule und Jugendhilfe. München, 270-296

Holtz, A. (1989): Die Handlungstheorie als Grundlage sprachlicher Entwicklungsförderung. In: Grohnfeldt, M. (Hg.): Grundlagen der Sprachtherapie. Handbuch der Sprachtherapie Bd1, Berlin, 96-112

Homburg, G. (1978): Die Pädagogik der Sprachbehinderten - grundlegende Überlegungen. Rheinstetten

Homburg, G. (1983): Spielen und Handeln in der Didaktik mit Sprachbehinderten. In: Deutsche Gesellschaft für Sprachheilpädagogik e.V. (Hg.): Konzepte und Organisationsformen zur Rehabilitation Sprachbehinderter. Hamburg, 105-124

Jussen, H. (1964): Der sprachwissenschaftliche Aspekt in der Sprachheilpädagogik. In: Die Sprachheilarbeit 9, 195-209

Kolonko, B./Krämer, I. (1992): Heilen - separieren - brauchbar machen: Aspekte zur Geschichte der Sprachbehindertenpädagogik. Pfaffenweiler

Kotten-Sederquist, A./Dannenbauer, F.M. (1986): Beziehung zwischen phonologischen und syntaktischen Defiziten bei sprachentwicklungsgestörten Kindern: Empirische Befunde,

Erklärungsansätze und sprachtherapeutische Implikationen. In: Der Sprachheilpädagoge Jg. 18, Heft 4, 43-61

Kotten-Sederquist, A./Dannenbauer, F.M. (1996): Der ökologische Ansatz: Entwicklungsimpulse für die Sprachheilpädagogik? In: Opp/Peterander (Hg.): Focus Heilpädagogik – „Projekt Zukunft". München, 294-301

Kussmaul, A. (1877): Die Störungen der Sprache. Leipzig

Motsch, H.J. (1986): Arbeiten mit Sprachbehinderten. In: Spiess/Motsch (Hg.): Heilpädagogische Handlungsfelder I. Bern, 75-124

Motsch, H.J. (1988): „Pädagogische Logopädie" in der Schweiz. In: Die Sprachheilarbeit 33, Heft 5, 213-221

Orthmann, W. (1969): Sprachstörungen. In: Heese/Wegener (Hg.): Enzyklopädisches Handbuch der Sonderpädagogik. Berlin, Sp. 3413-3417

Orthmann, W. (1980): Geschichte der Sprachbehindertenpädagogik. In: Knura/Neumann (Hg.): Pädagogik der Sprachbehinderten. Handbuch der Sonderpädagogik Bd. 7. Berlin, 67-94

Rothe, C. (1929): „Die Umerziehung". Halle

Sassenroth, M. (1990): Kommunikationsfördernde Merkmale einer mehrdimensionalen Therapie von Störungen der Aussprache. In: Grohnfeldt, M. (Hg.): Störungen der Aussprache, Handbuch der Sprachtherapie Bd. 2, Berlin, 224-244

Sassenroth, M. (2001): Lass Dich perturbieren, mein Kind! Überlegungen zur Förderung des Schriftspracherwerbs aus konstruktivistischer Perspektive. In: Vierteljahresschrift für Heilpädagogik und ihre Nachbargebiete (VHN) 70, Heft 1, 14-23

Sassenroth-Aebischer, S./Zimmermann, A. (1999): Abklärung und Therapie bei stotternden Kleinkindern. In: Deutsche Gesellschaft für Sprachheilpädagogik e.V. (Hg.): Sprachheilpädagogik über alle Grenzen - Sprachentwicklung in Bewegung. Würzburg, 408-414

Schmidt, S.J. (1992): Der Kopf, die Welt, die Kunst. Konstruktivismus als Theorie und Praxis. Nachbarschaften Humanwissenschaftliche Studien, Bd. 1. Heidelberg

Scholz, H.J. (1970): Von der Notwendigkeit linguodiagnostischer Verfahren für die Zeit der Sprachentwicklung. In: Die Sprachheilarbeit 15, 97-103

Schulthess, R. (1830): Das Stammeln und Stottern. Zürich

Steiner, J. (1996): Der Dialog als Zentrum diagnostisch-systemischen Handlungsdenkens. In: Sprache - Stimme - Gehör 20, 26-31

Steiner, J. (1997): Zum Sprachbegriff in einer Theorie der Sprachtherapie - das „Energiemodell für den Sprachabruf, EMS". In: Die Sprachheilarbeit 42, Heft 3, 96-107

Westrich, E. (1992): Zum personenorientierten Verständnis der Redeauffälligkeiten. Das Gespräch als Therapie. In: Grohnfeldt, M. (Hg.): Störungen der Redefähigkeit. Handbuch der Sprachtherapie Bd. 5. Berlin, 359-377

Zollinger, B. (1995): Die Entdeckung der Sprache. Bern, Stuttgart und Wien

Winfried Palmowski

V Verhalten und Verhaltensstörung

„Aber Begriffe sind wie Spachtelmasse
- man kann sie zu vielen
verschiedenen Gestalten formen."
(Paul Feyerabend)

„Objektivität ist die Wahnvorstellung,
Beobachtungen könnten ohne Beobachter
gemacht werden."
„Objektivität ist die genialste Strategie,
sich der Verantwortung zu entziehen."
(Heinz von Foerster)

0. Vorbemerkung

In den Beiträgen dieses Buches versuche ich, (sonder-)pädagogische Themen und Fragestellungen aus einer systemisch-konstruktivistischen Perspektive heraus zu beleuchten. Der Grundgedanke ist der, dass sich so neue oder andere Erklärungsmuster und Handlungsmodelle für die Pädagogik aufzeigen oder entwickeln lassen. Dabei hat dieses Vorgehen nicht nur Auswirkungen auf unser Denken und Handeln, sondern auch auf die Art des *Schreibens*. In einem linearen Denkmodell wird ein Gedankengang möglichst logisch und strukturiert von einem gesetzten Ausgangspunkt und mit Hilfe einer möglichst klar formulierten Fragestellung zu einem idealtypischerweise eindeutigen Ergebnis geführt, dass für sich (wenn die Ausgangsprämisse akzeptiert wird) auch noch einen Anspruch auf Wahrheit erheben kann.

Wer sich die Gliederung und die Kapitelüberschriften des vorliegenden Beitrags genauer ansieht, dem wird deutlich werden, dass meine Vorgehensweise hier eine andere sein wird. Wenn ich den konstruktivistischen Grundgedanken akzeptiere, dass „instruktive Interaktion unmöglich ist" (Maturana 1987), ich also das genaue Lernergebnis der Leser dieses Aufsatzes weder planen noch vorhersagen kann, weil jeder seinen Lernprozess letztendlich selbst organisiert, dann kann meine Aufgabe nur darin bestehen, bestimmte Materialien und Aussagen (die ich für relevant erachte) zusammenzustellen und die Bedeutung zu verdeutlichen, die sie für *mein derzeitiges* Denken haben. Viele Sichtweisen werden meine Leser anders gewichten, so hoffe ich jedenfalls, denn wenn man die andere Sichtweise als Ressource betrachten kann, weil sie die Möglichkeit eröffnet, voneinander lernen zu können (und sie nicht länger als Ausgangspunkt der Auseinandersetzung sieht), dann kann ich nur hoffen, dass mein Beitrag hinreichendes Profil bietet, sich daran reiben zu können.

Ich möchte mit meinem Vorgehen die Bedeutung der linearen Argumentation für viele Kontexte nicht in Frage stellen. Speziell zum hier bearbeiteten Thema schiene mir ein solches Vorgehen jedoch eher fragwürdig, würde doch suggeriert, als gebe es klare und eindeutige Bezüge, Abhängigkeiten, Begrifflichkeiten oder ein sich seiner Sache sicher seiendes Expertentum. All dies ist nicht der Fall, wirklich sicher scheint nur, dass nichts wirklich sicher ist. Eine klare Standortbestimmung der Fachrichtung „Verhaltensgestörtenpädagogik", etwa im ihrem Bezug zu den anderen sonderpädagogischen Fachrichtungen oder im Spannungsfeld von Allgemeiner Pädagogik, Sonderpädagogik und Sozialpädagogik scheint immer weniger möglich

Das Ergebnis dieser Vorüberlegung ist, (auch auf die Gefahr hin, Verunsicherung zu erzeugen) hier nicht etwa *die* Definition und andere „gesicherte Ergebnisse" vorzutragen, sondern Materialien und Reflektionen zusammenzustellen, die es dem Leser ermöglichen und erleichtern sollen, sich selber ein Bild zu machen und an seiner eigenen Position zu arbeiten.

1. Einleitung

Was ist Verhalten? Was ist eine Verhaltensstörung? Auf den ersten Blick scheinen dies keine besonders schwierigen Fragen zu sein. Schließlich ist Verhalten ja sichtbar und beobachtbar und scheint damit präzise zu erfassen und beschreiben zu sein - anders als etwa Emotionen und Kognitionen, die entweder erfragt werden müssen oder die aus bestimmten Verhaltensweisen (z.B. weinen) erschlossen werden.

Wenn dies so für Verhalten gilt, dann muss es auch für das Geltung haben, was man unter auffälligem Verhalten oder Verhaltensstörung verstehen kann. Wenn es um den Sachverhalt ihrer Beobachtung geht, sind problematische Verhaltensmuster genauso problemlos erfassbar wie die als normal „angesehenen" Verhaltensweisen.

Riskiert man einen zweiten Blick, wird es schnell diffiziler. Für Verhalten „an sich" mag man zunächst vielleicht akzeptieren, dass es die Möglichkeit seiner objektiven und wertfreien Beschreibung (oder anders formuliert: der reinen Deskription) geben kann. Beim Terminus der Verhaltensstörung stellt sich dies schnell als Unmöglichkeit heraus. Da es sich um eine

„Störung" handelt, impliziert der Begriff zwingend die negative Bewertung des entsprechenden Verhaltens.

Diesen Schwierigkeiten, sich daraus ergebenden Fragen und möglichen Antworten und Konsequenzen soll im folgenden Text nachgegangen werden. In dem Maße, in dem man dem Eingangszitat von Paul Feyerabend zustimmen kann – dass Begriffe wie Spachtelmasse sind, die man zu vielen verschiedenen Gestalten formen kann -, wird deutlich sein, dass auch hier keine endgültigen Lösungen zu erwarten sind, sondern bestenfalls Anregungen, Sichtweisen, Argumentationen, die zur Reflektion der eigenen Position behilflich sein können. Es sei an dieser Stelle betont, dass es mir nicht um die Frage geht, welche der hier zu verhandelnden Sichtweisen der „Wahrheit" am nächsten kommt, sondern nur darum, welche unterschiedlichen bzw. unterschiedlich nützlichen Handlungsoptionen sich aus dem Rückgriff auf ein bestimmtes Begriffsverständnis bzw. ein bestimmtes Erklärungsmodell eröffnen oder verschließen.

Aus diesem Grunde macht es für mich Sinn, den Beitrag mit einer knappen Darstellung grundlegender Sichtweisen von Verhalten und Verhaltensstörung sowie ihrer Erklärung zu beginnen, so wie man sie in der Fachliteratur finden kann (Kap. 2.). Ich werde dabei auch auf die Frage eingehen, wie es überhaupt zu der Idee einer wertfreien Beobachtung von Verhalten kommen konnte.

In Kapitel 3 erörtere ich verschiedene thematische Aspekte, die zusätzliche Materialien anbieten für die Reflektionen in bezug auf die Bedeutung der Begriffe Verhalten und Verhaltensstörung für eine Pädagogik bei Verhaltensstörungen, die sich in Kapitel 4 finden. Im letzten Abschnitt (Kap.5.) werde ich dann einige Schlußfolgerungen und Konsequenzen erörtern.

2. Grundlegende Sichtweisen

Schon der Begriff „Verhaltensstörung" erweist sich als unlogisch – schließlich kann ein Verhalten nicht an und für sich „gestört" sein, es kann nur störend wirken. Aber: Wann wirkt es störend? Und auf wen? Hier treffen wir bereits auf Bezugsgrößen, ohne die eine Verhaltensweise sich gar nicht als Verhaltensstörung oder als normales Verhalten (was auch immer das im einzelnen sein mag) klassifizieren läßt, nämlich:

- zum einen den Kontext, in welchem sie wahrgenommen und bewertet wird,

- zum anderen die angelegte Norm, die sie nicht erfüllt,

- und zum dritten braucht es eine weitere Person, die sich gestört fühlt.

(Selbstverständlich ist die jeweilig angelegte Norm immer auch Bestandteil des jeweiligen Kontextes, dennoch macht es Sinn, diese Unterscheidung zu treffen, da sich aus ihr zusätzliche Konsequenzen ableiten lassen.)

Da man sich zudem nicht nicht verhalten kann, kann auch die Produktion von Verhalten nicht gestört sein, höchstens das Zeigen ganz bestimmter Verhaltensweisen. Etwa wenn sogenannte Kompetenzdefizite und –störungen (vgl. Lauth 1983) vorliegen. Aber wer legt fest, dass es sich bei einem bestimmten Verhalten um ein Defizit oder eine Störung handelt, und anhand welcher Kriterien wird diese Zuschreibung vorgenommen?

Diese Überlegungen verweisen auf eine Widersprüchlichkeit, welche sich – ist man nur einmal hinreichend für sie sensibilisiert - in der Fachliteratur zur Pädagogik bei Verhaltensstörungen immer wieder finden läßt. Sie besteht darin, dass auf der einen Seite weitestgehende Einmütigkeit darüber besteht, dass der Begriff der Verhaltensstörung ein kontext-, normabhängiger und (ab-)wertender Begriff ist, andererseits wird er in vielen Fällen so benutzt, als könnte er eine wertfreie und beschreibende Funktion besitzen.
Jörg Schlee schreibt: „Obwohl der Begriff von präskriptivem Charakter ist, wird er als ein deskriptiver gebraucht" (Schlee 1989, 44)1.

Es stellt sich demnach die Frage, in welchem Kontext, unter welchem theoretischen Bezug und mit welchem Ziel an der Möglichkeit einer wertfreien Erfassung und Beschreibung von Verhalten und Verhaltensstörung gearbeitet wurde (und auch, aus welchem Grund dieser Position so viel Bedeutung beigemessen wurde und wird).
Es wird deutlich werden, dass der Anspruch auf eine beobachterunabhängige und objektive Erfassung von Verhalten bzw. von einzelnen Verhaltensweisen sich nicht einlösen läßt. Die Möglichkeit einer theorieunabhängigen Beobachtung und Beschreibung von Verhalten und Verhaltensstörung wird deshalb in diesem Beitrag mit Entschiedenheit in Frage gestellt

---

[1] Diese formallogische Nachlässigkeit findet sich auch in vielen anderen (sonderpädagogischen) Kontexten, etwa, wie Bleidick aufzeigt, in der utilitaristischen Ethik, in der es ja immerhin auch um die Frage nach dem Lebensrecht Einzelner geht. Bleidick schreibt: Der Fehler „liegt in dem irrigen Versuch, der Relativität des Problems (der Tötung schwerstbehinderter Säuglinge, Anmerk. von mir) mit empirischen Kategorien beikommen zu wollen. Die Frage, ob Embryonen oder wenig entwicklungsfähige Schwerstbehinderte Personen sind, ist keine meßbare Tatsache, sondern eine Wertsetzung" (Bleidick, 1990, 525).

werden. Meine Überlegungen werden sich dabei vorrangig an einer systemisch-konstruktivistischen Perspektive orientieren. Die persönliche Entscheidung für diese „Theorieplattform" ergibt sich aus der Überlegung, dass sich aus ihr zusätzliche und durchaus weitreichende pädagogische Handlungsmöglichkeiten ableiten lassen, die weder personenbezogene und am Realismus orientierte noch die sozial orientierten Erklärungsmodelle anbieten können (vgl. 2.3 und 5.3). Bevor ich auf diese Sichtweise jedoch näher eingehe, soll eine kurze Übersicht möglicher theoretischer Perspektiven zur Erklärung von Verhalten und Verhaltensstörung gegeben werden.

2.1 Beispiele für die Erklärung von Verhalten und Verhaltensstörung aus der Sicht personenbezogener Konzepte

Es existieren viele verschiedene Theorien zur Beschreibung und Erklärung von Verhalten und Verhaltensstörung. Sie stammen aus verschiedenen Wissenschaftsdisziplinen, beruhen auf unterschiedlichen erkenntnistheoretischen Grundannahmen, unterschiedlichen Menschen-bildern und haben unterschiedliche Reichweiten oder Universalitätsansprüche. So wundert es nicht, dass sie nicht nur zu höchst unterschiedlichen Aussagen und Verständnisweisen kommen, sondern dass sie auch – wenn wir die Perspektive einer dieser Theorien übernehmen - einen wichtigen und nicht wegzuretuschierenden Einfluss nehmen auf das Was und das Wie unserer Beobachtungen, Beschreibungen und Erklärungen.

Benkmann (1993, vgl. auch Hillenbrand 1999) nennt in seiner zusammenfassenden Übersicht sechs Erklärungs- und Handlungsansätze:
Drei personenbezogene Konzepte
- den biophysischen,
- den psychodynamischen
- und den verhaltenstheoretischen Ansatz;
 und drei sozial orientierte Konzepte
- den soziologischen,
- den polit-ökonomischen
- und den ökologischen Ansatz.
Die von Benkmann vorgelegte Einteilung ist kaum vollständig, zumindest kann sie ausdifferenziert werden. So habe ich an anderer Stelle auf die Bedeutung des

kognitivistischen Erklärungs- und Handlungsmodells (als personenbezogene Sichtweise) für die Verhaltensgestörtenpädagogik hingewiesen (vgl. Palmowski 1996, 2000, 3. Aufl.).

Auch die in der Einteilung von Benkmann (vgl. 1993, 78) vorgenommene Zusammenfassung psychoanalytischer und humanistischer Konzepte im psychodynamischen Ansatz erscheint mir in dieser Form eher problematisch. Psychoanalytische und humanistische Ansätze unterscheiden sich in ihren wissenschaftstheoretischen Positionen, in ihren Erklärungsaussagen und in ihren Handlungsmodellen doch erheblich. Neben Überschneidungen und Verknüpfungen gibt es auch weite inkompatible Bereiche und Aussagen. Man vergleiche beispielsweise nur einmal die verschiedenen zugrundeliegenden Menschenbilder.

Andere Autoren, wie etwa Myschker (1999) in seiner umfangreichen Studie, konzentrieren sich vornehmlich auf ein personenbezogenes Verständnis von Verhalten, welches durch Herstellung von Kausalzusammenhängen zu Erklärungen kommen möchte (vgl. Myschker 1999, 73). Welcher Sachverhalt läßt sich nun als gemeinsamer Nenner dieser Sichtweisen festhalten?

*Das gemeinsame der personenbezogenen Konzepte ist es, dass sie die Ursachen oder Auslöser für ein bestimmtes Verhalten ausschließlich oder zumindest schwerpunktmäßig **in** der betreffenden Person lokalisieren.*

So wird - im Rahmen des biophysischen Ansatzes - ein an der Biologie orientierter Verhaltensforscher (Ethologe) Verhalten (zumindest teilweise) als Ausdruck innerer Anlagen, Instinkte oder Prägungen begreifen. Aggressive Verhaltensweisen könnten beispielsweise als instinkthaft oder triebgesteuert beschrieben werden und als der Arterhaltung, der Revierverteidigung oder dem Schutz der Nachkommen dienend (vgl. hierzu etwa Lorenz 1966, Eibl-Eibesfeld 1970; Hassenstein 1982). Auch wenn instinkt- oder triebtheoretische Modelle zur Zeit kaum Konjunktur haben, so vermittelt uns doch ihr Nachfolgeprogramm, die Gentechnik, den Eindruck, als sei der Mensch bzw. sein nach außen gezeigtes Verhalten in allererster Linie das Ergebnis seiner genetischen Ausstattung (Rigos 1999, 114ff). Die alte Streitfrage um den Anteil an Einfluss von Vererbung und Umwelt auf unser Denken, Erleben und Handeln wird von radikalen Vertretern dieser Richtung dahingehend beantwortet, „dass Eltern austauschbar sind, wir Menschen vorgefertigt aus der Fabrik kommen, und dass wir bei einigen Aspekten unserer Persönlichkeit so viel Wahl haben, wie bei unserer Schuhgröße," nämlich keine (vgl. Rigos 1998, 110ff; Rowe 1997).

Genaugenommen handelt es sich bei der Gentechnik bzw. den Aussagen der Verhaltensgenetiker - salopp formuliert - um die mikroskopische Version eines mechanistischen Menschenbildes, welches den Menschen als (komplizierte) Maschine begreift[2]. Äußeres Verhalten wird immer zurückgeführt auf innere Prozesse. Dieses Erklärungsmuster – Äußeres, Beobachtbares verweist auf Inneres, Dahinterliegendes – ist die a priori gesetzte Grundannahme auch aller anderen personenbezogenen Modellvorstellungen zur Erklärung menschlichen Verhaltens.

Ein Schulmediziner würde äußeres Verhalten, besonders wenn es als symptomatisch verstanden wird, auf innere organische Ursachen, etwa hyperaktives Verhalten auf eine „Minimale Cerebrale Dysfunktion" oder „Neurotransmittermangel" zurückführen und es dementsprechend medikamentös behandeln (vgl. etwa pro Medikation: Wender/Wender 1998, contra: Voß 1983; Reiser, 1996).

Ein psychoanalytisch orientierter Pädagoge führt Störungen im Verhalten auf in der Person liegende – möglicherweise unbewußte – negative Erfahrungen zurück, die idealtypischerweise in der frühen Kindheit und in der Mutter-Kind-Beziehung liegen, und er wird versuchen, diese Zusammenhänge aufzudecken und zu verstehen (Bittner 1994, Neidhardt 1982, Göppel 1998/99).

Ein sich an den Konstrukten der Humanistischen Psychologie orientierender Beobachter versteht Verhalten als Ausdruck des inneren Strebens nach personaler Weiterentwicklung und Selbstverwirklichung und problematisches Verhalten als Störung dieses Bedürfnisses. So ist als Beispiel Carl Rogers der Auffassung, „dass das Individuum in sich selbst ein ungeheures Potential zur Selbsterkenntnis und zur Veränderung seines selbstbestimmten Verhaltens trage

---

[2] Dieses Menschenbild wird zurückgeführt auf Rene Descartes. Anders formuliert kann es auch begriffen werden als Konstrukt einer Epoche, in der die Mechanik zunehmende Bedeutung erlangte. So begriff Descartes beispielsweise Tiere als Automaten, „welche die Tiere von der ‚res cogitans' ausschloß und auf den völlig getrennten Bereich der ‚res extensa' eingrenzte, mithin ausschließlich der Objektwelt zuschlug (...). Bekanntlich hat La Mettrie 1747 in seinem Traktat ‚L'homme machine' das argumentum ad hominem aufgegriffen und mit einleuchtender Logik geschlossen, dass in letzter Konsequenz dann auch die Menschen nur als <Tiere und aufrecht kriechende Maschinen> anzusehen seien" (Münch, 1998, 333f). Auch wenn diese Sichtweise in der Folgezeit stark ausdifferenziert und verfeinert wurde, blieb der Grundgedanke doch vorherrschend bis in die heutige Zeit. Rose schreibt: „Die Wissenschaft hat sich als angenehm statisch erwiesen. Über Jahrzehnte hinweg hat sie sich zwar mit wichtigen Fragen befasst und weltbewegende Entdeckungen gemacht, ist aber in ihren Fragestellungen letztlich einem Weltbild verhaftet geblieben, das sich nicht weit von der Wissenschaft des 18. und 19. Jahrhunderts entfernt hat" (Rose, 1997, 82).

– und dass dieses Potential freigesetzt werden könne, wenn es nur gelingt, ein definierbares Klima förderlicher Einstellungen zu schaffen" (Rogers 1978, 17f).

Ein Kognitivist sieht Zusammenhänge zwischen beobachtbaren Verhaltensweisen und den diese begleitenden automatisiert ablaufenden „inneren Dialogen", die sein Handeln steuern. („Handeln" ist demnach mehr als nur „Verhalten", es schließt innere kognitive Prozesse, wie etwa die Verfolgung von Zielen durch bestimmte Verhaltensweisen mit ein.) So kann beispielsweise vermutet werden, dass ein Mensch, der dazu neigt, sich häufiger als andere aggressiv zu verhalten, ebenfalls dazu neigt, das Verhalten anderer ihm gegenüber häufiger als Aggression, Provokation oder Herausforderung zu bewerten, als dies seine (friedlicheren) Mitmenschen tun würden. Aus dieser Sicht heraus zeigt er (folgerichtig) hochaggressives Verhalten, weil er sich von hochaggressiven Kontexten[3] umgeben sieht.

Der Ansatzpunkt für pädagogisches Handeln läge bei dieser Sichtweise demnach weniger in dem Versuch einer direkten Verhaltensänderung, sondern mehr im Bemühen, die zugrundeliegenden (wenig nützlichen) Kognitionen aufzudecken und diese umzuformulieren (Ellis 1977, Meichenbaum 1979).

Im verhaltenstheoretischen (oder lerntheoretischen) Ansatz wird gezeigtes bzw. beobachtbares Verhalten (fast) immer als Ergebnis (personengebundener) Lernprozesse verstanden, als deren wichtigste die Formen der Konditionierung und das Modelllernen genannt werden können (Edelmann 1996, Reinecker 1994).

Diese - fast immer automatisiert erfolgende - Kopplung von beobachteten Verhaltensweisen mit personenbezogenen Bewertungs- und Erklärungsmustern findet sich nicht nur in den wissenschaftlich anerkannten Erklärungsmodellen, sondern sie gilt vorrangig auch für unsere subjektiven Alltagstheorien. Ein Mensch etwa, der der – wie auch immer bewussten und explizit reflektierten oder automatisierten und impliziten – Überzeugung ist, etwa

- „dass Mädchen raffinierter sind als Jungen,"

- oder „dass Jungen aggressiver sind als Mädchen,"

- „dass der Apfel nicht weit vom Stamm fällt,"

---

[3] Dies muss selbstverständlich nicht für alle Kontexte gelten, in denen diese (fiktive) Person sich bewegt, vielleicht handelt sich bei Sportereignissen um einen Hooligan und in seiner Familie um einen gutmütigen und geduldigen Familienvater. Diese simple Überlegung verweist auf zwei Aspekte, die ich hier nur andeuten kann: Erstens die Idee, dass wir Menschen nicht über eine Identität verfügen, sondern (kontextabhängig) eher über viele und zweitens, dass unser Verhalten (stärker) durch den jeweiligen Kontext mitbestimmt wird, als durch die Eigenschaften, die wir uns (situationsübergreifend) selber zuschreiben.

- oder dass die Tierkreiszeichenträger Löwe und Fische (oder eine andere beliebige
  Kombination) sich noch nie gut verstanden haben,

wird bei der Beobachtung verschiedener Situationen auch unterschiedliche Erklärungen und
Bewertungen, - die in den genannten Beispielen vom jeweiligen Geschlecht des Beobachteten
abhängig wären, den Gepflogenheiten seiner Herkunftsfamilie oder - astrologisch gesehen -
von seiner Geburtsstunde und seinem Geburtsort – vornehmen, und er wird dementsprechend
unterschiedlich handeln.

2.2 Beispiele für die Erklärung von Verhalten und Verhaltensstörung aus der Sicht sozial orientierter Konzepte

In personenbezogenen Theorien zur Erklärung menschlichen Verhaltens läßt sich ein
Symptom als ein Hinweis auf (irgend-)eine in der Person liegende Ursache verstehen. In den
sozial orientierten Ansätzen, die Benkmann (1989, 90) referiert, „sind Verhaltensstörungen
als von gesellschaftlichen Normen abweichendes Verhalten zu interpretieren, das nicht zuerst
durch intrapersonale Strukturen und Prozesse ursächlich bestimmt ist, sondern durch soziale
Interaktionsprozesse und gesellschaftliche Bedingungen hervorgerufen wird".
Aus dieser Perspektive erscheint demnach das konkrete Verhalten eines Menschen im
Wesentlichen   als   Ergebnis   der   polit-ökonomischen   Bedingungen   oder
gesamtgesellschaftlichen Strukturen, mit denen - etwa durch Ausgrenzungs- und
Etikettierungsprozesse - Randgruppen erzeugt werden, deren Verhalten dann als gestört
beschrieben werden kann. Aus systemtheoretischer Sicht wird das Verhalten eines Menschen
mit den Bedingungen oder Strukturen erklärt, in die er im Kontext eines Systems (etwa der
Schule) eingebunden ist und denen er mehr oder weniger zu entsprechen vermag oder
entspricht.

Beispiel:
Aus einer personenbezogenen Sichtweise könnte man sagen: Dieses Kind ist nicht in der
Lage, den Anforderungen der Schule zu entsprechen.
Ein sozial orientierter Ansatz (in diesem Beispiel konkreter: die systemtheoretische
Sichtweise) würde eher formulieren: Die Schule (als System oder gesellschaftliche
Institution) ist nicht in der Lage, den Anforderungen oder passender: den Bedürfnissen dieses
Kindes zu entsprechen.

Dieses Beispiel macht zugleich deutlich, wie unterschiedlich die jeweiligen Handlungskonsequenzen sein können, die sich aus der Zugrundelegung einer bestimmten theoretischen Sichtweise ergeben.

Der ökologische Ansatz (vgl. etwa Bronfenbrenner 1981), den man als Vorläufer der systemischen Sichtweise ansehen kann, sieht das Verhalten des einzelnen eingebunden und in Abhängigkeit von seinem Ökosystem. „Solange die verschiedenen Kräfte dieses Systems harmonisch zusammenwirken, besteht Kongruenz in den Kind-Umwelt-Beziehungen. Verhaltensauffälligkeiten dagegen zeigen Inkongruenz oder fehlende Balance eines Ökosystems an. Sie verweisen auf spezifische Verhaltensorte oder Situationen, in denen die Interaktion zwischen dem Kind und seinem Ökosystem gestört oder beeinträchtigt erscheint" (Benkmann 1989, 104).

Verhaltensstörung wäre dann gleichbedeutend mit einem Verhalten, das (nach Ansicht des Beobachters) die gültigen kontextuellen Spielregeln nicht (hinreichend) beachtete.

Je soziologischer die Erklärungsansätze orientiert sind, desto stärker sehen sie den Einzelnen als Person, die den gesamtgesellschaftlichen Strukturen und Prozessen ausgeliefert ist. Am deutlichsten formuliert dies vielleicht der polit-ökonomische Ansatz. Abweichende Verhaltensmuster werden durch gesamtgesellschaftliche Bedingungen erzeugt, kanalisiert und delegiert, aber der Einzelperson, die diese Verhaltensweisen dann zeigt, individuell angelastet. Der Ansatzpunkt für pädagogisches Handeln läge hier schwerpunktmäßig im Versuch der Veränderung gesellschaftlicher Wirklichkeiten, wäre also in letzter Konsequenz politisches Handeln. Vielleicht ist dies der Hauptgrund, warum derartige Konzepte in der Verhaltensgestörtenpädagogik als Wissenschaft zwar diskutiert werden (vgl. Benkmann 1989, 90), in der pädagogischen Alltagspraxis dagegen bis heute kaum Verwendung finden.

2.3 Eine systemisch-konstruktivistische Möglichkeit des Verständnisses von Verhalten und Verhaltensstörung

Die systemisch-konstruktivistische Sichtweise kann als Weiterentwicklung des ökologischen Ansatzes angesehen werden. Ich werde sie im folgenden in einigen Grundpositionen skizzieren und anschließend versuchen, ihre Bedeutsamkeit für (sonder-)pädagogisches Denken und Handeln zu begründen.

Als Ausgangspunkt der Überlegungen zu dieser Sichtweise kann die alte Weisheit dienen, dass das Ganze mehr ist, als die Summe seiner Teile. Auf die Frage, worin denn dieses „mehr" bestehe, ließe sich ein System definieren als bestehend aus der Summe der Elemente plus der zwischen diesen Elementen existierenden Beziehungen. Auf die zwischenmenschliche Ebene übertragen hieße das, dass die Verhaltensweise einer der beteiligten Personen sowohl als Auslöser angesehen werden kann für (nachfolgende) Verhaltensweisen anderer Beteiligter, als auch als Reaktion auf andere (vorhergehende) Verhaltensweisen. Einzelne Beobachtungen werden somit festgemacht und erklärt mit den Beziehungsmustern oder den kontextabhängigen Spielregeln, die das Verhalten der beteiligten Personen steuern. Ein wichtiger Unterschied zur ökologischen Sichtweise ist dabei der, dass der Einzelne nicht in *einem* umgebenden Ökosystem gesehen wird, sondern in vielen verschiedenen Systemen, mit ihren je spezifischen Regelsystemen. (Manchmal reicht schon ein anderer Lehrer in einer bestimmten Klasse, um bei den Schülern ein anderes Verhaltensskript zu aktualisieren!). Die Fähigkeit, in verschiedenen Systemen auch unterschiedliche, gegebenenfalls sogar inkompatible Verhaltensweisen unter Bezug auf die zugrundeliegenden Spielregeln zu zeigen, verdeutlicht sehr viel stärker die Kontextabhängigkeit von Verhalten, als dies im ökologischen Ansatz der Fall ist.

Ein weiterer Aspekt von zentraler Bedeutung ist der, dass die Mitglieder eines Systems die bestehenden Spielregeln nicht nur befolgen und sie diesen quasi ausgeliefert sind, sondern dass sie diese Regeln jederzeit selbst zum Gegenstand der Verhandlung und Veränderung machen können.

Das heißt, die systemische Sichtweise sieht den Einzelnen in beiden möglichen Rollen. Die eine ist die des Reagierens, also die des Eingebundenseins in bestehende Spielregelsysteme, die andere die des Agierens, also die des Gestalters und Aushandlers eben dieser Spielregeln. Genau diese Beweglichkeit macht die systemische Perspektive meines Erachtens so attraktiv für das Erklären und Verstehen von Verhalten und Verhaltensstörung sowie für daraus ableitbares pädagogisches Handeln.

In dem Maße, in dem man eine konkrete Verhaltensweise nicht mehr personengebunden erklärt, sondern mit dem Kontext und seinen Spielregeln, verliert der Einzelne (als Individuum) auch an Bedeutung und treten die Beziehungsmuster hervor. Niklas Luhmann, der diese Sichtweise befürwortet, schreibt: „Wir gehen davon aus, dass die sozialen Systeme nicht aus psychischen Systemen, geschweige denn aus leibhaftigen Menschen bestehen. Demnach gehören die psychischen Systeme zur Umwelt sozialer Systeme. Sie sind freilich ein Teil der Umwelt, der für die Bildung sozialer Systeme in besonderem Maße relevant ist" (Luhmann 1993, 346).

Aus dem Gesagten wird eine weitere Unterscheidung zur ökologischen Sichtweise deutlich. Diese arbeitet mit einem vergleichsweise statischen Homöostase-Modell, das heißt ein System, das aus dem Gleichgewicht gekommen ist, versucht, seine Balance wieder zu erlangen (siehe oben: Benkmann: „Verhaltensauffälligkeiten dagegen zeigen Inkongruenz oder fehlende *Balance*"; Hervorhebung von mir). In der systemischen Sichtweise ist dagegen der Gedanke stetiger Entwicklungs- oder Veränderung stärker verankert, was dazu führt, dass gerade auch der Störung oder Verstörung Bedeutung beigemessen wird.
Sie geht also noch einen Schritt weiter und fragt nach der Funktionalität auch des Spielregelbruches und damit nach den Möglichkeiten des Aushandelns von Spielregeln. Sie geht davon aus, dass es für denjenigen, der eine Spielregel nicht beachtet, einen Sinn machen muss, sich so zu verhalten, wie er es tut (auch wenn der Betreffende über seine Motive keinerlei explizite Auskunft geben kann). Spätestens an dieser Stelle kommt (durch die Konstruktion von Funktionalität) dann konstruktivistisches Denken mit ins Spiel.

Aus systemisch-konstruktivistischer Sicht erhält ein Verhalten seine Bedeutung aus dem Kontext, in den es eingebettet ist, genauer: aus seiner Funktionalität, die der Beobachter passend zum Verhalten für den jeweiligen Kontext konstruiert. Je präziser wir (als Fremd- oder Selbstbeobachter) diese Sinnhaftigkeit „verstehen", desto weniger werden wir in der Lage sein, es als Symptom oder als „Störung" zu begreifen. Dies gilt auch für bizarre Verhaltensmuster.

Wenn wir die beiden Gedanken akzeptieren, dass Verhalten im Kontext funktional ist, und dass wir bei der Beobachtung von Verhalten diesem immer einen Sinn, eine Bedeutung, eine Erklärung zuordnen, dann stellt sich die Frage, welche Bedeutung diese Sichtweise für den Begriff der Verhaltensstörung bereithält. Als Konsequenz ließe sich formulieren:

Der Begriff der Verhaltensstörung könnte immer dann Verwendung finden, wenn es dem Beobachter nicht gelingt, für eine bestimmte Verhaltensweise einen Sinn zu konstruieren, die dieses konkrete Verhalten für ihn in diesem konkreten Kontext plausibel erscheinen läßt.

Oder einfacher formuliert: Er findet das Verhalten „unsinnig" (in der engen Wortbedeutung), er kann eine mögliche Funktionalität dieses Verhaltens im gegebenen Kontext nicht entdecken.

Ich werde auf diese Aussage noch zurückkommen und sie an späterer Stelle ausführlicher begründen sowie an Beispielen konkretisieren, deshalb sollen hier diese wenigen Erläuterungen genügen.

2.4 Zur Problematik der Pluralität von Modellen zur Erklärung von Verhalten und Verhaltensstörung

Die Verknüpfung, die bei der Wahrnehmung einer Verhaltensweise mit (durch Erfahrung erworbenen) Erklärungs- und Bewertungsmustern vorgenommen wird, enthält immer ein letztendlich spekulatives, „unwissenschaftliches" Element. Es gibt keine Gewähr dafür, dass unsere Theorien, Hypothesen oder Überzeugungen[4] auch „wahr" sind und es lassen sich auch keine Kriterien benennen, anhand derer sich „mehr oder weniger Wahrheit" ermitteln ließe.

Selbst wenn viele verschiedene Beobachter in ihrer Beurteilung einer gemeinsamen Beobachtung einen hohen Grad von Übereinstimmung feststellen könnten, so müßten wir dennoch akzeptieren, dass Einstimmigkeit und Konsens keine Kriterien für Wahrheit sein können, sondern nur für die gemeinsame Befürwortung einer bestimmten Konvention oder Sprachregelung.

Darüber hinaus neigen wir Menschen dazu, unsere subjektiven Theorien, Hypothesen oder Überzeugungen etwa durch selektive Wahrnehmung zu verifizieren, anstatt ihnen kritisch gegenüberzustehen. Wir vertrauen unseren Erfahrungen und sind wenig bereit, sie immer

---

[4] Aus formaler Sicht wäre es selbstverständlich nicht erlaubt, diese drei Begriffe als Synonyme zu verwenden. Ihre möglichen Unterscheidungen in Bezug auf ihre je spezifischen Implikationen oder Konnotationen erweisen sich jedoch als irrelevant, wenn es um ihre Bedeutung auf der Handlungsebene geht. Hier fühlen wir uns selbst dann durch unsere inneren Sätze nicht im Handeln beeinträchtigt, wenn diese in sich widersprüchlich oder unlogisch sind oder nur als „lose Sammlung von Fragmenten" existieren.

wieder in Frage zu stellen. Vielleicht ist dies einer der wesentlichen Unterschiede zwischen unserem Alltagsdenken und wissenschaftlichem Vorgehen, bei dem (zumindest vom wissenschaftstheoretischen Anspruch her, vgl. Popper 1984) an der Falsifikation (und eben nicht an der Verifikation) von Theorien gearbeitet wird. So schreibt Paul Feyerabend: „Wir müssen schließen, dass die Wissenschaft ihren Ausgang nicht *von* der Erfahrung nimmt. Sie begann damit, dass man *gegen die Erfahrung* argumentierte" (Feyerabend 1998, 58).

Eine potentielle Gefahr unserer Denkmuster kann darin bestehen, dass wir aufgrund irgendeiner Voreingenommenheit oder eines Vorurteils einem bestimmten Ereignis eine Bedeutung beimessen, die dann - beispielsweise durch entsprechende Verhaltensweisen unsererseits - genau zu dem Ergebnis führen, welches wir prognostiziert hatten. Wobei das Ergebnis wiedcrum die Richtigkeit unserer Vorerwartung bestätigt. In der Psychologie ist dieser Prozess als „Sich-Selbst-Erfüllende-Prophezeihung" (self-fullfilling-prophecy) bekannt. In der Literatur hat sich vor allem Max Frisch – am bekanntesten vielleicht im Stück „Andorra" (Frisch 1961) und in der Erzählung vom „andorranischen Juden" mit dieser Problematik auseinandergesetzt.

Alle diese Überlegungen gelten meiner Ansicht nach auch für das Konzept von „Verhaltensstörung". Ich kann subjektiv schwerpunktmäßig eher nach den Ursachen (Kausalität) von Verhalten fragen oder nach den Zielen (Finalität), die (mit dem jeweiligen Verhalten) verfolgt werden, ich kann ein bestimmtes personenbezogenes Konzept favorisieren oder sozial orientiert denken, und ich muss mir dieser Entscheidung und der damit verbundenen Haltung nicht einmal explizit bewußt sein.

Es läßt sich auch sagen, dass das Konstrukt „Verhaltensstörung" in subjektiven Alltagstheorien wie in den wissenschaftlichen Publikationen zur Pädagogik bei Verhaltensstörungen nach wie vor überwiegend als personenbezogenes Konzept angesehen wird.[5]

Es sei an dieser Stelle noch einmal betont, dass es nicht um die Frage geht, welche dieser Sichtweisen der „Wahrheit" am nächsten kommt, sondern nur darum, welche pädagogischen Handlungsoptionen sich aus dem Rückgriff auf welche Theorie eröffnen oder verschließen.

---

[5] Man betrachte beispielsweise die Darstellung von „Verhaltensstörungen bei Kindern und Jugendlichen" bei Myschker (1999) oder die Begriffsfassung für Gefühls- und Verhaltensstörungen des größten amerikanischen Fachverbandes, auf die Opp (1998) hinweist.

An einem Beispiel aus der Theorie und Praxis der „Pädagogik bei Verhaltensstörungen"
möchte ich diesen Gedanken konkretisieren und vertiefen.

Denn denkbar ist auch der Fall, dass ich mich in meinem Handeln auf eine Theorie stütze, die
wenig plausibel erscheint und die kaum Chancen hat, einer kritischen Hinterfragung
standzuhalten und die dennoch zu einer akzeptablen, vielleicht hocheffektiven Praxis anleitet.

Verhaltenstörung als Entwicklungsverzögerung

Von einigen Autoren werden Verhaltensstörungen (in deskriptivem Verständnis) als
Entwicklungsverzögerungen beschrieben (z. B. Benkmann/Bergsson 1994, 73).

In *theoretischer* Hinsicht ist dieser Gedanke wenig befriedigend oder überzeugend. Er scheint
nur eine Möglichkeit unter anderen zu erfassen. Kinder mit Verhaltensstörungen (wenn es
erlaubt ist, in diesem Kontext einmal im deskriptiven, personenbezogenen Denken zu
formulieren) haben vielleicht nicht langsamer und deshalb *weniger* an
Verhaltensmöglichkeiten gelernt (was der Begriff der Entwicklungsverzögerung ja
suggeriert), als ihre weniger gestörten Altersgenossen, sondern statt dessen *andere*. Vielleicht
leben sie (etwa in ihrer Familie) in einem Spielregelsystem, in dem die Muster, die sie in der
Schule zeigen, (und wo sie als „Verhaltensstörung" deklariert werden), sich als höchst
funktional und sinnvoll erweisen. Vielleicht haben diese Kinder spezifische Kompetenzen in
spezifischen Bereichen, von denen andere Kinder nur träumen können.

In *praktischer* Hinsicht bietet dieser Ansatz allerdings einen unschätzbaren Vorteil. Der
Begriff der Entwicklung (vgl. Flammer 1996, 14ff) beinhaltet nämlich die Möglichkeit, viele
verschiedene Verhaltensweisen in (wie auch immer geartete) hierarchische Ordnungen zu
bringen, in denen eine Verhaltenskompetenz immer auf einer anderen, vorher zu lernenden
beruht. Eine solche Reihenfolge von aufeinander aufbauenden Verhaltensweisen bietet dem
Pädagogen ein sehr viel präziseres Handlungsangebot, als es sonst im Bereich des sozialen
Lernens üblich oder möglich ist (vgl. Bergsson, Palmowski 1997).

Genaugenommen wird unser Konzept der „Entwicklung" einer kritischen Hinterfragung
kaum standhalten können, weil sich kein eindeutiges Kriterium für Entwicklung benennen
läßt, alles was wir konstatieren können sind *Veränderungen*. In diese Veränderungen einen
Entwicklungsprozess hinein zu interpretieren mag für uns sehr nützlich sein, weil diese
Sichtweise zusätzliche Ordnung erzeugt, aber ein Maßstab für Entwicklung dürfte sich kaum
finden lassen, bestenfalls als gemeinsam erzeugte Konvention.

Deutlich wird: Der Wert einer Theorie bemisst sich nicht an ihrem Wahrheitsgehalt, (der ist ohnehin nicht zu ermitteln), sondern an ihrer Nützlichkeit für praktisches Handeln. „Sind wir zum Beispiel sicher, dass Lenin 1918 die Revolution gewann, weil er die richtige Revolutionstheorie hatte?", schreibt Paul Feyerabend (1998, 121).

Bei Wilhelm Rotthaus (1998, 134) findet sich der Hinweis, dass die Amerikaner für ihre Flüge zum Mond mit dem geozentrischen Weltraummodell arbeiteten, in dem die Erde den Mittelpunkt des Universums darstellte. Bekanntlich wird dieses Modell als falsch angesehen, aber in diesem Kontext führte es zu hinreichend genauen Berechnungen und erwies sich als einfacher als konkurrierende Sichtweisen.

2.5. Der Versuch der wertfreien Beobachtung von Verhalten

Vor diesem Hintergrund der Fragwürdigkeit oder (in der Gesamtschau) Beliebigkeit aller theoretischen Vorgaben, Ansätze, Modelle oder Sichtweisen erscheint es durchaus plausibel und nachvollziehbar, dass Wissenschaftler die Idee entwickelten, Beobachtbares von allen (inneren) Bewertungsprozessen abzukoppeln und sich bei ihren Versuchen, den Menschen – oder genauer: menschliches Verhalten - besser zu verstehen, ausschließlich auf das zu beschränken, was - ihrer Überzeugung nach - objektiven Erfassungsverfahren zugänglich war. Das war das äußere Verhalten.

Ziel war es, zu Aussagen zu kommen, die frei waren von jeglicher wertender, „ideologischer" Implikation. Vorbild waren die Naturwissenschaften, in deren Arbeitsweise man die subjektiven Einflussgrößen des jeweiligen Forschers als irrelevant erachtete.

Als Ausgangspunkt oder Basis für ihre Forschung und ihre Theorieentwicklung benötigte man demnach als A-Priori-Setzung eine Aussage, die postulierte, dass wertfreie und unvoreingenommene Beobachtung und Datensammlung möglich sei.

Vor allem die wissenschaftstheoretische Position des Empirismus vertrat diese Auffassung. Sie ging davon aus, dass es möglich sei, zu wertfreien und objektiven Aussagen zu kommen, wenn man als Ausgangspunkt seiner Forschungen nicht irgendwelche Vorwegannahmen formulierte, sondern zunächst nur Beobachtungen sammelte. Urs Haeberlin skizziert diese Richtung wie folgt: „Für den Empirismus wird die Basis der Wissenschaft durch die Tatsachen gebildet, welche unabhängig von der sprachlichen Darstellung existieren und mit den wissenschaftlich kontrolliert eingesetzten Sinnen systematisch beobachtet und entdeckt werden können. Ausgangspunkt der Erkenntnis bilden nicht Sätze, sondern Beobachtungen über Fakten" (Haeberlin 1996, 195).

E. Morin (1992, 99) beschreibt diesen Prozess folgendermaßen: „Traditionell stellte sich das Problem des wissenschaftlichen Erkennens auf zwei Ebenen. Auf der ersten, die man als die empirische Ebene bezeichnen könnte, gewinnt die wissenschaftliche Erkenntnis objektive, durch vielfältige Beobachtungen und Experimente bestätigte Daten und leitet aus diesen objektiven Daten Theorien ab, die wie man glaubte, das Reale >>widerspiegeln<<. Auf einer zweiten Ebene sollte die logische Kohärenz dieser Theorien für ihre Wahrheit als System von Ideen bürgen".

In einem Beitrag von K. Foppa (1984, 544f) findet sich ein anschauliches, diesbezügliches Beispiel. Der genannte Autor zitiert Charles Darwin: „Ich...sammelte ohne irgendeine Theorie Tatsachen in großem Maßstabe, ganz besonders mit Bezug auf domestizierte Naturprodukte, durch gedruckten Fragebogen, durch Unterhaltung mit geschickten Tierzüchtern und Gärtnern und durch ausgedehntes Lesen....Ich nahm bald wahr, dass Zuchtwahl der Schlüssel des Menschen beim Hervorbringen nützlicher Rassen von Tieren und Pflanzen ist: Wie aber Zuchtwahl auf Organismen angewendet werden könne, welche im Naturzustand leben, blieb noch einige Zeit für mich ein Geheimnis".

Foppa selber räumt die Möglichkeit des Zweifels an der Authentizität der Darstellung ein (ebd., 545), immerhin macht dieser Gedankengang Darwins zwei wissenschaftstheoretische Grundannahmen dieses Wissenschaftlers deutlich.

1. Erkenntnisse werden entdeckt.

2. Die Theorie ist das Ergebnis von Empirie.[6]

Wie kann eine solche Deskription von Verhalten aussehen und auf welchen theoretischen Begründungszusammenhang beruft sie sich?

Am deutlichsten wird die deskriptive Tendenz in den verschiedenen Versuchen, mit Hilfe von Klassifikationskatalogen, Beobachtungsbögen oder Diagnoseschemata Listen anzubieten, die die „objektive" Einteilung von Verhaltensweisen in die Klassen des „normalen" oder eben gestörten Verhaltens ermöglichen sollen. Über den pragmatischen Nutzen oder die Gefahren solcher Instrumente möchte ich an dieser Stelle nicht weiter eingehen, wichtig ist mir nur der

---

[6] Wesentlich und auch von Bedeutung für empirisches Arbeiten aus wissenschaftstheoretischer Sicht scheint mir zu sein, dass Empirie (zumindest im Bereich der quantitativen Forschung, für qualitative Verfahren wäre dies noch genauer zu untersuchen) auf der binären Logik (entweder – oder, wenn – dann) beruht und andere relevante Möglichkeiten und Zugangsweisen (sowohl – als auch) ausschließt, ja sogar ausschließen muss.

Verweis auf die dazugehörige Erkenntnistheorie. Sie läßt sich beschreiben als naiver Realismus, dessen konstitutive Prinzipien H. Westmeyer folgendermaßen charakterisiert hat:

„1. Prinzip der Unabhängigkeit: Wissenschaftliche Wahrheit ist unabhängig davon, was Menschen tun oder herausfinden können.

2. Prinzip der Korrespondenz: Wahrheit ist eine Angelegenheit strikter Korrespondenz (Entsprechung/Übereinstimmung) mit der Realität.

3. Prinzip der Zweiwertigkeit: Jede wissenschaftliche Behauptung ist entweder wahr oder unwahr.

4. Prinzip der Eindeutigkeit: Es gibt nur eine vollständige und wahre Beschreibung der Realität.

Dieser Realismus ist weitgehend Standard in der Persönlichkeitspsychologie" (Westmeyer 1994, 748).

Der Grundgedanke lautet demnach: Der unbeteiligte und dadurch objektive Beobachter erfasst beobachtbare Verhaltenseinheiten und ordnet sie je nach benutztem Schema den vorgegebenen Möglichkeiten zu. Die Qualität jeder einzelnen Verhaltensweise liegt dabei in dieser selbst. Die Beurteilungskriterien (Erfahrungen) des Beobachters sind das Ergebnis der ihn umgebenden Wirklichkeit.

Bei Myschker (1996, 43ff) beispielsweise findet sich eine solche „Symptomliste der Verhaltensstörungen"[7], die alphabetisch geordnet ist und von „Affektlabilität (schneller, unbeherrschter Wechsel der Gefühle)" bis zu den „Zwangshandlungen" eine Vielzahl von Begriffen anbietet, die dem Beobachter als diagnostisches Instrumentarium die Möglichkeit der Klassifikation der ihn umgebenden Wirklichkeit ermöglicht bzw. ermöglichen soll.

Denkt man dabei den Gedanken der Möglichkeit der objektiven Erfassung von Verhalten radikal zu Ende, dann müßten alle Klassifikationssysteme identisch sein und Unterschiede ließen sich ausschließlich auf fehlerhaftes Beobachten zurückführen. Sie sind aber nicht identisch, sondern höchst unterschiedlich und in starkem Maße zeit-, kultur- und theorieabhängig, wie einige Beispiele aus dem ersten Versuch einer Klassifikation,

---

[7] Die Überschrift, die Myschker über diese Liste setzt, erscheint mir insofern problematisch, als sich mir die Frage stellt, was denn nun die *Verhaltensstörungen* sind, wenn es sich hier nur um ihre *Symptome* handelt.

„Alphabetisches Verzeichnis der Kinderfehler" von Ludwig Strümpell aus dem Jahre 1890 schnell zeigen werden[8]:

- *Affectiren, sich zieren*. Ein häufiger Fehler bei Mädchen, kommt aber auch bei Knaben vor.

- *Augendienerisch*. Wohl nur im späteren Kindesalter; wird bei Knaben und bei Mädchen in ihrem Verhalten zu den Lehrern und Lehrerinnen beobachtet

- *Ausplaudernd*. Kommt wohl mehr bei Mädchen als bei Knaben vor.

- *Dummdreistes Sprechen und Betragen*. Nicht zu verwechseln mit Altklugheit, bei welcher die „Dreistigkeit" fehlt. Altklugheit bewegt sich bloß auf dem Vorstellungsgebiete, während *Dummdreistigkeit* im Sprechen oder Handeln oder überhaupt im Betragen schon ein Defekt der Urteilsfähigkeit ist.

- *Frösterig*. Bei schwächlicher Konstitution oder in Folge von Verweichlichung und versäumter Abhärtung. Dieser Fehler ist pädagogisch wegen des damit verbundenen Mangels anderweitiger, psychischer Leistungsfähigkeit nicht zu unterschätzen.

- *Feigheit*. Wird besonders an Knaben gerügt. Daher das häufig dabei gebrauchte Schimpfwort *Hasenfuß*.

- *Geckenhaft*. S. Coquett; paßt aber auch auf solche Knaben, die gern schon einen großen Herrn spielen.

- *Hölzern*. Es gibt Kinder, mit denen nichts anzufangen ist, weder von Kameraden und Gespielen, noch vom Erwachsenen, in Fällen, die über das Tägliche und Gewöhnliche hinausgehen, namentlich etwas Phantasie erfordern.

- *Kindereientreiben. Kindisch*. Als Fehler von Knaben und Mädchen, die sich mit Dingen beschäftigen, die für ihr Alter nicht mehr passen.

- *Lümmelhaft*. Nicht bloß bei Knaben aus ungebildeten, bäuerischen Familien. Verstöße gegen Sitte und Anstand in gebildeter Gesellschaft, namentlich in körperlicher Haltung.

- *Lachlustig*. Wenn auch das Lachen in der Kinderwelt nicht bloß naturgemäß, sondern im Allgemeinen auch wünschenswert ist, so kann es unter Umständen doch nicht bloß ein vorübergehender, sondern auch ein lästiger Fehler werden.

- *Pruddelig*. Verstöße gegen Ordnung und Accuratesse.

---

[8] In meiner subjektiven Auswahl habe ich versucht, vor allem solche Beispiele zu berücksichtigen, die uns heute eher befremdlich (und/oder erheiternd) erscheinen. Auch dem Konzept der geschlechtsspezifischen Unterscheidung und Differenzierung wurde damals offensichtlich noch mehr Bedeutung beigemessen als heute.

- *Prahlerisch*. Prahlsucht. Bei Knaben unterschiedlich, ob bloße Windbeutelei, oder ob wirklich etwas Nennenswertes geleistet ist.
- *Putzsüchtig*. Mehr bei Mädchen, als bei Knaben.

(Strümpell 1890, S. 19 – 74)

Diese wenigen Beispiele sind sicher hinreichend, um deutlich zu machen, dass sich neben der Sichtweise, unsere Erfahrungen seien Ergebnis der uns umgebenden Wirklichkeit, auch die entgegengesetzte Möglichkeit denken läßt: Unsere Erfahrungen gestalten unsere Wahrnehmung unserer Wirklichkeit.

Verhaltensstörung ist dann immer das, was wir für Verhaltensstörung halten.

In allen denkbaren Kategorien von Verhalten oder Wirklichkeit lassen sich einzelne isolierbare und benennbare Verhaltensitems beschreiben, die (wenn man der Möglichkeit der Deskription von Verhalten folgt,) als Verhaltensstörungen anzusehen sind. Lynn Hoffman: „Vereint unter dem medizinischen Dach des DSM-IV finden wir einen Versuch vor, alle existierenden Verhaltensprobleme zu numerieren und zu beschreiben: Lebensprobleme, Todesprobleme, geistig-seelische Probleme, Krankheitsprobleme, Armutsprobleme, Klassenprobleme, Gewaltprobleme, Sexualprobleme, Probleme am Arbeitsplatz, Liebesprobleme. Es scheint keine Obergrenze dafür zu geben, was in das System der Bezeichnungen noch absorbiert werden kann" (Hoffman 1997, 226).

Die Möglichkeit der objektiven Erfassung von Verhalten wurde innerhalb der Theoriebildung in der Psychologie vor allem in der Position des *Behaviorismus* (vor allem in ihren frühen Ausprägungsformen) vertreten. Aus einer zustimmenden und einer kritischen Perspektive läßt sich aus heutiger Sicht folgendes dazu sagen:

1. Durch die Konzentration und Beschränkung auf unmittelbar Beobachtbares kamen die Vertreter dieses Ansatzes auch zu sehr konkreten und intersubjektiv überprüfbaren Aussagen sowohl über die Prozesse des Lernens bestimmter Verhaltensweisen als auch über die Möglichkeiten ihrer gezielten und systematischen Veränderung, wie sie sich in den verschiedenen Strategien und Verfahren der Verhaltensmodifikation und der Verhaltenstherapie niedergeschlagen haben.

2. Letztendlich handelt es sich hierbei aber um nichts anderes als eine Feedback-Schleife, die nur auf die eigenen Vorwegannahmen zurückverweist. Die Orientierung an den Grundaussagen und Forderungen des Empirismus erleichtert bzw. ermöglicht empirisches Arbeiten, welches wiederum die Vorgaben des Empirismus bestätigt. Die Ausklammerung von der empirischen Erfassung nicht zugänglichen Themen und Inhalten (auch wenn sie von Relevanz sein mochten) ermöglichte den Eindruck großer Wissenschaftlichkeit und eines hohen Grades von Objektivität.

Schließlich wird selbst hier die Bedeutung von Theorie deutlich. Auch wenn der Empirismus als wissenschaftliche Metatheorie eher Angaben über die Art des „korrekten" wissenschaftlichen Arbeitens und weniger inhaltliche Aussagen macht, (die finden wir dann in der „wissenschaftlichen" Theorie des Behaviorismus), so beruht bei dieser Art des wissenschaftlichen Arbeitens die Vorgehensweise eben nicht nur auf dem Glauben an die Möglichkeit der vorurteilsfreien Beobachtung und Sammlung irgendwelcher (beliebiger?) Daten, sondern auch in der theoretischen Vorwegentscheidung für dieses Vorgehen und das damit verbundene Verständnis von Wissenschaft.

Die Art und Weise, wie jemand Verhalten und Verhaltensstörung versteht, hängt unter anderem immer auch davon ab, inwieweit er die hier umrissene Position der Möglichkeit einer vorurteilsfreien Erfassung von Daten für sich als relevant akzeptiert bzw. sie ablehnt. Inwieweit eine solche Entscheidung als Ergebnis wissenschaftlich relevanter Überlegungen angesehen werden muss oder als subjektive „Glaubensentscheidung" wird letztendlich offen bleiben müssen. In vielen Fällen dürften sie implizit erfolgt sein, das heißt, dass ein Wissen um mögliche Alternativen nicht in expliziter Form vorlag.

Für eine Beurteilung des Ansatzes des Empirismus erscheint es allerdings notwendig, auf die wesentlichen Einwände gegenüber dieser Sichtweise und der sich an ihr orientierenden Verhaltenstheorie einzugehen.
Diese Kritik beruht vor allem auf zwei Argumenten:

1. Damit Beobachtungen mitgeteilt werden können, müssen sie in Sprache gefaßt werden. Eine sprachfreie Wissenschaft erscheint nicht denkbar. Sprache aber – und das gilt auch

für Wissenschaftssprachen[9] – ist nie wertfrei. Es macht eben einen Unterschied, ob ich das Verhalten eines Menschen als angsterfüllt oder als psychotisch beschreibe. Dennoch ist der Grundgedanke (aller rationalen wissenschaftstheoretischen Positionen) der, dass Wirklichkeiten sich mit Sprache abbilden lassen, Sprache somit eine informative Funktion hat.

Konstruktivisten vertreten demgegenüber die Meinung, dass Sprache auch als formativ verstanden werden kann, also als ein (oder das) Medium, mit dem Wirklichkeiten (vor allem soziale Realitäten, wie zum Beispiel eine Verhaltens*störung*) auch *erzeugt* werden können.

2. Damit überhaupt Beobachtungen gemacht werden können, müssen bestimmte Vorentscheidungen gefällt werden, etwa über die Frage, was und wie denn überhaupt beobachtet werden soll. Allein solche Auswahlkriterien sind aber schon immer theoriegeleitet. Dieses Verständnis von Wissenschaft und von Beobachtung wird auch als das „Primat der Theorie" bezeichnet. Paul Feyerabend: „*Tatsachen* also, für sich genommen, sagen uns gar nichts. Es ist *Denken* erforderlich, um herauszufinden, was sie bedeuten" (1998, 90).

Beide Gesichtspunkte werden im Kapitel „Reflektionen" (Kap.4.) noch eingehender thematisiert werden.

2.6 Das Primat der Theorie

Die hier wiedergegebene Situationsbeschreibung verweist auf eine tiefliegende wissenschaftstheoretische Kontroverse, die sich in folgenden beiden inkompatiblen Aussagen zusammenfassen lässt.

1. Unsere Erfahrungen, Wahrnehmungen und Bewertungsmuster sind das Ergebnis der uns umgebenden Wirklichkeit.

2. Unsere Wirklichkeit, in der wir leben, ist das Ergebnis unserer Erfahrungen, Wahrnehmungen und Bewertungsmuster.

---

[9] Dies dürfte einer der Gründe dafür sein, dass Veröffentlichungen mit dem Anspruch auf Wissenschaftlichkeit gelegentlich so umständlich und schwierig zu lesen und zu verstehen sind. Mit dem Versuch, eine eigene Sprache oder zumindest eigene Termini zu entwickeln, soll der Grad an Objektivität und Wertfreiheit gesteigert werden.

Während der erste Satz unmittelbar einleuchtet und wahrscheinlich auch Bestandteil unserer subjektiven Alltagstheorien ist (und sich dort auch bewährt hat), erscheint die zweite Aussage – durch das obige Beispiel illustriert – (zumindest in ihrer abstrakten Formulierung) unlogisch vielleicht gar falsch.

Werner Heisenberg, einer der großen Physiker des 20. Jahrhunderts, berichtet in seinen Lebenserinnerungen eine Episode, in der er sich mit Albert Einstein über die Bedeutung dieser beiden Aussagen für wissenschaftliches Arbeiten auseinandersetzt. Heisenberg vertritt die Position des ersten Satzes. Zusammengefaßt heißt dies:

Am Anfang stehen Beobachtungen, was nicht beobachtet werden kann, kann auch nicht Teil einer wissenschaftlichen Theorie werden. Die Beobachtungen werden systematisiert, analysiert und münden letztendlich in theoretische Aussagen.

„Aber Sie glauben doch nicht im Ernst", entgegnete Einstein, „dass man in eine physikalische Theorie nur beobachtbare Größen aufnehmen kann....Es mag von heuristischem Wert sein, sich daran zu erinnern, was man wirklich beobachtet. Aber vom prinzipiellen Standpunkt aus ist es ganz falsch, eine Theorie nur auf beobachtbaren Größen gründen zu wollen. Denn es ist ja in Wirklichkeit genau umgekehrt. Erst die Theorie entscheidet darüber, was man beobachten kann" (Heisenberg 1969, 91f).

Paul Feyerabend argumentiert analog: „Auf der Grundlage der Feststellung, dass Beobachtungen für sich genommen überhaupt nichts bedeuten, habe ich dafür argumentiert, die Richtung umzukehren: Bedeutung fließt von den Theorien zu den Beobachtungen" (1998, 150).

Was bleibt, ist natürlich die Frage nach der Herkunft bzw. der Entstehung der jeweiligen Theorien in unseren Köpfen, nach denen wir unsere Wirklichkeiten konstruieren. Warum denkt der eine Mensch so, der andere so? Die Frage verweist auf die wechselseitige Bedingtheit der beiden Sichtweisen, schließlich führen bestimmte – etwa mit unseren Erwartungshaltungen nicht übereinstimmende, „überraschende Beobachtungen" ja auch zur dauernden Fortschreibung und Modifizierung unserer Überzeugungen.

Mit der Frage nach dem *Warum* würde man allerdings eine analytische Haltung einnehmen und nach tiefer liegenden Ursachen forschen, wie dies etwa die Psychoanalyse tun würde. Aus phänomenologischer Sicht bezöge sich das Erkenntnisinteresse mehr auf das *Wie* des genauen Ablaufs: Wie genau funktioniert etwas? Im oben wiedergegebenen Streitgespräch – so viel dürfte deutlich geworden sein – ging es um die Erörterung genau diesen Sachverhalts.

Damit wären wir wieder am Ausgangspunkt unserer Überlegungen angelangt, nämlich der Aussage, dass es nicht möglich ist, Verhalten (und erst recht nicht Verhaltensstörungen) objektiv oder rein deskriptiv zu beobachten und zu beschreiben.

Verhalten und Verhaltensstörung ist immer das, was wir glauben, was Verhalten und Verhaltensstörung ist.

In dem Maße, in dem sich unsere Theorien und Überzeugungen in bezug auf Verhalten und Verhaltensstörung verändern, werden auch diese in Fluss geraten und sich ändern oder es werden andere Verhaltensweisen wahrgenommen und diese mit anderen Bewertungen verknüpft werden. Genau so verstehe ich Jörg Schlee, wenn er vom „Primat der Theorie" (1989, 39) spricht.

3. Materialien

Ziel und Aufgabe dieses Kapitels soll es sein, in weiteren Bausteinen, die durchaus unverbunden nebeneinander stehen, Materialien zur Thematik „Verhalten und Verhaltensstörung" zusammentragen. Sie beziehen sich im Wesentlichen auf begriffliche und paradigmatische Aspekte sowie den Versuch einer epochalen Zuordnung.

3.1 Handeln und Verhalten, Wahrnehmen und Beobachten

Zuerst möchte ich kurz auf die relevanten Termini hinweisen, die für die beiden skizzierten Grundpositionen stehen und die Unterscheidungen verdeutlichen, die sie ermöglichen.
Das Bestreben nach Objektivität bei der Erfassung von Verhalten kommt auch in einer entsprechenden Terminologie zum Ausdruck, die ich bisher schon benutzt, aber noch nicht hinreichend unterschieden habe.
Während der Begriff des Handelns die inneren Prozesse miteinbezieht, etwa von der Vorstellung ausgeht, dass äußeres Verhalten ursächlich bedingt ist und/oder zielgerichtet oder planvoll erfolgt, beispielsweise „Absichten" unterstellt, und damit kognitive und/oder emotionale Begleitprozesse akzeptiert, erfasst der Begriff des Verhaltens - die nachfolgenden Versuche, diesen Terminus zu definieren, werden dies noch deutlicher machen –

ausschließlich das nach außen Gezeigte, Beobachtbare. Dies hat gelegentlich zu erheblichen Schwierigkeiten (und aus heutiger Sicht kann man auch sagen: Reduzierungen) geführt, etwa wenn das Phänomen der Angst, welches sich – verstanden als innerer affektiver Zustand oder Prozess - der Beobachtung entzieht, umformuliert wurde auf die Sachverhalte des Flucht- oder Vermeidungsverhaltens, die, wie man annahm, sich beobachten ließen[10]. (Wobei hier wieder einmal das Grundproblem um den Unterschied von Deskription und Präskription auftaucht. In diesem Falle in der Frage, inwieweit Flucht und Vermeidung tatsächlich real beobachtbar sind, beziehungsweise inwieweit sie letztendlich nicht doch als Wahrnehmungs- und Bewertungskriterien des Beobachters angesehen werden müssen.)

Vergleichbares gilt für die Unterscheidung von Wahrnehmung und Beobachtung.

Während der Begriff der Wahrnehmung als „das durch Gedächtnisinhalte ergänzte, durch Kognitionen durchstrukturierte und durch Verhaltenserfahrungen bewertete Sinneserlebnis" (Hajos 1977, 528) definiert werden kann, also durch die Kopplung von Sinnesreiz und bereits eingespeicherten „Daten", die eine Beurteilung eben dieses Sinnesreizes zur Folge haben, postuliert der Begriff der Beobachtung die Erfassung von *relevanten* Inhalten in möglichst objektiver, d. h. vom Beobachter unabhängiger Form. (Wobei sich auch hier wieder die Frage stellt, aufgrund welcher Vorentscheidungen die (notwendige) Unterscheidung in relevante und in irrelevante Items erfolgt!) So gelten beispielsweise Beobachtungen als um so valider, je höher der Übereinstimmungsgrad mehrerer Beobachter in Bezug auf den gemeinsamen Beobachtungsgegenstand ist.

Bei der Unterscheidung der Begriffe „Wahrnehmung" und „Beobachtung" stoßen wir demnach auf die sprachphilosophische Paradoxie, dass es in spezifischen Kontexten durchaus nützlich sein kann, diese beiden Begriffe inhaltlich zu trennen (eben weil sie durch die Möglichkeit der Unterscheidung zu unterschiedlichem Handeln führen können), wir andererseits aber erkennen müssen, dass es Beobachtung „an sich" gar nicht geben kann und wir ihn als Begriff mit Absolutheitsanspruch aufgeben müssen.

---

[10] So schreibt z.B. Zeier im „Wörterbuch der Lerntheorien und der Verhaltenstherapie" (1976, 12) unter dem Stichwort Angst: „Angst ist nicht ein innerer Zustand, sondern ein emotionales Verhaltensmuster mit subjektiven, physiologischen und objektiv beobachtbaren (!!!, Anmerk. von mir) Komponenten, das durch eine bestimmte Situation ausgelöst wird. Die Angstreaktion ist dann meist ein Vermeiden der angstauslösenden Situation bzw. der entsprechenden Reize oder Reizkonstellationen."

3.2 Definitionen von Verhalten

Die „klassische Verhaltensmodifikation" stellt eine Sammlung von Verfahren und Techniken dar, die sich – zumindest in ihrer ursprünglichen Form – sehr stark an die theoretischen Postulate des Behaviorismus anlehnten und die in therapeutischen und pädagogischen Settings ausschließlich die Veränderung von Verhaltensweisen zum Ziel hatten. In ihrem „Grundkurs Verhaltensmodifikation" definieren Adameit u.a.:

„Verhalten ist die Sammelbezeichnung für alle Reaktionen eines Organismus, die

- direkt beobachtbar,

- mit Instrumenten feststellbar

- oder sicher erschließbar sind aufgrund von Beobachtbarem oder Feststellbarem.

„Verhalten" hat hier also nicht die Bedeutung von „Benehmen" oder „Betragen". Es sind damit auch keine Eigenschaften gemeint, wie „Treue" oder „Heimtücke". Das sind Interpretationen, Zuschreibungen oder Verallgemeinerungen, die unmittelbar nicht belegbar und deshalb unbrauchbar sind" (Adameit 1980, 25).

Vor allem in der Zusatzbemerkung zur eigentlichen Definition wird wieder das Bemühen deutlich, sich ausschließlich auf das objektiv Erfassbare zu konzentrieren und mögliche Bedeutungszuschreibungen zu eliminieren. Auf diese Art und Weise erhält man zwar „harte Fakten"[11], aber dies – wie schon am vorherigen Beispiel der Angstbeschreibung deutlich geworden sein dürfte – nur durch eine weitgehende Reduktion der Komplexität des Gesamtgeschehens bzw. seiner Wahrnehmung. Ein weiteres Beispiel mag dies verdeutlichen.

Akzeptiert man den Grundgedanken der obigen Definition, dürfte es nicht mehr erlaubt sein, etwa von Aggression zu sprechen. Beobachtbar ist der Tritt vor das Schienbein oder der Schlag ins Gesicht. Diese Verhaltensweisen als Aggressionen zu beschreiben beinhaltet aber nicht nur eine Bewertung, sondern sie unterstellt (von der Seite des Beobachters her) auch die Absichtlichkeit des gezeigten Verhaltens.

Konstruiert man einen anderen Kontext, beim Tritt vor das Schienbein etwa den unglücklichen Zusammenprall zweier Fußballer auf rutschigem Boden oder beim Schlag ins

---

[11] Wenn man von der Wortbedeutung ausgeht, dann sind auch „Fakten" nicht das Bestehende oder das Vorgefundene, sondern das Gemachte (facere – machen, tun,; manufactum – das Handgemachte). Insofern paßt dieser Begriff gut zur Sichtweise des Konstruktivismus, der davon ausgeht, dass wir auch unsere „harten Fakten" selber konstruieren.

Gesicht eine Notwehrhandlung, dann können identische Verhaltensweisen schnell aus der Kategorie der Aggressionen herausfallen[12].

Dennoch ist dieses Verständnis von Verhalten (und die Möglichkeit seiner Deskription) im eng behavioristischen Sinne auch heute noch Standard. So definiert Fröhlich im „Wörterbuch zur Psychologie" Verhalten als „allgemeine Bezeichnung für die Gesamtheit aller beobachtbaren, feststellbaren oder messbaren Aktivitäten des lebenden Organismus, meist aufgefasst als Reaktion auf bestimmte Reize oder Reizkonstellationen, mit denen der Organismus in experimentellen oder lebensweltlichen Situationen konfrontiert wird/ist" (Fröhlich 1997, 417).

Eine andere mögliche Sichtweise deutet Myschker an. Er konstruiert in seiner Definition den Begriff des Verhaltens als übergeordnete Kategorie, die bei ihm auch *Handlungen* mit umfasst:

„Unter Verhalten wird hier die Gesamtheit menschlicher Aktivitäten verstanden, die im Wechselspiel zwischen Organismus und Umwelt generiert werden und von einfachen Reaktionen auf Reize bis zu willentlichen, komplexen, umweltverändernden Handlungen reichen" (Myschker 1993, 40).

Aus inhaltlichen Erwägungen erscheint mir ein solcher Versuch allerdings eher zweifelhaft. Wenn die Handlung das äußere Verhalten plus die inneren Begleitprozesse erfasst, will mir die Bestimmung des Verhaltensbegriffes als übergeordneter Kategorie nicht einleuchten.

3.3 „Verhalten" als Begriff der Moderne

Begriffe, Redewendungen, Sprachspiele sind immer in ihre Kultur und ihre Epoche eingebunden. Sie sind sowohl deren Bestandteil als auch prägendes und (kultur-)erzeugendes Element.

Hilfreich für ein angemessenes Verständnis des Terminus „Verhalten" kann deshalb auch der Versuch seiner zeitgeschichtlichen Zuordnung sein. Ein kurzer Blick auf die Epochen der

---

[12] In unserem Verständnis setzt Aggression in aller Regel die Absicht oder Intention voraus. Ken Gergen (1996) hat darauf hingewiesen, wie stark unsere Wirklichkeiten u.a. in Politik, Kultur oder Pädagogik durch das Konzept der „Absicht" geprägt sind. Erst die Absicht ermöglicht Militär, Pädagogik oder Justiz. In der Tat erscheint uns eine Gesellschaftsform, die ohne das Konstrukt der Absicht operiert, kaum vorstellbar aber durchaus möglich.

Romantik, der Moderne und der Postmoderne werden ihn schnell als ein Kind der Moderne ausweisen. Auf sich daraus ergebende Konsequenzen werde ich an späterer Stelle eingehen.

Einen für unsere Zwecke hinreichenden Blick auf typische Muster dieser drei Epochen (oder Geistesströmungen) bietet Ken Gergen (1996).

Als zentrale Elemente der **Romantik** nennt er:
„Ein großer Teil unseres heutigen persönlichen Vokabulars, wie auch unseres Lebensstils findet seinen Ursprung in der romantischen Periode. Es ist ein Vokabular der Leidenschaft, des Sinns, der Tiefe und der persönlichen Bedeutsamkeit – ein Vokabular, das Ehrfurcht vor Helden, vor Genien und vor Werken der Inspiration schafft. Es stellt die Liebe allem menschlichen Trachten voran und lobt jene, die das Nützliche und Funktionelle anderen zuliebe aufgeben. Es hält den Glauben an die tiefe Dynamik der Persönlichkeit wach, an die Ehe als „Seelengemeinschaft“, die Familie als in Liebe verbunden, die Freundschaft als lebenslange Bindung" (Gergen 1996, 61).

„Für den Romantiker waren Beziehungen wie Freundschaft und Ehe sicherlich bedeutend – sogar heilig. Ihre Bedeutung hing jedoch von ihrer Verbindung zum tiefen Inneren ab. Eine Beziehung, die Seelen vereinte, war tief, ohne diese Seelengemeinschaft war sie nur profan" (Gergen 1996, 378).

Diese kurze Skizze macht sehr deutlich, dass Verhalten oder selbst Handeln für den romantisch denkenden und empfindenden Menschen nur insoweit von Bedeutung war, als es auf Tieferes, auf die inneren Qualitäten des Menschen verwies. Das „Eigentliche“ – was auch immer das im Einzelnen war – spielte sich nicht auf der Ebene des beobachtbaren Verhaltens ab. „Man sieht nur mit dem Herzen gut. Das Wesentliche ist für die Augen unsichtbar" sagt der Fuchs dem kleinen Prinzen in der vielzitierten Stelle aus dem Buch von Antoine de Saint-Exupery (1956, 72).

Teile des romantischen Denkens und Empfindens sind in jedem von uns wirksam. Sie kommen beispielsweise überall da zum Vorschein, wo es uns weniger um das geht, was ein Mensch (auf der Verhaltensebene) sagt oder tut, als mehr darum, was er mit dem Gesagten oder Getanen „wirklich" meint oder zum Ausdruck (dieses Wort paßt hier besonders gut) bringen will.

Ganz anders das Menschenbild der **Moderne.** Ken Gergen schreibt: „Innerhalb des modernistischen Rahmens wurde das tiefe Innere zunehmend verdächtig. Eine Wirklichkeit jenseits der Reichweite von Beobachtung und Vernunft zu postulieren, schien nicht nur ungerechtfertigt, sondern auch unproduktiv" (Gergen 1996, 359).

„Die modernistische Wissenschaftstheorie ist beispielsweise im wesentlichen auf der Ansicht vom rationalen Menschen, der emsig Gewinne maximiert und Verluste minimiert, aufgebaut. Ähnlich geht die behavioristische Theorie in der Psychologie davon aus, dass das Handeln[13] der Menschen in erster Linie darauf ausgerichtet ist, Belohnungen zu bekommen und Bestrafungen zu vermeiden" (ebd., 388).

„Die Modernisten glaubten, dass die Menschen durch Verstand und Beobachtung die grundlegenden Bestandteile des Universums entdecken könnten, einschließlich des Kerns des menschlichen Funktionierens. Man ging davon aus, dass das voll funktionierende Individuum erkennbar (durch Beobachtung) und berechenbar sei und durch die Kultur geschult werden könne, wobei die Metapher der Maschine eine beherrschende Rolle spielte" (ebd., 359).

Im Zusammenhang eines solchen Bildes von Welt und Mensch wird es stimmig, das äußere Verhalten von möglichen inneren (nicht erfassbaren) Begleitprozessen zu lösen. Verhalten wird letzten Endes wie ein materielles Produkt zur Ware, „wer handelt, der handelt" (vgl. Simon 1992) nicht nur im Bereich des Dienstleistungssektors, in dem bestimmte Verhaltensangebote (etwa Haare schneiden) mit Geld bezahlt werden, sondern auch im Bereich des Privatlebens.

Eine Begleiterscheinung dieser Sichtweise (der man je nach eigenem Standort eine unterschiedliche Bedeutung beimessen kann) ist dabei die, dass das Außer-Acht-Lassen des Nicht-Beobachtbaren einherging oder gar gleichbedeutend wurde mit dessen geringerer Relevanz. Die Aussage: „Wir können nichts objektiv Gesichertes über die Prozesse sagen, die in einem Menschen ablaufen", wurde überlagert oder ergänzt durch die Annahme: „Dann haben sie auch keine (wesentliche) Bedeutung." Genau diese Tendenz ist einer der Hauptkritikpunkte der humanistisch orientierten Psychologen an der akademischen Psychologie (Quitmann 1985, Völker 1980).

In der **Postmoderne** erhält der Begriff des Verhaltens weitere, zusätzliche Konnotationen. Ist in der Moderne das Verhalten immer personenbezogen zu verstehen, also untrennbar mit dem jeweiligen Individuum verknüpft, welches eben dieses oder jenes Verhalten zeigt, so verlagert

---

[13] Ich vermute dass Ken Gergen auch im behavioristischen Kontext beim Begriff des Handelns bleibt, und nicht von Verhalten spricht, weil für ihn ein (durch den Beobachter) nicht mit Bedeutung versehenes „reines" Verhalten nicht vorstellbar erscheint.

sich die Bedeutung, die Verhalten in der Postmoderne beigemessen wird, stärker in den Kontext und die zwischenmenschlichen Strukturen und Prozesse, in die es eingebettet ist. Stand in der Moderne das Verhalten als bezogen auf die einzelne Person im Vordergrund, so tritt in der Postmoderne ein Verständnis von Verhalten als Beziehungsaussage hinzu.

Konkret: Ein Lehrer beispielsweise schreit einen Schüler weniger deswegen an, weil er wütend ist (dies wäre eine personenbezogene Erklärung), sondern mehr deswegen, weil er die Beziehung zu dem Schüler so definiert, dass es ihm erlaubt ist, ihn anzuschreien. Denn: Bei identischem Wutpegel würde er dieses Verhaltensmuster einem Kollegen oder gar Vorgesetzten gegenüber nicht zeigen. Hier wäre die Spielregel für den Umgang miteinander in einer solchen Situation eine andere (vgl. Palmowski 1995, 195).

Deutlich wird hier die weitreichende Veränderung des Verständnisses von Verhaltensstörung. An die Stelle seiner Bedeutung als personenbezogener Kategorie tritt zunehmend die gestörte Beziehung (genauer: die vom Beobachter als gestört definierte Beziehung). Legt man den Schwerpunkt der Betrachtung aber auf diesen Aspekt, dann erscheint die Beibehaltung des Terminus „Verhaltensstörung" zunehmend problematisch und irreführend.

Ein weiterer Problembereich (für die Sonderpädagogik im Allgemeinen in Bezug auf den Begriff der Behinderung und) für die Pädagogik bei Verhaltensstörungen im Besonderen ergibt sich aus der Pluralität als wesentlichem Bestimmungsstück der Postmoderne. Bleidick (1994, 4f) nennt unter anderen „Unbestimmtheit" „Fragmentierung" oder „Entkanonisierung" als Merkmale dieser Phase. Dies hat zwingend Konsequenzen für den Begriff der Verhaltensstörung als normabhängigem Begriff. Noch schwieriger wird der Sachverhalt, wenn wir nicht nur von der Norm reden, sondern von der *Normalität*. Dieser Terminus der Normalität (als Kriterium der Abgrenzung von Behinderung oder Verhaltensstörung) hat sich schon immer einer klaren Begriffsbestimmung entzogen, in der Postmoderne verliert er jegliche Kontur.

3.4 Was ist normal?

Sonderpädagogik beschäftigt sich mit dem Anderen, dem Andersartigen, mit den Menschen, die aufgrund irgendwelcher Beeinträchtigungen als behindert, verhaltensgestört oder sonstwie beschrieben und wahrgenommen werden. Das Kriterium einer Abweichung läßt sich indes nur durch die Beschreibung dessen bestimmen, was als Norm, Normalität oder normal gilt. Der eine Begriff und die mit ihm verbundene Vorstellung können nur existieren, wenn die andere Kategorie zumindest implizit mitgedacht wird. So schreibt Hans Magnus Enzensberger (1983, 207) in seiner Verteidigung der Normalität:

„Normal/abnorm: an diese beiden Termini kann man kaum denken, ohne sich zugleich vom einen auf den anderen verwiesen zu sehen, und zwar dergestalt, als schlössen die beiden einander einfach aus."

Akzeptiert man diese Denkfigur, dann wäre „Verhaltensstörung" zunächst einmal ein Kind der binären Logik, des Entweder-Oder-Denkens (entweder jemand ist verhaltensgestört oder er ist es nicht) und in dem Maße, in dem Sonderpädagogik sich mit Behinderung oder Verhaltensstörung beschäftigt, müßte sie sich mit Normalität auseinandersetzen.

Jürgen Link (1996) verweist diesbezüglich in seinem „Versuch über den Normalismus" auf ein eigenartiges Paradoxon. Einerseits schreibt er dem Begriffskomplex Normalität, normal, normalisieren etc. die Qualität einer diskurstragenden Kategorie zu: „Diskurstragende Kategorien sind solche, durch deren ‚Entfernung' – wenn man sie sozusagen aus dem betreffenden Diskurs ‚herauszöge' wie die Stahlteile aus einer Betonkonstruktion – der betreffende Diskurs nicht länger halten könnte und in sich zusammenbräche wie ein Kartenhaus" (S. 15)[14].

Andererseits ist „dabei aber gleichzeitig im toten Winkel der theoretischen Reflexion verharrt, als ob es entweder überflüssig oder riskant wäre, explizit die Frage zu stellen: Wie definieren Sie eigentlich Ihren Grundbegriff „Normalität", ohne den Ihre Argumentation auf der Stelle kollabieren würde?" (S. 15).

Der einfachste Grund für diese Abstinenz liegt möglicherweise in der Einsicht, dass es kaum gelingen dürfte, „Normalität" trennscharf und klar abzugrenzen. Noch einmal Hans Magnus Enzensberger:

„Der Begriff der Normalität ist ein terminologischer Pudding, eine breiförmige Masse, die unter der Hand erstarrt, aber schwabbelig bleibt und zerfällt, sobald man sich ihr mit einem harten Instrument nähert. Ein definierender Zugriff hat keine Chancen. Normalität wird einem eingebrockt, man kann sie nur auslöffeln" (1983, 209).

---

[14] Vgl. auch: „Zwar erscheint die Gesellschaft als vielschichtig und heterogen, ihr pluralistisches Normengefüge kann jedoch nicht darüber hinwegtäuschen, dass Normalität das zentrale Ordnungsprinzip der bürgerlichen Gesellschaft darstellt" (Wambach, 1987, 727)

Aussagen aus der Fachliteratur kommen zu vergleichbaren Ergebnissen. So schreibt Ritter: „Definiert man Normales und Anormales durch ihre relative statistische Häufigkeit, so kann man auch das Pathologische für normal erklären und andauernde volle Gesundheit läßt sich dann als anormal bezeichnen" (1984, 921).

Der Begriff „normal" wird alltagssprachlich sowohl für durchschnittlich (wie in obiger Definition), als auch für den Idealzustand verwendet (etwa wenn der Arzt sagt: „Ihr Gesundheitszustand ist völlig normal!"). In diesem zweiten Falle wiederum gäbe es keine Normalität: „Selbst der am meisten vom Glück begünstigte Normale hat wahrscheinlich seinen halbversteckten Fehler, und für jeden Fehler gibt es eine soziale Gelegenheit, bei der er ein drohendes Aussehen annehmen kann...Es wird also behauptet, dass es nicht das andere ist, was man suchen sollte, um unsere Andersartigkeit zu verstehen, sondern das Gewöhnliche" (Goffman 1967, 157).

An anderer Stelle schreibt derselbe Autor: „Zum Beispiel gibt es in einem gewichtigen Sinn nur ein vollständig ungeniertes und akzeptables männliches Wesen in Amerika: ein junger, verheirateter, weißer, nordstaatlicher, heterosexueller, protestantischer Vater mit Collegebildung, voll beschäftigt, von gutem Aussehen, normal in Gewicht und Größe und mit Erfolgen im Sport" (ebd., 158). Diese Beschreibung ist schon allein deshalb interessant, weil sie beides enthält, die Vorstellung von normal als ideal und nämlich da, wo es um Gewicht und Größe geht, von normal als durchschnittlicher Größe.

Ein letztes Beispiel kann hilfreich sein, die Verwirrung zu vervollständigen. Hannah Arendt schreibt in ihrem Buch „Eichmann in Jerusalem": „Das Beunruhigende an der Person Eichmanns war doch gerade, dass er war wie viele und dass diese vielen weder pervers noch sadistisch, sondern schrecklich und erschreckend normal waren und sind. Vom Standpunkt unserer Rechtsinstitutionen und an unseren moralischen Urteilsmaßstäben gemessen, war diese Normalität viel erschreckender, als all die Greuel zusammengenommen..." (1995, 326).

Es scheint demnach kaum möglich, dem Phänomen Verhaltensstörung durch den Abgleich mit der Normalität auf die Spur zu kommen, auch wenn dies in verschiedenen Definitionsversuchen entscheidendes Kriterium war. Aber ohne diesen Bezugspunkt läßt sich Verhalten als Verhaltensstörung erst recht nicht beschreiben.

Normalität kann demnach nur als ein hypothetisches Konstrukt begriffen werden, das erfunden werden musste, damit sich auch Andersartigkeit beschreiben läßt. Und:

Normalität und Abweichung sind nichts anderes als sozial konstruierte Kategorien, die Aussonderung ermöglichen.

Ich bin geneigt zu sagen: die *fast beliebige* Aussonderung ermöglichen[15].

Wenn ich den Gedanken akzeptiere, dass ich einen Sachverhalt nur dadurch erkennen kann, dass ich ihn von anderen Sachverhalten unterscheide, dann braucht (soziologisch gesehen) die Gesellschaft der Normalen (wer nun auch immer dazugehören mag) die Randgruppe(n) zu ihrer Selbstdefinition. Aussonderung und Ausgrenzung des als „anders" definierten sind dann notwendige Voraussetzung zur Beschreibung der eigenen Identität.

Diese Sichtweise bedarf nach meiner Auffassung vermehrter Reflektion besonders in der Sonderpädagogik, denn in dem Maße, in dem Menschen mit Beeinträchtigungen in unsere Gesellschaft integriert werden und sich somit als Randgruppe auflösen, würde - nach dieser Sichtweise - die gegebene Problematik nicht aufgelöst, sondern zwangsläufig nur verlagert (was ja auch wahrnehmbar ist, etwa in Richtung auf Asylbewerber oder Ausländer).

3.5 Paradigmatische Grundlagen von Verhaltensstörung (sowie ihrer sonderpädagogischen Fachrichtung)

Ein Rückblick in die Geschichte und die Veränderung der Sichtweisen von Verhaltensstörungen wird uns schnell wieder an den Punkt führen, der diesen ganzen Artikel wie einen roten Faden durchzieht: die Idee, dass es nicht so sehr darauf ankommt, welches Verhalten denn nun im einzelnen gezeigt wird, sondern auf die Bedeutung, die dem jeweiligen Verhalten beigemessen wird, wobei die Bedeutung ihrerseits wieder abhängig ist vom jeweils zugrunde gelegten theoretischen Modell.

Eine Rückblende in die letzten Jahrhunderte zeigt uns drei grundsätzlich verschiedene Sicht- und Verständnisweisen abweichenden Verhaltens.

---

[15] Erinnert sei hier nur an das berühmt-berüchtigte Goebbels-Zitat: „Wer Jude ist, bestimmen wir!"

1. *Das auf der Wissenschaft der Theologie beruhende Konzept der Dämonologie*

„Das dämonische Modell der Verhaltensstörungen, im 15. Jahrhundert im *Malleus Maleficarum* kodifiziert, umfasste alle Verhaltensweisen, die von den bestehenden Normen abwichen, und wurde von eifernden kirchlichen und weltlichen Autoritäten überwacht. Das hervorstechendste Produkt dieses Denkmodells war die Inquisition, eine soziale Bewegung, die u.a. die Diagnose und Behandlung ungewöhnlicher Vorstellungen, esoterischer Überzeugungen und außergewöhnlicher Verhaltensweisen beeinflusste. Die Diagnose >>Hexerei<< zu stellen und die ihr entsprechende Behandlung (Verbrennen) anzuordnen, war Aufgabe kirchlicher Institutionen" (Sarbin 1972, 96).

Der (a priori) Ausgangspunkt des Paradigmas der Dämonologie lautet: Wenn ein Mensch abweichendes Verhalten zeigt, dann tut er dies sozusagen nicht selbst (das würde kein vernünftiger Mensch tun), sondern die Ursache wird darin gesehen, dass ein Dämon in den Körper dieses Menschen gefahren ist und ihn zwingt, dieses oder jenes absonderliche Verhalten zu zeigen. Da in diesem Welt- und Menschenbild die wichtigste Aufgabe auf Erden darin bestand, die Seele des Menschen für den Himmel zu retten bzw. vor der ewigen Verdammnis zu bewahren, bestand das (insofern logische und plausible) „Therapiekonzept" darin, den Körper des Betreffenden so der Tortur zu unterwerfen, dass der Dämon diesen wieder verließ. So unvorstellbar die Inquisition und die mittelalterliche Folter sich aus heutiger Sicht auch darstellen mögen, Menschenbild, Weltbild, Theorie und Praxis standen zueinander durchaus in strikter Korrespondenz.

2. *Das auf der Wissenschaft der Medizin beruhende Konzept der Psychischen Krankheit*

In dem Maße, in dem das aufkommende mechanistische Menschenbild auf Akzeptanz stieß, veränderte sich auch die Vorstellung von der Bedeutung problematischen oder unverständlichen Verhaltens. Dies wurde im Rahmen dieses Denkmodells als äußerer (symptomatischer) Hinweis auf im Organismus liegende Störungen verstanden und sprachlich in die Metapher (oder den Mythos, vgl. Szasz 1972, Keupp 1972, 1979) der „Psychischen Krankheit" gefaßt. Analog zu den Möglichkeiten der Physis, des Körpers und seiner Organe, kann auch die Psyche erkranken und genauso wie in der körperbezogenen Medizin lassen sich auch hier psychische Erkrankungen, ihre Ätiologie, ihre Behandlung, ihre Prognose usw. beschreiben (vgl. etwa Jervis 1978, bes.53f). Im schulpsychiatrischen Kontext ist diese Sichtweise nach wie vor das vorherrschende Denkmodell, und auch innerhalb der Pädagogik lassen sich gelegentlich Tendenzen zu einer Medizinisierung abweichenden Verhaltens finden, etwa in dem Versuch, als problematisch erlebte Verhaltensweisen mit dem Begriff der Entwicklungspsycho*pathologie* zu fassen oder mit Medikamenten behandeln zu wollen (vgl. hierzu etwa Voß 1983, 1984).

3. Das auf der Sozialwissenschaft beruhende Konzept der Kontextabhängigkeit des Verhaltens

In dieser Sichtweise, die in diesem Artikel von mir auch vertreten wird, ist konkretes Verhalten stets in seiner Kontextabhängigkeit zu sehen, was nichts anderes heißt, als das ein problematisches Verhaltensmuster immer Ausdruck, Bedingung und Ergebnis eines entsprechend problematischen Kontextes ist, in welchem es möglicherweise hohe Funktionalität besitzt. Wie Rosenhan (1973)[16] in seiner berühmten Studie gezeigt hat, kann es zu großen Schwierigkeiten führen, wenn sich jemand in einem Kontext für gestörte Verhaltensweisen normal zeigt. Bizarre Lebenssituationen oder Lebenserfahrungen führen zu bizarren Verhaltensweisen, die möglicherweise nur dann als solche erlebt werden, wenn man sie isoliert und kontextunabhängig betrachtet.

Für die Verhaltensgestörtenpädagogik spielen nur die beiden letztgenannten paradigmatischen Positionen eine Rolle. Grundvoraussetzung für die Möglichkeit der Entstehung dieser pädagogischen Fachdisziplin im letzten Jahrhundert war wiederum die zunehmende Sichtweise, dass Verhalten beeinflussbar war und dass Förderung (worin auch immer diese im einzelnen bestehen mochte) Sinn machte. Solange menschliches Verhalten als gottgegeben oder durch den Charakter oder Typ festgelegt und damit kaum beeinflussbar angesehen wurde, brauchte man weniger erzieherisches oder therapeutisches Bemühen als Unterdrückung, Ausgrenzung und die massive präventive Drohung und Sanktion. Anders formuliert läßt sich sagen, dass Förderung erst dann Sinn macht, wenn die Idee der Möglichkeit der Veränderung (oder Entwicklung) durch Lernen akzeptiert wird.

---

[16] Mitarbeiter von Rosenhan ließen sich wegen angeblicher Halluzinationen (häufigste Diagnose der Experten: Schizophrenie) in verschiedene psychiatrische Krankenhäuser einweisen, verhielten sich dort aber „völlig normal". Genau dies wurde vom Personal allerdings als Hinweis auf die besondere Schwere der Störung verstanden, denn: Wer sich in einem Kontext, in dem es normal ist, nicht normal zu sein, normal verhält, ist nicht normal!

Begrenzt man sich auf die Entwicklung der Sonderpädagogik und insbesondere der Verhaltensgestörtenpädagogik der letzten fünfzig Jahre, so lassen sich auch hier zwei große Tendenzen beschreiben, die sich wiederum mit theoretischen Grundannahmen verknüpfen lassen.

Die erste Phase, die sich bis in die siebziger Jahre des letzten Jahrhunderts erstreckte, war die der Ausdifferenzierung des Sonderschulsystems. In diesem Prozess wurden für Menschen mit unterschiedlichen Behinderungen in zunehmendem Maße auch unterschiedliche Beschulungsangebote bereitgestellt. Es wäre der genaueren Untersuchung wert, inwieweit sich diese Entwicklung festmachen läßt an einem Menschenbild, dass verstärkt die einzelne Person in ihrer je individuellen Einzigartigkeit, aber auch losgelöst von ihrem Kontext in den Mittelpunkt der Betrachtung stellt. Deutlicher wird der theoretische Hintergrund in der anderen Phase, der der zunehmenden Integration von Menschen mit Beeinträchtigungen, denn dieser Prozess ist untrennbar verbunden mit der zunehmenden Erkenntnis der wachsenden Bedeutung des Kontextes für den Einzelnen.

Auch diese Überlegungen verweisen deutlich auf die immense Bedeutung theoretischer Vorwegannahmen und ihrer Implikationen für unmittelbar praktisches Handeln. Verhaltensgestörtenpädagogik als Wissenschaft hat genau diese Aufgabe, derartige Zusammenhänge aufzudecken, zu reflektieren und auf ihre jeweiligen Konsequenzen hin zu untersuchen.

4. Reflexionen

4.1. Verhaltensstörung als „erwartungswidriges Verhalten"

Je genauer wir eine Antwort auf die Frage formulieren können,
- „warum"(ursächlich / retrospektiv);
- „wie" (kontingent / kontextbezogen / gegenwärtig);
- oder „wozu" (final / prospektiv)

jemand sich so verhält, wie er sich verhält, desto weniger werden wir uns über dieses Verhalten wundern oder es als „Verhaltensstörung" beschreiben. Es paßt halt in den Zusammenhang, so wie wir ihn sehen.

Problematisch wird es erst in dem Maße, in dem dies nicht hinreichend gelingt. Auch diese Sichtweise ist nicht neu. Schließlich ist Verhaltensstörung unter anderem auch als Verhalten, das „von den Erwartungen einer anderen Person oder einer Gruppe negativ abweicht (vgl. etwa Bach 1989, 3), als erwartungswidriges Verhalten (Opp 1998,490) beschrieben worden, also als etwas, das nicht mit den an unsere Normen angelehnten Erwartungen übereinstimmt.

Ich halte diese Formulierung für problematisch und nur in einer sehr generalisierten Form für zutreffend. Vielleicht kann folgende Unterscheidung weiterhelfen:
Verhaltensstörung als erwartungswidriges Verhalten zu begreifen macht nur dann Sinn, wenn erwartungswidrig gleichbedeutend ist mit normwidrig.
Andererseits ist es ja so, dass normwidriges Verhalten durchaus erwartet wird.
Im Einzelfall gibt es durchaus den Sachverhalt, dass eine Verhaltensstörung in einer konkreten Situation durchaus *nicht* erwartungswidrig gezeigt wird, sondern dass sie in vielen Fällen geradezu erwartet wird oder gar vorhersagbar ist, jeder Praktiker wird dies bestätigen können.

Man kann sogar noch einen Schritt weitergehen und konstatieren, dass problematisches Verhalten im Einzelfall möglicherweise genau deswegen gezeigt wird, *weil* sein „Produzent" weiß, dass es erwartet wird. Diese Sichtweise findet sich beispielsweise im Konzept der „self-fullfilling-prophecy" oder in der Stigmatheorie. Beispielsweise schreibt Karl Kraus: „Es wäre eine interessante Statistik: Wie viel Leute durch Verbote dazu gebracht werden, sie zu übertreten. Wie viel Taten die Folgen der Strafen sind" (Kraus 1924, 1986, 44).

Nach diesen Überlegungen läßt sich formulieren:
Eine Verhaltensweise, die als Verhaltensstörung wahrgenommen und bewertet wird, entspricht nicht nur nicht den normativen Vorstellungen des Beobachters, sondern diese Zuordnung ergibt sich auch aus dessen Unvermögen, dieses Verhalten hinreichend (d.h. dann wäre es keine Störung mehr) zu verstehen.[17]
Es ist demnach:
1. nicht normal (Meßkriterium: „Normalität")
2. und es ist unverständlich (Meßkriterium: Sinnhaftigkeit).

---

[17] Es geht demnach weniger um die Beschreibung, sondern mehr um das Verstehen. In wissenschaftlicher Hinsicht verweist dies auf hermeneutische und sozial konstruktionistische Zugangsweisen, von denen zumindest die erstere auch im Feld der Sonderpädagogik auf zunehmende Akzeptanz und Anwendung stößt (vgl. etwa König, 1990, 927, Wember, 1992a, 1992b).

Auf beide „Messkriterien" und die in ihnen jeweils angelegte Problematik werde ich an späterer Stelle noch eingehen.

4.2. Verhalten und Verhaltensstörung oder: Eine Verhaltensstörung beim Schüler ist nicht denkbar ohne gleichzeitige normenbezogene Verstörung beim Lehrer

Ich hoffe, dass es mir bisher gelungen ist, deutlich zu machen, dass bei der Beobachtung von Verhalten durch einen Beobachter es auch immer einen „Doppelungseffekt" gibt, indem etwa hinter dem Verhalten liegende Eigenschaften oder Dispositionen in den betreffenden Menschen hineingesehen werden oder sein Verhalten auf irgendeine andere Art und Weise erklärt und bewertet wird. Die konkreten Inhalte dieses jeweiligen Vorgangs sagen jedoch weniger etwas über das beobachtete Verhalten aus, als über die Unterscheidungen, die Beurteilungskriterien oder die subjektiven Klassifikationsschemata des Beobachters.

Die Zuordnung einer Verhaltensweise zur Klasse der Verhaltensstörungen ist somit immer ein Zuschreibungsprozess.

Die folgende Überlegung wird zeigen, dass dies für jede Art von Verhalten Gültigkeit besitzt. Denn wenn aus der Gesamtmenge möglicher Verhaltensweisen diejenigen als Verhaltensstörungen herausgefiltert werden können, die nicht den jeweils gültigen Normen und Erwartungshaltungen entsprechen, dann ist dieser Prozess logischerweise nur dann möglich, wenn alle beobachteten Verhaltensweisen quasi daraufhin durchgerastert werden, ob sie als normgerecht oder nicht normgerecht zu gelten haben. Die Unterscheidung zwischen angepasstem Verhalten und Verhaltensstörung wird nur dadurch möglich, dass wir *alle* Verhaltensweisen mit unseren subjektiven Beurteilungsmustern belegen. Es wird deutlich: Der scheinbar so selbstverständliche und offensichtliche Sachverhalt der Möglichkeit der rein deskriptiven Beobachtung von Verhalten muss aus konstruktivistischer Perspektive mit Entschiedenheit verneint werden.

Wenn alles das, was gesagt wird, von einem Beobachter gesagt wird (Maturana), dann lässt sich der (wie sich leicht denken lässt, wissenschaftstheoretisch hochrelevante) Anspruch auf die Möglichkeit einer reinen Deskription von Verhalten nicht länger aufrechterhalten[18].

Überlegungen, wie die eben dargestellte, haben in der Vergangenheit (und Gegenwart) wenig Unruhe in die - wie ich bereits gezeigt habe - auch von Fachleuten betriebene Deskription von Verhalten hineintragen können. Die Erklärung dafür ist naheliegend, einleuchtend und liegt in den pragmatischen Vorteilen. Ein Zuordnungsschema erleichtert das Handeln und befreit durch seinen (zumindest impliziten) Anspruch auf Objektivität vom Druck der persönlichen Verantwortung für die Sichtweise und das Handeln des Pädagogen (vgl. das als Motto dem Text vorangestellte Zitat von H. von Foerster).

Dieser vordergründige Vorteil: - klare Handlungsanweisungen durch eindeutige Zuordnung (inkl. Ätiologie, Erklärung und Prognose) - wird jedoch durch zwei massive Nachteile erkauft:

Je einfacher und je eindeutiger ein Erklärungsmodell strukturiert ist, desto simpler werden auch die ableitbaren Handlungsoptionen ausfallen und desto rigoroser werden alternative Sichtweisen ausgeblendet oder gar bekämpft.

Umgekehrt ließe sich formulieren, dass aus einer Vernetzung des Begriffes mit zusätzlichen relevanten Perspektiven auch zusätzliche Handlungsmöglichkeiten resultieren müßten: Je vielfältiger die möglichen Verstehenszugänge, desto weitreichender die (pädagogischen) Handlungsspielräume[19]. Deshalb werde ich in den nächsten Abschnitten diesen naiv-realistischen Versuchen, am Begriff der Verhaltensstörung als deskriptiver und beobachterunabhängiger Größe festzuhalten, schrittweise komplexere Verständnismöglichkeiten an die Seite stellen.

---

[18] Ein konsequentes Durchdenken möglicher Implikationen dieses Standpunktes dürfte zu weitreichenden Veränderungen wissenschaftlichen Selbstverständnisses führen. Leider kann ich dieser sprachphilosophischen Überlegung im Rahmen dieses Beitrages aber nicht weiter nachgehen.

[19] In der Sprache des „Volksmundes": Wer sich auf Andersartigkeit nicht einläßt, wird eigenartig!

4.3 Verhaltensstörung als normabhängige Kategorie und postmoderne Pluralität

Den Gedanken der Normabhängigkeit von Verhalten und Verhaltensstörung habe ich bisher mehrfach benannt und beschrieben. Er bekommt eine weitere und durchaus weitreichende Perspektive, wenn man ihn an Grundzüge der Postmoderne anlegt. Ich habe weiter vorne den Begriff des Verhaltens als einen Terminus der Moderne ausgewiesen. Die Frage, die sich stellt, ist also die nach möglichen Bedeutungsverlagerungen, wenn man ihn an Kriterien der Postmoderne anlegt. Diesem Gedanken werde ich im Folgenden nachgehen.

Mein Ausgangspunkt der Überlegungen bezieht sich wieder im wesentlichen auf die Normabhängigkeit der Beurteilung von Verhaltensweisen durch den oder die Beobachter und begreift diese somit als subjektive und damit Einfluss nehmende Beteiligte. Heinz Bach schreibt: „Wo es keine Normenvorstellungen gibt, gibt es auch keine Verhaltensstörungen (...) Verhaltensstörungen an sich gibt es nicht, es gibt nur ein Verhalten, das in einem bestimmten Zusammenhang von einer oder mehreren Personen nach bestimmten Wertvorstellungen als von einer bestimmten Erwartung als negativ abweichend beurteilt wird" (Bach 1989, 11).

Aus dieser Perspektive wird das Konzept von Verhaltensstörung „deontologisiert", es wird aus dem Bereich des Real-Existierenden eliminiert. Alles, was über Verhaltensstörung gesagt werden kann, liegt weniger im Bereich von Beobachtung oder Erfassung durch Klassifikationskataloge, als mehr im System der Konventionen und sozialer Übereinkünfte darüber, was als Verhaltensstörung verstanden werden kann. Das heißt auch, dass das jeweilige Konzept von Verhaltensstörung als zeit-, raum- und kulturabhängig zu beschreiben ist und damit stetigem Wandel unterliegt.

Der Begriff der Verhaltensstörung ist an Normen gebunden. Der soziale Wandel in der Postmoderne bedeutet auch den Verlust an normativer Verbindlichkeit und ein zunehmend plurales Angebot normativer Orientierungen. Allgemeingültiger Konsens ist nicht mehr möglich. In dem Maße, in dem sich Normen verflüchtigen, löst sich zwangsläufig auch der Begriff der „Verhaltensstörung" auf. Der Begriff der Verhaltensstörung kann somit nicht länger als normorientiert angesehen werden. Er muss also entweder aufgegeben werden oder er benötigt - will man an ihm festhalten - andere oder zumindest zusätzliche Anbindungen oder Ableitungen.

4.4 Verhalten ist funktional im Kontext

Ein weiterer Aspekt, den Rolf Werning in diesem Buch bereits zum Thema „Lernen" ausführlich erörtert hat (vgl. Kapitel III: Lernen und Behinderung des Lernens), kommt hinzu, die Bedeutung des Kontextes. Jedes Verhalten ist in einen situativen Gesamtzusammenhang eingebunden und erfährt seine Bedeutungszuschreibung immer auch aus diesem. Der Kontext wird aufgefasst „als Matrix der Bedeutungen" (Selvini-Palazzoli 1999, 17). Die Zuordnung von Verhaltensstörung verlagert sich weg vom Individuum und wird zu einer situationsabhängigen Kategorie.

Bach schreibt: „Zum anderen aber spricht gegen die Auffassung von Verhaltensstörungen als Eigenschaften eines Individuums, dass niemand stets und in jeder Situation verhaltensgestört ist" (1993, 27).

Die Einbeziehung des Kontextes ermöglicht das Konstruieren eines Erklärungsrahmens für ein als problematisch bewertetes Verhalten, durch den – wenn man sie isoliert betrachtet – anscheinend sinnlose oder bizarre Phänomene und Ereignisse als funktional (vielleicht sogar als denkbar bestmögliche Lösung) beschrieben werden können. Eine Problem-Bedeutung erhalten sie nur durch die Zuschreibung des außenstehenden Beobachters.

Akzeptiert man die Kontextabhängigkeit von Verhalten, dann kann prinzipiell jede beliebige Verhaltensweise als gestört betrachtet werden, nämlich dann, wenn sie in einem Kontext realisiert wird, in dem sie als unpassend oder störend wahrgenommen, bewertet und vielleicht sanktioniert wird.

Umgekehrt sind natürlich auch Kontexte vorstellbar – etwa eine Notwehrsituation oder eine akute Krise – in der eine als Verhaltensstörung klassifizierte Verhaltensweise als „normal" erscheinen kann.

Ein Beispiel soll verdeutlichen, was mit der „Kontextabhängigkeit von Verhalten"[20] gemeint ist. Es stammt von G. Cecchin (1993, 54):

„Ein vierzehnjähriger Junge mit einem IQ von 60 wurde wegen zahlreicher Straftaten, wie zum Beispiel Diebstahl, Handel und Konsum von Drogen und homosexueller Prostitution in

---

[20] Diese Überlegung ist von besonderer Bedeutung für die Erstellung von Diagnosen. Wenn man den Gedanken akzeptiert, dass besondere Verhaltensweisen Bestandteil sind von besonderen Lebenssituationen, dann muss man diese berücksichtigen, wenn man einen Sinnzusammenhang konstruieren will für ein Verhalten, welches sich isoliert gesehen nicht als funktional verstehen läßt. Auf „Die Kontextabhängigkeit psychiatrischer Diagnosen" hat Rosenhan (1979) sehr früh hingewiesen.

einer Jugendstrafanstalt eingesperrt. Nach einem schwierigen Anpassungsprozess an die Regeln der Institution fing der Junge an, sich am ganzen Körper mit den Exkrementen zu beschmieren. Er schmierte sich den Kot ins Haar und formte ihn zu kleinen Bällen, die er aß. Das Personal versuchte verschiedentlich, ein Konzept zu finden und mit dem Jungen zu arbeiten, erst psychodynamisch orientiert, dann verhaltenstherapeutisch und schließlich orientiert an der Herkunftsfamilie – alles ohne Erfolg." Ein hinzugezogener Berater erörterte mit den zuständigen Betreuern schließlich die Frage: "In welchem Kontext würde es einen Sinn machen, dass dieser Junge die eigene Scheiße ißt, beziehungsweise sich damit beschmiert?" (ebd., 55). In der Beantwortung dieser Frage wurde herausgearbeitet, dass der Junge sich mit diesem abstoßenden Verhalten auf wirksame Art vor Vergewaltigungen durch andere Haftinsassen zu schützen wußte. Allgemeiner formuliert: diese - isoliert betrachtet unverständliche, störende und möglicherweise mit Medikamenten zu behandelnde - Verhaltensweise erhält ihre wichtige funktionale Bedeutung nur durch die Einbeziehung des Kontextes, in den sie eingebunden ist.

Der Versuch der operationalen und allgemeingültigen Erfassung isolierbarer Verhaltensitems und ihrer Zuordnung zur Klasse „Verhaltensstörung" wird somit hinfällig oder zumindest fragwürdig. Die sich hieraus ergebende Dysfunktionalität des Begriffes führt Schlee zu der Konsequenz: „Die Verhaltensgestörtenpädagogik vermag ihren Gegenstand nicht zu benennen" (Schlee 1989, 48).

Die erste Begründung für diese Aussage ist oben genannt. Sie liegt ganz simpel darin, dass jede beliebige denkbare Verhaltensweise als unpassendes oder störendes Verhalten gelten kann, wenn sie in einem Zusammenhang gezeigt wird, in den sie nach Meinung der relevanten anderen Teilnehmer nicht hineinpaßt.
Eine zweite Überlegung erscheint mir noch wichtiger, bietet sie doch möglicherweise einen Zugang zu einem systemisch-konstruktivistischen Verständnis von Verhaltensstörung.

4.5 Verhaltensstörung als Ergebnis des fehlenden Sinnzusammenhanges (beim Beobachter)

Wenn die Zuordnung des Begriffes Verhaltensstörung zu einer bestimmten Verhaltensweise abhängig ist von den der jeweiligen Situation zugrundegelegten Normen oder den in dieser

Situation als gültig erwarteten Spielregeln, dann erzeugt dieses Verhalten immer auch eine Abweichung vom normentsprechenden „Üblichen". Aus Sicht des Beobachters wird eben nicht das angemessene, passende oder plausible Verhalten gezeigt, sondern das „aus dem Rahmen fallende", nicht das „logische" und sinnvolle, sondern das, dessen mögliche Sinnhaftigkeit für den Beobachter nicht erkennbar oder nicht nachvollziehbar ist.

Am oben beschriebenen Beispiel des Jungen in der Haftanstalt läßt sich dieser Gedanke schnell konkretisieren. Solange ein Beobachter sich darauf beschränkt, das Verhalten des Jungen (der sich mit seinem Kot einreibt) isoliert zu sehen, wird es ihm kaum gelingen, einen plausiblen Sinnzusammenhang für diese Verhaltensweise zu konstruieren, und er wird sie wahrscheinlich als unverständlich oder pathologisch (dann könnte man versuchen, sie medikamentös zu behandeln) oder eben als Verhaltensstörung etikettieren. In dem Moment, in dem es gelingt, diesem selben Verhalten eine sinnvolle und plausible Funktionalität im gegebenen Kontext zuzuordnen, und es somit einsichtig und nützlich erscheint, kann nicht mehr von Verhaltensstörung gesprochen werden, sondern bestenfalls noch von einem *verstörenden (schlimmstenfalls zerstörenden) Kontext.*

Folgt man dieser Argumentation, dann ließe sich Verhaltensstörung folgendermaßen beschreiben:

Das Konzept „Verhaltenstörung" kommt in dem Falle zur Anwendung, in dem es dem Beobachter nicht gelingt, für eine beobachtete Verhaltensweise einen (nützlichen oder plausiblen) Sinnzusammenhang im gegebenen Kontext zu konstruieren.

Sobald dieser Sinnzusammenhang (der Junge schützt sich so sehr wirksam vor weiteren sexuellen Übergriffen) erstellt werden kann, kann man auch bzw. müßte man auf die Zuordnung des Begriffes Verhaltensstörung verzichten.

Deutlich wird hier auch wieder die Problematik, die sich ergibt, wenn der Beobachter sich auf personenbezogene Erklärungsmodelle von Verhalten beschränkt. Da ein möglicher Sinnzusammenhang sich erst aus der Verknüpfung mit dem Kontext erschließen läßt, bietet sich die Hypothese an, dass das Konzept von Verhaltensstörung sich sehr viel stärker den personenbezogenen Erklärungsmodellen menschlichen Verhaltens zuordnen läßt. Verhaltensstörungen aus systemisch-konstruktivistischer Sicht ergäben sich demnach eher aus der Perspektive des Beobachters (bzw. der Beobachter), denen es nicht gelingt, die beobachtete Verhaltensweise als funktional im Kontext zu erkennen. Dies gilt ebenso für die

Situationen, in denen man als Selbstbeobachter keinen nützlichen Sinnbezug explizit benennen kann.

Die Leistungsverweigerung eines Schülers läßt sich etwa (personenbezogen) mit „Faulheit" erklären und der Beobachter könnte somit leicht das Attribut „Verhaltensstörung" zuordnen. Funktional im Kontext kann Leistungsverweigerung aber beispielsweise dadurch werden, dass der Schüler bei einem etwaigen Einlassen auf die geforderte Leistung sich seines Mißerfolges sicher ist (oder diesen zumindest befürchtet), und dass er in dieser Situation das Etikett der Faulheit dem der Dummheit vorzieht (vgl. Palmowski 1997)[21].

4.6 Zur Notwendigkeit von Klassifikation

Der letzte Schritt in diesem Gedankengang führt uns wieder zurück zu den Klassifikationsschemata. Allerdings werden sie jetzt nicht mehr als Abbildungen von Wirklichkeiten verstanden, sondern als unsere subjektiven Möglichkeiten zu unterscheiden, um auf diese Art und Weise handlungsfähig zu werden.

Klassifikationen sind ein nützliches Hilfsmittel zum Sortieren (und zum Erzeugen von Unterschieden).
Aber wir sortieren nicht die Wirklichkeit, sondern wir erzeugen sie, indem wir sortieren.

Dieser Satz bedarf der Erklärung.

Nehmen wir an, ein Lehrer übernimmt eine neue Klasse. Er kennt seine zukünftigen Schüler nicht. Das erste, was er tun wird ist, sich Informationen über sie zu beschaffen. Wie macht er das?

Die Antwort der Konstruktivisten lautet: Er versorgt sich mit Informationen, indem er Unterschiede einführt, die es ihm erlauben, die Schüler zu unterscheiden. Dieses Treffen von Unterscheidungen ist sinnvoll und notwendig, damit er sich so möglichst große und differenzierte Handlungsspielräume schafft. Je präziser er unterscheidet, desto präziser und individueller kann er im Umgang mit den Schülern agieren und reagieren.

---

[21] Konkret: Wenn der Schüler fleißig gelernt hat und dann versagt, bleibt ihm nur noch „Ich will zwar, aber ich kann nicht", also Dummheit als mögliche Erklärung. Da er – etwa aufgrund vorhergegangener Erfahrungen – den Mißerfolg aber kommen sieht, ist es für ihn sinnvoller, sich nicht vorzubereiten, da ihm dann noch die Alternative „wenn ich wirklich wollte, könnte ich auch, aber ich will nicht" also Faulheit zur Erklärung bleibt. In unseren subjektiven Theorien wird aber Dummheit in aller Regel als personenbezogene und konstante Größe gehandelt, während Faulheit sich jederzeit aufheben läßt, „man muss nur wollen".

Unterschiede, die ein Lehrer einführen und an denen er sich orientieren kann, können sein: Die schnellen Schüler und die langsamen, die faulen und die fleißigen, die, die können, aber nicht wollen und die, die wollen, aber nicht können – die klugen und die dummen, die begabten und die unbegabten, die besten und die schlechtesten, die Jungen und die Mädchen, die Jüngeren in der Klasse und die Älteren, die Wiederholer und die Neuen, die Pünktlichen und die Bummler, die zuverlässigen Kinder und die unzuverlässigen, die ehrlichen und die unehrlichen ... .Die Liste möglicher Unterscheidungen, die wir treffen können, ließe sich endlos fortsetzen. Ein Kollege, der auf Ordnung und Sauberkeit besonderes Gewicht legt, wird in diesem Bereich andere und differenziertere Unterscheidungen einführen, als derjenige, dem es mehr um angemessenes und konstruktives Sozialverhalten geht. Der Lehrer, der der Wissens- vermittlung höchste Priorität einräumt, wird anders unterscheiden, als der, der den Unter- schieden zwischen Mädchen und Jungen hohe Bedeutung beimißt. Hier wird schon deutlich, aus konstruktivistischer Sicht sind diese Unterschiede nicht so sehr in der Realität vorgegeben, sondern sie werden vom jeweiligen Beobachter (in diesem Fall dem Lehrer) individuell erzeugt.

Ein anderer Lehrer könnte eine andere Art von Unterschieden einführen. So sagte mir eine Grundschullehrerin: „In meiner Klasse gibt es keinen Besten und keinen Schlechtesten, keine faulen und keine fleißigen Schüler, weil ich sie nicht miteinander vergleiche, sondern das jeweilige Verhalten eines Kindes mit seinen sonstigen Leistungen und seinem sonstigen Verhalten vergleiche" (Palmowski 1998, 104).

Die Art von Unterscheidungen zur Klassifizierung der Schüler, die wir treffen, und die Art wie rigide oder offen wir sind gegenüber neuen oder weiteren Möglichkeiten des Unterscheidens, ist nach meiner Überzeugung von äußerst großer Bedeutung für unser pädagogisches Handeln.
Denn:

Die Grenzen unserer Unterscheidungen sind nicht nur die Grundlage und die Grenzen unseres pädagogischen Handlungsspielraumes, sondern auch die Grenzen, die wir den Schülern setzen.
Je differenzierter wir unterscheiden, desto vielseitiger wird das pädagogische Handlungsinventar.

4.7 Vom Verhalten zur Kognition oder: Jedes Verhalten hat genau die Bedeutung, die ihm beigemessen wird

Es dürfte deutlich geworden sein, dass es weniger um Verhalten an sich geht, sondern immer um die Bedeutung, die einem Verhalten oder einem bestimmten Sachverhalt beigemessen wird. Dabei erfolgen diese Bedeutungszuschreibungen nicht nur durch den außenstehenden Beobachter, sondern auch durch denjenigen, der sich verhält.

Damit verlagert sich der Schwerpunkt des Interesses weg vom Verhalten und seiner Beobachtung hin zum Handeln (besonders zu seinen kognitiven Begleitprozessen) und zu Prozessen des Verstehens.

In der sonderpädagogischen Arbeit verlagert sich der Schwerpunkt vom Beschreiben zum Verstehen.

Dies gilt auch für die Sozialwissenschaft insgesamt. König schreibt: „Menschliches Handeln ist davon beeinFlusst, dass Menschen ihrem Tun bzw. ihrer Umwelt einen Sinn, eine Bedeutung zuschreiben. Begriffe wie „Sinn", „Bedeutung", „Verstehen" lösen damit den traditionellen Verhaltensbegriff empirischer Sozialwissenschaft ab und werden zunehmend zu zentralen Konstrukten sozialwissenschaftlicher Forschung" (König 1990, 927).

König nennt als Beispiele der Verlagerung der Bedeutung vom Verhalten zur kognitiven Ebene:

1. „Der sogenannte Awareness-Effekt des operanten Konditionierens, dass eben Menschen nicht nur auf Verstärker reagieren, sondern dass ihre Reaktion davon abhängt, was sie wahrnehmen, wie sie die Situation deuten" (ebd.).

2. „Das soziale Lernen in der Tradition Banduras (1969) mit der These, dass selbst beim Modelllernen die Bedeutung, die Menschen dem beobachteten Verhalten geben, eine Rolle spielt"(ebd.).

3. „bis zu Untersuchungen zur Sozialpsychologie des Experiments (...) mit der These, dass Versuchspersonen eben nicht nur auf Reize etwa eines Fragebogens reagieren, sondern ihre Antworten davon abhängen, wie sie die Situation interpretieren."(ebd.).

4. Weiterhin weist König hin auf:

5. Die „Hinwendung letztlich zu hermeneutischen Grundannahmen"[22].

6. Das Ersetzen der traditionellen Verhaltenstherapie durch die kognitive Verhaltenstherapie

7. Das Forschungsinteresse an „subjektiven Theorien". (Siehe etwa: Groeben u.a. 1988; Hierdeis/Hug 1992; Palmowski 1996).

5. Folgerungen und Konsequenzen für eine „Pädagogik bei Verhaltensstörungen"

5.1 Zum Terminologiedilemma

Was bleibt zusammenfassend zur Terminologie zu sagen? Verhaltensstörung erweist sich als ein schillernder und vieldeutiger Begriff. Er wird deskriptiv gebraucht, obwohl er präskriptive Funktion hat. Er wird verstanden als personenbezogene Kategorie, als situationsabhängige Kategorie und als Kategorie des Beobachters. Er wird bedenkenlos angewandt und rigoros abgelehnt. Verhaltensstörung als Regelverstoß wird als notwendig anerkannt zur Initiierung von Veränderung: „Die Normalität lässt keinen Fortschritt zu; sie ist immer und überall gleichsam nur Reaktion auf Bestehendes, sie schafft niemals höhere als die schon geltenden Werte. Es bleibt ewig alles beim Alten, wenn es in der Welt nur Normale gibt", schrieb Hanselmann schon 1928 (S. 256).

Der Begriff „Verhaltensstörung" ist als sprachliche Konvention funktional für die Verständigung unter Experten und in administrativen oder formellen Kontexten. Er kann sich verheerend auswirken als Etikett für Betroffene und beteiligt sein bei der Schaffung von Problemen, zu deren Reduzierung er erfunden wurde. „Was wollen Sie eigentlich, es ist doch völlig normal (!), dass wir uns an der Schule für Verhaltensgestörte auch wie Verhaltensgestörte benehmen!", sagte ein Schüler dieser Schulform seiner Klassenlehrerin, als diese sich wegen des Chaos in der Klasse beschweren wollte.

---

[22] Im Kontext der Sonderpädagogik wird diese Entwicklung etwa dokumentiert durch die Beiträge Franz Wembers „Über Möglichkeiten und Grenzen des Einfühlenden Verstehens als Methode der sonderpädagogischen Forschung" in denen er (dem lange Zeit vernachlässigten) hermeneutischen Forschen wieder mehr Relevanz zuschreibt (Wember, 1992 a und b).

Man kann diese Vieldeutigkeiten, Widersprüchlichkeiten und teilweise Skurrilitäten beklagen, man kann sich aber auch daran freuen und sie als Dokumentation eines fortlaufenden Veränderungsprozesses begreifen. Paul Feyerabend (1998, 157) ist der Meinung, "dass absolut präzise Begriffe dem Denken ein Ende setzen würden und dass begriffliche Entwicklung Uneindeutigkeiten voraussetzt."[23]

An anderer Stelle schreibt er: „Der Schluß, zu dem ich aufgrund all dieser Überlegungen gekommen bin, ist der, dass die Sprache uneindeutig ist, dass es gut ist, dass sie uneindeutig ist, und dass jeder Versuch, sie festzunageln, das Ende des Denkens, des Liebens, des Handelns, kurz, des Lebens wäre" (1998, 116). Und Max Frisch läßt seinen Stiller sagen: „Ich kann mich nicht mitteilen, scheint es. Jedes Wort ist falsch und wahr, das ist das Wesen des Worts" (1976, 175).

In der Wissenschaft, auch in der Sonderpädagogik findet man häufiger die gegenteilige Position, die sowohl in der Klage zum Ausdruck kommt, dass es bisher nicht gelungen sei, diesen oder jenen Begriff endgültig, konsensfähig und präzise zu fassen, wie in dem Bemühen, genau dies zu leisten und bereits vorhandenen Definitionen eine weitere hinzuzufügen. Jörg Schlee (1984) beispielsweise sieht eine Erklärung für die „Unzulänglichkeiten in der Praxis" (ebd., 125) in der „Untauglichkeit der Begriffe" (ebd., 126). Er schreibt: „Leistungsstarke Begriffe müssen einer Reihe von Bedingungen genügen. Die Eindeutigkeit ist beispielsweise eine grundlegende Bedingung. Je klarer und präziser der Bedeutungsgehalt eines Begriffes nämlich festgelegt ist, desto fruchtbarer lässt sich in der Regel mit ihm arbeiten, desto einfacher ist auch die Verständigung mit seiner Hilfe. Umgekehrt steigt die Wertlosigkeit eines Begriffes mit seiner Verschwommenheit und Mehrdeutigkeit...Mit unklaren Begriffen läßt sich nicht <<begreifen>>, was eigentlich gemeint ist und wovon die Rede sein soll. Sie stiften mehr Verwirrung als Übersicht und Ordnung" (Schlee 1984, 126).

---

[23] Eine ähnliche „evolutive" Funktion von Sprache findet sich schon bei Wygotski. Er schreibt: „Die völlige Beseitigung der Nichtübereinstimmungen zugunsten des Allgemeinen und ein richtiger Ausdruck wird zweifellos nur außerhalb der Sprache und ihrer Gewohnheiten in der Mathematik erreicht....Unsere gewöhnliche Umgangssprache befindet sich wegen ihrer Schwankungen und Nichtübereinstimmungen grammatischen und psychologischen Charakters in einem Zustand labilen Gleichgewichts zwischen den Idealen einer mathematischen und einer phantastischen Harmonie und in einer unaufhörlichen Bewegung, die wir als Evolution bezeichnen" (1977, 306). In bezug auf die von Wygotski angenommene Eindeutigkeit der Mathematik könnte man heute einen Schritt weitergehen und diese zwar bestätigen innerhalb des Bereiches der von der Mathematik selbst aufgestellten Regeln, nicht jedoch für die Festlegung der Regeln selbst.

Beide Positionen (die von Paul Feyerabend und die von Jörg Schlee) erscheinen mir plausibel, und wahrscheinlich macht auch hier wieder mehr Sinn, sie als die beiden Eckpunkte einer Skala anzusehen, denn als unversöhnliche Antagonismen. Konkret bedeutet dies, dass wir niemals aufhören werden im Bemühen um eine klare und konsensfähige Begrifflichkeit, obwohl klar sein muss, dass zwar Schritte auf diesem Weg gegangen werden können, das Ziel allerdings niemals zu erreichen sein wird.

Problematischer erscheint mir in bezug auf die Begriffe Verhalten und Verhaltensstörung, dass sie durchweg als personenbezogene Begriffe gehandhabt werden, und ihre Verwendung quasi als Automatismus die einzelne Person ins Blickfeld rückt. Wenn wir unser Augenmerk verstärkt auf das richten wollen, was sich *zwischen* mehreren Personen ereignet oder was im Kontext als störend wahrgenommen wird, dann müßten wir andere Begriffe verwenden oder notfalls erfinden, die sich auf *das zwischenmenschliche Handeln: die „Interaktion"* (oder die Interaktionsstörung) bezieht. Unsere Formulierungsversuche und unsere inneren Vorstellungen bleiben unbefriedigend, weil es in unserer Sprache kein Wort gibt, mit dem man „kontextbezogenes (oder kontextgebundenes) Handeln" in einem eigens dafür geprägten Begriff denken oder sagen könnte.

Wenn man den Rahmen noch weiter steckt, dürfte auch die Pädagogik nicht länger als Erziehungswissenschaft, sondern sie müßte als Beziehungswissenschaft deklariert werden.

Mir scheint, auch wenn Jörg Schlee diese begriffliche „Spachtelmasse" (vgl. das Eingangszitat von Paul Feyerabend) beklagen mag, es wird uns nichts anderes übrig bleiben, als mit ihr zu arbeiten, und auch auf diesem Weg Veränderungen in der Praxis zu implementieren.

5.2 Aufgabenfelder der Verhaltensgestörtenpädagogik

Die kaum zu unterschätzende Bedeutung dieser Aussagen für die Pädagogik bei Verhaltensstörungen wird zum Beispiel deutlich, wenn nach der Häufigkeit von Verhaltensstörungen gefragt wird. In bezug auf die *inhaltliche* Füllung des Begriffes haben die beiden Auszüge aus den Klassifikationskatalogen von Strümpell und von Myschker bereits deutlich gemacht, wie stark solche Bestimmungsversuche abhängig sind sowohl von epochalen, kulturellen und situativen Bedingungen, als auch von den ganz individuellen Kriterien des jeweiligen Beobachters. So verwundert es denn auch kaum noch, wenn Angaben zur Häufigkeit schwanken zwischen einer Sichtweise von Verhaltensstörung als quantitativer Marginalie und ihrer Vorfindbarkeit bei zwei Dritteln aller Schüler. Damit machen solche Angaben in der Gesamtschau empirischer Erfassungsversuche bestenfalls deutlich, wie unterschiedlich der Begriff „Verhaltensstörung" verstanden wurde bzw. verstanden werden kann[24]. In der Endkonsequenz „sind alle derartigen Erhebungen nichts anderes als Einschätzungen, die mehr über die Beobachter als über das Beobachtete ausdrücken" (Reiser 1999, 145).

Dieser Gedanke führt uns zwingend zum „Primat der Theorie" zurück, die darüber entscheidet, was wahrgenommen und wie es bewertet wird. Die Möglichkeiten, unter denen menschliches Verhalten betrachtet und einzelne Verhaltensäußerungen der Gruppe der Verhaltensstörungen zugerechnet werden können, sind dabei fast unbegrenzt. Das folgende Schema über die „Aufgabenfelder der Verhaltensgestörtenpädagogik", (das keinen Anspruch auf Vollständigkeit erheben kann) zeigt eine Übersicht relevanter Sichtweisen. Durch die Verknüpfung einer der Theorien mit einer beliebigen – wie auch immer im einzelnen definierten - Zielgruppe und einem zufällig ausgewählten Anwendungsbereich läßt sich eine ebenfalls fast beliebige Anzahl möglicher Themenkomplexe und Zugänge zur Pädagogik bei Verhaltensstörungen formulieren.

Diese breite Palette möglicher Sichtweisen und Zugänge kann als Bereicherung gesehen werden. Sie erlaubt es, im Falle des Scheiterns aus einer anderen theoretischen Perspektive eine andere Handlungsmöglichkeit zu wählen und so immer prinzipielle Alternativen zur gegenwärtig gewählten Sicht- und Vorgehensweise zu Verfügung zu haben.

Sie kann allerdings auch verunsichern, schließlich steht die Frage nach der besten (oder für manche Leser vielleicht auch „richtigsten") Theorie, der passendsten Zielgruppenbestimmung und der effektivsten Handlungsoption im Raum. Diese Frage wird sich kaum generell beantworten lassen und genausowenig objektiv.

Welche Konsequenzen sich für sonderpädagogisches Handeln ergeben können, wenn man seine Alltagspraxis aus einer systemisch-konstruktivistischen Perspektive heraus wahrnimmt und erklärt, soll im folgenden an einigen exemplarischen Überlegungen und Beispielen verdeutlicht werden.

---

[24] Das grundsätzliche Problem, sprachliche Konventionen empirisch erfassen zu wollen, löst sich auch nicht auf, wenn man den zu erfassenden Verhaltensausschnitt spezifiziert und sich etwa auf Konstrukte wie „Aggression", „Hyperkinese", „Leistungsverweigerung" oder ähnliches begrenzt.

Aufgabenfelder der Verhaltensgestörtenpädagogik		
In Forschung, Lehre und Anwendung		
Theorien	**Zielgruppen**	**Anwendungsbereiche**
inkl. Entstehungsbedingungen, Risikofaktoren und Ursachen	inkl. des Problems der Abgrenzung etc.	Institutionelle Realisierung
Wissenschaftstheorie	Grundlegungsprobleme	Pädagogische Konzepte
psychologische Theorien	Zielgruppenprobleme	Diagnosc; Beratung
	Störungsphänomene	Erziehung; Unterricht
		Therapie; Prävention
...	...	Beispiele:
·Psychoanalyse	·Aggression	Elternarbeit,
·Individualpsychologie	·Angst	Teamsupervisionen,
·Lerntheorie	·Hyperaktivität	Integration, didaktische
··Kognitivismus	·Autismus	Konzepte, therapeutische
·Humanistische Psychologie	·Schulversagen	Verfahren,
·Kommunikationstheorien	·Drogen	Alternativschulen, klass.,
·Systemisch-konstruktivistische Theorien	·Suizid	koop., kog. VM
	·Delinquenz	Beratungstechniken,
·Labeling approach	·Gewaltbelastete und sexuell ausgebeutete Kinder	Fördermöglichkeiten,
...		Tests, SAV, Beobachtung,
	·Mutismus	Befragung, Prävention,
	·Rechtsradikalismus	non-direktive Päd.,
Sozialpsychologische Theorien	·Vandalismus	Berufsvorbereitung,
Soziologische Theorien	·Schulschwänzen	Lehrerfortbildung,
	...	Schulsozialarbeit,
		außerschulische Förderung

5.3 Exemplarische Überlegungen zur Praxis

Die personenbezogenen Sichtweisen von Verhalten und Verhaltensstörung beinhalten für die Praxis zwei auf den ersten Blick offenkundige Vorteile:

-   1. Klare Handlungsanweisung:

-   Sie benennen einen eindeutigen Ansatzpunkt für pädagogisches Handeln, nämlich das Kind oder den Jugendlichen, der sich verhaltensgestört zeigt und dessen Verhalten verändert werden soll bzw. muss. Je nach dem zugrundeliegenden Konzept arbeitet man dann etwa medizinisch orientiert, verhaltensmodifikatorisch, kognitivistisch oder folgt seinen subjektiven Alltagstheorien (Groeben 1988).

-   2. Entlastende Funktion:

-   Durch die Nicht-Beachtung des Kontextes kann auch keinem anderen der Beteiligten so etwas wie eine Mitwirkung oder gar eine Teilverantwortung für das Geschehen (das Zeigen von Verhaltensstörungen) zugesprochen werden (Palmowski,2000, 20).

Die systemische Sichtweise verlagert – wie dargestellt – den Fokus hin zum Kontext und seinen Spielregeln. Dabei erscheint es mir in diesem Zusammenhang hilfreich, Aussagen wie diese als relative Sätze zu verstehen. Auch in personenbezogenen Konzepten spielt der Kontext eine (relative) Rolle, etwa wenn im Rahmen von Verhaltensmodifikation von Stimuluskontrolle gesprochen wird oder wenn innerhalb der Humanistischen Psychologie Gesprächssituationen so arrangiert werden, dass sie durch Annahme, Wertschätzung, Wärme, Echtheit etc. gekennzeichnet sind. Umgekehrt berührt die systemische Sichtweise personenbezogenes Denken, etwa wenn über die Verortung von Verantwortung nachgedacht wird. Ich hoffe dennoch, dass die folgenden exemplarischen Überlegungen Ansatzpunkte für systemisch-konstruktivistisches Handeln deutlich machen

Beispiel 1: Verhaltensstörung als Situationskontrolle

Jeder Mensch hat ein Grundbedürfnis nach Sicherheit. Dieses Gefühl von Sicherheit entsteht in dem Maße, in dem eine Person der Überzeugung ist, Kontrolle über eine bestimmte Situation zu haben. Je mehr Kontrollmechanismen jemand in einem bestimmten Kontext plaziert hat, um so sicherer kann er sich fühlen. Umgekehrt erzeugt ein Kontext, den man glaubt nicht kontrollieren zu können, (starke) Gefühle von Unsicherheit, man fühlt sich hilflos und ausgeliefert. Eine Situation läßt sich um so weniger kontrollieren, je intransparenter und je unstrukturierter sie sich zeigt. Wenn man nicht weiß, was als nächstes passiert, hat man keinerlei Möglichkeit der Prävention. Der übliche Umgang mit Kontexten, wie dem beschriebenen, ist der, dass man ihn flieht oder vermeidet – man geht sozusagen nicht mehr hin (vgl. Flammer 1990).

Wenn ich diese sehr allgemein formulierten Gedanken jetzt auf den Kontext Schule übertrage, so wie er von vielen Schülern wahrgenommen und bewertet wird, dann lassen sich folgende Sätze formulieren:

1. Viele Schüler erleben den Kontext Schule in sozialer Hinsicht und/oder im Lern- und Leistungsbereich als bedrohlich, die Furcht vor Mißerfolg ist größer als die Hoffnung auf Erfolg.

2. Sie können für sich kein Gefühl von Sicherheit erzeugen, da sie keine effektiven *erlaubten* Kontrollinstrumente implementieren können.

3. Schulische und unterrichtliche Situationen werden häufig als intransparent und kaum strukturiert erlebt. Man weiß nicht, was der Lehrer vorhat und was als nächstes passieren wird.

4. Die Möglichkeit des Aus-Dem-Felde-Gehens ist nicht gegeben.

Bei einer solchen Situationsdefinition bleiben dem Schüler zwei Handlungsoptionen. Die eine besteht darin, sich möglichst angepaßt und passiv zu verhalten, um nicht aufzufallen. Die andere besteht in dem Versuch, durch (unerlaubte) Aktivität Kontrolle über die Situation zu erlangen. Wenn es dem Schüler gelingt, zu agieren, müssen die anderen reagieren. In der Tat lassen sich in allen Schulen immer wieder Situationen beobachten, in denen die Schüler den Lehrern die Steuerreize setzen.

Vor dem Hintergrund dieser Sichtweise besitzen dann die „Verhaltensstörungen", die die Schüler zeigen, für diese eine hohe Funktionalität. Umgekehrt kann man formulieren, dass Schüler in dem Maße, in dem sie sich in der Schule sicher fühlen können, (weil sie durch ein bestehendes hohes Maß an Struktur und Transparenz demnach über ein Gefühl von Kontrolle verfügen[25]) es nicht mehr nötig haben, sich verhaltensgestört zu zeigen.

---

[25] Dazu gehört dann möglicherweise auch eine Vereinbarung darüber, dass Schüler selber entscheiden können, gelegentlich aus dem Felde zu gehen, indem man sich auf eine frei verfügbare fünfminütige Auszeit pro Tag (oder pro Stunde) einigt, in der man nicht mitarbeiten muss.

Beispiel 2: Vom Behandeln zum Verhandeln

Der Begriff und die Prozedur des Behandelns sind typisch und plausibel für personenbezogene Sichtweisen. Wenn das Problem im oder beim Schüler angesiedelt wird, und der Pädagoge sich zusätzlich als Experte definiert, für die Lösung der Probleme, die er bei anderen sieht, dann führt dies fast zwangsläufig zu den Techniken und Programmen, wie sie vor allem (Ende der siebziger Jahre) im Kielwasser der klassischen Verhaltensmodifikation entstanden sind.

Versteht man dagegen konkrete Verhaltensäußerungen als kontextgebunden, dann kann ihre Veränderung in erster Linie angebahnt werden durch die Veränderung eben des Kontextes und seiner Spielregeln. Ein solcher VeränderungsProzess ist in seinen Ergebnissen wesentlich davon abhängig, dass alle die, die Beteiligte sind, an der Verhandlung neuer oder anderer Spielregeln auch partizipieren können. Da diese Spielregeln das alltägliche Miteinander auf der Beziehungsebene steuern, auf der prinzipiell alle Mitglieder des Systems gleichwertig sind, können Verhandlungen auch immer nur auf einer Ebene von Gleichwertigkeit Sinn machen. Hierarchien oder Lehrer- und Schülerrolle entfallen für diesen Zusammenhang. Als positive Erfahrung läßt sich darauf hinweisen, dass konstruktive Veränderungen häufig schon dadurch möglich werden, dass in einem solchen Prozess die Beteiligten sehr viel mehr persönliche Wertschätzung erfahren als sonst.

Der Gedanke des Verhandelns ergibt sich darüber hinaus zwangsläufig aus der konstruktivistischen Erkenntnistheorie. In dem Maße, in dem man die Relativität der eigenen Standpunkte und die Subjektivität seiner Überzeugungen und Wirklichkeitskonstruktionen akzeptiert, bleibt nur noch die Möglichkeit des Gedankenaustausches über unterschiedliche und über gemeinsame Positionen, der Gedanke der Möglichkeit der gezielten Beeinflussung muss dann aufgegeben werden.

„Wir müssen die Verantwortung für unsere Wirklichkeit übernehmen. Wir können nicht mehr sagen: Die Welt ist eben so, sondern wir müssen sagen: Wir machen die Welt so.

Wir müssen tolerant werden und die Entscheidungen des Anderen, wie er die Welt sehen will, respektieren; denn es sind keine objektiven Maßstäbe erkennbar, aus denen ich ableiten könnte, dass ich einen höheren Anspruch auf Wahrheit habe als der andere" (Rotthaus 1989, 12f).

Beispiel 3. Funktionalität im Kontext

Auch im Bereich des systemischen Denkens finden wir verschiedenartige Modelle oder Sichtweisen, die uns unterschiedlich vertraut sind und die auch zu sehr unterschiedlichen Handlungsaussagen kommen, wie die folgende Gegenüberstellung verdeutlichen soll.

Den meisten Lehrern dürfte die Sichtweise sehr vertraut sein, das Verhalten eines Schülers in der Schule mit bestimmten Lebensbedingungen dieses Schülers in seiner Familie zu erklären. Dieser Schüler verhält sich beispielsweise – dieser Überzeugung folgend – seinen Mitschülern oder dem Lehrer gegenüber deswegen häufig aggressiv, weil er Mitglied einer Familie ist, in der unterschiedliche Ansichten mit Hilfe physischer Gewalt geklärt werden. Diese Argumentation ist außerordentlich plausibel. Nach ihr werden Verhaltensmuster, die in einem (Spielregel-)System den Spielregeln folgend eingesetzt und als erfolgreich erlebt werden, auch auf andere Kontexte übertragen und dort aktualisiert, und es gibt für mich keinen erkennbaren Grund, warum diese Strategie nicht angewandt werden sollte.

Der Nachteil dieser Sichtweise besteht allerdings darin, dass sie dem Handelnden kaum irgendwelche brauchbaren Handlungsanweisungen anbieten kann. Der Verweis auf die Familie als auslösende Instanz kann zwar beruhigend wirken, weil man selber aus dem Blickfeld einer möglichen Mitbeteiligung oder Mitverantwortung heraus ist, gleichzeitig ist aber auch wahrscheinlich, dass diese Sichtweise zur Verfestigung der Ist-Situation beiträgt. Der einzig gangbare Weg hin zu positiver Veränderung wäre in diesem Falle der Versuch der Veränderung der gesamten Familie und ihrer Spielregeln des miteinander Umgehens.

Eine andere systemische Sichtweise würde von dem Gedanken ausgehen, *dass es für den betreffenden Schüler innerhalb des Systems Schulklasse sinnvoll sein muss, sich so zu verhalten, wie er sich verhält* und zwar unabhängig davon, wie die Spielregeln in den anderen Kontexten aussehen, in denen er Mitglied ist. Wäre es im Kontext Schulklasse nicht funktional, sich – um bei dem gewählten Beispiel zu bleiben – in bestimmten Situationen aggressiv zu verhalten, würde sich unser Schüler auch nicht so zeigen (und zwar völlig unabhängig von den Verhaltensskripten, die andere Systeme von ihm erwarten). Nach dieser Sichtweise liegt die Funktionalität des Verhaltens immer in dem Kontext, in den das Verhalten eingebunden ist, man kann sie allerdings nicht immer erkennen oder erfinden.

Diese Sichtweise ist Lehrern - nach meiner Erfahrung – eher ungewohnt, sie ist auch insofern anstrengender als ihre oben beschriebene Alternative, weil sie den Lehrer miteinbezieht und nach seinem Beitrag fragt. Sie eröffnet allerdings auch zusätzliche Handlungsspielräume durch die Option der Veränderung (der Spielregeln).

6. Abschließende Bemerkung

Es dürfte deutlich geworden sein: Die Wirklichkeit, die in unseren Köpfen existiert und sich verändert, ist gebunden an Sprache und an einzelne Begriffe. Wörter enthalten theoretische Implikationen, sie transportieren Bedeutung(en) und aus ihnen bzw. ihrer Verwendung ergeben oder verschließen sich bestimmte Handlungsoptionen. Deswegen wird dem Sprachgebrauch in der wissenschaftlichen Reflektion so viel Bedeutung beigemessen. Im Feld der Sonderpädagogik wird dies meines Erachtens nirgendwo deutlicher, als in der Fachdiszipin einer „Pädagogik bei Verhaltensstörungen".

Literatur

Adameit, H./Heidrich, W./Möller, C./Sommer, H. (1978): Grundkurs Verhaltensmodifikation. Beltz, Weinheim und Basel

Ahrendt, H. (1995, 9. Aufl.): Eichmann in Jerusalem. Ein Bericht von der Banalität des Bösen. München

Bach, H. (1989): Verhaltensstörungen und ihr Umfeld. In: Goetze/Neukäter (Hg.), Pädagogik bei Verhaltensstörungen, Handbuch der Sonderpädagogik, Band 6. Edition Marhold im Wiss.-Verlag Spiess. Berlin, 3–35

Bach, H. (1993): Verhaltensstörung als relationaler Begriff. Praxiskonsequenzen einer Paradigmaentwicklung. In: Neukäter, H./Wittrock, M. (Hg.): Verhaltensstörungen. Erziehung – Unterricht – Beratung. Universität Oldenburg, Oldenburg, 27-33

Balgo, R. (1999): Es ist (nicht) normal, verschieden zu sein (Teil I). In: System Schule, Zeitschrift für innovative Schulpraxis, 3. Jg., H.1., 24–30

Benkmann, K.H. (1993): Pädagogische Erklärungs- und Handlungsansätze bei Verhaltensstörungen in der Schule. In: Goetze, H./Neukäter, H. (Hg.): Pädagogik bei Verhaltensstörungen, Handbuch der Sonderpädagogik, Bd. 6. Edition Marhold. Berlin, 71 - 119

Benkmann, K. H./Bergsson, M. (1994): Der entwicklungstherapeutische Ansatz einer Pädagogik für Kinder und Jugendliche mit Verhaltensstörungen. In: Benkmann/Saueressig (Hg.): Fördern durch flexible Erziehungshilfe. Vds Fachverband NW, Dortmund, 73–101

Bergsson, M./Palmowski, P. (1997): Verhaltensziele entwickeln – mit Hilfe des ELDIB. In: System Schule, Zeitschrift für innovative Schulpraxis, 15–19

Bittner, G. (1994): Problemkinder. Zur Psychoanalyse kindlicher und jugendlicher Verhaltensauffälligkeiten. Vandenhoek und Ruprecht, Göttingen

Bleidick, U. (1990): Die Behinderung im Menschenbild und hinderliche Menschenbilder in der Erziehung von Behinderten. In: Zeitschrift für Heilpädagogik, 41. Jg., H. 8, 514–534

Bronfenbrenner, U. (1981): Ökologie der menschlichen Entwicklung. Klett, Stuttgart

Cecchin, G./Lane, G./Ray, W. (1993): Respektlosigkeit. Carl Auer, Heidelberg

Dürr, G. (Hg.) (1998): Neue Perspektiven in der Sonderpädagogik. Verlag selbstbestimmt leben, Düsseldorf

Edelmann, W. (1996, 5. Aufl.): Lernpsychologie. Beltz, Weinheim

Eibl-Eibesfeld, I. (1970): Liebe und Haß. Piper, München

Ellis, A. (1977): Die rational-emotive Therapie. Das innere Selbstgespräch bei seelischen Problemen und seine Veränderung. Pfeiffer, München

Enzensberger, H.M. (1983, 2. Aufl.): Zur Verteidigung der Normalität. In: Ders.: Politische Brosamen. Suhrkamp, Frankfurt a. M., 207-224

Feyerabend, P. (1986): Wider den Methodenzwang. Suhrkamp, Frankfurt a.M.

Feyerabend, P. (1998): Widerstreit und Harmonie. Trentiner Vorlesungen. Passagen Verlag, Wien

Flammer, A. (1990): Erfahrung der eigenen Wirksamkeit. Einführung in die Psychologie der Kontrollmeinung. Huber, Bern

Flammer, A. (1996): Entwicklungstheorien. Psychologische Theorien der menschlichen Entwicklung. Huber, Bern

Frisch, M. (1954, 1976, 6.Aufl.): Stiller. Suhrkamp, Frankfurt a. M.

Frisch, M. (1961): Andorra. Suhrkamp, Frankfurt a. M.

Fröhlich, W. (1997): Wörterbuch zur Psychologie. Bechtermünz, Augsburg

Gergen, K. (1996): Das übersättigte Selbst, Identitätsprobleme im heutigen Leben. Carl Auer, Heidelberg

Göppel, R. (1998/99): Sich der Gewalt stellen. Zum Umgang mit Aggression und Gewalt in der Tradition der psychoanalytischen Pädagogik. In: Scheidewege, Jahresschrift für skeptisches Denken, 97-121

Goffman, E. (1967): Stigma. Über Techniken der Bewältigung beschädigter Identität. Suhrkamp, Frankfurt a. M.

Groeben, N./Wahl, D./Schlee, J./Scheele, B. (1988): Forschungsprogramm subjektive Theorien. Eine Einführung in die Psychologie des reflexiven Subjekts. Franke Verlag, Tübingen

Hajos, A. (1977): Wahrnehmung In: Herrman, T. u. a. (Hg.): Handbuch psychologischer Grundbegriffe. Kösel, München, 528–540

Hanselmann, H. (1928): Wer ist normal? In: Schweizerische pädagogische Zeitschrift, 27. Jg., 251–259 und 283-287

Hassenstein, B. (1982): Menschliche Aggressivität – insbesondere des Kindes und Jugendlichen – in der Sicht der Verhaltensbiologie. In: Hilke, R./Kempf, W. (Hg.): Aggression. Naturwissenschaftliche und kulturwissenschaftliche Perspektiven der Aggressionsforschung. Hans Huber, Bern, 65–85

Heisenberg, W. (1969): Der Teil und das Ganze. Gespräche im Umkreis der Atomphysik. Piper, München

Hierdeis, H./Hug, T. (1992): Pädagogische Alltagstheorien und erziehungswissenschaftliche Theorien. Ein Studienbuch zur Einführung. Klinkhardt, Bad Heilbrunn

Hillenbrand, C. (1999): Einführung in die Verhaltensgestörtenpädagogik. Reinhardt, München, Basel

Hoffman, L./Gergen, K./Anderson, H. (1997): Diagnose – ein Desaster? In: Zeitschrift für systemische Therapie, H. 4, 15. Jg., 224–241

Jervis, G. (1978): Kritisches Handbuch der Psychiatrie. Syndikat, Frankfurt a. M.

Keupp, H. (Hg.) (1972): Der Krankheitsmythos in der Psychopathologie. U&S, München

Keupp, H. (Hg.) (1979): Normalität und Abweichung. Fortsetzung einer notwendigen Kontroverse. U&S, Müchen

König, E. (1990): Bilanz der Theorieentwicklung in der Erziehungswissenschaft. In: Zeitschrift für Pädagogik, Jg. 36, Nr. 6, 919–936

Kraus, K. (1924 Wiederabdruck1986): Aphorismen. Suhrkamp, Frankfurt a. M.

Lauth, G. (1983): Verhaltensstörungen im Kindesalter. Ein Trainingsprogramm für kognitive Verhaltensmodifikation. Kohlhammer, Stuttgart

Link, J. (1996): Versuch über den Normalismus. Wie Normalität produziert wird. Westdeutscher Verlag, Opladen

Lorenz, K. (1966): Das sogenannte Böse. Barother-Schoeler, Wien

Luhmann, N. (1993, 4. Aufl.): Soziale Systeme. Suhrkamp, Frankfurt a. M.

Meichenbaum, D. (1979): Kognitive Verhaltensmodifikation. U&S, München

Morin, E. (1992): Das Problem des Erkennens des Erkennens. In: Fischer, R./Retzer, A./Schweitzer, J. (Hg): Das Ende der großen Entwürfe. Suhrkamp, Frankfurt, 99–108

Münch, P. (1998): Die Differenz zwischen Mensch und Tier. Ein Grundlagenproblem frühneuzeitlicher Anthropologie und Zoologie. In: Ders. (Hg.): Tiere und Menschen. Schöningh, Paderborn, 323-347

Myschker, N. (1993, 1999, 3. Aufl.): Verhaltensstörungen bei Kindern und Jugendlichen, Erscheinungsformen - Ursachen – Hilfreiche Maßnahmen. Kohlhammer, Stuttgart, Berlin

Neidhardt, W. (1982): Der Beitrag der psychoanalytischen Pädagogik zur Förderung verhaltensgestörter Kinder und Jugendlicher, Studienbrief der Fernuniversität Hagen. Hagen

Opp, G. (1998): Gefühls- und Verhaltensstörungen, Begriffliche Problemstellungen und Lösungsversuche. In: Zeitschrift für Heilpädagogik, H. 11, 490-496

Palmowski, W. (1995): Psychomotorik und systemisches Denken. In: Praxis der Psychomotorik, 20.Jg., H. 4, 194–198

Palmowski, W. (1996): Diskussionspapier Verhaltensgestörtenpädagogik. In: Behindertenpädagogik, 35. Jg., Heft 1, 84–101

Palmowski, W. (1996, 2000, 3. Aufl.): Anders Handeln, Lehrerverhalten in Konfliktsituationen. Borgmann, Dortmund

Palmowski, W. (1997): Faulheit aus Sicht des Schülers. In: System Schule, 1. Jg., Heft 3, 68f.

Palmowski, W. (1998): Unterschiede, die einen Unterschied machen. In: System Schule, Jg. 2, Heft 4, 104–106

Popper, K. (1934, 1984, 8. Aufl.): Logik der Forschung. Mohr, Tübingen

Quitmann, H. (1985): Humanistische Psychologie. Hogrefe, Göttingen

Reinecker, H. (1994, 2. Aufl.): Grundlagen der Verhaltenstherapie. Beltz, Weinheim

Reiser, H. (1999): Förderschwerpunkt Verhalten. In: Zeitschrift für Heilpädagogik, H. 4, 144–148

Reiser, M.L. (1996): Kindliche Verhaltensstörungen und Psychopharmaka. Reinhardt, München, Basel

Rigos, A. (1998): Eltern sind austauschbar. In: Der Spiegel, Heft 47, 110-135

Ritter, H. (1984): Normal, Normalität. In: Ritter J./Gründer, K. (Hg.): Historisches Wörterbuch der Philosophie, Band 6. Wissenschaftl. Buchgesellschaft, Darmstadt, Spalte 920– 28

Rose, J. (1997): Die Bedeutung der morphischen Resonanz in der Biologie, in den Naturwissenschaften und in der Gesellschaft. In: Dürr, H./Gottwald F. (Hg.): Rupert Sheldrake in der Diskussion. Scherz, Bern, 78–93

Rosenhan, D. (1973): On being sane in insane places. In: science 179, 250-258

Rosenhan, D. (1979): Die Kontextabhängigkeit psychiatrischer Diagnosen. In: Keupp, H. (Hg.): Normalität und Abweichung. U&S, München, 115– 35

Rotthaus, W. (1998): Wozu erziehen? Entwurf einer systemischen Erziehung. Carl Auer, Heidelberg

Rowe, D. (1997): Genetik und Sozialisation. Beltz, Weinheim

Saint-Exupery, A. de (1956): Der kleine Prinz. Karl Rausch Verlag, Düsseldorf

Sarbin, T. (1972): Sinn und Unsinn der Definition von „psychischer Krankheit". In: Keupp, H. (Hg.): Der Krankheitsmythos in der Psychopathologie. U&S, München, 93–108

Schlee, J. (1984): Immunisierung in der Sonderpädagogik. In: VHN 53, 2, 125-138

Schlee, J. (1989): Zur Problematik der Terminologie in der Verhaltensgestörtenpädagogik. In: Goetze, H./Neukäter, H. (Hg.): Pädagogik bei Verhaltensstörungen, Handbuch der Sonderpädagogik, Band 6. Edition Marhold im Wiss.-Verlag Spiess, Berlin, 36–49

Selvini-Palazzoli, M./Boscolo, L./Cecchin, G./Prata, G. (1975, 1999, 10. Aufl.): Paradoxon und Gegenparadoxon. Klett-Cotta, Stuttgart

Simon, F., CONECTA, (1992): Radikale Marktwirtschaft. Verhalten als Ware oder wer handelt, der handelt. Carl Auer, Heidelberg

Strümpell, L. (1890): Die Pädagogische Pathologie oder die Lehre von den Fehlern der Kinder. Verlag von Georg Böhme Nachf. F. Ungleich, Leipzig

Szasz, T. (1972): Der Mythos von der seelischen Krankheit. In: Keupp, H. (Hg.): Der Krankheitsmythos in der Psychopathologie. U&S, München, 44-56

Völker, U. (1980): Humanistische Psychologie. Beltz, Weinheim

Voß, R. (1983): Pillen für den Störenfried? Absage an eine medikamentöse Behandlung abweichender Verhaltensweisen bei Kindern und Jugendlichen. Hoheneck Verlag, Hamm

Voß, R. (1984): Helfen – aber nicht auf Rezept. Hoheneck Verlag, Hamm

Wambach, M. (1987): Normalität. In: Grubitzsch, S./Rexilius, G. (Hg.): Psychologische Grundbegriffe. Rowohlt, Reinbek, 727-729

Wember, F. (1992a): Über Möglichkeiten und Grenzen des Einfühlenden Verstehens als Methode der sonderpädagogischen Forschung I: Versuch einer Explikation. In VHN 61, 3, 353–375

Wember, F. (1992b): Über Möglichkeiten und Grenzen des Einfühlenden Verstehens als Methode der sonderpädagogischen Forschung II: Versuch einer Evaluation. In VHN 61, 451–475

Wender, P./Wender, E. (1998): Das hyperaktive Kind und das Kind mit Lernstörungen. Otto Maier, Ravensburg

Westmeyer, H. (1994): Persönlichkeitspsychologie zwischen Realismus und Konstruktivismus. In: Pawlik, K. (Hg.): Bericht über den 39. Kongreß der Deutschen Gesellschaft für Psychologie in Hamburg. Hogrefe, Göttingen, 748–753

Wygotski, L. (1977): Denken und Sprechen. Fischer, Frankfurt a.M.

Zeier, H. (1976): Wörterbuch der Lerntheorien und der Verhaltenstherapie. Kindler, München

Rolf Balgo

VI Der Bereich der Wahrnehmung und Bewegung als sonderpädagogischer Förderbedarf

0. Vorbemerkung

Im Bereich der sonderpädagogischen Förderung bilden auch die psychomotorischen Konzepte einen festen Bestandteil. In sie ist, neben den Einflüssen der Rhythmik und der Integration heilpädagogischer Methoden, die enge Verbindung von Wahrnehmung und Bewegung als ein wesentlicher Aspekt eingeflossen. Als historische Ursprünge für die Idee, dass eine Förderung der Wahrnehmung und Bewegung einen entscheidenden Einfluss auf die Entwicklung von Kindern nehmen kann, lassen sich, um nur einige zu nennen, die „Physiologische Erziehung" nach Itard und Sèguin, die „Arbeitsmaterialien" von Montessori sowie die praktischen Förderkonzepte von Lesemann und Bartsch aufzählen, die unter dem Begriff der „geistig-orthopädischen Übungen" Eingang in die Sonderschulen fanden (vgl. Irmischer 1989, 9ff.). Die 1960 von Kiphard in der kinder- und jugendpsychiatrischen Arbeit entwickelte „Psychomotorische Übungsbehandlung", knüpfte an dieses Ideengut sowie an eine lange Tradition sonderpädagogischer und sportpädagogischer Vorstellungen über die Bedeutung der Bewegungserziehung an. Sie war anfänglich nicht von der unverwechselbaren Persönlichkeit sowie speziellen Arbeitsweise ihres wichtigsten Begründers Kiphard zu trennen und stellte dadurch mehr als eine beliebig anwendbare Technik dar (vgl. Seewald 1991a, 4; Schäfer 1989, 19; Leger 1989, 35).

Aus der Praxis der Psychomotorik hat sich dann das Wissenschaftsgebiet der Motologie entwickelt, das sich 1983 universitär etabliert hat und dessen Inhalte mittlerweile teilweise einen festen Bestandteil zahlreicher Ausbildungsgänge auf Fachschul- und Hochschulebene (ErzieherInnenausbildung, MotopädInnenausbildung, Sonderpädagogik) darstellen. Der Begriff ‚Motologie' bedeutet die Lehre von der menschlichen Bewegung, ihrer Entwicklung, ihren Störungen sowie deren Erfassung und Behandlung. Er beinhaltet die Motogenese (Bewegungsentwicklung, Wahrnehmungsentwicklung, Entwicklung und Differenzierung psychomotorischer Verhaltensmuster), die Motopathologie (Bewegungsentwicklungs-störungen, krankhafte Bewegungsmuster, psychomotorische Auffälligkeiten und Störungen), die Motodiagnostik (quantitative und qualitative Erfassungsmethoden zur Beurteilung von Bewegungsleistungen und Bewegungsverhalten), die Mototherapie (Bewegungsbehandlungs-methoden bei Entwicklungsstörungen, pathologischen Bewegungsmustern sowie Auffälligkeiten und Störungen im psychomotorischen Leistungs- und Verhaltensbereich) sowie die Motopädagogik (Konzept einer ganzheitlichen Erziehung und Persönlichkeits-bildung über motorische Lernprozesse und Verhaltensänderung) (vgl. Kiphard 1990, 22).

Vor dem Hintergrund der Skizzierung der wesentlichsten Entwicklungsstränge im psychomotorischen Diskurs soll im Folgenden veranschaulicht werden, dass die unterschiedlichen theoretischen Konzepte über die Phänomene der Wahrnehmung und Bewegung entsprechend zu verschiedenen Störungsmodellen und praktischen Fördermethoden führten. Im weiteren Verlauf werden daher zentrale psychomotorische Begründungsmodelle, angefangen von den sogenannten funktionalistischen Ansätzen (wie den anfänglich neurologisch und heilpädagogisch ausgerichteten Modellen), dem Adaptationsmodell, den strukturtheoretischen Modellen motorischen Lernens bis zu dem, von einem erweiterten Bewegungsverständnis ausgehenden, verstehenden Ansatz sowie den systemisch-konstruktivistischen Positionen, in ihren grundlegenden Aspekten nachgezeichnet.

1. Funktionalistische Modelle

1.1 Neurologisch und heilpädagogisch ausgerichtete Begründungsmodelle

Da sich die „Psychomotorische Übungsbehandlung" anfänglich im medizinischen Kontext der Kinder- und Jugendpsychiatrie entwickelte, orientierte sich ihr Verständnis von

Bewegung analog an der dort vorfindlichen Einteilung der Klientel in „Hirnorganiker" und „Neurotiker" (vgl. Hünnekens/Kiphard 1977, 11ff.; Seewald 1995, 201ff.). In Anlehnung an das Syndrom der „frühkindlichen Hirnschädigung" der 50er Jahre und Vorbildern aus der Erwachsenenneurologie wurden verschiedene Symptome, unter Beteiligung der Wahrnehmung und Bewegung, katalogisiert und auf die Ursache von minimalen Gehirnschädigungen von Kindern zurückgeführt. Man fasste sie, aufgrund unterschiedlicher Zusammensetzungen und der Unmöglichkeit der genauen Zuordnung der auftretenden Symptome, zu lokalisierbaren Schädigungen des Gehirns, als Syndrom zusammen. Das auf Monokausalität und Linearität basierende Diagnosemodell charakterisiert Seewald (1995, 201) folgendermaßen: „Eine Noxe führt zu einer Schädigung des neuronalen Substrates und diese wiederum zu den beobachtbaren Störungen und Auffälligkeiten der kindlichen Bewegungen und Wahrnehmungen. Die Wirksamkeit der Übungen wird entsprechend dem zugrundeliegenden medizinischen Modell als 'Nachreifung' des kindlichen Gehirns interpretiert, wodurch die 'Mobilisierung der Zentren und Bahnen erreicht (wird), die den geschädigten und gestörten Hirnteilen benachbart sind' (Hünnekens/Kiphard, 1977[6], 14)."

Die Bewegung in der Psychomotorik erscheint, so stellt Seewald fest, zunächst als gestörte Bewegung. Deren Ursache wird neuronal bedingt gesehen und im Kind verortet, womit das der Psychomotorik zugrunde liegende Menschenbild das menschliche Sein auf biochemische und neurophysiologische Prozesse reduziert. Wenn auch am neuesten Stand der Neuropsychologie orientiert, gelte dies ebenso auch heute noch, wenn man beispielsweise beim Modell der "Sensorischen Integration" (vgl. Doering/Doering, 1990) lediglich von der Annahme eines "Hardware-Schadens" in Form einer Schädigung des neuroanatomischen Substrats abgerückt sei und nun den Fehler eher als einen "Software-Schaden" auf der Ebene der Interaktion der Nervenzellen betrachte (vgl. Seewald, 1995, S.202f).

Die gehemmte Bewegung, welche die Gruppe der "Neurotiker" kennzeichnete, wurde hingegen auf die Ursache der "Frustrierungen der Funktionslust" und "angstgetönte Gefühlskoppelungen" (vgl. Hünnekens/Kiphard, 1977[6], S.13) zurückgeführt. Mittels physischer Ursachen, d.h. Übungen im leiblichen Bereich, sollten in der Tradition einer (heil-)pädagogisch orientierten Bewegungserziehung mit Ganzheitsvorstellungen psychische Wirkungen, wie die Förderung des Selbstvertrauens, die Selbstüberwindung, Ermutigung etc., erzielt werden.

Seewald (1995, S.204) fasst die an der Medizin und Heilpädagogik ausgerichteten beiden psychomotorischen Begründungsmodelle wie folgt zusammen: "Zum einen wird Bewegung als neuronal bedingtes Phänomen angesehen und zum anderen als Ausdruck der psycho-physischen Ganzheit des Menschen. Eine Vermittlung zwischen diesen Modellen findet nicht statt. In beiden Fällen steht die gestörte Bewegung im Mittelpunkt des Interesses sowie die Bewegung als "Heilfaktor", d.h. als Medium, von dem positive Wirkungen auf die kindliche Entwicklung ausgehen. In beiden Fällen wird die Störung überwiegend am und im Kind festgemacht."

Der Versuch der wissenschaftlichen Legitimierung der Wirkungsweise der Psychomotorik führte zudem zur Entstehung von empirisch gestützten Erklärungsmodellen (vgl. Seewald, 1991a, S.5). Durch die Ausweitung der Psychomotorik auf immer neue Problemgruppen stieg des weiteren im pädagogisch-therapeutischen Bereich der Bedarf an Krankheits- und Störungsmodellen sowie der Zwang der Verbesserung und Anpassung der diagnostischen Möglichkeiten an wissenschaftliche Standards (siehe bspw. der Körperkoordinationstest für Kinder KTK; vgl. Schilling, 1974). Diese, die Praxis "[...] abstützende Funktion der Theorie war historisch gesehen sinnvoll, um der Psychomotorik den Schritt auf die anerkannte Ebene der wissenschaftlichen Modellbildung zu bahnen. Dazu mussten Konzepte benutzt werden, die bereits in den anderen Bereichen der Wissenschaft anerkannt waren, auch um dem angestrebten Ziel eines integrativen neuen Wissenschaftsgebietes Rechnung zu tragen. Andererseits wurde dabei das Spezifische der Psychomotorik [...] zu wenig beachtet. Die Psychomotorik wurde sozusagen über den Kamm einer anderweitig bewährten Modellpalette geschoren." (Seewald, 1992, S.80)

Auch wenn noch andere, eher geisteswissenschaftlich ausgerichtete Theorietraditionen - z.B. der anthropologischen Medizin (von Weizsäcker, Christian, Derwort), der französischen Psychiatrie (Straus) und der phänomenologischen Psychologie (Ajuriaguerra) - Eingang in die Vorgeschichte der psychomotorischen Theoriebildung fanden (vgl. Schilling 1973, S. 4ff), war deren Wissenschafts- und Methodenverständnis vorrangig durch ein an den Naturwissenschaften orientiertes, empirisch-analytisches Wissenschaftsmodell mit einem quantitativ-statistischen Methodenverständnis geprägt, das sich in den 60er Jahren als Paradigmenwechsel in den Sozial- und Humanwissenschaften vollzogen hatte. Im folgenden sollen am Beispiel einiger zeitlich früh in der Entwicklung der Motologie (Anfang bis Mitte der 70er Jahre) auftretender theoretischer Zugänge zur Psychomotorik, wie dem

„Adaptationsmodell" sowie den „Strukturtheorien des Motorischen Lernens", die aber einen prägenden Einfluss auf deren wissenschaftliche Modellbildung gewonnen haben, die bisher bestehenden Einseitigkeiten auch dieser Konzepte anhand der Rezeption von Seewald (vgl. 1992, S.81ff; 1993, S.189ff) verdeutlicht werden.

1.2 Das Adaptationsmodell

Das sog. Adaptationsmodell von Schilling (vgl. 1977a; 1978) ist die Übertragung der Untersuchungsergebnisse zum adaptiven Verhalten von Organismen bezüglich ihrer Umwelt (insbesondere deren Reaktionen auf Störungen) auf das Anpassungsverhalten leicht bewegungsbeeinträchtigter Kinder. Es baut einerseits auf seinen Interpretationen des Gestaltkreismodells von von Weizsäcker (vgl. 1968[4]) als technisches Regelkreismodell auf und geht andererseits auf ein interdisziplinäres Forschungsprojekt unter der Leitung des Physiologen Hensel (vgl. 1974) zurück. "Danach versucht der kindliche Organismus sich motorisch in die räumlichen und zeitlichen Gegebenheiten seiner näheren Umgebung einzuordnen und sich an sie anzupassen. [...] Daneben entwickelt sich im Zuge erweiterter pragmatischer Bewegungserfahrungen die Fähigkeit, selbst verändernd auf die Dinge einzuwirken." (Kiphard, 1990[4], S.14) Die Regelkreisvorgänge von Informationsaufnahme, Verarbeitung und Informationsabgabe funktionieren dabei nach dem Prinzip der 'Homöostase', der Einpegelung auf ein neues Gleichgewicht. Dieses kann durch Störgrößen (Stressoren) bedroht werden und wird normalerweise durch typische Reaktionsformen, sogenannte 'adaptive Modifikationen' (vgl. Hensel 1974, S. 3f) des Bewegungsverhaltens an die störenden äußeren Gegebenheiten ausgeglichen. Nach Schilling (vgl. 1978, S.24f) kann aber der normale Adaptationsprozess durch darüber hinausgehende Störvariablen oder Stressoren wie eine hirnorganische Störung, psychisch-emotionale oder kognitive Faktoren behindert werden. In veränderten Bewegungsverhaltensmustern sieht auch Kiphard (vgl. 1990[4], S.15f) biologische und psychoneurologische Kompensationsversuche des Organismus zum Ausgleich ursächlicher Störungsfaktoren. Hinter diesen verbergen sich ihm zufolge meist multiple Bedingungsvariablen wie Körper-, Bewegungs-, Sinnes-, kognitive und emotional-soziale Behinderungen.

Die Aufgabe des Therapeuten besteht bei der aus diesem Modell hervorgehenden Praxis in der Diagnostik abweichender, defizitärer, rückständiger Adaptationsverläufe (im Vergleich zu anderen alterskonformen Kindern) und deren Korrektur durch ein wohl dosiertes und gelenktes Heranbringen des Kindes an die Außenwelt durch Übungsangebote. Auch heute noch liegt vielen Trainings- und Wahrnehmungsprogrammen dieses "Bewegung als Funktionsgeschehen" begreifendes Bewegungsmodell zugrunde, das Seewald (1993, S.189) zusammenfassend wie folgt kennzeichnet: "Hinter diesem Konzept steht ein Denkschema, das sich sowohl in der Medizin wie in der Pädagogik bewährt hat. In der Medizin ist es die Abfolge von Ursachendiagnostik, Therapieindikation, Durchführung der Therapie und Kontrolle des Therapieerfolges. In der Pädagogik entspräche dies einem lernzielorientierten Vorgehen mit Feststellen der Lernausgangslage, Lernzielfestlegung, methodischer Übungsreihe und Lernerfolgkontrolle. Kennzeichnend für dieses *lineare* Konzept ist, dass das Problem und seine Lösung auf derselben Ebene angesiedelt werden. Besteht ein Rückstand in der Körperkoordination, muss diese geübt werden, ist der Rückstand größer, muss entsprechend mehr und öfter geübt werden."

Abschließend lässt sich zu dieser praktischen Vorgehensweise kritisch anmerken, dass dabei das Kind als Person ausgeblendet und seine Bewegungen von dessen Geschichte und Lebensbezügen abgespalten wird, dass durch ein monologisches statt dialogisches Vorgehen Gefühls- und Bedürfnisäußerungen des Kindes nicht beachtet werden, dass selbst- und sozialpsychologische Zusammenhänge durch das den "wunden Punkt" dieser oft mißerfolgsorientierten Kinder treffende Üben des Ungekonnten missachtet werden und dass gegen das psychomotorische Leitprinzip der Kindgemäßheit verstoßen wird (vgl. Seewald 1993, S.190).

2. Strukturtheoretische Modelle

Mit dem Aufkommen der Motologie als Wissenschaft entstanden weitere, die psychomotorische Praxis bis heute prägende Modelle, wie die "Strukturtheorien des Motorischen Lernens" in Anlehnung an Keogh (vgl. 1975) und Schmidt (vgl. 1982). Sie teilen zwar die Grundannahmen des Adaptationsmodells, doch vermeiden die oben angeführten Kritikpunkte weitgehend, da der Anpassungsprozeß stärker als ein sich durch Entwicklung und Lernen verändernder Strukturierungsprozess dargestellt wird. Die Bewegungserfahrungen werden zu Mustern oder Schemata zusammengefasst, durch Differenzierung und Generalisierung zu Musterpyramiden hierarchisch geordnet und gespeichert. Sie sind auf ähnliche Situationen übertragbar oder gehen in eine neue Musterbildung ein. In den Strukturtheorien des Motorischen Lernens erscheinen "[...] Wahrnehmung und Bewegung [...] als Strukturierungsleistungen des Individuums, indem es sie zu Mustern aufbaut und sich damit immer wieder veränderten Umweltbedingungen anpassen kann. [...] Die Bewegungs- und Wahrnehmungsmuster werden deshalb auch als wichtige *Grundlage der Handlungsfähigkeit* angesehen." (Seewald 1993, S.190)

Schilling (vgl. 1977b, S.371) gebrauchte die Strukturtheorien des motorischen Lernens zur Interpretation der Ergebnisse einer eigenen empirischen Untersuchung zur Auge-Hand-Koordination von Grund- und Sonderschülern. Dabei sollten beide Schülergruppen mit einem Stift Punkte auf einem in veränderbarer Geschwindigkeit laufenden Band treffen. Beide Gruppen bekamen die Gelegenheit einer Vorübung mit langsamercr Gcschwindigkeit. Die Gruppe der Sonderschüler erzielte jedoch, im Gegensatz zur Vergleichsgruppe der Grundschüler, trotz Vorübung bei langsamer Geschwindigkeit keinen Übungsgewinn für die mittlere Geschwindigkeit. Den festgestellten fehlenden Übertragungsgewinn der Sonderschüler deutete Schilling so, dass diese ihre Vorerfahrungen schlechter auf eine ähnliche Situation anwenden könnten. Ihre Wahrnehmungs- und Bewegungsmuster, die zu situationsspezifisch und unflexibel seien, führten zu einer eingeschränkten Handlungsfähigkeit, die in neuen Situationen Überforderung und Unsicherheit hervorriefe, welche die Kinder dann durch fehladaptiertes Verhalten wie Rückzug, Kasperei, Aggressivität, etc. (= reaktive Sekundärstörungen) zu kompensieren versuchten (vgl. Schilling 1981a, S.185). Seewald (vgl. 1992, S.84f) fasst die sich von diesen Kerngedanken eröffnenden, anderen zentralen Überlegungen motologischer Theorie zusammen anhand

-   des Konzeptes der Primär- und Sekundärstörungen, das auffälliges Verhalten als reaktive Sekundärstörung auf mangelnde Anpassungsfähigkeiten in Folge einer primären Bewegungsproblematik begreift
-   der Aufzählung der die mangelnde Anpassungsfähigkeit verursachenden Faktoren (z.B. Wahrnehmungs- und Bewegungsstörungen im Sinne von "Teilleistungsstörungen", fehlende Umweltreize, überbehütende Erziehung, Sinnesbehinderung, geistige Behinderung), die letztendlich zur gleichen Kernproblematik, eines auf mangelnden Erfahrungen beruhenden, zu engen und unflexiblen Handlungsrepertoires führen
-   des Konzeptes der "Persönlichkeitsbildung über motorische Lernprozesse", nach dem durch die Anwendung der Erkenntnisse der motorischen Lernforschung in bezug auf das

Erlernen von flexiblen Wahrnehmungs- und Bewegungsmustern die notwendige Handlungskompetenz aufgebaut werden soll (vgl. Schilling 1981b, S.185f; 1988, S.124).

Nach der Praxis, die sich aus diesem strukturellen Modell ergibt, muss das Kind, so Seewald (1993, S.190), „(...) aus eigenem Antrieb tätig werden, weil nur so die neuen Strukturierungsleistungen optimal in das bestehende Repertoire eingebaut werden. Das Kind wird also als ‚Akteur seiner eigenen Entwicklung' angesehen. Es kann und soll die Fördersituationen mitbestimmen, Materialien erforschen und ausprobieren und Bewegungsangebote möglichst vielseitig nutzen." Der Therapeut soll den Anpassungsprozess an neue Situationen bei den Kindern durch die Schaffung einer anregungsreichen Wahrnehmungs- und Bewegungsumwelt, durch leichte Variationen der Anforderungen oder bewussten Einbau von Schwierigkeiten verbessern und somit den Aufbau flexibler Wahrnehmungs- und Bewegungsmuster zum Ziel der Handlungsfähigkeit fördern. Um durch die Vermittlung von Erfolgserlebnissen ihr Selbstwertgefühl zu stärken und dadurch indirekt zur Überwindung ihrer Schwächen oder zu einem adäquateren Umgang mit diesen beizutragen, setzt er dabei nicht bei ihren Defiziten und Mängeln, sondern bei ihren Stärken und Vorlieben an.

Die positiven Aspekte dieses nicht-linearen Konzepts, bei dem das Problem und dessen Lösung auf verschiedenen Ebenen liegen, lassen sich zusammenfassend dadurch kennzeichnen, dass durch den Zusammenhang zur Handlungsfähigkeit der direkte Bezug der Bewegung zur Persönlichkeit des Menschen gegeben ist, dass durch ein dialogisches Vorgehen das Kind als Partner und Akteur mit Raum für seine eigenen Bedürfnisse und Gefühle betrachtet wird, dass es wissenschaftlich-empirisch gut begründet ist sowie lernpsychologisch fundierte Regeln für den Therapeuten anbietet und dass es die sozial- und selbstpsychologische Dimension von Bewegungsstörungen einbezieht. Die Schwächen dieses Konzepts lassen sich dagegen darin benennen, dass es die Bedeutungs- und Ausdrucksseite der Bewegung durch deren Abtrennung von der Persönlichkeit des Kindes ausblendet, dass sich eine Diskrepanz zwischen der den Sinnintentionen und Spielabsichten der Kinder raumgebenden dialogischen Praxis und den aus einem nicht-dialogischen Bezugssystem stammenden Eingriffen und Absichten des Therapeuten ergibt, wodurch das Spielerische zur Verpackung der eigentlichen Lernabsichten degradiert wird, dass die Problematik bzw. Geschichte des Kindes auf das Verursachungsschema „sensomotorische Probleme -

Lernversagen - Selbstwertverunsicherung - unangepasste Reaktionsbildungen - vergrößertes Lernversagen - usw." reduziert wird (vgl. Seewald 1992, 86ff.; 1993, 191).

3. Der verstehende Ansatz

Die Kritik daran, dass in den bisher dargestellten Modellen die Bewegungsäußerungen der Kinder als von jeglicher individueller, sinnhafter Bedeutung losgelöste Verhaltensstörungen verdinglicht bzw. ontologisiert werden, die durch eine (Sonder-)Behandlung wegtherapiert werden sollen, führte innerhalb des psychomotorischen Diskurses zu der Forderung nach einem erweiterten Bewegungsverständnis (vgl. Mattner 1987, S.272; Seewald 1992 a u. b). Um die bisherige Einseitigkeit sowohl funktionalistischer als auch strukturtheoretischer Erklärungsversuche überwinden zu können, versucht Sewald (vgl. 1989, 1992 a u. b, 1993, Prohl/Seewald 1995), das Verstehen als wissenschaftliche Methode in der Tradition der Phänomenologie, der Hermeneutik und der Tiefenhermeneutik auf die psychomotorische Praxis anzuwenden, um somit Bewegung auch als Bedeutungsphänomen erfassbar zu machen. Er bemüht sich um das Aufzeigen eines sinnverstehenden Zugangs zur kindlichen Entwicklung, indem er den Sinn der Phantasietätigkeit der Kinder im psychomotorischen Förderbereich analytisch zu erschließen versucht, um deren vermutete therapeutische Wirksamkeit für die Praxis nutzbar zu machen.

Dass Menschen die Umwelt unterschiedlich wahrnehmen und erleben, lässt sich nach Seewald dadurch verstehen, dass sich in ihr Objekte befinden, die einerseits aus „Strukturen" als sachlich-funktionale Eigenschaften und andererseits aus „Appellen" als individuelle Deutungen von Strukturen bestehen (vgl. Seewald 1989, S.403f). Die Welt der Objekte, welche die Menschen leiblich wahrnehmen, richtet demnach unterschiedliche Appelle an sie. Die Ursache dafür, dass gleiche Objekte unterschiedliche Appelle an jeden Einzelnen richten, findet Seewald (vgl. 1991 b, S.35) in einer Entwicklungsbetrachtung, die die frühen Formen der Körper- und Bewegungserfahrungen sowie die sozialen Beziehungen der frühen Kindheit in den Blick nimmt, welche die Anknüpfungspunkte für alles weitere Verhalten darstellen.

Dabei skizziert er die kindliche Entwicklung als eine Abfolge von Leib- und Beziehungsthemen, die ein jedes Kind erdulden muss oder erleben darf: "[...] das beginnt mit dem Sich-Umschlossen Fühlen und der Geborgenheit im Uterus, der ersten schweren Krise der Geburt, dem hilflosen Angewiesensein auf einen liebenden Anderen, der selbständigen Eroberung der Umwelt im Greifen, Laufen und Sprechen, der Entdeckung des kreativen Machenkönnens, der Loslösung von der Mutter und den damit verbundenen Ängsten. Es führt über die Entdeckung des eigenen Geschlechts und die Findung der Geschlechts- und Generationsrolle, die Umstrukturierung einer Zweier- in eine Dreierbeziehung bis dazu, seinen Platz in einer Gruppe zu finden." (Seewald 1992 b, S.217) Die mit Gefühlen verbundene Bewegungsentwicklung berührt dabei immer auch die Entwicklung der sozialen Beziehungen, so dass beispielsweise bei der Ausdehnung des Aktionsraumes durch das Laufenkönnen, begleitet von Gefühlen des „Könnens" und „Großseins", das Einführen von einschränkenden Verboten Anlass für Krisen und Konflikte sein kann. Die Erinnerungsspuren der Leib- und Beziehungsthemen schlagen sich prägend im (Leib-) Gedächtnis nieder, bleiben auch in der folgenden Entwicklung aufgehoben (strukturgenetisches Prinzip) und finden ihren symbolischen Ausdruck in typischen Körperhaltungen sowie Bewegungsmustern, die in einer bestimmten Situation mit entsprechendem Appellcharakter reaktiviert werden (Seewald 1992 b, S. 209 u. 217f).

Die "Themen" als lebensgeschichtlich dominierende Sinngestalten, die sich über die Bewegungen, Szenen, Spiele, Bilder ausdrücken, werden von Seewald (vgl. 1989, S. 390) entwicklungspsychologisch und psychoanalytisch präzisiert: Abwegige Verhaltensäußerungen repräsentieren in ihrer Symbolik mit der individuellen Lebensgeschichte in Zusammenhang stehende, nicht entsprechend verarbeitete bzw. integrierte und somit zu einem psychisch bedeutenden "Dauerthema" gewordene traumatische Erlebnisse (affektive Erlebnisse, die nicht zu Erfahrungen werden konnten), Konflikte (Erfahrungen, die nicht gemacht werden durften), Defizite (Erlebnisse und Erfahrungen, die nicht oder nicht genug gemacht werden konnten) oder Störungen (Erlebnisse, die zu "falschen" Erfahrungen geführt haben).

In der psychomotorischen Praxis finden die bedeutenden Lebens- und Beziehungsthemen, die innere Realität, die innere Gefühlswelt des Kindes als Ergebnis seiner Lebensgeschichte über typische Körper- und Bewegungsmuster, Spiel-, Mal- und Geschichtenmotive ihren symbolischen Ausdruck. Die Versuche des Aufarbeitens, Nachholens, Assimilierens oder Verarbeitens dieser frühkindlichen Erfahrungen zum Zwecke der Selbstfindung bzw. Stärkung des Selbstwertgefühls, stellen die kausal-final wirkenden Motive der Kinder für ihre symbolischen Bewegungsaktivitäten in der psychomotorischen Praxis dar (vgl. Seewald 1992 b, S.209). Durch die Methoden des hermeneutischen, phänomenologischen und tiefenhermeneutischen Verstehens sollen die sich in den kindlichen Bewegungsinszenierungen zeigenden, sinngeleiteten Ausdrucksformen in Hinblick auf frühere Lebensthemen entschlüsselt und die „gestörte" innere Realität bzw. Gefühlswelt des Kindes erfasst werden, damit ihm in der psychomotorischen Praxis Materialien und Situationen angeboten werden können, die in ihrem symbolischen Appell hierzu passen.

In der Möglichkeit seine Wünsche und Ängste auszudrücken, sieht Seewald (vgl. 1993, S.192) einen entscheidenden Heilfaktor: "In den Geschichten, die Kinder in der Psychomotorik darstellen, verarbeiten sie Erlebnisse und holen sich etwas, was sie nicht oder nicht genug bekommen haben. Außerdem ist der symbolische Ausdruck in der Bewegung, im Malen, im Geschichten erfinden und spielen der Hauptweg, auf dem Kinder ihr Selbst entwickeln. Sie werden sich auf vorbewusste Art darüber klar, woher sie kommen, wo sie stehen und wohin sie gehen können und wollen. Die Geschichten drücken so gesehen Versuche der Selbstvergewisserung aus. [...] Die Verbesserung der Motorik wird nicht direkt angestrebt, sie ereignet sich aber meistens trotzdem und sozusagen beiläufig, indem bei den Kindern eine größere Bewegungs- und Experimentierfreude ausgelöst wird." Auch der verstehende Ansatz mündet somit in eine individuumzentrierte therapeutische Vorgehensweise, mit dem Ziel, im besseren Wissen darüber, was das einzelne Kind braucht, die aufgespürten defizitären Aspekte frühkindlicher Beziehungen durch positive Erfahrungen nachholen und ausgleichen zu wollen (zur ausf. Kritik vgl. Balgo 1998, S. 54-63).

Auf Seiten des Therapeuten sind hierfür folgende Kompetenzen notwendig: seine Fähigkeit zur Decodierung der Symbole durch seine entwicklungspsychologischen Kenntnisse sowie sein Bilderverstehen im tiefenhermeneutischen Sinne der Psychoanalyse, sein Wissen um den "Appelcharakter" von Räumen und psychomotorischen Materialien und Medien, um dem Kind ein gezieltes, zu dessen Thema und seinen Ausdrucksmöglichkeiten passendes Angebot vorschlagen zu können. Die wichtigsten Funktionen des Therapeuten im verstehenden Ansatz beschreibt Seewald (vgl. 1993, S.192) zusammenfassend:

- „Er schafft eine entspannte, positiv-annehmende Atmosphäre.
- Er bietet Sicherheit, indem er Strukturen schafft, Freiräume eröffnet und eingrenzt, je nach den Möglichkeiten und Bedürfnissen des Kindes.

- Er steht als Spielpartner zur Verfügung und macht Vorschläge, die zurThematik des Kindes passen. Er nutzt dazu sein Wissen um symbolische Bedeutungen und den Appellcharakter von Medien, Materialien und Räumen.
- Er erlaubt, dass Wünsche geäußert werden und nimmt Schuldgefühle.
- Er hilft dem Kind bei der Verarbeitung von Erlebnissen, indem er zur symbolischen Darstellung auffordert oder auch zum Gespräch anregt. Dabei enthält er sich jeder Deutung. Die Gespräche sollen vergegenwärtigen, was man erlebt hat."

Die positiven Aspekte des verstehenden Konzeptes lassen sich dadurch kennzeichnen, dass die Bewegung im Kontext der Lebens- und Beziehungsgeschichte verstehbar werden soll, dass ein echter nicht-sprachlicher und sprachlicher Dialog angestrebt wird, dass die Beziehungsebene, sowohl die zwischen Therapeut und Klient als auch die des familiären und außerfamiliären Beziehungsgeschehens, mitreflektiert wird, dass das Kind die Inhalte und das Tempo des Prozesses mitbestimmt und dass zu mehr Geduld und weniger Aktionismus auf Seiten des Therapeuten animiert wird (vgl. Seewald 1993, S.192). Die Nachteile seines Konzeptes beschreibt Seewald selbstkritisch in der Verleitung zu aktiver Deutung oder unangemessener Interpretation, in der mangelnden Reflektion der gesellschaftlichen Dimension, welche die Klienten mitbringen und die auch die Psychomotorik als "Reparatur-Konzept" betrifft.

4. Systemisch-konstruktivistische Positionen

Wie die Skizzierung zentraler Aspekte der Entwicklung der psychomotorischen Theoriebildung bis zu dieser Stelle zeigt, bewegt sich die aus der Praxis entstandene Psychomotorik grob betrachtet innerhalb ihrer theoretischen Begründungsversuche zwischen den sogenannten funktionalistischen sowie strukturtheoretischen Modellen auf der einen und dem diesen beiden Konzepten gegenüberstehenden verstehenden Modell auf der anderen Seite. Hierbei stehen sich der positivistische, d.h. kausale, auf allgemeine Gesetzmäßigkeiten begründete, mechanistische Erklärungstypus der Naturwissenschaften und der hermeneutische, d.h. finalistische, teleologische Ziele, Zwecke, Bedeutungen entschlüsselnde und somit verstehende Erklärungstypus der Geisteswissenschaften gegenüber (vgl. Wright 1984[2]). Die bis dato schwelende sogenannte "Erklären/Verstehen-Debatte" innerhalb des psychomotorischen Diskussionszusammenhangs (vgl. Mattner 1987; Stehn/Eggert 1987;

Prohl/Scheid 1990) spiegelt den Bruch zwischen den beiden konzeptionellen Richtungen wieder. Deren Unüberbrückbarkeit basiert auf ihren unterschiedlichen, in den modernen Natur- und Geisteswissenschaften entwickelten, methodologischen Idealvorstellungen, und sie zeigt, dass die Begründungsmodelle der Psychomotorik des Versuches einer theoretischen Synthese bedürfen.

So haben seit jüngster Zeit auch systemische und konstruktivistische Positionen Eingang in die Motologie gefunden (vgl. Balgo 1995; 1996; 1998 a u. b; 1999; Balgo/Klaes 2001; Klaes/Walthes 1995 a, 1996; Walthes 1997, Eggert 1997, Burmeister 1998, Hammer 1999, Passolt 1999, 2001, Schildberg/Dohmeier 2000, Schindler 2001). Sie knüpfen zum Teil in einem systemisch-konstruktivistischen Verständnis einerseits an Theorietraditionen an, die bereits Zugang in die Vorgeschichte der psychomotorischen Theoriebildung fanden, wie beispielsweise das Gestaltkreismodell von von Weizsäcker (vgl. 1968[4]) sowie das Modell des Funktionskreises von von Uexküll (vgl. von Uexküll/Kriszat 1983; Kiphard 1986[2], S.71, 1990[4], S.13), und sie behandeln andererseits die beiden für die Psychomotorik zentralen Aspekte der Ganzheitlichkeit und der Konstruktion von Wirklichkeiten durch uns als wahrnehmende, handelnde, fühlende, denkende und kommunizierende Beobachter.

Der Ausgangspunkt einer systemisch-konstruktivistischen Sichtweise in der Motologie ist nicht das menschliche Subjekt oder Individuum als kleinste unteilbare Einheit, das einer Welt von ihm unabhängiger Objekte gegenübersteht, die es wahrnehmen und erkennen kann, um sich dann adäquat in ihr bewegen zu können, sondern die Unterscheidung zwischen System und Umwelt. Ausgangspunkt ist weder eine vom beobachtenden System unabhängige Umwelt noch ein umweltunabhängiges System. Demnach gibt es eben so viele, dem ständigen Werden und Wandel unterworfene Realitäten oder Umwelten wie es Systeme mit unterschiedlichen, sich ebenfalls verändernden Beobachtungs- und Operationsmodi gibt. Theoretisch lässt sich von folgenden unterschiedlichen, aber dennoch miteinander strukturell gekoppelten autopoetischen Systemen ausgehen, durch die Wirklichkeiten konstruiert werden:

das biologisch-körperliche System
das System Bewegung/Wahrnehmung
das affektlogische System und
die sozialen Systeme.

Alle vier Systeme, die keine Hierarchie bzw. Rangordnung aufweisen, sind demnach an unseren Wirklichkeitskonstruktionen beteiligt. Das biologisch-körperliche System konstruiert unsere Körperlichkeit als menschlicher Organismus (vgl. Maturana/Varela 1987). Das System der Bewegung und Wahrnehmung konstruiert unsere gesamte Wahrnehmungswelt und deren Dynamik. Dabei ist die Wahrnehmung von der Bewegung und umgekehrt die Bewegung von der Wahrnehmung nicht zu trennen, da wir immer wahrnehmend handeln und handelnd wahrnehmen (vgl. Balgo 1998). Das affektlogische System organisiert diese Erfahrungswirklichkeit weitergehend, indem es die Teile unserer Wahrnehmungswelt strukturiert, interpretiert und bewertet sowie unser Verhalten und Handeln leitet (vgl. Ciompi 1989). In den sich entwickelnden affektlogischen Schemata wirken die affektiven und kognitiven Komponenten funktionell in einem Ganzen zusammen. Hierbei sind die Kognitionen bzw. die Logik (unsere „Gedankenwelt") von den Affekten und umgekehrt die Affekte (unsere „Gefühlswelt") von den Kognitionen bzw. der Logik nicht zu trennen, so dass Ciompi (vgl. 1989, 47) von der „logischen Struktur der Affekte" sowie der „Affektstruktur der Logik" spricht. Die sozialen Systeme konstruieren unsere kommunikativen Beziehungswirklichkeiten, die Beziehung zwischen dem Ich und dem Du und somit die Gemeinschaft als Realität sowie darüber hinaus die Realität der Gemeinschaft (vgl. Luhmann 1993).

Die autopoietische Organisation der oben aufgeführten Systeme ist in unzähligen konkreten Strukturen verwirklicht, beispielsweise bei biologischen Systemen in den verschiedensten pflanzlichen, tierischen und menschlichen Lebewesen. Auch die autopoietische Organisation des Systems der Bewegung und Wahrnehmung ist in unterschiedlichsten Strukturen verwirklicht, nicht nur in strukturellen Unterschieden zwischen verschiedenen Arten von Lebewesen, sondern auch in differierenden Wahrnehmungs- und Bewegungsmustern innerhalb einer Spezies. So beschreibt beispielsweise Jakob von Uexküll (vgl. 1983, 34f), dass aus Experimenten darauf geschlossen werden kann, dass bei Fischen, die von schnell beweglicher Beute leben, alle Bewegungsvorgänge wahrscheinlich wie bei der Zeitlupe verlangsamt in ihrer Umwelt auftreten. Und die Eigenbewegungen der Schnecke werden für sie selbst möglicherweise nicht so langsam ablaufen, wie sie uns erscheinen. Bezogen auf unterschiedliche Bewegungs- und Wahrnehmungsmuster innerhalb einer Spezies, beispielsweise zwischen Erwachsenen und Säuglingen, beschreibt Jakob von Uexküll (vgl. 1983, 28f), dass uns zunächst im Säuglingsalter innerhalb eines Umkreises von 10 m durch unsere Muskelbewegung die Dinge in unserer Umwelt als nah und fern bekannt sind. Außerhalb dieses Umkreises gibt es ursprünglich nur ein Größer- und Kleinerwerden von Gegenständen. Im Unterschied zu Erwachsenen endet hier beim Säugling der Sehraum mit einer alles umschließenden fernsten Ebene. Erst nach und nach lernen wir, aufgrund unserer Erfahrungen mit unseren wachsenden Fortbewegungsmöglichkeiten, die fernste Ebene immer weiter hinauszuschieben, bis sie in einer Entfernung von 6 bis 8 km auch beim Erwachsenen dem Sehraum ein Ende macht und der Horizont beginnt. Ebenso lassen sich Strukturunterschiede zwischen affektlogischen oder sozialen Systemen finden (z.B unterschiedlichste Gefühls- und Denkwelten, gesellschaftliche, familiäre, schulische Strukturen usw.).

Dies bedeutet, dass wir in Abhängigkeit von unseren verschiedenen körperlichen, sensomotorischen, affektlogischen Strukturen sowie im kommunikativen Zusammenleben mit anderen Menschen in spezifischen sozialen Strukturen unterschiedliche Wirklichkeiten hervorbringen. Aus dieser Perspektive gestalten wir unsere Wirklichkeiten ähnlich wie ein Bühnenbild im Theater, in dem wir selbst als Akteure (ent-)stehen und ein improvisiertes Theaterstück aufführen (vgl. Downing 1996, 113). Die oben beschriebenen strukturell miteinander gekoppelten Systeme allerdings wären hier eine Art „Innenarchitekt", der die Bühnenwirklichkeit, das Theaterstück und die eigene Rolle darin auf seine Art und Weise konstruiert hat. Durch unsere nicht von einem Drehbuch festgelegten, sondern ständig improvisierten Rollen wird einerseits unser Bühnenbild und das Theaterstück kontinuierlich verändert, andererseits wird sich der improvisierte Verlauf unserer Rollen im Theaterstück in Abhängigkeit vom bisherigen Verlauf des Stückes bzw. der Beiträge der anderen Akteure sowie vom bisherigen Aufbau unseres Bühnenbildes (d.h. den vorgefundenen Wirklichkeitskonstruktionen) fortentwickeln. Ich kann mir also weder beliebig das Bühnenbild und meine Rolle im Theaterstück konstruieren noch legt das bisherige Bühnenbild und das bisherige Theaterstück fest, wie das zukünftige Bühnenbild aussehen wird und wie ich in diesem agieren muss. Für eine systemisch orientierte Psychomotorik wird dann die Frage interessant, welche Wirklichkeits- und Rollenkonstruktionen im Zusammenleben von Menschen zum „Problem" geworden sind und welche Re-, De- und Neukonstruktionen von Wirklichkeit im und durch den Wahrnehmungs- und Bewegungsbereich für eine mögliche Lösung zu (er-)finden sind.

Hält man sich den systemischen Prozess der Konstruktion von Wirklichkeiten und damit das so eingehandelte Verständnis von sich selbst, den anderen und der umgebenden Welt vor Augen, so sind zwischen verschiedenen Personen strukturelle Unterschiede sowohl der biologischen Körperlichkeit als auch der Wahrnehmungs-, Bewegungs-/Verhaltensweisen, affektlogischen Erlebensweisen und kommunikativen Deutungsweisen wahrscheinlicher als strukturelle Gleichförmigkeit. Der Gebrauchswert dieser Annahme liegt unter therapeutischen Gesichtspunkten in dem ableitbaren Problemverständnis. Dabei ist mit Problemverständnis nicht die konkrete Problemgeschichte der Kinder, Eltern, Lehrer etc. gemeint. Es geht vielmehr um die allgemeinere Frage, was unter systemischen Gesichtspunkten geschehen sein muss, wenn etwas zu einem Problem geworden ist, welches sich, anstatt nach einer Weile wieder aufzulösen, stabilisiert.

Jede Person bewegt und verhält sich im Kontext ihrer biologischen Körperlichkeit, ihrer Wahrnehmungen, Gefühle und Gedanken sowie ihrer sozialen Zusammenhänge, das heißt, im Kontext ihrer je eigenen Wirklichkeitskonstruktionen. Den aus einer äußeren Beobachterperspektive zugänglichen Bewegungen oder dem Verhalten wird von den Interaktionspartnern wechselseitig kommunikative Bedeutung zugeschrieben. Problematisch wird dies in der Regel dann, wenn den beobachteten Phänomenen keine unmittelbaren, aus dem Zusammenhang der Kommunikation ableitbaren Bedeutungen zugeschrieben werden können. Werden die aus dem „Spiel" der Kommunikation herausfallenden, innerhalb der Kommunikationsregeln nicht deutbaren und daher nicht-verstehbaren Bewegungen oder das nicht-verstehbare Verhalten als >>Problem<< (d.h. als unerwünscht und veränderbar) bewertet und findet diese negative Bewertung in einem sozialen Kontext dadurch Anschluss, dass sie für die Betroffenen soweit emotional bedeutsam werden, dass dies bei ihnen ein Gefühl des Leidens auslöst, dann kann sich um dieses Problemthema herum ein für die Psychomotorik relevantes „Problemsystem" bilden (vgl. Ludewig 1992, S.116). Wird eine solche sozial hervorgebrachte Problemwirklichkeit in Verbindung mit medizinischen Erklärungs- oder psychologischen Verstehenskonzepten zur Verschiedenheit aufgebaut, dann entsteht das Problem der „Störung" als ursächliche Eigenschaft einer Person. Folgendes Gedankenexperiment von Simon (1992[3], S.40 ff) veranschaulicht dies:

„Stellen Sie sich also vor, dass Sie noch nie etwas vom Fußball gehört haben (nicht dem Ball, dem Spiel): Sie wissen nicht, dass es solch ein Spiel gibt, kennen die Regeln nicht, haben keine Ahnung, welchen Sinn das Ganze hat oder haben könnte. Nun verschlägt Sie ein glücklicher oder unglücklicher Zufall eines Tages auf die Tribüne eines Stadions. [...] Stellen Sie sich vor, mit Ausnahme des Schiedsrichters würden alle genannten Personen (einschließlich des Balls, der zweifellos der Aufgeblasenste der Beteiligten ist) Tarnkappen tragen, welche sie für Sie - nur für Sie - unsichtbar machen. Spieler und Schiedsrichter sehen sich; es entwickelt sich ein Spiel, genauso gut oder schlecht wie alle anderen auch. Die Akteure und Zuschauer können keinen Unterschied zu früheren Spieltagen feststellen. Nur Sie sind der Wirkung der Tarnkappe ausgesetzt. [...] Was sehen Sie jetzt? Und was denken Sie über diesen erwachsenen Mann, der da in kurzen, schwarzen Hosen auf dem Rasen hin- und herhetzt, gelegentlich mit einer gelben Karte herumfuchtelt, in eine Trillerpfeife bläst, (Selbst-?)Gespräche führt, schimpft, ermahnt, Grimassen schneidet und wild gestikuliert? Es wird von Ihrer diagnostischen Phantasie abhängen, wie Sie das Verhalten dieses merkwürdigen Mannes beurteilen. Wenn Sie nicht an magische Kräfte glauben, die ihn fernsteuern, so werden Sie wahrscheinlich die Ursachen für sein überaktives und nicht einfühlbares Verhalten innerhalb der Grenzen suchen, die durch seine Haut gegeben sind. Je nachdem, welche Denkrichtung mehr Ihrem Geschmack entspricht, werden Sie entweder vermuten, dass bei ihm eine Schraube locker, der Stoffwechsel entgleist oder seelisch etwas durcheinander geraten ist. In allen drei Erklärungsversuchen begrenzen Sie ihr Beobachtungsfeld auf unsere Versuchsperson. Sie versuchen eine Ursache-Wirkungs-Beziehung zwischen dem Verhalten des Schiedsrichters und irgendwelchen (mechanischen, physiologischen oder psychischen) Prozessen, die in ihm ablaufen, zu konstruieren."

Die Beobachtungsperspektive in dem Gedankenexperiment ist auf die Grenzen des schwarz gekleideten *Individuums in einer Umwelt, wie wir sie sehen und erleben*, beschränkt. Daher erscheint das Verhalten des Schiedsrichters unsinnig und nicht sofort verstehbar. Um die Störung unserer Verständnisfähigkeit zu beheben, ohne die Ordnung und Zuverlässigkeit unserer eigenen Erfahrungswirklichkeit anzweifeln zu müssen, deuten wir die nicht verstehbaren Verhaltenssymptome des Schiedsrichters als Zeichen für andere, nicht unserer direkten Beobachtung zugängliche „ursächliche" Phänomene aus einer „Wirklichkeit hinter der Wirklichkeit", z.B. innerhalb der Grenzen des schwarz gekleideten Individuums: bei ihm ist entweder eine Schraube locker oder sein Stoffwechsel entgleist oder aber seelisch etwas durcheinander geraten. Durch diese Erklärungs- bzw. Verstehenskonzepte werden diejenigen, die stören, zu Gestörten. Ihr „unsinniges" Verhalten bekommt für uns wieder einen verstehbaren „Sinn", den Sinn einer aus ihrem Inneren erklärbaren „Störung".

Wenn die im Gedankenexperiment am Spiel Beteiligten ihre nur für uns Zuschauer wirksamen Tarnkappen jedoch abnehmen und wir dadurch unsere Beobachtungsperspektive annähernd darauf erweitern können,

- wie der Schiedsrichter in der Spielsituation möglicherweise handelnd wahrnimmt und wahrnehmend handelt,
- wie er die Spielsituation emotional und rational (affektlogisch) erlebt sowie
- wie er in der Spielsituation interagiert und kommuniziert und welche kommunikativen Bedeutungen sich die Interaktions- und Kommunikationspartner gegenseitig zuschreiben

dann erscheint uns dessen auffälliges Verhalten auch ohne die üblichen Störungsmodelle weniger unsinnig und auf einmal verstehbar. In vielen Situationen ist dieser für das Verhalten und Handeln von Kindern bedeutsame systemische Kontext nicht aus dem Grund unsichtbar, weil alle am „Spiel" Beteiligten Tarnkappen tragen, sondern weil dieser durch unsere herkömmlichen, ausschließlich individuumzentrierten theoretischen Brillen nicht in das Blickfeld gerät.

Das mit den systemisch-konstruktivistischen Positionen zu vereinbarende, nicht pathologisierende Konzept des Problemsystems ermöglicht nun eine Blickfelderweiterung, indem hier ein Problem als ein kommunikativ erzeugtes, ein Sozialsystem (Problemsystem) bildendes Thema aufgefasst wird. „Störungen" werden weder der einen (bspw. dem Kind) noch anderen Person bzw. Institution (bspw. seiner Familie, seiner Mutter oder seines Vaters) zugeschrieben, sondern als ein nicht gelungener Umgang mit Verschiedenheit begriffen (vgl. Walthes 1995, S.91). Durch das Konzept des Problemsystems kann der rein individuumzentrierte Fokus auf die schon weiter oben beschriebenen systemischen Kontextbedingungen erweitert werden, unter denen Verschiedenheit problemwirksam wird und können zusätzliche psychomotorische Handlungsoptionen für einen problemlösenden Umgang mit ihr ermöglicht werden.

Der systemische Blick auf Störungen oder Probleme lässt aber, wie so oft fälschlicherweise kritisch angemerkt, die individuellen strukturellen Bedingungen einer Person nicht außer Acht, um statt dessen ausschließlich die soziale Dynamik mit ihren jeweiligen Auswirkungen auf die beteiligten Personen in den Mittelpunkt zu stellen. Ausgangspunkt systemischer Überlegungen ist die Annahme der Strukturdeterminiertheit der wahrnehmenden, handelnden, denkenden, fühlenden Personen, allerdings immer verbunden mit dem Blick auf die sozialen Kontextbedingungen, unter denen sich die jeweilige Person zu ihrem Tun oder Lassen entscheidet. Unter Kontextbedingungen werden hier also sowohl die sichtbaren wie unsichtbaren Handlungsbezüge der Interaktions- und Kommunikationspartner verstanden, das heißt, auch die sogenannten inneren Landkarten, die Deutungskonzepte der einzelnen Personen für wahrgenommene oder vermisste Ereignisse sowie die kommunikativen Bedeutungen, welche diese dem Verhalten und Handeln ihres jeweiligen Gegenübers wechselseitig zuschreiben. (vgl. Balgo/Klaes 2001).

Eine systemisch orientierte Psychomotorik setzt vorrangig an der Veränderung des Kontextes an, in dem sich das „Störende" zeigt. Hierbei ist es hilfreich, die Beobachter bzw. Konstrukteure von "Störung" (z.B. auch die Eltern, Geschwister, etc.) in die praktische Arbeit mit einzubeziehen, da diese sowohl der Ausgangspunkt für die Verständigungsschwierigkeit als auch die kontextuelle Bezugsgröße für die Wirklichkeitskonstruktionen sind (vgl. Walthes 1991; Klaes/Walthes 1995b; Klaes/Schnurnberger 1997; Balgo 1998a). Die Idee dabei ist: verändere ich die Kontextbedingungen, entstehen für die Interaktionspartner eventuell Neuheiten, Unterschiede zum Bekannten und Erwarteten, die zur Anregung eines veränderten Interaktionsverhaltens dienen können. Der Kooperationsprozess mit der Familie gestaltet sich als dynamischer Interaktionsprozess gegenseitiger Anregung, Überraschung, Anforderung und Handlungsorientierung.

Dabei ist die Aufmerksamkeit in der psychomotorischen Arbeit auf die Ausnahmen des Misslingens bzw. auf die Momente des Gelingens gerichtet. Hierin liegt der Wegweiser für die Gestaltung des psychomotorischen Prozesses. Jede Situation, die von den Handelnden als gelingender Umgang miteinander erlebt wird, gibt Auskunft darüber, welche Bedingungen derzeit geeignet sind, sich auf diese Weise miteinander verhalten zu können und welche Ressourcen und Kompetenzen bereits zur Verfügung stehen, auch wenn sie nicht immer sofort ins Spiel gebracht werden.

In einer systemisch orientierten Psychomotorik wird die Bewegung sowohl als kommunikatives Geschehen als auch als Wegweiser für die Wirklichkeitskonstruktionen von Kindern und Erwachsenen verstanden. Daher werden im gemeinsamen Bewegungsdialog Hypothesen gebildet:

- über die den Bewegungen oder dem Verhalten zu Grunde liegende Wahrnehmungs-, Fühl- und Denkweisen der beteiligten Personen
- darüber, wie diese in die soziale Kommunikation und Interaktion einfließen bzw. hier ihre Entsprechung finden und
- über die vorhandenen Stärken und Ressourcen

Die Hypothesen beziehen sich auf:

- die mögliche Funktion des Symptomverhaltens im Kontext der sozialen Beziehungsmuster. Sie versuchen
- den sensomotorischen- und affektlogischen Erlebensweisen sowie kommunikativen Deutungsweisen der einzelnen Personen nachzukommen

und sie dienen im psychomotorischen Prozess

- der Ideenentwicklung für angemessene Kontextveränderungen, durch die die Interaktionen der Klienten neue Anregungen erfahren sollen (vgl. Balgo/Klaes 2001).

Bei der Hypothesenbildung zu den *vorhandenen Stärken und Ressourcen* geht es: um ein sog. „profizitorientiertes" Denken. Das bedeutet, dass zunächst einmal alle Wirklichkeitskonstruktionen und die damit verbundenen Auswirkungen wie z. B. Probleme oder Symptome, aus der Sicht der Betroffenen als sinnvoll erachtet werden. Die Beiträge, mit denen sich die einzelnen Interaktionspartner zeigen, sind weder falsch noch richtig; sie entsprechen auf der Basis der je subjektiv wahrgenommenen Situation den Handlungsfähigkeiten, die sie im Augenblick aktualisieren können (vgl. Balgo/Klaes 2001).

Für ein besseres Verständnis des oftmals unverständlich erscheinenden Verhaltens der Kinder, Eltern etc. kann es hilfreich sein, sich die Frage zu stellen, welchen Sinn die einzelnen Handlungs- und Kommunikationsbeiträge im Problemsystem "Störung" für wen möglicherweise haben:

- aus der Sicht der Wahrnehmungs-, Fühl- und Denkweise des Kindes?
- aus der Sicht der Wahrnehmungs-, Fühl- und Denkweise der Mutter oder des Vaters oder...?
- unter dem Aspekt: welche kommunikative Bedeutung hat das Verhalten des Kindes für die Eltern und das Verhalten der Eltern für das Kind?

Im weiteren erfolgt die aktive Entwicklung von Bewegungs- und Spielsituationen, in denen dieser individuelle Sinn durch andere Kommunikationsgestaltungen, durch andere Erfahrungen, Erlebniswirklichkeiten, Sichtweisen und Bedeutungskonstruktionen zum einen berücksichtigt zum anderen aber auch weiterentwickelt werden kann.

Der Aufmerksamkeitsfokus geht weg vom Problem und hin zu den Stärken, Kompetenzen sowie der Sinnhaftigkeit des Tuns der Hilfesuchenden. (vgl. Eggert 1997, Balgo 1997). Vergleichbar einer Verletzung, die nur vom gesunden Gewebe aus verheilt, scheint es hilfreicher zu sein, nicht das Problem zu betrachten, sondern die *gemeinsame Suche nach* schon *vorhandenen Handlungsmöglichkeiten, Fähigkeiten und ungenutzten Ressourcen* zu aktivieren. Hier sind Fragen nach Ausnahmesituationen hilfreiche Wegweiser. Es geht darum zu erkunden, in welchen zeitlichen, räumlichen, materialen und sozialen Kontexten die gewünschten Verhaltensweisen gezeigt bzw. die unerwünschten nicht gezeigt werden und dadurch inspiriert, Bewegungs- und Spielsituationen zu gestalten, die mehr und mehr gelingende Kooperation hervorbringen. Im miteinander Bewegen werden die Handlungsmöglichkeiten nicht nur gedanklich durchgespielt, sondern sie sind im dynamischen Handlungsgeschehen miteinander entwickelt und bereits konkrete Erfahrung. Ob sie für das angestrebte Ziel, die Verbesserung der Kooperation, passend oder unpassend sind, erweist sich im direkten Tun (vgl. Balgo/Klaes 2001).

Zur Verdeutlichung der bis zu dieser Stelle skizzierten praxeologischen Reflektionen, sollen die beiden folgenden Fallbeispiele dienen, die unter zwei Aspekten ausgesucht worden sind (Balgo/Klaes 2001): „Mit dem ersten soll vorrangig das Thema der strukturellen Bedingungen des Kindes, und ihre Auswirkungen auf die Kommunikationsgestaltung angesprochen werden. Im Zweiten Beispiel geht es stärker um die Entwicklung der Interaktionsmöglichkeiten der Familienmitglieder. Die Beispiele entstammen unterschiedlichen bewegungstherapeutischen Settings. Zum einen handelt es sich um eine einzeltherapeutische Zusammenarbeit von Kind und Bewegungstherapeutin im Rahmen einer Kinder und Jugendpsychiatrie, ohne eine direkte Zusammenarbeit mit den Eltern oder anderen wichtigen Interaktionspartnern des Kindes. Im zweiten Fall handelt es sich um eine systemische bewegungstherapeutische Zusammenarbeit mit einem als „hyperaktiv" beschriebenen Jungen, seinem Bruder und seiner Mutter im Rahmen einer freien bewegungstherapeutischen Praxis. Natürlich ist alles, was als Fall beschrieben werden kann, hypothetischer Natur und dient letztlich dazu, eigene Handlungsorientierungen für die

Gestaltung des bewegungstherapeutischen Dialogs zu gewinnen. Alle ausgewählten Ereignisse sind Ereignisse im Wechselspiel zwischen dem Kind und der Therapeutin und könnten ebenso gut auf die Wahrnehmungs- und Handlungsstruktur der Therapeutin bezogen werden.

4.1 Praxisbeispiel I

Felix ist acht Jahre alt und hat zusammen mit seinen Eltern bereits verschiedene Beratungseinrichtungen aufgesucht sowie unterschiedliche ambulante Therapien erlebt. Anlas dazu bietet sein als „hyperaktiv" bezeichnetes und im familiären wie schulischen Alltag häufig störendes Verhalten. Da die Grundschullehrerin nun darauf drängt, dass gravierende Verhaltensveränderungen seinerseits eintreten müssten, ansonsten keine Chancen mehr bestünden, Felix weiterhin zu unterrichten, haben die Eltern auch auf Anraten des behandelnden Kinderarztes den Schritt in die Kinder und Jugendpsychiatrie unternommen.

Bei unserem ersten Zusammentreffen äußert Felix seine Vermutung, dass er wahrscheinlich wegen seiner Aggressivität in der Klinik sei und meint damit, dass er manchmal andere verprügelt, Sachen kaputt macht und Türen heftig hinter sich zuknallt. Er hat die Idee, dass ihm die Leute hier in der Klinik helfen können und dass er dann nicht mehr so aggressiv sein muss. In welcher Weise er dazu etwas tun kann, ist ihm unklar. Immerhin kann er sich helfen lassen. Auf meine Frage hin, wie ich es mir mit Ihm ganz schnell verscherzen könnte, sagt er, ich dürfe ihm auf keinen Fall verbieten, was er will oder ihn schlagen, dann hätte ich verspielt. Ich verspreche ihm, darauf zu achten, räume aber ein, dass es mir mit dem Verbieten schon mal passieren könnte, das hätte ich nicht so gut im Griff und da müsse er mir vielleicht ein paar Chancen geben. Den Nutzen der Bewegungstherapie ordnet er unter den allgemeinen Nutzen des Klinikaufenthalts ein und ist einverstanden damit, dass wir uns von nun an regelmäßig treffen werden.

Felix ist noch nicht ganz zur Tür herein, da hat er auch schon eine Idee, was er heute machen will. Doch teilt er diese nicht erst mit, damit wir verhandeln könnten, ob dies auch meinen Interessen entspricht und uns dann gegebenenfalls zu ihrer Umsetzung zu koordinieren, sondern er wird sofort aktiv und begibt sich daran, seine undurchsichtige Idee in Tat und Wahrheit umzusetzen. Wenn ich ihn zwischendurch mit einer Ahnung, welches Ziel er wohl verfolgt, frage, ob ich ihm einen Vorschlag machen darf, will er ihn zwar manchmal hören, doch nur selten passt meine Idee so in sein Konzept, dass er sie einbauen möchte. Mit einem kurzen „wart, wart" bittet er mich, geduldig zu sein und wie ich es verstehe, darauf zu vertrauen, dass er schon weiß, was er da tut. Die Befürchtung, dass meine Geduld vielleicht nicht reichen und ich dann doch aktiv mitmischen könnte, scheint ihn immer stärker zur Eile anzutreiben. Er macht einen ausgesprochen emsigen Eindruck bis zur Schwelle zum gestresst sein. So entstehen Matten- und Gerätelandschaften als Parcours, die in einem nacheinander von Aufgaben zu durchlaufen sind oder Wege, die bestimmen, wo man, wie, in welche Richtungen mit dem Fahrrad oder den Inline-Skates fahren darf. Felix weiß ganz genau, wie sein vollendetes Werk auszusehen hat, welche Materialien er dazu benötigt und was dazu getan werden muss. Seine Aktivitäten verfolgen immer das Ziel, einen geordneten Handlungsraum einzurichten, der uns dann zum gemeinsamen Spielplatz werden soll. Dabei scheint aber die Vorbereitung des Spiels das eigentlich Wichtige zu sein, denn zumeist benötigen seine Aufbauten so viel Zeit, dass zu ihrer Benutzung kaum noch Gelegenheit bleibt. Das stört ihn aber nicht. Seine Entwürfe sind oft sehr komplex und perfekt ausgeklügelt. Kannten und Ecken von Matten stoßen exakt aneinander, nirgends darf eine Lücke entstehen oder eine Fläche nur mit wenigen Markierungen angedeutet sein. Linien die zur Raumbegrenzung oder –einteilung dienen, müssen ununterbrochen sein. Entsteht in Ermangelung weiterer Materialien notgedrungen eine Lücke, so muss diese mit Bedeutung gefüllt werden. Sie wird zur Tür oder zum Fußgängerüberweg. Die Spiele, für die er diese Spielräume gestaltet, sind ebenfalls genau festgelegt. Zumeist müssen wir beide das Gleiche tun, entweder gleichzeitig oder hintereinander. Dabei geht es häufig darum, den Schnelleren oder Erfolgreicheren von uns zu ermitteln. In dieser durch ihn hochgradig kontrollierten und regulierten Situation lässt sich gemeinsam handeln, wobei die Gemeinsamkeit in der Ausführung des festgelegten Ablaufs besteht. Offene Handlungssituationen, in denen sich durch die Koordination miteinander erst das Spielgeschehen entwickeln würde, sind für Felix kein Angebot. Seine innere Handlungsorientierung resultiert aus der festen Vorstellung vom Ziel bzw. vom Ergebnis und zur Erreichung dieses Ziels gibt es gerade einen Weg. Muss ich seine Ausführungen stoppen, weil ich befürchte, dass er oder das verwendete Baumaterial Schaden nehmen wird, bricht sein Plan vollständig zusammen und er steigt komplett aus diesem Spiel aus. Allerdings ist das für ihn nur kurzfristig ärgerlich, tragisch oder enttäuschend, weil die nächste Idee zu einem neuen, ganz anderen Vorhaben nicht lange auf sich warten lässt.

Hypothesen:

Undefinierte Spielräume scheinen für Felix eher etwas Bedrohliches zu sein und dies nicht nur hinsichtlich des alle Bewegungsrichtungen und -möglichkeiten offenhaltenden architektonischen Raums, sondern ebenso in Bezug auf den sozialen Interaktionsraum. Die Gleichzeitigkeit der Möglichkeiten muss von ihm zur Erhaltung seiner Handlungsfähigkeit drastisch reduziert und in ein geordnetes, festgelegtes Nacheinander gebracht werden. Indem er den Raum mit Hilfe von Materialien strukturiert, konkretisiert er einen Interaktionsraum und reduziert die potentiellen Handlungsmöglichkeiten auf ganz bestimmte Handlungsabläufe. Nicht eine gemeinsame Idee verbindet die Handlungspartner sondern konkrete Handlungsziele und eindeutige Handlungsregeln. Es geht um Orientierung in mehrfacher Hinsicht, um die räumliche und die soziale. Dazu müssen die anderen in seinen Plan integriert werden und nicht umgekehrt. Doch sind diese seine Pläne in Handlungsvorstellungen präsent, nicht aber in Sprache. Die verfügbaren Handlungsentwürfe und Durchführungspläne müssen faktisch in den Raum gestellt werden. In seinen handelnden Bemühungen, die Bedingungen zu schaffen, die gemeinsames Handeln ermöglichen, muss er alles, was seinen Plan irritieren könnte, draußen halten. Dies gelingt ihm dadurch, dass er pausenlos beschäftigt ist, den anderen also keine „Einstiegslücke" lässt und sein Vorhaben nicht erst beschreibend zur Diskussion stellt. Dass er mit der Einforderung dieser für ihn zur Zeit notwendig erscheinenden Handlungsbedingungen in den alltäglichen Interaktionssituationen oftmals scheitert, ist naheliegend. Für andere Kinder ist er damit sicherlich überfordernd und ein eher unangenehmer Spielpartner. Aus der Position von den meisten Erwachsenen maßt er sich mit seinem Vorgehen eine Rolle an, die ihm nicht zukommt, ganz abgesehen davon, dass die übliche Alltagsorganisation in Schule und Familie diese Art der Koordination kaum zulässt.

Die Stabilisierung dieses Zustands erfolgt auf verschiedene Weise. Sofern sich die Interaktionspartner auf seine Bedingungen einlassen, entspricht ihr Handeln seinen Handlungsplänen und erzeugt damit auch keinen für ihn neuen Handlungsvorschlag, mit dem er sich koordinieren könnte/müsste. Gelingende Handlungssituationen scheinen den Preis der Anregungsvermeidung Neues zu erlernen, zu haben. Der Preis des Gelingens ist die Stabilisierung seiner Handlungsmuster (nichts neues hinzuzulernen). Kommt es zum Scheitern der Handlungssituation, weil seine Bedingungen von den Interaktionspartnern nicht akzeptiert werden, finden die jeweiligen Situationen keine Fortführung auf neuen Wegen, sondern werden radikal abgebrochen, um mit einem ganz neuen Vorhaben noch mal neu zu starten, allerdings wieder im gleichen Muster.

Zudem hat Felix in seinem fortwährenden Tun kaum Gelegenheit, andere in ihren Handlungen und Aktionen zu beobachten und auf diesem Wege mehr und mehr ihre jeweiligen Verhaltensweisen antizipieren zu lernen, also erwartbar zu machen. 'Beobachten', als wesentlicher Bestandteil im Prozess wechselseitiger Koordination, kommt in der Gestaltung seiner Interaktionssituationen nicht vor.

Die Gestaltung des bewegungstherapeutischen Prozesses orientierte sich an der Frage, wie können die Spielsituationen so gestaltet werden, dass sie einerseits die Bedingungen bieten, die Felix derzeit benötigt, um mit einer weiteren Person handeln zu können und andererseits dennoch Anregung zu neuen Handlungsmöglichkeiten beinhalten?

Zusammenfassung der angenommenen aktuellen strukturellen Handlungsbedingungen:

- die Interaktion ist nicht prozess- sondern zielorientiert
- die Ideen werden nicht sprachlich vermittelt
- die jeweiligen Handlungsweisen dürfen nicht direkt miteinander koordiniert werden
- die Aktionen brauchen einen eindeutigen räumlichen Bezug, eine klare Richtung
- der Handlungsablauf ist weitgehend festgelegt
- der Zwischenraum, auch der soziale, muss bedeutsam geschlossen sein
- Handlungsbeobachtungen und -variation sind eher nicht vorgesehen

Es ist an dieser Stelle nicht möglich, den gesamten therapeutischen Prozess in seiner dynamischen Entwicklung wiederzugeben. Doch vielleicht kann die folgende grobe Skizzierung einen ersten Eindruck zur Umsetzung der oben formulierten Aufgabe vermitteln.

4.1.1 Entwicklung des bewegungstherapeutischen Zusammenspiels

Eine erste Erweiterung unserer Spielsituationen wurde durch eine neue Rollenverteilung möglich. Nachdem Felix in gewohnter Akribie eine Slalombahn zum Inline-Skaten aufgebaut hatte, ich glücklicher Weise ohne Inlines war, nahm ich ohne weitere Absprache mit ihm die

Rolle der Fernsehmoderatorin ein, die nun für die Zuschauer an den Bildschirmen zu Hause die internationalen Inline-Slalom-Wettkämpfe moderierte. Ich eröffnete den Wettkampf mit einer kleinen Ansprache an das Publikum, zählte die verschiedenen Teilnehmerinnen auf und führte mit Felix ein Interview, indem ich ihn über die Strecke, die Schwierigkeiten und seine Strategie befragte. Dann ging er an den Start und ich kommentierte wie eine rasende Reporterin das Rennen in allen Einzelheiten. Zwischendurch wechselte ich ständig die Rollen, rief die Athleten an den Start, gab das Startkommando, verkündete die gelaufene Zeit, veränderte die Wettkampfregeln und den Streckenverlauf und verlieh die Medaillen. Felix, der während des gesamten Spiels in seiner Rolle bleiben konnte, war ein begeisterter Mitspieler, ließ sich von mir die Kommandos geben und immer wieder mit neuen Aufgaben bestücken.

Wir hatten mit diesem Spiel einen neuen Handlungsrahmen entdeckt, der sich von den bisherigen Spielverläufen insofern unterschied, dass ich nun eher in der Rolle von Felix war und das Spielgeschehen strukturierte. Der Spielverlauf entsprach aber nicht einem vorentworfenen Plan, sondern entwickelte sich im Spiel. Die klare Rollenverteilung erlaubte ein mehr oder weniger getrenntes Agieren, wir mussten uns in unseren Handlungen noch nicht direkt miteinander koordinieren. Was noch hinzukam, war die sprachliche Beschreibung des Geschehens, auch wenn ich dies zunächst einmal übernahm. Natürlich mussten wir dieses Spiel noch einige Male spielen, allerdings mit wechselnden Rollen. Nun war auch Felix in der Situation zu beschreiben, was er an mir beobachtete.

Unser nächstes Spiel, bei dem es dann auch lange mit einer stetigen Erweiterung der Handlungsräume und Interaktionsmöglichkeiten bleiben sollte, war Basketball. Ausgehend von Felix Idee, den Ball durch unterschiedliche Lücken der Hängeleiter des Kletterhäuschens zu werfen und entsprechend Punkte zu machen, wickelten wir sozusagen das Basketballspiel von hinten her auf. Mit der Zeit wurden wir zusammen eine Mannschaft, die sich vom Ende der Wiese auf das Kletterhäuschen zu bewegte, dabei den Ball zwischen sich hin und her warf und die Aktion mit einem Torwurf beendete. Wir hatten eine erste direkte Interaktionsform gefunden. Die Bewegungsrichtung war festgelegt, die ganze Aktion war zielorientiert, der Ball füllte den Raum zwischen uns und verband uns wie an einer imaginären Schnur miteinander. Wir jubelten zusammen über erfolgreiche Korbwürfe als ein gemeinsam erreichtes Ziel.

Über einen geschickten Zufall kam die Idee ins Spiel, uns gegenseitig mit der Videokamera aufzunehmen. Felix bat mich, langsamer zu laufen, damit er mich mit der Kamera genau beobachten konnte. Durch die Kamera wurde Beobachtung zum eigenen Thema. Im Laufe der Zeit wurde das Spiel zunehmend komplexer, neue Handlungsabläufe kamen hinzu, Tempovariationen, Richtungswechsel...unsere Koordinationsweisen wurden flexibler.

Wir entwickelten noch viele andere Spielmöglichkeiten miteinander, in denen Felix zunehmend experimentierfreudiger wurde, was die Offenheit der Gestaltung verschiedener Wege zum Ziel anbelangte. Zumindest im Kontext Bewegungstherapie konnte Felix sich mit anderen erweiterten Handlungsmöglichkeiten als dies zu Anfang der Fall war zeigen, ob dies aber in irgendeiner Weise auch Wirkung auf seine Handlungsweisen in anderen Kontexten zeigt, bleibt offen.

4.2 Praxisbeispiel II

Anlass der therapeutischen Zusammenarbeit ist die Sorge um die weitere schulische Entwicklung des siebenjährigen Sohns Lukas, der durch seine Wildheit, seine Ungeschicklichkeit, seine mangelnde Konzentrationsfähigkeit, sein Bedürfnis, alles kontrollieren zu wollen und sein ungestümes Ausrasten gefährdet scheint (vgl. Klaes/Schnurnberger 1998). Verhaltensstörung, Wahrnehmungsstörung, hyperkinetisches Syndrom sind die Begriffe, die sich auf Seiten der Mutter und der Lehrerin mit diesen Beobachtungen verbinden. Die zu Rate gezogene Kinderärztin bestätigt den Verdacht und bringt als eine Lösungsmöglichkeit für Lukas Probleme die medikamentöse Behandlung mit Ritalin ins Spiel. Für die Mutter erscheint die Situation bzw. die Notwendigkeit etwas tun zu müssen, äußerst dringlich, während der Vater die Zeit als Lösungsfaktor ansieht.

Von der ersten Stunde an initiiert Lukas ein Spiel, in das er alle Anwesenden (Mutter, jüngerer Bruder, Therapeutin) einbezieht und ihnen feste Plätze und Aufgaben zuweist. Dabei ist ihm wichtig, dass das Spiel in der immer gleichen Weise gespielt wird und wehrt dementsprechend Variationsvorschläge vehement ab. Wenn Kinder so sehr und so dauerhaft darauf beharren, ein bestimmtes Spielgeschehen durchführen zu wollen, ist anzunehmen, dass sich für sie damit ein sehr wichtiges Thema verbindet, für dessen Weiterentwicklung sie Zeit, Raum und Gelegenheit suchen.

In diesem Fall handelt es sich um eine Art Handballspiel. Zuerst richtet Lukas das Spielfeld ein. Sein Platz ist das Tor, welches er mit Matten auslegt, über die er auch definiert, in welchem Bereich durch die anderen ein Treffer erzielt werden kann. Er platziert alle anderen im unterschiedlichen Abstand zum Tor und scheint dabei zu berücksichtigen, wer über welche Wurfstärke und Treffsicherheit verfügt. Sein kleiner Bruder darf ihm direkt gegenüber dem Tor am nächsten sitzen, seine Mutter und die Therapeutin rechts und links außen und, danach befragt wo sein Vater sitzen müsste, wenn der nun auch hier wäre, sagt Lukas, der müsse ganz hinten sitzen, weil der ja so stark werfen könne. Der Spielverlauf wird durch Lukas genau festgelegt. Indem er den Namen ruft, bestimmt er wer, wann werfen darf. Hält sich jemand nicht an den Ablauf, droht er verzweifelt nicht mehr mitzuspielen oder rennt gleich weg. Ihm ist wichtig, dass niemand seinen Platz verlassen darf, dass sein Bruder ohne Hilfestellung der Mutter wirft und niemand zu hoch wirft, weil er das unfair findet. Soweit der Ablauf.

Hypothesen:

Versteht man diese Situationsgestaltung als eine Beschreibung Lukas, wie er sich innerhalb der Familie vielleicht positioniert sieht, könnte man folgende Vermutungen anstellen. Aus seiner Sicht haben die Beziehungen untereinander die Qualität des Kräftemessens. Es geht nicht um Kooperation, diese scheint sogar eher von Nachteil, sondern um ein Überbieten. Die Handlungsziele sind gegenläufig und doch direkt miteinander verbunden. Die Werfer wollen Tore erzielen, der Torhüter versucht dies zu verhindern. Dabei spielen alle für sich allein, wobei die Position des Torwarts eher dem Motto „Einer gegen alle entspricht". Jeder Wurf gibt Auskunft über das Kräfteverhältnis. Lukas weist seinen Mitspielern die Rolle zu, seine Schwachpunkte herauszufinden und dieses Wissen für sich zu nutzen. Seine Chance, ein guter Abwehrer der Würfe zu sein, besteht darin, die anderen weitestgehend in ihren Aktionen zu steuern, seine eigene Aktionsbereitschaft immer oben zu halten und durch viele, für die anderen eher verwirrenden Bewegungen, möglichst überall gleichzeitig zu sein. Damit ist ihm immer nur eine kurze, schnell wechselnde Aufmerksamkeit auf seine Mitspieler erlaubt, die durch einen entsprechenden Abstand und ihre Ortsgebundenheit begünstigt wird. Lukas befindet sich in einer risikoreichen Position des Kommunikationsgeschehens. Gelingt es ihm nicht, die Beiträge der anderen zu strukturieren und zu dirigieren, hat er in seiner Rolle kaum eine Chance. Er muss die Kontrolle über das Spielgeschehen behalten, allerdings für den Preis großer Verantwortung. Seine Strategie ist dichte Strukturierung und dauerhaft hohe

Aktionsbereitschaft. Die Strategie auf die er verzichtet, ist die der Vorentwürfe, der Antizipation der Handlungswahrscheinlichkeiten der anderen. Fehlt ihm die Erfahrung der Erwartbarkeit? Ist sein „hyperaktives" Verhalten eine Lösung für die schwierige Anforderung, die in jeder Kommunikation mit dem Phänomen der „doppelten Kontingenz" verbunden ist? Hiermit ist gemeint, dass ich nicht wissen kann, was der andere wirklich denkt und umgekehrt, und dass der andere auch immer anderes wollen kann, als er vorgibt. Diese unhaltbare Situation muss, wenn ein Sichverhalten zueinander möglich werden soll, durch gegenseitige Unterstellungen von wechselseitigen Beeinflussungsmöglichkeiten kompensiert werden (vgl. ausf. Luhmann 1993, 152 od. Balgo 1998, 205ff).

4.2.1 Entwicklung des bewegungstherapeutischen Zusammenspiels

Im weiteren Verlauf des Spielgeschehens kommt es zu einer ersten Variation. Lukas schlägt einen Rollentausch vor und wechselt mit seiner Mutter den Platz. Allerdings gelingt es ihm nicht, mit dem Platz auch tatsächlich die Rolle zu wechseln. Er will immer noch alles bestimmen und für den ordentlichen Verlauf des Spiels verantwortlich sein. Da seine Mutter aber nun als Torwartin nicht auf ihre Rechte, das Spiel steuern zu dürfen, verzichten will, kommt es zur Eskalation. Lukas findet den Job als Werfer extrem langweilig und will unbedingt wieder ins Tor.

Offenbar hat Lukas mit seiner Aufgabe des Abwehrens und Kontrollierens die für ihn momentan bessere Position gewählt. Die Erfahrung, dass die Handlungsweisen, die er den anderen zugesteht, äußerst unbefriedigend sind und dass die Akzeptanz des Torwarts ausgesprochen schwer ist, ist aber nicht zugleich eine Anregung, das Spielgeschehen insgesamt zu verändern, sondern der Impuls, die alte Ordnung wieder herstellen zu wollen.

Die Veränderung des Spiels kommt von einer anderen Seite. Lukas kommt durch seinen hohen Aktionspegel immer wieder an den Punkt, kleinere Erschöpfungspausen einlegen zu müssen. Allerdings gönnt er sich und den anderen hier nicht sonderlich viel Zeit, eigentlich sind die Pausen eher eine unwillkommene Störung. Durch den Vorschlag der Therapeutin, die Pausen wie zum Beispiel im Handball regelrecht als Erholungspausen zu gestalten, bekommen sie aber eine andere Bedeutung und mit dem Angebot der Massage eine neue Qualität, die offenbar auch Lukas gefällt, denn er führt nun zusätzlich noch

Verletzungspausen ein. Immer wieder legt er sich auf seine Matten und lässt sich von seiner Mutter massieren, die nach anfänglicher Unsicherheit mit Hilfe der Therapeutin bald eine für beide angenehme Form findet.

Der Vorschlag, Pausen einzuführen, die zum Spiel gehören und gleichzeitig neue Möglichkeiten der Positionierung des Kontakts erlauben, ist für Lukas eine passende Variante des bisherigen Spiels, die er sogar mit weiteren Vorschlägen in diese Richtung ausbaut. Aus dem für Kontrolle wichtigen Abstand wird in dieser Situation wohltuende Nähe, in der er sich den guten Taten seiner Mutter überlässt.

Während einer solchen Halbzeitgestaltung bringt der kleine Bruder einen Vorschlag ein, der zu einer interessanten Kommunikationsentwicklung zwischen Lukas und den anderen führt. Während die Mutter Lukas massiert, wendet sich die Therapeutin dem kleinen Bruder zu und beginnt, auch ihn an den Armen zu streicheln. Darauf hin nimmt Florian ihre Hand und küsst sie. Die Therapeutin greift diesen Vorschlag auf und beginnt zu singen: „Wenn sich die Igel küssen, dann müssen, müssen, müssen, sie ganz schön fein behutsam sein." Florian findet Gefallen an dem Lied und zusammen singen sie es einige Male hintereinander. Dabei verändern sie den Anfang des Liedes und singen z.B. „wenn sich die Kinder küssen..." Hierbei wird Lukas ganz aufmerksam und singt bei der nächsten Wiederholung: „wenn sich Florian und Lukas küssen...", wobei er auf Florian zugeht und ihm ganz behutsam einen Kuss auf die Wange gibt. Das Lied wird nun von ihm mit immer neuen Namenskombinationen gesungen und am Ende geht er etwas zögerlich auf seine Mutter zu und gibt auch ihr einen Kuss auf die Wange.

In einem späteren Gespräch mit der Mutter wird deutlich, dass Lukas mit diesem Lied eine neue Form der Kontaktaufnahme erschließen konnte. Üblicherweise gestaltet er Kontaktaufnahmen in Form von kleinen Boxhieben oder Fußtritten und handelt sich auf diesem Wege häufig eine Abweisung ein. Daher war es für ihn wahrscheinlich ein mittelgroßes Wagnis in dieser Form auf seine Mutter zuzugehen. Offenbar war Lukas mit der darauf erhaltenen Resonanz aber sehr zufrieden, denn ihm fiel sogleich eine neue Variante des Ballspiels ein, mit der er sowohl Spieltypus, Spielziel als auch Spielregeln veränderte.

Er möchte mit seiner Mutter eine Mannschaft bilden. Sein Bruder und die Therapeutin sollen ebenfalls ein Team sein. Die Mannschaften sitzen einander im geraumen Abstand gegenüber.

Die Aufgabe besteht darin, dass Lukas und seine Mutter möglichst viele Bälle in eine Kiste werfen, die von den anderen beiden gehalten wird. Dabei dürfen diejenigen, die die Kiste halten, durch Bewegung der Kiste mithelfen, dass es zu möglichst vielen Treffern kommt. Lukas und seine Mutter schaffen 33 Bälle in die Kiste zu werfen, Lukas ist sehr zufrieden mit diesem Ergebnis und umarmt seine Mutter als Ausdruck guter Teamarbeit.

Betrachtet man dieses Spiel als Ausdruck einer neuen Positionierung Lukas im Beziehungsgefüge, so verbindet sich damit eine deutlich veränderte Beziehungsqualität und Rollendefinition. Erstmalig geht es in Lukas Spiel um Kooperation mit einem Spielpartner, mit dem zusammen er eine Aufgabe zu lösen hat. Er muss das erste Mal nicht den gesamten Spielverlauf kontrollieren, sondern ist nur für seine Handlungen verantwortlich und ist bei der Lösung der Aufgabe nicht alleine. Zusammen mit seiner Mutter (und es ist ihm wichtig, dass er mit ihr zusammen ein Team bildet) kann er ein gutes Ergebnis erreichen. Die Mutter berichtet, dass es für sie seit langer Zeit das erste Mal ist, dass sie sich gegenseitig für eine gemeinsame Aufgabe loben können." (Balgo/Klaes 2001)

Auch wenn mit der oben skizzierten systemisch orientierten Psychomotorik zur Zeit noch Neuland betreten wird und zunächst erste praxeologische Implikationen entwickelt worden sind, resümiert Hilbers in seinem Aufsatz „Der Paradigmenwechsel und die Psychomotorik", dass durch eine solche theoretische Perspektive der Reflexions- und Komplexitätsgrad erheblich gesteigert wird und versucht, dies durch folgende Punkte zu veranschaulichen:

- „Das Kind und dessen psycho-physischen Dimensionen werden nicht mehr individuumzentriert, sondern individualisiert und kontextualisiert thematisiert, d.h. sowohl die Eigenwerte bzw. die Entwicklungslogik des Kindes, als auch die Lebenswelt (ökologische Dimension) geraten in das Blickfeld.
- Der Beobachter (der Psychomotoriker) bzw. das Beobachtungssystem (die Motologie) muss sich synchron mitreflektieren, da jede Aussage über etwas immer auch eine Selbst-Aussage beinhaltet, denn: „Alles Gesagte ist von jemandem gesagt" (Maturana/Varela 1987, 32). Für die eigenen Wirklichkeitskonstruktionen und deren Folgen muss entsprechend Verantwortung übernommen werden.
- Sprache und Kommunikation bilden wesentliche Ansatzpunkte für die Neu-Konstruktion von Wirklichkeiten. Palmowski (1995, 197) weist deshalb auf die Notwendigkeit der

„Entpathologisierung der Sprache" hin, um diskriminierende und etikettierende Stigmata zu vermeiden.

- Der sozio-kulturelle und gesellschaftliche Wandel, insbesondere die widersprüchlichen Sozialisationsbedingungen sowie die normativen Disparitäten, bedürfen der Reflexion." (Hilbers 2000, S. 30)

Eher skeptische Implikationen systemisch-konstruktivistischer Ansätze für die Psychomotorik verortet Hilbers (vgl. 2000, S. 31f) unter anderem darin,

- dass sich durch die zum Teil geradezu lineare Deduktion zumeist naturwissenschaftlicher Erkenntnisse (Neurobiologie, Quantenphysik, Chaostheorie, etc.), aber auch soziologischer Theorien auf pädagogisch-therapeutische Arbeitsfelder ein Transfer- und Identitätsproblem für die Psychomotorik ergeben kann,
- dass sich ihr Radikalitäts- und Neuigkeitswert zur Praxis hin oftmals immer mehr zu verflüssigen scheint, wenn ihre Komplexität sich nicht als handlungslähmend erweisen soll,
- dass ihr erkenntnistheoretischer Relativismus die Gefahr eines ethischen Relativismus implizieren kann,
- dass sie ein Orientierungsvakuum erzeugen können, das es durch das Eingebunden-Sein und durch Fixpunkte, die Halt und Orientierung ermöglichen, zu vermeiden gelte und
- dass durch die abgehobene, nicht praxistaugliche Wissenschaftssprache die Gefahr einer Immunisierung der Motologie durch semantische Abkapselung bestehe.

Literatur

Balgo, R./Voß, R. (1995): Kinder die sich auffällig zeigen - die systemisch-konstrukti-vistische Wende in der Psychomotorik. In: Kiphard, E.J./Olbrich, I. (Hg.): Psychomotorik und Familie. Dortmund, 167-194

Balgo, R. (1996): Systemisch-konstruktivistische Perspektive für die Psychomotorik. In: Amft, S./Seewald, J.: Perspektiven der Motologie. Schorndorf, 233-236

Balgo, R. (1997): Vom Defizit zum Profizit - oder: von Lern- und Verhaltensproblemen zu möglichen Lösungen. In: System Schule. Zeitschrift für innovative Schulpraxis. Jg. 1, Heft 3, September, 90-93

Balgo, R. (1998a): Bewegung und Wahrnehmung als System. Systemisch-konstruktivistische Positionen in der Psychomotorik. Schorndorf

Balgo, R. (1998b): Systemisch-konstruktivistische Positionen in der Psychomotorik. In: Motorik, Zeitschrift für Motopädagogik und Mototherapie, 21. Jg., Heft 1, März , 2-12

Balgo, R. (1999): Wir sehen mit unseren Armen und Beinen: die Einheit der Bewegung und Wahrnehmung aus systemisch-konstruktivistischer Sicht. In: Praxis der Psychomotorik, 24. Jg., Heft 1, Februar, 4-13

Balgo, R./Klaes, R. (2001): Über die Koordination von Verschiedenheit. ,Hyperaktivität' als Problem und Bewegungstherapie als lösungsorientiertes Angebot. Eine systemische Perspektive. In: Passolt, M. (Hg.): Hyperaktivität zwischen Psychoanalyse, Neurobiologie und Systemtheorie. München, 140-167

Ciompi, L. (1998): Affektlogik. Über die Struktur der Psyche und ihre Entwicklung. Ein Beitrag zur Schizophrenieforschung. Stuttgart

Doering, W./Doering, W. (Hg.) (1990): Sensorische Integration. Anwendungsbereiche und Vergleich mit anderen Fördermethoden/Konzepten. Dortmund

Downing, George (1996): Körper und Wort in der Psychotherapie. Leitlinien für die Praxis.

Eggert, D. (1997): Von den Stärken ausgehen ... .Individuelle Entwicklungspläne (IEP) in der Lernförderdiagnostik - mit Formular-Kopiervorlagen. Dortmund

Hammer, R. (1999): Psychomotorisch ins Chaos ... In: Psychomotorik 24, 2, 76-83

Hensel, H. (1974): Grundbegriffe und neuere Aspekte der physiologischen Adaptation. In: Kolloquien SFB 122, Bd.2, Marburg, 1-8

Hilbers, M. (2000): Zwischen Irritation und Transformation: Der Paradigmenwechsel und die Psychomotorik. In: Motorik, Zeitschrift für Motopädagogik und Mototherapie, 23. Jg., Heft 1, Schorndorf, 27-33

Hünnekens, H./Kiphard, E.J. (1977): Bewegung heilt. Gütersloh

Irmischer, T. (1989): Ursprünge. In: Irmischer, T./Fischer, K. (Hg.): Psychomotorik in der Entwicklung. Schorndorf, 9-18

Keogh, J.F. (1975): Konsistenz und Konstanz in der vorschulischen Bewegungsentwicklung. In: Müller, H.-J./Decker, R.; Schilling, F. (Red.): Motorik im Vorschulalter. Schorndorf, 26-30

Kiphard, E.J. (1986): Psychomotorische Entwicklungsförderung - Band 2: Mototherapie - Teil I. Dortmund

Kiphard, E.J. (1990): Psychomotorische Entwicklungsförderung - Band 1: Motopädagogik. Dortmund

Klaes, R./Walthes, R. (1995a): Über Sinn und Unsinn von Bewegungsstörungen. In: Prohl, R./Seewald, J. (Hg.): Bewegung verstehen. Facetten und Perspektiven einer qualitativen Bewegungslehre. Schorndorf, 237-262

Klaes, R./Walthes, R. (1995b): Bewegungsorientierte Frühförderung mit Familien - das Tübinger Konzept. Papiere zum Workshop „Bewegungsorientierte Frühförderung mit Familien" auf dem Kongress „Perspektiven der Motologie" des Instituts für Sport- und Bewegungswissenschaften und des Berufsverbandes der Dipl.-Motologinnen und -Motologen, vom 5.-7.10, an der Pädagogischen Hochschule in Erfurt

Klaes, R./Walthes, R. (1996): Störung ist so gut wie Kaviar. In: Amft, S./Seewald, J. (Hg.): Perspektiven der Motologie. Schorndorf, 41-52

Klaes, R./Schnurnberger, M. (1997): Auf dem Weg zu einer systemischen Bewegungstherapie in kinder- und jugendpsychiatrischen Kontexten. Tübingen/Freiburg, Unveröff. Manuskript

Leger, A. (1989): Einflüsse - Ein ganz persönlicher Bericht. In: Irmischer, T./Fischer, K. (Hg.): Psychomotorik in der Entwicklung. Schorndorf, 33-38

Ludewig, K. (1992): Systemische Therapie. Grundlagen klinischer Theorie und Praxis. Stuttgart

Luhmann, N. (1987): Grundkonzepte der Theorie autopoietischer Systeme. Neun Fragen von Marianne Krüll an Niklas Luhmann und Humberto Maturana und ihre Antworten. In: Zeitschrift für systemische Therapie, 5 (4), 4-25

Luhmann, N. (1993): Die Paradoxie der Form. In: Baecker, D. (Hg.): Kalkül der Form. Frankfurt am Main, 197-212

Mattner, D. (1987): Zum Problem der Ganzheitlichkeit innerhalb der Motologie. In: Motorik, Heft 1. Schorndorf, 19-29

Palmowski, W. (1995): Psychomotorik und systemisches Denken. In: Psychomotorik 23, 4, 194-198

Passolt, M. (1999): Perspektiven der Psychomotorik. Standortbestimmung und Ausblick. In: Forum Psychomotorik. Interaktives Bulletin für Mehrperspektivität, Transversalität und Diskurs. Die Psychomotorische Internetzeitschrift 1, 1 (www.ibp-psychomotorik.de)

Passolt, M. (2001): Im Dialog mit hyperaktiven Kindern. Psychomotorische Therapie im Netzwerk von Alltag, Familie, Schule und Gesellschaft. In: Ders. (Hg.): Hyperaktivität zwischen Psychoanalyse, Neurobiologie und Systemtheorie. München, 28-49

Prohl, R./Seewald, J. (Hg.) (1995): Bewegung verstehen. Facetten und Perspektiven einer qualitativen Bewegungslehre. Schorndorf

Schäfer, I. (1998): Grundbausteine der Psychomotorischen Übungsbehandlung. Entwicklungsabschnitt 1955 bis 1975. In: Irmischer, T./Fischer, K. (Hg.): Psychomotorik in der Entwicklung. Schorndorf, 19-32

Schildberg, H./Dohmeier, S. (2000): Elternarbeit in der psychomotorischen Förderung von Kindern, die als verhaltensauffällig beschrieben werden. Systemisch-konstruktivistische Überlegungen. In: Praxis der Psychomotorik, Jg. 25, Heft 3, August, 137-141

Schilling, F. (1973): Motodiagnostik des Kindesalters. Berlin

Schilling, F. (1974): Manual. In: Kiphard, E.J./Schilling, F.: Körperkoordinationstest für Kinder KTK. Weinheim, 3-54

Schilling, F. (1977a): Bewegungsentwicklung, Bewegungsbehinderung und das Konzept der Erziehung durch Bewegung. In: Sportwissenschaft, 7, 4, Schorndorf 361-373

Schilling, F. (1977b): Störungen der Bewegungsentwicklung. In: Bauss, R./Roth, K. (Hg.): Beiträge zum 4. Internationalen Symposium „Motorische Entwicklung". Darmstadt,

Schilling, F. (1978): Motorische Entwicklung als Adaptationsprozeß. In: Müller, H.-J./Decker, R./Schilling, F. (Red.): Motorik im Vorschulalter. Schorndorf, 23-26

Schilling, F. (1981a): Entwicklung der Motorik. In: Remschmidt, H.D./Schmidt, M. (Hg.): Neuropsychologie des Kindesalters. Stuttgart,

Schilling F. (1981b): Grundlagen der Motopädagogik. In: Clauss, A. (Hg.): Förderung entwicklungsgefährdeter und behinderter Heranwachsender. Erlangen

Schilling, F. (1988): Theorie und Praxis der psychomotorischen Behandlung. In: Nissen, G. (Hg.): Allgemeine Therapie psychischer Erkrankung im Kindes- und Jugendalter. Bern, 120-127

Schindler, J. (2001): Chaos als Wendepunkt. Hyperaktivität aus dem Blickwinkel der Chaosforschung. (unv. Manuskript)

Schmidt, R.A. (1982): Motor control and learning. A behavioral emphasis. Champaign

Seewald, J.(1989): Leiblichkeit und symbolische Entwicklung. Implizite Sinnprozesse in systematischer und genetischer Betrachtung. Inaugural-Dissertation zur Erlangung der Doktorwürde des Fachbereichs Erziehungswissenschaften der Philipps-Universität Marburg. Marburg

Seewald, J. (1991a): Von der Psychomotorik zur Motologie. Über den Prozess der Verwissenschaftlichung einer Meisterlehre. In: Motorik, Jg. 14, Heft 1. Schorndorf, 3-16

Seewald, J. (1991b): Plädoyer für ein erweitertes Bewegungsverständnis. In: Praxis der Psychomotorik, Jg. 16, (4), Febr. Dortmund, 30-38

Seewald, J. (1992a): Kritische Überlegungen zum Verhältnis von Theorie und Praxis in der Motologie. In: Motorik, Jg. 15, Heft 2. Schorndorf, 80-93

Seewald, J. (1992b): Vorläufiges zu einer „Verstehenden Motologie". In: Motorik, Jg. 15, Heft 4. Schorndorf, 204-221

Seewald, J. (1993): Entwicklungen in der Psychomotorik. In: Praxis der Psychomotorik, Jg. 18, Heft 4, November. Dortmund, 188-193

Seewald, J. (1995): „Entstörungsversuche" - Bewegung motologisch verstehen. In: Prohl, R./Seewald, J. (Hg.): Bewegung verstehen. Facetten und Perspektiven einer qualitativen Bewegungslehre. Schorndorf, 199-236

Simon, F.B. (1992): Meine Psychose, mein Fahrrad und ich. Zur Selbstorganisation der Verrücktheit. Heidelberg

Stehn, M./Eggert, D. (1987): „Ganzheitlichkeit" zur Verwendung gestalt- und ganzheitspsychologischer Konzepte in der Psychomotorik. In: Motorik, Jg. 10, Heft 1. Schorndorf, 4-18

Uexküll, J., v. (1921): Umwelt und Innenwelt der Tiere. Berlin

Uexküll, J., v./Kriszat, G. (1983): Streifzüge durch die Umwelten von Tieren und Menschen. Bedeutungslehre. Frankfurt am Main

Uexküll, T., v. (Hg.) (1992): Integrierte Psychosomatische Medizin in Praxis und Klinik. Stuttgart, New York

Walthes, R. (1991): Bewegung als Gestaltungsprinzip. Grundzüge einer bewegungsorientierten Frühpädagogik. In: Trost, R./Walthes, R.: (Hg.): Frühe Hilfen für entwicklungsgefährdete Kinder. Wege und Möglichkeiten der Frühförderung aus interdisziplinärer Sicht. Frankfurt am Main, New York, 35-53

Walthes, R. (1993): Störung zwischen dir und mir. In: Frühförderung interdisziplinär, Zeitschrift für Praxis und Theorie der frühen Hilfe für behinderte und entwicklungsauffällige Kinder, Jg. 12, Heft 4, 145-155

Walthes, R./Cachay, K./Gabler, H./Klaes, R. (1994): Gehen, Gehen, Schritt für Schritt. Zur Situation von Familien mit blinden, mehrfachbehinderten oder sehbehinderten Kindern. Frankfurt am Main, New York

Walthes, R. (1995): Behinderung aus konstruktivistischer Sicht - dargestellt am Beispiel der Tübinger Untersuchung zur Situation von Familien mit einem Kind mit Sehschädigung. In: Neumann, J. (Hg.): „Behinderung". Von der Vielfalt eines Begriffs und dem Umgang damit. Tübingen, 89-104

Walthes, R. (1997): Wahrnehmungs- und Bewegungsstörungen: Neue Wege zum Verständnis von „Störungen" und Konsequenzen für therapeutische Konzepte. In: Leyendecker, C./Horstmann, T. (Hg.): Frühförderung und Frühbehandlung. Wissenschaftliche Grundlagen, praxisorientierte Ansätze und Perspektiven interdisziplinärer Zusammenarbeit. Heidelberg, 147-156

Weizsäcker, V. v. (1968): Der Gestaltkreis. Theorie der Einheit von Wahrnehmen und Bewegen. Stuttgart

Wright, G.H. (1984): Erklären und Verstehen. Königstein

Rolf Werning

VII   Sonderpädagogische Diagnostik

1. Vorbemerkung

Sobald ein Schüler besonders gute oder schlechte Leistungen aufweist, oder in einem Lernbereich versagt bzw. keine Lernfortschritte zeigt, fängt jeder Pädagoge an, sich Gedanken über die Hintergründe, die Ursachen, die Bedingungsfaktoren zu machen. Er beobachtet vielleicht das Verhalten, erinnert sich an Aussagen in der Schülerakte, spricht mit Kollegen, den Eltern und/oder dem Schüler etc. Der Lehrer sammelt also Informationen, die sein weiteres pädagogisches Handeln gegenüber diesem Schüler orientieren sollen. Und die Aufgabe von Diagnostik ist ganz allgemein als fach- und sachkompetente Sammlung handlungsrelevanter Information zu verstehen, die interpretiert werden müssen, um daraus pädagogische   Handlungskonsequenzen   zu   entwickeln.   Solche   Formen   der Informationssammlung und Interpretation können unterschiedlich systematisch, auf der Grundlage   unterschiedlicher   Bezugstheorien,   mit   unterschiedlichen   Ziel-   bzw. Aufgabenstellungen von unterschiedlichen Personen mit unterschiedlichsten Methoden durchgeführt werden. Mit einem Satz: Was die „richtige" sonderpädagogische Diagnostik jeweils ausmacht, ist keineswegs eindeutig geklärt. Auch hier, wie in den anderen Teilbereichen der Sonderpädagogik, führen insbesondere unterschiedliche theoretische Bezugsorientierungen zu sehr unterschiedlichen Ausprägungen diagnostischen Handelns. Schon allein der Begriff Diagnostik ist umstritten; rekurriert er doch sehr stark auf eine medizinische Zugangsweise. In dem klassischen, medizinischen Modell ist eine objektive Diagnostik Voraussetzung für eine rationale Therapie. Aber auch hier gibt es schon Unterschiede zwischen der medizinischen Diagnostik, bei der es überwiegend um die Feststellung eines momentanen (Krankheits-)Zustands geht, und der Psychodiagnostik, die

die sonderpädagogische Diagnostik lange dominiert hat. Bei letzterer geht es eher um die Feststellung vermeintlich stabiler Persönlichkeitsmerkmale und Eigenschaften (z.B. Intelligenz), um Prognosen über die weitere Entwicklung des Kindes machen zu können. Der Begriff der Diagnostik ist bisher also sehr eng mit einem individuumzentrierten Vorgehen bei der Suche nach Ursachen für Lern-, Verhaltens- und/oder Sprachauffälligkeiten verbunden. So ist es nicht verwunderlich, dass über den Verzicht dieses Begriffes (vgl. Knauer 1998) nachgedacht wird bzw. andere Begrifflichkeiten wie „Lernprozesse verstehen" (vgl. Eberwein/Knauer 1998) oder „Pädagogische Beobachtungen" (vgl. Werning/Ließ 2000) verwendet werden.

Im Folgenden soll die neuere Entwicklung der sonderpädagogischen Diagnostik überblicksartig nachgezeichnet werden, um dann die gegenwärtige Diskussion in diesem Teilgebiet der Sonderpädagogik zu skizzieren. Zuvor ist es jedoch notwendig, zwei grundsätzliche Aspekte diagnostischen Handelns herauszustellen:

a) Die Theorie bestimmt, was man sieht.

Die Aussage Albert Einsteins, dass die Theorie bestimmt, was wir beobachten, kann fraglos auch auf den diagnostischen Bereich übertragen werden. Wenn wir diagnostizieren, tun wir das „nicht einfach so". Vielmehr ist jede diagnostische Situation durch spezifische theoretische Vorannahmen, genauso wie durch die Verfahren, die eingesetzt werden, bestimmt. Deshalb gilt für diagnostisches Handeln wie für jede andere Form der Beobachtung: „Die Instrumente des Beobachtens (seien dies Sinnesorgane, technische Beobachtungsinstrumente wie Mikroskope oder Ultraschallgeräte, oder seien es kognitive Strukturen, Begriffe, Theorien oder Weltsichten) definieren den Möglichkeitsraum der Beobachtung" (Willke 1994, 23).

b) Diagnostisches Handeln wird durch die Aufgaben- bzw. Zielsetzung geprägt.

Bei jedem diagnostischen Prozess ist die Aufgaben- bzw. Zielsetzung von besonderer Bedeutung. Prinzipiell kann man hier zwischen der Aufgabe der Selektion und der Aufgabe der Modifikation differenzieren (vgl. Bundschuh 1999, 35). Bei der Selektion liegt das Ziel darin, bestimmte Personen für spezifische Aufgaben bzw. Institutionen herauszufiltern. Im schulischen Bereich ist dies z. B. bei der Testung der Schulfähigkeit (darf das Kind in die Schule oder nicht), oder bei der Aufnahme in eine Sonderschule (darf das Kind in der „Regelschule" bleiben oder muss es in die Sonderschule überwiesen werden) gegeben. Bei der Modifikation ist das Ziel ganz allgemein in der Veränderung eines Verhaltens bzw. einer

Situation zu sehen. Diagnostik ist hier in den „Dienst der Förderarbeit" (Kornmann 1986) gestellt. Es ist unschwer zu erkennen, dass solch unterschiedliche Zielsetzungen sehr unterschiedliche diagnostische Zugangsweisen erzeugen.

2. Die aktuelle Entwicklung sonderpädagogischer Diagnostik

2.1 Von der Test- zur Förderdiagnostik

In den 60er und 70er Jahren dominierten psychometrische Tests die sonderpädagogische Diagnostik. Hierbei ging es um die „Erkundung der individuellen psychischen Struktur, der einem Individuum zugrundeliegenden Persönlichkeitsmerkmale und Eigenschaften" (Bundschuh 1999, 55). Die zugrundeliegende Vorstellung von Behinderung bzw. Beeinträchtigung war rein individuumzentriert. Diagnostisches Handeln versuchte hier Schüler zu klassifizieren bzw. zu typologisieren (vgl. Eggert 1997, 41ff.).

Begriffe wie lernbehindert, hochbegabt, verhaltensgestört sind Effekte dieser Beobachtungsweise. Das Ziel einer individuumzentrierten Diagnostik in der Schule ist demnach die möglichst objektive Bestimmung personaler Eigenschaften, die eine möglichst zuverlässige Erklärung von spezifischen Lern- bzw. Verhaltensschwierigkeiten und daraus abgeleitet eine hohe Vorhersagbarkeit für die zukünftige Entwicklung des Schülers ermöglichen. Eine besondere Stellung kann hier sowohl historisch als auch noch aktuell der Intelligenz zugewiesen werden, da sie als besonders bedeutsam für die Erklärung und Vorhersage des Schulerfolgs eines Schülers angesehen wurde und wird. Deshalb soll die Intelligenzdiagnostik - als Beispiel für ein individuumzentriertes, testdiagnostisches Beobachtungsmodell - kurz umrissen werden. Ausgangspunkt ist die Auffassung, dass die Schulleistungsfähigkeit überwiegend durch die Intelligenz determiniert wird. Eine verminderte Intelligenzleistung wird dann mit einer Einschränkung der Entwicklungsmöglichkeiten und damit verbundenen begrenzten Möglichkeiten in der Förderung und Erziehung gleichgesetzt.

Um diese, aus pädagogischer Sicht relevante Eigenschaft bestimmen und beurteilen zu können, werden Intelligenztests angewendet. Allgemein betrachtet handelt es sich dabei um standardisierte Beobachtungsmethoden, die festgelegten Gütekriterien entsprechend, objektive Aussagen über die Intelligenzleistung der Getesteten zulassen sollen. Die Tests sind in der Regel so konzipiert, dass sie schulisch relevante Fähigkeiten, z.B. in den Bereichen

Wortschatz, Zahlenverständnis, abstraktes/logisches Denken oder räumliches Vorstellungs-vermögen untersuchen. Ein festgelegtes Auswertungsschema soll dann eine objektive Beurteilung der Ergebnisse, die sich in Form des Intelligenzquotienten (IQ) ausdrücken lassen, ermöglichen. Der IQ beschreibt dabei die relative Position des Getesteten innerhalb einer Altersgruppe, in der ein IQ von 100 einer durchschnittlichen Intelligenz entspricht. (vgl. Kail/Pellegrino 1988, 47).

Je nach Intelligenztest sind verschiedene Grenzwerte definiert, die Intelligenz klassifizieren. Liegt der Intelligenzquotient eines Kindes unter einem bestimmten Wert, so läuft es Gefahr, als lernbehindert etikettiert zu werden. Aufgrund dieser Aussagemöglichkeiten werden Intelligenztests häufig eingesetzt, um den Leistungsstand von Schülern einzustufen und, daraus abgeleitet, den passenden Förderort festzulegen. Die Intelligenzdiagnostik betrachtet sich daher als Entscheidungshilfe bei der Wahl der richtigen Schule bzw. Schulform, die für den Schüler, ob „hochbegabt" oder „lernbehindert", die optimale Förderung bieten kann. Dieser diagnostische Ansatz ist in der Vergangenheit häufig kritisiert worden. Einer der Hauptkritikpunkte an dieser Form der Diagnostik ist aus pädagogischer Sicht die fehlende Verknüpfung zwischen Diagnose und daraus resultierenden Fördermöglichkeiten.

„So mag ein Intelligenztest messen, wie gut das logische Denken und die Abstraktionsfähigkeit eines Kindes entwickelt ist. Warum das gleiche Kind aber beim Problem des Zehnerüberschreitens versagt und wie ihm zu helfen ist, darauf gibt der Test keinen Hinweis, weitaus weniger Hinweise jedenfalls, als die Beobachtung des Kindes in der Lernsituation und die Rekonstruktion des bisherigen Lernverlaufs." (Kretschmann 1985, 225). Daraus wird deutlich, dass die Hauptaufgabe der Intelligenzdiagnostik darin besteht, Schüler zu kategorisieren. Die Frage nach der konkreten pädagogischen Förderung des Schülers ist damit jedoch nicht beantwortet. Schulversagen ist aus dieser Sicht laut Kobi „primär ein Zuordnungs- bzw. ein Plazierungsproblem. Personale Kompetenz des Schülers und schulimmanente Anforderungsprofile entsprechen einander nicht" (Kobi 1977, 115).

Eggert (1997, 25) macht ferner darauf aufmerksam, dass die Logik der Psychometrie sehr unterschiedlich zu der Logik der Pädagogik ist. Die Logik der Psychometrie liegt für ihn in der „Suche nach Objektivität in Messung und Interpretation. Bewertung nach qualitativen Normen. Klassifikation nach quantitativen Ergebnissen" (ebd.). Das Ziel liegt in der Konstanz; d.h. in der Feststellung stabiler Persönlichkeitsmerkmale. Demgegenüber ist das Ziel pädagogisch/sonderpädagogischen Handelns die Veränderung. Im Zuge des Paradigmenwechsels in der Sonderpädagogik wurde die klassische Testdiagnostik immer deutlicher kritisiert. Ihre Funktion lag in der Selektion bzw. in der Zuweisung zur

Sonderschule. Als Grundlage für die Entwicklung individueller Förderplanung war sie jedoch ungeeignet. Ende der 60er Jahre, Anfang der 70er Jahre zeichnete sich in den Humanwissenschaften allgemein eine veränderte Sichtweise ab. Ein entscheidender Punkt war hier das Aufbrechen individuumzentrierter, statischer zugunsten kontextbezogener, veränderungsorientierter Perspektiven (vgl. Werning 1996; Eggert 1997, 57ff.).

Im Bereich der Sonderpädagogik wurde der Behinderungsbegriff neu definiert. Behinderung wurde nicht länger allein als eine individuelle Kategorie, sondern vielmehr als „Relation zwischen individualen und außerindividualen Gegebenheiten" (Bach 1985, 6) verstanden und damit auf einer sozialen bzw. gesellschaftlichen Ebene verortet. Daraus folgert Sander (1994, 105): „Während die bisherige Sonderpädagogik vom ‚medizinischen Modell' geprägt ist, also vor allem die (defektiven) Eigenschaften der Person untersucht und auf dieser Diagnose ihren pädagogischen Behandlungsplan aufbaut, erfordert das neue Verständnis von Behinderung in jedem Fall auch die sorgfältige Erfassung der Umfeldgegebenheiten und ihrer Einbeziehung in den pädagogischen Handlungsplan".

Jantzen (1996, 9) sieht in der Wende den alten Gegensatz zwischen klinischer und statistischer Methode in Psychologie und Psychiatrie gespiegelt: „Also zwischen entwicklungsbezogener Diagnostik für Zwecke der pädagogischen Förderung, der psychotherapeutischen Unterstützung, der Rehabilitation einerseits und der Verortung innerhalb der Populationsnormalität zum Zwecke der Etikettierung und Selektion andererseits". Ein weiterer Aspekt der Wende, der auch für die sonderpädagogische Diagnostik bedeutsam ist, stellt der Wandel von einer segregativen zu einer integrativen pädagogischen Förderungsorientierung dar. Diese grundlegende Neuorientierung des schulpädagogischen Umgangs mit Kindern und Jugendlichen mit Behinderungen wurde 1973 durch den Deutschen Bildungsrat eingeleitet, der eine „weitmögliche gemeinsame Unterrichtung von Behinderten und Nichtbehinderten vorsieht" (Deutscher Bildungsrat 1973, 15f.). Dies führt - im Zuge der Umsetzung integrativer Beschulung - dazu, dass es nicht mehr vorrangig um Einweisungsdiagnostik, sondern um Förderdiagnostik geht. Bundschuh (1999, 50) sieht hier die Entwicklung weg von indirekten Modellen sonderpädagogischer Diagnostik hin zu direkten Modellen. Unter indirekten Modellen werden normorientierte Verfahren subsummiert, die den Vergleich der individuellen Leistung mit der Leistung einer Vergleichsgruppe zulassen. Dazu gehören Intelligenztests, Schulleistungstests, Schul-fähigkeitstests u.a. Direkte Modelle zeichnen sich dadurch aus, „daß sie bei einer Feststellung mehr oder weniger nicht erreichter Lernziele die Bedingungen für das Nichterreichen dieser Lernziele erkunden, damit neue gezielte Maßnahmen eingeleitet werden können" (Barkey

1975, 21). Damit wird die konkrete pädagogische Problemsituation Gegenstand des diagnostischen Handelns, wobei curriculare, Interaktions- und Modifikationsaspekte unterschieden werden.

Förderdiagnostik soll hiernach eine Diagnostik für pädagogische Problemsituationen sein, die insbesondere die Lehr- und Lernprozesse fokussiert, um daraus abgeleitete direkte Ansatzmöglichkeiten für pädagogische Handlungsperspektiven und individuelle Fördermaßnahmen zu entwickeln. So definieren Suhrweier und Hetzner (1993) folgende Grundsätze der Förderdiagnostik:

- Förderdiagnostik wird von Pädagogen realisiert.
- Förderdiagnostik dient der Optimierung von Lernprozessen bei Behinderungen des Lernens.
- Förderdiagnostik orientiert sich am einzelnen Kind.
- Förderbedarf wird erfaßt und beschrieben.
- Förderdiagnostik ergründet die Entstehungsbedingungen von Behinderungen des Lernens.
- Förderdiagnostik hat die Veränderung von Lernprozessen zum Ziel.
- Förderdiagnostik bietet Grundlagen für Interventionsstrategien.
- Förderdiagnostik überprüft Hypothesen.
- Förderdiagnostik dient dem Interesse des Kindes.
- Förderdiagnostik läuft geplant und spontan ab.
- Förderdiagnostik hat interdisziplinären Charakter.
- Förderdiagnostik wird in ihrer Effektivität am Wert der Fördermaßnahmen gemessen.

Im Zuge der Veränderung der klassischen Testdiagnostik zu einer individualisierten Förderdiagnostik lassen sich verschiedene Akzentuierungen aufzeigen. Diese sollen im Folgenden skizziert werden, um abschließend Dimensionen einer systemisch-konstruktivistischen sonderpädagogischen Diagnostik zu umreißen.

2.1.1 Die Erweiterung der diagnostischen Perspektive

Während die klassische Testdiagnostik die normorientierte Erfassung individueller Merkmale und Eigenschaften fokussierte, weitet sich der Beobachtungsraum aus. Ein erster Schritt war hier die Analyse der Beziehung zwischen der Lernentwicklung des Kindes und dem

Lerngegenstand im Rahmen einer strukturbezogenen Diagnostik. Dieser Ansatz baut auf Theorien der Entwicklungspsychologie, der Lernpsychologie und besonders auf fachdidaktischen und fachwissenschaftlichen Überlegungen auf. Ausgangspunkt ist die Feststellung, dass jeder Lerngegenstand durch eine spezifische Sachlogik gekennzeichnet ist, die linear aufbauend in kleinste didaktische Lerneinheiten gegliedert werden kann. Bei der Aneignung eines Lerngegenstandes durchlaufen alle Kinder diese aufeinander aufbauenden Bausteine. Um den jeweils richtigen nächsten Lernschritt zu erfassen, muss die psychische Repräsentationsstufe des Kindes erfasst werden. Sie beinhaltet den jeweiligen Entwicklungsstand, die entsprechenden bisherigen Einsichten und somit die je konkreten Lernvoraussetzungen zur Aneignung der jeweils nächsten Stufe der Sachstruktur des Lerngegenstandes (vgl. Probst 1979 und 1991). Dieser Ansatz, der über eine individualisierende Beobachtungsweise hinausgeht, beschränkt das diagnostische Handeln jedoch auf den engen Bereich von der psychischen Repräsentationsstufe des Kindes und der Sachlogik des Lerngegenstandes. Zudem wird durch die Vorgabe einer quasi objektiven Sachlogik eines Lerngegenstandes und einer dadurch direkt vorgegebenen Aneignung durch das Subjekt ein sehr lineares Lernverständnis reproduziert.

Im Rahmen der integrativen Beschulung behinderter und nicht-behinderter Kinder wurde von Hildeschmidt/Sander (1993) die Kind-Umfeld-Analyse entwickelt. Grundlage ist hier ein ökologischer Ansatz, der die Entwicklung des Kindes und damit auch die Erfassung von behindernden Bedingungen in Kontext der sozialen und materiellen Umwelt einschließt. „Die Untersuchung des Kindes allein, seine Diagnostizierung und Klassifizierung, genügt nicht. Denn auch Kinder mit medizinisch ‚gleicher' Schädigung benötigen individuell unterschiedliche pädagogische Förderungen, da sie natürlich in individuell verschiedenen Umweltsystemen leben." (Sander 1998, 9). Der Diagnose des konkreten schulischen Umfeldes kommt hierbei ein herausgehobener Stellenwert zu, da in diesem Bereich die professionelle pädagogische Einflussnahme am besten zu realisieren ist. Die Kind-Umfeld-Analyse erfasst dabei aber nicht nur den Status Quo, sondern erstreckt sich auch auf die Erhebung von Möglichkeiten zur förderbedarfsgerechten Veränderung der schulischen Lernumwelt. Ferner wird darauf hingewiesen, dass Kind-Umfeld-Analysen von einem Team durchzuführen sind, in dem verschiedene Kompetenzen und Perspektiven vertreten sein sollten. Dazu gehören:

- „umfassende Kenntnis des Kindes in seinem Alltagsverhalten, in seinem Spiel- und Lernverhalten außerhalb von Schule und Testsituation,
- Kenntnis des Kindes und seines Leistungsverhaltens in Testsituationen und unter fremdgesteuerten Anforderungen,
- Kenntnis der Schule, insbesondere der Klasse, in welche das bestimmte Kind aufgenommen werden soll." (Sander a.a.O., 12)

Ein weiterer Aspekt der Kind-Umfeld-Analyse ist die Veränderbarkeit der ökologischen Lebensbedingungen über die Zeit. Dies führt dazu, dass sie in bestimmten Zeitabständen sowie bei Veränderungen des Kind-Umfeld-Systems wiederholt werden muss. Ferner wird darauf hingewiesen, dass bei der Erfassung von Schulleistungen bei der Kind-Umfeld-Analyse sowohl soziale als auch individuelle Bezugsmaßstäbe Verwendung finden. Dies findet zum Beispiel Eingang in die Empfehlungen bzw. Entscheidung, ob eine zielgleiche oder zieldifferente Förderung sinnvoll erscheint.

2.2 Verstehende Ansätze in der sonderpädagogischen Diagnostik

In letzter Zeit hat auch eine „verstehende Sichtweise" (vgl. ausführlich Werning 1996). Einzug in die sonderpädagogische Diagnostik gehalten. Nicht die Erklärung - im Sinne der Beschreibung kausallinearer Gesetzmäßigkeiten, sondern das Verstehen im Sinne von Bemühen, die subjektive Bedeutung des individuellen bzw. kollektiven Verhaltens nachzuvollziehen, stellt den Ausgangspunkt der Auseinandersetzung mit Beeinträchtigungen bzw. Behinderungen dar. So fordert Kautter durch einfühlendes Verstehen in die Sinnwelten des anderen sowie durch die Erfassung der subjektiven Theorien (vgl. auch Schlee 1998) und damit der individuellen Selbst- und Weltsicht des Subjekts soll hier der Zugang zum Verständnis von Lernschwierigkeiten bzw. Verhaltensauffälligkeiten gefunden werden. Dabei geht es nicht mehr um Objektivität, sondern vielmehr wird „die 'Subjektivität' des Diagnostikers (die Gedanken und Gefühle, die in ihm aufsteigen, wenn er sich in das Kind einzufühlen versucht) (...) zu einem wichtigen Erkenntnisinstrument (...) und (darf) deshalb weder eliminiert noch neutralisiert werden" (Kautter 1998, 90). Die Kontrolle dieser subjektiven Zugangsweise erfolgt durch die sogenannte kommunikative Validierung, indem der Person das einfühlende Verstehen mitgeteilt und darüber ein Konsens herzustellen versucht wird, oder aber dadurch, dass mehrere Personen aufgrund der Informationsgrundlage im Diskurs zu gleichen oder ähnlichen Beobachtungsprozessen kommen. „Das ist einer der

Gründe, warum Diagnostik im Team der Diagnostik eines einzelnen Experten in ihrer Aussagekraft überlegen ist, und warum es zweckmäßig ist, die eigenen subjektiven Rekonstruktionen dem Diskurs in einer Beratungsgruppe zu stellen." (Kautter a.a.O., 92). Eberwein (1998, 194ff.) spricht von der Methode des Fremdverstehens und greift hier auf den Ansatz der Ethnomethodolgie (vgl. Garfinkel 1967) zurück, mit dem Ziel, „durch Interaktion mit den Schülern deren Alltagswissen, Sinnstrukturen und Deutungsmuster situativ zu erschließen." (Eberwein a.a.O., 201). Als Methoden schlägt er Verhaltensbeobachtungen, Fallanalysen, Gespräche und verschiedene Formen offener Interviews sowie das pädagogische Tagebuch (vgl. Buschbeck 1995), Videoaufnahmen, Erhebungen biographischer Daten und Supervision vor.

Jetter (1994, 302) sieht ‚Verstehen' in enger Verbindung mit ‚Kooperation'. „Wollen wir demnach einen Menschen verstehen, der uns in dem, was er tut, fremd ist oder fremd geworden ist, dann müssen wir ihm Angebote zur Kooperation machen, von denen wir begründet annehmen können, daß sie für ihn Sinn haben, daß sie also zur Ordnung seines Lebens passen. Verstehen ist somit kein isolierter Vorgang, sondern er bildet eine untrennbare Einheit mit dem ernsthaften Bemühen um Kooperation." Angemessenes Verstehen ist dann durch eine gelingende Kooperation gekennzeichnet.

Insgesamt zeigt sich somit in der Entwicklung der sonderpädagogischen Diagnostik eine Abwendung von quantitativ normierender und eine Hinwendung zu qualitativ interpretierenden und verstehenden Verfahren. Damit wird das diagnostische Handeln jedoch keineswegs einfacher. Mand (1998) macht auf die aufwendigen Auswertungs- und Validierungsprozesse qualitativer Forschungsmethoden aufmerksam, die die Qualität solcher Verfahren sicher stellen. Qualitative Verfahren sind gekennzeichnet durch einen soweit wie möglich unvoreingenommenen, unmittelbaren Zugang zu dem Beobachtungsfeld, wobei unter Berücksichtigung der Weltsicht der dort lebenden und handelnden Personen Beschreibungen und Rekonstruktionen, Generalisationen und Interpretationen vorgenommen werden. Auch die Verwendung qualitativer Verfahren muss sich dem Legitimationsdruck stellen, „ihre Erkenntnisform in Prozeß und Resultat zu einer Sache von nachvollziehbarer Argumentation und nicht von geteilter Überzeugung zu machen" (Terhart 1997, 40).

3. Systemisch-konstruktivistische Perspektiven für eine pädagogische Beobachtungskompetenz

Aus einer systemisch-konstruktivistischen Perspektive sollen zum Abschluss einige Anmerkungen vorgestellt werden. Die wissenschaftstheoretischen Prämissen hierzu sind bereits oben (vgl. Kapitel II: Sonderpädagogik im historischen und aktuellen Kontext) dargestellt worden, so dass hier direkt auf den Bereich der pädagogischen Beobachtungskompetenz eingegangen werden kann. Durch den Wechsel der Begrifflichkeit von „pädagogischer Diagnostik" zu „pädagogischer Beobachtungskompetenz" soll die Veränderung der Herangehensweise - weg von einem individuumzentrierten, hin zu einem beziehungsorientierten Vorgehen - unterstrichen werden. Diagnostik ist ja auch - wie oben angesprochen – als eine spezifische Form der Beobachtung zu verstehen. Spezifisch deshalb, weil sie systematisch, theoriegeleitet, nachvollziehbar und methodisch abgesichert durchgeführt werden sollte. Aus systemisch-konstruktivistischer Sicht ist der Prozess der Beobachtung durch das Treffen einer Unterscheidung charakterisiert. Ein Phänomen wird bezeichnet und damit wird es gleichzeitig von etwas anderem unterschieden. Indem eine Lernbehinderung festgestellt wird, unterscheidet man sie von einer normalen Lernfähigkeit; indem man hyperaktives Verhalten beobachtet, muss es von nicht hyperaktivem Verhalten differenziert werden. Damit treten bei der Beobachtung zwei Aspekte in den Vordergrund: Das Bezeichnete und die Unterscheidung, die das Bezeichnete von der Umgebung differenziert. Aus systemisch-konstruktivistischer Sicht wird dabei zwischen Beobachtung I. und II. Ordnung unterschieden.

Bei der Beobachtung I. Ordnung tut der Beobachter so, als könne er von ihm unterschiedene Objekte (also andere Menschen, Gegenstände, Tiere, abstrakte Konstrukte – wie z.B. Lernbehinderung) in der Außenwelt beobachten. Er ist bemüht, zwischen sich als Beobachter und dem Beobachteten streng zu unterscheiden – also möglichst objektiv zu sein. Bei der Beobachtung II. Ordnung versteht sich der Beobachter als Teil dessen, was er beobachtet. Damit stellt er nicht mehr die Frage, „Was beobachte ich", sondern „Wie beobachte ich". Er beobachtet die Wahl seiner Unterscheidung, die die Beobachtung erzeugt (Warum beobachte ich so und nicht anders?).

Aus dieser Haltung wird deutlich, dass die Art und Weise WIE beobachtet wird, das WAS der Beobachtung definiert. Beobachter und Beobachtung treten somit in ein zirkuläres Verhältnis zueinander: Durch die Modalitäten unserer Beobachtungen schaffen wir die Wirklichkeit in der wir leben und die dann wiederum auf unsere Beobachtungen zurückwirkt.

Unsere Beobachtungen sind dabei determiniert und kontingent:

- Sie sind determiniert durch unsere biologischen, neurologischen, psychischen und sozialen Strukturen wie auch durch die Instrumente, die wir einsetzen (Intelligenztests, Videoaufzeichnungen, Fehleranalyse etc.).

- Sie sind kontingent, weil die spezifischen Prämissen und damit verbunden die Instrumente unserer Beobachtung auswählbar und veränderbar sind. Wenn wir die Art der Unterscheidung bei der Beobachtung verändern, verändern wir auch die Phänomene. Die Beobachtung eines sozial auffälligen Verhaltens aus einer medizinisch-individualisierenden oder aus einer psychoanalytischen oder aus einer behavioristischen oder aus einer systemisch-konstruktivistischen Perspektive führt nicht selten zu einer völlig unterschiedlichen Diagnose, die wiederum sehr unterschiedliche pädagogische Handlungsorientierungen erzeugen.

Aus einer systemisch-konstruktivistischen Perspektive wird deshalb jede Form von Objektivität – also die Möglichkeit einer vom Beobachter unabhängigen, wahren oder richtigen Beobachtung – in Frage gestellt. „Objektivität ist die Selbsttäuschung des Subjekts, Beobachtung sei ohne ihn möglich. Die Anrufung der Objektivität ist gleichbedeutend mit der Abschaffung der Verantwortlichkeit; darin liegt ihre Popularität begründet." (H.v. Förster, zit. nach Schmidt 1986, 2). Keeney (1987) formuliert, „daß das, was man sieht, immer eine Folge dessen ist, wie man handelt. (...) So gesehen enthüllen Beschreibungen von Beobachtern immer die Handlung des Beobachters". Aus systemisch-konstruktivistischer Sicht ist es von zentraler Bedeutung, dass die Welt nicht objektiv abbildbar ist, sondern vielmehr im Prozess der Beobachtung konstruiert wird. Beobachtung als Vorgang der Unterscheidung konstruiert die Wirklichkeit in Abhängigkeit von dem WIE des Unterscheidens. Das heißt, dass wir als Personen für die Konstruktionen, die unsere Wirklichkeit ausmachen, Verantwortung übernehmen müssen. Wir müssen unsere Entscheidung bezüglich der Präferenz für Konstruktionen begründen. Statt objektive Wahrheit zu proklamieren, kann zwischen zwei alternativen Konstrukten nur die Praxis entscheiden indem überprüft wird, welches Konstrukt besser passt, welches nützlicher ist und welches mit den gewählten ethisch-moralischen Grundentscheidungen zu vereinbaren ist. Dies führt dazu, dass nach der Verantwortbarkeit, nach der Sinnhaftigkeit der jeweils getroffenen Unterscheidungen, die die Beobachtungen I. Ordnung qualifizieren, zu fragen ist.

Aus einer systemisch-konstruktivistischen Perspektive muss zudem die Komplexität sozialer und psychischer Systeme im diagnostischen Prozess beachtet werden. Schiepek (1986, 48) fordert, dass diagnostische Strategien nicht hinter den Handlungsbedingungen komplexer Systeme zurückbleiben dürfen. Sie können nicht von einfacheren Verhältnissen ausgehen.

Eine pädagogische Beobachtung, die sich dieser Sichtweise verpflichtet fühlt, kann nicht mehr die isolierte Betrachtung von Defiziten bzw. Auffälligkeiten zum Gegenstand haben. Insbesondere bei der Auseinandersetzung mit Beeinträchtigungen im Lern-, Sprach- und Verhaltensbereich müssen als Grundlage für die Entwicklung pädagogischer Unterstützungsangebote die verschiedenen Integrationsniveaus der Person im Kontext der Lebenswelt in ihrer wechselseitigen Verbundenheit beachtet werden. Physiologische Aspekte (z.B. Wahrnehmung und Motorik), psychologische Komponenten (z.B. Motivationsstruktur, Misserfolgsorientierung, Selbstkonzept, Lernstrategien), schulische Komponenten (Vermittlungsstil des Lehrers, Unterrichtsinhalte, Lernkultur, Schulklima, schulische Normen etc.) und familiäre Bedingungen (Wohnraum, Erziehungsverhalten der Eltern, Distanz zur Schule etc.) sind hier zu nennen. Eine so ausgerichtete pädagogische Beobachtung und Reflexion lässt sich damit auf die Auseinandersetzung mit komplexen sozialen Systemen ein. Vester hat schon 1980 einige bedeutsame Anregungen für den Umgang mit komplexen Systemen formuliert, die hier im Hinblick auf die Erfassung von erschwerten Lern- und Entwicklungssituationen im Kontext Schule und Unterricht konkretisiert werden sollen:

- Vester kritisiert an erster Stelle ein **Reparaturdienstverhalten**, wobei versucht wird, einen „ins Auge springenden" Missstand zu beseitigen, ohne die Zusammenhänge zu berücksichtigen. Dann geht man zum nächsten Missstand über.

Positiv formuliert heißt dies, dass Lern- und Verhaltensschwierigkeiten im Kontext der Lebenswelt des Schülers/der Schülerin zu sehen sind. Nicht das Symptom, der „Missstand" steht im Mittelpunkt der pädagogischen Arbeit, sondern die Berücksichtigung der Beziehungsstrukturen, unter denen der „Missstand" auftritt, gibt Hinweise zur pädagogischen Förderung. Eine frühzeitige Problemdefinition (z.B. durch individuumzentrierte „Diagnosen" wie minimale cerebrale Dysfunktion, Teilleistungsstörung etc.) und eine damit häufig verbundene Einschränkung der Förderperspektive ist zu vermeiden.

- Als zweiten Fehler nennt Vester die **Beschränkung auf Ausschnitte der Gesamtsituation**. Statt Beziehungen, Strukturen und Muster wahrzunehmen und aufzuzeigen, werden unverbundene Datenmengen erhoben. Dadurch entsteht für den Handelnden jedoch keine

Ordnung, keine Struktur und keine Dynamik. Es sollte deshalb mehr Wert auf die Erfassung von Beziehungsstrukturen und von Mustern gelegt werden. Dazu gehört die Exploration, welche unterschiedlichen Dimensionen die Problemsituation umfasst, welche Verbindungen zwischen den Bereichen (z.B. Motivation, Selbstkonzept, Vorkenntnisse, Lebensweltbezug, Vermittlungsstrategien) bestehen und wie hier positive Ressourcen und Potentiale unterstützt werden können.

- Drittens ist eine **einseitige Schwerpunktbildung** zu vermeiden. Statt die Vernetzungen in sozialen Kontexten wahrzunehmen, versteift man sich auf einen Schwerpunkt, ein Symptom, wie z.B. die Lese-Rechtschreib- oder Rechenschwäche oder die Konzentrations-schwierigkeiten des Schülers. Im Umgang mit Kindern mit Lern- und Verhaltens-schwierigkeiten darf der Blick aber nicht „symptomzentriert" werden. Vielmehr ist gerade die Wahrnehmung der Stärken, der Fähigkeiten und Ressourcen in der Person des Kindes sowie in seiner Lebenswelt ein wichtiger Bereich.

- Als vierten Fehler führt Vester an, dass **Nebenwirkungen** nicht beachtet werden. Es wird vielmehr versucht, linearkausal Maßnahmen zur Systemverbesserung - meist mit dem Ziel der Symptombeseitigung - einzuleiten. Für die pädagogische Förderung sollte deshalb überlegt werden, welche Maßnahmen (z.B. spezielle Förderangebote) eventuell stigmatisierende Auswirkungen haben und sich somit kontraproduktiv auswirken könnten. Von familientherapeutischer Seite ist z.B. darauf hingewiesen worden, dass schulische Probleme manchmal eine stabilisierende Funktion für die familiäre Struktur haben (vgl. Campion 1985, Hennig/Knödler 1985). Im Kontext der pädagogischen Beobachtung müssen solche möglichen Nebenwirkungen zumindest mitbedacht werden, um angemessene Förderkonzepte zu entwickeln.

- Als fünften Fehler stellt Vester die **Tendenz zur Übersteuerung** heraus. Dabei wird zunächst zögernd vorgegangen. Zeigt dies keine Wirkung, wird massiv interveniert, um dann erneut gegenzusteuern. Für die pädagogische Arbeit bei Kindern mit Lern- und Verhaltensschwierigkeiten heißt dies positiv formuliert, dass eine langfristige und koordinierte Perspektive zu entwickeln ist. Nicht eine Förderstunde in der Woche, auf die, wenn sie keine Erfolge bringt, die Überweisung in die Sonderschule eingeleitet wird, sondern eine von den Lehrern zusammen mit den Eltern und evtl. mit dem Kind entwickelte umfassende pädagogische Förderplanung ist hier erforderlich.

- Als letzten Fehler stellt Vester die **Tendenz zu autoritärem Verhalten** heraus. Die Vorstellung, zu wissen, wo das Problem liegt, was seine Ursachen sind, führt dazu, die eigenen Vorstellungen zur Beseitigung der Störung durchzusetzen. Im System vorhandene Selbsthilfepotentiale, Dynamiken und Ressourcen werden so unterdrückt. Aus pädagogischer Sicht ist deshalb zu beachten, dass Entwicklungen angeregt aber nicht determiniert werden können. Das professionelle Handeln zielt auf die Eröffnung und Unterstützung von Lern- und Entwicklungsmöglichkeiten. Ein objektives Wissen über richtige Maßnahmen gibt es nicht. Nicht die Durchsetzung einmal geschaffener Förderpläne, sondern die sensible Beobachtung, die Überprüfung der eigenen aufgestellten Perspektive und die Revision wenig hilfreicher Maßnahmen sind hier gefragt.

Hieraus ergeben sich spezifische Anforderungen an die Beobachtung II. Ordnung in pädagogischen Kontexten, die im folgenden konkretisiert werden sollen:

1) Ontologisierende Beschreibungen sind zu vermeiden.

Aussagen wie: das Kind ist lernbehindert, ist verhaltensauffällig, ist hyperaktiv sind aus systemisch-konstruktivistischer Sicht nicht sinnvoll. Da Pädagogen (dasselbe gilt natürlich auch für Mediziner, Psychologen etc.) keine objektiven Beobachter, sondern aktive Interaktionspartner sind, stellen die Beobachtungen keine ontischen Wirklichkeiten dar. Sie sind vielmehr abhängig von den Normen, Regeln, den Vorerfahrungen und Verständniszugängen, den Untersuchungsmethoden und –instrumenten des Beobachters. Dies führt zu der zweiten Orientierung:

2) Pädagogische Beobachtungen sind hypothesengeleitet.

Die Auseinandersetzung mit einer pädagogischen Problemsituation ist aus systemsich-konstruktivistischer Sicht als ein Prozess des hypothesengeleiteten Suchens zu verstehen. Eine Hypothese ist dabei immer eine vorläufige, im weiteren Handlungsprozess zu überprüfende Annahme über die Bedingungsfaktoren der Problemsituation. V. Schlippe/Schweitzer (1999) differenzieren zwischen der Ordnungs- und der Anregungsfunktion von Hypothesen. Die Ordnungsfunktion umfasst die notwendige Reduktion von Komplexität. Vielfältige Informationen aus unterschiedlichen diagnostischen Zugängen werden so zu Hypothesen verdichtet. Die Anregungsfunktion von Hypothesen ergibt sich aus ihrem Potential, neue pädagogische Handlungs- und Fördermöglichkeiten zu entwickeln. Die Anregungsfunktion einer Hypothese kann dabei immer erst festgestellt werden, wenn daraus konkrete pädagogische Förderansätze abgeleitet werden, deren Wirksamkeit im pädagogischen Alltag von den beteiligten Personen zu überprüfen ist. Die Erlebenswelt der interagierenden Personen (Schülern, Lehrern, Eltern) bildet den Prüfstein, ob diese entwickelten Förderorientierungen hilfreich, nützlich bzw. sinnvoll sind. Sie werden - um mit Lamnek (1993, 167) zu sprechen - „an der Praxis validiert."

Solche Hypothesen sollen immer im Team, evtl. auch mit den betroffenen Schülern gemeinsam gebildet werden. Dies ist auch die Grundlage für die dritte Orientierung einer systemisch-konstruktivistischen Beobachterhaltung: die Mehrperspektivität.

3) Mehrperspektivität im Prozess der pädagogischen Beobachtung

Aus einer systemisch-konstruktivistischen Perspektive kann es bei diagnostischen Prozessen nicht darum gehen, eine richtige oder wahre Beobachtung respektive Diagnose zu erstellen. Es geht vielmehr darum, im interaktionistischen Prozess pädagogischen Handelns gemeinsam Beobachterperspektiven zu entwickeln, die Lern- und Entwicklungsmöglichkeiten für das Kind in seiner Lebenswelt eröffnen und Lernstörungen minimieren. Unterschiedliche Perspektiven erzeugen Differenzen und damit Information. Bateson (1985, 582) stellte heraus, dass Information ein Unterschied ist, der als Unterschied wahrgenommen wird. Indem also verschiedene Perspektiven einer pädagogischen (Problem-) Situation erzeugt werden, entstehen Informationen, die für die Entwicklung pädagogischer Handlungsmöglichkeiten hilfreich sein können. Pädagogische Förderung erfordert somit die kontinuierliche Begleitung der Lern- und Entwicklungsprozesse der Schüler. Das einmalige Feststellen eines Förderbedarfs oder das Festschreiben eines Förderplans ist hierbei wenig sinnvoll. Notwendig ist aus dieser Perspektive vielmehr das prozessbegleitende Zusammenspiel von verschiedenen Aktivitäten. Dazu gehört vor allem die sensible Beobachtung und die Reflexion der Beobachtungen. Daraus ergeben sich Möglichkeiten zur Bildung von Hypothesen über Entwicklungsmöglichkeiten, die dann in einer Planung und Realisierung pädagogischer Fördermöglichkeiten konkret umgesetzt werden können. Die Auswirkungen dieser Arbeit müssen wiederum beobachtet und reflektiert werden, um die Fortführung, Veränderung oder völlige Neukonzipierung der Fördermaßnahmen zu gewährleisten. Pädagogische Beobachtung, Hypothesenbildung und pädagogische Förderung stehen somit in einem zirkulären Verhältnis zueinander.

Differenzen im Prozeß der pädagogischen Beobachtung können dabei sowohl durch unterschiedliche Personen als auch durch unterschiedliche Beobachtungsmethoden erzeugt werden. Hieraus kann abgeleitet werden, dass es aus systemsich-konstruktivistischer Sicht durchaus sinnvoll sein kann, unterschiedliche – auch quantitative Verfahren – zu verwenden. Dabei ist jedoch immer zu berücksichtigen, dass kein Verfahren eine objektive Wirklichkeit erzeugt. Jedes Verfahren konstruiert die Wirklichkeit, die es aufgrund seiner Struktur erzeugen kann. Hieraus können Informationen entstehen, die zur Hypothesenbildung herangezogen werden. Aus einer systemsich-konstruktivistischen Perspektive ergibt sich dabei eine prinzipielle Respektlosigkeit gegenüber jeglichen Gewissheiten (vgl. Cecchin u.a. 1993). Gleichzeitig ist jedoch ein besonderer Respekt gegenüber den Personen notwendig. Dieser ergibt sich aus dem konsequenten Ansetzen der pädagogischen Beobachtung an den Stärken und Ressourcen des Kindes im lebensweltlichen Kontext.

4) Stärken- und Ressourcenorientierung

Eine systemisch-konstruktivistisch fundierte pädagogische Beobachtung darf sich nicht allein auf die Störung, die Defizite und Unzulänglichkeiten beschränken. Eine solche Defektorientierung behindert den Blick auf ein umfassendes Bild von dem Kind in seinem lebensweltlichen Kontext (vgl. Milani-Comparetti/Roser 1987, 89). Sie ist zudem wenig geeignet, Fördermöglichkeiten für einen Schüler/eine Schülerin zu entwickeln. Effektive Förderung von Kindern und Jugendlichen mit besonderen Bedürfnissen muss neben der Erfassung der Problembereiche ein besonderes Augenmerk auf vorhandene Potentiale, Fähigkeiten und Ressourcen der Personen in ihren Lebenswelten legen. Durch die Wahrneh-mung, Unterstützung, Aktivierung und Begleitung dieser entwicklungsfördernden Bedingungen wird die „Förderung von Normalität" (Milani-Comparetti/Roser 1987) und nicht die Behandlung der Auffälligkeit zur pädagogischen Aufgabe.

Zum Abschluss soll das Konzept der pädagogischen Lernbegleitung vorgestellt werden, bei dem versucht wurde, systemisch-konstruktivistische Aspekte für die Beobachtung und Analyse pädagogischer Problemsituationen im integrativen Unterricht an einer Gesamtschule in die pädagogische Praxis umzusetzen (vgl. ausführlich Heuser/Schütte/Werning 1996).

3.1 Kooperative Lernbegleitung

Das Konzept der kooperativen Lernbegleitung umfasst einen Stufenplan. Er beinhaltet die Vorstellungskonferenz, eine Informationsphase, die Förderkonferenz, die Umsetzung des Förderplans und die prozessbegleitende Reflexion der Förderung. Dieser Prozess soll im Folgenden konkretisiert werden.

- **Vorstellungskonferenz**

Der erste Schritt zur Bearbeitung einer pädagogischen Problemsituation ist die Vorstellungskonferenz. Die wird einberufen, wenn ein Schüler/eine Schülerin bzw. eine Gruppe von Schülern aus pädagogischer Sicht deutliche Schwierigkeiten zeigen. An der Konferenz, die 90 Minuten dauert, sollen alle gegenwärtigen Lehrer und Lehrerinnen der Gruppe, sowie möglichst die früheren Betreuungslehrer und andere Professionelle (Schulpsychologin, Sozialpädagoge), sofern sie bisher beteiligt waren, teilnehmen. Die Situation des Kindes (besondere Schwierigkeiten, besondere Stärken etc.) soll ausführlich dargestellt werden. Durch die Beteiligung der ehemaligen Lehrerinnen des Kindes soll insbesondere die Lern- und Entwicklungsbiographie zur Sprache gebracht werden. Ferner können durch die unterschiedlichen Beobachterperspektiven vielfältige Hypothesen über Förder- und Unterstützungsmöglichkeiten aufgestellt werden. Zur Strukturierung der Vorstellungskonferenz sind folgende Fragen entwickelt worden:

- Welche besonderen Fähigkeiten, Stärken und Vorlieben sind Ihnen bei dem Schüler/der Schülerin aufgefallen?

- Wie würden Sie die besonderen Schwierigkeiten/Probleme von dem Schüler/der Schülerin beschreiben?

Welche unterstützenden Bedingungen sehen Sie in der Lebenswelt von der Schülerin/des Schülers (in der Familie, der Gruppe der Freunde etc.)?

- Welche hemmenden Bedingungen sehen Sie in der Lebenswelt der Schülerin/des Schülers (in der Familie, der Gruppe der Freunde etc.)?

- Welche förderlichen Bedingungen gibt/gab es für die Schülerin/den Schüler in der Schule?

- Welche einschränkenden Bedingungen gibt/gab es für die Schülerin/den Schüler in der Schule?

- Welche Maßnahmen und Bedingungen haben Ihrer Meinung nach die Entwicklung der Schülerin/des Schülers bisher positiv beeinflusst?

- Welche Maßnahmen und Bedingungen haben Ihrer Meinung nach die Entwicklung der Schülerin/des Schülers bisher negativ beeinflusst?

Am Ende der Vorstellungskonferenz steht ein Lösungsbrainstorming. Hierzu schreiben alle Beteiligten Ideen, Hypothesen und Anregungen für eine mögliche Verbesserung der Lern- und Entwicklungsbedingungen auf Karteikarten.

Diese Sammlung von Beobachterperspektiven bildet dann die Grundlage für die weitere Arbeit an der Konstruktion von lern- und entwicklungsförderlichen Bedingungen für den Schüler/die Schülerin, die in einem kooperativen Arbeitssetting von der Klassenlehrerin, dem Sonderpädagogen und einem weiteren Kollegen/einer weiteren Kollegin geleistet wird. Sie planen die weiteren Schritte der folgenden Informationsphase.

- **Informationsphase**

Im Anschluss an die Vorstellungskonferenz werten der Klassenlehrer, die Sonderpädagogin sowie eine weitere Kollegin/ein weiterer Kollege, der sich zu Beginn für die intensivere Zusammenarbeit bereiterklärt hat, diese Ideen aus, um dann gemeinsam das weitere Vorgehen zu planen. Möglich sind dann z.B. die folgenden Schritte:

- *Unterrichtsbeobachtung*

(Erfassung der Beziehungen zwischen Unterrichtenden und Kind, der Kinder untereinander, der Lernkultur in der Klasse)

- *Gespräche mit externen Beteiligten*

(z.B. mit einem/einer Therapeuten/in)

- *Gespräche mit den Eltern*

- *Gespräche mit dem Kind/Jugendlichen*

- *Spezielle förderdiagnostische Überprüfungen*

- *Spezielle medizinische Untersuchungen*

Bei allen eingeleiteten Maßnahmen ist die Gefahr der Stigmatisierung zu berücksichtigen. Bei jeder der vorgestellten Möglichkeiten ist somit zu fragen, wie notwendig sie für die pädagogische Arbeit ist, und welche „unerwünschten Nebenwirkungen" sie hervorrufen könnte.

- **Vorbereitung der Förderkonferenz**

Klassenlehrer, Sonderpädagogin und kooperierender Kollege tauschen sich regelmäßig über die Beobachtungen und Informationen aus und versuchen, daraus eine Orientierung für die Verbesserung der Entwicklungs- und Lernbedingungen des Kindes und eventuell der Gruppe zu erarbeiten. Dazu zählen Überlegungen zur individuellen Förderung, zur didaktisch-methodischen Gestaltung des Unterrichts, zur Veränderung institutioneller Bedingungen bis hin zur Elternarbeit oder zur Gestaltung des Freizeitbereiches. Diese Erwägungen werden schriftlich formuliert und allen Kolleginnen, die in der Lerngruppe unterrichten, zur Vorbereitung der Förderkonferenz übermittelt.

- **Förderkonferenz**

An der Förderkonferenz nehmen alle Lehrerinnen der Lerngruppe sowie evtl. die Eltern und andere externe Beteiligte (z.B. Therapeuten) teil. Hier soll gemeinsam überlegt werden, wie die Lern- und Entwicklungsbedingungen des Kindes im Kontext seiner Lerngruppe und evtl. auch seiner außerschulischen Situation verbessert werden können. Alle Beteiligten werden dabei zum einen über die gemeinsam von der Klassenlehrerin, dem Sonderpädagogen und der kooperierenden Kollegin entwickelten Maßnahmen zur Verbesserung der pädagogischen Situation informiert. Zum anderen kann gemeinsam überlegt werden, wie jeder selbst in seinem Unterricht bzw. in seinen Interaktionen mit dem Kind hierauf eingehen kann bzw. welche Veränderungen dazu sinnvoll erscheinen.

- **Umsetzen der geplanten Maßnahmen und prozessbegleitende Reflexion**

Die konkrete unterrichtliche Umsetzung der Maßnahmen wird prozessbegleitend „im kleinen Kreis" von der Klassenlehrerin, dem Sonderpädagogen und der kooperierenden Kollegin reflektiert. Dabei ist zu überprüfen, ob die bisher gebildeten Hypothesen über die Entwicklungsbedingungen und Fördermaßnahmen sinnvoll waren, ob sie sich in der pädagogischen Praxis bewähren oder ob sie wieder verändert werden müssen. Plötzliche Veränderungen in der familiären Situation, in der schulischen Gruppensituation oder in anderen Lebensbereichen des Kindes müssen berücksichtigt und in ihren Auswirkungen auf die pädagogische Arbeit reflektiert werden. Evtl. ist zu überprüfen, ob erneut eine gemeinsame Förderkonferenz einzuberufen ist.

4. Schlussbemerkung

Zum Abschluss sei noch auf einen zentralen Punkt der pädagogischen Beobachtungs-Kompetenz hingewiesen: Die kollegiale Kooperation und Koordination.

Zur Erweiterung der Beobachtungs- und auch der Förderkompetenz ist die professionelle Nutzung unterschiedlicher Perspektiven, die nicht konkurrierend gegeneinander, sondern ergänzend zueinander gesetzt werden, sinnvoll. Bei der Zusammenarbeit von Klassenteams, z. B. im Rahmen von kollegialer Fallberatung oder der oben dargestellten kooperativen Lernbegleitung ist es hilfreich, wenn die unterschiedlichen Beobachtungen von Schülern in ihren sozialen und räumlichen Umwelten zusammengetragen werden. Nicht die Durchsetzung einer „richtigen" Beobachtungs- oder Förderperspektive ist hier das Ziel. Vielmehr geht es darum, die verschiedenen Perspektiven zu verknüpfen, um ein kollektives Bild als Grundalge für die pädagogische Arbeit zu entwerfen.

Literatur

Bach, H. (1985): Grundbegriffe der Behindertenpädagogik. In: Bleidick, U. (Hg.): Theorie der Behindertenpädagogik, Handbuch der Sonderpädagogik, Bd. 1. Berlin, 3-24.

Barkey, P. (1975): Direkte versus indirekte Modelle sonderpädagogischer Diagnostik. In: Kornmann, R. (Hg.): Diagnostik bei Lernbehinderten. Rheinstetten, 20-35.

Bateson, G. (1985): Ökologie des Geistes: anthropologische, psychologische, biologische und epistemologische Perspektiven. Frankfurt am Main.

Bundschuh, K. (1999, 5.Aufl.): Einführung in die sonderpädagogische Diagnostik. München und Basel.

Buschbeck, H. (1995): Das Pädagogische Tagebuch – ein Not-wendiges Handwerkszeug im Schulalltag. In: Eberwein, H./Mand. J. (Hg.): Forschen für die Schulpraxis. Weinheim, 271-288.

Campion, J. (1985): The child in context. Family-systems theory in educational psychology. London/New York.

Cecchin, G./Lane, G./Ray, W.A. (1993): Respektlosigkeit – eine Überlebensstrategie für Therapeuten. Heidelberg.

Deutscher Bildungsrat (1973): Empfehlung der Bildungskommission: Zur pädagogischen Förderung behinderter und von Behinderung bedrohter Kinder und Jugendlicher. Bonn.

Eberwein, H./Knauer, S. (1998)(Hg.): Handbuch Lernprozesse verstehen. Weinheim, Basel.

Eggert, D. (1997): Von den Stärken ausgehen. Dortmund.

Garfinkel, H. (1967): Studies in Ethnomethodology. Englewood Cliffs, New York.

Henning, C./Knödler, U. (1985): Problemschüler – Problemfamilien. Praxis des systemischen Arbeitens mit schulschwierigen Kindern. Weinheim und Basel.

Heuser/Schütte/Werning (1997): Kooperative Lernbegleitung von Kindern und Jugendlichen mit besonderem Förderbedarf in heterogenen Gruppen. In: Heimlich, U. (Hg.): Zwischen Aussonderung und Integration. Neuwied u.a., 102-118.

Hildeschmidt, A./Sander, A. (1993): Kind-Umfeld-Diagnose - ein ökosystemischer Ansatz. St. Ingbert.

Jantzen, W. (1996): Diagnostik, Dialog und Rehistorisierung: Methodologische Bemerkungen zum Zusammenhang von Erklären und Verstehen im diagnostischen Prozeß. In: Jantzen, W./Lanwer-Koppelin, W. (Hg.): Diagnostik als Rehistorisierung. Berlin, 9-31.

Jetter, K. (1994): Verstehende Diagnostik. In: Geistige Behinderung Heft 4, 297-307.

Kail, R./Pellegrino, J. W. (1988): Menschliche Intelligenz. Heidelberg.

Kautter, H. (1998): Das ‚Thema des Kindes‘ erkennen. Umrisse einer verstehenden pädagogischen Diagnostik. In. Eberwein, H./Knauer, S. (Hg.): Handbuch Lernprozesse verstehen. Weinheim und Basel, 81-93.

Keeney, B.P. (1987): Einleitung. In: Ders.: Konstruieren therapeutischer Wirklichkeiten. Dortmund, 12-16.

Knauer, S. (1998): Zum Problem des Diagnostikbegriffs. In: Eberwein, H./Knauer, S. (Hg.): Handbuch Lernprozesse verstehen. Weinheim und Basel 54-65.

Kobi, E. (1977): Einweisungsdiagnostik – Förderdiagnostik: eine schematisierte Gegenüberstellung. In: Vierteljahresschrift für Heilpädagogik 46, 115–123.

Kornmann, R. (1986): Erkennen, was zu tun ist: Fragestellungen und Methoden einer tätigkeitsorientierten Diagnostik bei Lernschwierigkeiten. In: AG Integration Würzburg (Hg.): Wege zur Integration. Würzburg.

Kretschmann, R. (1993): Aufgaben und Grenzen der Förderdiagnostik. In: Langfeldt, H.-P./Kurth, E. (Hg.): Diagnostik bei Lernbehinderten. Standpunkte und Ergebnisse einer zwanzigjährigen Diskussion. Neuwied, Kriftel, Berlin, 222-234.

Lamneck, S. (1993): Qualitative Sozialforschung. Bd. 1: Methodologie, Weinheim.

Mand, J. (1998): Förderdiagnostik als Lernprozeßdiagnostik. In: Eberwein, H./Knauer, S. (Hg.): Handbuch Lernprozesse verstehen. Weinheim und Basel, 39-53.

Milani-Comparetti, A./Roser, L.O. (1987, 2. Aufl.): Förderung der Normalität und der Gesundheit in der Rehabilitation. In: Wunder, U./Sierek, U. (Hg.): Sie nennen es Fürsorge. Behinderte zwischen Vernichtung und Widerstand. Frankfurt am Main, 77-88.

Probst, H. (1979): Kritische Behindertenpädagogik in Theorie und Praxis. Oberbiel.

Probst, H (1991): Zur Diagnostik und Didaktik der Oberbegriffbildung. Oberbiel.

Sander, A. (1994): Behinderungsbegriffe und ihre Konsequenzen für die Integration. In: Eberwein, H. (Hg.): Behinderte und Nichtbehinderte lernen gemeinsam. Handbuch der Integrationspädagogik. Weinheim und Basel, 99-115.

Sander, A. (1998): Kind-Umfeld-Analyse. Diagnose bei Schülern und Schülerinnen mit besonderem Förderbedarf. In: Mutzek, W. (Hg.): Förderdiagnostik bei Lern- und Verhaltensstörungen. Weinheim, 6-24.

Schiepek, G. (1986): Systemische Diagnostik in der Klinischen Psychologie. Weinheim und München.

Schlee, J. (1998): Diagnostik von Lernprozessen durch Rekonstruktion Subjektiver Theorien. In: Eberwein, H./Knauer, S. (Hg.): Handbuch Lernprozesse verstehen. Weinheim und Basel, 66-80.

Schlippe, A. v./Schweitzer, J. (1999, 6.Aufl.): Lehrbuch der systemischen Therapie und Beratung. Göttingen.

Schmidt, S.J. (1986): Selbstorganisation – Wirklichkeit – Verantwortung. Siegen.

Suhrweiher, H./Hetzner, R. (1993): Förderdiagnostik für Kinder mit Behinderungen. Neuwied.

Terhart, E. (1997): Entwicklung und Situation des qualitativen Forschungsansatzes in der Erziehungswissenschaft. In: Friebertshäuser, B./Prengel, A. (Hg.): Handbuch qualitative Forschungsmethoden in der Erziehungswissenschaft. Weinheim und München, 27-42.

Vester, F. (1980): Neuland des Denkens. Vom technokratischen zum kybernetischen Zeitalter. Stuttgart.

Watzlawick, P./Beavin, J.H./Jackson, D.D. (1967): Menschliche Kommunikation. Bern.

Werning, R. (1996): Das sozial auffällige Kind. Lebensweltprobleme von Kindern und Jugendlichen als interdisziplinäre Herausforderung. Münster, New York.

Werning, R./Lies, F. (2000): Beobachten und Fördern. In: Lernchancen, Heft 16, 2-9.

Willke, H. (1994): Systemtheorie II: Interventionstheorie. Stuttgart.

Winfried Palmowski

# VIII	Beratung und Kooperation

„...daß ein Berater
keinen größeren Fehler
machen kann,
als zu versuchen,
anderen zu helfen."
(J. Weakland, 1988, 36)

„Das Geheimnis gelingender Kooperation
besteht darin,
den jeweils anderen
gut aussehen zu lassen!"
(Palmowski, Freyling, 1997, 117)

1. Zur wachsenden Bedeutung von Beratung und Kooperation im Kontext von Schule

Das Thema Beratung im Kontext von Schule hat in den letzten Jahren kontinuierlich an Bedeutung gewonnen und ihr Stellenwert wird auch weiterhin noch steigen (Palmowski, 2000). Der zentrale Grund, der – wie sich gleich zeigen wird – in vielerlei Facetten zum Vorschein kommt, liegt in der stetig wachsenden Delegation von Verantwortung und Entscheidungskompetenzen aus den übergeordneten Instanzen an die sogenannte Basis sowie aus dem sich daraus ergebenden Arbeiten an „Lösungen vor Ort". Diesen Gedanken werde ich zunächst für Schule allgemein (1) und danach in seiner Bedeutung für eine Pädagogik bei Verhaltensstörungen (2) konkretisieren und begründen.

Zu 1.:

Für Schule als Organisation und Institution wird dies unter anderem in folgendem Veränderungsstrang deutlich. Im Kontext von Schulentwicklung (bzw. Schulentwicklungsprogrammen, -prozessen, Profilbildung etc.) wird die einzelne Schule als das System angesehen, das als eigenständige Größe den eigenen Veränderungsprozess betreibt und das als „lernende Organisation" sowohl in den Bereichen der administrativen Selbstverwaltung als auch der pädagogischen Programmatik zunehmende Autonomie beanspruchen kann und diese auch erhält (Bildungskommission NRW, 1995)[1] . Diese Entwicklung ist in Zusammenhang zu sehen mit gesamtgesellschaftlichen Veränderungsprozessen, die sich zusammenfassen lassen unter dem Stichwort „Postmoderne" (Welsch, 1988) und den darin enthaltenen Tendenzen zu Pluralität und Individualisierung. Der begrüßenswerten Möglichkeit zu mehr Individualität und Eigenständigkeit , der Formulierung unverwechselbarer Profile und inhaltlicher Schwerpunktsetzung steht die Notwendigkeit gegenüber, diesen Prozess nach außen hin transparent zu gestalten und durch

---

[1] „Zum gemeinsamen Erfahrungshintergrund bisheriger Reformbemühungen gehört die Einsicht, dass Umstellungen als beabsichtigtes Ergebnis einer Durchsteuerung von oben nach unten ineffektiv sind oder ganz erfolglos bleiben" (Bildungskommission NRW, 1995, 146).
„Langfristig angelegte und gründliche Reformen sind aber unabweisbar geworden. Reparaturmaßnahmen auf der Grundlage traditioneller Gestaltungsmuster und Verantwortungsstrukturen reichen generell in keinem gesellschaftlichen Gestaltungsbereich mehr aus, um die Entwicklungsprobleme zu lösen. Dies gilt auch für das Bildungswesen und die Schule" (ebd., XI).
„Schulen werden nicht als statisch gesehen, sie müssen lernfähig und veränderungswillig sein, um sich als lernende Organisationen zu entwickeln"(ebd., XIII).

kontinuierliche Evaluation vor sich selber und vor den relevanten Bezugssystemen zu verantworten.

Gleichzeitig werden Kooperationsprozesse häufiger werden. Die Berufsrolle des Lehrers verändert sich von der des „Einzelkämpfers" immer stärker zu der eines Teammitglieds. In vielen Schulen werden Klassen doppelt besetzt, das Gesamtkollegium bildet mehr oder weniger autonome Teams, „relevante Umwelten" werden verstärkt einbezogen, Schule öffnet sich nach außen usw. – auch hier nehmen die Notwendigkeit und das Bedürfnis nach Informationsaustausch und Beratung zu.

Alle drei Aspekte, die individuelle Profilbildung, das Arbeiten in Teams und die Vertretung schulspezifischer Komponenten nach außen, legen eine intensive Inanspruchnahme interner und externer Beratung nahe, da nur so eine kontinuierliche Reflexion des eigenen Tuns gewährleistet ist und eine theoriegeleitete Praxis entwickelt und begründet werden kann. Beim gegenwärtigen Stand der Entwicklung tritt Beratung noch häufig nur als begrenzte Arbeitsform in Erscheinung, die sich konzentriert auf gelegentliche, punktuelle Aspekte oder auf einen bestimmten thematischen Ausschnitt - der in der Regel als Problem definiert und bewertet wird. In absehbarer Zeit wird sie – diese Prognose sei hier gewagt – einen festen, unverzichtbaren und kontinuierlichen „reflexiven" Baustein im Schulgefüge abgeben.

Dieser Gedanke lässt sich fortschreiben in Richtung auf die im System Schule befindlichen Subsysteme. Mehr Autonomie für die Schule lässt sich letztendlich nur denken, wenn dies auch mehr Autonomie für die in ihr arbeitenden Leiter, Lehrer und auch Schüler bedeutet (vgl. Palmowski, 1998c). Die für Lehrer wie Schüler notwendige Erfahrung von Kompetenz setzt weitgehende Unabhängigkeit als situative Variable voraus.

-   Ein Mehr an Entscheidungskompetenz in den Händen der Schulleitung verlangt auch mehr Raum und Zeit für Prozesse des Sich-Beratens (wiederum intern und extern).
-   Wachsende Spielräume für pädagogisches Handeln, Auswahl von Unterrichtsinhalten oder gar Risikokalkulation in einer „fehlerfreundlichen Schule" brauchen den Lehrer, der im und durch den Beratungsprozess seine Handlungsoptionen finden und begründen kann.

- Der Schüler, der – gedacht als mögliche Vision - seine Lernprozesse zunehmend selbst organisiert[2], wird ebenso zunehmend auf flankierende Hilfen durch Beratung angewiesen sein.

Je weiter man voranschreitet auf dem Weg von der einen Vorschrift für alle (Schulen oder Schulleiter oder Lehrer oder Schüler) zur systembezogenen oder individuellen Lösung vor Ort, desto umfangreicher und umfassender wird der Anteil und die Bedeutung von Beratung im schulischen Kontext werden (müssen). Je stärker sich unterrichtliche Prozesse verlagern vom „Allen das Gleiche" hin zu „Jedem das Seine", desto intensiver werden sich Lehrer und Schüler über diesen Prozess und seine Implikationen verständigen müssen.

Zu 2.:

„Gerade in der Erziehung bei Verhaltensstörungen jedoch muss die Beratung zum Kern des professionellen Handelns gerechnet werden" (Hillenbrand, 1999, 143f).

„Der Beratungsbedarf ist im Besonderen angewachsen im Bereich der Erziehung, speziell der Schule. Es gibt offensichtlich kein Verständnis von Erziehung und Schule mehr. Die normativen Orientierungen sind ebenso plural geworden wie die Erziehungs- und Lernziele und die pädagogischen Methoden und Institutionen" (Speck, 1989, 361). Neben den Veränderungen auf institutioneller Ebene lösen sich auch in bezug auf *inhaltliche* Bereiche und sonderpädagogische Fragestellungen Sichtweisen und Positionen auf, die man vielleicht noch vor wenigen Jahren als gesichert, konsensfähig und allgemeingültig angesehen hat. Gegenwärtig ist weder klar und verbindlich, was denn nun das Wesen von „Behinderung", „Verhaltensstörung" und ähnlicher Begriffe ausmacht, noch wären die Mehrzahl der Benutzer dieser Begriffe bereit, so etwas wie einen Versuch einer allgemeingültigen und verbindlichen Bestimmung zu akzeptieren[3]. Die Auflösung gemeinsamer Positionen hin zu einer Pluralität (oder Fragmentierung), wie dies als wesentliches oder gar zentrales Bestimmungsstück der Postmoderne beschrieben wird, verlangt vom Einzelnen im professionellen Kontext die kontinuierliche Reflektion des eigenen Tuns zur Bestimmung und Begründung der eigenen

---

[2] Der Lehrer der Zukunft wird der Experte sein für den Prozess der Organisation der Selbstorganisation der Schüler

3 Man könnte ironischwerweise hinzufügen: obwohl sie ihn immer wieder einfordern. Die beobachtbare Paradoxie besteht darin, dass einerseits beklagt wird, dass es keine allgemein anerkannte und verbindliche Definition von ... gibt, andererseits werden vorgelegte Versuche, Begriffe möglichst eindeutig oder mit „Wahrheitsanspruch" zu bestimmen nicht akzeptiert. Eine ganz ähnliche, parallele Beobachtung lässt sich in vielen Beratungssituationen machen, wenn die Klienten etwa sinngemäß sagen: „Ja, Ihre Idee mag ja ganz gut sein, aber in meiner Klasse(oder Familie oder Situation) geht das nicht!". Eine mögliche Funktion der Uneindeutigkeit von Sprache kann dann darin gesehen werden, die Autonomie des Einzelnen abzusichern.

Position, zur Formulierung individueller Ziele, zur Vernetzung eigener Projekte (oder Projektideen) mit denen anderer, sowie zur Aufrechterhaltung und Weiterentwicklung gemeinsamer Vorstellungen über gemeinsame Sachverhalte. Dies alles ist Inhalt von Beratung, verstanden als ein Prozess des „Sich-Miteinander-Beratens".

Wenn Verhaltensstörung als normabhängiges Verhalten beschrieben wird, sich gleichzeitig aber immer weniger verbindliche oder übereinstimmende Positionen in bezug auf relevante oder anzuwendende Normen finden lassen, der Rückgriff auf anerkannte und bewährte Folien also immer weniger möglich wird, dann bleibt nur der kontinuierliche Diskurs zur Verständigung auf (annähernd) gemeinsame Positionen, da nur so Plattformen gemeinsamen Handelns entwickelt und aufrechterhalten werden können. An die Stelle der zu befolgenden Vorschrift (mochte man ihr nun inhaltlich zustimmen oder nicht) tritt die gemeinsame Konstruktion (mehr oder weniger) gemeinsamer Sichtweisen oder Konventionen, die soziale Systeme erst handlungsfähig machen.
Im professionellen Kontext wird dieser Prozess immer auch zumindest teilweise in expliziter Form erfolgen müssen, diese Form lässt sich als „Beratung" bezeichnen.
Da es in diesem Prozess um das gemeinsame Aushandeln von und Sich-Verständigen aufgemeinsame Positionen geht, kann dieses nur in kooperativer Form erfolgen.

Die ständig wachsende Bedeutung von Beratung und Kooperation ergibt sich demnach logischerweise und zwangsläufig aus der immer geringer werdenden Bedeutung oder Akzeptanz allgemeingültiger oder als verbindlich deklarierter Vorgaben und der sich daraus ergebenden Notwendigkeit der subjektiven oder lokalen Entscheidungsfindung.

2. Was ist mit „Beratung und Kooperation" gemeint?

Wenn ich jetzt im Folgenden den Versuch unternehme, deutlich zu machen, was mit den Begriffen „Beratung" und „Kooperation" gemeint sein kann, dann gerate ich sehr schnell in die Paradoxie aller Begriffsbestimmungen:
Begriffe sind nicht eindeutig, Definitionsversuche bleiben Versuche, Ansprüche auf Verbindlichkeit und Allgemeingültigkeit werden kaum akzeptiert. Ein prägnantes Beispiel in bezug auf unsere Thematik sind die zahlreichen Versuche der definitorischen Trennung von Beratung und Therapie (vgl. hierzu etwa Biermann-Ratjen, 1995; Dietrich, 1983), zu denen

Carl Rogers schon 1942 schrieb: Es mag für „diese Unterscheidung (...) einige Gründe geben, es lässt sich aber nicht bestreiten, dass intensive und erfolgreiche Beratung von intensiver und erfolgreichen Psychotherapie nicht zu unterscheiden ist" (S. 17). Dieser Sichtweise entspricht die gängige Praxis im systemischen Kontext, in welchem die beiden Termini häufig als Synonyme oder doch in einem Atemzug genannt werden (vgl. etwa Schlippe, Schweitzer, 1997).

Im Gegensatz hierzu wird in diesem Beitrag der Begriff der Beratung sehr viel weiter gefasst und sogar von der Existenz eines Problems abgelöst (welches zur Beratung führt). Darüberhinaus wird hier auch die regelmäßige und kontinuierliche (professionelle) Reflektion des Handelns mit dem Begriff der Beratung belegt.

Die Frage, die sich daraus ableiten lässt, lautet: Warum dann überhaupt Begriffsbestimmungen?

Eine Teilantwort ergibt sich für mich aus den folgenden Überlegungen:

Von Gregory Bateson stammt der berühmte Satz: „Eine Information ist ein Unterschied, der einen Unterschied macht" (Bateson, 1983, 582).

Das Erzeugen von Unterschieden ist als kognitive Basisoperation beschrieben worden, mit der wir kontinuierlich arbeiten, da wir uns auf diesem Weg die nötigen Informationen erzeugen, die und handlungsfähig machen. In diesem Prozess arbeiten wir mit dem Medium der Sprache. Je mehr Begriffe uns für einen bestimmten Ausschnitt unserer Wirklichkeit zu Verfügung stehen, desto präzisere Unterscheidungen können wir treffen, und um so präzisere Handlungsanweisungen ergeben sich daraus für uns.

Paradoxerweise gilt dies auch dann, wenn wir mit Begriffen arbeiten, die sich jedem Versuch einer konsensfähigen Bestimmung (z.B. Normalität, Behinderung, Verhaltensstörung) entziehen und eher die Funktion von Hülsen haben, die jeder Benutzer oder jedes soziale System selber mit Inhalt zu füllen hat. Aus diesem Grunde halte ich die gelegentlich vorgetragene Idee, zumindest im wissenschaftlichen Diskurs auf diesen oder jenen Begriff (z. B. Aggression oder Behinderung) zu verzichten, für problematisch. Die Unterscheidung in Normalität und Behinderung etwa, wie (unsinnig oder gar zerstörerisch) sie im konkreten Fall auch immer ausfallen mag, gibt mir differenziertere Handlungsmuster an die Hand, als die Aufgabe dieser Unterscheidung durch den Verzicht auf bestimmte Termini. Sinnvoller erscheint mir ein kontinuierliches Arbeiten an einer Veränderung sprachlicher Konventionen und Übereinkünfte etwa über die Frage, was denn nun unter Behinderung, psychischer Störung oder Verhaltensstörung verstanden werden kann. Und ein Teil dieser Arbeit – und da schließt sich der Bogen wieder – kann geleistet werden durch immer neue Versuche, die genannten und andere Begriffe mit neuen Inhalten oder zumindest Konnotationen zu verändern oder anzureichern.

Wenn ich diesen Gedanken nun auf den Terminus „Beratung" übertrage, so ergeben sich für mich zunächst eine ganze Reihe möglicher Fragen:

- Wo ist eigentlich der Unterschied zwischen Beratung und (Gesprächspsycho-)Therapie? Ist der Übergang fließend oder gibt es prinzipielle Unterscheidungskriterien? Inwieweit bezieht sich die Unterscheidung nur auf ein identisches Verfahren in unterschiedlichen Institutionen? Ist Therapie „mehr „ als Beratung und wenn ja, worin besteht dieses Mehr?
- Ist Beratung ein Teil von Erziehung, wäre dies also ein Oberbegriff, der Verschiedenes subsummiert? Oder steht Beratung gleichberechtigt neben Erziehung? Wird Beratung nur dann in Anspruch genommen, wenn die Erziehung nicht (mehr) so klappt, wie geplant oder gewünscht?
- Inwieweit setzt Beratung Diagnose, Anamnese oder irgendeine andere Form der Datenerhebung voraus? Inwieweit kann Vorwissen des Beraters auch hinderlich sein? Kann man Beratung auch als Baustein von Prävention sehen oder hat sie immer rehabilitativen Charakter? Gibt es Probleme oder Störungen, für die Beratung gänzlich ungeeignet ist?
- Was genau sind die „Essentiales" von Beratung? Was macht den professionellen Berater aus? Kann man auch bei einem Gespräch unter Freunden/Freundinnen, bei dem ein „Problem" das Thema ist, von Beratung sprechen? Gibt es möglicherweise in (fast) jedem Gespräch Elemente, die sich als Bausteine von Beratung deklarieren ließen?
- Wie verhält es sich mit der Unterscheidung in die Rolle des Beraters als Experte für eine Art der Moderation von Gesprächen, die zu Lösungen führt und seiner Kompetenz als „Feldfachmann", also in bezug auf die Inhalte des Gesprächs? Muss er beides besitzen, welche Fähigkeit ist wichtiger, braucht er vielleicht beides nicht?
- Besteht Beratung vor allem im Zuhören? Ist das Zuhören-Können wichtiger als das Beraten? Oder ist es nur eine Voraussetzung? Was muss ein Berater alles wissen oder erfahren, damit er mit der Beratung beginnen kann? Wie wichtig ist das Problem (und seine Ursache) für die Entwicklung von Lösungen? Und wer entwickelt diese? Der Berater – die Klienten – alle gemeinsam?

Vergleichbare Fragestellungen lassen sich für den Begriff der Kooperation formulieren:

- Ist Kooperation nichts anderes als Zusammenarbeit? Möglicherweise auch in einer hierarchischen Beziehungsstruktur? Falls nein, was muss zusätzlich gegeben sein, damit von Kooperation gesprochen werden kann?
- Beschreibt Kooperation nur einen formalen Prozess, (etwa wenn zwei Schulen sagen, sie würden miteinander kooperieren?), oder impliziert er (auch) inhaltliche Merkmale, die gegeben sein müssen, damit von Kooperation gesprochen werden kann?
- Wenn Kooperation erfolgreicher ist als Konkurrenz, ist Kooperation dann nicht nur eine spezielle, möglicherweise besonders intelligente Form von Egoismus? Lässt sich sagen: „Der wahre Egoist kooperiert!", wie es Hofstadter (in Vogel, 1995, 42) formuliert?
- Wenn ich meine Kollegen, Eltern und Schüler mehr als bisher einladen möchte zur Kooperation, wann kann ich dann anders machen als bisher? Woran genau könnten diese meine diesbezügliche Einladung erkennen? Oder lässt sich Kooperation auch „verordnen"?
- Was genau bedeutet eine Formulierung wie „Kooperation statt Intervention" (Schippe, Schweitzer, 1997, 38) und in welchen theoretischen Gesamtzusammenhang kann man sie einordnen?

Für alle diese und weitere denkbare nützliche Fragen lassen sich verschiedene , möglicherweise inkompatible Antworten formulieren, ohne dass sich definitive Kriterien benennen ließen, die die eine Sichtweise als richtig, die andere als falsch oder zumindest weniger richtig ausweisen könnten.

So ist der Begriff der Beratung unter anderem folgendermaßen definiert worden:

„Beratung ist zielgerichtetes, kontext-spezifisches und temporäres Handeln in der pädagogischen oder psychologischen Arbeit mit Personen, die Unterstützung bei der Lösung eines Problems suchen" (Brunner, Schönig, 1990, 153)

„Das Beratungsgespräch kann definiert werden als eine besondere zwischenmenschliche Interaktionsform, die im Gegensatz zum Alltagsgespräch planvoll, fachkundig und methodisch geschult durchgeführt wird und die auf einer beidseitigen Verbindlichkeit, Verantwortung und auf einem arbeitsfördernden Vertrauensverhältnis beruht. Damit geht

Beratung über eine bloße Informationsvermittlung oder eine „fremdbestimmte" Erziehung hinaus" (Mutzeck, 1996, 7).

Im Kontext Schule kann der Begriff der „Beratung" (im Gegensatz zu dem der „Kooperation") auf eine lange Tradition zurückblicken, allerdings beschrieb und umfaßte er zunächst fast ausschließlich den Prozess, in dem ein Experte Informationen an Klienten weiterreichte, die diese (noch) nicht besaßen, die aber als bedeutungsvoll für sie angesehen wurden, also: Schullaufbahnberatung, Erziehungsberatung etc.

Beratung als ein Prozess des gleichberechtigten, „kooperativen" Sich-Miteinander-Beratens mit dem Ziel der Entwicklung einer gemeinsamen Lösung oder der (bloßen) Moderation von Gesprächen, in denen Klienten ihre Lösungen selber erwirtschaften, nehmen zwar kontinuierlich mehr Raum ein, sind in der Praxis aber immer noch viel zu selten zu erleben. Dabei stößt die Auffassung, dass nur die Klienten selber entscheiden können, was das Beste für sie ist, auf zunehmende Akzeptanz: „Mit versteckter Besserwisserei, Anordnungen, Ermahnungen, Überredungen, Analysieren und Interpretationen oder einem platten Rat wird der Ratsuchende oft im wahrsten Sinne des Wortes erschlagen" schreibt S. Bachmair (1989, 18).

Der im pädagogischen Kontext wesentlich jüngere Begriff der Kooperation[4] besitzt ebenfalls mehrere Bedeutungsnuancen.

Kooperation als Begriff für eine formale Organisation von Zusammenarbeit

Am häufigsten wird er innerhalb der Sonderpädagogik möglicherweise zu Beschreibung der Zusammenarbeit mehrerer verschiedener Institutionen bzw. der in ihnen arbeitenden Berufsgruppen verwandt, etwa wenn man darauf hinweist, dass eine Sonderschule und eine Regelschule miteinander kooperieren oder in Kooperation zueinander stehen. So benutzt beschreibt der Begriff zunächst nichts als einen formalen Zusammenhang. So beschreiben etwa Breitenbach u. a. „zwei Kooperationsprojekte", bei denen es „sich um die Kooperation ‚ausgelagerter Klassen' von Schule für Geistigbehinderte in zwei Montessorischulen (handelte)" (1999, 564).

---

[4] Beispielsweise enthalten weder das von W. Böhm herausgegebene „Wörterbuch der Pädagogik, (in der 13. Auflage von 1988), noch das „Wörterbuch zur Pädagogik (von Schaub/Zenke, 1995), noch das „Kleine pädagogische Wörterbuch"(von Keller/Novak, 1998) das Stichwort „Kooperation.

Theunissen unterscheidet in

- „Schulische Kooperation": „Derlei Formen von Kooperation beschränken sich in der Regel nur auf unregelmäßige, seltene, punktuelle, kurzfristig angelegte und weithin außerunterrichtliche Kontakte zwischen Klassen einer Schule für geistig Behinderte und einer Allgemeinen Schule" (Theunissen, 1999, 461)

- – und in „unterrichtliche Kooperation" oder „kooperative Beschulung", die das Ziel hat, „so weit wie möglich ein gemeinsames Lernen nichtbehinderter und behinderter Kinder und Jugendlicher zu fördern" (ebd.).

- Auch der Begriff des „kooperativen Lernens" scheint schwerpunktmäßig auf den formalen Aspekt der Unterrichtsgestaltung in integrativen Klassen zu fokussieren. „Kooperatives Lernen wird als Sammelbegriff verwendet, der eine Vielfalt gruppenbezogener Methoden des Lernens, wie Partner- und Kleingruppenarbeit, Arbeit mit Tischgruppen oder Tutorensysteme einschließt", schreibt Krämer-Kilic (2001, 24, vgl. auch Benkmann, 1999a, 1999b).

Über die Inhalte, die Art oder Wesensmerkmale dieser Kooperation als Form von Zusammenarbeit und Beziehungsgestaltung ist damit allerdings noch nicht viel gesagt.

Kooperation als Begriff für eine bestimmte Art von Zusammenarbeit

Eine Präzisierung des Kooperationsbegriffes in inhaltlicher Hinsicht findet sich bei Wachtel/Wittrock (1990). Sie definieren Kooperation als „bewusste, von allen Beteiligten verantwortete, zielgerichtete, gleichwertige und konkurrenzarme Zusammenarbeit" (S. 264), die sie durch folgende Kriterien näher bestimmen:

- „Achtung der Individualität des Kollegen / der Kollegin (gegenseitige Akzeptanz)
- Annahme der eigenen Schwächen
- eine Konfliktfähigkeit, die Konflikte angemessen austragen und ertragen hilft
- Einfühlungsvermögen in Menschen und Situationen
- Zuwendungsfähigkeit und –bereitschaft" (S. 267).

Mein Anliegen soll es im folgenden nicht sein, die hier vorgestellten Begriffsverständnisse zu hinterfragen oder zu kritisieren. Allerdings wird es mir in diesem Beitrag eher um *inhaltliche* Kriterien von Beratung und Kooperation gehen. So möchte ich zunächst auf zwei Aspekte von Beratung und Kooperation hinweisen, die ich für bedeutsam halte, und denen meines Erachtens bisher nur wenig Aufmerksamkeit zuteil wurde. Ich werde diese beiden

Sichtweisen zunächst benennen und in den beiden anschließenden Kapiteln entwickeln und begründen.

Mit Beratung lässt sich ein Gesprächsprozess beschreiben, in dem explizit das Ziel verfolgt wird, implizites Wissen in explizites Wissen zu übertragen, um so Veränderung zu erleichtern.

Mit Kooperation lässt sich eine Form der Zusammenarbeit bezeichnen, in der gemeinsam und in einer solchen Form an Lösungen gearbeitet wird, dass jeder der Beteiligten sowohl den Prozess als auch bisher erzielte Ergebnisse für sich als zufriedenstellend bezeichnen kann.

3. Überlegungen zum Thema „Beratung"

3.1 Implizites und explizites Wissen

Für ein besseres Verständnis dessen, wozu Beratung dienlich ist und was genau im Prozess der Beratung passiert, bietet sich nach meinem Verständnis die Unterscheidung in implizites und explizites Wissen an. Was ist damit gemeint?

Mit implizitem Wissen lässt sich das Wissen erfassen, über das wir verfügen, das uns meistens in unserem Handeln anleitet und – im sogenannten „inneren Dialog" – begleitet, von dem wir aber nicht wissen, dass wir es wissen. So sind wir kaum in der Lage, Fragen zu beantworten, die sich auf die Spielregeln beziehen, mit denen wir unsere Beziehungen gestalten oder Handlungsmuster und Prämissen zu benennen, die wir aus unseren Herkunftssystemen bis in die heutige Zeit mit uns transportieren, obwohl sie möglicherweise jegliche erkennbare Funktionalität verloren haben. Implizites Wissen steuert in zahllosen Situationen unsere Gratwanderung zwischen Neugier, Exploration und Annäherung auf der einen Seite und Vorsicht, Vermeidung und Rückzug auf der anderen. Es entscheidet inwieweit wir Fremdes als bedrohlich und angstinduzierend oder als anregend und bereichernd erleben. Die Bewertung des Verhaltens eines anderen Menschen als aufdringlich oder distanziert ist in der Regel das Ergebnis eines automatisiert ablaufenden Vergleichsprozesses im Sektor des impliziten Wissens. Wenn wir uns in einem uns fremden Kontext orientieren oder eine Person oder einen Gegenstand wiedererkennen, tun wir dies (in der großen Mehrzahl der Fälle) mit Hilfe unseres impliziten Wissens. Einige nachfolgende Beispiele werden dies weiter verdeutlichen.

Kommunale Sprachgemeinschaften entwickeln beispielsweise sehr präzise Konventionen darüber, welches der „richtige" Abstand zwischen verschiedenen Personen zu sein hat, etwa wenn sie sich unterhalten. Diese „richtigen" Abstände können in verschiedenen Gruppen sehr unterschiedlich sein. Möglicherweise erleben wir die Menschen aus dem südeuropäischen oder arabischen Raum diesbezüglich als „aufdringlich" oder Engländer als „distanziert", werden von diesen jedoch wiederum als distanzlos wahrgenommen. Möglicherweise sind wir in sozialen Situationen, ohne dass wir selbst es registrieren, ununterbrochen damit beschäftigt, die richtigen Sicherheitsabstände einzuhalten. „Beispielsweise würde die Interaktion von KundInnen in einem Schnell-Imbiss, aus der Vogelperspektive betrachtet, ein vorzüglich choreographiertes Ballett zeigen, dessen Mitglieder durch vielfältige, unausgesprochene Verständigungen geschickt vermeiden, aneinanderzustoßen. Sie setzen sich nicht an die Tische der anderen und fangen nur höchst selten Boxkämpfe wegen des Ketchupspenders an" (Efran, 1992, 159).

Unser Umgang mit Kindern, Menschen mit Down-Syndrom, älteren oder kranken Mitmenschen, unterschiedliche Reaktionen die wir in bezug auf Jungen oder Mädchen, Männern oder Frauen zeigen, Äußerungen von Gefühlen in ihrer Funktion als Kommunikation, konkrete Erwartungshaltungen gegenüber Dritten, alle diese wichtigen Handlungsweisen werden ausgelöst und gesteuert durch unsere impliziten Wissensbestände.

Folgt man diesen Überlegungen, scheint es sinnvoll zu sein, davon auszugehen, dass der Bestand unseres impliziten Wissens erheblich größer ist, als der unseres expliziten Wissens. Sein Vorteil liegt möglicherweise darin, dass es schnell und problemlos funktioniert, es läuft quasi automatisch ab und macht uns so auch in eindeutiger und unmittelbarer Weise handlungsfähig. Von manchen Fertigkeiten müssen wir sogar sagen, dass wir sie in impliziter Form besser beherrschen als in expliziter:

- Wenn ich beim Gitarre spielen nicht auf den automatischen Lauf meiner Finger vertraue, kann ich nicht mehr weiter spielen.
- Der Schwimmer kann während des Schwimmens nicht darüber nachdenken, was er gerade genau tut, sonst geht er unter!

- Der Autofahrer muss nicht bei jedem Blinkzeichen, das ergibt, oder bei jedem Schaltvorgang eine bewusste und kontrollierte Entscheidung fällen, dies würde die Unfallgefahr deutlich erhöhen.[5]

G. Unseld verdeutlicht diesen Gedanken an folgendem Beispiel: „Wir alle können z.B. anhand eines Bildes uns ein bisher unbekanntes Gesicht einprägen und dann dieses Gesicht unter vielen Bildern wieder herausfinden. Wenn wir aber die gleiche Information in expliziter Form vor uns haben, also eine Angabe über Größe und Länge und Winkelabstände von Augen, Mund und Nase etc., dann werden wir uns alle diese Daten nur ungeheuer schlecht merken können, sie werden sich uns vor allem nicht zu einer deutlichen Gestalt zusammenfügen, und wenn wir nun aufgefordert werden, viele solcher Datensätze zu vergleichen, dann werden wir als Einzelne in der Verarbeitung dieser Daten zu einem geordneten Muster von Gesichtern und ihrem Vergleich hoffnungslos überfordert sein" (Unseld, 1996/97, 75).

Der Nachteil impliziten Wissens besteht andererseits darin, dass es unkontrolliert existiert. Wir wissen weder etwas über die Prozesse seiner Entstehung, noch seiner aktuellen Bestände noch seiner (Regeln der) Veränderung. Wenn Veränderung – aus welchem Grund auch immer – aber geplant (d.h. reflektiert) und wahrnehmbar erfolgen soll, dann muss in einem ersten Schritt implizites Wissen in explizites übertragen werden. Das macht die Dinge nicht unbedingt leichter, aber es ist meines Erachtens unabdingbare Voraussetzung für Veränderung, die gemeinsam ausgehandelt werden und kontrolliert erfolgen soll. Wenn in manchen Beratungskonzepten davon ausgegangen wird, „dass die Lösung immer schon vorhanden ist, sie muss nur noch gefunden werden" oder „dass die Klienten selber am besten wissen, was für sie die beste Lösung ist", dann ist damit möglicherweise genau das gemeint: Das Wissen ist schon da, man weiß es nur noch nicht, neue „Erkenntnisse" werden dann möglicherweise weniger neu geschaffen, als mehr transformiert[6]. In dem Maße aber, in dem

---

[5] Dies bedeutet nichts anderes, als dass wir nicht nur in implizites und explizites Wissen transformieren können, sondern auch, dass explizites Wissen (etwa des Autofahrers, der gerade seinen Führerschein macht) durch Übung und vielfache Wiederholung zu implizitem Wissen werden kann.

[6] Dieser Gedanke scheint auch nützlich zu sein für den Kontext von Supervision oder die Arbeit mit größeren Systemen. Mitglieder sozialer Berufe wie Krankenschwestern, Heimerzieher oder Lehrer scheinen *explizit* sehr genau zu wissen, was man ändern müsste, damit es besser würde. Sie scheinen aber *implizit* mindestens genau so sicher zu sein, dass es keinen Sinn hat, solche Gedanken oder Vorschläge in einen Gedankenaustausch oder die Verhandlung einzubringen. Pelikan schreibt beispielsweise in bezug auf die Organisation Krankenhaus: "Meine Gesprächspartner konnten sehr differenziert die Arbeitsbedingungen und gesundheitsrelevanten Problemstellungen im Spital beschreiben. Sie machten auch eine wäre. Aber die Organisation Spital verfügt nicht über adäquate Problemlösungsstrukturen, um diese Innovationen zu realisieren" (Pelikan, 1992, 302). Aus

automatisiertes Wissen dem Bewusstsein und der Reflektion zugänglich gemacht wird, ermöglicht es (reflektierte) Schritte der Veränderung. Dies ist das wesentliche Merkmal von Beratung.

Die Umformulierung oder Übertragung impliziten in explizites Wissen kann sich prinzipiell in jedem Gespräch ereignen, unter Freunden oder Fremden, beim Tee, zwischen Tür und Angel. Insofern kann jedes Gespräch, selbst ein kurzer, äußerlich belangloser Kommentar Ausgangspunkt relevanter Veränderung sein. Den Unterschied zu professioneller Beratung sehe ich darin, dass das, was hier eher zufällig erfolgt, als explizites Ziel oder expliziter Auftrag von Beratung anzusehen ist.

Wenn ich den Gedanken akzeptiere, dass sich die Handlungsweisen eines Menschen in dem Maße ändern werden, in dem sich seine Vorstellungen über diese Handlungen verändern, dann macht es viel Sinn, diese Vorstellungen in expliziter Form zu Verfügung zu haben.

3.2 Die Rolle des Beraters oder das Bild von den zwei Mützen

Mit den oben angestellten Überlegungen scheint mir die Rolle des Beraters schon recht präzise umrissen. Sie besteht darin, den Klienten dabei behilflich zu sein, für sich selber neue Informationen zu schaffen, indem sie ihre Anteile expliziten Wissens vergrößern, um so ihre Handlungsspielräume für Veränderungsprozesse ebenfalls zu erweitern. Hierfür bieten sich die beiden denkbaren Zugänge

- Transformation impliziten in explizites Wissen oder
- Bereitstellung neuen expliziten Wissens durch den Berater an.

Über die Frage, welcher dieser beiden Wege die hilfreichere Vorgehensweise darstelle, existieren allerdings (wie könnte es auch anders sein) unterschiedliche und kontroverse Vorstellungen. Dabei wird der Rolle und dem konkreten Verhalten des Beraters (und des Therapeuten) besondere Aufmerksamkeit zuteil, spiegelt sich doch genau darin sein jeweilig zugrundeliegendes theoretisches Gesamtkonzept wider (vgl. hierzu etwa Bachmair, 1989; Palmowski, 2000; Petzold, 1980; Rogers, 1972; Thomann, 1988).

---

dieser Sicht bestünde der Auftrag des Supervisors weniger darin, bei der Entwicklung von Neuem behilflich zu sein, als vielmehr einen (Gesprächs-)Raum zu schaffen, in dem explizit das artikuliert und verhandelt werden kann, was implizit ohnehin schon immer alle gewusst haben!

Begreift man die verschiedenen Beratungskonzepte, -strategien, -techniken und Beraterhaltungen als mögliche Positionierungen auf einer gedachten Beratungsskala, dann lassen sich die beiden Pole vielleicht so skizzieren:

Das eine Extrem wäre der Berater, der sich in der Rolle des Experten sieht, der verantwortlich ist für die Lösung der Probleme der Klienten. Aufgrund seiner Ausbildung, seiner Erfahrung und seiner Fachkenntnisse bietet er, nachdem er sich durch diagnostische, anamnestische oder ähnliche Verfahren seiner Ansicht nach hinreichende Informationen über die anstehende Problematik angeeignet hat, den Klienten neue Informationen in Form von Vorschlägen an. Im (aus Sicht des Beraters) „günstigen" Falle akzeptieren die Klienten das Expertenwissen ihres Beraters als ihr neues explizites Wissen, welches sie nun zur Realisierung von Lösungen befähigt, im weniger günstigen Fall lehnen sie die Vorschläge des Beraters ab[7].

Die andere Extremposition wäre die des Beraters, der sich ausschließlich darauf beschränkt, den Klienten Fragen zu stellen, die sie sich selber in dieser Form noch nie gestellt haben (vgl. etwa Anderson, 1999; Andersen, 1990, Deissler, 1996) deren Beantwortung jedoch die Übertragung (und möglicherweise Um- oder Neuformulierung) von Anteilen ihres impliziten Wissens in explizites Wissen bedeutet.

In diesem Falle wäre die Rolle des Beraters die eines Experten für eine Moderation von Gesprächen, in der die Klienten sich selber neue Informationen erzeugen können (indem sie Unterschiede einführen, wo sie bislang nicht unterschieden haben). Mit den konkreten Inhalten des Gesprächs hat er nichts zu tun, Feldkompetenz ist nicht vonnöten. Möglicherweise ist sie sogar hinderlich, weil sie seine Fähigkeit zur Einnahme ungewöhnlicher Perspektiven oder Fragehaltungen eher behindert als erleichtert, oder weil seine Neugier auf die Geschichte der Klienten durch seine Vorinformationen bereits gestillt ist.

In einer konkreten Beratungssituation werden (wohl fast) immer Anteile beider Positionen zu finden sein, und die meisten Berater verfügen über (mehr oder weniger) Kompetenz in beiden Bereichen.

---

[7] Dieses Verfahren ist als Ja-Aber-Haltung beschrieben worden und vielen Beratern, besonders auch im schulischen Kontext, wohlvertraut. Die Klienten sagen dann etwa: „Ja, das ist wirklich sehr interessant, was Sie da sagen, *aber* in meiner Klasse ist das völlig unmöglich!" (vgl. Weakland, 1988, 29f; Palmowski, 1998, 89ff)

Es macht allerdings nicht nur viel Sinn, sondern erscheint für den Erfolg von Beratungsgesprächen geradezu notwendig und unverzichtbar, diese beiden möglichen Grundelemente des Beratungsgespräches deutlich auseinander zuhalten.

Das Bild von den zwei Mützen

Für mich selber hat sich in meiner eigenen Arbeit als Berater das Bild von den zwei Mützen als sehr hilfreich erwiesen, und gelegentlich thematisiere ich dieses Bild im Laufe eines Beratungsgespräches auch explizit und sage dann (etwa im Kontext der Begleitung eines Schulentwicklungsprozesses): Zu diesem oder jenem Aspekt würde ich auch gerne eine inhaltliche Anmerkung machen, (weil ich mich auch als Experte für den gerade zur Verhandlung anstehenden Inhalt ansehe), aber dazu müsste ich meine Moderationsmütze absetzen und für die Dauer meines Kommentars die „Feldfachmannmütze" tragen. Hier wird schon deutlich, was mit dem Bild gemeint ist. Der Berater hat zwei Mützen, sagen wir, eine gelbe und eine rote. Solange er sich im Beratungsprozess darauf beschränkt, das Gespräch zu moderieren und die Auswahl der relevanten Inhalte den Klienten zu überlassen, trägt er die (gelbe) Moderationsmütze. Dadurch ist für alle Beteiligten – einschließlich den Berater selbst – offensichtlich, welchen Auftrag der Berater hat. Wechselt er die Ebene, und nimmt Stellung zum Inhalt, etwa indem er Informationen, die nur er weiß, an die anderen weitergibt, dann muss er auch die Mütze wechseln. Für die Dauer seines Einsatzes als Experte für den Inhalt trägt er dann die rote Mütze.

Diese Unterscheidung ist für den Erfolg von Beratungsgesprächen deshalb so wichtig, weil an die beiden beschriebenen Beraterhaltungen unterschiedliche Verantwortungen für die Lösung des anstehenden Problems geknüpft sind.
Der Moderator ist verantwortlich für den Gesprächsverlauf, aber nicht für die Inhalte und erst recht nicht für die Lösung der Probleme der Klienten. Er bietet eine Gesprächsplattform an, die es den Klienten ermöglicht, für sich selber an den zu ihnen passenden Lösungen zu arbeiten. Der Feldexperte (prototypische Beispiele können der Steuer- oder der Rechtsberater sein) hingegen erhält aufgrund seiner inhaltlichen Kompetenzen den Auftrag zur Lösung des Problems. Gibt sich nun der Moderator hin und wieder auch als Feldexperte zu erkennen, so ist es sehr wahrscheinlich, dass die Klienten die Verantwortung für die Produktion von Lösungen sehr schnell an diesen delegieren werden („Sie sind doch der Experte, Sie haben doch Pädagogik studiert, wir doch nicht!"). Wenn dieser Prozess implizit abläuft, ist es sehr

naheliegend, dass das Gespräch scheitern wird, weil nicht mehr klar zu erkennen ist, bei wem der Beteiligten die Verantwortung für welchen Part liegt. Insofern bietet das Bild von den zwei Mützen die Möglichkeit, die beiden Rollen des Beraters explizit zu verdeutlichen und es erhöht seine Chance, auch (mit Mützenwechsel) einmal etwas zum Inhalt zu sagen, ohne dass ihm dadurch die Gesamtverantwortung übertragen wird.

Ich vermute, dass gerade im Kontext von Schule, wo die Berater so gut wie immer über Feldkompetenz verfügen, sich aber in bezug auf die Moderation von Gesprächen oft eher unsicher fühlen, Beratungsprozesse immer dann unbefriedigend verlaufen, wenn die beiden Rollen des Beraters nicht strikt getrennt gehandhabt werden.

Manchen mag es vielleicht auch nicht einleuchten, warum der Berater auf keinen Fall die Verantwortung für die Lösung der Probleme der Klienten übernehmen soll oder gar darf. Schließlich hat er ja Expertenstatus. Und schließlich unterscheiden sich Beratungsgespräche in der Schule von denen in einer Beratungsstelle oder in der Fachliteratur in aller Regel dadurch, dass die Person, die in die Rolle des Beraters schlüpft, selbst in die zur Verhandlung anstehende Problematik involviert ist. Wie soll jemand aber Berater sein können, der gleichzeitig Mitglied des Problemsystems ist? Und wie soll es möglich sein, sich auf die Moderation eines Gespräches zu beschränken, wenn alle Beteiligten um den Expertenstatus des Beraters wissen (er selber natürlich auch), und wenn dieser schon die schönsten Lösungen im Hinterkopf hat?

In den folgenden Abschnitten werde ich versuchen, einige mögliche Antworten auf diese Fragen zu geben.

Zunächst wird es notwendig sein, eine Konzeption von Beratung, in der der Berater sozusagen (nur) die gelbe Mütze trägt, theoretisch abzuleiten und zu begründen (P. 4.). Hierzu werde ich - allerdings nur in knapper Form – auf konstruktionistische, narrative und systemische Positionen eingehen. Anschließend werde ich einige Hinweise geben zu konkreten Möglichkeiten des Vorgehens in der Praxis (P. 5.) und abschließend auch schulspezifische Komponenten (P.6.) thematisieren.

3.3 Konstruktionistische, narrative und systemische Grundlagen von Beratung

3.3.1 Konstruktionistische und narrative Überlegungen

„Die Tatsache, dass es *verschiedene* Sprachen gibt, ist die unheimlichste Tatsache der Welt. Sie bedeutet, dass es für dieselben Dinge verschiedene Namen gibt; und man müsste daran zweifeln, dass es dieselben Dinge sind", schreibt Elias Canetti 1942 in seinen Aufzeichnungen. Deutlicher lässt sich die Bedeutung von Sprache für unsere Vorstellungen von Wirklichkeit wohl kaum formulieren. Während die Sichtweise des Radikalen Konstruktivismus vor allem davon ausgeht, dass jeder Mensch seine eigene Wirklichkeit konstruiert, (eine ausführliche Darstellung findet sich in diesem Band vor allem im Kapitel „Lernen" von Rolf Werning), konzentrieren sich die Überlegungen innerhalb des Konzeptes des Sozialen Konstruktionismus auf den Aspekt der gemeinsamen, sozialen Konstruktion von Wirklichkeit(-en) über Sprache und über Sprechen. Bestimmte Merkmale einer lokalen Sprache (in bezug auf Logik, Grammatik, Vokabular, Semantik, Syntax) erlauben die Konstruktion bestimmter Wirklichkeiten, und im Prozess des Miteinander-Sprechens verständigen sich Menschen fortlaufend über (gemeinsame) Normen, Werte und Wahrnehmungsmuster, über die gemeinsame Wirklichkeiten erzeugt, aufrechterhalten und verändert werden. (Gleichzeitig bilden diese Normen, Werte und Wahrnehmungsmuster selber auch ein Stück dieser gemeinsamen Wirklichkeit.) Auch wenn diese beiden Aspekte der Sprache und des Sprechens sich überlappen und ohnehin nur im Denkmodell getrennt betrachtet werden können, so macht es meines Erachtens doch Sinn, diese Unterscheidung vorzunehmen.

Zur Bedeutung von Sprache

Bekannt sind Beispiele, in denen verschiedene Sprachen unterschiedlich viele differenzierende Begriffe für einen gemeinsamen Sachverhalt haben, etwa Fräulein Smillas zwanzig Begriffe für das was wir zusammenfassend als Schnee bezeichnen (Hoeg, 1994), oder die fast unendliche Menge an Vokabeln, die dem Seemann für das zu Verfügung stehen, was eine Landratte nur als „Knoten" kennt (vgl. etwa Ashley, 1997). Je mehr Begriffe zu Verfügung stehen, um so präzisere Unterscheidungen können getroffen werden und um so passender erscheinen die jeweiligen aus der Unterscheidung ableitbaren

Handlungsanweisungen (der Seemann macht nicht irgendeinen Knoten, sondern beispielsweise einen „Doppelten Palstek").Vergleichbares ließe sich sagen in bezug auf andere Parameter der Sprache. Beim Nachdenken über mögliche Lösungen von Problemen sind wir beispielsweise festgelegt auf die Logik, die etwa in der Grammatik oder Syntax der Sprache angelegt ist, in der wir denken (etwa in der Kausalformel „Wenn – dann", oder in der binären Logik „Entweder – Oder").

Ein bestimmter Sachverhalt kann beispielsweise dadurch für uns zum Problem werden, dass wir ihn sprachlich in die Entweder-Oder-Formel einpassen („Entweder es stimmt, was er sagt, oder es stimmt nicht!") – umgekehrt kann sich ein Teil der Bedeutung, die wir diesem Sachverhalt beimessen dadurch verflüchtigen, dass wir den Gedanken umgießen in eine „Sowohl – Als Auch" Aussage (etwa: „In dem, was er sagt, steckt auch ein Körnchen Wahrheit!") .

Die Bedeutung von Sprache findet sich radikal zu Ende gedacht in der These des „Linguistischen Determinismus" von Whorf (1956, 1997, 12). Er schreibt: Die Formulierung von Gedanken ist kein unabhängiger Vorgang, der im alten Sinne dieses Wortes rational ist, sondern er ist beeinflusst von der jeweiligen Grammatik. Er ist daher für verschiedene Grammatiken mehr oder weniger verschieden. Wir gliedern die Natur an Linien auf, die uns durch unsere Muttersprache vorgegeben sind...Wir können überhaupt nicht sprechen, ohne uns der Ordnung und Klassifikation des Gegebenen zu unterwerfen, die dieses Übereinkommen vorschreibt." Ken Gergen, der bekannteste Vertreter aus der Gruppe der Sozialen Konstruktionisten äußert sich sinngemäß, wenn er sagt: „(...) die Grenzen unserer Sprache bestimmen die Grenzen dessen, was in unserem kulturellen Leben möglich ist" (Gergen in Deissler, 1994, 11) und Baecker u.a. schreiben: „Die Grenzen der Sprache bestimmen sowohl die Möglichkeit individueller Konstruktionen (Denken) als auch den wirklichkeitsschaffenden kommunalen Diskurs" (Baecker, 1992, 120).

   Zur Bedeutung von Sprechen

Die Bedeutung des miteinander Sprechens, des Diskurses wird deutlicher, wenn man sich vergegenwärtigt, dass Begriffe nicht so sehr ontologische Realitäten beschreiben. Werner Müller (1984/1985, 259) schreibt diesbezüglich: „Jedes beliebige Lexikon belegt, dass ¾ seiner Wörterlisten erdachte Sachverhalte meinen." Wörter und die konkreten Inhalte, für die sie jeweils als Zeichen fungieren, sind somit als Konventionen zu verstehen, als Übereinkunft darüber, was denn nun in einer Sprachgemeinschaft unter .... (Verhaltensstörung,

Behinderung, Krankheit, Armut, Schönheit ...) zu verstehen ist. Im Prozess des miteinander Redens verständigen wir uns auf gemeinsame (kommunale) Wirklichkeiten, gemeinsame Ansichten über gemeinsame Phänomene. Anders wären Regelsysteme, impliziter wie expliziter Art, Normen, Gesetze, Wertvorstellungen, ja die Sprache selbst nicht denkbar. Gleichzeitig sorgt der kommunale Diskurs aber auch für Veränderung, alles fließt, auch unsere Vorstellungen unserer in Sprache gefassten Wirklichkeiten.

Ein Beispiel für „Wirklichkeit in Sprache":

Eine in den USA in der Psychiatrie untergebrachte junge Frau hält in einem Therapiegespräch ein leidenschaftliches Plädoyer „gegen Unabhängigkeit (against independence)". Hier ein Auszug aus dem Gespräch zwischen ihr und dem Therapeuten (Tom Andersen)[8]:

Kl.: Also...es war ausgesprochen.

T. : Ausgesprochen? Das Wort unabhängig?

Kl.: Ja.

T. : In der Art „Du sollst unabhängig sein" oder Unabhängigkeit im allgemeinen oder...?

Kl.: Wir sollten unabhängig sein. Sie wollten, dass wir unabhängig sind...und...

T. : So wie...auf dem Weg, als du das Wort kennenlerntest und dieses Wort Teil von dir selber werden ließest...Was siehst du in diesem Wort, wenn du in das Wort Unabhängigkeit schaust?

Kl.: Ich mag es nicht. Ich persönlich mag das Wort nicht besonders. Teilweise...

T. : Siehst du, dass...Erzähl mehr, was magst du nicht, wenn du in das Wort siehst, oder in das Wort blickst?

Kl.: Also ich sehe...über Einsamkeit zu sprechen fällt mir sehr schwer...du weißt, dass ich...das war etwas, wo ich versuche, nicht zu viel daran zu denken..an..ich schätze, das Wort unabhängig bedeutet „alleine bleiben"...und für mich ist das einsam werden...alleine sein...äh..das ist, was das Wort...Wir sprachen häufig über das unabhängig sein und schließlich sagte ich: Benutzt dieses Wort nicht mehr für mich. Es verstärkt etwas, was ich wirklich nicht mag...Alles alleine erledigen müssen. Ich muss...Ich habe immer empfunden, dass es mir aufgezwungen wurde...für mich... was ich gerne tun würde, ist nur...Ich glaube nicht, dass Unabhängigkeit eine Tugend ist. Ich glaube das wirklich nicht. Ich meine, alleine bleiben...äh...alles selbst bewältigen zu müssen..

---

[8] Mitschrift eines Videoausschnittes aus einem Workshop mit Tom Anderson vom 22./23. 2. 1995.

Wenn wir diese Gedanken jetzt wieder zurückführen zum Thema „Beratung und Kooperation", dann wird die doppelte Funktion und Bedeutung von Sprache und Sprechen für diesen Prozess unmittelbar deutlich. Die Klienten formulieren ihr Problem in Sprache, ein Teil der Bedeutung, die sie dem Inhalt geben, entsteht aus der Sprache, in der sie ihre Geschichte erzählen. Würden sie dieselbe Geschichte anders erzählen, würde sich auch ein Teil der darin involvierten Problematik verlagern oder verflüchtigen[9]. In diesem Geschehen, kann der Berater die Klienten begleiten, ermutigen und Ideen anbieten, aber er kann ihnen die Arbeit an der Auflösung ihres Problemthemas nicht abnehmen.

Zur narrativen Sichtweise

Im narrativen Konzept (vgl. etwa Kraus, 1996, Deissler, 1997, Waldschmidt, 1999) verdichtet sich die Annahme der subjektiven und sozialen Konstruktion von Wirklichkeit, indem sie auf die eigene Person bezogen bzw. übertragen wird. Die Art wie wir uns selber sehen, nach außen hin zeigen und glauben, von anderen gesehen zu werden, ist abhängig von der Sprache und den Begriffen, die wir verwenden, wenn wir von uns selber reden. Deswegen ist es möglich, „menschliche Systeme als sprachliche Systeme" (Anderson, Goolishian, 1990) zu begreifen.

„Jeder Mensch erfindet sich früher oder später eine Geschichte, die er für sein Leben hält...oder eine ganze Reihe von Geschichten" lässt Max Frisch seinen Protagonisten in „Mein Name sei Gantenbein" sagen (Frisch, 1998, 45). Eine solche Lebensgeschichte, die in diesem Roman erzählt werden, sei zur Illustration der narrativen Sichtweise hier wiedergegeben.

„Ich habe einen Mann gekannt" sage ich,..."er bildete sich ein, ein Pechvogel zu sein, ein redlicher, aber von keinem Glück begünstigter Mann. Wir alle hatten Mitleid mit ihm. Kaum hatte er etwas erspart, kam die Abwertung. Und so ging's immer. Kein Ziegel fiel vom Dach, wenn er nicht vorbeiging. Die Erfindung, ein Pechvogel zu sein, ist eine der beliebtesten, denn sie ist bequem. Kein Monat verging für diesen Mann, ohne dass er Grund hatte zu

---

[9] Arnold Retzer (1996, 259) weist beispielsweise darauf hin, dass psychotisches Verhalten in dem Maße stabil bleibt, in dem die Betroffenen und ihre Angehörigen an die „Krankheit Psychose" (und ihre Implikationen) glauben, und dass positive Entwicklungen eintreten können durch „die Verflüssigung des Krankheitskonzepts". Es geht demnach auch bei derartigen Störungen weniger um diese „an sich", als mehr um die Bedeutung die ihnen in Sprache gegeben wird. Die weitreichende Bedeutung dieser Perspektive findet in den relevanten Kontexten meines Erachtens noch viel zu selten und zu wenig Beachtung.

klagen, keine Woche, kaum ein Tag. Wer ihn einigermaßen kannte, hatte Angst zu fragen: Wie geht's? Dabei klagte er nicht eigentlich, lächelte bloß über sein sagenhaftes Pech. Und in der Tat, es stieß ihm immer etwas zu, was den anderen erspart bleibt. Einfach Pech, es war nicht zu leugnen, im großen wie im kleinen. Dabei trug er's tapfer...bis das Wunder geschah....Es war ein Schlag für ihn", sage ich, „ein richtiger Schlag, als dieser Mann das große Los gewann. Es stand in der Zeitung, und so konnte er's nicht leugnen. Als ich ihn auf der Straße traf, war er bleich, fassungslos, er zweifelte nicht an seiner Erfindung, ein Pechvogel zu sein, sondern an der Lotterie, ja, an der Welt überhaupt. Es war nicht zum Lachen, man musste ihn geradezu trösten. Vergeblich. Er konnte es nicht fassen, dass er kein Pechvogel sei, wollte es nicht fassen und war so verwirrt, dass er, als er von der Bank kam, tatsächlich seine Brieftasche verlor. Und ich glaube, es war ihm lieber so", sage ich, „andernfalls hätte er sich ja ein anderes Ich erfinden müssen, der Gute, er könnte sich nicht mehr als ein Pechvogel sehen. Ein anderes Ich, das ist kostspieliger als der Verlust einer vollen Brieftasche, versteht sich, er müßte die ganze Geschichte seines Lebens aufgeben, alle Vorkommnisse noch einmal erleben, und zwar anders, da sie nicht mehr zu seinem Ich passen – „ (Frisch, 1998, 46f).

Die Idee, dass wir uns selber entwerfen und uns eine für uns passend erscheinende Identität konstruieren, anstatt sie zu „haben", erscheint unserem Denken zunächst fremd. Umgekehrt erscheint der Gedanke, dass unser Selbst oder unser Selbstkonzept das Ergebnis unserer gesamten Lebensgeschichte (und der in dieser Geschichte gesammelten Erfahrungen) ist, weitverbreitet und (offensichtlich) auch plausibel.
Im Eingangszitat verweist Max Frisch aber noch auf eine zweite Möglichkeit, nämlich die dass ein Mensch sich „eine ganze Reihe von Geschichten" erfindet. Diese Alternative erschien ihm selber möglicherweise als die weniger relevante, weil er (seiner Zeit gemäß) wahrscheinlich von der Idee ausging, dass ein Mensch eben *eine* Identität besitze und dass ihm der Gedanke an die Möglichkeit vieler Identitäten oder Selbstkonzepte eines Menschen unbekannt war.

Bei genauerem Hinsehen wird aber schnell deutlich, dass jede Lebensgeschichte aus hunderten und tausenden von Einzelgeschichten besteht, und dass diese sich nie immer nur kongruent zueinander verhalten. Auch der im obigen Beispiel beschriebene Mann kann nicht immer und überall und ausschließlich Pechvogel gewesen sein. Die Geschichten, die wir über uns erzählen können sind die Erinnerungen, die wir behalten haben, und die wie Inseln aus dem Strom unserer gesamten Lebensgeschichte herausragen, von der wir das allermeiste vergessen haben. Demnach besteht unser gegenwärtiges Leben nicht aus einer Geschichte (von der wir den größten Teil gar nicht mehr kennen), sondern aus einer Unzahl kleiner Erzählungen.

„Den einen oder anderen Kindergeburtstag von uns haben wir vielleicht parat, den ersten Schultag, einen Unfall, viele Belanglosigkeiten und Bilder, von denen wir selbst nicht wissen, wieso gerade sie dem Prozess des Vergessens widerstehen konnten. Wir haben auch keinerlei Gewähr dafür, dass die Geschichten, die wir anbieten können, sich tatsächlich genauso ereignet haben, wie wir das meinen. Vielleicht behauptet die größere Schwester, dass sie es gewesen sei, die in den Teich gefallen ist und nicht wir selbst. Vielleicht haben wir auch gelegentlich aus mehreren Ereignissen ein einziges gemacht. Wie dem auch sei, den größten Teil haben wir vergessen" (Palmowski, 1998, 40).

Im Kontext von Beratung und Kooperation kann diese Perspektive eine herausragende Bedeutung erlangen. Wenn wir den Gedanken akzeptieren, dass unser Leben die Geschichten sind, die wir über uns erzählen können, dann gilt dies auch für die Geschichten, denen Problembedeutung beigemessen wird. Unsere Sichtweise unserer selbst und unserer Probleme verändert sich dann in genau dem Maße, in dem in dem sich die Geschichten verändern, die wir erzählen. So gesehen wird deutlich, was Ben Furman (1999) meint, wenn er sagt: „Es ist nie zu spät, eine glückliche Kindheit zu haben!" Für einen solchen Prozess der Umformulierung oder des Umschreibens von Geschichten können aber immer nur die Klienten selber die Experten sein (Anderson, Goolishian, 1992), denn erstens sind es *ihre* Geschichten und zweitens kommt es darauf an, dass *sie* die neue Version akzeptieren.

3.3.2 Systemische Sichtweisen

In unserem Alltagsdenken, in unserer Kultur und Tradition neigen wir eher dazu, menschliches Verhalten mit personenbezogenen Erklärungsmodellen zu verknüpfen, seien es nun Typen, Eigenschaften, Gene, Triebe, Instinkte, das Unbewusste, ein inneres Bedürfnis nach Wachstum und Selbstverwirklichung, Kognitionen wie der „innere Dialog", Konditionierungen oder auch Tierkreiszeichen, Geschlechtszugehörigkeit usw. Im systemischen Denkmodell schenkt man diesem personenorientierten Aspekt keine besondere Bedeutung, sondern verlagert seine Aufmerksamkeit auf die Spielregeln oder Beziehungsmuster, die zwischen Menschen ausgehandelt werden und die – in der Sichtweise dieses Modells - das Verhalten der Einzelnen weitestgehend steuern. Auch solche Spielregeln sind bis auf wenige Ausnahmen impliziter Natur, das heißt, wenn wir gefragt würden, nach welchen Regeln wir unsere Beziehungen gestalten und organisieren, dann wäre es wohl sehr wahrscheinlich, dass wir diese Frage nur in unbefriedigender Form beantworten könnten. Oft erkennen wir die Existenz einer bestimmten Regel erst dann, wenn sie von einem der Beteiligten gebrochen wird.

Schüler wissen beispielsweise sehr genau, wie sie sich bei welchem Lehrer zu verhalten haben. Der Unterricht bei ihrem Klassenlehrer sieht möglicherweise völlig anders aus, als bei einem der Fachlehrer. Aus systemischer Perspektive liegt dies nicht so sehr an der „Natur" der beteiligten Personen, sondern an den zwischen ihnen das Verhalten der Einzelnen steuernden Spielregeln. Ein Lehrer schreit einen Schüler weniger deswegen an, weil er wütend ist (personenbezogene Ursache), sondern mehr deswegen, weil er die Beziehung zum Schüler so definiert, dass es ihm erlaubt ist, ihn anzuschreien. Bei identischem Wutpegel würde er dieses Verhaltensmuster einem Kollegen oder gar Vorgesetzten gegenüber nicht zeigen. Hier wäre die Spielregel für den Umgang miteinander in einer solchen Situation eine andere (vgl. Palmowski, 1995, 195).

Die Idee, in Beratungsgesprächen nicht so sehr die einzelnen beteiligten Personen zu sehen, sondern mehr das Problemsystem und die Beziehungsgefüge in ihm und in den Systemen, mit denen es vernetzt ist, ist anfangs ungewohnt und bedarf der Übung, aber sie eröffnet auch Handlungsoptionen, die die personenbezogene Perspektive nicht anzubieten vermag. (Wie sich in einer konkreten Beratungssituation des Problem konstituiert, ob innerhalb des Kollegiums, zwischen Lehrer und Schüler, in der Elternarbeit usw., muss und kann an dieser Stelle offen bleiben.).

Die systemischen Ansatzpunkte sehe ich in den folgenden Überlegungen:

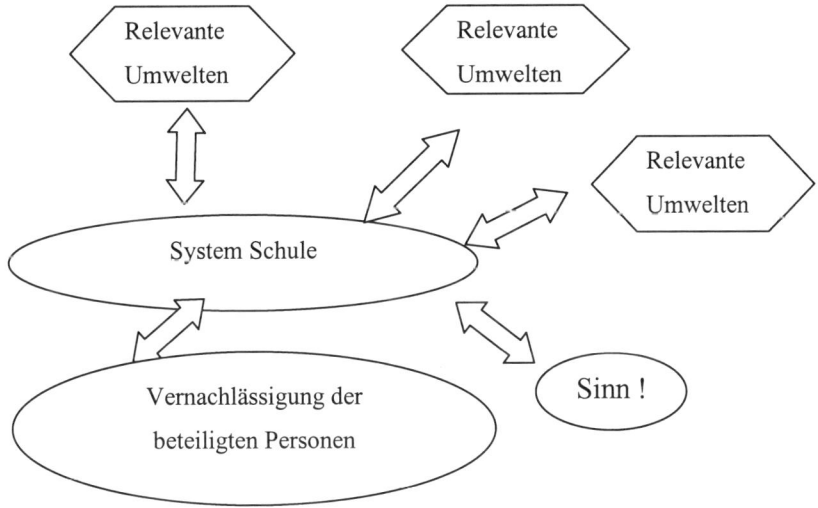

Abb. 1: Die systemische Perspektive

1. Ein erstes Thema in einem systemisch orientierten Beratungsgespräch könnte die
    Frage nach den Spielregeln innerhalb des Systems sein. Da der größte Teil dieser
    Beziehungsmuster   implizit   ist,   werden   zwangsläufigerweise   auch   viele
    Entscheidungen gefällt, Verhaltensweisen gezeigt (oder verboten), gedankliche
    Koalitionen gebildet, ohne dass die jeweiligen Begründungszusammenhänge immer
    klar und bewusst wären. Das ist in jedem System so und es wird auch nicht möglich
    sein, jemals alle Spielregeln explizit zu machen (eine andere Frage wäre, ob dies
    überhaupt wünschenswert wäre). Aber: Die Rangreihenfolge (bei Hühnern hieße das
    Hackordnung) in einer Gruppe (einer Klasse oder einem Kollegium) wird wohl nur in
    Ausnahmefällen explizit verhandelt, dennoch ist sie da. Sie ist hochwirksam,
    Privilegien, Machtpositionen, Koalitionen oder „Geheimbünde" beruhen auf
    impliziten Spielregeln und nehmen Einfluss sowohl auf die Art des Umgangs
    miteinander als auch auf erzielte Ergebnisse. Da es hier immer auch um die
    (verdeckte) Verteilung von Macht geht, dürften kaum alle Beteiligten an einem
    Veränderungsprozess interessiert sein. „Die Macht liegt in den Spielregeln, die sich in
    dem pragmatischen Zusammenspiel aller Beteiligten im Laufe der Zeit herausgebildet
    haben", schreibt Mara Selvini-Palazzoli (1987, 15). In dem Maße, in dem es im

Beratungsprozess gelingt, implizite Strukturen in explizites Wissen zu transformieren, werden Veränderungen im System unausbleiblich sein.

2. Der zweite Aspekt, der im Kontext von systemisch orientierter Beratung von Bedeutung ist, ist die Frage nach den möglichen relevanten Umwelten. Betrachten wir in diesem Falle die einzelne Schule als System, so wären möglich relevante Umwelten die Eltern der Schüler, die Gemeinde, die Schulbürokratie, vielleicht die mobilen sonderpädagogischen Dienste, das Institut für Lehrerfortbildung usw.

Fragen, denen bei der Bearbeitung dieses Themas nachgegangen werden kann, können sein:

- Welche relevanten Umwelten werden von Mitgliedern des Systems als solche benannt und beschrieben?
- Über welche Spielregeln (expliziter und impliziter Art) sind die Schule und diese Nachbarsysteme miteinander vernetzt, wie beeinflussen sie sich gegenseitig?
- Wenn es um die Auflösung, Minimierung oder Schadensbegrenzung bei Problemen geht, wird man darüber nachdenken müssen, wie die positiven Einwirkungen, die die relevanten Umwelten auf die Schule haben, weiterhin genutzt und intensiviert werden können (Ressourcenorientierung), während als negativ erlebte Einflüsse ausgeblendet oder reduziert werden.

3. Eine dritte Fragerichtung bezieht sich auf die Vision, die Utopie, das Ziel oder den Sinn des Systems. Im schulischen Kontext erscheinen mir Fragen dieser Art am schwierigsten zu beantworten zu sein. *Ein System kann sich aber kaum zielgerichtet verändern, wenn es kein Ziel zu formulieren weiß.* Ein System, dass für sich selber die Sinnfrage nicht beantworten vermag, kann nur in instrumentalisierter Form agieren und funktionieren. Es wird dann z.B. zwar verwaltet aber nicht gestaltet! (Vielleicht ist dieser Sachverhalt ein Baustein für das bei Lehrern vergleichsweise häufig zu beobachtende Burn-Out-Syndrom!) Deshalb wird im Bereich der Unternehmensberatung und Organisationsentwicklung im sogenannten Profit-Bereich diesem Punkt eine außerordentliche Bedeutung beigemessen (vgl. Senge, 1997). Schulentwicklung ist m.E. nichts wesentlich anderes, als für Schule die Frage nach dem Sinn, dem Ziel und der Vision des jeweiligen Systems neu zu stellen und daraus die ersten Schritte zur Veränderung abzuleiten.

4. Der vierte Gesichtspunkt realisiert systemisches Denken am kompromisslosesten, indem er die beteiligten Personen als Personen aus den Überlegungen völlig herausnimmt. Von Interesse sind hier nur noch die Strukturen, nach denen Kommunikationen in Systemen ablaufen. Diese Strukturen sind gedacht als weitgehend unabhängig von den beteiligten Personen und verändern sich demnach auch dann nicht, wenn diese (im Idealfall vollständig) ausgetauscht würden.

Am einfachsten vorstellbar ist diese Funktionsweise vielleicht beim Militär (zumindest in seinem expliziten Ausschnitt) . Dort ist es weitgehend unerheblich, welche konkreten Personen welche Funktionen in einem System ausfüllen. Die Regeln der Kommunikationen organisieren die Art des miteinander Handelns bis in die Details.

Es macht aber auch Sinn, diese Vorstellung von System auf die Schulklasse zu übertragen. Unabhängig von den beteiligten Schülern und Lehrern bestimmen die Spielregeln, dass es z.B. einen Klassenbesten geben muss. Scheidet dieser Schüler aus, weil er vielleicht in eine andere Schule wechselt, wird ein anderer Schüler seine Position übernehmen. Mit dem schwächsten Schüler der Klasse ist es nicht anders. Wie ist es mit dem , der am meisten stört, am häufigsten krank ist, sich am leichtesten ablenken oder motivieren lässt? Nehmen wir einmal an, das „schwarze Schaf" würde die Klasse verlassen, welcher der anderen Schüler würde am ehesten seine Rolle übernehmen? (vgl. Palmowski, 1998)

So verstehe ich Niklas Luhmann, wenn er schreibt: „Wir gehen davon aus, dass die sozialen Systeme nicht aus psychischen Systemen, geschweige denn aus leibhaftigen Menschen bestehen. Demnach gehören die psychischen Systeme zur Umwelt sozialer Systeme. Sie sind freilich ein Teil der Umwelt, der für die Bildung sozialer Systeme in besonderem Maße relevant ist" (Luhmann, 1993, 346).

Beispiel: In vielen Systemen sind Konflikte zwischen bestimmten Teilsystemen überzufällig häufig, etwa zwischen dem Rektor und dem Konrektor einer Schule. Aus Sicht eines personenbezogenen Erklärungsmodells könnte man argumentieren, dass sich besonders (profil-)neurotische Personen für solche Funktionsstellen bewerben, aus systemischer Perspektive würde man eher der Frage nachgehen, welche (impliziten) Spielregeln zwischen den Beteiligten als Auslöser für Konflikte, Missverständnisse und Auseinandersetzung gelten könnten. Etwa in bezug auf Repräsentation und Vertretung der Schule nach außen, die Pflicht oder das Recht des Schulleiters, bestimmte Sachverhalte mit seinem Konrektor abzustimmen, eine ungeklärte Delegation bestimmter Aufgaben an den einen wie den anderen, die unklare

Rolle des Konrektors als Mitglied der Schulleitung oder des Kollegiums oder beides. Ist er Puffer zwischen den beiden Ebenen, oder Vermittler, Botschafter, Mädchen für alles? Aus systemischer Sicht werden die Schwierigkeiten zwischen den Beteiligten so lange anhalten, wie die „Auftragslage" (Wer ist wofür zuständig und wofür nicht?") nicht explizit geklärt und transparent gestaltet ist. Ein solcher Klärungsprozess bedarf des neutralen (oder externen) Beraters, der sich mit der systemischen Sichtweise vertraut gemacht hat, und der in der Moderation solcher Gespräche ausgebildet ist.

3.4 Die drei Schritte des Veränderungsprozesses

Jeder Lernprozess, der zu Veränderungen führt, durchläuft nach meiner derzeitigen Überzeugung die folgenden drei Schritte:

1. Wie lautet die Ausgangssituation?
2. Wie heißt die Zielformulierung?
3. Wie kommen wir auf den Weg vom Ausgangspunkt zum Ziel?

Ein Lehrer etwa, der Unterricht vorbereitet, wird sich zunächst fragen: Wie lautet die Ausgangssituation? Was können die Schüler, was können sie (noch) nicht? Welche Fähigkeiten und Fertigkeiten kann ich bei ihnen voraussetzen? Welches Vorwissen haben sie in bezug auf das anstehende Thema? Usw.
Wie lautet die Zielformulierung? Was sollen die Schüler können und wissen, wenn dieses Thema unterrichtlich abgeschlossen ist?
Zur Beantwortung der dritten Frage wird der Lehrer sich didaktischen, methodologischen, differenzierenden und ähnlichen Fragen zuwenden.

In ganz ähnlicher Form werden Berater oder Therapeuten ihre Fragen organisieren. Worum geht es? Was wäre ein gutes Ergebnis? Wie könnte der erste Schritt ganz konkret aussehen?

Besondere Bedeutung messe ich dabei der genauen Formulierung der dritten Frage bei, sie lautet nämlich nicht, wie kommen wir von A nach B, sondern wir kommen wir auf den Weg. Auch diese Sichtweise lässt sich gut in Analogie zu unterrichtlichem Lernen setzen, denn auch hier erreichen die Schüler weniger die vom Lehrer vorformulierten Lernziele, sondern in aller Regel ihre eigenen, individuellen Lernergebnisse, (die sich hoffentlich irgendwo auf dem Weg zwischen Ausgangspunkt und Ziel befinden!).

Für Beratung beinhaltet diese dritte Frage zwei essentielle Aspekte:

1. Auf den Weg machen kann man sich immer!

Es gibt immer eine Möglichkeit zu einem ersten Schritt! Dieser wird immer nur in dem Maße unmöglich sein, in dem die Beteiligten der Überzeugung sind, dass ein solcher Schritt tatsächlich unmöglich ist. Sollte eine solche Überzeugung vorgetragen werden, würde der Berater diese selbst zum Thema der Beratung machen. Vielleicht so:

- „Nehmen wir an, es gäbe einen ersten Schritt, wie könnte der aussehen?"
- „Das weiß ich nicht?"
- „Spekulieren Sie doch einfach einmal?"

oder:

- „Wenn Ihr Schulleiter einen ersten Schritt vorschlagen würde, was glauben Sie, würde er vorschlagen?"
- „Welchem Ihrer Kollegen würden Sie am ehesten einen Vorschlag zutrauen, dem Sie zustimmen könnten?

Selbst wenn keine Überlegungen zur Auflösung eines problematischen Sachverhaltes möglich erscheinen, lassen sich immer noch Schritte zur Schadensbegrenzung verhandeln.

2. Auf den Weg machen kann man sich aber nur, wenn man weiß, wohin man will.

Hier treffen wir wieder auf die Notwendigkeit eines Zieles oder einer Vision, denn erst aus deren Vorhandensein ergeben sich Richtung und Weg. Ich vermute, dass man sich in vielen Fällen erhebliche Frustrationen dadurch ersparen kann, dass man die beiden Gesichtspunkte des Zieles und des Weges dorthin im Beratungskontext möglichst präzise auseinanderhält.

Visionen sind wie Sterne, es ist sehr unwahrscheinlich, dass wir sie jemals erreichen werden, aber so wie die Sterne den Seeleuten den Weg weisen, so ergeben sich erst aus der Zielformulierung die Richtung und die ersten Schritte.

Das Aushandeln des Zieles der Beratung erscheint deshalb aus zumindest drei Gründen der vielleicht wichtigste Teil des gesamten Beratungsprozesses.

1. Der inhaltliche Aspekt

Klienten sind in aller Regel sehr gut in der Lage, ihr Problem zu schildern. Schließlich haben sie über diese Thematik ausgiebig nachgedacht. Auf seine Frage nach der Ausgangssituation erhält der Berater also ausführliche Auskunft. Dies ändert sich rapide, wenn er sich dem zweiten Aspekt zuwendet und etwa folgende Fragen stellt:

- Nehmen wir an, die Beratung wäre zu Ende, und wir hätten ein gutes Ergebnis erzielt, wie könnte das aussehen?
- An welchem Ziel oder an welcher Lösung möchten Sie in diesem Prozess (oder in dieser Stunde) gerne arbeiten?
- Was wäre für Sie ein gutes Ergebnis (dieser Sitzung oder) dieses Beratungsprozesses?

Nur in den wenigsten Fällen können die Klienten solche Fragen sofort beantworten und oft formulieren sie dann sehr pauschale Lösungen, wie: Dann geht es mir wieder gut!

Das heißt aber nichts anderes, als dass sie kein klares Ziel vor Augen haben, genau dies brauchen sie aber, wenn sie Lösungswege finden wollen.

2. Die zukunftsorientierte Sichtweise

Ziele und Lösungen liegen in der Zukunft, viele Klienten beschäftigen sich in ihren Gedanken aber oft ausschließlich mit der Gegenwart (Wie stellt sich das als Problem definierte Thema jetzt dar?) und der Vergangenheit (Wo liegen die Ursachen für das Problem? Wie ist es entstanden?) Ein Arbeiten an Zielen bedeutet demnach oft auch eine Veränderung der Blickrichtung. Ein tiefsitzendes Vorurteil in den Köpfen vieler Menschen besagt, dass man ein Problem solange nicht lösen kann, wie man seine Ursachen nicht erkannt und beseitigt hat. Im Konzept einer systemisch-konstruktivistischen Beratung kommt diese Denkformel nicht vor. Hier wird der Berater (anstatt einer retrospektiven und spekulativen Suche nach möglichen Ursachen) mit den Klienten in einer prospektiven Perspektive (Palmowski, 1999) an Lösungen arbeiten.

3. Der Auftrag des Beraters

Last not least wird der Berater beim Aushandeln möglicher Ziele nach seinem eigenen Auftrag fragen und auch diesen mit den Klienten verhandeln. „Was erwarten Sie von mir?" „Was kann ich dazu tun, dass die Chancen für Sie steigen, eine gute und von allen Beteiligten akzeptierte Lösung zu finden?"

Es ist mehr als verständlich, dass die Klienten davon ausgehen, dass der Berater als Experte (für das Präsentieren inhaltlicher Lösungen) auch die Verantwortung für das Gelingen der

Beratung übernimmt. Also delegieren sie diese auch an ihn. Wenn der Berater demnach nicht gleich zu Beginn des Prozesses seine Rolle im Gesamtgeschehen deutlich macht (und das heißt auch: Den Klienten die Verantwortung für das Finden von passenden Lösungen zurückgibt), dann wird es sehr wahrscheinlich im Beratungsverlauf immer wieder zu Missverständnissen und Irritationen kommen, weil der Auftrag des Beraters nicht eindeutig geklärt ist.

Er könnte beispielsweise folgendes sagen: Ich habe in meiner Ausbildung gelernt, Gespräche so zu moderieren, dass es Ihnen leichter fällt, an Lösungen zu arbeiten. Den Inhalt oder die Inhalte des Gespräches bestimmen Sie, ich weiß ja noch gar nicht, was unser Thema sein wird.

Für den Fall, dass ich mich einmal überhaupt nicht mehr bremsen kann und Ihnen doch einen Lösungsvorschlag unterbreiten möchte, werde ich meine „Experte für Lösungen-Mütze" aufsetzen, damit klar ist, dass ich in diesem Moment nicht mehr nur der Moderator des Gespräches bin.

Aber ansonsten bin verantwortlich für die Moderation des Gespräches und Sie für die Inhalte, die wir hier verhandeln werden. Sind Sie einverstanden mit dieser Rollenverteilung?"

4. Überlegungen zum Thema Kooperation

4.1 Beziehungsmodelle und Kooperation

Bei Paul Watzlawick (1983, 122ff) findet sich ein meines Erachtens sehr bedeutsamer Hinweis auf unterschiedliche mögliche Modellvorstellungen darüber, wie Beziehungen funktionieren können und welche Auswirkungen dies wiederum bedingt in bezug auf Kooperation. Gleichzeitig verdeutlicht die folgende Gegenüberstellung, wie weitreichend implizite Überzeugungen Einfluss auf konkretes Handeln nehmen können.

Watzlawick bezeichnet die beiden Modelle als Null-Summen sowie als Nicht-Null-Summenspiele. Er schreibt: „Besehen wir uns zuerst die Klasse der Nullsummenspiele. Sie enthält all jene zahllosen Spiele, in denen der Verlust des einen Spielers den Gewinn des anderen darstellt. Gewinn und Verlust belaufen sich daher, zusammengezählt, immer auf Null. Jede einfache Wette beruht auf diesem Prinzip" (1983, 122f). Übertragen auf zwischenmenschliche Beziehung bedeutet dies, dass die Menschen, die sich (implizit) entschieden haben, an das Null-Summenspiel zu glauben, prinzipiell zu den anderen am Kontakt Beteiligten in Konkurrenz treten müssen, da sie plausiblerweise zu denen gehören möchten, die sich auf der Gewinnerseite befinden. Da der Gewinn, den der eine einstreicht, immer identisch ist mit dem Verlust, den der andere erleidet, ist Kooperation ausgeschlossen. „Je wettbewerbsorientierter eine Person ist, desto stärker ist ihre Tendenz, andere Menschen einheitlich als wettbewerbsorientiert wahrzunehmen" (Hammerstein, Bierhoff, o.J., 38).

Beim Nicht-Nullsummenspiel lautet die zentrale Formulierung: Menschen, die in einer Beziehung zueinander stehen, können diese so gestalten können, dass (im günstigen Falle) alle Beteiligten davon profitieren, denkbar ist allerdings auch gemeinsamer Verlust. Eine solche Grundüberzeugung führt zu vermehrter Kooperation, denn auch ein gemeinsames Risiko lässt sich am besten gemeinsam minimieren. Ein weiterer interessanter Gedanke hierzu findet sich bei Fritz Simon, er schreibt: „Der Spieltheoretiker Robert Axelrod hat in zahlreichen Computer-Simulationen überprüft, welche Interaktionsstrategien langfristig mit den größten Überlebenswahrscheinlichkeiten verbunden sind. Das Ergebnis: Wo immer sich zumindest zwei Spieler zur Kooperation entschließen, genießen sie gegenüber denen, die jeder gegen jeden und nur für sich selbst spielen, einen entscheidenden Vorteil" (Simon, 1995, 61).

Eine Voraussetzung gelingender Kooperation scheint demnach die Überzeugung zu sein, dass gemeinsames Tun für alle Beteiligten positive Ergebnisse erbringen kann. Der Begriff des Vertrauens ließe sich dann in diesem Zusammenhang definieren als die Erwartungshaltung, dass der andere zur Kooperation bereit ist.

4.2. Einladen zur Kooperation

Hammerstein und Bierhoff (o.J., 34f) beschreiben Kooperation folgendermaßen: „Kooperatives Verhalten der Menschen orientiert sich im Alltag häufig an der Norm der Reziprozität (Gegenseitigkeit). Diese Regel : „Wie du mir, so ich dir" stellt ein weitverbreitetes Muster sozialen Verhaltens dar. Gegenseitige Nachbarschaftshilfe ist ein Beispiel für dieses in der menschlichen Gesellschaft weit verbreitete Prinzip. Auch moralisch umstrittenere Verhaltensmuster – wie etwa das Zuschanzen von Vorteilen nach dem Motto „Eine Hand wäscht die andere" lassen sich als Beispiele für die Norm der Gegenseitigkeit nennen." Während die Autoren sich damit stark auf die Verhaltensebene konzentrieren, geht es mir in meiner Sichtweise stärker um die Erwartung positiver Erfahrung und des persönlichen wie gemeinsamen Gewinns.

In meiner Begriffsbestimmung von Kooperation hatte ich formuliert:

Mit Kooperation lässt sich eine Form der Zusammenarbeit bezeichnen, in der gemeinsam und in einer solchen Form an Lösungen gearbeitet wird, dass jeder der Beteiligten sowohl den Prozess als auch bisher erzielte Ergebnisse für sich als zufriedenstellend bezeichnen kann.

Diese Sichtweise impliziert, dass Kooperation immer nur angeboten oder dass zur Kooperation nur eingeladen werden kann. Die Bereitschaft zur Kooperation kann in einem hilfreich verlaufenden Gespräch hergestellt oder intensiviert werden. Aber Kooperation kann weder verlangt noch verordnet werden. Daraus ergibt sich für mich die Frage, was ein Berater tun (oder unterlassen) sollte, um ein für Kooperation förderliches Gesprächsklima zu schaffen.[10] Diese Frage wird sich nicht eindeutig oder gar operational beantworten lassen (sonst würde ich den Anspruch erheben müssen, Experten zu sein für die Lösung der Probleme des Beraters), aber folgende Überlegungen können vielleicht zu eigenen Lösungen beitragen:

- Vom Operieren zum Kooperieren!

Kooperation bedeutet für mich, dass nicht über irgendwelche Personen verhandelt wird, sondern mit ihnen. In der Schule wird das häufig der Schüler sein, über den man sich berät, ohne ihn hinzuzuziehen. Für seine Bereitschaft zu kooperieren wird dies eher nicht förderlich sein (vgl. Palmowski, 2000, 31).

- Wertschätzung

Fehlende Bereitschaft zur Kooperation wird immer zumindest zu einem erheblichen Teil dar liegen, dass der Betreffende sich nicht (hinreichend) wertgeschätzt fühlt. Kooperieren kann aber n derjenige, der die Erfahrung machen kann, dass sein Beitrag und seine Bedeutung für das Gelinge

---

[10] Dabei geht es mir weniger um situative Variablen, wie einen störungsfreien Raum oder ein hinreichendes Zeitkontingent (vgl. hierzu Bachmair, 1989, Palmowski, 2000). Solche Variablen dürfen in ihrer Bedeutung keinesfalls unterschätzt werden, sollen hier jedoch nicht Gegenstand der Betrachtung sein.

des gemeinsamen Anliegens gesehen und entsprechend gewürdigt wird. Deshalb kann man sagen, dass das Geheimnis gelingender Kooperation darin besteht, den anderen gut aussehen zu lassen[11].

- Einverständnis einholen

Wenn bestimmte Entscheidungen getroffen werden, etwa mit welchem der Teilnehmer der Berater als erstes in einen Dialog eintreten wird, macht es Sinn, sich hierfür das Einverständnis der anderen einzuholen: „Sind Sie damit einverstanden, dass wir beiden das Gespräch beginnen?" Jugendliche Teilnehmer frage ich: „Bist Du damit einverstanden, wenn ich Dich duze, oder möchten Sie lieber gesiezt werden?"

- Das gemeinsame Ziel verdeutlichen

In vielen Situationen verfolgen alle Beteiligten des Problemsystems dasselbe Ziel, ohne dass ihnen das immer klar ist. Beispielsweise haben sowohl der Lehrer, als auch die Eltern, als auch der Schüler den gemeinsamen Wunsch, dass dieser einen möglichst guten Schulabschluss und damit auch Einstieg in das Berufsleben schafft. Sie haben aber offensichtlich divergierende Vorstellungen darüber, wie man dieses Ziel am besten erreichen kann. Und häufig scheint den Beteiligten nicht klar zu sein, dass das Erreichen oder die Annäherung an dieses Ziel um so unwahrscheinlicher wird, je weniger man sich auf einen gemeinsamen Weg verständigen kann (Palmowski, Freyling, 1997, 118). Ziel und Gegenstand des Beratungsgespräches kann dann die gemeinsame Suche nach einem gemeinsamen Weg sein. Auch diese Denkfigur – etwa als Einleitung – kann nach meiner Erfahrung Kooperation erleichtern.

- Vom anderen lernen

Wenn jeder Mensch seine eigene Wirklichkeit konstruiert und jeder Maßstab entfallen muss, der die eine Sichtweise für richtiger oder besser als die andere deklarieren kann, dann macht es auch keinen Sinn mehr, über diese Frage oder diese Ansicht „Ich habe mehr Recht als Du!" zu streiten. Mehr Sinn macht es dann, die andere Meinung als Möglichkeit oder Ausgangspunkt des voneinander Lernen-Könnens zu betrachten (Koenigswieser, 1996). Der

---

[11] Eine solche Formulierung oder „Formel" hat in meinem Denken eher die Funktion einer Vision, bezöge sich in den drei Schritten des Veränderungsprozesses demnach auf Frage 2. Davon ausgehend ließe sich in Bezug auf den dritten Schritt die Frage stellen: Nehmen wir einmal an, ich würde ab morgen mehr als bisher einladen zur Kooperation, woran genau könnten meine Schüler (Kollegen, ...) dies erkennen? Oder: Was genau kann passieren, damit meine Schüler mehr als bisher gut aussehen können? Wenn ich morgen in die Schule gehe, was werde ich dann anders machen? Usw.

Versuch, den anderen besser zu verstehen, statt mit ihm über „Wahrheit" zu streiten, führt zu mehr Kooperation.

- Gemeinsam Zukunft planen

Die Entwicklung eines gemeinsamen Planes für die Zukunft ist nicht nur inhaltlich sinnvoller, als die Versuche der Aufhellung einer als problematisch bewerteten Vergangenheit oder wenig erquicklicher Begebenheiten, sondern sie führt auch schneller zu Kooperation, weil die Suche nach dem Schuldigen oder das Adressieren gegenseitiger Vorwürfe entfallen.

- Kooperation findet statt

Allein das Erscheinen zum Gespräch sollte verstanden werden als Bereitschaft, sich auf einen gemeinsamen Klärungsprozess einzulassen, und dies kann man den Klienten auch so zurückmelden (und dabei gleichzeitig Wertschätzung zum Ausdruck bringen). Man könnte etwa sagen: „Ich weiß, dass Sie viel zu tun haben, und es war bestimmt nicht so ganz einfach für Sie, sich für diesen Termin freizumachen und hierher zukommen. Nicht alle Eltern zeigen soviel Engagement für Ihre Kinder..." (Palmowski, Freyling, 1997, 119).

5. Beratung und Kooperation in der schulischen Praxis

5.1 Zur Notwendigkeit eines externen Beraters

Die beiden möglichen Rollen des Beraters als Experte für die zu verhandelnden Inhalte oder als Moderator haben Auswirkungen auf die Beziehungsstruktur zwischen Berater und Problemsystem.

Für den Feldfachmann, der die Verantwortung übernimmt für die Entwicklung inhaltlicher Lösungen ist es wenig erheblich, inwieweit er in die anstehende Problematik involviert ist. Er hat Expertenstatus und kann kraft seiner Autorität Lösungen formulieren. Inwieweit solche Lösungen funktionieren, steht jedoch auf einem anderen Blatt. (Kaum jemand wagt es, einem Arzt zu widersprechen, der bestimmte Medikamente „verordnet", aber nur etwa die Hälfte der verschriebenen Medikamente werden tatsächlich eingenommen.)

Die Moderation eines Gespräches aus einer neutralen Position heraus wird dagegen schnell zu einem Balanceakt, der kaum gelingen kann, wenn der Beratende gleichzeitig Mitglied des Problemsystems ist. Selbst wenn er diesen Sachverhalt bei der Auftragsklärung explizit thematisiert und das Einverständnis aller Beteiligten für seinen Auftrag einholt, können sich dennoch schnell wieder (implizite) Vorbehalte einstellen. Genau diese Konstellation finden wir aber im schulischen Kontext häufig vor! Auch der Berater selber ist affektiv eingebunden, er ist parteiisch (zumindest wird ihm dies von den anderen zu Recht unterstellt) und damit in seinem Bemühen um Unvoreingenommenheit, Neutralität oder Objektivität schnell ein Stück weit unglaubwürdig.

Hier wird deutlich, dass ein flächendeckendes Angebot von externen Beratern, die über hinreichende Kompetenzen in der Moderation von lösungsorientierten Gesprächen verfügen, im Gesamtkonzept einer Schule der Zukunft unverzichtbar ist, erst recht, wenn man sich noch einmal die zu Beginn genannten Gründe zur wachsenden Bedeutung von Beratung im schulischen Kontext vergegenwärtigt.

Beratung zielt auf Veränderung. Der größte „Kunstfehler", den ein Berater meines Erachtens machen kann, besteht darin, ein Problemsystem von Beratungssitzung zu Sitzung immer genau soweit zu stabilisieren und zu entlasten, dass Veränderung umgangen werden kann. Die vorhandenen psychischen Ressourcen werden dabei bei den einzelnen Beteiligten hinreichend portioniert bis zum nächsten Termin. (Dieser „Fehler" ist gar nicht so selten zu finden, für den professionellen Berater ist er zudem äußerst lukrativ!)

Aus systemischer Sicht macht es in einem solchen Falle viel Sinn, den Berater als Mitglied des Problemsystems zu definieren, der dazu beiträgt, eine Lösung zu produzieren, die das Problem nicht löst, sondern ganz im Gegenteil aufrechterhält. Oder radikaler formuliert: Die Lösung, einen Berater hinzuzuziehen, ist in einem solchen Fall für das ursprüngliche Problemsystem zu einem konstitutiven Bestandteil seines Problems geworden (vgl. Palmowski, 2000, 34f). Professionelle Berater greifen deshalb in solchen Fällen, in denen sie mit einem Klientensystem „feststecken", häufig auf einen (externen) Kollegen zurück, definieren sich selbst als Mitglied des Problemsystems und können so im Beratungsprozess und im Beisein der Klienten mit diesem den Aspekt des „Feststeckens" thematisieren.

Auch die hier beschriebene Möglichkeit des beraterischen Vorgehens ist von großer Bedeutung für den Kontext von Schule.

5.2 Hinweise zum Setting

Aus konstruktivistischer Sicht liegt die Problembedeutung nicht in einem bestimmten Sachverhalt, sondern jedes Problem hat eben genau die Bedeutung, die ihm von den Beteiligten beigemessen wird. Das bedeutet auch, dass Probleme in Sprache erzeugt werden und das möglicherweise die sprachlichen Kompetenzen der Beteiligten nicht ausreichen, ein solches Problem wieder aufzulösen. Der Moderator trifft also ein Problemsystem, dessen Kommunikationen sich im Zusammenhang mit der Arbeit am Problem (zumindest vordergründig) als dysfunktional erwiesen haben. Seine wichtigste Aufgabe besteht nun aber darin, einen Gesprächsrahmen anzubieten, der für alle Beteiligten eine Kommunikation etabliert, die Veränderung erleichtert.

Dies gelingt am ehesten und am einfachsten dadurch, dass er das Gespräch quasi zerlegt in Dialoge, die er mit jedem der Teilnehmer führt, und dass explizite Kommunikationen zwischen Klienten so weit wie nur irgend möglich unterbleiben.

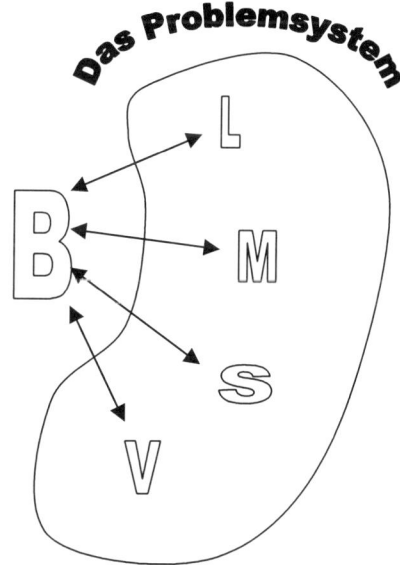

Abb. 2: Das Problemsystem

Aus diesem Setting ergeben sich nach meiner Einschätzung erhebliche Vorteile gegenüber anderen Arbeitsformen, die hier kurz genannt sein sollen:

1. Der Berater kann sich mit seinen Fragen ganz auf die Geschichte und das Thema konzentrieren, das der jeweilige Klient ihm anbietet.

2. Der Klient kann die Geschichte ungestört so erzählen, wie er es für richtig hält, ohne dauernd mit Interventionen der anderen Gesprächsteilnehmer rechnen zu müssen.

3. Die anderen können konzentrierter zuhören, da sich ihre sonstige Aufgabe, mögliche Erwiderungen oder Interventionen vorzubereiten, entfällt.

4. Das Klientensystem erhält keine Möglichkeit, dysfunktionale Kommunikationsmuster zu etablieren.

5. Da alle Klienten von der Form her gleich behandelt werden, fällt Kooperation leichter.

5.3 Schulspezifische Komponenten

Eine idealtypische Beratungssituation sieht so aus, dass die Klienten den Berater in der Beratungsstelle aufsuchen, und dass dieser in keinerlei Weise in die zu besprechende Thematik involviert ist oder die Klienten persönlich kennt.

Eine solche Situation dürfte im schulischen Kontext (zumindest bisher) eher die Ausnahme sein. Ganz im Gegenteil erlebt oft der Pädagoge (konkret: der Klassenlehrer) eine bestimmte Situation als problematisch, erkennt sogenannten Beratungsbedarf und lädt dann Eltern oder Schüler oder beide zu einem Beratungsgespräch ein. Versucht er in einer solchen Konstellation Eltern und Schüler zu beraten, wird das Gespräch mit hoher Wahrscheinlichkeit scheitern (Motto: „Ja, aber bei uns zu Hause ist er lieb!"). Schließlich haben in diesem Falle nicht die Klienten das Problem, sondern der Berater. Die einfachste Lösung wurde im Text bereits vorgestellt: Der externe Berater.

Im anderen Falle wird dem Lehrer nichts anderes übrigbleiben, als sich selber als den Problemträger zu deklarieren und die anderen Teilnehmer zu bitten, ihm bei der Suche nach möglichen Lösungen behilflich zu sein.

Ein anderer relevanter Aspekt ist der, dass die Rolle des Beraters und Moderators mit der des Lehrers in wesentlichen Teilbereichen inkompatibel ist, z.B. in der unterschiedlichen Haltung beim Bewerten. „Die erworbene Berufsrolle des Lehrers und sein Selbstverständnis als professioneller „Belehrer" hindern ihn geradezu ein guter Berater zu sein" (Bachmair, 1989, 11). Wer aus einer neutralen Position heraus als Gesprächsmoderator oder Klärungshelfer fungieren will, wird dies um so besser können, je weniger seine Funktion als Lehrer im Beratungskontext eine Rolle spielt.

Eine Vorüberlegung müsste es demnach sein, wie sich diese beiden Rollen und diese beiden Kontexte weitestgehend voneinander trennen lassen. Eine Idee könnte die sein, dass zwei oder mehr Schulen dergestalt miteinander kooperieren, dass jeweils ein Kollege der einen Schule für das andere bzw. ein anderes Kollegium die Rolle des Beraters übernimmt. Ein derartiges Tauschsystem hätte unübersehbare Vorteile.

Schwierigkeiten dürften sich auch dann ergeben, wenn der Berater gleichzeitig Inhaber einer Funktionsstelle ist, die ihn (wie auch immer) sanktionsfähig macht gegenüber den Klienten. Schulaufsichtsbeamte oder auch Schulleiter können deshalb Lehrer aus ihrem Zuständigkeitsbereich kaum beraten, Fachleiter erleben immer wieder das Dilemma, das Beratungsangebote an die Referendare nicht angenommen werden (können), weil ungeklärt bleiben muss, inwieweit das dort Verhandelte nicht doch (unterschwellig) Einfluss nimmt auf spätere Bewertungen. Auch wenn der Chef seinem Untergebenen sagt: „Jetzt lassen wir den Chef mal weg!", so sagt er diesen Satz doch als Chef!

Die Bildungskommission NRW (1995, 195 u. 326f) hat deshalb die Einrichtung „Regionaler Dienste" vorgeschlagen, die auf Schulaufsichtsebene angesiedelt sein sollen und die Schulen mit externen Beratungsdienstleistungen versorgen, die aber eigenständig und unabhängig arbeiten und nicht sanktionsfähig sind.

5.4 Ein exemplarischer Ausschnitt aus einem Beratungsgespräch

Abschließend möchte ich an einem Ausschnitt aus einem Beratungsgespräch zeigen, wie ein solcher Prozess aussehen kann, in dem die Beraterin[12] sich auf die Moderation konzentriert und der Klientin Gelegenheit gibt, an passenden Lösungen zu arbeiten.

B.: Ja, wir sollten zuerst klären, wieviel Zeit du hast.

Kl. (lacht): Was schlägst du denn vor?

B.: Ich schlage vor, so bis um Eins, also 45 Minuten.

Kl.: Für alles?

---

[12] Vielen Dank an Brigitte Dümpelmann, die das Gespräch geführt und zur Veröffentlichung freigegeben hat.

B.: Für alles. (Pause) Fang einfach mal an. Kannst du vielleicht einmal kurz darstellen, um was es geht?

Kl.: Gut, ich habe also schon vorher überlegt, wie fass ich es ganz kurz und was ist eigentlich der Grund, den ich habe. Und mir scheint, es ist ein größeres Problem, und na ja, jedenfalls bin ich skeptisch.

Und zwar habe ich Mitte Januar einen Schüler zur Grundschule zurückgegeben, zurückgeschult, auf Probe. Es lief anfangs sehr gut und jetzt kommen die ersten Schwierigkeiten in der Grundschule. Der Schüler kommt leistungsmäßig sehr gut mit, er ist ins erste Schuljahr gegangen, also leistungsmäßig überhaupt keine Probleme. Er hat Verhaltensprobleme in der Grundschule. Verhaltensprobleme in dem Sinne, dass er Sachen nicht macht, die ihm aufgetragen werden, dass er seinen eigenen Kopf durchsetzen will, dass er sich nicht in Gespräche einbringen kann, dass er Partnerarbeit nicht kann. Es sind keine Probleme so aggressiver Art, er ist auch nicht so einer der dauernd den Unterricht stört oder andere ärgert. Er ist eigentlich ein ganz freundlicher, netter Junge. Er hat aber so seine eigene Schiene, auf der er fährt....

Mein Problem ist eigentlich: Die Grundschullehrerin möchte, dass er wieder zurückkommt. Sie sagt selber, sie ist Berufsanfängerin, sie hat 29 Kinder in der Klasse, eine ganz schwierige Klasse, eine ganz auffällige Klasse, sie hat drei VOSF's[13] laufen, und sie sagt ganz klar: Ich kann mich um den Jungen nicht genug kümmern. Der ist in meiner Klasse nicht gut aufgehoben, sie hat mit ihrem Rektor gesprochen, und der hat es ganz kategorisch abgelehnt, dass er vielleicht in die Parallelklasse kommt....

Also mein Problem ist, die Lehrerin ist eine ganz willige Lehrerin, eine ganz engagierte und es tut ihr auch furchtbar leid, dass sie den Schüler nicht behalten kann, und ich treffe mich jetzt am Dienstag mit ihr, um mit ihr jetzt übereinzukommen, was wir jetzt machen. Und ich habe dass Gefühl, dass wenn ich es will und mit ihr spreche, und es gerne möchte, dass er da bleibt, und ich denke, dass er hier nichts mehr zu suchen hat, dann würde sie sagen, okay, ich mach's. Zwar mit riesigen Bauchschmerzen macht sie es dann, und ich weiß nicht, ob meinem Schüler damit geholfen ist. Und es gibt auch keine andere Möglichkeit, als dass er entweder in ihrer Klasse bleibt oder wieder zu mir zurückkommt. Und ich fände es sehr schade, wenn er aufgrund der äußeren Umstände, dass sie so eine große und schwierige Klasse hat, und damit überfordert ist, wieder zu uns zurückkommt. Ich möchte ihm eigentlich die Frustration ersparen. Also ihm persönlich gefällt es dort seht gut. Ich besuche den Schüler

---

[13] Verordnung zur Feststellung des sonderpädagogischen Förderbedarfs und des Förderortes!

und seine Familie regelmäßig so alle ein, zwei Wochen, dem gefällt es total gut, es macht ihm Spaß, er äußert sich nur positiv und sagt auch eigentlich ganz klar, dass er nicht zurückkommen möchte.

Und dass ist jetzt mein Problem, dass ich nicht weiß, wohin mit ihm.

B.: Und hast du schon eine Vorstellung, wozu du nun dieses Gespräch hier gerne nutzen möchtest?

Kl.(schweigt): Ja ich möchte es eigentlich nutzen, hm, gute Frage, (schweigt, denkt nach) Ja, ich bin mir halt tatsächlich nicht im Klaren darüber, ob es für ihn besser ist dazubleiben, bei einer Lehrerin, die ihn im Grunde nicht will. Also sie ist bereit, aber sie kann es nicht leisten, ob ich ihn da lassen soll, oder ob ich sage, ich nehm ihn wieder. Aber da hab ich auch ein schlechtes Gefühl, denn in meiner Klasse ist ein dermaßenes Leistungsgefälle, dass ich ihm leistungsmäßig nicht das geben kann und er leistungsmäßig nicht so weit kommt, wie in der Grundschule. Und was dann wahrscheinlich immer schwieriger wird, ihn irgendwann vielleicht noch einmal zurückzuschulen.

B.: Also wenn ich das richtig sehe, dann ist das so wie bei einer Waagschale, entscheide ich mich dafür oder dafür (zeigt mit den Händen eine Waage an)...

Kl.: Genau...genau

B.: ...und jetzt würdest du in diesem Gespräch gerne klären, wohin du , was für das eine oder für das andere spricht. Und was ich höre, ist, dass wenn er zurückkommt, das würdest du nicht so befürworten.

Kl.: Genau, ich würde es für mich persönlich nicht so sehr befürworten, weil ich tatsächlich glaube, dass er leistungsmäßig so stark ist, und wir so viele schwache Schüler haben eigentlich, dass ich ihm nicht gerecht werde, und dass er leistungsmäßig den Anschluss verliert.

B.: Du hast eben die Perspektive oder das beschrieben, was der Schüler sagt. Kannst du das noch mal ganz deutlich machen, was er sagt und wie er sich fühlt in der Grundschule?

Kl.: Also mir gegenüber hat er gesagt, dass ihm das sehr viel Spaß macht, weil er ständig Neues lernt, sie machen viele verschiedene Sachen. Er erzählt, dass er dort viele Freunde gefunden hat und er sagt mir ganz klar: Ich bleib da! Ich komm nicht wieder zurück!

B.: Und die Grundschullehrerin? Weiß die das auch?

Kl.: Die Grundschullehrerin hat das alles mitbekommen.

B.: Und was sagt sie dazu?

Kl. (kurze Pause): Sie freut sich natürlich auch, dass er sich wohl fühlt in der Klasse, kriegt allerdings auch, wenn er so etwas sagt, Bauchschmerzen, weil sie eben noch nicht genau weiß, ob er bleibt.

B.: Sie kann sich nicht so richtig darüber freuen?

Kl.: Genau! Sie denkt dann ...Genau, sie hat dann auch Angst, ihn zu enttäuschen und ihm zu sagen, Du musst wieder gehen.

B.: Und wie formuliert sie es denn? Fühlt sie sich überfordert?

Kl.: Ja, sie fühlt sich ganz klar überfordert. Sie hat eine große schwierige Klasse und sagt ganz klar, wenn sie die anderen schwierigen Schüler nicht hätte, dann wäre es wahrscheinlich gar kein Problem, ihn in der Klasse zu behalten. Aber auf Grund der äußeren Umstände und der Probleme in der Klasse geht das nicht. Und sie sagt auch ganz klar, dass er leistungsmäßig und arbeitsmäßig in die Klasse passt.

B.: Und sie hat auch eine Beziehung zu ihm?

Kl.: Ja, hat sie auch.

B.: Wenn du einfach mal spekulieren würdest, die *beste* Lösung für dieses Kind in dieser Klasse?

Kl.: (längere Pause) Darf man dabei auch die Rahmenbedingungen ändern?

B.: Doch (mit Nachdruck). Phantasieren darf man alles.

Kl.: Ja ich denke, das beste wäre tatsächlich, wenn die Lehrerin insgesamt nicht so überfordert wäre. Wenn sie nicht so eine unruhige Klasse hätte, wo sie dauernd das Gefühl hat, die kommen zu kurz und die kommen zu kurz, es ist immer laut, so viele Schüler brechen aus, ich kann nicht das machen, was ich machen möchte. Also ideal wäre es, wenn sie vielleicht eine Klasse nach ihren Vorstellungen hätte und dann vielleicht meinen Schüler dabei, der ein bisschen schwierig ist, der ein bisschen besonders ist, da würde sie sich glaube ich drauf einlassen, ja. Wenn sie nur einen oder zwei Sonderschüler hätte, aber sie hat nach ihren eigenen Aussagen ja eine ganze Handvoll.

B.: Ja, und inwieweit gäbe es da Unterstützung für diese Lehrerin?

Kl.: Ja, das andere Problem ist, dass sie nach ihren Aussagen überhaupt keine Unterstützung bekommt. Also wie gesagt, sie hat ja den Rektor gefragt, ob er nicht in eine andere Klasse kann, in die Parallelklasse, aber die blocken da – auch die Kollegen – total ab. Sie sagt auch, dass nicht einmal der Rektor zum Beispiel gefragt hätte, wie läuft es denn überhaupt? Oder, was machen die Schüler, das interessiert ihn scheinbar gar nicht. Sie fühlt sich auch allein gelassen und sagt dann auch ganz klar, wenn mir da keiner hilft, dann kann ich das auch nicht mehr leisten.

(...)

B.: Und der Denis, der weiß auch um diese Situation?

Kl.: Dass er zur Probe da ist?

B.: Dass er zur Probe da ist. Und auch woran es hapert, dass er eventuell wieder gehen muss? Und ist er auch in das Gespräch mit einbezogen worden?

Kl.: Also ich habe auch einmal...mit ihm darüber gesprochen ganz klar. Und er zeigt sich da auch sehr einsichtig. Aber, das ist dann halt auch sein Problem, das hatte er hier ja auch, man spricht mit ihm darüber, dass wenn wir hier zum Schwimmen gehen, du kannst nicht einfach weglaufen. Aber er vergisst das dann meist, so wie ein Schalter den man umsetzt. Er läuft einfach los, und wenn man ihm dann sagt, du wir hatten das doch vereinbart, dann kriegt er ein ganz schlechtes Gewissen und sagt: „Ach ja!" Also, er ist nicht böswillig, aber manchmal da ist er halt einfach so wie losgelöst und macht dann, was er möchte. Er kann sich nicht so richtig steuern.

B.: Und er könnte auch nicht so Schritte dafür tun, dass er bleiben kann?

Kl.: Ja, ich glaube, dass er das tun könnte, aber nur auf ganz lange Sicht, das wäre dann ein ganz langfristiger Prozess.

B.: Und da hat sie dann nicht die nötige Zeit?

Kl.: Genau, das ist es dann auch, dass sie wahrscheinlich die Zeit nicht hat oder sie sich selber auch nicht geben will oder nicht geben kann.

B.: Und dann ist da noch etwas, was du ganz am Anfang kurz gesagt hast, dass sie noch Berufsanfängerin ist und sich auch deswegen überfordert fühlt?

Kl.: Das Gefühl habe ich auch, sie fühlt sich total unter Druck gesetzt und da muss alles, sie hat auch sehr anspruchsvolle Eltern. Und die Lehrerin aus der Parallelklasse fragt immer, wie weit sie denn schon ist, und so was setzt sie total unter Druck.

B.: Und wenn du dir jetzt dieses Gespräch vorstellst, mit der Lehrerin?

Kl.: Ja, dann weiß ich, dass sie sehr unglücklich ist, und mir sagen will, dass sie ihn nicht mehr in der Klasse behalten kann und ich glaube, sie wünscht sich dann von mir, dass ich sage, ja gut, dann geht es nicht, dann nehme ich ihn wieder, denn sie weiß ganz genau, wenn ich ihr sage, Mensch, probiers doch noch mal guck mal, der kann leistungsmäßig doch das und das, und bei mir, da würde das und das passieren, dann kann ich mir vorstellen, dass sie dann sagen würde, ja gut, dann behalte ich ihn – aber mit einem ganz schlechten Gefühl. Und da denk ich dann manchmal, ja ich weiß auch nicht, ob das dann richtig ist

Also ich glaube schon, dass ich in diesem Gespräch ganz viel nach da hin und nach da hin (zeigt in zwei entgegengesetzte Richtungen) beenden kann, aber ich weiß nicht, ich setze sie dann womöglich auch noch unter Druck.

B.: Ja, wir haben uns jetzt die eine Seite angeguckt, die eine Waagschale und was ist mit der anderen, wenn er jetzt zurückkommt?

Kl.: Also ich glaube, dass er erstmal ziemlich frustriert ist, weil er superstolz war, als er auf die Grundschule gehen durfte. Ich glaube, er wird total freundlich von der Klasse wieder aufgenommen, er war ein sehr beliebter Schüler in der Klasse. Und ich persönlich würde mich auch sehr freuen, weil ich ihn auch total gerne mag, ich würde ihn auch gerne wieder, also ich würde ihn auch nehmen, aber in meiner Klasse ist zum Beispiel in vielen Stunden morgens überhaupt kein Unterricht möglich. Ich habe zwei sehr auffällige Schüler, also es ist nicht möglich....Unsere Arbeitszeit ist auch im Vergleich zur Grundschule viel viel kürzer, so dass er schon allein vom Zeitaspekt her nicht so viel lernt, und ich glaube, dann auch ziemlich schnell ins Hintertreffen gerät.

(...)

An dieser Stelle unterbricht die Beraterin das Gespräch um das Reflektierende Team[14] einzuschalten. Es werden eine Fülle von Ideen geäußert, unter anderem – offensichtlich als Wichtigstes – der Eindruck oder das Gefühl, dass die „Waagschale" eben doch nicht ganz in der Schwebe ist.

B.: Das war ja jetzt eine Fülle von Ideen, was war für dich denn das wichtigste, was du gehört hast?

Kl.: Ja ich glaube, das stimmt schon, dass die Waagschale bei mir tatsächlich nicht ganz genau ausgeglichen ist. Ja, ich will eigentlich den Schüler auf der Grundschule halten. Ich will nicht, dass er zurückkommt. Ja, genau, ich möchte eigentlich viel lieber Möglichkeiten finden, dass er da bleiben kann, und dass er da auch willkommen ist...

Ich stecke jetzt ja nicht da drin in dieser Klasse und bin da auch so ein Stück machtlos, aber irgendwie kann ich da vielleicht doch so ein Stück helfen, irgendwie habe ich da doch vielleicht ein bisschen Einfluss. Und muss da vielleicht jetzt einfach weiter gucken und muss vielleicht auch wirklich, wenn die Grundschullehrerin mir jetzt am Dienstag in unserem

---

[14] Die Arbeit mit dem „Reflektierenden Team" sieht vorrangig so aus, dass zusätzliche Zuhörer (mit Beratungskompetenz) beim Gespräch anwesend sind und dieses in Anwesenheit der Klienten in möglichst hilfreicher Art kommentieren. So können durch die vorgetragenen Ideen, Assoziationen, Bilder etc. den Klienten zusätzliche mögliche Sichtweisen angeboten werden, die für sie neue Informationen bedeuten können. Vgl. hierzu Andersen, 1990

Gespräch mitteilt, dass er bleiben kann, dann muss ich nicht auch noch ein schlechtes Gewissen haben, dass ich ihr einen besonderen Schüler in ihre Klasse gesetzt habe. Denn das habe ich tatsächlich bei mir von Anfang an gehabt, da habe ich von Anfang an gemerkt, sie hat ihn genommen und gesagt „Okay, ich probier das", aber von Anfang an so uhm, ich habe schon so eine schwierige Klasse, und jetzt noch so einen besonderen, schwierigen Schüler, uhm....da muss ich mich einfach ein Stück von freimachen...

B.: Du hast das jetzt ja ganz klar für dich formuliert. Meine Frage ist jetzt, brauchst du für dieses Gespräch am Dienstag noch irgendetwas an Unterstützung? Deine Entscheidung für das Gespräch am Dienstag ist ja ganz klar, und möchtest du da noch nach Möglichkeiten der Unterstützung suchen oder Hilfsangebote machen,...oder reicht das so?

Kl.: Ne, ich glaube, dass ich ihr schon verschiedene Hilfsangebote machen werde und vielleicht werde ich auch am Dienstag oder in den Tagen darauf, die Eltern und den Schüler zusammen mal dahin bitten und dass wir uns noch mal zusammen und gemeinsam mit der Grundschullehrerin Schritt für Schritt überlegen, so dass wir auch für den Schüler transparent machen können, was wir von ihm wollen, und was er noch benötigt und wo er dran arbeiten muss und dass wir für ihn kurz- und langfristige Ziele aufstellen, mit ihm zusammen vielleicht auch.

6. Schlussbemerkung

Bis heute spielt Beratung im Schulalltag, sowie in der Lehreraus- und –fortbildung immer noch eine marginale Rolle. Oft findet Beratung statt in Situationen, wo Krisenintervention angebrachter wäre. Noch immer wird Beratung abgelehnt, weil Lehrer fürchten, sie würden bevormundet oder die Anfrage nach Beratung würde interpretiert als Eingeständnis fehlender Kompetenz. Andererseits kann man auch auf Lehrer treffen, die der Meinung sind, keine Beratung zu brauchen, weil sie schon alles wissen. Viele Lehrer suchen nach Entlastung, aber nicht nach Beratung oder Kooperation.

Dabei dürfte deutlich geworden sein, dass in einer zukünftigen Schule Beratung ein fester Baustein in der Berufsrolle des Lehrers und eine seiner wichtigsten Kompetenzen sein wird. Beratung und Kooperation werden sich von ihrem bisherigen Inseldasein verabschieden und zu einem Kontinuum werden. Und last not least wird Beratung zu einem festen Baustein in der Lehrerausbildung und –fortbildung werden müssen.

Abschließend bleibt zu sagen, dass Beratungskompetenz kaum durch die Lektüre von Fachliteratur erworben werden kann, (womit nichts gegen einen guten Trainer oder die Bedeutung von Fachliteratur gesagt sein soll.) Dennoch ist es dem mit Beraten wie mit Tennis- oder Schachspielen oder dem Spielen eines Instrumentes, man kann noch so viele Bücher über die richtige Technik oder Spielstrategie lesen, so wie man Tennis nur durch Tennisspielen erlernen kann, so wird man auch das Beraten nur erlernen können im Prozess des Beratens.

Literatur

Andersen, T., (1990), Das Reflektierende Team, Dialoge und Dialoge über die Dialoge, Borgmann, Dortmund

Anderson, H., Goolishian, H., (1990), Menschliche Systeme als sprachliche Systeme, in: Familiendynamik, 15, 213 – 242

Anderson, H., Goolishian, H., (1992), Der Klient ist Experte, in: Zeitschrift für systemische Therapie, 10, 176 – 209

Anderson, H., (1999), Das therapeutische Gespräch, Der gleichberechtigte Dialog als Perspektive der Veränderung, Klett-Cotta, Stuttgart

Ashley, C., (1982, 1997, 5. Aufl.), Das Ashley-Buch der Knoten, wie sie aussehen, wozu sie gebraucht werden, wie sie gemacht werden, Ed. Maritim, Hamburg

Bachmair, S., Faber, J., Hennig, C., Kolb, R., Willig, W., (1989, 4.Aufl.), Beraten will gelernt sein. Ein praktisches Lehrbuch für Anfänger und Fortgeschrittene, Psychologie Verlags Union, München

Bateson, G., (1983, 3.Aufl.), Ökologie des Geistes, Suhrkamp, Frankfurt a.M.

Benkmann, R., (1999a), Kooperatives Lernen von Kindern mit und ohne Lernschwierigkeiten in integrativen Schulklassen – Teil I: Begründung und Probleme, in: Die neue Sonderschule, 44. Jg., 94 – 100

Benkmann, R., (1999b), Kooperatives Lernen von Kindern mit und ohne Lernschwierigkeiten in integrativen Schulklassen – Teil II: Bedingungen und sonderpädagogische Qualifikation, in: Die neue Sonderschule, 44. Jg., 174 - 184

Biermann-Ratjen, E. u.a., (1995), Gesprächspsychotherapie, Verändern durch Verstehen, Stuttgart

Bildungskommission NRW, (1995), Zukunft der Bildung – Schule der Zukunft, Luchterhand, Neuwied

Böhm, W. (Hg.), (1988, 13. Aufl.), Wörterbuch der Pädagogik, Kröner Verlag, Stuttgart

Breitenbach, E., u.a., (1999), Vertiefte Kooperation – das Modell einer Fördereinheit in der Allgemeinen Schule, in: ZfH., 50. Jg., H. 12, 564 - 571

Brunner, E.J., / Schönig, W. (Hg.), (1990), Epilog, Umrisse einer Beratungstheorie, in: Dies. Theorie und Praxis von Beratung, Freiburg/Br.

Bundschuh, K., Heimlich, U., Krawitz, R. (Hg.), (1999), Wörterbuch Heilpädagogik, Klinkhardt, Bad Heilbrunn

Canetti, E., (1942, 1973), Die Provinz des Menschen, Aufzeichnungen, 1942 – 1972, Carl Hanser, München

Deissler, K., Keller, T., Schug, R., (1996), Kooperative Gesprächsmoderation, in: Koenigswieser, R.u.a., Risiko-Dialog, Zukunft ohne Harmonieformel, Deutscher Instituts-Verlag, Köln, 249 – 274

Deissler, K., (1997), Sich selbst erfinden, Von systemischen Interventionen zu selbstreflexiven therapeutischen Gesprächen, Waxmann, Münster

Dietrich, G., (1983), Allgemeine Beratungspsychologie, Hogrefe, Göttingen

Efran, J. u.a., (1992), Sprache, Struktur und Wandel, verlag modernes lernen, Dortmund

Furman, B., (1999), Es ist nie zu spät, eine glückliche Kindheit zu haben, Verlag modernes lernen, Dortmund

Hammerstein, P., Bierhoff, H.W., (o.J.), Funkkolleg Psychobiologie, Verhalten bei Mensch und Tier, Studienbegleitbrief 9, Kooperation und Konflikt, Beltz, Weinheim, Basel, 11 - 56

Hillenbrand, C., (1999), Einführung in die Verhaltensgestörtenpädagogik, Reinhardt, München, Basel

Hoeg, P., (1994), Fräulein Smillas Gespür für Schnee, Hanser, München, Wien

Keller/Novak, (1998), Kleines pädagogisches Wörterbuch, Herder, Freiburg

Koenigswieser, R.u.a., (1996), Risiko-Dialog, Zukunft ohne Harmonieformel, Deutscher Instituts-Verlag, Köln

Krämer-Kilic, I., (2001), Zur Bedeutung kooperativen Lernens in integrativen Klassen, dargestellt an Hand eines Unterrichtsbeispiels, in: ZfH, 52. Jg., 22 - 27

Kraus, W., (1996), Das erzählte Selbst, Die narrative Konstruktion von Identität in der Spätmoderne, Centaurus, Pfaffenweiler

Luhmann, N., (1993, 4. Aufl.), Soziale Systeme, Suhrkamp, Frankfurt a.M.

Müller, W., (1984/85), Archaische Gesellschaften, und was wir von ihnen erfahren können, in: Scheidewege, Jahresschrift für skeptisches Denken, S. 162 – 186

Mutzeck, W., (1996), Kooperative Beratung, Beltz, Weinheim,

Palmowski, W., (1995), Psychomotorik und systemisches Denken, in: Praxis der Psychomotorik, Jg. 20, 194 – 198

Palmowski, W., Freyling, B., (1997), Kooperationsfördernde Gespräche mit Eltern durch Moderation, in: Zeitschrift für Heilpädagogik, H.3., 117 - 120

Palmowski, W., (1998), Die Bedeutung der Gegenwart für die Vergangenheit, in: System Schule, Jg. 2., H. 2., S. 40 – 42

Palmowski, W., (1998b), System Schulklasse, in: System Schule, Jg. 2., 4 – 8

Palmowski, W., (1998c), Die autonome Schule – zu Risiken und Nebenwirkungen lesen Sie... in: System Schule, J2. 2., 14 – 19

Palmowski, W., (1999), Die prospektive Perspektive, in: System Schule, Jg.3, 72 -74

Palmowski, W., (1995, 2000, 4. Aufl.), Der Anstoß des Steines, Systemische Beratungsstrategien im schulischen Kontext, Borgmann, Dortmund

Palmowski, W., (2000), Warum Beratung in der Schule immer wichtiger wird!, in: System Schule, Jg. 4., H. 2, 50 - 52

Pelikan, J., Grossmann, R., Dalheimer, V., (1992), „Neue Wege" der Organisationsberatung im Krankenhaus am Beispiel des WHO-Projekts „Gesundheit und Krankenhaus", in: Wimmer, R. (Hg.), Organisationsberatung, Neue Wege und Konzepte, Gabler, Wiesbaden, 285 - 322

Petzold, H. (Hg.), (1980), Die Rolle des Therapeuten und die therapeutische Beziehung, Junfermann, Paderborn

Retzer, A.(Hg.), (1996, 2. Aufl.), Die Behandlung psychotischen Verhaltens, Carl Auer, Heidelberg

Rogers, C., (1942, 1972), Die nicht-direktive Beratung, Kindler, München

Schaub/Zenke, (1995), Wörterbuch zur Pädagogik, DTV, München

Schlippe, A. von, Schweitzer, J., (1997, 3. Aufl.), Lehrbuch der systemischen Therapie und Beratung, Vandenhoeck & Ruprecht, Göttingen

Senge, P., (1996, 1997, 4. Aufl.), Die fünfte Disziplin, Kunst und Praxis der lernenden Organisation, Klett-Cotta, Stuttgart

Selvini-Pallazzoli, M., Boscolo, L., Cecchin, G., Prata, G. (1987, 5. Aufl.), Paradoxon und Gegenparadoxon, Klett-Cotta, Stuttgart

Simon, F., (1995, 5.Aufl.), Meine Psychose mein Fahrrad und ich, Carl Auer, Heidelberg

Speck, O., (1989), Pädagogische Beratung unter dem Aspekt ökologischer Kommunikation, in: Zeitschrift für Heilpädagogik, 40. Jg., H. 6, 361 – 370

Theunissen, G., (1999), Kooperationsklassen – eine wegweisende Perspektive für einen Gemeinsamen Unterricht nichtbehinderter und geistig behinderter Kinder und Jugendlicher?, in: ZfH, 50.Jg., H. 10, 458 - 465

Thomann, C., Schulz von Thun, F., (1988), Klärungshilfe, Rowohlt, Reinbek

Unseld, G., (1996/97), Die Macht der Naturbeherrschung und der Verlust der individuellen Autonomie, Zum Zusammenhang von Wissensformen und sozialen Strukturen, in: Scheidewege, Jahresschrift für skeptisches Denken, 72 – 88

Vogel, C., (1989), Eigennutz und Gemeinwohl: eine evolutionsbiologische Kontroverse, in: Unterricht Biologie 141, 13. Jg., 39 – 42

Wachtel, P., Wittrock, M., (1990), Aspekte der Kooperation von Grundschullehrern und Sonderschullehrern, in: ZfH, 41 Jg., x-x

Waldschnidt, A., (1999), Selbstbestimmung als Konstruktion, Leske und Budrich, Opladen

Watzlawick, P., (1983), Anleitung zum Unglücklichsein, Piper, München

Weakland, J., Herr, J., (1988, 2. Aufl.), Beratung älterer Menschen und ihrer Familien, Huber, Bern

Welsch, W., (1988), „Postmoderne", Genealogie und Bedeutung eines umstrittenen Begriffs, in: Kemper, P. (Hg.), „Postmoderne" oder Der Kampf um die Zukunft, Fischer, Frankfurt a.M. x-x

Whorf, B.L., (1956), Language, Thought and Reality, M.I.T. Press, Massachusetts, Deutsch: (1984, 1997 21. Auflage), Sprache, Denken, Wirklichkeit, Beiträge zur Metalinguistik und Sprachphilosophie, rororo, Reinbek bei Hamburg

Martin Sassenroth

IX   Sonderpädagogische Aufgabenfelder - Integration/Separation

1. Einleitung und Problemstellung

Obwohl schon im Kapitel I im Zusammenhang mit der Krise der Sonderpädagogik in groben Zügen auf die Thematik der Integration behinderter Kinder in die Regelschule eingegangen worden ist, erscheint es in Hinblick auf die Erstellung von Leitkategorien für die sonderpädagogischen Aufgabenfelder unabdingbar, noch dezidierter auf die in der Sonder- aber auch gerade in der Regelschulpädagogik umstrittene Forderung nach integrierter Förderung aller Kinder in einer Schule, in einer Klasse, - ob schwer behindert, normal begabt oder auch hochbegabt - einzugehen.

Woher kommt eigentlich gerade von Seiten der Eltern behinderter Kinder der Wunsch bzw. die Forderung nach integrativer Beschulung ihrer Kinder in der Regelschule, obwohl doch ein sehr differenziertes Sonderschulsystem aufgebaut worden ist, das im ersten Augenschein viel vielversprechender auf die Spezialbedürfnisse der unterschiedlich behinderten oder benachteiligten Kindern eingehen könnte?

Vielfach stößt dieser Wunsch auf Unverständnis. Jetzt ist doch extra ein Schonraum für behinderte Kinder in der Spezialschule geschaffen worden, in dem sich die Kinder frei und mit viel weniger Leistungsdruck entwickeln können. Auch fühlen sich viele Grundschullehrerinnen und -lehrer mit der Integration behinderter Kinder in ihren Unterricht völlig überfordert und wissen nicht, was sie mit diesen Kindern anfangen sollen. Nicht zuletzt fühlen sich speziell ausgebildete Sonderpädagogen gekränkt, weil sie ihre Arbeit in Misskredit gebracht sehen und fürchten, dass man ihnen ihre Kinder entzieht (Prengel 1995, 158).

Man könnte angesichts der obigen Meinungen und Erfahrungen tatsächlich glauben, dass wir uns mit der Forderung der sog. integrativen Pädagogik auf einem gefährlichen Irrweg befänden. Umso erstaunlicher ist, dass die oben beschriebenen Eltern behinderter Kinder mit ihrem Wunsch nach integrierter Förderung bei einigen Wissenschaftlern, Lehrpersonen und vereinzelt auch bei Personen aus der Verwaltung Unterstützung finden.

2. Zur Begründung der Integration/Separation

Die Forderung nach Integration macht nur dann Sinn, wenn ihr zuvor gravierende Prozesse der Aussonderung vorweggegangen sind. Leider muss konstatiert werden, dass dies eigentlich durch die gesamte Menschheitsgeschichte der Fall war und auch heute noch vorherrschender Usus ist. Behinderte werden nach wie vor ausgesondert meistens sonderbeschult. Muth weist mit Nachdruck darauf hin, dass die Aufgabe bzw. die Forderung nach Integration Behinderter in die Gesellschaft und in die Schule gar nicht formuliert werden müsste, wenn es die separate Förderung in der Sonderschule nicht gäbe und damit die Gefahr, dass Behinderte zu einer desintegrierten Randgruppe werden, gar nicht so bestünde (Muth 1986, 26).

Sicherlich lässt sich den Befürwortern der (zeitweisen) seperaten Förderung von behinderten Kindern in Spezialeinrichtungen pauschal nicht der Wille und das Ziel der letztendlichen besseren Integration dieser Kinder in unsere Gesellschaft absprechen. Schon im Kapitel 1 wurde darauf hingewiesen, dass einige Sondereinrichtungen, wie z.B. die Schulen für Sprachbehinderte, Lernbehinderte und Erziehungsschwierige eigentlich als Durchgangsschulen geplant sind und damit einen Rücküberweisungsauftrag an die Regelschule haben. Festgestellt wurde aber auch, dass die Praxis leider lehrt, dass diesem Rückschulungsauftrag nur in sehr beschränkten Maße nachgekommen wird. So hat bspw. Ammann schon im Jahre 1986 in einer bundesweiten Erhebung (ohne Saarland) ermittelt, dass die jährliche Rückschulungsquote von Schülerinnen und Schülern der Sonderschule für Lernbehinderte im Durchschnitt nur 1,7% betrug. Wir müssen also davon ausgehen, dass in der überwiegenden Zahl der Fälle eine andauernde Separation während der Schulzeit vorgenommen wird, die der letztendlichen Integration in unsere Gesellschaft nicht zuträglich ist.

Nach Ansicht vieler Vertreter aus der Pädagogik und Sonderpädagogik (Muth, Haeberlin, Bless u.a) wäre es aber falsch, bei Prozessen der Integration immer nur die Behinderten als betroffene Personengruppe im Auge zu haben. Integration geht alle Menschen etwas an und es wäre fatal das Problem immer nur aus dem speziellen Blickwinkel der Behinderten anzugehen. Natürlich hat der jeweils unterschiedlich beeinträchtigte Mensch Schwierigkeiten mit den Anforderungen unserer „normalen" Leistungsgesellschaft zurechtzukommen. Die Normen unserer Gesellschaft werden von den Nichtbehinderten aufgestellt und wenig hinterfragt, ob sie von allen Menschen erfüllt werden können. Behinderte müssen fast zwangsläufig daran scheitern. Dementsprechend hat das Gelingen von Integration sehr viel mit der Aufgeschlossenheit und Veränderungsbereitschaft Nichtbehinderter zu tun. Ohne die Mithilfe und Unterstützung der Nichtbehinderten werden behinderte Menschen niemals die Integration in Schule und Gesellschaft schaffen können (Muth 1986, 26).

Im Zusammenhang mit den bestehenden Normen muss man schnell zu dem Ergebnis kommen, dass sie sehr stark an einem übertriebenen Leistungsdenken unserer Industriegesellschaften und an einer Einschätzung der Brauchbarkeit von Menschen im Wirtschaftssystem orientiert sind. Wenn Schule darauf vorbereiten soll, muss sie die kognitiven Fähigkeiten stark bewerten. Logisch, dass dort die Gruppe der Behinderten schnell einmal ins Abseits gestellt wird. Dementsprechend lässt sich mit Muth formulieren: „Wer die Integration der Behinderten ernsthaft anstrebt, für den darf die Menschlichkeit eines Menschen nicht nur abhängig von einer individuell erbrachten Leistung im Wirtschaftssystem sein. Häufig verhindert die individuelle, egozentrisch nur auf sich selbst bezogenen Leistung eines Menschen das Erreichen der Menschlichkeit für ihn. Menschlichkeit bestimmt sich wesentlich auch durch die Hilfe, die ein Mensch anderen Menschen zu geben bereit ist, durch die Zuwendung, die er anderen schenkt, durch die Offenheit für andere. Dieser Zusammenhang muss künftig in den Curricula der Schule für die Lernprozesse aller jungen Menschen berücksichtigt werden, wenn eine Integration der Behinderten in den allgemeinen Unterricht und außerhalb der Schule, neben ihr und nach ihr, eine Integration der Behinderten in die Gesellschaft geleistet werden und auch gelingen soll" (Muth 1986, 27).

Natürlich lässt sich hier einwenden, dass das alles realitätsfremde Träumereien und schöne Worte sind und leider die gesellschaftlichen und vor allem die ökonomischen Zwänge so groß sind, dass man gar keine Wahl habe. Schule müsse dementsprechend stark auf die spätere Brauchbarkeit im Leben ausgerichtet sein. „Non scholae, sed vitae discimus" heißt es schließlich schon seit Seneca vor 2000 Jahren. Dass dieser ins Allgemeingut geratene Satz des römischen Philosophen aus dem ersten Jahrhundert nach Christi nicht dem heutigen Pragmatismus das Wort redet, ist in Vergessenheit geraten bzw. falsch interpretiert worden. Seneca machte sich nicht für eine Position stark, nach der nur das später auch direkt anwendbare Wissen im Unterricht gelehrt werden soll. Im Gegenteil, er vertrat die Ansicht, dass das Lernen von Menschlichkeit (dem vermeintlich Nutzlosen) jedem anwendungsbezogenen (dem vermeintlich Nützlichen) Wissen vorausgehen soll. „Bevor das Nützliche, zum Beispiel, wie Grundstücke zu vermessen sind, gelernt wird, muss die Führung in die Fähigkeit zu menschlichem Denken und Handeln geleistet, muss also das ‚Nutzlose' gelernt werden. (...) Was nutzt mir die Kenntnis, wie man ein kleines Bauerngut aufteilt, wenn ich nicht mit meinem Bruder zu teilen verstehe?" oder „Du willst mich den Zusammenhang von hohen und tiefen Tönen lehren, (...) lehre mich vorher die seelische Harmonie meines Inneren, die Übereinstimmung aller meiner Entschlüsse" (Seneca, zitiert nach Muth 1986, 143).

Meines Erachtens stimmen solche Sätze sehr nachdenklich und sollten in unsere heutigen bildungspolitischen Diskussionen um Ziele und Inhalte miteinfließen. Rein anwendungsbezogenes „brauchbares" Wissen kann im Zusammenhang mit der von der Schule zu vermittelnden Allgemeinbildung nicht die oberste Maxime sein. Ansonsten müsste man mit Postman (1983) wirklich um die Bedeutung bzw. den Verlust für die Menschheit so wichtiger Bereiche wie z.B. Kunst, Geschichte oder Literatur fürchten, da sie vorerst ersteinmal „nutzlos", nicht anwendungsbezogen im Sinne der direkten Verwendbarkeit im Leben sind. Das Leben wird aber dadurch lebenswerter, wertvoller und menschlicher. Zur Menschlichkeit gehört aber unbedingt dazu, dass auch leistungsschwächere, wie z.B. behinderte Menschen nicht ausgegrenzt, sondern voll in die Gesellschaft integriert werden.

Zusammenfassend ist dementsprechend Muth beizupflichten, dass Integration kein Problem ist, dessen Für und Wider diskutiert werden kann, „sondern eine Aufgabe ist, die den Menschen in einer demokratischen Gesellschaft aufgegeben ist" (Muth, 1986, 14). Das Bemühen um Integration ist ein gesellschaftliches Phänomen, „das in der fortschreitenden Profilierung demokratischen Bewusstseins seinen Grund hat und das seit 1789 in einem Prozess der Ausbreitung begriffen ist, der auch zweihundert Jahre nach der französischen Revolution noch fortdauert. Demokratisierung ist immer ein Integrationsprozess. Es geht um das humane Miteinander verschiedener sozialer Schichten, um den Abbau von Vorrechten einzelner Schichten und um die Überwindung hierarchischer Strukturen, es geht um die Menschenwürde jedes einzelnen" (Muth 1986, 14).

3. Geschichtlicher Teil

Oben wurde schon angedeutet, dass integrative Bemühungen schon weit zurückreichen. Im Grunde sind die ersten Anzeichen integrativen Gedankenguts im Zusammenhang mit der französischen Revolution und seinen großen Forderungen nach liberté, egalité und fraternité auszumachen. Wenn es um ein humanes Miteinander verschiedener Schichten, um den Abbau von Privilegien und um die Menschenwürde jedes einzelnen geht, liegt es quasi auf der Hand, dass diese Forderungen behinderte Menschen nicht von Anfang an ausschließen dürfen.

Auch wenn wir noch meilenweit von Chancengleichheit oder einer guten Integration behinderter Menschen in unsere Gesellschaft entfernt sind, muss doch festgehalten werden, dass bezogen auf Deutschland schon recht früh erste Vorläufer der Integrationsbewegung auszumachen sind. Ellger-Rüttgart verweist in diesem Zusammenhang auf den Tatbestand, dass es eigentlich schon seit der Existenz der Sonderschule vor mehr als 100 Jahren immer Kritiker der Hilfsschule gegeben habe. „Die Hilfsschule als eigenständige Schulform wird (schon in der damaligen Zeit, MS.) aus pädagogischen und sozial-politischen Gründen abgelehnt, da sie den schulleistungsschwachen Kindern keine optimale Förderung zuteil werden lässt und zudem die gesellschaftlichen Integration der Betroffenen erschwert bzw. vereitelt. Nach Ansicht der Opponenten widerspricht die Hilfsschule dem Ideal der Allgemeinen Volksschule, die nicht allein eine Schule für die Fähigen, sondern zugleich die Bildungsstätte für die Minderbegabten und Benachteiligten sein muss." (Ellger-Rüttgart 1988, 43)
Ein weiterer Grundstein in Richtung Integration ist zu Zeiten der Weimarer Verfassung gelegt worden, indem die Grundschule eingerichtet wurde, in welcher alle Kinder des Volkes gemeinsam in den ersten vier Jahren unterrichtet wurden. Muth (1986, 11) sieht in diesem Schritt einen eindeutigen Zusammenhang von Integration und Demokratisierung, der auch daran abzulesen ist, dass nach und nach bildungspolitische Maßnahmen ergriffen worden sind, die das Ziel hatten, für mehr Chancengleichheit zu sorgen. Insgesamt nennt Muth (1986, 12f.) fünf Bereiche: 1. der Ver-

such der sog. Integrierten Gesamtschulen in den sechziger Jahren, wonach die strenge Trennung im traditionellen Schulmodell in der Sekundarstufe I in Hauptschule, Realschule, Sonderschule oder Gymnasium aufgehoben werden sollte, 2. der Versuch in den gymnasialen Oberstufen eine Doppelqualifikation von Allgemeinbildung und Berufsbildung zu schaffen, 3. das Bestreben innerhalb des Hochschulbereichs die getrennten Ebenen von Universitäten, Fachhochschulen und Akademien in Integrierte Gesamthochschulen zu organisieren, 4. das Bemühen ausländische Kinder in die Schulen zu integrieren, 5. die angestrebte Integration von behinderten Kindern in die Regelklasse.

Es sei hier noch einmal deutlich herausgestrichen, dass vielleicht gewisse Ansätze schon weit in die Vergangenheit zurückverfolgt werden können und Muths Ausführungen eher als Vision im Sinne der Aufzeichnung eines möglichen Weges gemeint waren. Denn die schulische Realität sieht leider noch ganz anders aus: Nach wie vor ist in unseren Schulen eine große Aussonderungstendenz feststellbar, die nicht nur behinderte Menschen, sondern auch Kinder ausländischer Mitbürger betreffen. So zeigen bspw. die Untersuchungen von Bless 1995, dass nach wie vor viel zu schnell Kinder mit Lern- und Leistungsbehinderungen ausgesondert und einer Sonderklasse zugeführt werden. Kronig (1996) verweist auf die zumindest in der Schweiz besorgniserregende Tendenz, dass der Anteil an Kindern ausländischer Mitbürger in der Schule für Lernbehinderte unverhältnismäßig hoch ist. Bei aller Anerkennung von gewissen Verbesserungen, die zweifelsfrei erreicht worden sind, darf man m.E. die Realität behinderter Menschen nicht verkennen: Nach wie vor besteht die Realität noch in der Aussonderung, leider! Subsumierend kann man vielleicht eher formulieren, dass zweifelsohne Demokratisierungs- und Integrationstendenzen bezogen auf die Gesamtgesellschaft vorhanden waren, behinderte Menschen jedoch davon ausgenommen waren. Selbst wenn zu allen Zeiten natürlich auch ein gewisser Prozentsatz von Kindern mit Handicaps in unseren Grundschulen anzutreffen war, wurde der überwältigende Teil jedoch ausgesondert.

Bis zum Jahr 1960 sah die bildungspraktische Sichtweise so aus, dass der Begriff „Einheitsschule" behinderte Menschen nicht einschloss, sondern explizit ausklammerte. Entweder wurden behinderte Kinder im schulpflichtigen Alter von der Schulpflicht ausgenommen oder aber einer Sonderschule zugeführt. Zwei Gedanken liegen dieser Praxis zugrunde:

1. Aussonderung behinderter Kinder zwecks individueller Förderung, um ihre wirtschaftliche Brauchbarkeit zu erhöhen.

2. Aussonderung, um die nichtbehinderten Kinder zu schützen, damit deren Lernfortschritte ungehemmt verlaufen (Muth 1986, 16).

Eine Zäsur stellt bezogen auf Deutschland das Jahr 1960 dar, in dem das „Gutachten zur Ordnung des Sonderschulwesens" der Ständigen Konferenz der Kultusminister veröffentlicht wurde. Basierend auf den schrecklichen Erfahrungen des Zweiten Weltkriegs heißt es in der Einführung des Gutachtens: „Das Ansehen der Sonderschulen in der Öffentlichkeit muss gehoben werden. Das deutsche Volk hat gegenüber den Menschen, die durch Leiden oder Gebrechen benachteiligt sind, eine geschichtliche Schuld abzutragen. Sie dürfen nicht als weniger wertvoll betrachtet werden. Das deutsche Volk muss die Aufgabe wieder ernst nehmen, allen Kindern und Jugendlichen, die die allgemeinen Schulen nicht mit Erfolg besuchen können, den Weg zu einem sinnerfüllten Leben zu bereiten"(KMK 1960, S. 7).

Einerseits zeigen diese Worte den humanen und bildungspolitischen Charakter, andererseits wird deutlich, dass die Erfüllung dieses Vorsatzes wie selbstverständlich mit der Aussonderung behinderter Menschen gekoppelt ist. Erst in einem Nebensatz wird erwähnt, dass die Gemeinsamkeit zwischen Schülern der Sonderschulen und der allgemeinen Schulen zu pflegen ist, „sofern es für die Erziehung zur Gemeinschaft als dienlich erscheint"(a.a.O., S.10). Bezeichnenderweise wird etwas später aber gleich dahingehend eingeschränkt, dass der Kontakt nur zustandekommen soll, wenn er sowohl für die Sonderschüler als auch die übrigen Kinder einen pädagogischen Gewinn darstelle und darüber hinaus noch die Frage der Unfallverhütung geklärt sei. Es ist mit Muth übereinzustimmen, dass in diesen Formulierungen die massiven Vorurteile gegenüber Behinderten offensichtlich werden (Muth 1986, 19) . Es ist naheliegend, dass aufgrund von derartigen Formulierungen gemeinsame Kontakte von behinderten und nichtbehinderten Schülern von vornherein in der pädagogischen Praxis fast ausgeschlossen sind.

Dennoch ist dieses Gutachten als Meilenstein in der Sonderpädagogik zu bewerten, da erstmals allgemein verbindliche Richtlinien zur Einrichtung von Sonderschulen, Regelung zur Ausbildung der Lehrpersonen, Klassenstärken, Überweisungspraktiken u.a.m. vorgeschlagen wurden. „Auf dieser Grundlage erfuhren die Behinderten eine bis dahin in der Geschichte der Schule unbekannte Zuwendung, die sich vor allem in einem immensen Ausbau des Sonderschulwesens in der Bundesrepublik realisierte." (Muth 1986, 20)

Subsumierend kann man festhalten, dass bis zu den 70er Jahren, wenn man überhaupt die Notwendigkeit der Integration behinderter Menschen in unsere Gesellschaft für erstrebenswert erachtete, selbige durch separate Schulmodelle erreichen wollte. Wie oben schon erwähnt, spielte dabei die wirtschaftliche Brauchbarkeit der behinderten Menschen sowie der Schutz der Nichtbehinderten eine große Rolle.

Erst in der Folge der gesellschaftlichen Umwälzungen von 1968, der späteren Emanzipationsbewegung der Frauen sowie der zunehmenden Zuwanderung ausländischer Arbeitnehmer in die westlichen Industriestaaten wurden die Forderungen nach integrativer Beschulung behinderter Kinder und Jugendlicher lauter. All die genannten Bewegungen weisen gewisse strukturelle Gemeinsamkeiten auf. Zuallererst ist in diesem Zusammenhang die Inferiorisierung zu nennen, die es aufzuheben gilt. Diskriminierungen bzw. die Zuschreibung von Minderwertigkeiten, sowie das Einräumen von Privilegien gegenüber gewissen Schichten oder Personen müssen aufgehoben werden (Prengel 1995, 171).

Eine weitere Gemeinsamkeit ist sicherlich in der zunehmend erkannten Heterogenität und Vielfalt gesellschaftlichen Lebens zu sehen. „Es ist normal, verschieden zu sein." (Balgo 1999, 95) Dieser Satz, der in der Heil- und Sonderpädagogik so wichtig geworden ist, hat unmittelbaren Zusammenhang mit der gesellschaftlich erkannten Heterogenität. Egal, ob es um die gesellschaftliche Realität geht, dass Frauen immer noch z.B. im Beruf gewissen Diskriminierungen ausgesetzt sind oder ausländische Mitbürger mit ihrer speziellen Herkunftskultur bei uns anecken, indem sie auf ihrem Recht beharren, „anders" zu sein oder ob die Behinderten uns ihre „Andersartigkeit" demonstrieren: Es wird der Gesellschaft deutlich vor Augen geführt, dass wir nicht von einer Monokultur sprechen können, in der eine wie auch immer geartete Norm herrschen kann. Es herrscht eine große gesellschaftliche Vielfalt, die Normen sehr in Frage stellt. Unter Bezugnahme auf den Demokratisierungsprozess (vgl. weiter oben) sind schnell einmal die neuen pädagogischen Forderungen nach Integration (von Ausländern, Behinderten u.a.m.) ableitbar: „Indem die neuen pädagogischen Bewegungen Zugang zum unendlich facettenreichen Spektrum der ausgegrenzten Lebenserfahrungen eröffnen, geben sie allen die Möglichkeit, sich neue Lebensperspektiven anzueignen, denn sie helfen die anderen Lebenserfahrungen in Worte zu fassen und kommunizierbar zu machen" (Prengel 1995, 180).

Es ist aber unter Bezugnahme auf die gleiche Autorin darauf aufmerksam zu machen, dass es hierbei nicht um eine wie auch immer geartete Gleichmacherei geht, sondern die universale Dimension, die mit dem integrativen Gedankengut verbunden ist, kann nur adäquat zum Ausdruck kommen, wenn zunächst die „unhintergehbare Partikularität" gewährleistet ist (Prengel 1995, 180).

Die weiteren pädagogischen Beweggründe, aus denen die integrativen Bemühungen resultierten, sind in Kapitel I schon referiert worden, so dass an dieser Stelle nur verwiesen werden muss.

4. Konzeptionelle Modelle integrativer Schulen

Einzelinitiativen

Zuerst muss einmal festgehalten werden, dass die ersten Integrationsversuche immer auf Einzelinitiativen von betroffenen Eltern behinderter Kinder zurück zu führen waren. Ihnen ist es gelungen, Lehrpersonen, Schulbehörden und Politiker in Einzelfällen zu überzeugen, dass es den Versuch wert ist, ihr behindertes Kind in die Regelschule integriert beschulen zu lassen. Natürlich ist das nicht ohne Kritik geblieben, da angemerkt wurde, dass diese Einzelinitiativen von Eltern priviligierter Schichten durchgeführt wurden; es sich also um Eltern handelte, die über eine gewisse „Durchschlagskraft" gegenüber Schulbehörden oder Politikern hatten. Es ist aber mit Muth übereinzustimmen, dass diese Kritik nur dann Berechtigung hätte, wenn tatsächlich auf Dauer nur angesprochene privilegierte Schichten über die Möglichkeit der integrierten Förderung ihrer behinderten Kinder verfügten, während andere Gesellschaftsschichten ausgeschlossen wären. Als Initialphase ist das Vorgehen aber durchaus akzeptabel, zumal man die erfolgreichen Initiativen von Betroffenen als „pressure-groups" für die Ausbreitung der Gemeinsamkeit von Nichtbehinderten und Behinderten in den Schulen ansehen kann (Muth 1986, 98).

Regelschulen, welche durch differenzierenden Unterricht die Überweisungszahl an Sonderschulen klein halten

Durch diese Form der integrativen Bemühungen wird die Existenz der Sonderschule natürlich nicht in Frage gestellt. Eine Überweisung an die Sonderschule ist nicht von vornherein ausgeschlossen. Dennoch kann man von einer integrativen Maßnahme sprechen, da zuerst einmal durch differenzierende Maßnahmen im Unterricht versucht wird, behinderte Kinder in der Regelschule zu belassen. Selbstverständlich hängt das Gelingen der ausreichenden Differenzierung mit der Offenheit und Kompetenz der jeweiligen Lehrperson eng zusammen.

Kritisch könnte man hier einwenden, dass schnell einmal Überforderungssituationen der Lehrperson einsetzen werden, wenn nicht noch eine zusätzliche Fachkraft mit in den Integrationsprozess involviert ist. Immerhin lässt sich tendenziell dieser Integrationsvariante der Erfolg nicht ganz absprechen. Muth (1986, 102) konnte nachweisen, dass z.B. im Land Nordrhein-Westfalen die Überweisung an die Sonderschule für Lernbehinderte überproportional zurückging und diese Tendenz einen erheblichen Zusammenhang mit dem vorgenommenen Differenzierungsmodell im Unterricht aufweist.

Regelschulen, welche einzelne Behinderte aufnehmen

Hier handelt es sich vor allem um bereitwillige Lehrpersonen, die einzelne behinderte Kinder aufnehmen. Mittlerweile sind zahllose behinderte Kinder aufgrund dieser Bereitschaft in den Regelunterricht aufgenommen worden. Genaue Zahlen gibt es meines Wissens nicht. Aus dieser Bereitschaft ist ablesbar, dass die Sensibilität vieler Lehrpersonen gegenüber der Integration behinderter Kinder stark zugenommen hat. Viele Lehrerinnen und Lehrer lehnen die Integration nicht mehr schnell ab, sondern versuchen ihr Mögliches, behinderte Kinder in der Regelklasse zu behalten. Dass es sich hier nicht nur um Einzelerscheinungen handelt, belegen die Erfahrungen aus der Sonderschule, wonach der Schweregrad ihrer behinderten Kinder stark zugenommen hat. Dieses kann als Zeichen dafür interpretiert werden, dass viele leichter behinderte Kinder in der Regelschule verbleiben.

Schulen, an denen allgemeine Pädagogen und Sonderpädagogen zusammen arbeiten

Dieses Modell sieht vor, dass in die Regelschule integriert ein Sonderpädagoge arbeitet, um den behinderten Kinder in der Klasse adäquate Unterstützung zu geben. Dieser Heil- bzw. Sonderpädagoge kümmert sich stundenweise stark um die behinderten Kinder, gibt ihnen speziellen Förderunterricht bzw. Therapie. Sei es, dass er ein spezielles Bewegungsprogramm mit einem körperbehinderten Kind durchführt oder mit einem gehörlosen Kind an der Lautanbahnung arbeitet etc. Ein weiterer wichtiger Schwerpunkt seiner Arbeit wird in der Beratung der Regelschulperson und den Eltern liegen. In der Schweiz ist dieses Modell unter dem Namen „Regelklassen mit Heilpädagogischer Schülerhilfe" recht weit verbreitet. Selbstverständlich lässt sich auch hier wieder kritisieren, dass wahrscheinlich nur eine bedingte Kooperation möglich ist und eine weitreichende Integration eher unwahrscheinlich ist, da das behinderte Kind von einer Speziallehrkraft, nicht von der Klassenlehrperson betreut wird.

Schulen für Behinderte, jedoch dezentral organisiert

Diese Schulen verfügen über kein eigenes Schulhaus, sondern hier sind die dort arbeitenden Fachkräfte für die Kinder einer Behinderungsart eines ganzen Kreisgebietes zuständig. Die Kinder werden an ihren jeweiligen Wohnorten in den Regelschulen belassen. Die Fachkraft reist in die Regelschule. Diese Schulform besitzt den großen Vorteil, dass sie den behinderten Kindern die Möglichkeit bietet, am Wohnort zu verweilen und insofern alle Sozialkontakte bestehen bleiben.

In der Schweiz gibt es in einigen Kantonen, wie z.B. in Fribourg sog. Regionale Dienste für Schulpsychologie, Sprachheilpädagogik/Logopädie und Psychomotorik, die der oben beschriebenen Form ähnlich sind. Die dort beschäftigten Fachleute sind in einer Art Pool zusammengefasst und versorgen dezentral die einzelnen Gemeinden der Region.

Schulen, welche Schüler mit allen Behinderungsarten aufnehmen

Der Prototyp dieser Schulart ist in der Berliner Fläming-Grundschule zu sehen, welche sich als Angebotsschule für eine ganze Stadt oder Region versteht und den Anspruch erhebt, Schüler jedweder Behinderungsarten aufzunehmen und adäquat zu fördern. Das Modell der Flämingschule wurde dann jeweils auf die Bedürfnisse und speziellen Verhältnisse anderer Regionen adaptiert. Kennzeichnend für den Unterricht ist bspw., dass Versuche des therapieimmanenten Unterrichts erprobt werden oder dass im Zwei-Pädagogen-System unterrichtet wird. Aus den Erfahrungen in der Flämingschule wurden auch Richtwerte für die Anzahl behinderter Kinder pro Klasse abgeleitet. In diesem Zusammenhang darf man auch zwei Problembereiche dieser Schulen nicht verschweigen, insofern, dass einerseits eine derartige Schule sicher das Problem hat, zu viele behinderte Schüler aufnehmen zu müssen und damit die Gefahr droht, eine Behindertenschule zu werden, was dem Integrationscharakter nicht zuträglich wäre. Andererseits wirft der Anspruch, Kinder mit jedweden Behinderungen aufzunehmen, das Problem auf, in allen Behinderungsarten kompetent Hilfestellungen geben zu müssen, was die dort tätigen Lehrpersonen überfordern könnte.

Interessant ist der Ansatz aber insofern, als bei dieser Schulart eine wichtige Grundphilosophie einer Integration ohne „Restgruppe" zum Tragen kommt. Wenn Kinder mit den unterschiedlichsten Behinderungsarten aufgenommen werden sollen - welche sogar noch von Jahr zu Jahr wechseln können - müssen sich nicht die Schüler der Schule anpassen, sondern umgekehrt muss die Schule immer so flexibel sein, sich der unterschiedlichen Klientel anpassen zu können (vgl. Muth 1986, 112).

Regelschulen, die alle Kinder eines Schulbezirks aufnehmen

Vorreiter dieser Schulart ist wieder eine Schule in Berlin, die Uckermark-Grundschule. Diese Schule hat es sich zur Aufgabe gemacht, alle Schüler des Schulbezirks aufzunehmen. Grundphilosophie dieses Schulmodells ist es, eine „Schule ohne Aussonderung" zu sein und ihre Schüler wohnortnah zu betreuen. Kein Schüler wird aus seinem außerschulischen Lebenszusammenhang gerissen. Im Gegenteil, es wird sehr viel Wert darauf gelegt, dass der schulische und außerschulische Bereich zusammen wächst und miteinander verschmilzt. Es lässt sich unschwer erkennen, dass dies ein sehr umfassendes und aufwendiges Modell mit hohem Anspruch darstellt und dem dort tätigen Lehrpersonal ein hohes Engagement abfordert.

Sicherlich ist an diesem Modell der Versuch der Verquickung der Lebensbereiche der Kinder sehr positiv zu bewerten. Die ansonsten doch sehr getrennten Lebenswelten - Schule und Freizeit - werden zusammengeführt, was der letztendlichen Integration behinderter Kinder in die Gesellschaft sehr dienlich ist.

Bestimmt wird nun einem Teil der Leserschaft der in jüngster Zeit recht gebräuchliche Begriff der Förderschule fehlen. Bei diesem Begriff handelt es sich m.E. nach um einen sehr schwammigen Terminus hinter dem sich die letztlich schon oben aufgeführten Modelle verbergen. Ferner halte ich unter Bezugnahme auf Eberwein den Begriff für verfehlt, da es der Auftrag einer jeden Schule ist, die ihr anvertrauten Kinder zu fördern, egal ob es sich um ein Gymnasium, eine Realschule oder um eine Sonderschule handelt

5. Ergebnisse der Integrationsforschung

Bevor im einzelnen auf die Ergebnisse der Forschungen zur Wirksamkeit integrativer Bemühungen eingegangen werden kann, sei noch die Bemerkung vorangestellt, dass wohl keine Diskussion in den letzten 20 Jahren in Pädagogenkreisen hitziger geführt wird als jene zur Wirksamkeit bzw. Unwirksamkeit der Integration. Insofern sind die einzelnen Untersuchungen, Studien und Fachartikel, die zu dem Problembereich veröffentlicht worden sind, recht schwer zu interpretieren. Bless (1996, 124) unterstellt Befürwortern wie auch Gegnern der Integration sogar eine gewisse Unredlichkeit in der Darstellung ihrer Forschungsergebnisse, insofern als er vermutet, dass die jeweiligen Lager gern nur jene Ergebnisse rezipieren, die ihre Meinung unterstützen, eher problematische Ergebnisse hingegen unerwähnt bleiben. Darüber hinaus wurde heftig darüber gestritten, inwieweit die empirische Forschung eine Entscheidungshilfe[1] für integrative oder separierende Maßnahmen überhaupt bieten kann.

Immerhin liegen aktuell zahlreiche Untersuchungen zur Integration aus einer Vielzahl der westlichen Länder vor, so z.B. aus dem gesamten deutschsprachigen Raum, aus Skandinavien, Großbritannien, Australien, Kanada und den Vereinigten Staaten, die tendenziell schon einige Aussagekraft haben, jedoch aufgrund unterschiedlicher Anlagen nicht immer direkt miteinander vergleichbar sind.

Bless (1995) legt einen umfassenden und schnell überschaubaren Forschungsüberblick über die Wirksamkeit schulischer Integration vor, wonach nicht so eindeutig ist, ob man sich vorbehaltlos und in allen Punkten für Integration oder Separation von behinderten Kindern aussprechen kann. Dennoch hält er explizit fest, dass die eruierten Nachteile der separaten Beschulung von behinderten Kindern überwiegen und die „Forschungsergebnisse ausreichen, um pädagogisch verantwortbare Entscheidungen zugunsten der Integration treffen zu können" (Bless 1995, 163). Folgende Punkte hebt der Autor besonders hervor[2]:

„Für die Integration als **positiv** zu bewerten sind:

---

[1] Zu diesem Problembereich s. Mitte des Kapitels

[2] Hervorhebungen im Original

- der mehr oder weniger nachweisbare positive Einfluss integrierender Schulformen auf die Lernentwicklung behinderter Kinder
- durch die Integration von Behinderten erwachsen keinerlei Nachteile für die Entwicklung der nichtbehinderten Mitschüler
- weitgehende Vermeidung einer Entwurzelung der Behinderten aus dem sozialen Gefüge ihrer Wohnumwelt
- Eltern äußern sich im allgemeinen positiv zur Integration
- Untersuchungen zur Langzeitwirkung schulischer Separation oder Integration deuten eher auf Vorteile der gemeinsamen Beschulung hin

Als **neutral** zu bewerten sind:
- bei zahlreichen Persönlichkeitsvariablen scheint die Beschulungsart keinen besonderen Einfluss zu haben
- Lehrereinstellung muss als ambivalent bezeichnet werden, wobei zu erwarten ist, dass durch das Ermöglichen von Erfahrungen mit Behinderten oder der Integration die Einstellung positiv beeinflusst werden kann

A Priori als **negativ** zu bewerten sind:
- insgesamt schwierige Stellung der Behinderten in Integrationsklassen; dies gilt insbesondere für Lernbehinderte und Verhaltensauffällige und kann nicht auf alle Behinderten und Behinderungsarten übertragen werden; Separation vermag dieses Problem nicht zu lösen;
- niedriges Begabungskonzept vor allem von Lernbehinderten; je nach Behinderungsart treten spezifische Aspekte des Selbstwertgefühls in den Vordergrund" (Bless 1995, 163).

Die Bewertung dieser Befunde ist nicht so ganz einfach vorzunehmen. Bless 1995 u. 1996 ist hier beizupflichten, wenn er darauf hinweist, dass die Ergebnisse nicht eindeutig für oder gegen die Integration sprechen. Ferner bemerkt er, dass die empirische Forschung nicht grundsätzlich eine klare Entscheidungsgrundlage für ein Integrations- oder ein Separationsmodell liefern kann - dies ist letztendlich eine Frage der Ethik und des Menschenbildes. Empirische Befunde können hingegen beschreiben, was passiert, wenn man sich für oder gegen Integration entschieden hat (Bless 1995, 167).

Von zentraler Bedeutung erscheinen m.E. zwei Befunde zu sein; 1. dass die Lernentwicklung behinderter Schüler tatsächlich in den integrierenden Schulformen besser verläuft und 2. dass die Lernentwicklung der nichtbehinderten Kinder nicht gehemmt wird. Der erste Befund liegt mittlerweile nicht nur durch die verschiedenen Untersuchungen der Freiburger Forschungsgruppe (Haeberlin/Bless/Moser/Klaghofer 1991 und Bless 1995) vor, sondern wird durch zahlreiche andere Untersuchungen, wie z.B. von Fend (1981) oder Wocken (1988) untermauert. Ferner sind in diesem Zusammenhang auch schon frühere Untersuchungen von Kniel (1981) zu nennen, die kernsatzartig formuliert folgendes Ergebnis zeigten: „Die Wirksamkeit der Sonderschulen in der Förderung der ihr anvertrauten Schüler lässt sich empirisch nicht nachweisen" (Kniel 1981, 65). Sander (1978; 1982) bestätigt dieses Ergebnis, wenn er schreibt: „Die Lernbehindertenschule in Deutschland kann ihre Existenz in der Tat nicht mit besseren Unterrichtsergebnissen rechtfertigen" (Sander 1982, 137). Ferner führten auch Tent u.a. (1991) eine groß angelegte Untersuchung in Deutschland durch. In allen Stichproben zeigten die Schüler der Lernbehindertenschule meistens signifikant schlechtere Leistungen als die vergleichbaren Schüler der Regelschule. Es wird resümiert: „Leistungsschwache Schüler profitieren vom Unterricht in der SfL eher weniger als in der Regelschule" (Tent u.a. 1991, 315). Die Ergebnisse der oben zitierten Freiburger Forschergruppe können also als gut abgesichert gelten und sind dementsprechend nicht nur für die Schweiz zutreffend.

Mit Befund 2 werden vor allem die Skeptiker der integrativen Schulformen widerlegt, die gern die Befürchtung äußern, dass die nichtbehinderten Kinder durch die behinderten gehemmt werden. Es scheint aber wirklich so zu sein, dass man aufgrund der Untersuchungen Eltern nichtbehinderter Kinder oder skeptische Lehrpersonen etc. diesbezüglich beruhigen kann. Stellvertretend für andere sei die Untersuchung von Reiser hervorgehoben. Reiser befragte in seiner Untersuchung im Raum Frankfurt alle beteiligten Fachleute bezüglich aufgefallener gegenseitiger Hemmungen von guten und weniger leistungsstarken Kindern: „Die befragten Schulräte, Wissenschaftler und Lehrerinnen lehnen übereinstimmend die Behauptung ab, dass die schlechten Schüler in Integrationsklassen ein Hemmnis für die guten seien oder umgekehrt" (Reiser 1988, 250).

Ich denke sogar, dass man gerade unter Bezugnahme auf Punkt 9.2 sagen kann, dass natürlich die behinderten von den nichtbehinderten Kindern profitieren können, dass aber der umgekehrte Fall genauso zutrifft. Gerade, wenn es um die Vermittlung von für die Gesellschaft so wichtigen Werten wie Solidarität, Menschlichkeit oder Toleranz geht, lernen die nichtbehinderten Kinder sehr viel durch das Miteinander mit behinderten Kindern. Ein sehr eindrückliches Beispiel liefert Oser, der als Vater eines behinderten Kindes folgendes Erlebnis schildert: „Am Ende der 6. Klasse wollten wir Eltern den anderen Eltern danken, dass unser autistischer Sohn sechs Jahre lang mit allen Kindern zusammen sein durfte. Aber die Lehrerin, die die Integration so weit vorangetrieben hatte, wie niemand anders in diesem Projekt, die auch die Prozesse am besten verstanden hatte, winkte ab. Sie sagte: ‚Es kommt nicht in Frage, dass hier gedankt wird, denn was geschehen ist, muss selbstverständlich werden'. Da geschah das Seltsame: Eltern ergriffen das Wort und dankten *uns* dafür, dass Wilfried in dieser Klasse war. Denn ihre Kinder hätten so viel bessere Leistungen vollbracht und viel mehr sozial gelernt als anderswo" (Oser 1997, 112[3]).

Interessant an diesem Beispiel ist übrigens auch, dass die Eltern der nichtbehinderten Kinder nicht nur die verbesserten sozialen Leistungen ihrer Kinder nennen, sondern allgemein von besseren Leistungen sprechen. Ein Erklärung liefert hier Bless (1996, 129), indem er vermutet, dass der Unterricht in integrierenden Schulformen aufgrund der sehr heterogenen Schülerschaft weniger lehrerzentriert, sondern viel individueller gestaltet wird, was vermutlich zu guten Entwicklungschancen für alle Kinder führt.

„Insgesamt kann zur Frage der Klassenzusammensetzung gesagt werden, dass die Ergebnisse empirischer Untersuchungen dem pädagogischen Alltagsverstand, wonach leistungshomogene Lerngruppen leistungsheterogenen vorzuziehen sind, in hohem Maße widersprechen." (Bless 1995, 171)

Ein weiterer Vorteil der integrativen Beschulung muss gar nicht näher diskutiert werden. Wenn Kinder in ihrem natürlichen Lebenszusammenhang, d.h., wohnortnah beschult werden und sämtliche Sozialkontakte erhalten und weiter ausgebaut werden können, ist dies sicherlich als eine gewaltige Stärke des integrativen Modells zu bewerten.

Nachdenklicher stimmen die Befunde bezüglich der Einschätzung des Selbstwertgefühls behinderter Kinder in der Regelklasse. Wenn behinderte Schüler in den integrierten Klassen eine bedeutend tiefere Selbsteinschätzung ihrer schulischen Fähigkeiten vornehmen als in der Sonderschule, scheint dies ja ein Argument für die Separation zu sein. Dies Ergebnis ist auch recht

---

[3] Hervorhebung im Original

nachvollziehbar, wenn man bedenkt, dass das Leistungsspektrum in der integrierten Schulform natürlich viel größer ist und der behinderte Schüler sich auch mit den Leistungsträgern einer Klasse vergleicht. In der Sonderschule ist die Schülerschaft diesbezüglich homogener. Hier macht sich der Schonraum der Sonderschule bemerkbar. Es ist allerdings kritisch zu hinterfragen, inwieweit dieser Schonraum nicht auch realitätsfremd ist und die Eigenwahrnehmung problematisch beeinflusst. Später im außerschulischen Leben wird das behinderte Kind dann mit der harten Realität außerhalb des Schonraums konfrontiert werden. Da stellt sich schon die pädagogische Frage, ob es nicht sinnvoller ist, von vornherein mit der Realität zu konfrontieren. Außerdem scheint es so zu sein, dass gegen Ende der Sonderschulzeit das anfangs hohe Begabungskonzept wieder deutlich sinkt (Bless 1996, 126). Ferner ist zu berücksichtigen, dass nicht alle behinderten Kinder in der Regelschule ein niedrigeres Begabungskonzept von sich haben, sondern, dass hier je nach Behinderungsart zu differenzieren ist (Bless 1995, 168).

Natürlich sind mit diesen Befunden längst noch nicht alle Problembereiche rund um die schulische Integration behinderter Kinder in die Regelklasse gelöst. Es wird in der Literatur immer wieder von großen Schwierigkeiten, wie z.B. fehlende Kompetenz der Lehrkraft oder der zusätzlichen Fachkraft, zuwenig Zusammenarbeitsmöglichkeiten, mangelnde Absprachen, zu große Klassen, Finanzierungsprobleme etc. berichtet.

6. Empfehlungen und Ausblick

M.E. sind die Empfehlungen zur Verwirklichung von Integration, die die Schweizer Forschungsgruppe (Haeberlin/Bless/Moser/Klaghofer 1991) im Anschluss an ihre erste Untersuchung abgegeben haben, von zentraler Bedeutung, um der Vision einer „Schule für alle Kinder" ein Stück näher zu kommen. Viele Gedanken werden auch durch andere Empfehlungen, wie z.B. Muth (1986) oder Wocken (1988) gestützt, so dass der Vermutung einer gefärbten, zu landesspezifischen Sichtweise widersprochen werden kann.

1. „Der Heil(Sonder)pädagoge soll höchstens sechs Regelklassen betreuen müssen. Anzustreben ist für die Integrationsklassen jedoch das Zwei-Lehrer-System.

2. Schon *vor* der Einrichtung von Integrationsklassen muss sichergestellt sein, dass gut ausgebildete Heil(Sonder)pädagogen und erfahrene Regelschullehrer, die Bereitschaft zur Kooperation zeigen, zur Verfügung stehen.

3. Die Eltern *aller* Schüler einer Integrationsklasse müssen im Rahmen von Elternabenden auf die Bejahung des Integrationsgedankens vorbereitet und während des Schuljahres regelmäßig zu Information und Aussprache eingeladen werden.

4. Für die in den Integrationsklassen tätigen Regelklassenlehrer und Heil(Sonder)pädagogen sind regelmäßige Möglichkeiten zu Beratungstreffen und zum gemeinsamen Besuch von Fortbildungsmöglichkeiten zu schaffen.

5. Den in den Integrationsklassen tätigen Heil(Sonder)pädagogen und Regelklassenlehrern muss ein bedeutend größerer Freiheitsspielraum bezüglich Stundenplänen und Arbeitsweise eingeräumt werden, als dies im separierenden Schulwesen der Fall ist.

6. Der Heil(Sonder)pädagoge soll während mehr als der Hälfte seiner Betreuungsarbeit regelklassenintegriert arbeiten dürfen. Äußere Differenzierungsformen müssen inhaltlich mit dem Regelklassenunterricht koordiniert werden.

7. Die Idee eines für alle Schüler einer Klassenstufe verbindlichen Lernzielkatalogs muss aufgegeben werden; in Integrationsklassen muss lernzieldifferenter Unterricht zugelassen sein.

8. Für Integrationsklassen müssen administrative Vorschriften außer Kraft gesetzt werden, welche eine typologisierende Abklärung verlangen. An ihrer Stelle sollen konkrete Fördervorschläge für ein bestimmtes Kind in einer bestimmten Klasse gemacht werden.

9. Die anderen Lehrer und Schüler eines Schulhauses sollen regelmäßig über die Tätigkeit in den Integrationsklassen informiert werden.

10. Als Ziel sollen großzügige Rahmenbedingungen für integrationsfähige Schulklassen und Schulhäuser angestrebt werden, in welchen grundsätzlich keine Behinderungsform einen Ausschlussgrund darstellt.

11. Die Integrationsfähigkeit der Schule muss durch eine integrationsfähige Frühförderung und einen integrationsfähigen Kindergarten vorbereitet werden."

(Haeberlin/Bless/Moser/Klaghofer 1991)

Sicherlich ist es sehr schwierig, diese umfassenden Forderungen noch einzeln zu gewichten. Eine Forderung möchte ich aber besonders hervorheben. Mir erscheint, dass neben den erforderlichen guten Rahmenbedingungen die Aufhebung eines einheitlichen Lernzielkatalogs entscheidend ist, ob langfristig integrativen Bemühungen erfolgreich sind oder nicht. Wocken (1988) bezeichnet das Prinzip des lernzieldifferenten Lernens als pädagogisches Kernstück der Integrationsreform. Nach wie vor ist bei Lehrpersonen, aber auch bei Eltern leider die vorherrschende Vorstellung, dass ein Unterricht nur gut sei, wenn die Schülerinnen und Schüler im Gleichschritt durch den Lernstoff geführt werden. Solange diese Vorstellung noch in den Köpfen ist, kann Integration nicht funktionieren.

Bless (1999) stellt Überlegungen an, welche Strukturen und Institutionen die o.g. Forderungen gewährleisten könnten. Unter Bezugnahme auf die Idee Wockens (1995) einer subsidiären sonderpädagogischen Praxis[4] berücksichtigt er dann aber spezielle Schweizer Verhältnisse im dortigen Bildungssystem. Es bleibt noch offen, inwieweit seine Vorschläge auf andere Länder übertragbar sind.

Das Ziel seiner Vision ist, für alle Kinder mit sonderpädagogischem Förderbedarf ein flächendeckendes Angebot in allen öffentlichen Schulen einzurichten, wobei er sich gegen die Errichtung neuer Subsysteme wendet, sondern Organisationsstrukturen fordert, die Teil des Bildungssystems werden.

Sein Konzept beruht auf drei verschiedenen Pfeilern:

1. eine großzügige Ausstattung der Regelklassen (Lehrpersonal) mit einer flexiblen Anzahl von SchülerInnen pro Klasse, die je nach Anzahl der behinderten Kinder variieren kann und muss (siehe Forderungen oben)

2. die Errichtung von sogenannten Regionalen Schuldiensten. Hier ist eine Organisationsstruktur gemeint, in der ein Pool von verschiedenen Fachkräften[5] zur Verfügung steht, der dezentral in der Regelschule vor Ort in den Gemeinden arbeitet. Es handelt sich dementsprechend um ein Gefäß ohne Schülerinnen und Schüler. Keine dort tätige Fachperson führt eine Schulklasse. Die Schuldienste stellen nach den Vorstellungen von Bless einen sehr wichtigen Pfeiler dar, denn er geht davon aus, dass mittels dieses Pfeilers schätzungsweise 80% der Kinder mit sonderpädagogischem Förderbedarf versorgt werden können.

3. die Errichtung sogenannter überregionaler Schuldienste. In diesen Diensten sollen diejenigen Kinder versorgt werden, die ganz spezifische Bedürfnisse haben. Bless denkt da vor allem an

---

[4] Prinzip der Gemeinsamkeit, Bedürftigkeit, der Nähe und der Passung

[5] SchulpsychologInnen, SprachheilpädagogInnen, PsychomotoriktherapeutInnen

die sinnesbehinderten Kinder, aber auch an mehrfachbehinderte Kinder, deren Anzahl sehr viel geringer ist, als diejenige der zuvor genannten Gruppe. Auch hier ist die Idee, dass die Betreuung durch die hoch spezialisierten Fachpersonen vor Ort geschieht und es sich keinesfalls um die Errichtung einer neuen Einrichtung im Sinne einer Sonderschule handelt.

Es bleibt abzuwarten, inwieweit sich solche Visionen realisieren lassen. Sicherlich ist eine Bedingung unabdingbar: Die Bildungsverantwortlichen und die involvierten Institutionen müssen bereit sein ohne Pfründesicherung an einem Gesamtkonzept zu arbeiten (Bless 1999). Diesbezüglich sind wir immer noch ein gewaltiges Stück von den aufgezeigten Wegen entfernt. Wie entfernt wir davon noch sind, zeigt z.B. die Untersuchung von Bless und Kronig (1999), welche nach 18 Jahren integrativer Bemühungen und integrationspolitischen Diskussionen leider aufzeigt, dass zumindest die Schweizer Schulen keineswegs integrationsfreundlicher geworden sind. Das Standardverhalten in den Schweizer Schulen bei „Normabweichungen" besteht immer noch in Klassenwiederholungen und Aussonderung, und zwar in zunehmendem Maße.

Ferner ist das wirtschaftliche Barometer anscheinend ein wichtiger Gradmesser für ein Engagement im Sozialsystem. In Zeiten der Hochkonjunktur scheint man den Anliegen behinderter und benachteiligter Menschen in der Gesellschaft offener gegenüberzustehen, als in Zeiten der wirtschaftlichen Flaute. Es stimmt schon nachdenklich, wenn selbst so profilierte Integrationswissenschaftler wie z.B. Haeberlin (1998) in den zur Zeit herrschenden wirtschaftlichen Krisenzeiten zumindest zeitweise eher für den Erhalt von Sonderschulen eintreten, weil sonst befürchtet wird, dass eine Integration ohne die notwendigen Maßnahmen zur Unterstützung der Behinderten in der Regelklasse den Betroffenen zum Nachteil gereichen. Dann wird Integration zur Farce.

Trotz dieser warnenden Stimmen gibt es m.E. zu der integrierenden Form der Betreuung und Förderung behinderter Kinder keine Alternative. Trotz aller Schwierigkeiten, die gar nicht negiert werden sollen, müssen wir den aufgezeigten Weg weiter verfolgen. Allerdings sind noch einige „Steine" aus dem Weg zu räumen. Ich möchte sie abschließend noch kurz skizzieren:

1. Integration muss von allen Seiten getragen werden. Eine Verordnung der Integration von „oben", die von der Basis nicht mitgetragen wird, ist wenig erfolgversprechend.

2. Gegner bzw. Skeptiker der Integration lassen sich auch nicht durch noch so viele empirische Untersuchungen überzeugen. Im konstruktivistischen Sinn haben sie eine andere Konstrukti-

on von Wirklichkeit. Es wäre wahrscheinlich nicht im Sinne der behinderten Kinder, wenn Eltern oder Lehrpersonen anderer Meinung zur Integration „gezwungen" würden;

3. andererseits ist es zumindest zweifelhaft, ob eine flächendeckende Integration realisierbar ist, wenn alle bestehenden Sonderschulen erhalten bleiben.

Literatur

Ammann, W. (1986): Re-Integrationschancen für Sonderschüler. Eine schulstatistische Analyse der Rücküberweisungshäufigkeiten im Bundesländervergleich. In: Zeitschrift für Heilpädagogik 37, 305-311

Balgo, R. (1999): Es ist (nicht) normal, verschieden zu sein. In: System Schule, Heft 3, 95-99

Bless, G. (1995): Zur Wirksamkeit der Integration. Forschungsüberblick, praktische Umsetzung einer integrativen Schulform, Untersuchungen zum Lernfortschritt. Bern, Stuttgart und Wien

Bless, G. (1996): Zur Wirksamkeit der Integration. Ergebnisse empirischer Forschungen im Überblick. In: Opp/Freytag/Budnik. (Hg.): Heilpädagogik in der Wendezeit. Brüche, Kontinuitäten, Perspektiven. Luzern, 124-132

Bless, G. (1999): Strukturen und Institutionen mit sonderpädagogischem Auftrag in die Zukunft gedacht. In: Sturny/Fröhlich/Büchner (Hg.): Zukunft Heilpädagogik. Luzern, 55-64

Bless, G./Kronig, W. (1999):Wie integrationsfähig ist die Schweizer Schule geworden? Eine bildungsstatistische Analyse über schulorganisatorische Maßnahmen bei „Normabweichungen". In: VHN Jg. 68 Heft 4, 414-426

Ellger-Rüttgart, S. (1988): Kritiker der Hilfsschule als Vorläufer der Integrationsbewegung. In: Eberwein, H. (Hg.): Behinderte und Nichtbehinderte lernen gemeinsam. Handbuch der Integrationspädagogik. Weinheim und Basel, 38-44

Fend, H. (1981, 2. Aufl.): Theorie der Schule. München, Wien und Baltimore

Haeberlin, U. (1996): Diskussion: Heilpädagogik in der Wendezeit. Thesen zur Geschichte der Moderne und zu Perspektiven der Heilpädagogik in der „Postmoderne". In: Opp/Freytag/Budnik (Hg.): Heilpädagogik in der Wendezeit. Brüche, Kontinuitäten, Perspektiven. Luzern, 249-254

Haeberlin, U. (1998): Wehret der wirtschaftspolitischen Perversion schulischer Integration! In: Vierteljahresschrift für Heilpädagogik und ihre Nachbargebiete (VHN) 67, Heft 4, 313-318

Haeberlin, U./Bless, G./Moser, U./Klaghofer, R. (1991): Die Integration von Lernbehinderten. Versuche, Theorien, Forschungen, Enttäuschungen, Hoffnungen. Bern

Hildeschmidt, A./Sander, A. (1996): Zur Effizienz der Beschulung sogenannter Lernbehinderter in Sonderschulen. In: Eberwein, H. (Hg.): Handbuch Lernen und Lern-Behinderungen. Weinheim und Basel, 115-134

KMK (Ständige Konferenz der Kultusminister)(1960): Gutachten zur Ordnung des Sonderschulwesens

Kniel, A. (1981): Hat sich die Schule für Lernbehinderte als Sammelbecken für Schulversager bewährt? In: Sonderpädagogik 11, 58-67

Kronig, W. (1996): Besorgniserregende Entwicklungen in der schulischen Zuweisungspraxis bei ausländischen Kindern mit Lernschwierigkeiten. In: Vierteljahresschrift für Heilpädagogik und ihre Nachbargebiete (VHN) 65, Heft 1, 62-79

Muth, J. (1986): Integration von Behinderten. Über die Gemeinsamkeit im Bildungswesen. Essen

Oser , F. (1997): Pädagogische Weisheit und schulische Integration. In: Amrein/Bless (Hg.): Heilpädagogik und ihre Nachbargebiete im wissenschaftstheoretischen Diskurs. Versuche zur Verknüpfung von parteinehmenden Sichtweisen mit strukturierten Erkenntnisprozessen. Festschrift zum 60. Geburtstag von Urs Haeberlin. Bern, Stuttgart und Wien

Postman, N. (1983): Das Verschwinden der Kindheit. Frankfurt

Prengel, A. (1995): Pädagogik der Vielfalt. Opladen

Reiser, H. (1988): Nichtaussonderung bei Lern- und Verhaltensbeeinträchtigungen - eine Zwischenbilanz bisheriger Integrationsversuche. In: Eberwein, H. (Hg.): Behinderte und Nichtbehinderte lernen gemeinsam. Handbuch der Integrationspädagogik. Weinheim und Basel, 248-255

Sander, A. (1978): Welche Schule für welchen Schüler? Über die unterrichtliche Ineffizienz der Lernbehindertenschule bei globaler Zuweisung der Grundschulversager. In: Behindertenpädagogik 17, 152-166

Sander, A. (1982): Schulschwache Kinder in der Grundschule oder Sonderschule? Untersuchungen zur unterrichtlichen Effizienz der Lernbehindertenschule. In: Reinartz/Sander. (Hg.): Schulschwache Kinder in der Grundschule. Weinheim, 121-139

Tent, L. u.a. (1991): Über die pädagogische Wirksamkeit der Schule für Lernbehinderte. In: Zeitschrift für Heilpädagogik 42, 289-320

Wocken, H. (1988): Bilanz und Perspektiven des Schulversuchs Integrationsklassen. In: Wocken/Antor/Hinz. (Hg.): Integrationsklassen in Hamburger Grundschulen. Bilanz eines Schulversuchs. Hamburg, 49-60

Wocken, H. (1995): Zukunft der Sonderpädagogik. In: Gemeinsam leben 3, Heft 3, 108-115

Register

Rosenblueth, A. 77 f.

Rosenthal, R. 159

Rückkopplung 78 f., 104

Ruf, U. 158

S

Sachlogik 169, 325

Sander, A. 325, 403

Schadensbegrenzung 366, 369

Schiepeck, G. 91f.

Schiffer, M. 37

Schildberg, H. 296

Schilling, F. 288, 290

Schindler, J. 296

Schlee, J. 288, 248, 266

Schlippe A. 82, 101 , 346, 348

Schmidt, S. J. 86, 88, 90 f.

Schonraum 389, 405

Schriftspracherwerbsstörung 150, 152, 177ff., 198, 201

Schule, kulturhistorische 45 f., 49, 51, 207

Schulentwicklung136, 165, 342, 356, 366

Schulleistungstest 323

Schulmodell 394, 396, 400

Schulpflicht 395

Schurig, V. 46, 49

Schweitzer, J. 82, 101, 346, 348

Seewald, J. 287, 289 ff.

Selbstorganisation 77, 83 ff., 94, 99, 344

Selbstreferentialität 79, 82, 84 f., 97 f., 142

Selbstwertgefühl 161, 172, 175, 177, 179, 182, 291, 294, 402, 405

Selektion 10 f., 46, 76, 98, 320, 322 ff.

Self-fulfilling prophecy 159, 167, 238, 261

semantisch-lexikalisch 192, 201, 208, 211

Seneca 392

Separation 10, 13, 171, 390 f., 401 ff., 405

Sève, L. 46

Sichtweise, narrative 361

Sichtweise, zukunftsorientierte 39, 370

Sigmatismus 210

Simon, F. B. 299 f.

Skinner, B. F. 29

Small, 28

Sonderpädagogischer Förderbedarf 135, 169 f., 200, 284 ff., 324 f., 333, 380

Sonderschulpädagogik 5

Sonderschulwesen 9 f., 198

Sozialpädagogik 4, 52, 226

Speck, O. 2 ff., 40, 64, 75 f., 105

Spencer-Brown, G. 79, 97

Sprach- und Sprechstörungen, zentrale 192ff., 198 ff., 201 ff., 209, 212, 215

Sprachbegriff 202 ff.

Sprachbehinderung 192 f., 200, 209

Sprachdiagnostik 210

Sprachgebrechen 199 ff.

Sprachhandlungsmodell 205

Sprachheilkunde 194f.

Sprachkrankheit 199 ff.

Sprachtherapie 191, 194, 203 f., 212, 216ff., 220

Sprechangst 202

Sprechapraxie 201

Steiner, J. 205, 208 f.

Stigma 6, 27, 62 f., 136, 171 f., 261, 315, 331, 336

Stottern 3, 193, 196, 202, 212